世界技能大赛汽车技术项目指导书系列

汽车发动机检修技术

（原书第7版）

[美] 杰克·厄贾维克（Jack Erjavec）
罗布·汤普森（Rob Thompson）　著

李　雷　薛　佼　王婷婷　李广英
赵　鹏　李　臻　吴艾蔓　龚　旭　**编译**
赵刘英　白云生　许行宇

王凯明　韩　树　**审校**

机械工业出版社

《汽车发动机检修技术（原书第7版）》的英文原版书由美国圣智学习出版公司出版，在整体上贯彻了理论够用为好和实用性强的主旨，在理论知识上没有占用过大篇幅，而是紧扣汽车维修技术人员应具备的专业知识和技能，从实用性的角度讲述各系统的基本结构、常见应用、常见问题、相关诊断和维修流程；着重讲述了检查、测量、有效厘清问题、按照逻辑进行故障诊断和最终找到问题并解决问题的基本思路和流程。

本书由世界技能大赛汽车技术项目中国技术指导专家组组织全国知名汽车维修专家、职业院校骨干教师共同编译。为了使中文版更加适合我国读者学习，编译团队对英文原版完全不适合我国实际情况的内容进行了删除，对与我国实际情况有些出入的内容进行了改写；对原版章节重新进行了组织编排，将英文原版一本拆分为四本，分别是《汽车维修技术基础（原书第7版）》《汽车发动机检修技术（原书第7版）》《汽车底盘检修技术（原书第7版）》《汽车电气系统检修技术（原书第7版）》。

本书可作为汽车职业院校的教学参考书、国家开放大学汽车相关专业的辅助教程、交通运输部评价中心主管的相关等级和技术职称评价的学习参考教程，以及有志于从事汽车维修技术工作的人员和在职汽车维修技术人员的参考学习用书，还可作为世界技能大赛参赛选手的有益读物。

Automotive Engine Maintenance Technology（7th Edition of Original Book）

Jack Erjavec,Rob Thompson

北京市版权局著作权合同登记　图字：01-2022-5758 号。

图书在版编目（CIP）数据

汽车发动机检修技术 : 原书第7版 / （美）杰克·厄贾维克（Jack Erjavec), （美）罗布·汤普森（Rob Thompson）著 ; 李雷等编译. -- 北京 : 机械工业出版社，2025. 4. --（世界技能大赛汽车技术项目指导书系列）. -- ISBN 978-7-111-78223-0

Ⅰ．U472.43

中国国家版本馆CIP数据核字第2025RG8203号

机械工业出版社（北京市百万庄大街22号　邮政编码100037）

策划编辑：母云红　　　　　　　　　　责任编辑：母云红
责任校对：任婷婷　杨　霞　景　飞　　封面设计：马精明
责任印制：单爱军

北京盛通数码印刷有限公司印刷

2025年6月第1版第1次印刷

210mm×285mm·30.75印张·877千字

标准书号：ISBN 978-7-111-78223-0

定价：199.00元

电话服务　　　　　　　　　　网络服务
客服电话：010-88361066　　　机 工 官 网：www.cmpbook.com
　　　　　010-88379833　　　机 工 官 博：weibo.com/cmp1952
　　　　　010-68326294　　　金 书 网：www.golden-book.com
封底无防伪标均为盗版　　机工教育服务网：www.cmpedu.com

编译委员会

序

全球汽车制造商在过去几年取得了巨大的进步。现在几乎所有的车辆系统都由电子元器件和计算机精细控制，以提供更好的车辆性能和驾驶体验，包括操控性、舒适性，以及最重要的安全性。这些技术进步给汽车维修技师带来了巨大的责任，他们需要学习和不断升级。本套书涵盖了现代汽车不同系统的基本检测与维修操作，同时也介绍了最新的技术。

作为这套书加拿大版的作者（加拿大版是一整本书），我发现本书的英文第 7 版是图书市场上最全面的版本。

作为一名教师，多年来我一直使用该系列图书。我发现它对学生、汽车维修技师和使用这本书的教师都非常有益。

自 2009 年以来，我一直是加拿大世界技能大赛汽车技术项目的专家。自 2017 年我担任世界技能大赛的首席专家至今。我一直在我们的培训项目中使用这本（套）书，具备汽车各系统扎实的基础知识是高质量汽车故障诊断、熟练维修和服务的基础，这本（套）书正好能够满足这样的需求。

无论是为客户的车辆而工作，还是为与世界上许多顶尖技师的激烈竞争做准备，这本（套）书都将提供所需的宝贵信息和知识，以帮助应对当今和未来与汽车相关的工作。

Martin Restoule
世界技能大赛汽车技术项目首席专家

worldskills

Foreword

前　言

2024 年，我国汽车产销量连续 16 年位居全球第一，机动车保有量已达 4.53 亿辆，其中汽车保有量达到 3.53 亿辆，也已位居全球第一。因此，在我国从事汽车售后技术服务工作具有广阔的发展前景。为了培养更多汽车售后技术服务需要的高素质、高技能人才，国家大力发展汽车职业教育，同时也在大力开展在职工作人员的培训与职业技能评价。目前，我国汽车职业教育与职业技能培训及其评价工作正处在前所未有的良好发展环境中。

十几年来，我国已形成了以赛促教、以赛促训，职业教育和职业技能竞赛发展相互促进的良好氛围，特别是在我国加入世界技能大赛组织后，已连续四届参加世界技能大赛汽车技术项目并取得优异成绩。推广世界技能大赛的技术成果，将世界技能大赛的技术标准、训练方法应用到职业教育与职业技能培训中去，也是迫切需要落实的工作任务。

为此，世界技能大赛汽车技术项目中国技术指导专家组（以下简称专家组）协同全国汽车职业教育教学指导委员会，在组织编写职业院校汽车专业教材的同时，系统地研究了国际同类系列教材教程。为了深入对标国际先进水平，在专家组的推荐下，机械工业出版社引进了目前北美地区汽车职业教育学生和在职人员参加美国汽车维修优秀技师学会（ASE）认证考核广泛使用的教程 AUTOMOTIVE TECHNOLOGY，即本书的英文原版，并由专家组组织翻译。为了更好地适应我国读者的实际需要，我们对英文原版的内容做了一定的删减、改写和重新组织。AUTOMOTIVE TECHNOLOGY 第 7 版全书共计两千多页，为了方便阅读，也为了便于读者有针对性地学习，我们参考世界技能大赛汽车技术项目的模块划分，将英文原版一本拆分成四本，并对章节进行了调整（见《汽车维修技术基础（原书第 7 版）》附录 A）。这四本分别是《汽车维修技术基础（原书第 7 版）》《汽车发动机检修技术（原书第 7 版）》《汽车底盘检修技术（原书第 7 版）》《汽车电气系统检修技术（原书第 7 版）》。为了帮助读者了解英文原版的编写思路、特色和主要内容等，我们将其前言完整地翻译出来，供读者参考学习，请查阅《汽车维修技术基础（原书第 7 版）》的"原版书前言"。

值得一提的是，正是世界技能大赛汽车技术项目首席专家 Martin

Restoule 向专家组推荐了这本教程。*AUTOMOTIVE TECHNOLOGY* 第 7 版教程编写的目标是在北美地区乃至全球成为当代汽车服务和维修领域全面的技术指南和职业教育的领先教程。该教程仅是北美地区汽车维修技术职业教育体系的内容之一，其完整的体系还包括数字终端（如光盘）和网上教学资源。该教程的基本特点如下：①知识涉及范围广，基本涵盖了一辆整车的所有基本系统；②每一章都按照学习目标、场景描述（客户问题）、主要系统或结构、常见问题（故障）、通用的检查规范（步骤）、流程图解和说明、作业安全、总结及复习题的顺序编写，思路、脉络清晰；③该教程主要用于北美地区职业教育学生和在职人员参加 ASE 认证考核，因此，在整体上贯彻了理论够用为好和实用性强的主旨，紧紧扣住一名维修技师应具备的知识和技能，从实用化的角度讲述了各系统的基本结构、常见应用、常见问题、相关的诊断和维修流程；④该教程与具体车型的维修手册不同，不局限在具体车型的某一项技术上，讲解的基本上都是具有共性的知识和技能，这可帮助学习者从整体上掌握所需的基本知识和技能，为后续职业发展奠定了坚实基础。

与我国同类教材教程相比，本书还有以下不同：

1）基础理论方面的内容和深度以够用为准。

2）由于原版教程至今已修订至第 7 版，伴随汽车技术和汽车维修技术的发展而不断丰富，有一定篇幅介绍了一些较老的系统和结构；由于国内外汽车行业发展状况不同，本书在新能源汽车、智能网联汽车等方面的内容相对较少。

本书可作为汽车职业院校的教学参考书、国家开放大学汽车相关专业的辅助教程、交通运输部评价中心主管的相关等级和技术职称评价的学习参考教程，以及有志于从事汽车维修技术工作的人员和在职汽车维修技术人员的参考学习用书。另外，本书与世界技能大赛汽车技术项目的基本比赛内容要求和宗旨非常吻合，因此也可作为世界技能大赛参赛选手的有益读物。

由于编译者水平有限，书中难免有疏漏之处，恳请读者朋友批评指正。

世界技能大赛汽车技术项目中国技术指导专家组组长

郭七一

Preface

目　录

序
前　言

Contents

第1章
汽车发动机设计和诊断

学习目标

- 能够描述发动机分类的不同方式。
- 能够解释在四行程循环的每个行程中发生了什么。
- 能够定义发动机测量和发动机性能特征中的重要参数，包括缸径和行程、排量、压缩比、发动机效率、转矩和功率。
- 能够概述柴油发动机、分层燃烧、阿特金森循环和米勒循环发动机的工作原理。
- 能够解释如何评估发动机的状态。
- 能够列出并描述异常的发动机噪声。

3C：问题（Concern）、原因（Cause）、纠正（Correction）

维修工单				
年份：2000	制造商：本田	车型：Civic	里程：164285mile⊖	单号：5512
问题	客户抱怨发动机急速粗暴，动力不如以往，但在高速行驶时似乎是平稳的。			

考虑该客户的问题，使用在本章学习的内容确定该问题的可能原因、诊断该问题的方法及解决该问题所需的步骤。

1.1 发动机概述

发动机（图1-1）提供动力驱动车辆的车轮。所有车辆的发动机，无论是使用汽油的还是柴油的，都归类于内燃机，因为产生能量的燃烧或发热都发生在发动机的内部。

图1-1 当今的发动机是一台复杂且高效的机器

发动机中最大的部件是气缸体（图1-2）。气缸体是一个大的、带有加工孔的金属铸造件，润滑油和冷却液会流过气缸体内的通道。气缸体上主要的孔洞就是气缸，它与活塞相配。气缸体内装有发动机的主要零部件。

图1-2 八缸发动机的气缸体

气缸盖固定在气缸体的顶部，用于密封气缸体的顶部（图1-3）。气缸盖上有燃烧室的全部或大部分。燃烧室是空气与燃油的混合气被压缩并燃烧的地方。气缸盖上还有混合气进入和燃烧后排出气缸的端口和火花塞安装孔。

图1-3 新型直列四缸发动机的气缸盖

配气机构用来打开和关闭进气和排气口。可移动的气门用于打开和关闭气门口。凸轮轴控制气门的运动。弹簧的作用是帮助关闭这些气门。

在活塞运动能够驱动车辆的车轮之前，必须将活塞的往复直线运动转换成曲轴的旋转运动。为了实现这个目标，将活塞通过连杆连接到曲轴上（图1-4）。连杆上端随着活塞运动，下端与曲轴连接而做圆周运动。曲轴的末端连着飞轮或挠性板。曲轴通过飞轮将发动机的动力传递给驱动轮。

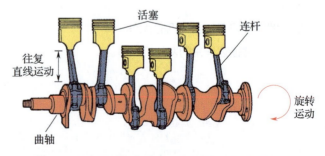

图1-4 活塞的往复直线运动被转换为曲轴的旋转运动

⊖ 本书中英文单位换算请参考附录B。

1. 发动机结构

现代发动机的设计目的是为了满足公众对于车辆性能和燃油效率的需求。大部分发动机都采用轻型非铁质材料（例如铝合金、镁合金、增强纤维），并且采用更少、更小的紧固件将相关零部件连接在一起。连接处的设计优化了加载方式，减少了紧固件的使用。每一种发动机因结构材料、铸造方式和设计的不同而有自己的独到特点。

2. 发动机分类

按照下面的设计特征，当前的汽车发动机可以用不同方式进行分类。

（1）工作循环　大部分技师将只会接触到四冲程发动机。二冲程发动机只有极少数老式汽车使用过，然而将来某些汽车有可能会再次使用它。

（2）气缸的数量　当前发动机的设计包含 3 缸、4 缸、5 缸、6 缸、8 缸、10 缸、12 缸和 16 缸发动机。

（3）气缸的排列　发动机的气缸彼此之间可以布置为直列、每侧气缸数相等的 V 型或彼此相对的水平对置型（图 1-5）。

（4）配气机构类型　配气机构可以是顶置凸轮轴（OHC）[⊖]，也可以是凸轮轴底置的顶置气门（OHV）设计。有些发动机对进气门和排气门分别有单独的进气和排气凸轮轴，它们是基于 OHC 设计的，因此称为**双顶置凸轮轴（DOHC）**。V 型双顶置凸轮轴发动机有 4 根凸轮轴，即每列气缸有 2 根凸轮轴。

（5）点火方式　有两类点火方式：火花点燃式和压燃式。汽油发动机采用火花点燃式点火系统。在火花点燃式系统中，通过电火花点燃空气与燃油的混合气。柴油发动机或称压燃式发动机没有火花塞。柴油发动机依靠随着气缸体内空气被压缩而产生的热量来引燃燃油。

（6）冷却系统　在用的发动机有空气冷却式和液体冷却式两种。当前主流的发动机都用液体冷却系统。

（7）燃油类型　当前在汽车中使用的燃料包

括汽油、天然气、甲醇、柴油、乙醇和丙烷。虽然很多汽油中掺混了乙醇，但最常用的还是汽油。

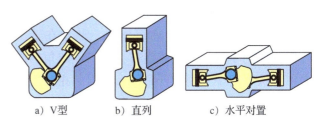

a）V 型　　　　b）直列　　　　c）水平对置

图 1-5　气缸的主要布置形式

3. 四冲程发动机

发动机通过传动系统向车轮提供动力。所有汽车的发动机，无论是汽油发动机还是柴油发动机，都归类为内燃机，因为燃油的燃烧或产生热量是发生在发动机内部的。这要求发动机能承受成千上万的燃油油滴在燃烧中产生的高温和高压。

燃烧室是活塞顶部与气缸盖之间的空间。燃油空气混合气在这个密闭的空间内燃烧。如果燃烧室内的所有燃油都燃烧完，则称为发生了完全燃烧。

为了达到完全燃烧，必须实现正确数量燃油与正确数量空气的混合。该混合气必须在一个密闭的空间内被压缩，然后在合适的时间被合适的热量（火花）所点燃。一旦这些条件存在，所有进入气缸的燃油就会燃烧并转换成驱动车辆的动力。汽车发动机不止有一个气缸。如果发动机高效运转，那么每个气缸应得到同等数量的空气、燃油和热量。

虽然燃烧必须发生在密闭的气缸内，但气缸还必须有一个能使热量、燃油和空气进入气缸的通道。同时还必须有一个可使空气燃油混合气燃烧后产生的气体排出的路径，以使新鲜混合气能够进入，从而使发动机得以持续运转。为了满足这些要求，发动机配备了气门。

在每个气缸的顶部至少有两个气门。空气燃油混合气通过进气门进入燃烧室，并在燃烧之后通过排气门离开（图 1-6）。当气门停留在其气门口或座圈中时，称为落座或关闭。当气门被推动

⊖　请参考本书缩略语表（附录 A）。

而离开其座圈时，称为开启。

由曲轴驱动凸轮轴旋转并定时地打开和关闭进气门和排气门。凸轮轴上凸轮的凸出部分称为凸角，凸轮的凸角是椭圆形的。凸角在轴上的位置决定了气门什么时候被打开。该凸角的高度和形状决定了气门打开到什么程度和相对于活塞的运动，以及气门保持打开状态的时间有多长（图1-7）。

图1-6 展示进气道（蓝色）和进气门及排气道和排气门的发动机剖面图

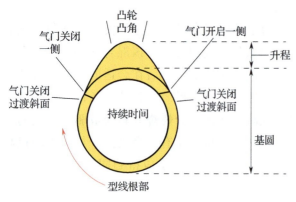

图1-7 凸轮凸角的高度和宽度决定了气门开启的时刻和时长

凸轮轴上的凸轮凸角在旋转的同时，将气门推离其座圈，从而打开气门口。一旦凸轮的凸角转过去，弹簧将迫使气门关闭。凸轮轴可以位于气缸体内，也可以位于气缸盖上。曲轴通过齿轮或带轮和正时链条或一根齿形正时带驱动凸轮轴。

当气门和火花塞的动作与活塞的运动被正时确定时，一个燃烧循环发生在活塞的四个运动或者说是四个行程（进气行程、压缩行程、做功行程和排气行程）中。凸轮轴的转速是曲轴转速的一半。凸轮轴在一个完整的四行程循环中转动一

整圈。

四行程循环中的一个**行程**是指活塞在其气缸内向上或向下的一个完整的运动范围。曲轴转动两整圈完成一个四行程循环，曲轴旋转一圈为360°，因此，为实现一个完整的四行程循环，曲轴将转动720°，所以在活塞的一个行程中，曲轴旋转180°。

活塞受到燃烧产生的压力向下移动，但活塞的这个移动仅能完成一个行程。为了保持发动机的运转，该活塞还必须经过其他三个行程。安装在曲轴后端的飞轮以惯性维持了曲轴旋转，并使活塞完成四个行程中的其余三个行程。重的飞轮仅用在配有手动变速器的发动机上。配有自动变速器的发动机有一个挠性板和一个变矩器。变矩器的重量和内部油液及其运动起到了飞轮的作用。

（1）进气行程 四行程循环中的第一个行程是进气行程。随着活塞离开上止点（TDC），进气门打开（图1-8a）。活塞向下运动增加了活塞上方的气缸容积，减小了气缸内的压力。这个被减小的压力，通常称作发动机真空，它促使大气压力推动空气流过打开的进气门（有些发动机配有机械或涡轮增压器以推动更多的空气流过进气门）。空气持续进入气缸，直到进气门关闭。在大多数发动机中，进气门在活塞过下止点（BDC）后关闭。进气门的这种延迟关闭是为了通过填充尽可能多的空气来提高气缸的容积效率。

（2）压缩行程 压缩行程在活塞开始离开下止点（BDC）时开始。随着进气门关闭，气缸内的气体被封闭（图1-8b）。活塞向上运动，压缩该气体，从而使其变热。通过压缩行程形成的压力和热量，取决于气缸内气体的数量和发动机的压缩比。发动机的压缩比是活塞在下止点时的气缸容积与活塞在上止点时的气缸容积之比。在大多数当代发动机中，燃油是在压缩行程中的某个时刻喷入气缸内的。

（3）做功行程 做功行程也称作膨胀行程，它开始于压缩的空气燃油混合气被点燃时（图1-8c）。此时两个气门都关闭，电火花穿过火花塞的电极间隙点燃空气燃油混合气。燃烧的混

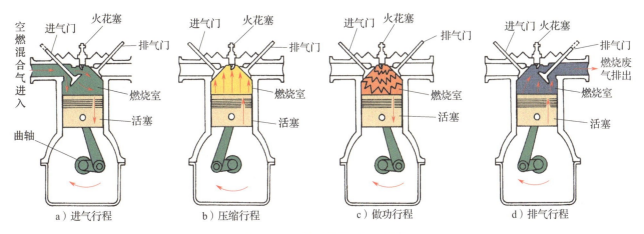

a）进气行程　　b）压缩行程　　c）做功行程　　d）排气行程

图 1-8　发动机活塞的四个行程

合气快速膨胀，在活塞顶部产生很高的压力。这股压力推动活塞向下止点（BDC）运动。活塞的向下运动通过连杆传递给曲轴。

（4）排气行程　当活塞刚好接近做功行程的下止点时，排气门打开（图 1-8d）。气缸内的压力造成排气冲出打开的排气门而进入排气系统。活塞离开下止点的运动会推动大部分废气排出气缸。随着活塞接近上止点（TDC），排气门开始关闭，进气门开始打开。该排气行程结束了一个四个行程的循环。随着进气门的打开，下一个循环又开始了。只要发动机在运转，这种循环就会在每个气缸中发生并且不断重复。

4. 二冲程汽油发动机

过去，有些车辆采用二冲程汽油发动机。恰如其名，这种发动机仅需要活塞运动两个行程就能完成进气、压缩、做功和排气所有四个工作过程（图 1-9），其实现过程如下。

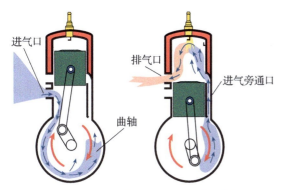

图 1-9　二冲程汽油发动机的工作循环

1）活塞从下止点运动到上止点的运动完成了进气和压缩两个行程。

2）当活塞接近上止点时，已压缩的空燃混合气被点燃，造成气体膨胀。在此过程中，进气口和排气口都处于关闭状态。

3）气缸内膨胀的气体推动活塞向下运动，驱动曲轴旋转。

4）随着活塞到达下止点，进气口和排气口都打开，允许废气离开气缸，同时允许空气燃油混合气进入。

尽管二冲程发动机没有配气机构，在设计上简单且轻量，但在汽车上并未广泛采用。它通常比四冲程发动机的燃油效率差，并且会释放更多的污染物。其排气中通常会有机油，因为这种发动机需要持续地给气缸输送机油来保持活塞的润滑。因此，许多这类发动机要求将一定量的机油与燃油混合。

5. 发动机点火顺序

发动机的**点火顺序**确定了发动机活塞处于做功行程的顺序，因此该顺序是各个气缸火花塞点火的顺序。该点火顺序还表明发动机其他活塞在一个气缸点火时所处的位置。例如，考虑一个四缸发动机，其点火顺序是 1—3—4—2。也就是说，该顺序是以在压缩行程的 1 号气缸开始的，此时，3 号活塞正在其进气行程中向下移动，4 号活塞正在其排气行程中向上移动，而 2 号活塞则在其做功行程中向下移动。这些都是由为 3 号活塞（所在气缸）随后的点火做好准备所需要发生什么来界定的，其他气缸的情况依此类推。

并非所有的发动机都有相同的点火顺序，因为发动机设计和制造商可以决定发动机的点火顺序。一台特定发动机的点火顺序可在发动机上或在其排放标签上以及维修信息里找到。图 1-10 展示了一些常见的气缸布置和与之对应的点火顺序。

常见的气缸编号方式和点火顺序	
四缸发动机 ①②③④ 点火顺序 1—3—4—2 1—2—4—3	**六缸发动机** ①②③④⑤⑥ 点火顺序 1—5—3—6—2—4
V 型布置	
V6 ⑤③① 左侧气缸 ⑥④② 右侧气缸 点火顺序 1—4—5—2—3—6	**V8** ①②③④ 左侧气缸 ⑤⑥⑦⑧ 右侧气缸 点火顺序 1—5—4—8—6—3—7—2
②④⑥ 右侧气缸 ①③⑤ 左侧气缸 点火顺序 1—6—5—4—3—2	①②③④ 右侧气缸 ⑤⑥⑦⑧ 左侧气缸 点火顺序 1—5—4—2—6—3—7—8
①②③ 右侧气缸 ④⑤⑥ 左侧气缸 点火顺序 1—2—3—4—5—6	②④⑥⑧ 右侧气缸 ①③⑤⑦ 左侧气缸 点火顺序 1—8—4—3—6—5—7—2
①②③ 右侧气缸 ④⑤⑥ 左侧气缸 点火顺序 1—4—2—3—5—6	②④⑥⑧ 右侧气缸 ①③⑤⑦ 左侧气缸 点火顺序 1—8—7—2—6—5—4—3

图 1-10 气缸编号方式和点火顺序示例

6. 发动机（曲轴）旋转方向

为了满足 SAE 设定的标准，发动机（曲轴）要按逆时针方向旋转。这可能令人困惑，因为从发动机的不同端看，发动机（曲轴）呈现的旋转方向是不同的。如果站在发动机的前端看，曲轴是顺时针旋转的；而设定的标准是以飞轮的旋转方向为基础的，而飞轮是在发动机的后端，因此从后端看时，曲轴是逆时针旋转的。

7. 燃烧

虽然有很多因素能够影响发动机气缸内的燃烧，但是点火系统负责引发并维持燃烧。很显然，

在任何气缸内都没有发生燃烧时，发动机不会运转。假设发动机有 1 或 2 个气缸没有发生燃烧，那么它还可能起动并运转，但运转状况一定十分糟糕。燃烧不良并不总是由点火系统造成的，它也可能是发动机内部、进气系统或排气系统的问题导致的。

当正常燃烧发生时，其燃烧过程从火花塞间隙开始，并向整个被压缩的空燃混合气扩散。火焰前锋的移动应当是快速且稳定的，并且将在所有空燃混合气都燃尽后结束（图 1-11）。在正常燃烧过程中，快速膨胀的气体用其强大且持续的力量推动活塞下行。

a) 火花发生　b) 燃烧开始　c) 快速扩展　d) 燃烧完成

图 1-11 标准的燃烧过程

当气缸内所有的空气和燃油都参与到燃烧过程中时，发生的是完全燃烧。如果遇到问题而受到某些阻碍时，发动机将会失火或遭遇不完全燃烧。失火会引起各种驾驶性问题，例如动力不足、油耗高、排放超标、发动机运转不良。

8. 气缸布置形式

根据车辆不同，发动机可采用直列、V 型、斜置或对置式的气缸设计。最主流的设计是直列和 V 型。

（1）直列气缸发动机　在直列气缸发动机的设计中（图 1-12），其气缸布置成一个单列。所有的气缸共用一根曲轴和一个气缸盖。气缸体是铸造的，因此所有气缸都处于垂直或略微倾斜的位置。当前直列气缸发动机用于 3、4、5 和 6 个气缸的布置。

直列气缸发动机的设计有其特定的优点和缺点。它们易于制造和维修。但由于气缸是垂直布置的，所以车辆的前部就必须更高些，这影响了车辆的空气动力学设计。

（2）V 型发动机　V 型发动机两侧的气缸体彼此之间成 60°~90° 夹角。V 型发动机使用一根曲轴，它与 V 型气缸的两侧活塞相连。这类发动

机有两个气缸盖，每列气缸有一个。

图 1-12　直列气缸发动机的气缸体

采用 V 型结构的一个优点是发动机不像直列式布置得那样高或那样长。如果动力需要 8 个气缸，那么 V 型布置可以使发动机更短、更轻且更紧凑。多年前，也有车辆采用直列的八缸发动机，这种发动机非常长，而且其较长的曲轴还会增加发动机的扭转振动。

V 型发动机的一个变型是 W 型发动机。这类发动机从根本上讲就是将 2 个 V 型发动机连接在一根曲轴上。这样的设计使发动机更加紧凑。它们通常用在大众、宾利和布加迪品牌的车型上。

（3）气缸斜置式发动机　布置气缸的另一种方式是采用倾斜式结构。除了整个气缸体是倾斜放置外，这种布置更像是一台直列发动机。设计斜置式发动机的目的是减小从发动机顶部到底部的距离，以更符合空气动力学设计要求。

（4）气缸对置式发动机　在这种设计中，两列气缸分别布置在曲轴的相反两侧（图 1-13），通常称为水平对置式发动机。这样的发动机有一根（两侧活塞）共用的曲轴并且每侧气缸都有一个气缸盖。保时捷和斯巴鲁汽车使用这类发动机。这种发动机的重心更低，因此车辆在各种工况下都能平稳地行驶。

9. 凸轮轴和气门位置

所有当代发动机中的气门都布置在活塞上方的气缸盖内。较老式发动机的气门在活塞的侧面。凸轮轴位于发动机气缸体内部或气缸盖的上部。凸轮轴的位置进一步描述了一台发动机。

图 1-13　气缸水平布置的发动机，通常称为水平对置式发动机

（1）顶置气门（OHV）　正如其名，OHV 发动机的进气门和排气门都安装在气缸盖上，并由布置在气缸体上的凸轮轴控制。这样的布置需要使用气门挺柱、推杆和摇臂将凸轮轴的旋转运动转换成气门的线性运动（图 1-14）。

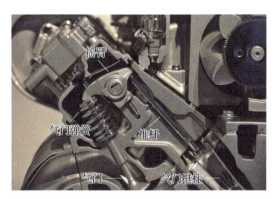

图 1-14　顶置气门发动机配气机构的基本部件

（2）顶置凸轮轴（OHC）　顶置凸轮轴发动机的进气门和排气门也位于气缸盖上。正如其名，凸轮轴在气缸盖上。在 OHC 发动机中，气门是由凸轮轴直接控制或通过凸轮轴的随动件或气门挺柱来控制的。气缸盖上仅有一根凸轮轴的发动机通常称为单顶置凸轮轴（SOHC）发动机。每侧气缸配有两个凸轮轴的发动机称为双顶置凸轮轴（DOHC）发动机（图 1-15）。

10. 发动机布置方式

发动机在车辆上的布置方式有三种。在大部分车辆中，发动机布置在乘客舱的前面，称为发动机前置。前置发动机相对于车辆可以布置为纵向或横向。发动机的第二种布置方式是在乘客舱和后悬架之间的中置位置。第三种布置方式，也是最不常见的，是发动机布置在车辆的后部位置。

这种发动机通常是对置式发动机。这三种发动机布置方式各有优缺点。

图 1-15 DOHC 发动机的气门布置

（1）前置发动机纵向布置 采用这种布置的车辆，其发动机、变速器、前悬架和转向系统都位于车辆前部，而差速器和后悬架则位于车辆后部（图 1-16）。大部分采用前置发动机纵向布置的车辆都是后轮驱动的。一些带变速驱动桥的前轮驱动车辆也有这种布局，而且许多配备分动器的四轮驱动车辆都配有纵向安装的发动机。

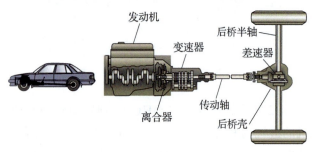

图 1-16 纵向布置的动力传动系统用安装在车辆前部的发动机驱动后轮

这种布置方式可使车辆的总质量平均分配在前后车轮之间，因而减轻了转向力并均衡了制动负荷。纵向安装的发动机需要较大的发动机舱。对后轮驱动的传动轴和差速器的需求也减小了乘客舱的空间。

（2）前置发动机横向布置 横向安装在车辆前部的发动机偏向发动机舱的一侧，与变速驱动桥一同使用。变速驱动桥将变速器和差速齿轮装置组合在一个紧凑的壳体内，并直接紧固在发动机上（图 1-17）。横向安装的发动机减少了发动机舱的尺寸和车辆总质量。

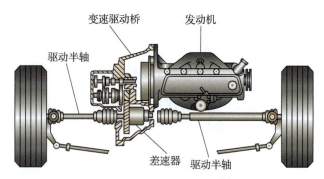

图 1-17 前驱的车辆采用横置的发动机和变速驱动桥

横向安装的发动机除可使车辆更小、更轻外，还可增加乘客舱内部的空间。由于车身的重心靠近车辆的前部，这虽然会增加驱动轮的驱动力，但该重量分布也在前悬架和制动器上施加了更大的负荷。

（3）中置发动机横向布置 在这类设计中，发动机和传动系统位于乘客舱与后桥之间。发动机中置布置常见于后轮驱动的高性能跑车。由于较重部件的中心位置使其重心接近车辆的中心，从而极大地改善了转向和操控性。由于发动机不在前舱中，因而前舱盖可以更向下倾斜，以改善空气动力学性能并优化驾驶员的视野。但缺点是降低了接近性和冷却效率。还需要考虑屏蔽以减少噪声、热量和振动向乘客舱的传递。

1.2 发动机参数、性能和循环类型

在《汽车维修技术基础（原书第 7 版）》第 3 章中讨论了发动机的一些重要参数和性能特征。以下是它们在实际应用中的一些重要体现。有关汽车其他类型的动力装置内容可参见《汽车维修技术基础（原书第 7 版）》有关章节。

1. 缸径和行程

气缸的**缸径**是以英寸（in）或毫米（mm）为单位的直径。行程是活塞从上止点（TDC）运动到下止点（BDC）的距离。缸径和行程决定了一个气缸的排量。如果缸径和行程的尺寸相等，这样的发动机称为**等径程发动机**。缸径大于行程的发动机称作短行程发动机，而行程大于缸径的发动机则称为长行程发动机。

短行程发动机能够在燃烧室内布置更大的气门和采用更长的连杆，这也意味着这类发动机能够以更快的转速运转。但该类发动机由于缸径的尺寸而往往在外形上比长行程发动机大些。**长行程**发动机的连杆较短，使得发动机在低速运转时具有更大的转矩。等径程发动机是这两种设计的一个折中方案。

当前发动机设计的一个趋势是尺寸优化，采用每个气缸 500mL 的排量，并采用长行程设计的缸径和行程结构。由于火焰在活塞上部的传播区域较小，同时又有更长的膨胀行程来产生转矩，从而提高了发动机的性能。

曲柄转动半径是指从曲轴主轴承中心线到连杆轴颈中心线的距离。活塞的行程是曲柄转动半径的两倍（图 1-18）。

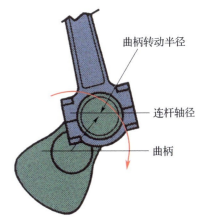

图 1-18 活塞的行程等于曲柄转动半径的两倍

2. 排量

一个气缸的排量是指活塞从上止点到下止点扫过的气缸容积。近年来的趋势已转向装有涡轮或机械增压器的较小排量发动机。许多制造商已经从八缸发动机转向六缸，或从六缸发动机转向四缸来提高燃油经济性。采用涡轮增压或机械增压器可用较小排量提高燃油经济性的同时还保持了高性能水平。有一个实例，福特产品中装有 1.0L 和 1.5L 的涡轮增压三缸发动机 EcoBoost。

一台发动机的总排量是发动机中每个气缸排量总和（图 1-19）。传统意义上，大排量发动机要比小排量发动机产生更大的转矩，但有许多其他因素会影响发动机的动力输出。当前许多较新的

小排量涡轮增压发动机产生的功率和转矩要比类似大小甚至更大排量的发动机更大。通过改变发动机的缸径和 / 或行程的尺寸可以改变发动机的排量。《汽车维修技术基础（原书第 7 版）》第 3 章给出了发动机排量的计算。

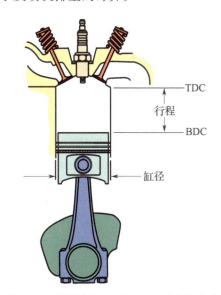

图 1-19 排量是 TDC 和 BDC 之间气缸的容积

性能提示

曲轴的曲柄决定了行程。连杆的长度仅确定了活塞在行进过程中所到达的位置。因此，如果安装了标准连杆和较长行程的曲轴，则活塞有可能伸出气缸外。这是不期望发生的情况！为了避免这种情况，必须使用活塞销孔位置更高的活塞。

3. 压缩比

压缩比反映混合气在压缩行程中被压缩的程度。要牢记的是，这一比值会因为气缸磨损、积炭和污物的堆积而改变。例如，若大量积炭堆积在活塞顶部和燃烧室周围，这种堆积将引起压缩比增加，因为在上止点时活塞上方的容积减小了。

从理论上来说，压缩比越大，发动机可产生的功率更大。此外，随着压缩比的增加，由压缩行程产生的热量也会增加。当采用高压缩比时，低辛烷值的汽油燃烧得更快，可能发生爆燃，而不是正常燃烧，这将导致早燃。汽油的辛烷值越高，爆燃的可能性就越小。随着压缩比的增加，

汽油的辛烷值也应当增加以防止不正常的燃烧。

4. 膨胀比

膨胀比是基于压缩行程和做功行程的长度计算的。对于大部分发动机来讲，这一长度比是相等的，即该比值为 1 : 1。而阿特金森循环和米勒循环的发动机，其膨胀比大于理论压缩比。这是通过进气门在进入压缩行程时还保持打开和关闭点晚于通常的关闭点来实现的。这使一些空燃混合气排出气缸，从而减少了泵气损失并降低了压缩比。一旦压缩的空燃混合气被点燃，则膨胀发生在活塞向下行程的整个长度中。其结果是膨胀周期长于压缩周期，因此提升了发动机的效率。

> **性能提示**
>
> 通常，是将发动机的缸径设计得更大，以适应更大的活塞，进而增加发动机的排量。这样做会增加发动机的输出功率。然而，这也增加了发动机的压缩比。压缩比增加还可以通过去除气缸盖和 / 或发动机缸体接合面的金属或通过安装更薄的气缸密封垫来实现。注意，不要过度提高压缩比。高压缩比要求高辛烷值的燃料，如果无法获取所需的燃料，任何因此获得的性能提高都可能丢失。使用此公式来确定调整后的发动机的确切压缩比：
>
> CR（压缩比）= 活塞在 BDC 时的气缸总容积 / 活塞在 TDC 时的气缸总容积
>
> 活塞在 BDC 时的容积等于活塞处于下止点时的气缸容积加上燃烧室的容积，再加上气缸垫的容积。气缸垫的容积是用它的厚度乘以缸径的二次方，再乘以 0.7854 来计算的。活塞在 TDC 时的容积等于活塞在上止点时气缸内的容积加上燃烧室的容积，再加上气缸垫的容积。

5. 发动机效率

汽车设计中的一个显著趋势是提高发动机的效率。效率仅仅是对进入发动机的能量和从发动机输出的能量之间关系的一种度量。其他因素或其他方面的效率影响着发动机的整体效率。

（1）容积效率 容积效率描述的是发动机能够将空气和燃油充满气缸的能力。如果在进气行程中气缸完全充满，则该发动机的容积效率就是 100%。如果发动机没有配备涡轮或机械增压器，

其容积效率通常能达到 80%~100%。从大体上讲，随着发动机容积效率的增加，发动机的效率也在增加。

涡轮增压器和机械增压器迫使更多的空气进入气缸，因而增加了发动机的容积效率。实际上，能够增加进气容积的任何做法都将增加发动机的容积效率。

（2）热效率 热效率是对燃烧过程中可获得多少热量用作发动机动力的一种度量。通常仅有 1/4 的热量来为车辆提供动力，其余的热量都损失在周围的空气、发动机零部件之间的摩擦和发动机冷却液里（图 1-20）。很显然，热量损失越少，发动机的热效率就越高。

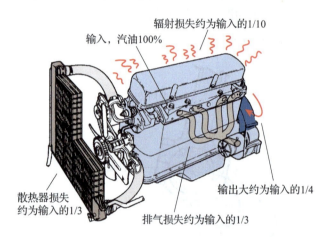

图 1-20 普通汽油发动机的热效率大约只有 25%

（3）机械效率 机械效率是可从发动机输出得到的功率与在做功行程中作用在活塞上的功率之比的一个度量。由于运动的零部件产生摩擦会发生功率损失，所以使摩擦最小化的措施可提高机械效率。

6. 转矩和功率

转矩是一种扭转力或可使物体转动的力。功率是某一点的转矩与此时转速的乘积。使用磅力英尺（lbf·ft）或牛顿米（N·m）作为转矩的单位，发动机转速的单位是每分钟的转动圈数（r/min），功率的单位为马力（hp）或瓦特（W）。功率可按下式计算：

$$功率（hp）= \frac{转矩（lbf·ft） \times 转速（r/min）}{5252}$$

发动机功率和转矩之间的关系曲线如图 1-21 所示。5252 是一个常数，表示当发动机以 5252r/min 转速运转时，其发出的转矩和功率处在图中同一点上。该常数仅适用于使用英制测量系统的计算。如果计算出的功率要用千瓦（kW）表示，且转矩用牛顿米（N·m）表示，则常数应为 9549。因此计算功率的公式为：

$$功率（kW）= \frac{转矩（N·m）\times 转速（r/min）}{9549}$$

这意味着使用公制单位的基于转速的功率和转矩图将显示在 9549r/min 时的转矩和功率处在图中同一点上。

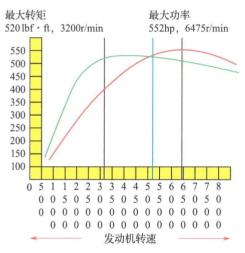

图 1-21 发动机功率和转矩之间的关系

注：图中为英制单位。

7. 发动机循环类型

（1）阿特金森循环 阿特金森循环发动机是一种四冲程发动机，其中进气门在压缩行程中保持打开的时间比普通循环要长（图 1-22）。随着活塞向上运动，混合气被压缩，其中一些被推回进气歧管，因此气缸内的混合气量和发动机的有效排量及实际压缩比都减小了。由于在压缩行程中有两个截然不同的循环，因此阿特金森循环通常也称为五行程循环。这两个不同循环中的第一个是在进气门打开过程中，第二个是在进气门关闭时。

⚠️ **注意** 阿特金森循环的进气门打开和关闭的定时都较晚。

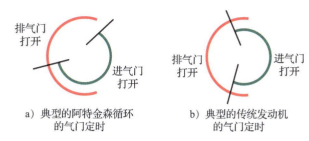

a）典型的阿特金森循环　　b）典型的传统发动机
　　的气门定时　　　　　　　的气门定时

图 1-22 典型阿特金森循环与传统发动机的气门定时

在传统发动机中，由于在压缩行程期间压缩混合气需要能量，因此损失了发动机的一些功率。阿特金森循环减少了这种功率损失，因而发动机效率更高。阿特金森循环还有效地改变了混合气被压缩的时长。大多数阿特金森循环发动机具有较长的活塞行程。在压缩过程中，保持进气门打开有效地缩短了压缩行程，然而由于排气门在做功行程期间被关闭，所以做功行程持续的时间长。较长的做功行程允许燃烧气体膨胀得更充分，并减少了在排气行程中的热量损失，所以该发动机的效率比传统发动机更高。

虽然这类发动机带来了燃油经济性的改善和更低的排放，但它们产生的功率会降低，这是因为其排量和压缩比较小，而且这类发动机比传统发动机吸入的空气少，其功率也会因此降低。

（2）混合动力汽车用的发动机 大多数混合动力汽车都采用阿特金森循环发动机，发动机输出功率的降低部分由电机功率补偿。这种组合提供了良好的燃油经济性、较低的排放和正常的加速性。

大多数阿特金森循环发动机使用可变气门正时，以使发动机以较低排量（阿特金森循环）或正常排量运转。进气门的打开和关闭由发动机控制系统控制（图 1-23）。

当气门在压缩行程中打开时，发动机的有效排量减少。在有效排量较低时，燃油消耗量和废气排放量得以最小化。当进气门较早关闭时，发动机以正常排量运转。这个功能可提供更大的输出功率。控制单元根据发动机转速、进气量、节气门位置和冷却液温度调节气门正时。由于该系统响应于运转工况，发动机的有效排量也由此被改变。

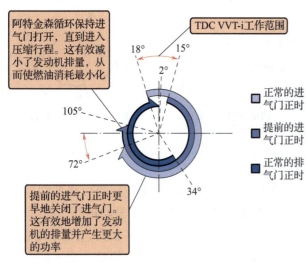

阿特金森循环保持进气门打开，直到进入压缩行程。这有效减小了发动机排量，从而使燃油消耗最小化

TDC VVT-i工作范围

18°　15°

2°

105°

72°

34°

□ 正常的进气门正时

■ 提前的进气门正时

■ 正常的排气门正时

提前的进气门正时更早地关闭了进气门。这有效地增加了发动机的排量并产生更大的功率

图 1-23 丰田的 VVT-i（智能可变气门正时）根据车辆运行状态将发动机从传统循环方式转变为阿特金森循环方式

在典型的此类系统中，发动机控制模块（ECM）向凸轮轴正时的机油控制阀发出指令。在凸轮轴末端的执行器由曲轴驱动，控制单元调节发送到该执行器的油压。机油压力的变化将改变凸轮轴的位置和气门正时。当油压施加到正时的提前室时，会导致正时提前。当油压控制阀移动，从而将油压施加到正时推迟侧的叶片室内时（图 1-24），将推迟气门的定时。

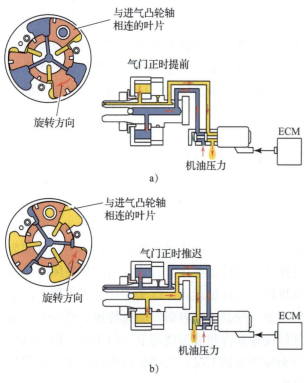

与进气凸轮轴相连的叶片

气门正时提前

旋转方向

机油压力

ECM

a)

与进气凸轮轴相连的叶片

气门正时推迟

旋转方向

机油压力

ECM

b)

图 1-24 在 VVT-i 提前或推迟气门正时时的机油流向

（3）米勒循环发动机 具有强制进气（增压）的阿特金森循环发动机称为米勒循环发动机。进气量的减少和由此导致的功率降低由增压器补偿。该增压器在压缩行程中强制空气进入气缸。记住，阿特金森循环发动机的实际压缩行程是直到进气门关闭时才会开始，而米勒循环发动机中的增压器可迫使更多的空气通过进气门进入气缸。因此当进气门关闭时，气缸内已有更多的空气。

奥迪 2.0L 涡轮增压发动机采用米勒循环来提高性能并降低了油耗。该 2.0L 发动机可产生高达 220hp（约 164kW）的功率和 258lbf·ft（约 350N·m）的转矩，同时达到一个预计的 31mile/gal（约 13km/L）的燃油消耗水平。相比于标准发动机的 190°～200° 曲轴转角，该发动机具有被缩短到 140° 曲轴转角的进气行程。涡轮增压器提高进气压力以补偿进气行程的缩短。该发动机的压缩比从 9.6∶1 增加到 11.7∶1。

8. 均质压燃（HCCI）发动机

关于均质压燃（HCCI）发动机的许多研究都在进行中。这是一种四冲程发动机，同时利用了火花点燃和压燃技术。事实上，它们可以作为点燃式或压燃式发动机运转。"均质"意味着燃油与进入的空气充分混合。在汽油发动机中，空气和燃油是在点火之前先混合的（被均质化），而且点燃是由电火花引发的。在柴油发动机中，空气和燃油不是预先混合的，只是空气受到压缩，而且着火是发生在燃油被喷射到高温空气里时。

在 HCCI 模式下，混合气的温度在压缩行程中急剧增加。空气和燃油混合并随混合气的压缩而产生热量。这个热量不需要火花塞就可使混合气燃烧。为了形成燃烧所需的热量，这类发动机具有非常高的压缩比和非常稀薄的空燃混合气。为了实现着火，混合气必须变得热到足以能"自动点燃"。当混合气点燃时，燃烧发生在混合气中的数个点并立即同时开始（图 1-25）。燃烧过程迅速发生，并受所压缩的混合气特性和温度影响。这种自燃产生了一种没有火焰的能量释放，并驱动活塞向下运动。混合气温度必须在压缩行程终了时升高到自燃温度。这个现实使得 HCCI 发动机的点火正时很难控制。

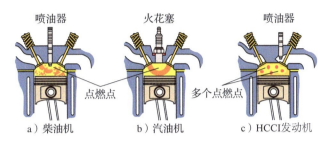

图 1-25　柴油机、汽油机和 HCCI 发动机在使用
混合气燃烧上的对比

汽油混合气在温度达到 $1430 \sim 1520\,℉$（$770 \sim 827\,℃$）时才出现自燃。为了控制点火正时，HCCI 发动机的控制单元必须供给正确数量的燃油，来与正确数量的空气混合。此外，HCCI 发动机还必须向混合气提供足够的热量，以便能在压缩行程终了时使混合气自燃，所以它必须能够改变压缩比、进气温度、进气压力，或改变留存的或再引入的废气量。

（1）基本工作过程　在进气行程中，燃油直接喷入每个气缸的燃烧室。进入的空气与燃油同时到达气缸，但此时产生的混合气非常稀薄（空气比燃油多得多）。在接近进气行程终了时，气缸内充满了空气和燃油的混合气。当活塞开始压缩行程时，热量开始积聚。在活塞到达 TDC 时，将有足够的热量使混合气自燃。这种燃烧能量的释放是低温和无焰方式的释放，所产生的能量释放和压力提高推动活塞在做功行程下行。

在做功行程完成时，活塞向上移动并开始排气行程。与传统的排气行程相比，其目标不是排空气缸中的所有废气，而是在排气行程结束之前关闭排气门，以将一些热的气体留在气缸中。在下一个进气行程开始之前，将少量燃油喷射到被留存的废气中。这种预充有助于控制燃烧温度和废气排放。

（2）双模式　在车辆的大多数运行工况下，该发动机运转在 HCCI 模式中。但当发动机在高速、急加速和大负荷以及冷起动时，将切换为火花点燃。由于在冷起动时需要热量来点燃混合气，而发动机处于冷态时，只有很小的初始热量，所以此时需要转换为火花点燃。从压缩点燃到火花点燃的转换必须平顺地完成。这需要精确控制气门正时、空气和燃油的量以及点火正时。

（3）优点　HCCI 汽油发动机能以更低的成本提供几乎与柴油发动机相同的燃油经济性。通用汽车公司估计，HCCI 可以将汽油发动机的燃油效率提高 15%，同时排放的 NO_x 和颗粒物数量接近于零。

然而以 HCCI 模式运转的汽油发动机会比传统发动机产生更多的噪声和振动。此外，它们往往会经历不完全燃烧，这导致了碳氢化合物（HC）和一氧化碳（CO）的排放。

为了解决上述问题，HCCI 发动机配备了典型的排放控制系统，包括一个氧化催化转化器。

9. 英菲尼迪 VC-T 发动机

某些 2019 款的英菲尼迪车型配备了可变压缩比发动机，也称为可变压缩比涡轮增压（VC-T）发动机。VC-T 是一台配备了独特的曲轴结构和控制系统的 2.0L 直列四缸发动机，其压缩比可随发动机的负荷而改变。

为满足不同压缩比的需要，该发动机配备了用于低压缩比运转的多点燃油喷射（MPI）和用于高压缩比运转的汽油直接喷射（GDI）系统。当发动机在高负荷和高转速下运转时，将同时使用这两种类型的喷油器。

该发动机还配备了可变气门正时（VVT），进气凸轮轴由电子控制单元（ECU）控制，而排气凸轮轴由液压控制。VVT 不但控制进出气缸的气体，而且还允许发动机在某些时间以阿特金森循环运转。

VC-T 能够提供 8 : 1 ~ 14 : 1 之间的压缩比，并且可以快速切换到其中的任何压缩比。为了在小节气门开度巡航期间使燃油的用量最小化，压缩比增加到 14 : 1。该压缩比随着对功率需求的增加而降低。与此同时，来自涡轮的增压提高了发动机的功率。

当活塞在气缸中往复运动时，通过改变活塞的运动来改变压缩比。活塞在其最高点时，压缩比为 14 : 1，而在其最低点时，压缩比为 8 : 1。在发动机运转期间，活塞的位置以及压缩比将根据运行工况来变化。

活塞在气缸内的位置由一个精心设计的连杆机构（图 1-26）和一个电子控制的谐波传动机

构（图 1-26 中①）来控制。该传动机构内部是一个 ECU 控制的电机，它驱动减速齿轮。当需要改变压缩比时，该齿轮会移动执行器臂（图 1-26 中②）。执行器臂转动控制轴。接着由控制轴来改变菱形多点连杆的角度（图 1-26 中③）。多点连杆的角度最终决定了活塞（图 1-26 中④）在气缸中可以向上移动的长度，但它的角度取决于谐波传动机构的转动。

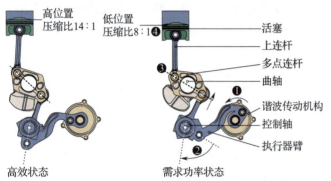

不同压缩比之间活塞高度的差异

高效状态　　　　　　　　需求功率状态

图 1-26 可变压缩比发动机使用一个复杂的连杆机构来根据运行工况改变压缩比

该谐波传动机构由专用 ECU 控制，ECU 接收来自发动机各个传感器的数据，以计算当前运转条件下所需的压缩比。

10. 马自达 SkyActiv-X（创驰蓝天技术）

2019 年，马自达计划发布其 HCCI 发动机（此类发动机称为 SkyActiv-X 发动机）。马自达预计在效率上要比非 HCCI 发动机提高 20% ~ 30%。基本上该效率是在低于正常温度下燃烧的结果，这意味着减少了典型汽油发动机的热损失。由于减少了热量，所以可以采用更稀薄的空燃混合气。

该发动机装有火花塞，用于冷起动，以及在某些负荷工况下，运转条件不适合压燃模式时使用。压燃模式在特定温度范围内效果最佳，如果发动机太冷，则会降低燃烧性能；而发动机过热，则会导致爆燃或早燃。

通过使用 VVT 系统，可以减少该发动机的压缩比，使其能够像普通的汽油火花塞点燃式发动机一样运转。当运转条件合适时，该发动机将切换到 HCCI 模式。

通常，非常稀薄的空燃混合气被送入发动机

的气缸，其空燃比虽会变化，但始终远高于理想的 14.7：1。这些高空燃比的混合气不能被火花点燃，此时发动机转换为压燃模式。

气缸内产生的热量决定了气缸内压力的大小，该压力随系统调整而改变到所需值。这些压力的变化影响发动机的有效压缩比。与采用机械方式改变压缩比的英菲尼迪 VC-T 发动机不同，马自达 SkyActiv-X 具有固定的压缩比，但气缸内的有效压力会改变。

马自达 SkyActiv-X 发动机还有一个由小传动带驱动的罗茨增压器，以将更多的空气推入气缸。该增压器不是为了增加功率，而是为了提供足够的空气，以使发动机在高转速下能够采用压燃模式，从而保持空燃比足够高的混合气。该机械增压器的增压值由驱动离合器控制，从而在发动机低速和不需要额外空气时能够解除增压器。

11. 转子发动机

转子发动机，或称为汪克尔（Wankel）发动机，类似于普通的活塞式汽油发动机，因为它也是一种火花点燃式内燃机。但它的设计却大不相同。一方面，转子发动机采用旋转运动而不是往复运动。此外，它使用开口而不是气门来控制空燃混合气的进入，以及燃烧后废气的排出。多年来，这种设计已在少数汽车上使用，但公众并未接受它，因为其燃油效率不高，并且仅在发动机高转速时才产生高功率。

转子发动机的主要部件是一个类似三角形的转子，它在椭圆形的壳体内旋转。转子有三个凸出的表面，每个表面都有一个凹处，这些凹处增加了发动机的总排量。当转子运动到密封内壁的侧面（腔室）时，其顶端始终与壳体内壁相接触。当转子旋转时，它形成三个独立的气体室。此外，由于转子在旋转其两侧与壳体之间的体积会不断变化。在转子旋转过程中，每个腔室中的气体体积交替地膨胀和缩小。这就是转子发动机通过转子旋转来完成四行程循环的基本过程。

12. 柴油发动机

柴油发动机由德国工程师鲁道夫·迪塞尔（Rudolph Diesel）发明，并于 1897 年面市。柴油发动机目前在重型货车、建筑机械、农业机械、公共汽车、船舶和某些汽车应用中是占支配地位的动力装置。柴油发动机汽车在欧洲和其他可获得更清洁柴油的地方是非常普遍的（图 1-27）。

图 1-27　欧洲乘用车采用的四缸柴油发动机

柴油发动机的工作循环与汽油发动机类似，而且两者有许多零部件都相同，例如曲轴、活塞、气门、凸轮轴、冷却液泵和机油泵。它们都可用在二行程或四行程燃烧循环的发动机上。柴油发动机利用压缩燃烧室中的空气产生的热量使空燃混合气着火（图 1-28）。尽管较新的技术允许柴油发动机采用较低的压缩比，但柴油发动机的压缩比可以是汽油发动机的三倍（高达 25∶1）。随着进气被压缩，其温度可达 1300~1650℉（700~900℃）。在空气刚好被完全压缩之前，喷油器将少量柴油喷入气缸。该压缩空气的高温瞬间使柴油着火。燃烧导致热量增加，由此产生的高压使活塞在其做功行程中向下移动。

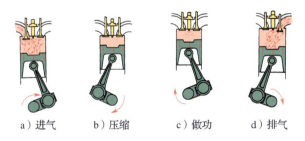

a）进气　　b）压缩　　c）做功　　d）排气

图 1-28　四冲程柴油发动机的一个循环

有关柴油发动机的更多内容可参见本书第 18 章。

1.3 发动机识别

使用维修信息

一般来讲，用于识别发动机尺寸的信息可在对特定车辆维修信息中的开始部分找到。

通过参考车辆识别号（VIN），可以确定有关车辆的许多信息。发动机上也有其编码。发动机缸体上通常有序列号（图 1-29）。发动机编码通常位于序列号旁边。典型的发动机编码可能是 DZ 或 MO。无论发动机是配自动变速器还是配手动变速器，这些字母都代表发动机的额定功率，以及其他重要细节。发动机编码有助于确定正确技术参数。

注意：VIN 刻在机座上。

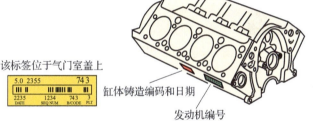

该标签位于气门室盖上

缸体铸造编码和日期

发动机编号

图 1-29　发动机上可看到的各种识别编码

参见

有关 VIN 的介绍参见《汽车维修技术基础（原书第 7 版）》第 2 章。

1. 发动机编码

许多发动机的身份编码（ID）标签或铭牌会附设在发动机的不同部位，例如气门室盖或机油盘。该标签包括排量、组装厂、车型年份、更改级别、发动机代码和生产日期。在维修信息中会给出特定发动机上的这些铭牌或标签的位置。

（1）铸造编号　每当铸造发动机部件（例如发动机气缸体或气缸盖）时，都会在模具中放入一个编号，以确定该铸件或部件的制造日期。该日期并不代表发动机被组装或安装到车辆中的时间。在这一年度中制造的部件，可能安装在下一年度的车辆上，因此铸造日期可能与车辆年型不一致。铸造编号不应用来确定发动机的排量，它们仅代表发动机的基本设计。相同的气缸体或气缸盖可以用于各种不同排量的发动机。

（2）发动机舱盖下的标签　从1972年开始生产的所有车辆在发动机舱盖下都有一个称为车辆排放控制信息（Vehicle Emission Control Information，VECI）的标签。该标签（图1-30）提供了有关该车辆排放等级的一些有用信息，有时还包括进行维护和排放检查，或订购发动机和发动机管理系统零部件所需的信息（图1-31）。

图1-30　目前使用的 VECI 标签

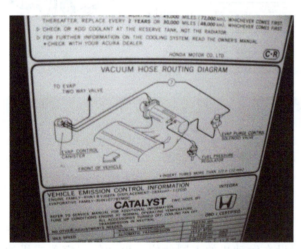

图1-31　VECI 中还可能包含的一些信息

1.4　发动机诊断

随着点火、燃油和排放系统趋于集成化，为了诊断电控发动机系统，不断开发了一些新的诊断工具和技术。然而并非发动机的所有性能问题都与电子控制有关，所以汽车维修技师仍然需要了解基本的发动机测试方法。这些测试方法是当前发动机诊断的重要组成部分。

1. 相对压缩压力测试

确定每个气缸是否正在吸入并压缩空气的一个快速且简便的方法，是执行相对压缩压力测试。通过用示波器测量起动电量，可以将每个气缸在起动机和蓄电池上的电量消耗与其他气缸进行比较。

将电流夹钳环绕在蓄电池正极或负极电缆上，并将示波器设置在200~400A量程之间进行测量。停用燃油泵并用起动机转动发动机5~7s，然后将所测波形与一个压缩良好的气缸波形（图1-32）进行对比，相对压缩压力低的气缸所消耗的电量会较小（图1-33）。

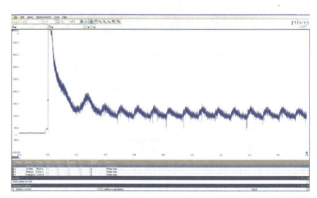

图1-32　良好的相对压缩压力波形

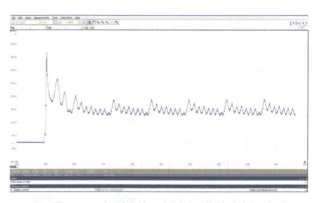

图1-33　相对压缩压力测试可快速确定相对
压缩压力低的气缸

2. 气缸压缩压力测试

内燃机依靠空气燃油混合气的压缩来产生最大功率。活塞在压缩行程的向上运动压缩燃烧室内的空燃混合气。该空燃混合气在其被压缩时变得很热。热混合气更易于被点燃，且在点燃时产生的功率比相同混合气在较低温度时更大。

如果燃烧室或气缸有泄漏，一些空气燃油混合气会在其压缩时漏出，并造成功率损失和燃油浪费。泄漏可能是气门烧损、气缸垫破损、活塞环磨损、正时带或链条滑跳、气门座磨损、气缸盖破裂等造成的。

压缩不良（由于气缸泄漏导致压缩压力偏低）的发动机将无法正常运转。如果故障现象表明问题的原因可能是压缩不良，则进行每个气缸的压缩压力测试。

不少汽车维修技师在确定气缸有问题后，会使用压力传感器和示波器进行压缩压力测试。拆下火花塞，并将压缩压力测试用的适配软管接头安装在火花塞孔中。将示波器与压力传感器相连接，连接方法和传感器配置方法因发动机品牌和所使用的示波器而异。可参阅与两者有关的资料以正确配置测试设备。示波器软件可能有压缩压力测试的预设配置，如果是这样，则从菜单中选择压缩压力测试。进行压缩压力测试时，禁用燃油喷射系统和点火系统，并用起动机起动发动机。

压缩压力表也可用于检查气缸的压缩状况。典型的压缩压力表以 psi 和 kPa 为单位。大多数压缩压力表都有一个泄放阀，用于泄放压力表中的压力。在测试完成后，打开该阀释放压力。图 1-34 展示了气缸压缩压力测试的常规步骤。

由于许多汽车在转动点火开关或按下起动按钮后并不能直接控制起动机，因此需要使用诊断仪将发动机置于压缩压力测试模式（图 1-35）。起动系统在接到指令后，将带动发动机旋转以获得压缩压力的读数。

福特、丰田和其他混合动力汽车都有发动机采用阿特金森循环。这些发动机的进气门关闭延迟，这意味着发动机的实际压缩比和排量有所降低。因此，在对这类发动机进行压缩压力测试时，预期的读数会略低于传统发动机的读数。

要对福特混合动力汽车进行压缩压力测试，必须使用诊断仪，而且最好使用福特的专用诊断仪。该诊断仪可使发动机进入起动诊断模式。该模式可使发动机在禁用燃油喷射系统的情况下转动。它还确保在此模式下起动机／发电机不会启用，这不但有利于保证安全，而且发电机的负载

不会影响测试结果，因为它没有通电。应始终按照维修信息（原厂维修资料）中所述的步骤进行操作，否则将导致不正确的读数。

湿式压缩压力测试　由于很多因素都会导致压缩压力降低，因此建议对压缩压力低的气缸进行湿式压缩压力测试。该测试可帮助确定压力低的原因是否是活塞环磨损或损坏。为进行此测试，先向压缩压力低的气缸中滴入两滴机油，然后测量该气缸的压缩压力。如果读数变高了，则很可能活塞环是其问题的原因。机油暂时密封了活塞与气缸壁的间隙，这就是读数增加的原因。如果读数没有增加，或仅略有增加，则压力读数低的原因可能是气门故障。

3. 动态压缩压力测试

发动机的某些问题仅用转动发动机的压缩压力测试是不容易检测到的，例如凸轮轴凸角的磨损。当诊断到某个气缸产生的功率尽管不如其他气缸多，但转动时的压缩压力却显示正常时，可能需要进行动态的压缩压力测试。使用标准的压缩压力测试套件，从测试仪的适配软管内拆下气门芯阀（Schrader Valve），然后将适配软管和接头拧入被测气缸的火花塞孔中。起动发动机并注意压力表。注意，因为该压力表将显示压力和真空，所以其表针会上下摆动。在某些压力表上，这可能会导致表针撞击限位销。发动机运转时，注意其最大压力。在动态压缩压力测试期间，气缸压力可能会在 70～80 psi 范围内。为了更准确地查看发动机运转期间气缸中发生的情况，许多汽车维修技师使用电子压力传感器和示波器进行此测试。

4. 气缸泄漏量测试

如果压缩压力的测试显示气缸中有某些泄漏，则可进行气缸泄漏量测试，以百分比的形式显示压缩压力的损失比例。气缸泄漏量测试仪通过气缸的火花塞孔向气缸内施加压缩空气。测试仪的压力调节阀控制供给气缸的压力。当压缩空气施加给该气缸时，该测试表将显示空气压力损失的百分比。表盘上的量程通常为 0～100%。通过空气漏出的比例和位置可以很好地了解发动机的状况，并可以准确指出造成压缩压力损失的部位。

1）进行压缩压力测试前，禁用点火和燃油喷射系统。大多数制造商都建议在热机时进行测试

2）测试时应使节气门处在全开位置，以使空气不受阻碍地进入气缸

3）取下发动机上的所有火花塞

4）将起动机远程控制按钮连接在起动系统中

5）有许多可供选择的压力表，但螺纹拧紧式通常是最准确和最容易使用的

6）将压力表适配软管和接头拧紧在被测气缸的火花塞孔中

7）为了测试准确，将蓄电池充电器连接到车上，以使发动机以一致的正常转速运转

8）按下起动机远程控制按钮并观察发动机第一圈转动时的读数

9）接着读取转过4圈后的读数，此时的读数应随每转一圈有所提高

11）从被测气缸上取下压力表，通过压力表上的泄放阀释放表中压力

12）以相同方式测试其余气缸

10）记录观察到的读数，测试后比较各气缸之间的压力读数

13）测试完所有气缸后进行比较，若一个或多个气缸压力明显低于其他气缸，则用湿式测试法继续测试这些气缸

14）在要测试压缩压力的气缸内滴入少量机油

15）将压力表重新安装在该气缸上，进行湿式压缩压力测试

16）如压力因滴入机油而有所增加，则原先读数低的最可能原因是活塞环密封不良。上述滴入机油的压力测试称为湿式测试

图1-34 气缸压缩压力测试的常规步骤

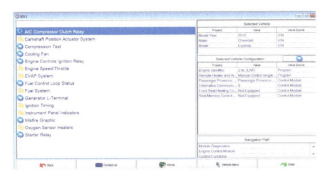

图 1-35 使用诊断仪使系统进入压缩压力测试模式

部分附近倾听或感觉，以准确查找压缩压力明显泄漏的部位（表 1-2）。

图 1-37 测试仪上的读数是空气在测试中漏出的百分比

步骤

1. 确保发动机不在运转状态。

2. 拆下散热器盖、机油加注口盖、机油尺管、空气过滤器盖和所有火花塞。

3. 通过远程起动机控制按钮转动曲轴，使被测气缸的活塞处于其压缩行程的上止点（图 1-36）。这确保了被测气缸的气门已被关闭。

4. 将测试仪空气压力软管一端螺纹适配接头插入火花塞孔。

5. 让压缩空气进入该气缸。

6. 观察表盘上的读数（图 1-37）。

7. 通过倾听和感觉来判断任何泄漏空气的源头。

表 1-1 泄漏量测试结果及结论

结果	结论
小于 10%	良好
10%~20%	可接受
20%~30%	发动机磨损
大于 30%	明确的问题
100%	严重问题

表 1-2 泄漏位置和最可能的原因

泄漏位置	最可能的原因
散热器	气缸垫有缺陷 气缸盖有裂纹 气缸体有裂纹
节气门体	进气门损坏
排气管	排气门损坏
机油加注口或机油尺管	活塞环磨损
临近的火花塞孔	气缸垫有缺陷 气缸盖有裂纹

图 1-36 进行泄漏量测试前，先运转发动机，使被测气缸的活塞处在 TDC 位置

"0"读数意味着气缸中没有泄漏，"100%"读数表示该气缸不能保持任何压力。任何大于"0"的读数都表明存在一些泄漏量（表 1-1）。大多数发动机，即使是新发动机，也会在活塞环周围出现些许泄漏。通常认为泄漏比例不超过 20% 是可以接受的。当发动机运转时，活塞环将会密封得更好，因而实际泄漏量会更低。可以在发动机各

⚠ 注意 在进行压缩压力测试或与发动机有关的其他测试时，应始终遵守制造商给出的注意事项，尤其是在混合动力车辆上进行此类测试时。在大多数混合动力车辆上，发动机是由高压电机起动的。由于需要该电机来运行此测试，所以不能隔离车辆上的高压系统。因此，必须格外小心并严格遵守所有适合的安全防范措施要求。

5. 气缸做功一致性测试

气缸做功一致性测试被用于检查发动机的各个气缸是否产生相同数量的功率。理想情况下，所有气缸都产生相同数量的功率。为了检查发动机各个气缸做功的一致性，依次停用每个气缸，每次一个，并记录发动机转速的变化。转速下降很少或几乎没有下降表明该气缸的输出功率不足。如果所有读数彼此相当接近，则表明发动机处于良好状况。如果一个或多个气缸的读数与其他气缸的读数不同，则表明存在问题，可能需要进一步测试，以确定问题的确切原因。如果所有气缸都产生了相同数量的功率，则发动机转速将在每个气缸被停用时下降相同的转速值。气缸做功不一致可能是由以下问题引起的：点火线圈不良；火花塞高压线有缺陷；火花塞有缺陷或已损耗；气缸垫受损；活塞环磨损；活塞受损；气门受损或烧蚀；气门弹簧损坏；凸轮轴磨损；气门挺柱、推杆和/或摇臂有缺陷；进气歧管泄漏；喷油器故障。

在较旧的车型上，可以使用发动机分析仪进行做功一致性测试，因为火花塞的点火可以被自动控制或通过按下一个按钮进行手动控制。当今的车辆通常会有被内置在发动机控制模块（ECM）中的做功一致性测试功能。这种测试要么是常规自诊断模式的一部分，要么必须由技师去启用。

几乎所有新型的发动机都可以通过诊断仪的指令进行气缸做功一致性测试。在这种自动测试期间，系统将力图以一个固定的转速运转发动机。一旦可以保持该转速，控制系统将关闭一个气缸的点火和供油，并测量发动机转速下降的速度。随后系统将重新启用被测气缸的供油和点火并等待几秒，直到转速重新稳定。接着系统将对下一个气缸重复该过程，直到所有气缸都完成测试。在对所有气缸进行最初的检查后，系统将再次执行测试。两个测试的结果都将显示在诊断仪上（图1-38）。

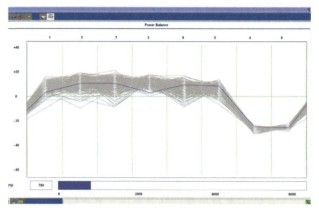

图1-38 用福特IDS诊断仪进行气缸做功一致性测试的结果显示

⚠ 警告 在一些计算机控制的发动机上，必须在准备进行做功一致性测试前断开某些部件。由于制造商之间差异较大，应始终查看相应的维修信息。在采用电动冷却风扇的所有车辆上，通过使用跨接线的旁通控制方式来使该风扇持续运转。如果该风扇控制不能旁通，则应断开风扇。在停用一个气缸的情况下不要让发动机运转超过15s，否则未燃烧的燃油会积聚在催化转化器中造成安全隐患。此外，在测试每个气缸之前应让发动机至少运转10s。

6. 真空测试

测量进气歧管真空是诊断发动机状况的另一种方法。真空是由活塞在其进气行程中向下运动形成的。如果气缸密封良好，将形成最大的真空度。这个测试对不是由计算机完全控制的发动机来讲最为重要。记住，在进气行程中造成的歧管真空度与发动机转速和节气门位置直接相关。此外，在节气门处于关闭位置时，发动机转速越高，真空度就越高。当节气门打开时，真空度会降低。

歧管真空度是用真空表来测量的。将真空表的软管连接到进气歧管的真空接头上（图1-39）。通常使用"三通"接头和真空软管短的一段来连接真空表。

真空表的读数（图1-40）可用来判断发动机

的许多状况，包括气缸的密封能力、发动机气门开启和关闭的正时以及点火正时。

图 1-39　将真空表软管连接到进气歧管上以读取发动机的真空度

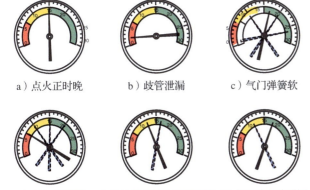

a）点火正时晚　　b）歧管泄漏　　c）气门弹簧软

d）气缸垫泄漏　e）化油器或喷油器需调校　f）气门烧损或泄漏

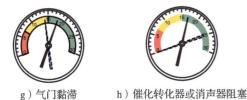

g）气门黏滞　　　h）催化转化器或消声器阻塞

图 1-40　真空表读数及其反映的发动机状况

理想情况下，发动机的每个气缸都会产生相同的真空度，因此，真空表的读数应稳定，而且其读数至少应为 17inHg（约 57.6kPa）。如果一个或多个气缸比其他气缸产生更大或更小的真空度，则真空表的指针会摆动。摆动的强度反映了问题的严重性。例如，如果真空表上的读数在 10~17inHg 之间摆动，应该注意表针摆动的节奏。如果表针在大部分时间看起来稳定在 17inHg，且下降到 10inHg（约 33.9kPa）后会迅速回升，则这样的读数很可能是由一个气缸的问题所引起的。

变动的或低的读数可能表明许多不同的问题。例如，一个低而稳定的读数可能是由点火正时推迟或气门正时不正确造成的；周期性的真空度急剧下降可能是由已烧损的进气门导致的。以下是通过真空读数可以反映的其他状况：气门卡滞或烧损；气门或点火正时不正确；气门弹簧软；曲轴箱强制通风（PCV）、排气再循环（EGR）或其他排放相关系统故障；压缩压力不一致；活塞环或气缸壁磨损；气缸垫泄漏；真空泄漏；排气系统阻塞；点火失效。

真空 / 压力传感器是检查发动机真空度的极好工具。传感器可以将一个状态转换为一个电子信号。这具有许多优点，例如可在示波器上观察信号，以便观察发动机的其他活动，这有助于察觉发动机中正在发生什么。

该传感器连接到示波器和歧管真空源上。在查看示波器上所显示的图形时，要记住真空波形是与压力波形相反的。歧管中压力的增加或真空度的降低都会使波形幅值降低。

7. 验证气门正时

一台不能正常运转或完全不能运转的发动机有可能是气门正时不正确。随着正时带 / 链条、张紧器和导向装置磨损，正时带或链条可能会逐步形成足够的松弛度而跳齿，这意味着曲轴和凸轮轴不再正确地同步。有两种方法可以验证气门正时：使用示波器，或通过物理方法检查气门正时的标记。

为了用示波器检查凸轮轴的正时，将示波器的一个通道与曲轴位置（CKP）传感器信号线连接，将另一个通道与凸轮轴位置（CMP）传感器信号线连接。转动或起动发动机并暂停屏幕上的信号图形（图 1-41）。为确定其相互关系是否正确，可能需要将测得的波形与已知完好的波形进行比较。这些完好的波形可以从车辆制造商处获得，或者可以在网上找到实例。iATN.net 上发布了许多已知是完好的波形示例，可通过付费订阅查看。

当用物理方法检查气门正时时，将曲轴转到 1 号气缸上止点并对齐曲轴的正时标记（图 1-42）。

按照需要拆下上正时盖或气门室盖，露出凸轮轴上的正时标记（图1-43）。参照制造商的维修信息，了解这些标记应是如何呈现的。如果标记都正确对齐，则气门正时是正确的。不正确的气门正时会导致驾驶性问题，如怠速不稳、失火、动力不足、过多的排放以及故障指示灯（MIL）点亮。如果气门正时差得太多，例如几个齿或更多，则气门可能会与活塞接触，导致发动机严重损坏。

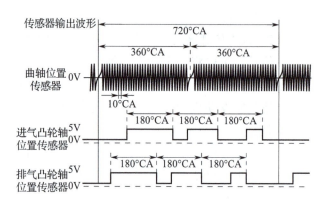

图1-41 用示波器检查凸轮轴和曲轴正时关系的示例

CA—曲轴转角

图1-42 将曲轴设定在1号气缸的上止点

图1-43 对正凸轮轴上的带轮，并用带轮上的小孔来验证正时状况

8. 机油压力测试

机油压力测试用来确定发动机零件的磨损情况。该测试使用一个机油压力表测量机油在整个发动机中循环时的压力。机油压力基本上取决于机油泵的效率和机油流过的间隙。过大的间隙会导致机油压力下降，这通常是由轴类零部件与轴承之间的磨损引起的。轴承间隙过大并不是机油压力读数低的唯一可能原因，其他原因有与机油泵相关的问题、吸油滤网堵塞、机油压力泄压阀弹簧过软或损坏、机油油位低、机油已污染或黏度低。如果机油压力比正常压力高，则可能是机油量过多、机油温度过低、机油黏度高、机油通道受阻或压力调节阀等故障所导致的。

机油压力异常将导致发动机性能下降、噪声过大和起动不良。发动机的机油压力过低会造成发动机零部件的过早磨损。

机油压力测试仪是一种带有高压软管的仪表，即机油压力表。该压力表的刻度通常为0~100 psi（0~690 kPa）。使用正确的接头和适配器，将压力表的软管连接到发动机缸体的油道上。测试通常包括以下步骤。

1）拆下机油压力传感器（图1-44），将压力表软管有螺纹的一端拧紧在传感器安装孔中。

图1-44 将机油压力表安装在缸体上的机油压力传感器安装孔中

2）运转发动机直至达到正常的工作温度。

3）在发动机运转在约1000r/min和2500r/min（或指定的发动机转速）时，观察压力表读数。

4）将压力表读数与制造商的规范值进行比较。

大多数车辆的仪表板上都有一个机油压力警

告灯，当机油压力下降到低于特定值时会点亮。当点火开关最初转到 ON 位且发动机未运转时，该灯应点亮。一旦发动机起动完成后，该灯应该熄灭。如果它不熄灭，则可能是机油压力有问题或该警告灯电路出现了故障。为了确定问题是否源于发动机，应进行机油压力测试。如果机油压力是正常的，则该灯一直点亮的原因是电气故障。

1.5 发动机技术状况评估

一旦完成了压缩压力、气缸泄漏量、真空度和做功一致性测试，就可以完成进一步的测试以评估发动机的状况。例如，一台发动机的相对压缩压力正常，但通过活塞环的气缸泄漏量高，这是一台高行驶里程且已磨损的发动机的典型特征。这台发动机会有以下故障现象：曲轴箱压力过大、动力不足、性能不佳和燃油经济性低。

如果在行驶里程相对低的发动机上发现类似的压缩压力和泄漏量的测试结果，则问题的原因很可能是活塞环卡滞而不能正确张开。如果是这种情况，可尝试用燃烧室清洁剂、机油处理剂或发动机冲洗液对该发动机进行处理。如果以上措施都不能解决问题，则需要大修发动机。

压缩压力不良但泄漏量极少的气缸表明配气机构存在问题。在这种情况下，气门可能没有在正确的时刻打开、没有充分打开或者根本没有打开。在带有推杆式配气机构的发动机上，可以通过掀开气门摇臂室盖，并在发动机运转时观察气门的动作来确认这种情况。如果一个或多个气门不能移动，那么其原因不是气门挺柱塌陷就是凸轮凸角磨损。如果所有气缸的压缩压力都低但泄漏量很小，则最可能的原因是气门正时不正确。

如果压缩压力和泄漏量是良好的，但做功一致性测试显示某些气缸指标较差，则问题的原因在燃烧室之外。假设没有点火或燃油方面的问题，则应检查配气机构部件是否损坏、弯曲或磨损，气门挺柱是否塌陷，进气歧管是否漏气或气门导管是否过度泄漏。如果怀疑是后者，可在导管上喷上一些机油。如果确实是气门导管泄漏，则会在排气中看到蓝烟。

1. 液体泄漏

检查发动机时，应检查是否有液体泄漏（图 1-45）。发动机舱盖下使用了许多不同类型的油液，因此必须仔细辨别泄漏液体的类型（表 1-3）。仔细查看发动机的上部和侧面，并注意可能存在的任何潮湿的残留物。道路上的一些灰尘会与泄漏的液体混合而形成厚厚的污迹。还要查看车辆下面是否有泄漏或滴液的迹象。检查时要确保有良好的照明。注意泄漏周围的区域并确定可能的原因。本节后续将介绍通过不同部件来准确辨别泄漏源的方法。所有泄漏问题都应加以解决，因为它们可能导致更严重的问题。

图 1-45 机油从机油盘密封垫周围泄漏

表 1-3 泄漏液体的类型辨别

状态描述	最可能的来源类型
蜂蜜状或深色油腻的液体	机油
蜂蜜状或带有栗子味的深色黏稠液体	齿轮油
绿色黏性的液体	发动机冷却液
滑润透明或浅黄色液体	制动液
滑润的红色液体	变速器或动力转向油
浅蓝色水状液体	玻璃清洗液

有时气味也可用来识别液体。汽油在泄漏时会蒸发且不会留下任何残余，但通过其气味却可很容易地辨别。

2. 排气烟雾诊断

车辆尾气的检验结果和分析可以提供发动机潜在问题的线索。基本上不应该有可见烟雾从排气管中排出。但这也有例外，在寒冷天气，当车辆怠速运转片刻后，从排气管冒出白烟是正常的。

这是排气系统中已冷凝的水吸收排气系统的热量后变成了蒸汽。然而一旦发动机达到正常工作温度，该蒸汽应不再存在。如果仍然存在，则表明存在问题。排气的颜色可用于诊断发动机的问题（表1-4）。

表1-4　尾气分析

发动机类型	可见现象	诊断分析	最可能的原因
汽油机	灰色或黑色烟雾	不完全燃烧或过浓的空燃混合气	空气滤清器堵塞 燃油喷射系统故障 排放控制系统故障 点火问题 进气歧管阻塞
柴油机	灰色或黑色烟雾	不完全燃烧	空气滤清器堵塞 燃油喷射系统故障 排放控制系统故障 燃油标号不正确 发动机过热
汽油机和柴油机	蓝色烟雾	发动机烧机油	机油漏入燃烧室 活塞环、气缸壁、气门导管或气门杆油封磨损 机油油位过高 气缸垫泄漏
汽油机 柴油机	白色烟雾	冷却液在燃烧室燃烧燃油未燃烧	气缸盖或缸体有裂纹 喷射系统故障 发动机过热

1.6　噪声诊断

通常情况下，发动机本身的故障首先会表现为一种异常的噪声。它会出现在该问题影响车辆的驾驶性之前。例如活塞松旷、活塞环或环岸严重磨损、活塞销松旷、主轴承和连杆轴承磨损、扭转减振器或飞轮松动，以及配气机构零部件磨损或松动等问题都会产生声音。除非汽车维修技师具有倾听和辨别发动机噪声的经验，否则很难辨识这些声音。

当能正确认识噪声时，发动机的噪声会变成一个非常有价值的诊断助手。在继续任何维修工作之前，始终应先进行噪声分析。这样做可使只进行必要的维修具有了更大的可能性。

1. 使用听诊器

发动机的某些声音不用听诊装置就可以很容易地听到，但有些声音是不可能听到的，除非被放大。听诊器（图1-46）借助放大声波使其在定位发动机噪声上成为非常有用的工具。它还可以区分正常和非正常的声响。听诊器的使用步骤很简单。也可使用金属杆追踪声音，直至找到其最大声强点。一旦找到了确切的位置，就可以更好地评估该声响。传声杆只是一根长而空心的管子，其工作原理与听诊器是相同的，然而听诊器能给出更清晰的结果。不管怎样，最好还是使用电子听诊装置。使用此工具可以调谐所获取的噪声，即可以消除所有可能造成干扰或误导的其他噪声。

图1-46　使用听诊器有助于确定非正常噪声的源头

客户关爱

在诊断发动机非正常噪声的原因时，可能需要缓和某些客户的情绪，他们认为仅凭自己的两只耳朵就可准确地指出该噪声的确切原因。尽管车主的描述可能是有帮助的（而且始终应去询问），但必须强调的是，一个人所说的"咯咯"声，可能被另一个人说成是"呼呼"声。汽车维修技师是专业人员，最终的诊断结果是由技师来决定的。如果客户的判断已被证明是正确的，一定要告知他们是正确的。任何客户在交往中对愿意倾听他们声音的汽车维修技师都会感觉更好。

🔴 **警告**　在发动机前部转动的传动带和带轮附近听诊噪声时要格外小心。保持软管的端部或听诊器探头远离旋转着的部件。如果软管或听诊器被运动的部件向内拉扯或向外甩出，都会造成人身伤害。

2. 常见噪声

表 1-5 给出了发动机常见噪声示例，包括对声响的描述及其可能的原因。需要记住的重点是，润滑不足是发动机噪声最常见的原因。因此，在进行车辆其他领域的检查之前，始终应先检查机油油位。有些噪声在发动机冷态时更为明显，因为零部件在没有受热膨胀时的间隙更大。记住，铝和铸铁随温度升高的膨胀率不同。例如，随着发动机升温而消失的敲击声很可能是活塞的拍打或敲击声。铝制活塞的膨胀率大于铸铁缸体，随着发动机温度的升高，铝制活塞与气缸的间隙会更小。

还要记住，附件松动、挠性板破裂、扭转减振器损坏、螺栓松动、传动带不良、机械式燃油泵弹簧断裂和其他非发动机内部的问题，都可能被误认为是发动机内部更严重的问题。在完成诊断之前，始终应努力辨别出确切的源头。在大多数情况下，通过拆解发动机并检查所有零部件是确定发动机内部噪声源最容易的方法。

3. 异常燃烧的噪声

由爆燃和早燃所产生的噪声是由发动机异常燃烧引起的。爆燃的敲击声或砰砰声是发动机在有负荷和正常温度运转期间加速时的一种非常明显的噪声。当部分空燃混合气开始自燃时，就会发生爆燃。这会导致两个火焰前锋的碰撞（图 1-47）。一个火焰前锋从火花塞头部开始移动，另一个开始于燃烧室内的某一点。此点的空燃混合气是被热量点燃的，而不是电火花。碰撞的火焰前锋引起高频的冲击波（听起来是敲击声或砰砰声）会对活塞、气门、轴承和火花塞造成结构性损坏。过度爆燃对发动机是非常有害的。

表 1-5　发动机常见噪声

噪声类型	声响描述	主要听到的时间	可能的原因
活塞环噪声	尖锐的嘎嘎声或咔嗒声	加速时	活塞环磨损 气缸壁磨损 活塞环岸断裂 活塞环张力不足
活塞拍击噪声	中空的清脆声	发动机冷态运转或加速期间	活塞环磨损 气缸壁磨损 活塞裙部磨损 连杆偏差 轴承磨损 活塞与气缸壁间隙过大 润滑不良
活塞销敲击噪声	急剧的金属轻敲声	发动机热态怠速运转	活塞销磨损 活塞销座磨损 活塞销衬套磨损
主轴承噪声	沉闷稳定的敲击声	急加速时声响更大	润滑不足 轴承磨损 曲轴磨损
止推轴承噪声 挺柱噪声 正时链条噪声	重的撞击声 轻脆的、有规律的响声 严重的敲击声	无规律的响声，可能仅在加速期间会听到 主要在怠速时 随发动机转速增加而增加	止推轴承磨损 曲轴磨损 发动机机座磨损 气门调整不正确 气门机构磨损或损坏 液压挺柱过脏 润滑不足 正时链条松旷

爆燃是由点火正时过早、发动机过热、混合气过稀或使用辛烷值过低的汽油所导致的。排气再循环（EGR）阀有故障也会导致爆燃甚至连杆的敲击。导致"砰砰"声或燃料爆燃的另一种情况称为**早燃**。当燃烧开始在火花塞点火之前时就会发生这种情况（图1-48）。燃烧室内的任何炽热点都可能导致早燃。早燃的常见原因是燃烧室中有积炭、冷却系统故障、火花塞过热、发动机润滑不良和错缸点火。早燃会引起爆燃，但早燃和爆燃是两件不同的事情。早燃通常不会造成发动机损坏，而爆燃则会。

a) 火花出现　　　b) 燃烧开始

c) 燃烧扩展　　　d) 爆燃

图1-47　爆燃

a) 被热的积炭点燃　　b) 常规的点火火花

c) 火焰前锋撞击　　d) 点燃剩余的燃油

图1-48　早燃

有时非正常的燃烧会产生另一种类型的噪声。例如**隆隆声**，这是一个术语，用来描述由多面点燃而引起的曲轴和连杆的振动。这是一种早燃的形式。在这种情况下，多个火焰前锋会同时出现在炽热的积炭颗粒处。

清除积炭　活塞顶部、进气门或燃烧室中的积炭（图1-49）会导致许多驾驶性问题，包括早燃。有多种技术可用于去除或减少发动机内的积炭量。当然，其中一种方法就是拆解发动机并用刮刀或钢丝轮去除积炭。

图1-49　沉积在进气门和排气门上的积炭

另外两种方法更为常用。一种是简单地向燃油中添加化学制品。这些化学制品作用缓慢，所以不要指望快速见效。另一种方法则需要更多工时，但却能立竿见影。这种方法使用一种积炭破碎器，它是一种利用压缩空气将压碎的胡桃壳打入气缸的机器。胡桃壳冲击活塞顶部和燃烧室壁，以松动并除去积炭。总的来讲，要使用积炭破碎器，就需要拆去进气歧管和火花塞。将破碎器的输出软管连接到气缸的进气口或插入喷油器孔中，另一根软管插入火花塞孔，这是胡桃壳和积炭离开气缸的地方。连接后，该破碎器就会迫使少量的胡桃壳进出气缸。积炭有望随胡桃壳一起排出。为了帮助去除任何剩余的小块胡桃壳，继续向气缸内施加压缩空气。这个操作是在每个气缸上进行的。注意，一旦发动机重新运转，所有剩余的胡桃壳残渣都会烧掉。

1.7　总结

- 汽车发动机可按几种不同的设计特征分类，例如工作循环、气缸数量、气缸布置方式、配气机构类型、气门布置方式、点火方式、冷却系统和燃油类型。
- 汽车汽油发动机运转的基础是四个工作行

3C：问题（Concern）、原因（Cause）、纠正（Correction）

维修工单				
年份：2000	制造商：本田	车型：Civic	里程：164285mile	单号：5512
问题	客户抱怨发动机怠速粗暴，动力不如以往，但在高速行驶时似乎是平稳的。			

　　在确认了客户的问题之后，汽车维修技师进行了相对压缩压力测试。1 个气缸的电量消耗略少于其他 3 个气缸，因此技师安装了诊断仪并进行了气缸做功一致性测试。测试显示 3 缸的转速只下降了 10r/min。在确认火花塞上有火花和喷油器有燃油流动后，技师进行了拖动发动机的压缩压力测试。压缩压力读数略低，但看起来不足以说明该气缸不做功的原因。接着技师进行了发动机运转时的压缩压力测试，压力仅有 20psi（约 137.9kPa）。然后技师拆下气缸盖来检查凸轮轴，确认在空气进入气缸方面存在问题。

原因	发现 3 缸进气凸轮轴的凸轮凸角严重磨损。
纠正	更换凸轮轴和气门挺柱后，发动机运转正常。

程的循环，包括进气行程、压缩行程、做功行程和排气行程。四个行程需要曲轴转动两整圈。

- 主流的发动机气缸布置方式是直列式（所有气缸排列成一列）和 V 型布置（其特征是有两列气缸）。倾斜式气缸布置方式很像直列式，但整个气缸体倾斜放置。气缸对置式发动机采用位于曲轴对侧的两列气缸。

- 目前气门和凸轮轴在四冲程发动机上的两种基本布置是顶置气门和顶置凸轮轴。

- 缸径是气缸的直径，行程是活塞在上止点（TDC）和下止点（BDC）之间行经的长度。缸径和行程决定了气缸的排量。

- 压缩比是在压缩行程中对空气燃油混合气压缩程度的一种度量。

- 在阿特金森循环发动机中，进气门在压缩行程中保持打开的时间比一般发动机长，因而降低了气缸中的混合气数量、发动机的有效排量和压缩比。

- 柴油发动机采用压缩式着火系统，而不是依靠电火花点火。柴油发动机利用压缩进气产生的热量引燃燃油。

- 压缩压力测试用于检查气缸的密封程度，从而确定压缩气缸内空气燃油混合气的能力。

- 气缸泄漏量测试用于测量压缩压力损失的百分比并帮助确定泄漏源。

- 气缸做功一致性测试显示发动机各个气缸是否产生相同的功率。

- 真空表读数可用于识别发动机的许多状况，包括发动机气缸的密封能力、发动机气门开启和关闭的正时以及点火正时。

- 机油压力测试测量机油在整个发动机中循环时的压力。该测试非常重要，因为异常的油压会导致许多问题，包括发动机性能不良和过早磨损。

- 仔细观察尾气状况可以帮助进行发动机故障诊断。

- 发动机本身的故障常常表现为异常的噪声。如果能正确地辨识发动机噪声，辨识噪声就可以成为非常有用的诊断辅助手段。

1.8　复习题

1. 思考题

1）四冲程发动机燃烧室的定义是什么？

2）四冲程发动机在四个行程期间发生了什么？

3）随着发动机压缩比的增加，对汽油辛烷值的要求会发生什么变化？

4）哪些测试可用来检查单个气缸的效率？

5）发动机分类有哪五种方式？

6）在点火顺序为 1—3—4—2 的四缸发动机中，当 1 号活塞处于压缩行程时，4 号活塞处于哪个行程？

2. 判断题

1）在 HCCI 发动机中，立即且同时发生的燃烧会在整个混合气中产生一个稳定的火焰。对还是错？　　　　　（　　）

2）SAE 规定当从发动机前端观察时，发动机曲轴将以逆时针方向旋转。对还是错？　　（　　）

3）凸轮轴都是布置在发动机缸体中的。对还是错？　　　　　　　　　　（　　）

3. 单选题

1）下列关于发动机的说法中哪一个是**不正确**的？（　　）

A. 发动机通过变速器和半轴提供旋转的动力来驱动车轮

B. 只有汽油发动机属于内燃机

C. 燃烧室是活塞顶部和气缸盖之间的空间

D. 为了使气缸内的燃烧完全有效地进行，空气和燃料必须以正确的比例混合

2）当活塞在燃烧进行后到达下止点时，将开始四行程循环中的哪个行程？（　　）

A. 做功行程

B. 排气行程

C. 进气行程

D. 压缩行程

3）下列关于柴油发动机的说法中哪一个是**不正确**的？（　　）

A. 柴油机的工作原理和主要部件与汽油发动机类似

B. 柴油发动机和汽油发动机都可作为四行程燃烧循环的发动机

C. 柴油发动机依靠预热塞而不是火花塞来引发着火

D. 柴油发动机的压缩比通常是汽油发动机的三倍

4）技师 A 说气缸垫的厚度对压缩比有影响。技师 B 说连杆的长度对压缩比有影响。谁是正确的？（　　）

A. 技师 A 正确

B. 技师 B 正确

C. 技师 A 和技师 B 都正确

D. 技师 A 和技师 B 都不正确

5）发动机的行程是曲柄半径的（　　）。

A. 一半

B. 两倍

C. 四倍

D. 相等

6）下列哪一种说法表述了燃烧过程中形成的热量有多少可用作发动机的动力？（　　）

A. 机械效率

B. 发动机效率

C. 容积效率

D. 热效率

4. ASE 类型复习题

1）在诊断汽油发动机排气管冒出蓝烟的原因时，技师 A 说可能是燃油喷射系统的故障；技师 B 说这很可能是冷却液漏入燃烧室造成的。谁是正确的？（　　）

A. 仅技师 A

B. 仅技师 B

C. 技师 A 和技师 B 都正确

D. 技师 A 和技师 B 都不正确

2）在讨论活塞拍击声时，技师 A 说它是一种高频的咔嗒声，且在减速过程中会因爆燃而更响；技师 B 说这是由于间隙过大，当活塞接触气缸壁时由活塞产生的噪声。谁是正确的？（　　）

A. 仅技师 A

B. 仅技师 B

C. 技师 A 和技师 B 都正确

D. 技师 A 和技师 B 都不正确

3）在确定气缸泄漏测试过程中空气从节气门体漏出的原因时，技师 A 说这表示进气门烧损；技师 B 说这表示气缸盖翘曲或气缸垫损坏。谁是正确的？（　　）

A. 仅技师 A

B. 仅技师 B

C. 技师 A 和技师 B 都正确

D. 技师 A 和技师 B 都不正确

4）在诊断发动机压缩测试和气缸泄漏量测试结果良好，但气缸做功一致性测试结果不佳的原因时，技师 A 说不正确的气门正时是最可能的原因；技师 B 说凸轮凸角严重磨损是一个可能的原因。谁是正确的？（　　）

A. 仅技师 A

B. 仅技师 B

C. 技师 A 和技师 B 都正确

D. 技师 A 和技师 B 都不正确

5）在查看油压测试结果时，技师 A 说高于正常值的读数可能是由于使用了黏度不正确的机油；技师 B 说在冷态发动机上，读数会高于正常值是可以预料到的。谁是正确的？（　　　）

A. 仅技师 A

B. 仅技师 B

C. 技师 A 和技师 B 都正确

D. 技师 A 和技师 B 都不正确

6）在汽车发动机的上部发出尖锐的金属轻敲声，在怠速时更为明显。技师 A 将问题诊断为活塞销敲击；技师 B 说该问题很可能是曲轴止推轴承松动造成的。谁是正确的？（　　　）

A. 仅技师 A

B. 仅技师 B

C. 技师 A 和技师 B 都正确

D. 技师 A 和技师 B 都不正确

7）在进行发动机真空度测试时，技师 A 说低的稳定的真空度读数可能是进气门烧损造成的；技师 B 说总体上低的真空度读数是由会影响发动机所有气缸的因素引起的。谁是正确的？

（　　　）

A. 仅技师 A

B. 仅技师 B

C. 技师 A 和技师 B 都正确

D. 技师 A 和技师 B 都不正确

8）在确定压缩压力测试结果不佳，但气缸泄漏量读数可接受情况下的最可能问题原因时，技师 A 说该问题可能是气门正时不正确；技师 B 说该问题是气门座已磨损。谁是正确的？（　　　）

A. 仅技师 A

B. 仅技师 B

C. 技师 A 和技师 B 都正确

D. 技师 A 和技师 B 都不正确

9）当客户说排气管冒黑烟时，技师 A 说有故障的油环可能是其原因；技师 B 说有故障的气缸垫可能是其原因。谁是正确的？（　　　）

A. 仅技师 A

B. 仅技师 B

C. 技师 A 和技师 B 都正确

D. 技师 A 和技师 B 都不正确

10）技师 A 说，如果发动机的压缩压力测试结果良好，那么气缸泄漏量测试的结果也会很好；技师 B 说，如果发动机在气缸泄漏量测试中结果良好，那么发动机在动态压缩压力测试中也会有好的结果。谁是正确的？（　　　）

A. 仅技师 A

B. 仅技师 B

C. 技师 A 和技师 B 都正确

D. 技师 A 和技师 B 都不正确

第 2 章
发动机的拆解和清洁

学习目标

- 能够从前轮驱动或后轮驱动车辆上拆下发动机。
- 能够将发动机分解成基本零部件。
- 能够用恰当的方法清洁发动机零部件。
- 能够就车对发动机进行常规检修。

3C：问题（Concern）、原因（Cause）、纠正（Correction）

维修工单				
年份：2010	制造商：雪佛兰	车型：探界者（Equinox）	里程：89110mile	单号：14484
问题	客户陈述发动机漏机油。			
维修历史	一周前更换过机油。			
根据该客户的抱怨，应用本章所学内容，确定该问题的可能原因、诊断该问题的方法，以及为纠正此问题的必要维修步骤。				

本章的大部分内容涵盖了发动机的拆卸和安装，并以发动机仍在汽车上时对某些部件可进行的维修作为结尾。本章还涵盖了对零部件的基本拆解和一般清洗方法；提供的资料不仅适用于发动机的修复，还适用于在不需要大修时更换单个零部件的情况。第3章和第4章涵盖了发动机气缸体和气缸盖的彻底拆解和组装。

2.1 拆卸发动机

在从汽车上拆卸发动机前，首先清洁发动机及其周围的区域，还要查阅针对从具体汽车上拆下发动机正确步骤的维修信息，确保遵守所有注意事项。确认已具有该作业所需的工具和设备。除了手动工具和一些特殊工具外，还需要一个发动机吊架或吊车（图2-1）和一个千斤顶。

图2-1　为将发动机从车上拆下，将吊车上的链条与固定在发动机上的另一根链条连接起来

发动机拆卸的具体步骤会有所不同，这取决于是从汽车底部，还是通过发动机舱上部的开口拆下发动机。许多前轮驱动（FWD）汽车要求从

汽车下方拆下发动机，而大多数后轮驱动（RWD）汽车的发动机是从发动机舱上部的开口拆卸的。当为拆卸发动机做准备中需要分离和拆卸一些部件时，牢记保证发动机的拆下出口和步骤是非常重要的。

1. 常规步骤

建议将汽车放置在框架式吊装机械下拆卸发动机。当汽车停放在地面时，为了保证汽车在作业中不会移动，应挡住车轮。打开发动机舱盖，将翼子板防护罩放置在两侧翼子板上（图2-2）。一旦汽车就位，先按照制造商给出的步骤释放燃油系统中的压力。

图2-2　在拆卸发动机之前先安放翼子板防护罩

　客户关爱

在进入客户车辆之前，确保手、鞋子和衣服是清洁的。使用一次性座椅套和地板覆盖物（车内保护三件套）以帮助防护车辆内部。

（1）蓄电池　在断开蓄电池之前安装一个保护存储内容的保护器，以防止车辆上的计算机（俗称车载电脑）和其他设备中存储的内容丢失。断开蓄电池所有负极电缆（图2-3），用胶带包裹好插接器端子，并将它们放置在远离蓄电池的地方。如果蓄电池妨碍发动机的拆卸，则拆下正极电缆并取出蓄电池。

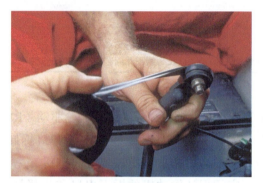

图2-3 在断开蓄电池负极电缆后，用胶带包裹好插接器端子以防止其意外接触到电池

（2）发动机舱盖 在发动机拆卸过程中，汽车的发动机舱盖可能会妨碍发动机的拆卸。如果舱盖的铰链允许其竖立在上方，那么可用一根棍子将其支撑在合适位置。在许多情况下，应该拆下发动机舱盖，并将其放置在下面铺有挡泥板覆盖物或纸箱的一个安全地方。在此过程中确保不要损伤汽车的漆面。在拆卸发动机舱盖之前，在其上面标记好铰链的固定位置，然后在他人的帮助下松开螺栓并取下发动机舱盖。

（3）油液 排出发动机中的机油，并拆下机油滤清器。然后尽可能地将散热器和机体中的冷却液排空（图2-4）。打开散热器盖以加快冷却系统中冷却液排出的速度。收集完旧冷却液后，送至回收地点。如果需要将发动机与变速器分离，则先排出变速器中的变速器油。

图2-4 排出冷却液并将其送至回收地点

（4）汽车下部的连接 当从汽车下方排放油液时，先从变速器上断开换档联动装置、变速器

冷却管路、所有电气插接器、真空软管和离合器联动机构（图2-5）。如果离合器是液压操作的，有可能的话，可拆下离合器分泵并将其放在一边；不可能的话，则断开并密封好连接至离合器分泵的管路。

图2-5 如果需要将发动机与变速器分离，则要断开所有联动机构、管路和电气插接器

（5）空气和燃油系统 拆下进气管道和空气滤清器总成，断开并堵上供油轨道和压力调节器上的燃油管路（图2-6）。如果发动机配有来自燃油压力调节器的回油管路，则也要断开它的连接。确保用夹钳或合适的堵头或盖密封所有燃油管路。大多数新车型的燃油管路上都有快速连接头，可通过按压此连接头上面的定位套来分离该燃油管路的接头。

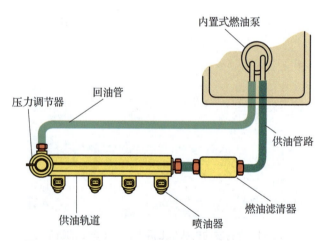

图2-6 断开并堵上供油轨道和压力调节器上的燃油管路

断开发动机上的所有真空管路。在断开之前，确保给每条管路做好标记。新型汽车在发动机舱盖的下面贴有VECI标签，这在重新安装发动机时可使管路的连接更为容易。

现在可断开节气门的联动装置和至节气门位置（TP）传感器的电气连接件。

（6）附件　拆下所有传动带（图2-7）。拧下螺栓并移动动力转向泵和空调（A/C）压缩机来为发动机吊出让出通路。除非有必要，否则不要断开转向泵和空调压缩机的连接管路。如果必须断开空调压缩机上的压力软管，则在制冷剂回收设备回收制冷剂之前，不要松动其软管接头。一旦断开软管，应立即密封管路和压缩机上的管路接口，以防污垢和湿气进入。

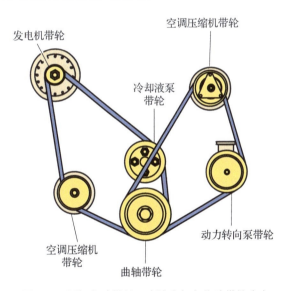

图2-7　拆卸传动带前，应注意每条传动带的走向

拆下或移开空调压缩机支架、动力转向泵、空气泵和连接在发动机上的任何其他部件，然后断开并堵住变速器和机油冷却器的所有管路。

（7）电气连接　断开发动机和汽车之间的所有电气接头前，使用喷漆用的遮蔽胶带标记所有断开的线缆（图2-8）。大多数发动机的曲轴位置传感器连接在飞轮或曲轴挠性盘的上方。在将发动机与飞轮壳分离之前，必须先拆下此传感器。在进行上述操作前，最好确保已断开发动机的搭铁线。

图2-8　在断开发动机和汽车之间的电气线路之前，使用遮蔽胶带作为标签来区分所有断开的线缆

（8）冷却系统　断开加热器进口和出口的软管，然后取下散热器的上下软管。如果散热器装有风扇护罩，则将其连同冷却风扇一起小心拆下。如果汽车配备了电动冷却风扇，则应断开与其连接的线路。然后拧下螺栓并拆下散热器的安装支架，再取下散热器。电动冷却风扇和散热器通常可以作为一个单元一起拆卸（图2-9）。

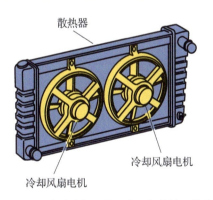

图2-9　电动冷却风扇通常可与散热器作为一个单元一起拆卸

（9）其他部件　在排气歧管处断开排气系统（图2-10）。在断开排气系统时，确保与排气传感器连接的线路在拆下之前都已断开。拆卸任何可能妨碍移动或拆卸排气系统的隔热板，然后仔细

检查发动机舱盖下，以识别并拆下可能妨碍发动机移出的东西。

图2-10　为拆下发动机必须断开排气系统。它们通常是排气的重要系统，不要损坏任何东西

由于更容易接近电缆、线路和机体上的螺栓，所以后轮驱动汽车发动机的拆卸要比前轮驱动汽车更为简单。要拆卸前轮驱动汽车的发动机可能是非常困难的，因为它需要拆分或拆下各种大的装配件，例如发动机支架、悬架部件、制动部件、发动机下护板或其他部件。

2. 前轮驱动汽车

前轮驱动汽车中的发动机和转动系统通常需要从汽车的下部拆下，在与汽车分离时，可能需要专用工具将变速驱动桥和/或发动机保持在适当位置（图2-11）。在拆卸变速驱动桥之前，务必参考维修信息。如果没有首先查阅这些信息，将会浪费很多时间和精力。

图2-11　横向的发动机支撑杆在从前轮驱动汽车上拆卸发动机时可提供所需的支撑

使用发动机吊架和滑动台架支撑发动机。但如果制造商建议通过发动机舱上部的开口拆出发动机，则应使用发动机吊架。无论用何种拆卸方

法，发动机和变速驱动桥通常是作为一个单元来拆卸的。一旦脱离汽车，就可以从发动机上分离其变速驱动桥。

（1）驱动半轴　使用大号加长杆松开并取下半轴轮毂螺母（图2-12）。建议在汽车处在地面并施加制动时松开这些螺母。

图2-12　使用大号加长杆松开半轴轮毂螺母

举升汽车以便在其下方舒适地进行作业。拆下前轮和轮胎总成。为了松动前轮和轮胎，可用橡胶锤子敲击用花键连接的笼式万向节（CV）的轴。通常只要敲击几下就可松动。

按照维修信息提供的方法断开悬架和转向系统的所有部件，拆卸前应在各部件上做好标记，这样重新安装后的车轮定位会接近原来的状态。通常必须将下球节与转向节分离。该球节若不是用螺栓固定在下控制臂上，就是用一个夹紧螺栓固定在下控制臂中。一旦松开了该球头节，就可以向下拉出下控制臂以使笼式万向节轴能够滑出轮毂（图2-13）。

图2-13　向下拉出下控制臂，将笼式万向节（CV）轴滑出轮毂

然后可撬出或滑出内笼式万向节。有些变速驱动桥采用定位卡簧，在拆卸内笼式万向节前必

须先拆下卡簧。对于其他采用法兰安装的内笼式万向节，则要先拆下螺栓再拆卸驱动半轴。在某些情况下，采用法兰连接的驱动半轴可以留在车轮和轮毂上，仅拆下变速器法兰上的螺栓即可。随后将驱动半轴自由的一端加以支撑，并放置在不妨碍发动机移出的位置上。

从变速驱动桥上拉出驱动半轴。在拆卸该半轴时，确保制动管路没有受力。用绳子将它们悬挂起来以减小软管所受重力，并使它们不妨碍发动机的移出。

（2）变速驱动桥的连接　断开所有电气连接插头和里程表连接线（若配有）。然后断开换档联动装置或拉索，以及离合器拉索或液压管路。

（3）起动机　至此可以拆卸起动机了。可保留起动机连接线的原始连接状态，或者也可以从汽车上将起动机完全拆下以防它碍事。切记不要用起动机上的连接线将其悬挂，因为起动机的重量会损伤连接线，甚至会扯断连接线而掉到你或其他人身上。在已松开固定螺栓并从发动机上拆下起动机后，始终要牢固地支撑好起动机，并将其放置在不影响发动机移出的地方。

（4）通过发动机舱上部开口移出发动机　将发动机吊索或吊链连接到发动机上。利用发动机上的吊耳或在维修信息中给定的点上系牢吊索（图 2-14）。再将吊索或吊链连接到吊车上，并将其升高到恰好足以承受发动机重量的高度。

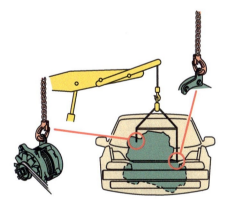

图 2-14　有些发动机配备了吊耳，以便吊装时可以可靠地挂接

从汽车下方拆卸横梁，拆下发动机和变速驱动桥悬置的固定螺栓。用变速器千斤顶支住变速器，拆下变速驱动桥的悬置。

将所有其他支架从发动机舱盖下移除，然后慢慢将发动机从发动机舱中移出。注意发动机周边所有线缆和软管，以确保不损坏任何东西。一旦发动机离开车辆，即可准备将其与变速驱动桥分离。

（5）从汽车下方移出发动机　将发动机托架和移动台架放置在发动机下面。调整托架的托盘，以使其适合发动机底部的凹处，并固定好发动机。

拆下发动机和变速驱动桥上的所有安装螺栓。必要时从汽车上拆下车架部件，有时还可能需要断开转向机与车架的连接。再次检查以确保所有连接线和软管都已与发动机分离，利用变速器千斤顶支撑变速器，拆下变速驱动桥的悬置。

慢慢举升汽车，使其离开发动机。随着汽车被举升，发动机留在托架上。在此过程中，随时检查是否有与发动机和汽车干涉的部件，同时观察是否可能仍有与发动机相连的连接线和软管。一旦发动机离开车体，即可准备将发动机与变速驱动桥分离。

3. 后轮驱动汽车

在大多数后轮驱动汽车上，发动机是用发动机吊架通过发动机舱上部的开口来拆卸的。参考维修信息以确定正确的发动机提升点，将吊索或链条系在发动机上。有些发动机配有提升用的吊耳。如果没有吊耳，则必须用螺栓将吊索固定在发动机上。吊索的固定螺栓必须有足够的强度以承载发动机，并且拧入缸体的深度必须至少达到螺栓直径的 1.5 倍。

如果变速器与发动机一起拆卸，应将发动机吊架挂钩放置在提升链条可使发动机向变速器稍微倾斜的位置。稍稍提升发动机，并检查发动机后面和下面是否有任何其他的东西需要断开。

（1）变速器　如果在拆出发动机前需要将发动机和变速器分离，则拆下离合器外壳体的所有安装螺栓。如果汽车配自动变速器，则需要拆下变矩器的安装螺栓。

如果变速器和发动机是一起拆卸的，则需要在变速器下方放置一个油盆，并从变速器中排出变速器油。一旦变速器油排完，就将该油盆移动到变速器的后部。使用粉笔标记后端万向节和减

汽车发动机检修技术（原书第7版）

速器小齿轮法兰的对齐位置（图2-15），然后拆下传动轴。

图2-15 在拆卸传动轴之前，标记后端万向节和减速器小齿轮法兰的对齐位置

断开变速器上的所有电气连接和车速表软轴（若有）。确保这些部件远离变速器，以防在变速器拆卸或安装过程中遭到损坏。

断开并拆下变速器和离合器的液压管路或联动装置。断开可能妨碍发动机拆卸的排气系统部件。

使用变速器千斤顶可靠支撑住变速器（图2-16），拆下发动机悬置的安装螺栓。如果发动机和变速器是一起拆卸的，则当变速器从汽车底部移出时，发动机的前部必须垂直向上。然后拆下变速器悬置和横梁（图2-17）。

图2-16 在拆下发动机悬置之前，先用变速器千斤顶可靠支撑变速器

（2）拆下发动机 将起重设备（吊架）的吊臂直接放在发动机上方，确保发动机上没有任何仍连接的东西。在向前拉动发动机的同时，逐步提升发动机。同时确保发动机移动中没有牵拉或损坏发动机舱内的任何东西。当发动机升高到足以离开汽车前部时，移出起重设备和发动机。

图2-17 如果发动机和变速器是一起拆卸的，则需要拆下变速器悬置和横梁

将发动机降低到接近地面的位置，以便安全地移动到所需的地方。如果变速器是与发动机一起拆下的，则拆下离合器外壳安装螺栓并检查飞轮（或挠性板）的安装螺栓。在配备自动变速器的车辆上，还要拆下变矩器与挠性板的固定螺栓。使用弓形架或其他托架以防变矩器坠落。此外要标记变矩器与挠性板连接的相对位置。

2.2 发动机拆解与检查

使用维修信息

在拆解发动机之前，查阅具体车型和发动机的相关维修信息。

提升发动机并将其放置在发动机翻转架旁（图2-18）。在大多数情况下，必须拆卸飞轮或挠性板，以将发动机安装在发动机翻转架上。在飞轮与曲轴上做好安装位置标记，这有助于发动机的重新组装。为此，应按"星形"方式松开飞轮与曲轴的连接螺栓（但不要拆下），以减小飞轮扭曲的概率。在拧动螺栓的过程中，有时飞轮会随台架转动。当发生这种情况时，应用飞轮锁定装置阻止飞轮转动。一旦松开所有螺栓，在取下这些螺栓的同时要托住飞轮。注意飞轮可能相当重，如果它掉下来，可能会伤及人身或损坏飞轮。对于手动变速器，应检查飞轮是否可能有损坏，以及离合器是否有异常情况。然后将拆下的飞轮放在一个平面上。

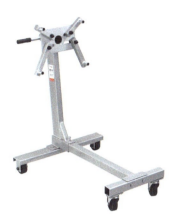

图 2-18　典型的发动机翻转架

将发动机安装到翻转架上。大多数翻转架带有一个多孔板（翻转头）或可调整的臂。发动机必须至少用四根牢固拧在发动机上的螺栓来支撑。发动机的摆放位置应处在发动机翻转架转接板的中心。

一旦将发动机可靠地安装在翻转架上，即可拆下吊索或吊链。至此可以拆解和清洁发动机了。在开始拆解发动机之前，务必要参考相关维修信息。

慢慢拆解发动机，同时目视检查每个部件是否有损伤的现象。检查运动部件上是否有过度磨损现象。检查所有部件是否有过热、异常磨损现象以及碎屑。检查衬垫和密封件是否泄漏。

通常拆解发动机的第一步是拆卸进气歧管和排气歧管。在有些直列式发动机上，进气歧管和排气歧管常常是作为一个总成来拆卸的。注意，进气歧管螺栓通常需要以与拧紧顺序相反的顺序拆卸，以防止进气歧管翘曲。

开始拆卸气缸盖前，按照制造商给出的指导拆下气门室盖和摇臂部件（图 2-19）。检查摇臂区域是否有油污。油污积累过多可能表明定期维护不当，这也是一个需要查找其他零部件是否磨损的信号。

对于顶置凸轮轴（OHC）发动机，必须拆下正时罩盖，在正时罩盖下是正时带或正时链条及其链轮。在维修信息中，会有曲轴链轮和凸轮轴链轮正时标记类型和位置的描述。如果可能，转

动曲轴以检查链轮的对准情况。如果凸轮轴的正时没有对齐，进行记录并作为后续维修的参考。在某些发动机上，当正时带或链条滑移、跳齿或断开时，其气门会碰撞活塞，这类发动机通常称为**干涉型发动机**。当气门碰撞活塞时，气门会弯曲。非干涉型发动机的气门在气门正时不正确时不会碰撞活塞，但凸轮轴链轮上的键和键槽可能会被损坏。

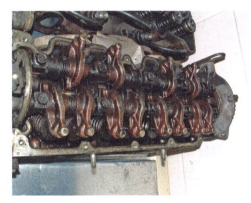

图 2-19　拆下气门室盖和摇臂部件，检查摇臂区域是否有油污，将摇臂或摇臂总成按原装顺序摆放

干涉型发动机通常在凸轮轴罩盖上有一个标签，上面会注明在特定里程间隔内必须要更换正时带。建议定期更换正时带的原因是气门或活塞的潜在损坏。

在拆卸气缸盖之前，必须先拆下正时带或正时链条。找到并移动正时带的张紧轮，以消除正时带上的张紧力。如果可能，将正时带从凸轮轴和曲轴带轮上滑出。

当拆卸气缸盖时，应保持推杆和摇臂或摇臂总成的正确顺序。为了将它们放在一起并准确标记，可使用有分隔板的托盘或用记号笔标记这些零部件。这种编排方式非常有助于诊断与气门相关的问题。然后从缸体中取出气门挺柱，并按照原先安装的顺序摆放。

技术提示

重要的是在拆卸铝制气缸盖之前，先要让其冷却下来。

按照制造商指定的顺序先将气缸盖每个螺栓拧松 1~2 圈（图 2-20）。拧松的顺序通常与拧紧顺序相反。如果没有规定的顺序，则应该从两端

向中心开始先分别拧松 1~2 圈。这样可以防止因一次松开所有螺栓可能出现的变形。最后拆下螺栓，并抬下气缸盖。

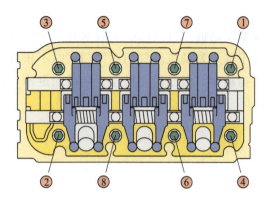

图 2-20 松开气缸盖螺栓时，应按照制造商规定的顺序操作

取下气缸盖后，检查气缸垫。应将旧气缸垫保存好，以便在重新组装时与新件进行比较。将气缸盖放置在纸板或其他软表面物体上，以防止损坏其密封面。

▶ 参见

有关拆解和维修气缸盖的步骤参见第 4 章。

冷却液泵通常安装在发动机的前部。拧下连接螺栓并将其拆下。在发动机翻转架上转动发动机，使其油底壳朝上。拆下油底壳的连接螺栓，然后取下油底壳。拆下油底壳后，检查其内部是否有金属屑和油泥（图 2-21），这两者都是有问题存在的迹象。

图 2-21 油泥大量堆积在油底壳底部

▶ 参见

有关拆解和维修气缸体总成的步骤参见第 3 章。

2.3 清洁发动机零部件

拆解发动机后，应彻底清洗其各个零部件。清洗方法取决于零部件和可用设备的类型。对零部件来讲，不正确的清洁方法或液剂通常可能比不清洗更有害。例如，使用烧碱清洗铝制零部件会腐蚀该零部件。

⚠ 警告 在使用清洗溶剂作业时，始终要佩戴眼部防护装置和手套。

1. 污垢类型

能够识别要清理的污垢类型将节省时间和精力。总的来讲，有四种类型的污垢。

（1）水溶性污泥 最容易清洗的污垢是水溶性污泥，它指的是那些会溶解在水中的泥土，包括尘土、灰尘和淤泥。

（2）有机污泥 有机污泥中含有碳，因而不能用普通水有效去除。有机污泥有三种：由原油衍生的石油副产品，包括焦油、道路油、机油、汽油、柴油、油脂和机油添加剂；燃烧的副产品，包括炭、漆类、胶质物和油泥；涂料，包括防锈处理材料、衬垫密封物、水泥、油漆、蜡和隔声涂料等。

（3）铁锈 铁锈是当铁和钢暴露在氧气和水分中时发生化学反应的结果。腐蚀是由氧和含铁金属之间类似的化学反应造成的，如锈蚀。如果不检查，锈蚀或腐蚀都会物理性地破坏金属零部件。除了破坏金属外，锈蚀物还会隔热并阻止冷却系统内部热量的传递。

（4）水垢 当含有矿物沉积物的水被加热时，悬浮的矿物质和杂质往往会溶解、沉积并附着在周围的热金属表面。这种冷却系统内部形成的沉积物称为水垢。经过一段时间后，水垢会沉积到将通道堵塞，并造成冷却效率降低，导致金属部件开始劣化。

2. 用化学制品清洁

有三种清洁汽车发动机零部件的基本流程。化学清洗是利用化学作用去除污垢、油脂、水垢、油漆和锈蚀物。

⚠️ **注意** 当用清洗溶剂或化学制品进行作业时，务必佩戴手套和护目镜，并在通风良好的区域作业。把手长时间浸泡在溶剂中会引起烧灼感，在某些情况下可能出现皮疹。在混合或使用溶剂之前，应仔细阅读溶剂容器上的贴签。

使用含氯的烃类化合物和矿物酒精会通过皮肤接触和吸入蒸汽，进而导致一些健康风险。有机烃类化合物清洗溶剂也是易燃的。使用水性无毒化学制品可以杜绝这种风险。

🔴 **警告** 在使用任何化学制品之前，应仔细阅读安全数据表（SOS）或加拿大工作场所有害物质信息系统表（WHMIS）上给出的所有信息。应了解各种化学制品可能对健康造成的危害。

烃类化合物溶剂被标记为危险品或有毒物，需要特殊的处理和废弃处置流程。许多水基清洗溶液都是可生物降解的。一旦清洗液被油脂和污垢污染，就变成了危险或有毒的废弃物，且不可再使用，应遵从与烃类溶剂相同的废弃处置规则。

⚠️ **注意** 对带有衬套或衬里的合金缸体务必小心。不同的金属对化学制品的反应会不同。在使用清洗溶剂清洗这些零部件之前，请查看维修信息。使用不当的化学制品会导致缸体和/或衬套的损坏。

3. 化学清洗设备

（1）零件清洗机 从金属表面去除油脂、机油和污垢的最常用且廉价的方法是使用零件清洗机（通常称为溶剂罐）。典型的零件清洗机（图2-22）有一个可容纳清洗剂的浸泡池，并标有使用溶剂的一些方法。这些方法包括浸泡、浸泡和搅动、溶剂冲刷以及喷枪喷除。

图2-22 典型的零件清洗机

（2）浸泡箱 浸泡箱有两种类型：冷浸箱和热浸箱。冷浸箱通常用于清洗化油器、节气门体和铝制零部件。典型的冷浸箱有一个提篮用来放置被清洗零部件。在完成带稳定搅动或不带搅动的浸泡后，取出其零部件并用水冲洗，然后用压缩空气吹干。

当化学清洗剂是新的时，清洗时间很短，大约需要20~30min。随着化学清洗剂的老化，该时间逐渐变长。通过上下搅动可将浸泡时间减少到10min左右。有些更复杂的浸泡池是自动搅动的。

热浸箱实际上是一个加热的冷浸箱。热源是电力、天然气或丙烷。热浸箱内溶液的温度范围通常在160~200℉（71~93℃）。大多数热浸箱通常都大到足够容纳整个发动机缸体及其相关零部件。

热浸箱采用一个简单的浸泡流程，它依靠加热的化学溶剂去除零件表面的油脂和污垢。搅动可以加快清洗，因为搅动有助于振松污垢，还会帮助清洗剂渗入零部件的盲道和裂缝。一般来说，为清洁大多数零部件需要浸泡一到几个小时。

（3）喷雾清洗机 喷雾清洗机的作用就像一个大型自动洗碗机，它可以去除汽车各种零部件上的有机物和锈迹。和热浸法一样，喷雾清洗机浸泡零部件，但它们还具有中压清洗的好处。

使用喷雾清洗机可以将清洁时间缩短到10min以内。通常将强碱性溶液用作清洗剂。由于这套系统的高清洗速度和低运营成本，它受到许多店主的欢迎。

喷雾清洗机通常用于拆解前对发动机零部件进行预清洗。直通式喷雾清洗机是全自动的。一旦装载了零部件，机柜就会阻止流出的东西进入下水道或流到地面，因为这是许多地方的废弃物处置法规不允许的。喷雾清洗机也可用于机加工后的零件清洗，以清除机油和金属屑。

车间提示

烧碱，即氢氧化钠（NaOH），对眼睛、皮肤和黏膜是一种非常危险的刺激性物质。这些化学制品的使用和搬运都要小心。它也是一种危险废弃物，因此必须按照环境保护部门的规定和要求进行废弃处置。

4. 热清洗

热清洗利用热量烘烤掉或氧化掉污垢和其他污染物。热清洗炉，特别是热解式的，已经变得越来越受欢迎。热清洗的主要优点是可以彻底去除气缸体、气缸盖和其他部件表面和内部的所有机油和油脂。炉内的高温（通常为650~800℉，即343~426℃）氧化了油脂和机油，但在清洗之后会在零部件上留下干燥的粉状灰烬。这种灰烬随后必须通过喷砂或清洗去除。零部件在取出时是干燥的，这使后续采用喷砂或玻璃砂的清理更为容易，因为喷砂不会粘在部件上。

热清洗炉的主要吸引力之一，是它们提供了比化学制品清洗更环保的处理过程。尽管使用它没有对溶剂或油泥的担忧，但清洗零部件后产生的灰烬残渣必须按照当地的处置规定进行处理。

车间提示

建议采用较慢的冷却速率，以防止复杂的铸件内部因不均等的冷却速率而导致变形。

5. 磨料类清洁器

还有一种清洁零部件的方法是使用磨料。大多数磨料清洁器会与其他清理工艺一起使用，而不是将其自身作为一个主要的清理工艺。

（1）手动清理　有些人工清理是不可避免的。对大而结实的油脂和/或积炭形成物，开始时应使用刮刀或金属丝刷进行清除。无论用哪一种工艺清理铝和其他软金属时都要格外小心，特别是在使用钢制刮刀或钢丝刷时。刮刀主要用来清除旧衬垫的残留材料和其他结实的沉积物，也可用带有细小打磨片（通常是纱布）的电动工具（图2-23）。这些设计旨在去除所有软的物质，而不损坏坚硬的金属表面。在刮去这些物质后，后续的清洁方法用于完成最终的清洁。

积炭可以用手持的金属丝刷或电动/气动的金属丝轮来去除（图2-24）。移动金属丝轮绕着积炭做圆周运动有助于积炭的破裂和脱落。

金属丝刷用来清洁油道和冷却液道的内部。首先将金属丝刷浸泡在清洗溶剂中，然后穿过气

缸体内的通道（图2-25）。要做到这一点，必须先拆除通道的堵头。

图2-23　使用电动刮刀可以防止刮掉任何金属

图2-24　可用电动或气动金属丝轮去除积炭

图2-25　通常需要拆除通道的堵头并手动清理通道

（2）研磨清理　使用压缩空气的喷丸和喷砂机最好用于清洗后要加工的零部件。可供研磨使用的两类基本介质是金属微粒和沙砾。金属微粒在形状上是圆的，而沙砾是有棱角的。进入研磨清理机的零部件必须是干燥和无油的，否则金属微粒或沙砾会粘在零部件上。**喷丸**是对表面的锤击过程。这使零件的表面金属结构更紧密，以增强零部件的抗疲劳强度。钢制喷丸通常用于非

气动转轮的喷射设备，它通过旋转轮盘的离心力将喷丸猛掷在零部件上。而玻璃小珠则是利用压缩空气通过喷嘴喷在一个有围挡的空间内（图 2-26）。

图 2-26　使用喷砂喷嘴清洁气门的背部

沙砾主要用于侵入性的清洁或为改善油漆黏附性而需要打磨的表面。但它会去掉少量金属，从而可能会导致公差的一些变化。沙砾也会在零部件表面遗留凹坑，使污染物和破碎残渣下沉到凹坑中。这将导致应力侵蚀，除非要对表面涂漆或进行处理。同时这些微小的裂缝也会在金属中形成表面应力，从而导致在高负荷零部件中产生裂纹。钢和铝的氧化物是两种最常见的沙砾类型。

（3）零部件滚筒清理　当清洗进排气门等小零件时，一种可以节省大量劳动力的替代方案是滚筒。滚筒中可使用各种清洗介质来清洗零件，这节省了大量的手工劳动并消除了粉尘。

（4）振动清理　振动清理设备通常称为振动器，它使用振动桶中装满的钢、瓷或铝制磨料来清洗零部件。大多数振动器都有一个装填清洗剂的筒，来帮助松动和冲洗污垢及尘垢，清洗剂从底部排出并过滤以除去油泥。

6. 其他清洁方法

最受欢迎的替代传统化学清洗系统的三种零部件清洁方法是超声波清洗、柑橘类化学物清洗和盐浴。

（1）超声波清洗　多年来，这种清洗方法一直用于珠宝、假牙和手术器械等小器件的清洗，但最近较大型超声波设备的应用已经扩展到了发动机小型零部件的清洗。**超声波清洗**（图 2-27）利用高频声波产生微小的气泡，用这些气泡爆裂

的能量来松动零件上的泥土。因为微小的气泡完成了所有工作，所以使得清洗溶液中的化学成分最小化，使得废物的废弃处理问题得以减少。但目前超声波设备的初始成本较高和处理能力不高是其主要劣势。

图 2-27　超声波零件清洗机

（2）柑橘类化学物清洗　一些化学品生产商的柑橘类清洗化学制品可用于替代危险溶剂和碱性化学制品。由于它们的成分来自柑橘，所以这些化学制品处理起来更安全、更容易处置，甚至闻起来气味也不错。

（3）盐浴　盐浴是一种独特的方法，它使用高温熔化的盐来溶解有机物，包括积炭、油脂、机油、污垢、油漆和一些衬垫。对于铸铁和钢，盐浴的工作温度约为 700~850℉（371~454℃）。对于铝或铝和铁的制品，采用在约 600℉（315℃）较低温度下的不同盐溶液。污染物从溶液中沉淀出来并沉到箱底，因此必须定期清理。盐浴的清洁时间相当短，平均 20~30min。像热浸箱一样，盐浴的温度要保持恒定。

2.4　裂纹探测

一旦发动机零部件的清洗完成后，应仔细检查每个零部件。此检查应包括对裂纹的检查，特别是发动机气缸体和气缸盖中的裂纹。若在检查过程中发现金属铸件有裂纹，则应进行修复或更换该零部件。

金属铸件中的裂纹是铸造截面上应力或应变的结果。这种应力出现在铸件中的薄弱点并导致

在此点逐渐变形或开裂。这些应力可由以下原因引起：

1）铸造过程中压力或温度的变化会导致内部材料结构出现缺陷、杂质或空隙。

2）波动或反复的应力循环引起材料疲劳，它可能从细小的裂纹开始，并由于应力进一步发展成较大的裂缝。

3）因为刚性不足，可能会导致金属的扭曲。

4）坚硬物体撞击部件可能出现撞击损坏。

5）气门对已硬化的气门座的持续撞击可能会产生振动，这可能导致薄壁铸件破裂。

6）热发动机被冷的液体或冷的空气突然涌过而造成冷冲击。

7）因发动机系统操作不当导致发动机过热。

1. 检查方法

可以通过目视检查来发现裂纹，但许多裂纹是不容易看到的。因此，发动机维修人员使用特殊设备来检测裂纹，特别是在有理由怀疑存在裂纹时。

（1）压力检查法　对气缸体或气缸盖进行压力检查的方法与检查轮胎是否泄漏的方法相同。用橡胶塞或衬垫堵上冷却液的所有通道口。将压缩空气充入冷却液套，再将充气口密封。然后将气缸体或气缸盖浸入水中。如果有泄漏，则水中将产生气泡，根据气泡形成的点位可确定泄漏的部位。

（2）磁粉探伤法　磁粉探伤（Magnetic Particle Inspection，MPI）法利用了永久磁铁或电磁铁在铸铁的零部件中会产生一个磁场的原理（图2-28）。当把检测仪的探头放在该金属上时，其磁场就会穿过金属，通过将铁粉喷洒在零部件的表面来检测裂纹产生的第二个磁场（图2-29）。因为当裂纹与磁铁的磁场方向相同时，不会形成第二个磁场，因此在检测中必须旋转磁铁，并在两个方向上检查该金属件。

（3）染色渗透法　另一种检测裂纹的常见方法依赖于三种不同化学制品的使用：渗透剂、清洁剂和显色剂。使用该方法在检查一个零部件前，该零部件必须是清洁和干燥的。这种检查必须按照以下步骤进行：

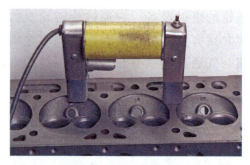

图2-28 MPI测试通过一个穿过被测铁件的磁场来进行检查

图2-29 裂纹会在两侧形成两个相反的磁极，与磁铁一起使用的铁粉将显示这些磁场

1）将渗透剂喷在或刷在零部件表面。

2）等待5min。

3）将清洁剂喷在一块干净的抹布上。

4）擦除所有可见的渗透剂。

5）在被测区域上喷显色剂。

6）等待直到显色剂彻底干燥。

7）检查被测区域，裂纹将显示为一条红线（图2-30）。

图2-30 当使用染色渗透剂时，裂纹呈现为一条红线

2. 修复裂纹

如果发现了裂纹，就必须决定是更换还是修复该零部件。这个决定应基于修复的成本，以及修复该零部件所需的任何其他修理内容。气缸体

和气缸盖的进一步检查以及维护和修复参见第 3 和第 4 章。

2.5 发动机的就车维护

发动机上有些维护项目可以在发动机仍在车上时进行，其中有些项目在已拆下的发动机上进行可能更简单些。不管怎样，如果非必要，不拆下发动机作业是会节省时间的。

发动机舱盖下的许多维护工作包含了与拆卸发动机相同的步骤。此外，许多在车上的其他维护方法在本书的适当章节也有介绍。

1. 油底壳垫

已损坏的油底壳垫通常是机油泄漏的根源，该密封垫的更换可以在发动机在车上时进行。开展这项作业的步骤因车型不同而不同，所以在试图修复此类泄漏之前，务必参考维修信息。用于前轮驱动和后轮驱动汽车的基本步骤是不同的。

（1）后轮驱动汽车 在后轮驱动汽车上拆卸油底壳的典型步骤从举升车辆开始。在车辆已举升且千斤顶就位后，断开蓄电池并拆下起动机。然后排空机油，拆下横梁或其他任何妨碍拆卸油底壳的部件。最后松开并拆下油底壳的固定螺栓并小心取下油底壳。

拆下油底壳后，清洁油底壳与发动机气缸体上的密封表面。在大多数情况下，制造商会推荐清除密封油底壳所用密封剂的方法。但切不可使用金属刮刀、金属丝刷或其他磨料来清洁其密封表面。

在清洁油底壳和气缸体后，在油底壳上放好新衬垫（图 2-31）或在油底壳密封区域涂抹硅密封胶。在某些发动机上，油底壳的后部密封件是单独的一片，而且它应该在油底壳接触到气缸体之前安装。

油底壳就位后，插入连接螺栓并用手拧紧。所有螺栓都安装后，将它们拧紧到规定力矩。然后安装油底壳放油螺塞，随后降下车辆，并向发动机内加注清洁的机油。

图 2-31 典型的油底壳衬垫

车间提示

安装完油底壳后，应至少等待 30min 后再向发动机加注机油。这使得密封胶有足够的时间凝固和密封。

（2）前轮驱动汽车 更换前轮驱动汽车油底壳垫的步骤与上述后轮驱动汽车步骤类似，但会增加一些步骤。最初的步骤是在发动机舱盖下完成的，包括断开蓄电池和空调压缩机电气连接件，并拆下传动带、散热器和空调压缩机。

举升车辆后，排空机油，并拆除发动机下方的所有防溅护板。然后拆下或断开任何有可能妨碍拆下油底壳的东西。完成该区域的清理后，拆下油底壳固定螺栓和油底壳。

当从发动机上拆下油底壳后，清洁油底壳和发动机气缸体上的密封面，然后在油底壳上涂抹适当的密封剂后将其装在气缸体上。再将其余的螺栓拧紧至规定力矩。按照与拆卸油底壳过程相反的顺序继续余下的安装工作。最后确保向发动机重新加注适合的机油。

2. 扭转减振器

发动机扭转减振（谐波）器的更换可能稍微复杂些，这取决于发动机和扭转减振器的位置。

（1）纵置发动机 下面是在纵置发动机上更换扭转减振器的典型步骤。首先拆下传动带，然后固定住曲轴带轮并拆下该带轮中心的固定螺栓。当拆下该螺栓后，就可以很容易地连同垫圈一起拉出带轮。如果不太容易拉出，则需要使用曲轴带轮拉拔器。根据发动机的不同，可能会用到方向盘拉拔器或者特殊的拉拔器。为使用方向盘类型的拉拔器，需要拆下曲轴带轮上用于固定传动带轮的螺栓。将拉拔器安装到曲轴带轮上，然后扭动已顶在曲轴上的拉拔器中心螺栓，从而拆下曲轴带轮。

清洁曲轴和螺栓，以及垫圈上与曲轴带轮的接合面。通常建议更换这个中心固定螺栓。新螺栓在安装前应涂抹少许机油。

将新曲轴带轮安装到曲轴上，并确保其与曲轴正确对正。在维修信息中可以找到对正的步骤。装入垫圈和中心螺栓并手动拧紧螺栓。固定住带轮并将中心固定螺栓拧紧至规定力矩。该螺栓是一个典型的需拧紧到屈服点的螺栓，因此要确保先拧紧至规定力矩，再进一步拧紧一个指定的角度。

接下来可安装新传动带。

（2）横置发动机　首先断开蓄电池，然后拆下附件的传动带。根据车型的不同，可能需要拆下车轮拱罩处的发动机下护板，以便接近曲轴带轮。在固定住扭转减振器曲轴带轮的情况下，松开并拆下其中心固定螺栓。在试图拆卸中心螺栓时，可能需要使用飞轮锁定工具或特殊的曲轴带轮锁定工具，以防止发动机转动。用合适的拉拔器从曲轴末端拉出扭转减振器（图 2-32）。确保在此过程中不要损伤曲轴。此外还要检查曲轴上的半圆键是否有损伤，如有损伤应更换。

图 2-32　使用拉拔器拆卸曲轴带轮

废弃旧螺栓并润滑新螺栓、前油封和扭转减振器的密封接触区域。在带轮上的半圆键键槽中涂上密封剂。然后在 4min 内装上新带轮，并尽可能将其推到底。使用适当的工具，使带轮在曲

轴上完全落位，并将其中心螺栓拧紧至规定力矩。该螺栓是一个典型的需拧紧到屈服点的螺栓。因此，要确保拧紧到规定力矩，然后进一步拧紧一个指定的角度。

如果使用过飞轮锁定工具，则拆除它并安装飞轮盖板。然后重新安装传动带、冷却风扇和护罩。最后重新连接蓄电池。

2.6　气缸盖

在车上拆卸发动机气缸盖与在发动机翻转架上拆卸气缸盖的许多步骤相同。具体的拆卸步骤会因车型和发动机类型不同而不同。下面是在新型 V 型发动机和直列发动机上进行此作业的一个示例。这些步骤包括了许多零部件的拆卸和安装，这些零部件的检修可能不需要拆卸气缸盖。开始拆卸气缸盖前，将故障诊断仪连接到数据连接插接器接口（DLC，简称数据接口）上，并检查发动机的冷却液温度。等该温度低于 100℉（38℃）后再继续下一步。这样做是为了防止可能对进气歧管和气缸盖造成损坏。一旦温度合适，则拆下进气歧管。

1. 各类发动机气缸盖的拆卸

拆卸各类发动机气缸盖刚开始的步骤都是相同的。首先排空机油，然后拆下气缸体放液堵，排空冷却液。重新装上气缸体放液堵。断开蓄电池负极电缆，然后至少等待 3min。

标记所有电气插接器和线束固定夹，以便记住它们的原始位置，随后断开其与进气歧管和气缸盖的连接。

拆卸进气管道、空气滤清器出口管和空气滤清器总成，然后拆下附件的传动带。

拆下散热器上的软管支架、气门室盖、发动机前罩盖和所有火花塞，然后拔下蒸发排放炭罐的软管、制动助力器真空管和强制曲轴箱通风软管。接着断开到 EGR 阀或 EGR 模块的真空管路。最后拆下点火线圈总成。

从气缸盖上拆下散热器上的软管和加热器软管。断开冷却液旁通软管，随后堵上它们。最后

拆下节温器室。

释放燃油导轨中的燃油压力，并断开燃油供给软管。接着断开燃油输送软管，最后拆下燃油导轨。

（1）V 型发动机　有些 V 型发动机使用上下进气歧管，这些都是可单独检修的。首先拆下上部进气歧管的固定螺栓，然后从发动机上取下上部进气歧管，检查该进气歧管是否有损坏并清洁其密封表面。然后拆下下进气歧管（图 2-33），并拆下其衬垫和前后密封件。接着从气缸盖上拆下排气歧管。

图 2-33　下进气歧管

对于某些顶置凸轮轴（OHC）发动机，接下来要先取下凸轮轴的滚子从动件。为此，使用适当的工具压缩气门弹簧，以便取下从动件。此外，当试图拆卸凸轮轴时，要确保凸轮轴的凸轮凸角远离该从动件。确保标记每个从动件的位置，以便重新组装时能将它们安装在原始位置。在顶置气门（OHV）发动机上，松开摇臂并取下推杆。保持推杆原安装顺序，以便按正确位置重新安装它们。

转动曲轴直到凸轮轴链轮（或正时带轮）上的正时标记处在规定位置。此时可从正时链条（或正时带）侧面拆下正时链条（或正时带）的张紧系统，然后拆下正时链条（或正时带）。

按照规定顺序拆下气缸盖螺栓，并取下气缸盖。由于气缸盖螺栓拧紧到了屈服点，所以不能再重复使用，要用新螺栓。为了从气缸体上取下气缸盖，可能需要撬动它。拆下气缸盖并将其放在纸板或其他软表面的物体上，以防止损坏接

合面。

（2）直列式发动机　下列步骤应在完成上述对所有发动机都适用的拆卸步骤后进行。首先拆下进气歧管，然后转动曲轴，使曲轴和凸轮都处在 1 号气缸压缩上止点的对应位置，并确认它们的正时标记正确对准。然后拆下凸轮轴正时链条（或正时带）。最后拆下气缸盖固定螺栓和气缸盖。

⚠️ 注意　检查张紧器的密封油道。如果张紧器的密封件有裂纹、滴漏或分离情况，则必须更换该张紧器。张紧器漏油会降低张紧器施加的压力，从而导致正时链条产生噪声

2. 各类发动机气缸盖的安装

清洁气缸盖与气缸体的接合面。使用塑料刮板去除硅胶或衬垫的残留材料。有可能需要使用硅胶去除剂来彻底清洁密封面。使用直尺和塞尺来检查气缸盖和气缸体密封表面的平面度。

将新的气缸垫放到气缸体或气缸盖的定位销上（图 2-34），然后小心地将气缸盖放入位置。在装入气缸盖螺栓后，按照规定的顺序和力矩拧紧螺栓。

图 2-34　为确保新气缸垫是正确的，可将其放在气缸体或气缸盖上检查

（1）V 型发动机　正确定位并安装曲轴链轮。然后装上正时链条左右侧的导链板，接着安装并拧紧其固定螺栓。此时按照技术规范对准左右凸轮轴的链轮。转动曲轴使 1 号气缸的活塞处于上止点。将位于内侧的正时链条（或正时带）安装到曲轴链轮（或正时带轮）上，确保其与链轮

（或正时带轮）上的正时标记正确对准。然后安装此正时链条的张紧器，并将张紧器拧紧至规定力矩。重复相同的步骤安装外侧的正时链条。对于采用正时带的发动机，确保其曲轴和凸轮轴已正确放置后，安装正时带。对正时带施加正确张紧力，并完整转动曲轴两圈后，重新检查所有正时标记的对准情况。

车间提示

在某些发动机上，链条张紧器的柱塞必须先压缩后才能安装。为此，需要将张紧器放在台虎钳上，以便将其柱塞压入到张紧器中。压缩柱塞后，安装一个固定夹子，以使柱塞保持在该位置上。一旦安装好张紧器，即可取下该固定夹子。

对于采用正时链条的发动机，将新的发动机前罩盖密封垫放到前罩盖上，然后安装此罩盖。使用清洁的机油，润滑并安装前罩盖和曲轴的新油封。接着安装凸轮轴位置传感器。在曲轴带轮的半圆键键槽中放入一点硅胶或密封材料。使用适当的工具安装该带轮，并按规定力矩拧紧。

安装附件传动带的惰轮和张紧器。压缩气门弹簧，并安装凸轮轴滚子从动件。确保从动件安装在其原始位置。

安装进气歧管。如果V型发动机有上下进气歧管，定位下进气歧管的新衬垫和前后密封件。然后安装该歧管的固定螺栓，并将它们拧紧至规定力矩。接着对上部进气歧管进行相同的作业。

安装线束支架，连接至进气歧管的电气插接器，然后将曲轴箱强制通风（PCV）阀、制动助力器和排气再循环（EGR）阀的软管连接到进气歧管上。安装点火线圈总成。检查并清洁气门室罩盖的密封面后，进行安装作业并按规定力矩拧紧螺栓。最后安装排气歧管衬垫和排气歧管。

（2）直列式发动机　定位曲轴使1号气缸处于上止点（TDC）。然后按照技术规范对准凸轮轴链轮（或正时带轮）。接着安装正时链条（正时带）和张紧器。必要时调整气门间隙。安装进气歧管及新衬垫，确保拧紧螺栓至规定力矩。将线束固定夹子和软管支架安装到歧管上。

安装气缸盖罩、节温器壳体和点火线圈。连接发动机线束，并将线束固定夹子安装在气缸盖上。插上所有拔下的冷却液和加热器软管。

（3）各类气缸盖　连接所有已断开的传感器插接器。安装燃油导轨，并将燃油供给软管连接到燃油导轨上。接着连接其他已断开的真空管路和空气滤清器总成。安装传动带并重新连接蓄电池的负极电缆。将点火开关转至ON位，以使燃油泵运转约2s，然后检查燃油管路的连接点是否有泄漏迹象。至少重复上述过程两次。在继续作业前，修复所有燃油泄漏问题。

现在，向发动机的冷却系统重新加满冷却液，并排出系统中的空气。仔细检查所有连接点是否有泄漏。最后一步是执行必要的重新学习程序，这些程序会因制造商和发动机的不同而不同。

3C：问题（Concern）、原因（Cause）、纠正（Correction）

维修工单				
年份：2010	制造商：雪佛兰	车型：探界者（Equinox）	里程：89110mile	单号：14484
问题	客户陈述发动机漏机油。			
维修历史	一周前更换过机油。			
在了解该车辆维修历史后，汽车维修技师检查了车辆并确认发生机油泄漏。注意到泄漏来自放油螺塞，技师试图拧紧该螺塞，但螺塞明显松旷且无法拧紧。				
原因	确认机油泄漏，发现放油螺塞的螺纹脱落。			
纠正	更换油底壳以解决放油螺塞螺纹的问题，重新加注机油。			

2.7　总结

- 在准备拆卸和分解发动机时，重要的是始终遵循针对待修的特定车辆的特定维修信息。

- 为将发动机从发动机舱中吊出，需要吊架和链条。至少用四根螺栓将发动机固定到发动机翻转架上，或牢固地放置在木块上。

- 虽然发动机气缸盖和气缸体的拆解是一个相对标准的流程，但准确的细节会随发动机类型的不同而变化。特定车辆的维修信息应视为是最终的流程。

- 了解污垢的类型可节省清洁发动机的时间和精力。污垢的主要类别包括水溶性的和有机的污泥、铁锈和水垢。

- 在使用任何类型的清洁剂或化学制品进行作业时，应佩戴防护手套和护目镜。使用此类用品前，应仔细阅读标签以及材料安全数据表上提供的所有信息。

- 零件清洗机或溶液罐，是清洗许多汽车零部件和零部件金属表面的一种普遍且廉价的方法。无论使用何种溶剂，通常都需要通过涂刷、刮擦或搅动来提高清洗效果。

- 冷浸箱用来清洗化油器、节气门体和铝制零部件。热浸箱可以容纳发动机的整个缸体，它使用加热的清洗溶液来蒸煮污垢。热喷雾清洗机还具有中压清洗的好处。

- 近年来出现了替代腐蚀性化学清洗剂的方法，包括超声波清洗、盐浴和柑橘类化学制品清洗。这些方法都日益受到欢迎。

- 热清洗的主要优点是可以完全去除油类和润滑脂。烤箱内的高温会在部件上留下干燥的粉状灰烬，随后可以使用喷砂或清洗法去除它们。

- 金属微粒和沙砾用在不需要蚀刻或去除材料的清洗作业中。另一种磨料喷射器用的是沙砾，它用于更具侵蚀性的清洁作业。

- 在任何发动机的重新组装作业中，都需要一定程度的手动清洁。应使用非常细的砂纸去除表面的不规则。手持的或电动的金属丝刷也很有用，尽管会耗费时间。

- 有三种检查发动机金属铸造零部件中裂纹的常见方法：压力检查法、磁粉探伤法和染色渗透法。

- 有些发动机的检修可以在发动机仍在车上时进行。进行这些作业的步骤与发动机在翻转架上的步骤非常相似。

2.8　复习题

1. 思考题

1）在使用任何类型的清洗剂或化学制品进行作业时应穿戴什么？

2）为什么在断开车辆蓄电池之前应安装一个内容存储保护器？

2. 判断题

1）许多前轮驱动（FWD）车辆的发动机必须在还连接着变速器时拆卸。对还是错？　　（　　）

2）拆卸发动机的第一步通常是拆卸进气歧管和排气歧管。对还是错？　　　　　　　（　　）

3）在许多前轮驱动（FWD）车辆中，为拆卸散热器，必须分解部分悬架部件。对还是错？
　　　　　　　　　　　　　　　（　　）

3. 单选题

1）在准备拆卸发动机时，举升车辆的最佳方法是什么？（　　　）

A. 框架（龙门）式吊装机械

B. 开到举升机上

C. 液压千斤顶和安全支架

D. 发动机吊架

2）以下哪个说法是**不正确**的？（　　　　）

A. 当通过车辆底部拆卸发动机时，使用发动机吊架和滑动台架来支撑发动机

B. 如果制造商建议通过发动机舱盖开口拆卸发动机，应使用发动机吊架

C. 无论采用何种拆卸方法，前轮驱动（FWD）车辆的发动机和变速驱动桥通常是作为一个整体来拆卸的

D. 当从后轮驱动（RWD）车辆上拆卸发动机时，通常需要拆解悬架系统

3）在冷却系统内部积聚的矿物质和沉积物称为
（　　）。

    A. 有机泥土

    B. 水垢

    C. 铁锈

    D. 尘垢

4）烃类溶剂是（　　）。

    A. 易燃的

    B. 有毒的

    C. 易燃且有毒的

    D. 不易燃且无毒的

5）下列哪一种清洗方法利用高频声波产生的微小
气泡来松动零部件上的污物？（　　）

    A. 超声波清洗

    B. 盐浴清洗

    C. 热清洗

    D. 化学制品清洗

6）当零件进入磨料清洗机时，它必须是（　　）。

    A. 潮湿的

    B. 干燥的

    C. 无油的

    D. 干燥且无油的

7）将发动机机体安装在台架上应至少使用
（　　）根螺栓。

    A. 4

    B. 6

    C. 3

    D. 5

8）以下哪一种不属于有机泥土？（　　）

    A. 由原油衍生的石油副产品，包括焦油、道路
油、机油、汽油、柴油、润滑脂和机油添
加剂

    B. 冷却液和铝制品产生的锈渍

    C. 燃烧的副产品，包括炭、清漆、胶质和油泥

    D. 包含防锈材料、衬垫密封剂和黏合剂、油
漆、蜡和隔声涂料等的涂层

9）下列关于热清洗的哪一个说法是**不正确**的？
（　　）

    A. 热清洗的主要优点是可使气缸体、气缸盖和
其他零部件内外所有机油和润滑脂整体减少

    B. 一个零件经过热清洗后，应浸入水中进行快
速冷却

    C. 热清洗会在零部件上遗留干燥的粉状灰垢

    D. 零件经过热清洗后，应进行冲洗或喷丸处理

10）以下哪一种**不是**确定发动机气缸体或气缸盖
中裂纹位置的常见方法？（　　）

    A. 压力检查

    B. 真空测试

    C. 磁粉探测

    D. 渗透染色

4. ASE 类型复习题

1）在处理油泥积聚过多的发动机时，技师 A 说
有油泥存在是一个需要查找其他部件磨损的信
号；技师 B 说过多积聚的油泥可能表明维护计
划表很糟糕。谁是正确的？（　　）

    A. 仅技师 A

    B. 仅技师 B

    C. 技师 A 和 B 都正确

    D. 技师 A 和 B 都不正确

2）在讨论气缸体或气缸盖产生裂纹的常见原因
时，技师 A 说冷水或冷空气突然吹过热发动机
表面的冷却会导致裂纹；技师 B 说过热是一个
常见的原因。谁是正确的？（　　）

    A. 仅技师 A

    B. 仅技师 B

    C. 技师 A 和 B 都正确

    D. 技师 A 和 B 都不正确

3）技师 A 使用起重机从发动机舱中移出发动机；
技师 B 使用发动机吊架从发动机舱中移出发动
机。谁是正确的？（　　）

    A. 仅技师 A

    B. 仅技师 B

    C. 技师 A 和 B 都正确

    D. 技师 A 和 B 都不正确

4）拆卸气缸盖时，技师 A 保持了所有摇臂和推杆
的原装顺序；技师 B 从中心螺栓开始向两端拧
松气缸盖螺栓。谁是正确的？（　　）

    A. 仅技师 A

    B. 仅技师 B

C. 技师 A 和 B 都正确

D. 技师 A 和 B 都不正确

5）在讨论磨料清洁机时，技师 A 说因喷砂的形状有棱角而被用于破坏性的清洁；技师 B 说因沙砾是一种有棱角的介质而被用来锤击金属表面。谁是正确的?（　　）

A. 仅技师 A

B. 仅技师 B

C. 技师 A 和 B 都正确

D. 技师 A 和 B 都不正确

6）技师 A 在断开电气连接线前对所有连接线都贴了标签或做了标记。技师 B 在断开所有真空软管前都贴了标签或做了标记，并与发动机舱盖下的贴签上的连接图进行了核证。谁是正确的?（　　）

A. 仅技师 A

B. 仅技师 B

C. 技师 A 和 B 都正确

D. 技师 A 和 B 都不正确

7）在讨论清洗发动机零部件时，技师 A 说所用的清洗方法取决于要清洗的零部件和可用的清洗设备类型；技师 B 说零部件滚筒清洗机适于清洗铝制零部件，例如进气歧管和气缸盖。谁是正确的?（　　）

A. 仅技师 A

B. 仅技师 B

C. 技师 A 和 B 都正确

D. 技师 A 和 B 都不正确

8）在松开前轮驱动（FWD）车辆驱动桥的轮毂螺母时，技师 A 说应该使用大号加长杆以防止损坏轴承；技师 B 说应该在车辆处于地面并施加制动时松开这些螺母。谁是正确的?（　　）

A. 仅技师 A

B. 仅技师 B

C. 技师 A 和 B 都正确

D. 技师 A 和 B 都不正确

9）准备拆卸发动机时，技师 A 转动曲轴带轮将发动机设定在 1 号气缸上止点（TDC）；技师 B 拆下传动带和曲轴带轮。谁是正确的?（　　）

A. 仅技师 A

B. 仅技师 B

C. 技师 A 和 B 都正确

D. 技师 A 和 B 都不正确

10）在为拆卸发动机做准备而拆下车辆的发动机舱盖后，技师 A 将发动机舱盖放置在该车辆的天窗上；技师 B 将发动机舱盖放倒在处于安全地方的翼子板覆盖物或纸箱上。谁是正确的?（　　）

A. 仅技师 A

B. 仅技师 B

C. 技师 A 和 B 都正确

D. 技师 A 和 B 都不正确

第 3 章
气缸体基础知识与维修

学习目标

- 能够拆解并检查发动机气缸体。
- 能够列举组成气缸体的部件名称，并简要描述它们的工作原理。
- 能够安装顶置气门（OHV）凸轮轴和轴承。能够检查曲轴并确定所需的维修内容。
- 能够描述发动机轴承、飞轮和扭转减振器的功用。
- 能够运用连杆和活塞常规检修和装配的技术。
- 能够将活塞安装到气缸孔中。
- 能够检查、维修和安装机油泵。

3C：问题（Concern）、原因（Cause）、纠正（Correction）

维修工单				
年份：2010	制造商：本田	车型：Civic	里程：59919mile	单号：17201
问题	客户陈述自从更换机油后仅行驶了约900mile，机油指示灯就点亮且机油液位较低。			
根据该客户的问题，应用本章所学内容，确定该问题的可能原因、诊断该问题的方法以及为纠正此问题的必要维修步骤。				

发动机的下部是气缸体，包括缸体、曲轴、轴承、活塞、活塞环和机油泵（有时还有凸轮轴）。这些部件中的大部分是通过铸造或锻造制成的。铸造是将熔化的金属浇注入铸模中，使其形成特定的形状。锻造是将金属加热后压入模具，从而使金属形成一定的形状。但有些锻造是用冷金属完成的。这类制造出来的零件随后还要进行许多机械加工。比如：气缸体的顶面必须平整，以便气缸盖可以密封它；气缸体的底部也是经过机械加工的，以实现油底壳的良好密封；气缸孔表面要加工光滑，并具有正确的直径以适配活塞；气缸体主轴区域的一连串孔必须沿一条轴心线切分，这些轴承孔必须要与曲轴轴颈直径相匹配，凸轮轴轴承孔也必须在一条轴心线上。

当一台发动机出现严重故障时，维修店要么重新修复它，要么更换发动机（图3-1）。通常**短缸体**（气缸体总成）是作为一个总成整体进行维修或更换的。短缸体总成包括气缸体、曲轴、轴承、连杆、活塞和活塞环、油道及其堵塞。与短缸体有关的零部件包括飞轮和扭转减振器，短缸体也可能包括凸轮轴和正时齿轮。**长缸体**（俗称秃机）实际上是一个在短缸体上安装了气缸盖的总成。汽车维修行业通常会使用这些术语。

图3-1 展示在发动机内部装配的活塞组件和曲轴的剖开图

3.1 短缸体拆解

本章假设发动机位于发动机翻转架上，并且已从气缸体上拆下了气缸盖。如果油底壳和冷却液泵还在气缸体上，应在进行下一步拆解前先将它们拆下。

拆下扭转减振器，它也称为谐波平衡器。扭转减振器带有一个用橡胶垫黏合到外圈上的内轮毂，其作用是吸收曲轴的扭转振动（图3-2）。通常情况下，扭转减振器的拆卸需要一个正确型号的拉拔器。如果使用不合适的拉拔器，很可能会损坏橡胶黏合材料，这会导致扭转减振器失效，并会导致发动机振动和曲轴损坏。取下扭转减振器后，仔细检查橡胶是否有撕裂、内外部分分离或其他损坏。如果有任何问题，都应更换扭转减振器。

图3-2 扭转减振器的结构

拆下OHV发动机上的正时罩盖，它下面是正时链轮。曲轴的正时链轮与曲轴是轻微的过盈配合，通常可以用手拉出。凸轮轴链轮也可以如此拆下。凸轮轴链轮和链条必须与曲轴链轮一起拆下（图3-3）。

在拆下正时齿轮和链条之前，应先检查正时链条的挠度。在两链轮之间的中间点按压链条并测量链条可以偏离的尺寸。如果挠度超过技术规范，则应更换正时链条和链轮。

图 3-3 典型 OHV 发动机上的正时链轮和链条

松开凸轮轴链轮，然后从发动机上拉出正时齿轮和链条。务必小心不要遗失每根轴上的键或链轮后面的任何垫片。

正时链条一般都装有张紧器和导板。一般情况下，在发动机大修时都会更换正时链轮组件，其张紧器和导向器也应同时更换。

在取下 OHC 发动机的气缸盖之前，要松开正时带或链条。为此先拆下正时带（链条）罩盖的螺栓，然后轻轻地撬动罩盖以使其离开气缸体和气缸盖。拆下曲轴位置传感器、正时链条导板、链条张紧器滑块和链条。在有些发动机上，机油泵是由发动机曲轴前端驱动的（图 3-4），因此需要拆下机油泵的固定螺栓并取下机油泵。为此应先逆时针转动曲轴，使机油泵链轮上的正时标记与机油泵上的标记对齐，再拆下链轮和链条张紧器底板的固定螺栓和弹簧。然后取下机油泵链轮和链条。接着从机油泵上拆下机油滤网。

图 3-4 在大多数发动机上，机油泵是由发动机曲轴前端驱动的

如果此时还没有取出气门挺杆，现在可以将其取出。按照拆卸的顺序把零件放在工作台上。小心地从气缸体中拉出凸轮轴。注意拉动凸轮轴时要托住凸轮轴，以避免其凸轮凸角拖过凸轮轴轴承表面，这可能会划伤轴承和凸角。

1. 气缸体拆解

旋转在发动机翻转架上的发动机，使发动机底部朝上。如果之前没有拆下油底壳，则先将其拆下。然后拆下机油泵。在从发动机上取出机油泵时，小心不要遗失机油泵的驱动轴。

如果该发动机有平衡轴，在拆卸平衡轴总成前应先检查其轴向间隙。放置一个百分表，以便能够读取平衡轴的前后移动量。测量平衡轴能够在其壳体内移动的总距离。将该读数与标准值比较。如果读数大于规定的最大值，则应更换平衡轴壳体和轴承。按照技术规范中的顺序松开壳体固定螺栓（图 3-5）。

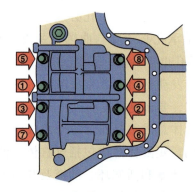

图 3-5 必须按照图示顺序松开平衡轴壳体的固定螺栓以防止平衡轴和其壳体变形

将平衡轴从其壳体中取出。检查轴承是否有异常磨损或损坏。按其原始位置保留轴承。检查平衡轴的轴颈是否有划痕、点蚀和其他损伤。如果轴承或轴颈有损伤，应更换轴承和 / 或平衡轴。

旋转发动机，使发动机下部重新朝下。转动曲轴，使一个气缸的活塞位于 BDC（下止点）。使用缸肩铰刀类的工具小心地去除该气缸的缸肩，去除缸肩时应顺时针转动工具（图 3-6）。注意不要切得太深，因为可能会在气缸孔上留下切痕。只需切除足以能让活塞刚好滑出气缸孔的金属部分，而又不对气缸孔造成损伤即可。

缸肩形成在气缸孔的顶部。因为第一道活塞

环在活塞到达气缸顶部时已不会再向上移动，所以会留下未经磨损的金属缸肩（图 3-7）。积炭也会堆积在这个缸肩上从而增加了缸肩的高度。如果不去除缸肩，当从其气缸孔中推出活塞时，可能会损坏活塞环。

图 3-6 拆卸活塞前，用缸肩铰刀去除所有气缸孔的缸肩

图 3-7 正常的气缸孔磨损

对所有气缸孔重复此过程。在去除缸肩后，用含油的抹布擦去气缸孔中金属切屑。

转动发动机，使其底部朝上。检查所有连杆和主轴承盖的位置和编号是否正确。如果没有编号，应使用中心冲或数字印模对其进行编号（图 3-8），并应在主轴承盖和连杆的外平面上打上对应编号。如果连杆已有编号或标记，应确保其标记已标明了该连杆所安装的气缸；如果没有，应重新标记以显示它们当前的位置。

为拆卸某个气缸的活塞连杆组，将该气缸的曲柄置于其行程的下止点。拆下连杆螺母和轴承盖。记住该轴承盖和连杆必须保持为一组。为帮助取下轴承盖，用软锤或木块轻轻敲击轴承盖。

用保护套或一截橡胶软管裹住连杆螺栓以避免损伤曲轴轴颈。用锤子的木手柄或木棒小心地将活塞连杆组推出，当活塞从气缸孔中退出时托住活塞。在拆卸过程中，要确保连杆没有损伤气缸壁。

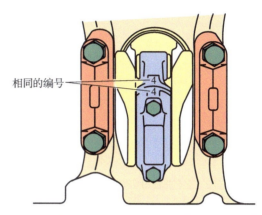

相同的编号

图 3-8 检查所有连杆和主轴承盖的位置和编号是否正确。若没有编号，应使用中心冲或数字印模对其进行编号

松开并取下主轴承盖的螺栓和主轴承盖。主轴承盖按顺序摆放非常重要。还应对每个轴承盖的位置和朝向做标记。许多发动机都有环绕主轴的承筋带和主轴承支座。每个主轴承上至少使用了四根螺栓。遵循推荐的螺栓松动顺序也是非常重要的。

取下主轴承盖后，应小心地取下曲轴。之后将曲轴垂直放置，以避免损伤。

从气缸体和轴承盖上取下后主油封和主轴承。仔细检查轴承合金涂层是否有异常磨损、金属颗粒嵌入、润滑不良、防冻剂污染、机油稀释和不均匀磨损的迹象（图 3-9）。然后仔细检查曲轴上的主轴颈是否有损伤（图 3-10）。

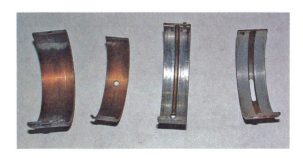

图 3-9 左边的轴承已没有了巴氏合金层，右边的一个已有轻微磨损和划痕

在拆卸凸轮轴轴承前，检查轴承表面是否有划痕或其他损伤的迹象，还应检查机油孔与气缸

之间的相对位置（图3-11）。这对于正确安装新的轴承非常重要。为拆卸OHV发动机上的凸轮轴轴承，会需要一个凸轮轴承拆装工具。将正确的适配器插在工具上，然后拧紧在轴承上。使用榔头猛敲该工具并从每个轴承孔中拆下轴承。

图3-10 检查曲轴每个轴颈是否有损伤和磨损

a）轴承定位不正确　　b）用拨针验证凸轮轴轴承油孔的对中

图3-11 检查机油孔与气缸之间的相对位置

发动机气缸体上有**砂芯堵头**（也称为膨胀堵头）。在铸造气缸体时，使用砂芯来预留气缸体中的各种通道。当热金属注入铸模时，砂芯被部分打碎和松散。为了清除残留的砂子，在气缸体上钻了一些芯孔。这些芯孔是经过加工的，并采用堵头来密封（图3-12）。气缸体中还加工有机油通道，这些通道都被加工在气缸体中，也用堵头来密封这些通道的某些端口。

图3-12 发动机气缸体上的砂芯堵头

除非拆除所有砂芯和机油道的堵头，否则无法彻底清洗气缸体。为取下杯形的"固定物"（砂芯堵头），敲击它们使其倾斜，然后使用扁口钳将其拔出。平面式砂芯堵头可以先在其中心附近钻一个孔，然后插入滑动锤将其拔出。在某些发动机上，杯形砂芯堵头可以用长杆从背面敲击将其取出。

有时拆卸机油油道前后的螺纹式堵头可能很困难，使用钻头和螺杆拔取器会有所帮助。

气缸体清洗后，必须目视检查气缸体及其零部件是否有裂缝或其他损伤。

> **车间提示**
>
> 采用加热的方式使石蜡融入机油油道，堵塞的螺纹可让拆卸容易得多。当该零件被加热时将会扩展，石蜡会漏入螺纹之间。因为石蜡充当了润滑剂，所以可以松动该堵塞螺栓。热的石蜡会比较烫，所以在处理它时应佩戴手套。

3.2 气缸体

气缸体通常是一个整体铸件，其铸造材料不同，例如铁、铝、镁，将来也可能会使用塑料。有些发动机气缸体外部使用镁材，内部镶入铸铁件作为气缸筒、冷却液通道等。有些新型的气缸体由两部分组成：一个是包含气缸孔的上部单元，另一个是与曲轴紧密相连的下部单元（图3-13）。

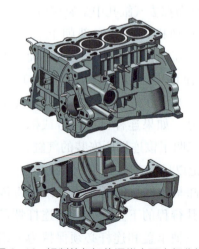

图3-13 铝制的气缸体通常由两个部分组成

铸铁气缸体非常坚固，但很重，因此许多发动机都采用铝制的气缸体以减轻车辆的总质量。在铝中添加某些材料以使其更坚固，并且不太会因燃烧过热而变形。

1. 气缸套

铝制气缸体的缸壁可用特殊涂层处理，也可以用一个缸套作为气缸壁（图3-14）。气缸套通常用铸铁合金制成。在有些发动机中，如果缸套损坏了，可以更换或对其机械加工。但大多数发动机的缸壁都非常薄，因而不能再加工。因此，当发动机气缸壁受损，就必须更换气缸体。气缸套是被压进气缸体或在气缸体铸造之前就已放入铸模内的。这些气缸套在其外径上有加强筋。这些加强筋将缸套保持在正确的位置，并增加其散热能力。气缸套有两种类型：干式和湿式。干式气缸套从上到下由气缸体支撑，湿式气缸套仅在其顶部和底部由气缸体支撑。冷却液流经湿式气缸套的中间部位。

图 3-14 新型铝制 V8 发动机的气缸体和气缸盖

2. 润滑和冷却

气缸体内有一连串的机油通道，它可使发动机机油能泵送到气缸体、曲轴和气缸盖上。在气缸体缸套周围还铸有冷却液道。冷却液通过这些冷却液道循环以将热量带走。

有些发动机气缸体在铸造时在特定位置用以布置塑料隔板。这些隔板引导冷却液流向通常较热的区域从而使热量在整个气缸中均匀分布。

发动机气缸体带有已加工的用于安装其他部件的部位，这些部位中包含螺纹孔。支架和壳体也可以浇铸在基础构件上。

3.3 气缸体修复

在对气缸体进行任何维修之前，为了清除任何毛刺或污垢，先用正确尺寸的螺纹梳刀清理所有的螺纹孔。在任何盲孔中应使用平底丝锥，各个孔应稍微倒角以便去掉除飞边和锯齿状边缘。如果螺纹有损伤，应进行修复。为了恢复铝制零部件中损坏的螺纹，需要安装一个螺纹嵌套。

检查气缸体是否有裂缝和其他损伤。铸铁气缸体可以用磁粉探伤。铝制气缸体可用渗透性染料和紫外光检查是否有裂纹。有些裂缝可以修复，但如果它们是在关键部位，则应更换气缸体。

1. 气缸体平面平整度

气缸体的顶部称为**气缸体平面**。为检查该平面的翘曲程度，可使用一把精密直尺和塞尺测量。将直尺放在气缸体平面两端的对角线上，翘曲量可用刚好能插入气缸平面与直尺之间缝隙的塞尺厚度来确定（图3-15）。

图 3-15 用直尺和塞尺测量气缸体平面的翘曲程度

有些发动机对气缸体平面有特殊的平整度要求，因此应始终参考制造商的技术规范。如果该平面的翘曲度超出了限值，应进行磨削或更换。对平面的磨削需要特殊的磨床，它会磨去很少量的金属，从而留下一个平整的表面。有些制造商不推荐磨削，特别是对铝制的气缸体。如果气缸体有多个气缸体平面（如 V 型发动机），则每个气缸体平面都必须加工到相同的高度。如果该平面翘曲且未能修复，则可能会发生冷却液和燃烧气体的泄漏。

2. 气缸孔检查

检查气缸孔的壁面是否有划痕、表面粗糙或其他磨损痕迹。杂质会加速活塞环和气缸壁的磨损。磨损或刮伤的活塞、活塞环和气缸壁（图3-16）会作为机油避开活塞环而进入燃烧室的通道。当气缸壁上的机油油膜破裂时，活塞环与气缸壁将发生金属与金属之间的接触，从而产生磨损和刮痕。冷却系统的过热点、机油污染和燃油冲刷是这类问题的典型原因。如果气缸壁有轻微刮伤，应检查进气系统是否有泄漏，因为未经过滤的空气会将尘土带入各气缸并损伤其壁面。

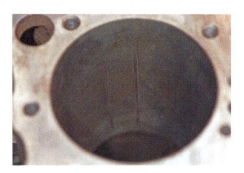

图3-16 已刮伤的气缸孔壁面

大多数磨损出现在活塞环移动经过的气缸孔上部。当活塞处于其行程的顶部时，第一道活塞环上的压力处于峰值，而此处的润滑条件却处在最差状况。由未经磨损的材料所形成的缸肩在活塞环移动上限的上面，而在活塞环行程的下部区域，磨损可以忽略不计，因为此区域只有活塞的裙部与气缸壁接触。

气缸应该有正确的直径，且不失圆或有锥度。其表面的光洁度必须满足活塞环的安装，并能形成可控制机油和使窜气最小化的密封要求。

锥度是气缸孔底部直径与气缸孔上部紧靠缸肩下的直径之差（图3-17），用该气缸的最大直径减去其最小直径即得到该气缸的锥度。有一点锥度是允许的，但通常不应超过0.006in（0.1524mm）。

失圆度是分别在平行于曲轴和垂直于曲轴的位置所测的气缸孔直径之差（图3-18）。失圆度是在气缸体的上部且恰好在缸肩下的位置测量的。通常允许的最大失圆度为0.0015in（0.0381mm）。一般使用内径千分表检查缸径的失圆度（图3-19），

但也可用伸缩式测量规来测量。

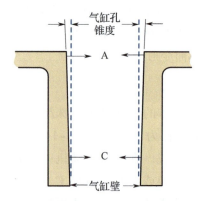

图3-17 为检查锥度，在A和C处测量直径，两读数之差是锥度值

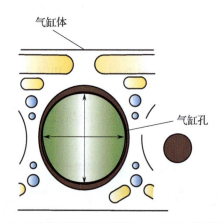

图3-18 为检查气缸孔的失圆度，在其不同位置测量缸径

图3-19 用内径千分表测量缸径

在使用内径千分表或伸缩式测量规时，要确保测量臂与曲轴平面平行。其最好的方法是晃动测量杆，直到千分表获得最小读数。

如果气缸体有气缸孔超出锥度或失圆度技术规范，可能需要更换该气缸体或对其进行镗缸加大。重新镗孔的发动机需要安装加大尺寸的活塞，以匹配变大的气缸直径。

3. 气缸孔表面精加工

气缸壁的表面处理应能起到机油储液槽的作用以润滑活塞环并防止活塞和活塞环磨损。如果气缸壁表面过于粗糙，活塞环的表面会损坏和过早磨损。而过于光滑的表面将不能保持足够的润滑油，从而可能会发生划伤。

期望的最后精加工表面有许多微小的交叉凹槽（图3-20）。尽管20°~60°的交叉角度是可以接受的，但最理想的交叉角度是50°~60°。这种结果可在表面留下数百万个微小的菱形的储油区（图3-21），还有平滑或高光洁度的区域，在其上可以形成油膜以使活塞环与气缸壁分离。如果交叉的角度过小，则油膜会过薄，从而造成磨损；如果角度过大，活塞可能产生漂浮并导致机油消耗过大。

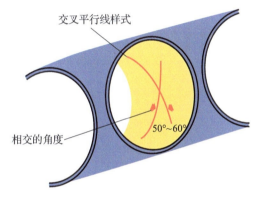

图3-20 理想的气缸孔壁面上的交叉平行线

图3-21 大多数活塞环所期望的精加工后的气缸孔壁面

气缸去釉 如果气缸孔壁面的检查和测量结果表明其表面状况、锥度和失圆度都在可接受的限值内，则只需要对气缸孔壁面进行去釉。燃烧的高温、发动机机油和活塞运动的结合在气缸孔壁面上形成一层极薄的残余物，即一层**釉面**。带釉面的气缸孔壁面会引起活塞环滑动，并妨碍气缸壁和活塞环之间形成良好密封。

该釉面通常可以用变性酒精或油漆稀释剂擦拭来去除。精细的珩磨油石也能去除这层釉面并给气缸壁面留下所需的光洁度。技师通常会使用球磨刷来去釉（图3-22），并在气缸壁上留下所需的花纹。在许多较新的发动机上，不建议使用球磨刷或磨石进行去釉。

图3-22 使用一种有弹性的球磨刷去釉

修复完气缸孔壁面后，用热肥皂水、硬的鬃刷和一块柔软的无绒抹布清洁气缸孔壁面。然后用水冲洗气缸体并使其彻底干燥。最后在气缸孔壁面涂上一层薄薄的干净的发动机机油以防生锈。

4. 气门挺柱孔

仔细检查每个气门挺柱孔是否有裂纹和过度磨损的迹象。呈椭圆形或鸡蛋形的孔代表有磨损。如果这些孔生锈、产生釉面，或者有毛刺和高点，可使用制动轮缸磨刀进行打磨。打磨时要小心金属的打磨量不要超过0.0005in（0.0127mm）。如果这些孔有损伤或已超出允许的磨损极限，应更换该气缸体。

5. 安装砂芯堵头

在维修和清洗气缸体后，应安装新的机油道和砂芯堵头，应确保这些堵头的尺寸和类型都是正确的。在堵头或堵头孔中涂抹少许非硬化耐油的（油道处用）或防水的（冷却液套，俗称水套用）密封剂。如果机油堵头的螺纹已损坏，可对该塞孔从头至尾进行攻丝。

如果安装砂芯堵头的孔已损坏，应扩孔并使用更大的堵头。加大尺寸（oversize，OS）的堵头可用其上面的戳记来识别。安装砂芯堵头的正确方式取决于堵头的类型。

盘或碟型堵头　适合碟形侧朝外的砂芯孔（图 3-23a）。用锤子敲打堵头顶部的中央部位，并迫使其进入气缸体直到其顶部变平，这可使堵头扩展从而产生良好的密封。

杯型堵头　是以其凸缘向外的方式安装的（图 3-23b）。这类堵头孔的最大直径是在其外边缘。因此，为了有效密封该砂芯孔，杯型堵头的外侧边缘必须装入该孔边缘的倒角之下。

扩展型堵头　是以其凸缘侧向内的方式安装的（图 3-23c）。这类堵头孔的最大直径位于砂芯孔的后部，因此，为了密封该砂芯孔，堵头的底侧必须装入孔的后部。

6. 凸轮轴轴承

凸轮轴由多个轴承或衬套支撑。OHV 的凸轮轴轴承是压入凸轮轴安装孔内的整体式滑动轴承（图 3-24）。检查轴承孔的磨损和失圆度。在安装并拧紧主轴承盖状态下，用内径千分表或可伸缩式测量规在与气缸体垂直和水平的位置测量凸轮轴轴承孔的直径。若该孔严重失圆，则表明气缸体已经变形。如果轴承孔的状况良好，则可以安装新的凸轮轴轴承。

7. 平衡轴

许多新型发动机装有一根或多根平衡（降噪）轴，以使发动机平稳运转。发动机曲轴是发动机振动的主要来源之一，因为它本质上是不平衡的。设计平衡轴的目的就是要抵消这些振动。

平衡轴的配重设计与曲轴曲拐成镜像分布。其平衡块布置在曲拐质心的对置侧，且其旋转方向与曲轴相反。当发动机运转时，这些相反的平衡力抵消了振动。平衡轴的旋转须与曲轴同步。如果平衡轴与曲轴的旋转不同步，那么发动机的振动可能会比没有平衡轴时还大。

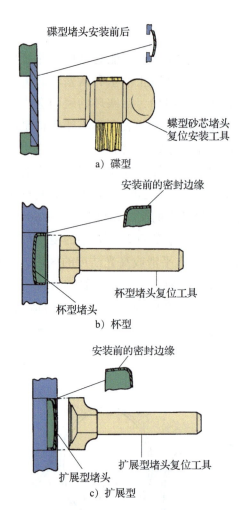

a）碟型

b）杯型

c）扩展型

图 3-23　砂芯堵头的安装方法

图 3-24　典型的凸轮轴轴承是正圆设计的

平衡轴通常布置在发动机气缸体内曲轴的侧面，或凸轮轴孔内，也可作为一个独立的总成用螺栓固定在发动机气缸体上（图 3-25）。

需要检查平衡轴的轴颈和轴承是否磨损、损坏，以及轴承油膜间隙是否正确。还应检查箱体上的螺栓，如果这些螺栓已损坏，应更换。使用游标卡尺测量螺栓从根部到末端的长度，并将其与技术规范对比，如果螺栓拉长了，应更换。还应检查平衡轴传动链是否伸长。这项检查是通过拉住链条的两端并测量其长度来进行的。如果测得的长度大于规定值，则应更换链条。

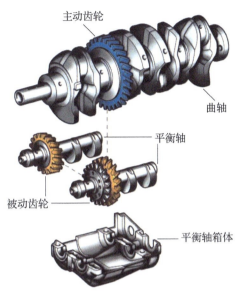

图 3-25　四缸发动机的平衡轴总成

3.4　曲轴

曲轴用铸铁、锻造铸钢或球墨铸铁等材料制作，然后进行机械加工。主轴颈在曲轴中心线上。由于曲轴的重量和运动是由这些轴承支撑的，因此这些轴颈都加工到一个非常小的公差内。主轴承的数量随发动机的设计而不同。V 型发动机的主轴承数量比具有相同气缸数的直列式发动机要少，所以 V 型发动机所用的曲轴较短。

通常偏离曲轴中心线的是连杆轴颈。连杆轴颈偏移的角度和偏移量取决于发动机的设计（图 3-26）。一个直列六缸发动机有六个连杆轴颈，而一个 V6 发动机只会有三个；每个轴颈都连接着两个连杆，V 型的每侧一个。连杆轴颈也称为曲柄销。

连杆轴颈的位置使得活塞的质心和压力偏离了曲轴的中心。这成了不平衡的条件。为了克服

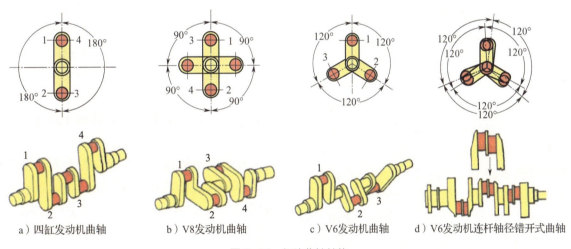

a）四缸发动机曲轴　　b）V8发动机曲轴　　c）V6发动机曲轴　　d）V6发动机连杆轴径错开式曲轴

图 3-26　各种曲轴结构

这种不平衡，作为曲轴组成部分的配重用来抵消活塞和连杆的质量。这些配重布置在连杆轴颈的对面。

有些发动机使用平面式曲轴。所有的直列四缸发动机都是平面式曲轴的内燃机，而且有些高性能的 V8 发动机也是这种设计。平面式曲轴将连杆轴颈以 180° 的间隔分开，从而减少了配重的大小和质量，使高转速发动机和增加功率输出成为可能。

主轴颈和连杆轴颈都必须有一个非常光滑的表面。轴颈和轴承之间需要有间隙才能形成油膜。曲轴在油膜上旋转。如果曲轴轴颈失圆、成锥形

或有划痕，将无法形成正常的油膜，因此轴颈将会接触轴承表面。这会导致轴承或曲轴早期失效。主轴承和连杆轴承通常用镀有铅的铜或锡或铝制成。这些材料比曲轴材料软，这意味着磨损将首先出现在轴承上。

重要的是这些轴颈要得到清洁机油的充分供给。每个主轴承轴颈上都有一个钻孔，它与引导机油到一个或多个连杆轴颈的孔相连。有压力的机油流入、穿越并流出这些轴颈和轴承。

一根曲轴有两个不同的端部，其中一端称为飞轮端。曲轴的前端或传动带的传动端有用来安装曲轴正时齿轮和扭转减振器的突出端。

1. 曲轴扭转减振器

燃烧在气缸内产生极大的压力（气缸在每次燃烧时的压力超过 2t）。该压力施加在活塞上，并通过连杆传递给曲轴。这个向下的力使曲轴旋转。在具有多个气缸的发动机中，该压力在不同的时间施加在曲轴的不同位置上，因此曲轴会倾向于扭转和偏斜，从而引起扭转的谐波振动。这些振动不断变化，但在特定的发动机转速下，这些谐波会放大。这种增加的扭转振动可能会对曲轴、发动机和/或由曲轴驱动的任何附件带来损害。

这些有害的振动通常用安装在曲轴前部的扭转（谐波）减振器来加以限制。将扭转减振器的内轮毂压在曲轴的前端。惯性外圈（外轮毂）很重，并经过加工以用作曲轴的平衡块。当曲轴扭转时，内轮毂对橡胶施加一个力，然后橡胶将此力施加于惯性外圈上。平衡块在曲轴的旋转方向上短时起作用以平衡来自脉动的曲轴扭转振动。

为了使外轮毂能独立于内轮毂相对移动，橡胶层会有轻微偏转。该橡胶层的状况对减振器的有效性至关重要。因此要检查橡胶层的状况，查找任何损坏或撕裂。如果外表看起来良好，可向一侧转动橡胶层，它应能弹回。如果减振器检查没能通过，则应更换。

2. 飞轮

飞轮也通过施加持续的动力使曲轴从一个点火行程转到下一个点火行程，从而帮助发动机运转得更平稳。一旦飞轮开始旋转，其重量惯性就会力图保持其旋转状态。尽管有来自活塞的动力脉冲，飞轮的惯性仍能保持曲轴平稳地转动。

此外，由于飞轮的直径较大，它还可以成为一个将起动机连接到发动机上的方便点。大的直径为起动机提供了良好的齿轮减速，因此很容易使发动机转动。飞轮的表面可用作离合器的前压盘（图3-27）。在配备自动变速器的车辆上，使用一个较轻的**挠性板**。变矩器可提供实现飞轮功能所需的重量惯性。

图 3-27　安装在发动机上的飞轮

飞轮的检查包括检查飞轮的跳动量和仔细检查其表面。有时可能需要更换或重新修整表面。过大的跳动量会导致振动、离合器动作不良和打滑。无论是手动换档还是自动换档的变速器，都要检查飞轮盘齿圈是否有损坏或磨损。如果齿圈的一侧有损坏，许多齿圈是可以拆卸并翻过来重新使用的。

有些发动机装有安装在飞轮上的曲轴传感器磁阻转子，因此还要检查磁阻转子是否有裂缝和损坏。

3.5　曲轴的检查和修复

为了测量轴颈的直径，使用外径千分尺（图3-28）测量尺寸、失圆度和锥度（图3-29）。锥度是在轴颈的两侧分别进行测量并计算得到的。曲轴允许的最大锥度一般为 0.001in（0.025mm）。

将这些测量值与标准值比较以确定曲轴是否需要重新磨削或更换。如果轴颈在技术规范内，则只需要清理轴颈部位。

图 3-28　用外径千分尺测量曲轴轴颈的直径

在轴颈两端分别检查失圆度

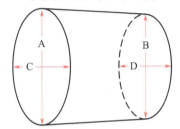

A–B=垂直方向的锥度　C–D=水平方向的锥度
A–C=失圆度　B–D=失圆度

图 3-29　测量轴颈的尺寸、失圆度和锥度

使用小孔刷检查和清洁曲轴上的机油道。将刷子插入每个机油道以确保其没有阻塞。在刷洗后，使用压缩空气吹出通道中的任何污物。

沿着正时链轮、前密封件和扭转减振器的键槽方向检查曲柄前端部是否有磨损和损坏。检查后主密封件的密封面，因为即使安装了新的密封件，磨损或带沟纹的密封法兰也会导致机油泄漏。

1. 曲轴修复

如果曲轴已严重损伤，应更换。轴颈表面有锥度或沟槽、烧蚀或小划伤的曲轴在修复轴颈表面后可重新使用。这一过程会磨削掉轴颈上的一些金属，从而提供一个平整且无损伤的表面。

轻微的轴颈损坏可以用抛光工具非常细的砂纸抛光来修复。抛光工具砂纸的持续运动和曲轴的旋转可防止在轴颈上产生不圆的部位。

2. 检查曲轴直线度

使用维修信息

曲轴的技术参数可在维修信息的发动机技术参数部分找到。

为了检查曲轴的直线度，确保其两端的主轴颈支撑在 V 形铁上。将千分表放置在中间主轴颈的三点钟位置。将千分表设置在 0（零）点，然后转动曲轴一整圈。千分表的总偏移量等于大于 0 的偏移量加上小于 0 的偏移量，就是千分表的总读数（Total IndicatorReading，TIR）。曲轴弯曲度是 TIR 的 50%。将曲轴的弯曲度与可接受的直线度 / 弯曲度进行比较。

一种特殊的机械用于校直曲轴，但这种设备只在很好的发动机再制造车间中才有。因此，在大多数情况下，如果曲轴已经弯曲，应直接更换。

3. 曲轴轴承

轴承是一个主要的磨损零件，因此需要仔细检查。主轴承支承着曲轴轴颈。连杆轴承连接曲轴与连杆。

曲轴轴承是嵌入式轴承。轴承有两种基本设计。**整圆（整体）式轴承**用在曲轴轴颈能穿入轴承孔中的情况，例如凸轮轴。而**对开（两半）型轴承**用于轴承必须围绕轴颈组装的地方。曲轴轴承采用对开型轴承（图 3-30）。

图 3-30　对开型主轴承的示例

许多曲轴都有一个带有折边侧面的主轴承，也称为推力轴承。它用来控制曲轴的水平运动或端隙。大多数推力主轴承是双侧折边的（图 3-31）。有些曲轴采用平形插入式推力轴承。

有些新型的发动机没有单独的主轴承盖，而是配备了一个发动机下气缸体总成。这个总成的作用就像一个桥梁，其上包含了主轴承孔的下半部分。该总成用螺栓拧紧在气缸体上。

在某些发动机上，主轴承盖或气缸体下总成通过使用附加的螺栓来获得额外的强度。主轴承盖用四根螺栓固定，在轴承盖的两侧各有两根螺栓。其他的一些设计可能是在侧面有额外的螺栓将轴承盖的侧面固定在发动机气缸体上。无论螺栓的数量和位置如何，都必须遵循正确的紧固顺序（图3-32）。

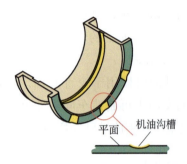

图3-31 为提供更好的润滑，推力轴承侧面带有沟槽

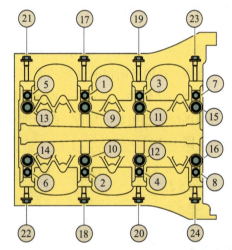

图3-32 该发动机的每道主轴承用六根螺栓固定。每根螺栓都必须按正确顺序和力矩拧紧

4. 轴承材料

轴承可用带有铝、铝合金、铜铅合金，以及涂有巴氏合金的钢背制成。每种材料在耐腐蚀性、磨损率和疲劳强度上都有各自的优势。最常用的轴承是铝合金轴承。这些轴承中含有硅元素，有助于减少磨损。有些轴承使用不同金属的组合，例如在钢背上镀上一层铜铅合金，接着再涂一层薄薄的巴氏合金（图3-33）。这种设计充分利用了每种金属的优良性能。

5. 轴承涨开

大多数主轴承和连杆轴承都有一定的"涨开"。这意味着对开型轴承的两半片轴承的外侧距离略大于轴承座孔的直径。为安装已涨开的半片轴承，必须将其压入到位（图3-34）。这可保证与轴承孔内侧的良好配合，并有助于在装配过程中将轴承保持在正确的位置。

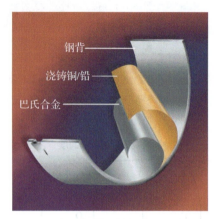

图3-33 轴承的基本结构由三种金属构成

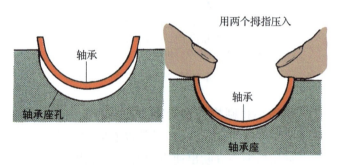

图3-34 涨开的轴承需要压入到位

6. 轴承挤压量

对开型轴承的每一半都制造得比精确的半圆略大。当一半轴承推入到位时，可以很容易地看到这一点。分型面会稍微伸出在轴承座孔之外（图3-35）。这个外延的部分称为挤压量。当将这两半轴承组装并拧紧轴承盖螺栓后，其挤压力迫使轴承的两半压紧在轴承孔中。轴承的挤压量增加了轴承和轴承孔座间的接触面积，从而实现更好的散热，并补偿了孔的轻微形变。

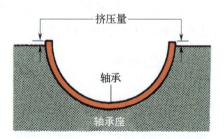

图3-35 挤压可确保轴承与其座孔良好接触

7. 轴承定位装置

发动机的轴承必须不会在其座孔中旋转或侧向移动。固定轴承位置的方法有很多。最常见的方法是使用定位凸缘。如图 3-36 所示，这是在轴承分型面处的一个凸起。凸缘压入轴承座孔上的狭槽中。

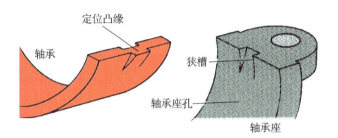

图 3-36 定位凸缘压入轴承座的狭槽中

8. 机油槽

为了确保轴承表面有足够的机油供应，在轴承上带有机油槽。大多数轴承在轴承整个圆周上有一个完整的机油槽，而其他的轴承则只在上半片轴承中有机油槽。

9. 机油孔

轴承上的机油孔可使机油流过气缸体并进入轴承的油膜间隙。这些油孔控制输送到连杆轴承和发动机其他部件的机油量。例如连杆上的机油喷孔用于将机油喷到气缸壁上。机油孔在轴承中通常都与机油槽对齐。当安装轴承时，要确保气缸体中的机油孔与轴承上的机油孔对齐。

10. 轴承失效及检查

如图 3-37 所示，轴承会因很多原因而失效。污物和机油缺乏是轴承失效的主要原因。发动机的其他一些问题，如曲轴或连杆的弯曲或扭曲以及轴颈变形，也会导致轴承的磨损不规则。

正常磨损　　涂层疲劳　　刻痕　　腐蚀　　污物埋置

轴承盖错位　　曲轴箱变形　　缺乏机油　　磨损加速　　热脆

轴承背面有污物　　划伤　　微动磨损　　疲劳

图 3-37 轴承失效的常见形式

3.6 安装主轴承和曲轴

在装配气缸体总成前，应确保发动机已彻底清洁。曲轴轴颈外径与其轴承内径之间必须留有缝隙或间隙。这个间隙使油膜的建立和维护成为可能。轴承划伤、曲轴磨损、气缸过度磨损、活塞环卡住和活塞磨损都可以归结为间隙过小。如果间隙过大，曲轴可能会上下敲击、过热，甚至本身熔接并嵌入轴承。

在发动机大修过程中，如果轴颈磨损极少或没有磨损，安装标准尺寸的轴承即可恢复正确的油膜间隙。但如果曲轴已经磨损到再用标准尺寸的轴承将会留下过大的油膜间隙，则必须使用钢背更厚些的轴承。虽然这些轴承厚了点，但它们仍被称为是小于标准尺寸的，这是因为主轴颈和连杆轴颈的直径也有所减小。换句话说，它们都小于了标准尺寸。

对于小于标准尺寸的轴承，其与标准尺寸轴承厚度的差值通常会打在轴承的背面。轴承也可以用色码来表示它们的尺寸。通常发动机是用不同于标准轴颈尺寸的尺寸制成的，曲轴上做有标记以表示所用轴承的尺寸。

如果轴承孔座因对中镗孔或珩磨的加工稍大了，则会使用加大尺寸的轴承来占据这个尺寸加大了的空隙。

确保新的轴承与曲轴轴颈的直径和主轴承座孔匹配。在安装轴承之前，应确保螺栓孔内的清洁和干燥。使用干净的无绒抹布擦拭轴承背面和座孔表面。

将新的主轴承用力推入每个主轴承盖和气缸体中的轴承座孔中。确保所有的油孔已对齐。轴承的钢背切不可涂抹机油或润滑脂。将曲轴放在轴承上，然后用塑性塞尺测量间隙。确保轴颈清洁且无油，机油的存在将会导致不准确的间隙测量值。

塑性塞尺 是一种非常纤细的塑料条，当轴承盖拧紧在曲轴上时，它会变平。使用塑性塞尺测量间隙的常规步骤如图3-38所示。

塑性塞尺包装盒的一侧用于以英寸为单位的

1）将安装在翻转架上的发动机顶面朝下，开始检查曲轴主轴承的间隙

2）小心将主轴承装入其座孔中并落位。用干净的无绒抹布擦净轴承表面

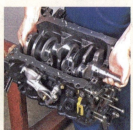
3）将曲轴小心地放入轴承，尽量保持曲轴不再在轴承面上移动

4）用干净的抹布擦净曲轴颈表面

5）在轴颈上放上一小段塑性塞尺。塞尺尺寸应适合轴颈半径上的间隙

6）以正确的定位和方向安装主轴承盖。用干净的抹布擦净主轴承盖螺栓

7）安装主轴承盖并按照制造商建议值拧紧轴承盖螺栓

8）取下主轴承盖并查看塑性塞尺的延展宽度。若没有延展，则更换更粗些的塑性塞尺重试

9）用塑性塞尺包装盒上给的刻度与已延展的塑性塞尺宽度对比，再将结果与规定范围对比

10）小心除去轴颈上残留的塑性塞尺残渣

11）用抹布将轴颈擦拭干净

图3-38 用塑性塞尺测量间隙的常规步骤

12）若间隙都在规定范围内，则取下曲轴并在轴承上涂上一层清洁的发动机机油

13）重新放上曲轴并在轴颈表面涂上一层干净的发动机机油

14）安装主轴承盖并按照技术规范拧紧轴承盖螺栓

图 3-38　用塑性塞尺测量间隙的常规步骤（续）

测量，另一侧用于以毫米为单位的测量。可以购买不同尺寸的塑性塞尺以测量不同范围的间隙。一般来讲，发动机作业需要的是最小的间隙范围。

如果所测的间隙不在技术规范内，则需要对曲轴进行机械加工或更换，或安装更小尺寸的轴承。

车间提示

如果轴颈的测量值在技术规范内，但它们有麻点或磕痕，则先将表面质量最差的轴颈抛光后再确定是否还需要磨削。如果抛光就可达到平整度要求，那么就无须磨削了。

1. 曲轴轴向间隙

曲轴的轴向间隙可用撬棒向后撬动曲轴，然后用塞尺测量止推轴承侧面与曲轴上经加工的止推面之间的间隙。沿着止推轴承侧面的几个位置插入塞尺（图 3-39）。也可以放置一个百分表，这样做是为了测量曲轴的前后移动量。

如果轴向间隙小于或大于规定限值，则必须将带有止推面的主轴承换成带有更厚或更薄推力面的主轴承。如果发动机采用止推垫圈或垫片，则必须更换成更厚或更薄的垫圈或垫片。

大多数发动机在曲轴最终安装时都需要在两端主轴承处安装密封件。

2. 连杆

连杆将作用在活塞上的压力传递给曲轴（图 3-40）。连杆必须能够在活塞和曲轴上旋转，

因为只有这样才能在它们绕着曲轴旋转的同时，使活塞上下自由地运动。当连杆运动通过不同角度时，做功行程中产生的力施加在连杆上。在连杆离开其最高位置时承受很大的力，而在底部位置时受到很大的运动阻力。连杆中间部位的横截面基本上是一个工字梁，这种结构能以最小的质量提供最大的强度。

图 3-39　用塞尺检查曲轴的轴向间隙

图 3-40　活塞和连杆总成

连杆应尽可能轻量化，它们通常是用高强度钢锻造的，也会用球墨铸铁或铸钢制成，但铸铁很少用在汽车发动机中。有时还会使用铝和钛制连杆。铝连杆很轻，并且具有吸收高压力冲击的能力，但它们不如钢制连杆耐用。钛连杆非常坚固和轻便，但相当昂贵。某些新型发动机，如福特4.6L和克莱斯勒2.0L的发动机采用金属粉末冶金（烧结）的连杆。这些连杆轻且坚固，而且很容易通过它们表面的平整度进行识别。

活塞销 插入连杆小头，即连杆活塞销端，通过它使活塞与连杆连接。活塞销与活塞销孔的配合可以是压配合，而与连杆小头是动配合。在这种情况下，连杆小头内会装有衬套。活塞销与活塞销孔的配合也可以是动配合，而与连杆小头是压配合。在这种情况下，连杆小头内就不会使用衬套，因为活塞销只是以活塞上的活塞销孔作为承载面进行运动。

连杆大头与曲轴连接。它由两部分组成，上半部分是连杆部分，下半部分是连杆轴承盖。连杆及其轴承盖是作为一个整体加工的。在生产过程中，连杆轴承盖要么是装在该连杆上一起进行加工的，要么是在整连杆上刻线后涨断的。由于粉末冶金连杆的连杆轴承盖是在整连杆加工后再涨断的，这种涨断和粉末冶金颗粒使得断开处的接合面是不规则的。这种不规则性可确保连杆轴承盖能精确地定位在其涨断前的位置。而采用其他类型的连杆，当用螺栓将连杆和连杆轴承盖紧固在一起时，可能会有轻微错位。

连杆大头带有与主轴承相同材料制成的轴承衬片。许多连杆上都有一个穿过连杆大头至轴承区的钻孔。轴承衬片上可能也有一个小孔，它对准连杆孔中的油孔。该油孔提供用于润滑的机油。有些连杆上还会有一个机油喷孔，它将机油喷射到气缸壁上以润滑和冷却活塞裙部。在正确安装连杆后，该喷孔将朝向气缸壁的主推力面。

检查 仔细检查所有活塞的裙部和轴承是否存在能表明连杆扭曲的非正常磨损迹象。可以用连杆校正器检查怀疑弯曲或扭曲的连杆。已经损伤的连杆通常是要更换的。许多制造商建议连杆螺栓在重新使用前应先检查。典型检查步骤中包含

测量螺栓受拉部分的直径。如果测量的直径小于最低限值，则应更换该螺栓。

3.7 活塞和活塞环

活塞构成了燃烧室的下部分。燃烧压力施加在活塞的顶部（也称为活塞头）。活塞必须坚固到足以能承受该压力，同时还应尽可能地轻量化。这就是为什么大多数活塞都是用铝或铝合金制成的原因，不过在一些较新的设计中会在活塞中嵌入钢件来支撑第一道气环。为了去除活塞上的热量，有些制造商正考虑在活塞顶下添加机油通道。

在活塞中会用到三种基本类型的铝硅合金：亚共晶体、共晶体和过共晶体铝硅合金。亚共晶体铝硅合金中有大约9%的硅，而大多数共晶体合金中有11%~12%的硅。过共晶体铝硅合金中的硅含量在12%以上。铝硅合金、活塞具有低热膨胀率、改善的环槽磨损、良好的耐高温性，以及更高的强度、更好的抗磨损性和抗咬黏性。

能够运转到相当高转速的新型发动机使用只在推力侧有裙部的活塞。这类活塞的裙部通常会使用特殊的镶片或涂层以减少摩擦和磨损（图3-41）。

图 3-41 图中的活塞涂有特殊化合物以减小摩擦和磨损

活塞的顶部可以是平的、凹陷或凸起的、冠状的或有为气门升起而预留的凹坑。较新型的活塞通常是平顶的，并带有气门凹坑，或有一个略微中凹的顶部。中凹的顶部可将燃烧压力集中在活塞顶部最厚的部位，即活塞销凸缘上部的正上

方。该活塞销凸缘是围绕活塞销孔的一个构造区域，有时也称为**活塞销座**（图 3-42）。活塞销孔有可能会向活塞主推力侧偏移一点，主推力侧是指活塞在做功行程中与气缸壁接触的那一侧。

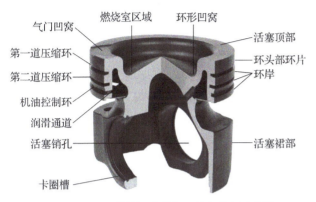

气门凹窝　　燃烧室区域　　环形凹窝
第一道压缩环　　　　　　　　　　活塞顶部
第二道压缩环　　　　　　　　　　环头部环片
机油控制环　　　　　　　　　　　环岸
润滑通道
活塞销孔　　　　　　　　　　　　活塞裙部
卡圈槽

图 3-42　用于描述活塞结构和特征的专用术语

活塞顶部通常带有硬质阳极氧化、陶瓷或电镀等涂层。这些涂层既增加了硬度，还可防止腐蚀、开裂、磨损和刮伤。新型陶瓷涂层所提供的表面硬度几乎是传统硬质阳极氧化涂层的三倍。陶瓷涂层还有助于防止自发的爆燃。

紧靠活塞顶部下方的是环绕活塞周圈用来装配活塞环的环槽。环槽之间的区域称为**环岸**。有些活塞在第一道环槽中涂有陶瓷层，以防止活塞环"焊"在环槽内侧。一般有两个气环环槽和一个油环环槽。气环的环槽处在活塞上部，环槽的深度随活塞的尺寸和所用活塞环的类型不同而不同。油环的环槽是活塞上最下面的环槽，它们通常比气环的环槽宽，并有孔或狭槽以便将机油排出。环槽的位置随发动机的设计而变化。许多较新型发动机的第一道气环会尽可能接近活塞顶部，以降低燃油在燃烧前从活塞侧面顺气缸壁面流下的数量。这些不易察觉的燃油在排气行程期间将以未燃烧的碳氢化合物形式排出。

活塞销下方的区域称为活塞裙部。最低一道环槽下边与活塞裙部之间的区域是活塞推力面。活塞裙部有两种基本类型：全裙式，主要用于货车和其他商用车发动机；滑块式，即半裙式，用于乘用车发动机，这类发动机允许使用更轻的活塞和能更少留存热量的材料。

为确保正确安装活塞，活塞顶部会有一个标记。常见的标记是加工在活塞顶部边缘的一个刻痕。有关此类标记的方向和位置务必查看维修信息。活塞的向前标记必须与连杆上的向前标记一致（图 3-43）。

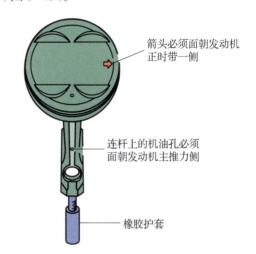

箭头必须面朝发动机正时带一侧

连杆上的机油孔必须面朝发动机主推力侧

橡胶护套

图 3-43　务必确保活塞上的标记与连杆上的标记彼此关系正确且面朝正确的方向

在设计发动机时，活塞的膨胀量决定了在气缸孔中需要多大的活塞间隙。间隙过小会导致活塞在工作温度下黏合，而间隙过大会导致活塞敲缸。因此，需要测量活塞裙部与气缸壁之间的间隙。

应仔细检查每个活塞是否有损伤和裂纹，注意环岸和活塞销孔区域。查看活塞两侧是否有擦伤（图 3-44）。微小的上下划痕是正常的。过多、不规则或斜向的磨痕都表明润滑、冷却系统或燃烧方面有问题。擦伤也可能是因连杆弯曲、活塞销咬死或活塞与气缸壁之间间隙不足造成的。如果有任何明显的损伤，则应更换该活塞。

擦伤痕迹

图 3-44　仔细查看活塞每个侧面是否有擦伤

拆卸活塞环时应使用活塞环扩展器拆卸气环。而油环通常可以用手扭转取下。用衬垫刮刀清除活塞顶部的积炭。清除环槽背面积聚的所有积炭和机油。污垢会妨碍活塞环的正常就座。用清洁环槽的工具或折断的活塞环清洁环槽，注意确保没有刮掉金属。油环的环槽中有狭槽或孔，应一起清理干净。一旦环槽清洁干净后，用刷子和溶剂彻底清洁活塞，注意不要使用金属丝刷子。

活塞环的侧向间隙是活塞环厚度与其环槽宽度之差，也应进行测量。为了测量该侧隙，将一根新的活塞环放入其环槽中，然后用塞尺测量该活塞环与其环槽之间的间隙（图 3-45）。如果测量的间隙不在规定范围内，则应更换该活塞。

图 3-45 检查每个活塞每道活塞环的侧隙

还应测量活塞的直径。该测量通常是在活塞裙部特定点进行的（图 3-46）。如果活塞直径不在规定范围内，则应更换。如果活塞直径稍稍小于规定范围，有些发动机翻修者可能会对活塞裙部进行滚花增大处理。

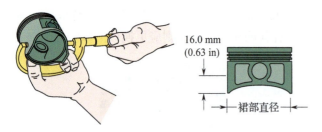

16.0 mm (0.63 in)

裙部直径

图 3-46 在活塞裙部特定点测量活塞直径

1. 活塞销

活塞销从本质上讲是厚壁的空心管，大部分是用合金钢制作并经过镀铬、渗碳和 / 或热处理以具备良好的耐磨性。活塞销通过连杆中机油通道供给的机油、曲轴箱内飞溅的机油、连杆或活塞中

的喷嘴进行润滑。

活塞销穿过连杆和活塞的销孔。检查活塞上活塞销孔的区域是否有活塞销晃动的迹象，然后取下活塞销进行检查。采用全浮式活塞销的，可先拆下定位卡环以推出活塞销。活塞销压床用来拆卸和安装采用压配合工艺的活塞销。仔细检查活塞销和活塞销孔是否有磨损的迹象。全浮式活塞销表面的磨损模式应该是均匀的。如果有磨损不均匀的迹象，则可能是润滑或连杆有问题。

检查活塞销的装配，它应能自由穿过销孔；还应尝试在销孔中上下晃动活塞销。若存在任何晃动，都意味着活塞销孔或活塞销已磨损。为确定活塞销孔或活塞销是否磨损，测量活塞销孔的直径。如果活塞销孔直径不在规定范围内，则更换活塞。然后测量活塞销的直径（图 3-47）。如果销的直径不在规定范围内，应更换活塞销。如果活塞销孔和销的直径都符合技术规范，则测量连杆小头内径。如果内径不符合规定范围，则更换该连杆。

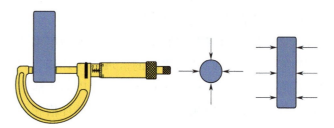

图 3-47 测量活塞销不同部位的直径，并与活塞销和连杆小头的直径进行比较

连杆上可能会有活塞销衬套。测量该衬套的内径，并将读数与规定范围进行比较。如果衬套已磨损或损坏，应更换。用活塞销压床从连杆中压出该衬套，然后压入新衬套。在对活塞销施加压力之前，要确保活塞销的放置正对着活塞销孔上方。

2. 活塞环

活塞环填补了活塞和气缸壁之间的缝隙，密封活塞上方的燃烧室，还必须刮去气缸壁上的机油以防止机油进入燃烧室，并将热量从活塞传递给气缸壁以帮助活塞冷却。

（1）气环 气环利用燃烧压力来使自身紧贴在气缸壁上。在做功行程，压力施加在活塞环的内侧和环槽之间从而迫使活塞环与气缸壁完全接触。该压力还迫使活塞环压向环槽的底面。这两种行为有助于形成一个紧密的环密封。

气环由铸铁、铸铁镀钼或铸铁镀铬制成（图 3-48）。镀钼的涂层是多孔性的，因而可以留存机油，所以有很高的抗擦伤能力。铬也具有良好的抗擦伤能力，但没有钼涂层那种机油留存能力，而铬涂层能将在进气行程进入气缸的污物推开。镀钼的铸铁活塞环用作第一道气环，而在第二道环槽中使用镀铬的铸铁环。

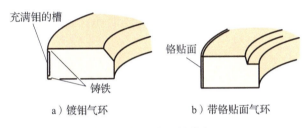

a）镀钼气环　　　　b）带铬贴面气环

图 3-48　镀钼和镀铬气环

（2）油环　机油被不断地涂在气缸壁上，润滑和清洁气缸壁并帮助冷却活塞。控制机油量是设计油环的主要目的。油环的两种常见类型有组合式油环和普通铸铁油环。两者都有沟槽，以使气缸壁上的多余机油穿过油环和活塞流入曲轴箱，因为油环的环槽中也有泄油槽。

组合式油环由一个上刮片环、一个下刮片环和一个涨簧组成。通常刮片环是镀铬的，涨簧用来将两个刮片环推向气缸壁。

3. 安装活塞环

在将活塞环安装到活塞上之前，先检查活塞环的端口间隙（简称端隙）。将气环放入气缸，并用一个倒置的活塞将活塞环推入以使其与气缸壁成直角，然后用塞尺测量活塞环端口间的间隙（图 3-49）。将测得值与规范值比较，如果端隙超过限值，则应使用加大尺寸的活塞环；若端隙小于标准范围，可用特殊工具锉修活塞环的两端。

活塞环的端隙至关重要。端隙过大会使燃烧气体窜入曲轴箱中，这通常称为窜气。而端隙过小则会使活塞环的两端在发动机升温后相互接触，从而划伤气缸壁。由于每个活塞环受到不同温度和压力的影响，因此制造商对各种活塞环有不同的端隙要求。第一道气环的端隙允许一些燃烧压力泄漏到第二个气环上，这有助于活塞环密封。

图 3-49　将活塞环装入活塞前先检查活塞环的端隙

在活塞环上涂上一层薄薄的机油。首先安装油环。先装入涨簧，将其端口置于活塞销孔凸缘的上方，但不得重叠。然后安装刮片环，将这三个零件的端口相互错开。油环组件可用手安装。

使用活塞环扩张器安装第一道和第二道气环（图 3-50）。首先安装第二道气环，确保将其安装在正确的位置，包括确保活塞环正确的一侧朝上。活塞环上有某种标记以显示哪一侧应朝上，具体规定可查看活塞环制造商的说明书。

图 3-50　使用活塞环扩张器安装气环

3.8　安装活塞和连杆

安装活塞和连杆总成前，先检查连杆盖和连杆上的标记以确保它们是相配的。将轴承扣入连杆和连杆盖中。确保轴承上的凸缘紧密地装入相配的凹槽中。用塑性塞尺或千分尺测量连杆轴承的间隙。如果间隙不在规定范围内，可能需要对该连杆进行加工或更换，或者安装其他合适的轴承。

在气缸壁上抹上一层清洁的机油。在安装活塞总成之前，确保各活塞环的端隙错开（图3-51）。然后按照图3-52所示检查活塞环的端隙并安装活塞和连杆。

用清洁的润滑油或发动机机油涂抹曲轴。在安装好每个活塞后，转动曲轴并检查其转动是否自如。如果曲轴在活塞安装后转动困难，应将其拆下并寻找受阻的原因。

在安装完活塞和连杆后，还应检查连杆的侧隙（图3-53）。该侧隙是曲轴与连杆侧面之间的间隙。可用塞尺测量。如果间隙不正确，可能需要对该连杆进行加工或更换。

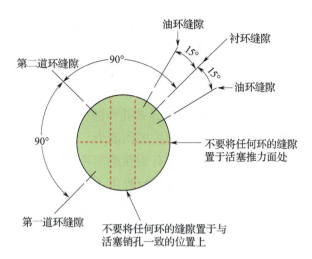

图 3-51　确保按照技术规范布置各活塞环端隙的位置

1）将新活塞环放入气缸孔中，用倒置的活塞推动活塞环以使其与气缸孔壁成垂直状态。用塞尺测量其端隙。将测量值与规定值比较，必要时修整。各活塞环端口通常是相互错开的，以防止它们之间处在一条直线上。用活塞环扩张器可很容易地安装活塞环

2）在准备将活塞连杆组装入气缸孔前，用橡胶或铝制的螺纹护套护住连杆螺栓的螺纹部分。这有助于防止损伤气缸孔和连杆轴颈

3）用适配的装配润滑油或轻型发动机机油涂抹活塞、活塞环、连杆轴承、气缸孔壁和连杆轴颈。有些技师在安装活塞组前会将其浸入一个盛满机油的较大容器中

4）错开活塞环的端隙，用活塞环压紧工具压紧活塞时，先将该工具张开以围住活塞环，然后拧紧工具以压缩活塞环，当它完全压紧后，不必进一步收紧工具。活塞此时紧贴在工具中，但又不完全被紧固

5）转动曲轴直到该气缸连杆轴颈处在最低位置（BDC），将活塞连杆组放入气缸孔直到工具触到气缸体平面。确保活塞上的标记与发动机向前方向的关系是正确的。此外，在安装活塞连杆组时要确保连杆螺栓不会触及或损伤连杆轴径

6）用锤子木柄或木块轻轻敲击活塞顶部直到活塞进入气缸孔中。推动活塞沿气缸孔向下并确保连杆刚好落在连杆轴径上，然后取下连杆螺栓的护套

7）放置相配的连杆轴承盖，然后用手拧紧连杆螺母。确保连杆上的标记与轴承盖的标记在连杆同一侧。安装时用软面锤子轻击每个连杆轴承盖以使其正确定位和落座。按照维修信息规定拧紧连杆螺母。对每个活塞连杆组重复上述步骤

图 3-52　安装活塞和连杆的步骤

图 3-53　测量连杆的侧隙

1. 正时部件

还应查看正时带或链条以及曲轴 / 凸轮轴带轮（链轮），如果有损伤或磨损，则应更换。正时齿轮若有裂纹、剥落或齿过度磨损是**齿隙**不当（过小或过大）的迹象。过大的齿隙会加速轮齿磨损和断裂。而过小则会导致齿轮粘连，这会导致轮齿剥落和磨损。

齿隙用百分表检查。在凸轮轴和曲轴齿轮之间的六个等距齿上检查移动量的变化。进行该检查时，将齿轮稳固地保持在缸体上。有关齿隙的限值可参阅技术规范。

2. 挺柱

在检查气门挺柱时，应仔细检查其底部和推杆孔。底部的磨损应远离凸角的中心，并且没有边缘接触的迹象。如果出现异常磨损、刻痕或点蚀，应予以更换。接触面已磨成平面或表面凹陷的任何气门挺柱都必须更换（图 3-54）。

图 3-54　挺柱在其孔中不能转动时的可能磨损模式

应将液压挺柱取出、拆解、清洗并检查。用回漏检测仪检查液压挺柱。如果挺柱泄漏过快，将产生工作噪声。如果挺柱的回漏不满足技术标准，应与凸轮轴一起更换。

3.9　安装凸轮轴和相关零件

在安装凸轮轴和平衡轴之前，用超高压（ExtremePressure，EP）润滑剂涂抹它们，包括轴承。这在安装和初始起动期间有助于防止擦伤和磨损。

1. 凸轮轴轴承

轴承是由铝或带巴氏合金衬层的钢片制成。**巴氏合金**是用铅和锡等软且易滑的材料制成。铝合金通常用于较新型的发动机。因为铝轴承比巴氏合金更硬，所以铝轴承的使用寿命更长，但它们更容易受到污物和润滑不良的损害。

顶置气门发动机的凸轮轴轴承是一个整零件，通常称为整圆轴承，是用衬套拆装工具和锤子以压配方式装入气缸体或气缸盖中的（图 3-55）。用无绒布擦拭每个凸轮轴轴承，然后用装配润滑剂全面涂抹凸轮轴凸轮凸角和轴颈。应首先安装位于气缸体最后面的轴承。凸轮轴轴颈可能有不同的直径，其中最小的位于气缸体后部，并且从后向前每个轴颈逐渐增大。安装完凸轮轴的所有轴承后，重要的是要确保轴承上的油孔与气缸体中的机油孔完全对齐。可使用一根细的金属线或发动机机油壶来检查对齐情况。使用金属线检查对齐情况时，小心地将金属线穿过每个凸轮轴轴承中的孔。如果金属线很容易穿过，则轴承是完全对齐的。如果金属线遇到阻力或无法通过该孔，则机油也不能到达凸轮轴。也可使用机油壶将机油喷入凸轮轴每个轴承的油孔中，机油应能很容易地流过。但若机油流动遇到阻力或不流动，那么凸轮轴在安装后将无法获得适当的润滑。

图 3-55　凸轮轴通常是用衬套拆装工具和锤子以压配方式装入气缸体或气缸盖中的

当将轴承压装在其轴承座孔中时，小心不要刮掉轴承背面的金属。这种刮伤可能会导致金属堆积在轴承外侧和轴承座孔之间，从而导致与凸轮轴的间隙减小。为防止刮伤，轴承座孔应进行倒角。

2. 凸轮轴

安装凸轮轴，注意凸轮凸角或轴颈的边沿不要损伤凸轮轴轴承。安装时应使其保持正直。凸轮轴前部中的螺纹螺栓有助于引导凸轮轴入位。

当凸轮轴到位后，安装止推板和正时齿轮。将止推板与半圆键对齐。切勿用锤子将齿轮或链轮敲入轴上。加热钢制齿轮有助于安装操作，但不要加热纤维齿轮。在安装齿轮时，保持齿轮与凸轮轴成直角，并始终与键槽对齐。

一旦凸轮轴安装在气缸体中，它应能用手转动。如果不能转动，应检查轴承是否损坏、凸轮轴轴颈是否有刻伤，或气缸体中的轴颈孔是否有轻微偏心。

在将气门挺柱装入其孔之前，先进行润滑。凸轮凸角的大多数磨损都发生在工作的最初几分钟内，预先润滑有助于防止这种情况。

3.10 曲轴和凸轮轴正时

大多数发动机在再制造过程中，会安装全新的正时总成。凸轮轴传动装置的安装必须使凸轮轴和曲轴彼此在时间上同步。用键或销子使两个链（齿）轮固定在位。在曲轴和凸轮轴齿轮或链轮上附有制造厂的正时标记（图3-56）。

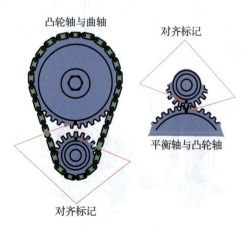

图3-56 凸轮轴、曲轴和平衡轴的正时标记

> **车间提示**
>
> 要确保正时标记精确相配。如果该齿轮偏差一个齿，其正时将偏离约17°。

将链条装在曲轴链轮上，然后绕过凸轮轴链轮。在保持键槽对齐的同时，通过均匀地按压这两个链轮，小心地将整个总成（链条和链轮作为一个整体）放在轴上。然后轻轻拍击它们使其到位。

有些制造商建议检查凸轮轴链轮与其底板之间的间隙，该检查是用塞尺完成的。此间隙通常可通过重新定位凸轮轴链轮来调整。

凸轮轴的轴向间隙应使用百分表测量。当凸轮轴在气缸体内前后移动时，表针将读出其移动量。将此读数与技术规范比较。轴向间隙可通过改变止推板后面的垫片厚度或更换止推板来修正。有些发动机用一个凸轮扣来限制轴向间隙。

> **车间提示**
>
> 有些顶置气门发动机属于干涉型发动机。如果曲轴与凸轮轴的正时不正确，当发动机起动时，推杆可能会弯曲。所以要复查正时是否已对准。

1. 平衡轴

平衡轴的维修方式与曲轴相同。应清洗并仔细检查每个轴承和轴颈，所有磨损或损伤的部件都应更换。使用塑性塞尺检查轴与轴承之间的间隙。将平衡轴的半片轴承放入平衡轴箱中，再将平衡轴置于轴承上。跨过每个轴径放上一条塑性塞尺。将相配对的另一半轴承插入平衡轴箱体中，并按规定拧紧箱体螺栓。然后取下箱体螺栓和箱体并测量塑性塞尺最宽处的宽度。将读数与标准范围比较。若间隙过大，则确认间隙过大的原因并更换轴承或平衡轴。测量后彻底清除塑性塞尺的残迹。

为了安装平衡轴总成，先将轴承安装在曲轴箱或平衡轴箱体中。在轴承上涂上一层薄薄的发动机机油。平衡轴与曲轴的正时必须正确。在有些发动机上可能有两根平衡轴，它们除了要与曲轴对齐正时外，还必须相互对齐正时（图3-57）。

对齐平衡轴的正时标记后，将平衡轴放到气缸体中，将装有轴承的平衡轴箱体扣在平衡轴上。然后根据技术规范安装并拧紧箱体螺栓。

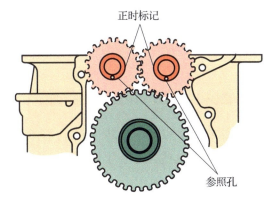

图 3-57　两根平衡轴正时标记彼此对正并与曲轴正时标记对正

2. 气门挺柱

在将气门挺柱装入挺柱孔前，用装配润滑油涂抹挺柱孔。在每次安装气门挺柱和 / 或其从动件时涂抹一次挺柱孔。在将它们安装好后，转动凸轮轴以检查气门挺柱是否卡住或未对正。

3. 机油泵

在发动机再制造过程中，通常会安装一个新的或再制造的机油泵。如果要重复使用原机油泵，应仔细检查是否有磨损并彻底清洁。机油泵可能位于油底壳内，或安装在发动机的前部（图 3-58）。它的安装位置取决于发动机的设计，但它通常是由曲轴驱动而产生吸力并通过集滤器从油底壳中抽取机油。泵产生压力，它迫使机油经过机油滤清器流到各机油通道，机油随后再返回油底壳中。

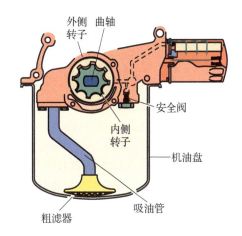

图 3-58　典型的由曲轴驱动的机油泵

3.11 机油泵维修

机油泵本身很少是润滑问题的原因，但它的工作状态可能会变差。检查机油泵的最佳方法是进行机油压力的测试。该测试不仅检查机油泵，还将评估润滑系统的其他部分。

▶ 参见

实施并解释机油压力测试的正确步骤参见第 1 章。

在发动机再制造时，通常会安装新的或翻新的机油泵。虽然机油泵是发动机中润滑最好的部件，但它的润滑机油是未经过滤清器的，所以它也可能会因污物或其他物质的进入而过早失效。

应仔细检查机油泵。小心拆下安全阀并注意其所指的方向，以便重新装配时能安装在正确位置。如果安全阀装反，则机油泵将无法建立起压力。检查安全阀弹簧是否有压扁或磨损的迹象，并按照技术规范检查弹簧的张力。还要检查柱塞是否有划痕以及能否在其孔中自由运动。拆下壳体螺栓，再从壳体上拆下封盖。

标记齿轮的啮合位置，以便用相同的齿轮标记重新组装（图3-59）。有些机油泵的齿轮和转子都已由工厂做了标记。拆下所有零件后，清洁并用压缩空气吹干它们。

图3-59　标记齿轮以便按相同标记进行组装

检查机油泵的齿轮或转子是否有剥落、擦伤、点蚀或异常磨损的迹象。擦伤是配对且运动部件之间的材料转移。这可能是由于两个部件在一起的微小熔接，接着又被部件分离。检查壳体孔是否有类似的磨损迹象。如果壳体的任何部分有刮伤或明显的磨损，应更换机油泵总成。

⚠ **注意**　应始终遵循制造商给出的步骤维修或更换机油泵。

检查机油泵盖的接合表面是否磨损。如果该接合面有较大磨损、擦伤或划损，应更换机油泵。使用塞尺和直尺检查其平面度（图3-60）。参考相关技术规范确定可接受的翘曲量。如果泵盖过度翘曲，则更换机油泵。

图3-60　使用塞尺和直尺检查机油泵密封面的平面度

对于齿轮泵，将齿轮重新装入泵体中，用塞尺检查外齿轮和泵体之间的间隙（图3-61）。如果间隙超过规定范围，则更换机油泵。

图3-61　检查外齿轮与泵体间的间隙

使用外径千分尺测量转子的直径和厚度（图3-62）。如果这些尺寸小于规定值，则必须更换转子或机油泵。

图3-62　用外径千分尺测量转子

对于转子泵，将转子重新装入泵体中。使用塞尺测量外侧转子和泵体之间的间隙。如果泵体与转子间的间隙超过规定范围，则更换机油泵。

将内侧和外侧转子的凸角彼此相对放置。使用塞尺测量它们之间的间隙（图3-63）。大于0.010in（0.2540mm）的间隙是不可接受的，应更换该机油泵。正时箱和齿轮的止推板也可能会磨损。过大的间隙会降低机油泵的效率，必要时更换它们。

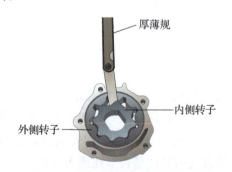

厚薄规

内侧转子

外侧转子

图3-63　测量内外侧转子凸角间的间隙

安装机油泵端盖，并按照规范拧紧螺栓。用于密封壳体端面的衬垫设计可为齿轮和端板之间提供合适的间隙。不要替换成其他衬垫或自制一个衬垫来替换原始衬垫。如果预制的衬垫不是原始衬垫，可用一层薄薄的液态厌氧密封材料密封壳体端面。组装后用手转动输入轴或齿轮，它应该很容易转动，如果不是这样，则更换机油泵。

从机油泵上拆下旧油封，并装入新油封。确保机油泵的所有配合表面是清洁、无损伤且干燥的。

如果机油泵使用六角形驱动轴，检查机油泵的传动轴和驱动轴以确保其棱角没有变圆。通过测量驱动轴的外径和传动轴的内径来检查驱动轴与壳体之间的间隙。

吸油部件在发动机再制造时，一般都会更换集滤器（粗滤器）。正确放置集滤器是很重要的。这将避免油底壳的干涉并确保集滤器始终浸泡在机油中。在安装吸油管时，务必使用新的衬垫和密封件。机油泵吸油一侧有空气泄漏会引起压力安全阀来回敲击。随着时间的推移，这将导致安全阀失效。空气漏入还会导致机油暴露在空气中、起泡、润滑油不足和发动机过早磨损。空气的漏入通常来自吸油管接缝处的裂缝（图 3-64）。

空气漏入处

图 3-64　空气漏入还会导致机油暴露在空气中、
起泡、润滑油不足和发动机过早磨损

3.12　安装机油泵

机油泵在安装前应先注满机油。首选方法是将机油泵浸入干净的发动机机油中。确保进油口完全浸没在机油中。然后转动机油泵，直到看见机油从出油口流出。

1.　安装曲轴驱动的机油泵

下面是典型的曲轴驱动的机油泵安装步骤：

1）将新的油封装入机油泵。

2）将液态密封材料均匀地涂抹在机油泵与气缸体的接合面上。

3）不要让液态密封材料凝固。

4）用机油涂抹油封唇和 O 形密封圈。

5）将内侧转子与曲轴对正。

6）安装并紧固机油泵。

7）清洁曲轴前端上的所有多余的润滑油。

8）安装机油吸油管及集滤器。

2.　安装凸轮轴驱动的机油泵

下面是典型的凸轮轴驱动的机油泵安装步骤：

1）在机油泵和气缸体上涂抹合适的密封剂。

2）确保驱动齿轮已正确啮合，且机油泵驱动轴在机油泵中已就位。

3）将机油泵装入到其最大深度并稍微来回转动以确保正确定位和对正。

4）安装就位后，拧紧螺栓或螺钉。在安装螺栓或螺钉时，机油泵必须保持在完全就位的位置。

5）安装机油泵进油管和集滤器总成。

3C：问题（Concern）、原因（Cause）、纠正（Correction）

维修工单				
年份：2010	制造商：本田	车型：Civic	里程：59919mile	单号：17201
问题	客户陈述自从更换机油后仅行驶了约 900mile，机油指示灯就点亮且机油液位较低。			
根据该客户的问题，应用本章所学内容，确定该问题的可能原因、诊断该问题的方法，以及为纠正此问题的必要维修步骤。				
原因	进行了机油消耗测试，发现机油消耗速率过大。该发动机问题属于技术服务公告中关于活塞环开口位置不正确而导致机油消耗过多的问题。			
纠正	拆下活塞并更换活塞环。			

3.13 总结

• 基本的气缸体总成包括气缸体、曲轴、曲轴轴承、连杆、活塞和活塞环、机油油道和砂芯堵头。OHV 发动机还包括凸轮轴及其轴承。

• 气缸体提供了燃烧产生的空间。

• 正确修复后的气缸必须具有正确的直径，没有锥度，也不失圆，并具有活塞环能够密封的表面处理。

• 釉面是由于高温、发动机机油和活塞运动的结合而在气缸壁上形成的极薄残留物。

• 砂芯堵头和机油油道堵头通常会作为气缸体再制造的一部分而被拆去并更换。三种基本的砂芯堵头是盘型、杯型和扩展型。

• 凸轮轴由曲轴以其一半的转速驱动。

• 大多数过早的凸轮磨损出现在运转的最初几分钟内。

• 曲轴在轴承表面与轴颈表面之间形成的油膜上旋转。轴颈必须平整且被高度抛光。飞轮通过施加恒定的动力带动曲轴从一个点火行程转到下一个点火行程，从而增加了发动机运转的平稳性。飞轮表面可作为离合器的一部分。

• 曲轴的检查包括轴承座的对正、直线度、间隙和轴向间隙检查。

• 轴承承载着由曲轴运动所产生的载荷。现今使用的大多数轴承都是嵌入式轴承。

• 保持特定的油膜间隙对于轴承的正常工作至关重要。有各种减小内径尺寸的轴承可供选择。

• 铝制活塞不仅轻，而且还足够坚固以承受燃烧压力。

• 活塞环用于填充活塞和气缸壁之间的间隙。现今的大多数汽车发动机都装有两根气环和一根油环。

• 在安装活塞和连杆总成时，可使用各种标记以确保安装的正确。有关具体的位置信息应始终查阅维修资料。

• 连杆的侧面间隙决定了机油从轴承中抛出的数量，该间隙是用塞尺测量的。

• 凸轮轴由摩擦型轴承或衬套支承在气缸体内，它们通常是压入到气缸体或气缸盖的凸轮

轴孔中。凸轮轴轴承通常在发动机再制造时已更换。

• 大多数再制造的发动机，都会安装新的正时组件。在装入正时齿轮时，应确保它们按照技术规范对正。

• 在发动机再制造时，通常会安装新的或再制造的机油泵。

• 在发动机组装前，机油泵应预先注满机油。

3.14 复习题

1. 思考题

1）应如何检查机油泵？

2）什么是气缸孔的锥度？

3）应如何测量主轴承的间隙？

4）气缸孔的最大磨损部位出现在什么位置？为什么？

5）气环有哪三种类型？

6）止推主轴承的作用是什么？

7）机油泵在装入发动机前，应如何预先注满它？

2. 单选题

1）当今使用的大多数活塞是由（　　）材料制成的。

A. 铸铁

B. 铝制

C. 陶瓷

D. 以上都不是

2）OHV 发动机中的凸轮轴轴承通常是哪种类型？（　　）

A. 对开插入式

B. 整圆式

C. 推力式

D. 以上都不是

3）下述哪一项在检查活塞时是不必考虑的？（　　）

A. 直径

B. 表面处理

C. 环槽磨损

D. 活塞销孔摆动

4）所制造的对开型轴承的每一半都略大于精确圆的一半，这称作什么？（　　　）

A. 展开量

B. 挤压量

C. A 和 B 两者

D. 既不是 A，也不是 B

5）连杆轴颈也称为（　　　）。

A. 平衡轴

B. 减振器

C. 塑料塞尺

D. 曲柄销

6）以下哪一项在当前发动机的气缸体中是**不常见**的？（　　　）

A. 活塞

B. 曲轴

C. 气门

D. 机油泵

7）以下各项都是飞轮的功能，**但除了**（　　　）。

A. 为离合器总成提供一个安装的地方

B. 消除气缸点火的脉动

C. 具有用于设置气门正时的标记

D. 与起动机驱动齿轮啮合

8）哪种类型的油环是带有沟槽以便使多余的油可以流过它？（　　　）

A. 铸铁的

B. 组合式的

C. A 和 B 两者

D. A 和 B 都不是

3. ASE 类型复习题

1）拆卸平衡轴总成时，技师 A 检查轴承是否有异常磨损或损伤；技师 B 用砂纸轻轻打磨使损伤的凸轮轴或平衡轴轴颈表面平滑，谁是正确的？（　　　）

A. 仅技师 A 正确

B. 仅技师 B 正确

C. 技师 A 和 B 都正确

D. 技师 A 和 B 都不正确

2）安装凸轮轴轴承后，技师 A 通过将机油喷入油孔来检查轴承上的油孔是否与气缸体中的油孔正确对齐；技师 B 通过插入金属线穿过该油孔来检查是否正确对齐，谁是正确的？（　　　）

A. 仅技师 A 正确

B. 仅技师 B 正确

C. 技师 A 和 B 都正确

D. 技师 A 和 B 都不正确

3）技师 A 说气缸壁表面过于光滑将妨碍活塞环良好密封。技师 B 说气缸壁表面应该具有交叉平行线的珩磨网纹。谁是正确的？（　　　）

A. 仅技师 A 正确

B. 仅技师 B 正确

C. 技师 A 和 B 都正确

D. 技师 A 和 B 都不正确

4）技师 A 在安装一个杯型的砂芯堵头时将其翻边一侧向外。技师 B 在安装一个碟形的砂芯堵头时将中凹的一侧朝内。谁是正确的？（　　　）

A. 仅技师 A 正确

B. 仅技师 B 正确

C. 技师 A 和 B 都正确

D. 技师 A 和 B 都不正确

5）技师 A 使用千分尺测量连杆轴颈的锥度。技师 B 使用千分尺测量连杆轴颈的失圆度。谁是正确的？（　　　）

A. 仅技师 A 正确

B. 仅技师 B 正确

C. 技师 A 和 B 都正确

D. 技师 A 和 B 都不正确

6）技师 A 说在一个活塞上的每个活塞环的开口间隙应该是相同的。技师 B 说在将活塞装入其气缸孔之前，活塞环的开口彼此应对齐。谁是正确的？（　　　）

A. 仅技师 A 正确

B. 仅技师 B 正确

C. 技师 A 和 B 都正确

D. 技师 A 和 B 都不正确

7）技师 A 用塞尺检查曲轴的装配间隙。技师 B 使用千分表检查曲轴的装配间隙。谁是正确的？（　　　）

A. 仅技师 A 正确

B. 仅技师 B 正确

C. 技师 A 和 B 都正确

D. 技师 A 和 B 都不正确

8）在从气缸体中拆卸活塞连杆组时，技师 A 在连杆轴颈处于其行程的最高位置时拆下连杆螺母和连杆盖；技师 B 用防护套护住连杆螺栓，用木槌手柄或木棒推出活塞连杆组，并当活塞从气缸中推出来时支撑住活塞，谁是正确的？（　　）

A. 仅技师 A 正确

B. 仅技师 B 正确

C. 技师 A 和 B 都正确

D. 技师 A 和 B 都不正确

9）技师 A 说曲轴的配重抵消了连杆和活塞的重量。技师 B 说曲轴的配重是用来抑制曲轴的扭转振动。谁是正确的？（　　）

A. 仅技师 A 正确

B. 仅技师 B 正确

C. 技师 A 和 B 都正确

D. 技师 A 和 B 都不正确

10）技师 A 使用塞尺和直尺来确定机油泵盖的平整度。技师 B 使用外径千分尺来测量外侧转子的直径和厚度。谁是正确的？（　　）

A. 仅技师 A 正确

B. 仅技师 B 正确

C. 技师 A 和 B 都正确

D. 技师 A 和 B 都不正确

第 4 章
气缸盖基础知识与检修

学习目标

- 能够简述发动机气缸盖、气门和与气门相关部件的功用。
- 知道铝制的和顶置凸轮轴气缸盖需要特殊维修工艺的原因。
- 能够描述燃烧室形状的类型。
- 能够描述制造商用来改变气门正时的不同方式。
- 能够对配气机构零部件进行全面检查。
- 能够描述凸轮轴的功用、工作原理和安装位置。
- 能够检查凸轮轴和正时部件。
- 能重新组装气缸盖。

3C：问题（Concern）、原因（Cause）、纠正（Correction）

维修工单				
年份：2002	制造商：本田	车型：雅阁（Accord）	里程：119559mile	单号：17887
问题	曲轴可转动，但发动机不能起动。客户陈述发动机是在行驶中熄火的。			
根据该客户的问题，应用本章所学内容，确定该问题的可能原因、诊断该问题的方法，以及为纠正此问题所需的必要维修步骤。				

4.1 凸轮轴

凸轮轴上有用于每个排气门和进气门的凸轮凸角。凸角的高度与气门打开的程度成正比。在所有发动机中，凸轮轴将高速转动的凸轮凸角的旋转运动转换为气门的直线或往复运动。在顶置凸轮轴发动机中，凸轮轴安装在气缸盖上的座孔中。很多凸轮轴是铸铁或钢制成的，其他的则是锻钢的。为减轻重量和增加强度，许多新型发动机的凸轮轴是一根上面焊有凸轮凸角的钢管。

在顶置气门发动机上，当凸轮凸角旋转时，它向上推动挺柱，进而推动推杆和摇臂的一端向上运动（图 4-1）。由于摇臂是一个杠杆，当其一端向上时，另一端则向下移动，推动气门向下并打开。随着凸轮凸角继续旋转，气门弹簧关闭气门，并使气门与摇臂保持接触，从而使推杆和挺柱也与旋转的凸轮保持接触。

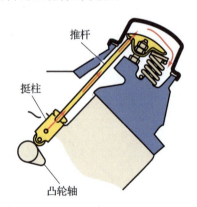

图 4-1 凸轮轴和气门运动的基本工作原理

顶置凸轮轴发动机的进、排气门可以有单独的凸轮轴。当这些凸轮轴旋转时，凸轮凸角直接打开气门或通过凸轮从动件、摇臂或筒式气门挺柱间接地打开气门。气门弹簧的任务仍然是关闭气门。在顶置凸轮轴发动机中，对凸轮轴的检修通常是发动机气缸盖修复过程中的一部分。

曲轴以其一半的转速驱动凸轮轴。凸轮轴从动齿轮或链轮的直径是曲轴链轮直径的两倍。在凸轮轴旋转一整圈的过程中，进、排气门各打开和关闭一次。为了使气门的开启和关闭与活塞的位置和运动同步，凸轮轴是根据曲轴位置来定时的。

图 4-2 展示了气门的动作与曲轴转动的关系。进气门在上止点前（BTDC）21° 开始打开并一直持续开启到上止点后（ATDC）51°。该气门开启和关闭之间的度数称为进气门打开的总开启角，在本示例中是 252°，即 21°（BTDC）+180°（从 TDC 到 BDC）+51°（ATDC）=252°。排气行程从下止点前 57° 开始，一直持续到上止点后 15°，排气门打开的总开启角为 252°。图示中所用的凸轮轴技术参数是进、排气门的总开启角相同，这是典型的设计，但有些凸轮轴的设计则有不同的进、排气门总开启角。不同的发动机设计需要不同的气门开启角和关闭角。所以，每种发动机设计都有其独有的凸轮轴。

凸轮轴和凸轮凸角的实际设计会随发动机所用的气门挺柱或从动件的类型而不同。有四种不同类型的气门挺柱：实心非滚轮型、液压非滚轮型、实心滚轮型和液压滚轮型。为机械和液压非滚轮型气门挺柱设计的凸轮通常称为"平底挺柱"凸轮。凸轮轴必须要与为其设计的气门挺柱类型相匹配。

1. 凸轮专用术语

许多不同的术语用来定义凸轮轴凸轮的技术参数。凸轮的实际形状称为凸轮轮廓（形线）。该轮廓决定了凸轮提供的气门总开启角和升程。

凸轮凸角的**总开启角**是指凸轮保持气门开启的总角度，并用曲轴的转角度数表示。凸角的大小决定了凸轮的总开启角。升程是凸轮移动气门挺柱或从动件打开气门的距离。只有当气门挺柱在凸角尖时气门才是完全打开的。凸轮的升程不代表气门能开启多大，因为摇臂增加了气门的实际开度。

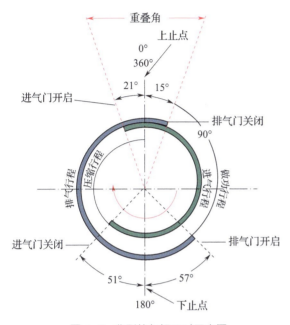

图 4-2 典型的气门正时示意图

进气门和排气门在排气行程结束和进气行程开始时都处在稍稍打开的状态，这种现象称为**气门重叠**。重叠时间长的凸轮轴有助于发动机在高转速时气缸的排空和效率的提高。但由于进排气门重叠的周期较长，在低转速时气缸压力往往有所降低。因为气门重叠量对气缸压力有影响，所以会影响发动机的整体效率和尾气排放。气门重叠还有利于进气混合气进入气缸。当废气排出气缸时，气缸内会出现低的压力，它导致大气将进气充量压入气缸。较小的重叠量可在发动机低转速时提供较大的压力，从而使发动机在较低转速时产生更大的转矩。

性能提示

安装一个带有不同凸轮轮廓的凸轮轴是一种提高发动机性能的流行方法。为一台发动机选择合适的凸轮可能是一件很棘手的事情，因为必须考虑许多事情，例如目标性能、变速器类型、汽车的质量，以及对发动机的其他改动。大多数凸轮轴供应商都会为选择正确的凸轮提供指导。总

体上来讲，气门开启越大和保持开启的周期越长，可使更多的空气和燃油进入发动机，但也会让更多的混合气通过排气逃出。具有较长开启周期的凸轮轴可提高发动机在高转速时的性能，但会降低低转速时的功率。较短的开启周期可提高低转速时发动机的转矩，但会限制高转速时的功率。

图 4-3 中的术语用来描述凸轮的轮廓。

基圆：基圆是凸轮上没有凸角的部分。它也是凸轮进行气门调整的部分。

凸轮尖：凸轮尖是从基圆测量的凸轮凸角的最高点，又叫凸顶。该点确定了凸轮凸角的最大升程。

斜坡（凸轮两侧面）：该斜坡是凸轮凸角在凸轮尖和基圆之间的两个侧面。一侧的斜坡用于气门的开启，另一侧用于气门的关闭。气门打开和关闭的速度取决于该斜坡的陡度。

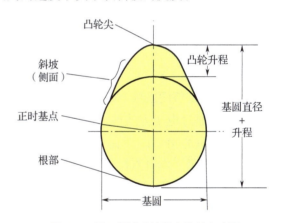

图 4-3 用于描述凸轮轮廓的基本术语

2. 正时机构

凸轮轴和曲轴彼此必须始终保持一致的相对位置。最初的对准是通过两轴齿轮上的匹配标记来设置的，这类标记称为正时标记。以下是驱动凸轮轴的几种常见方式。

（1）带传动 曲轴和凸轮轴上的带轮通过一根连续的氯丁橡胶正时带连接。在正时带内侧带有与带轮上的轮齿啮合的方形齿。为了提高强度和防止拉长，正时带采用尼龙或玻璃纤维来加强性能。

（2）链传动 凸轮轴和曲轴上的链轮用一条

连续的链条来连接。几乎所有的顶置气门发动机都采用链传动。链传动还用在许多顶置凸轮轴发动机上，特别是双顶置凸轮轴（DOHC）发动机。通常在一个复杂机型中会使用和布置多根链条。大多数链传动都有链条张紧器以保持适当的张紧力，并采用不同的消声垫以降低链条的噪声。

（3）齿轮传动 曲轴上的齿轮直接与凸轮轴上的齿轮啮合。曲轴齿轮通常是铁制或钢制的。在重型车辆的应用中，凸轮轴齿轮是钢制的。当安静运转是主要考虑因素时，或采用铝或压制纤维的齿轮。齿轮传动还用在少数顶置气门发动机中。

（4）张紧器 在长的链条传动和带传动装置上都有张紧器。张紧器可以是弹簧加载的和/或液压操作的。它的作用是在传动带或链条磨损和拉伸时能使它们有正确的张紧力。

（5）可变气门正时 之前的可变进气和排气正时只有采用顶置凸轮时才有可能。克莱斯勒成为第一家生产对排气凸轮轴正时采用单独控制的下置凸轮轴式发动机的制造商。在2008年的Dodge Viper（蝰蛇）SRT10的8.4L发动机中就引入了该系统。可变气门正时（VVT）系统根据发动机转速和负荷通过电子方式改变排气门的开启时间来调整气门重叠角。该系统增加了发动机的功率和转矩，并降低了燃料消耗和尾气排放。

该VVT系统使用一种特殊的凸轮轴和相位调整装置。相位调整装置连接在凸轮轴的末端。其内侧部分是可在密封轮毂内固定腔室中移动的叶片。叶片的运动由液压控制。所施加的液压由动力总成控制模块（PCM）控制。PCM向电磁阀发送信号来移动滑阀以调节通到相位调整装置腔室的机油流量。随着施加的液压增大，叶片克服弹簧压力而移动。每个叶片在其腔室内总共可旋转22.5°。

该凸轮轴实际上是两个凸轮轴：一个内轴和一个空心管式的外轴。内轴是一个装在外轴内的凸轮轴。排气凸角连接到外轴上，进气凸角经外轴中的切槽压装在内轴上（图4-4）。

相位调整装置轮毂安装在一个由曲轴通过链条驱动的外齿轮上。叶片连接外轴和其叶轮毂。

当叶片转动时，排气凸角的位置改变。排气凸角的可移动量受油腔和外轴上切槽尺寸的限制。

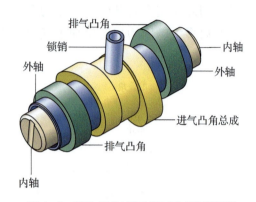

图4-4 用于OHV发动机可变气门正时的凸轮轴内置凸轮轴的基本结构

3. 气门挺柱

气门挺柱，有时称为凸轮从动件或气门挺杆，它跟随凸轮凸角轮廓运动。气门挺柱不是机械式（实心）的就是液压式的。实心的气门挺柱在凸轮轴和气门之间提供刚性连接。液压式气门挺柱提供同样的连接，但利用机油来吸收配气机构运动产生的冲击。

液压式气门挺柱的设计目的是要自动补偿发动机温度的影响。温度变化导致配气机构部件的膨胀和收缩。液压式气门挺柱可自动保持配气机构各部件之间的直接连接。

（1）实心式气门挺柱 采用这类挺柱需要在配气机构部件之间留有间隙。这个间隙要允许部件在发动机变热时膨胀，因此必须对该间隙进行定期调整。过大的间隙会导致敲击的噪声。这种噪声也是配气机构各部件相互撞击的一种反映，它会导致凸轮轴和气门挺柱使用寿命的减少。

非滚轮式气门挺柱会在其安装孔内转动。凸轮凸角和气门挺柱之间的接触区域是发动机中应力最高的区域之一。气门挺柱的转动将这种应力分布在气门挺柱底部的不同区域上，从而防止过度磨损。凸轮凸角都加工成带有轻微的锥度（图4-5），这可使气门挺柱转动。气门挺柱在其孔内转动的速度取决于锥度的大小。气门挺柱和凸角锥面的接触还可防止在发动机运转时凸轮轴前后窜动。

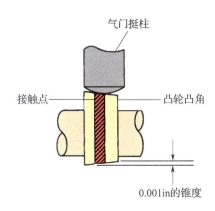

图 4-5　凸角带有锥度以使气门挺柱转动

（2）滚轮式气门挺柱　为了减少气门挺柱与凸轮凸角之间的摩擦力和由此产生的功率损失，大多数制造商采用滚轮式气门挺柱。滚轮式气门挺柱（图 4-6）在其与凸轮轴接触的一端有一个滚轮。滚轮是一个轮子，它可使气门挺柱以小的摩擦力跟随凸轮凸角的轮廓运动。该气门挺柱沿着凸轮凸角的表面滚动，因此是滚动摩擦而不是滑动摩擦。滚轮式气门挺柱可以是实心的，也可以是液压的。

图 4-6　典型的滚轮式气门挺柱

滚轮还允许气门挺柱跟随更激进的凸轮凸角设计以在给定的总开启角内提供比平底气门挺柱更大的升程（图 4-7）。滚轮式凸轮轴上的凸角有更陡的斜坡和一个较钝的凸轮尖。如果相同的凸轮凸角与平底的气门挺柱一起使用，那么气门挺柱的边缘将会触碰到凸角，这将对气门挺柱和凸轮凸角造成严重损坏（图 4-8）。

滚轮式气门挺柱不需要且也不应该在其孔中转动，所以滚轮式凸轮轴上的凸角底面没有锥度。为了防止气门挺柱转动，一对气门挺柱可用一个系杆连接在一起。该系杆阻止这两个气门挺柱旋

转，但允许每个气门挺柱单独上下运动。有些制造商不使用系杆，而是使用安装在缸体上的特殊卡具来防止气门挺柱旋转。

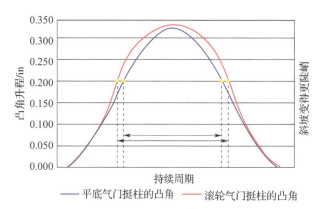

图 4-7　滚轮式气门挺柱可跟随更激进的凸轮凸角设计，它可在给定的总开启角内提供比平底气门挺柱更大的升程

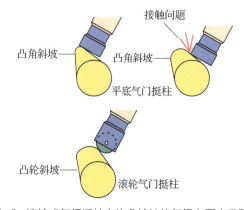

图 4-8　滚轮式气门挺柱允许凸轮轴使气门在更大升程时保持更长的开启时长，但同样的凸轮凸角若与平底气门挺柱同时使用，则挺柱的边缘将会触及凸角

由于这种凸轮轴的凸轮凸角底面不是锥形的，因此采用滚轮式挺柱的凸轮轴易于在发动机气缸体内前后窜动。凸轮的窜动会导致气门挺柱和凸轮轴出现许多问题，为防止此问题，在凸轮轴的端部装有止推垫圈或凸轮定位扣。

（3）液压式气门挺柱的工作原理　液压式气门挺柱在坚硬的铸铁壳体内装有柱塞、机油计量阀、推杆座、止回阀弹簧和柱塞回位弹簧。

当气门挺柱位于凸轮凸角的基圆上时，气门关闭，同时气门挺柱使配气机构保持零间隙。机油通过气门挺柱安装孔中的供油孔提供给气门挺柱。机油压力迫使气门挺柱的止回阀关闭以保持挺柱内的机油，从而在气门挺柱和推杆之间形成

一种硬性连接。当在配气机构中出现一些间隙时，柱塞和挺柱壳体之间的弹簧推动柱塞向上以消除该间隙。当凸轮凸角转动并打开气门时，气门挺柱的机油供给孔离开其安装孔内的机油供给孔。此时新的机油不能进入气门挺柱。打开气门的力推动气门挺柱内的柱塞稍稍向下移动，使少量的机油漏出，这称为回漏。当气门挺柱返回凸轮的基圆时，机油可以再次充入气门挺柱（图 4-9）。如果液压式气门挺柱无法回漏或不能充入机油，那么将能听到发动机发出的噪声。

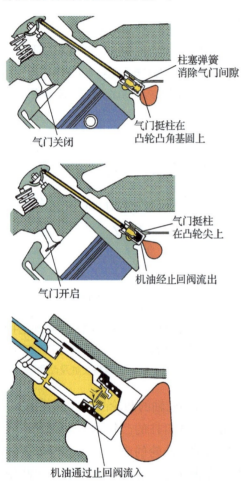

图 4-9 液压式气门挺柱的基本工作原理

4. 凸轮轴轴承

顶置凸轮轴发动机的凸轮轴可以用对开的滑动轴承支承。这种对开的轴承与主轴承和连杆轴承类似。应检查轴承是否有异常磨损的迹象，这些迹象表明可能存在注油或注油孔对准的问题。有些顶置凸轮轴仅仅是骑在铝制气缸盖中的轴颈孔中，因而不需要单独的轴承。

车间提示

如果 V 型发动机上的一侧气缸盖的表面被重整，则必须对另一侧气缸盖进行同样的处理，以使每个气缸盖被切去相同的金属量。

4.2 气缸盖

气缸盖由铸铁或铝制成。在顶置气门发动机上，气缸盖包含气门、气门座、气门导管、气门弹簧、摇臂支承件以及组成燃烧室顶部的凹陷区域。在顶置凸轮轴发动机上，气缸盖除包含上述部件外，还有凸轮轴的支承件和凸轮轴轴承。

所有气缸盖（图 4-10）都含有与气缸体通道相配的通道。这些通道允许冷却液在气缸盖中循环，并允许机油返回油底壳中。机油还流经气缸盖以润滑凸轮轴和配气机构。冷却液从气缸体中的通道流经气缸盖后流向冷却系统的其他部件。

图 4-10 典型的新型发动机的气缸盖

所有气缸盖在燃烧室中还加工有安装火花塞的螺纹孔。

气缸盖的密封面必须平整和光滑。为了帮助密封，气缸盖和气缸体之间装有一个密封垫。这个密封垫称为气缸垫，它由能承受高温、高压和周围金属膨胀的特殊材料制成。气缸盖上设置有进气歧管和排气歧管的安装部位，并有进气口和排气口。

1. 气道

气缸盖上铸有进气和排气气道。气道的大小和形状会影响混合气进入和离开气缸的速率和流量。

每个气门通常有一个气道。进气和排气的气道可以位于燃烧室的同一侧，也可以分别布置在燃烧室的两侧。这种布置的通道称为横流式气道。在每个气缸有两个以上气门的发动机上，每个气缸的进气或排气的气道可以合并在一起，这类气道称为**联体式气道**。采用联体式气道，环绕每个气门的单个气道合在一起以形成一个与歧管连接的更大气道。

2. 燃烧室

发动机的性能、燃油效率和尾气排放在很大程度上取决于燃烧室的形状。为了最大限度地减少热量散失到发动机冷却系统的表面积，燃烧室会尽量紧凑。点火点应在燃烧室的中心，以尽量减少从火花到燃烧室中最远点的距离。火焰传播路径越短，混合气燃烧得就越均匀。

制造商设计了不同形状的燃烧室。在了解当前流行的燃烧室设计之前，需要先定义两个术语。

1）紊流：紊流是非常快速的气体运动。紊流可使空气和燃料更好地混合，从而改善燃烧。

2）挤压：挤压是通过将气体挤压入一个狭窄区域的气体运动，该区域称为挤压区。

3. 楔形燃烧室

在**楔形燃烧室**中，火花塞位于楔形中较宽的部位（图 4-11）。火花从燃烧室中的较大区域向挤压区域中的较小部位传播。当活塞向上移动时，该区域中的混合气以高速挤出并形成紊流。它将燃料分解成细小颗粒，从而促进了空气和燃料的混合。紊流还有助于火焰前峰均匀地向整个燃烧室传播。

图 4-11　典型的楔形燃烧室

4. 半球形燃烧室

半球形燃烧室因其基本形状而得名，即燃烧室的形状恰像是半个球形。这种类型的气缸盖也

称为半球形气缸盖。每个气门相互倾斜 60°~90°，火花塞位于各气门之间（图 4-12）。

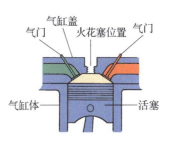

图 4-12　典型的半球形燃烧室

这种设计有几个优点。火焰从火花塞传播到活塞顶部的路径短，从而使燃烧更高效。进气和排气气道的横流布置可使气体相对自由地流入和流出燃烧室。其结果是发动机可以更好地换气，这意味着它能为可用空间吸入更多的混合气来提供更高的功率输出。此外，还可使混合气在压缩行程中得到均匀压缩。

5. 屋脊形燃烧室

当前许多发动机有一个**屋脊形燃烧室**。这是一种经改进的半球形燃烧室。它最常见于每个气缸采用四气门的发动机。火花塞位于燃烧室的中心，进气门、排气门分别位于燃烧室的两侧（图 4-13）。屋脊形燃烧室整个气缸孔的周边都是挤压区。

图 4-13　采用屋脊形燃烧室的气缸盖

4.3　进气门和排气门

进气门和排气门也称为提升阀（图 4-14），它们通常快速打开和关闭。当气门打开时，进气吸入燃烧室或废气离开燃烧室。当气门关闭时，燃烧室封闭。进气门和排气门头部的直径不同，进气门是其中较大的那个；排气门可以小些，因为排出气体比吸入空气更容易。

图4-14 气门（提升阀）

1. 气门

大多数气门由硬化钢、合金钢或不锈钢制成，高性能气门通常采用上述金属以外的其他金属。热量控制是气门设计和制造中的一个重要考虑因素。用于制造气门的材料必须能够承受高温并能使热量快速消散。大部分热量通过气门表面和气门座的接触传递给气缸盖，随后通过气缸盖传递给气缸盖中的冷却液通道。热量还通过气门杆传递到气门导管，然后再次传给气缸盖（图4-15）。

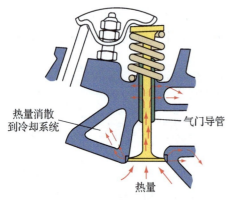

热量消散到冷却系统 气门导管 热量

图4-15 气门通过将热量传递给气缸盖中的冷却液通道来冷却

进气门和排气门通常用不同材料制成。进气门是低合金钢，或耐热和耐腐蚀的高合金钢。进气门工作温度比排气门低，因此进气门允许较低的耐热性。但由于空气燃油混合气通常会冲刷掉气门杆上的润滑油，因此气门杆上可能有镀层，如铬，或用能提供更高等级耐磨性的合金制成。进气门对腐蚀保护的要求也会低一些，因为它们不暴露在热的排气中。

排气门一般使用耐热合金钢制成，其合金是含有少量镍、锰、硅和/或氮的铬。耐热性对排气门来说至关重要，因为它们要面临1500~4000℉（816~2204℃）的高温。耐热和耐腐蚀对于涡轮增压或机械增压发动机的排气门更为重要。

一个气门可以整体制造或分成两部分制造。分开制造的气门允许气门的头部和杆部使用不同的金属，这两部分被旋转焊接在一起。这种气门通常有一个不锈钢的头部和一个高碳钢的杆部。气门杆通常是镀铬的，因此看不到焊缝。整体制造的气门工作时温度较低，因为分体制造式气门的焊接面抑制了热量向气门杆的传递。

当前的发动机需要更高质量的气门。为了承受热量，它们含有更多的镍。如何选择用来制造气门的合金取决于该发动机的预期用途和设计。涡轮增压发动机使用含有更多镍的进气门。较新型的发动机往往使用比以往更小更轻的气门，因为更轻的重量减少了驱动气门的功率损失。

许多新型的气门都有黑色的氮化物涂层以防止擦伤。为了减少摩擦和磨损，有些高性能的气门可能带有用干膜润滑剂处理过的气门杆。

（1）不锈钢气门 用不锈钢制造的气门是很常见的。**不锈钢**是一种含铬量至少为10.5%的铁-碳合金钢。不锈钢不像普通钢那样容易着色、腐蚀和生锈。气门采用不同类型的不锈钢来制造。奥氏体不锈钢最多含有0.15%的碳，至少含有16%的铬，以及镍和/或锰，以提高其强度和耐热性。此外，不锈钢是无磁性的。

（2）Inconel® 气门 Inconel® 材料是以镍为基础并含有15%~16%铬和2.4%~3.0%钛的一种材料。这种合金用于排气门，因为它具有非常好的高温强度和良好的抗氧化和耐腐蚀性。但这种Inconel® 材料加工困难，因此使用这种合金的气门在损坏后应更换。

（3）钨铬钴合金气门 另一种用在高温中的合金是钨铬钴合金，**钨铬钴合金**是一种含有较高铬含量的钴基合金。钨铬钴合金是一种结合在气门表面和气门杆上的硬质材料，它也可以用于气门杆的顶部。根据在合金中所用的混合材料的不同，它分为不同的等级。这种合金对磨损、腐蚀、侵蚀、微粒磨耗和拉伤都有很高的耐受性。

（4）充填钠的气门　有些排气门的气门杆是中空的，气门杆的中空部分用钠进行了部分充填（图4-16）。钠是一种传热远好于钢的银白色碱性金属物质。在工作温度下，所填充的钠变成液态。当气门打开时，钠向下飞溅到气门的头部并吸收热量。然后在气门向上移动时，钠从气门的头部离开并向上移动到气门杆中。钠吸收的热量随后传递给气门导管，再从此处转移到气缸盖中的冷却液通道。

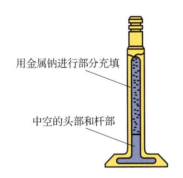

图 4-16　有些排气门用金属钠进行了部分充填以帮助冷却

⚠ **警告**　切勿加工或切开钠填充的气门。钠在与水接触时会产生剧烈的燃烧。

（5）钛制气门　有些高性能发动机采用钛制气门。这种气门散热性好、耐用且非常轻。钛制气门的重量比同尺寸的钢制气门轻一半。为减少气门杆的磨损，钛制气门上通常会涂有二硫化钼或其他减摩材料。

（6）陶瓷气门　当前正在为未来的使用进行陶瓷气门的测试。陶瓷材料的气门重量要比同等尺寸的钢制气门轻一半，而且可以经受极端温度且不会弱化或变形。陶瓷涂层可应用在气门头部朝向燃烧的一面以控制热量的积聚。

2. 气门相关术语

气门（图4-17）有一个圆形头部，其上带有一圈用于密封进气口或排气口的锥面。密封是通过与气门座接触的**气门锥面**形成。锥面的角度取决于发动机的设计和制造商。气门锥面与气门头之间的距离称为气门头的**余量**。

气门杆在气门上下运动期间起导向作用，并通过气门弹簧座圈和锁片将气门与其弹簧连接。锁

片安装在气门杆顶部的加工槽中，该槽称为**气门锁片槽**。气门杆在**气门导管**内移动，该导管要么是在气缸盖上加工出来的（整体式），要么是压入气缸盖的（嵌入式）。

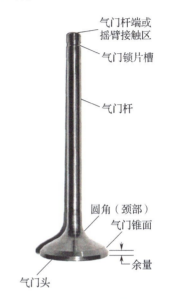

气门杆端或摇臂接触区
气门锁片槽
气门杆
圆角（颈部）
气门锥面
余量
气门头

图 4-17　典型气门各部分的名称

有很少量的润滑油会通过气门杆和气门导管之间的间隙，所以气门导管表面和气门杆都设计成摩擦尽可能小。气门杆的顶端采用硬化工艺或硬质合金以抵抗气门杆在被推开时遭受到的不断敲击所带来的损伤。

气门座（图4-18）是气缸盖与气门锥面接触的区域。气门座可以在气缸盖中加工出来（整体式），也可以是压入气缸盖的（嵌入式）。嵌入式气门座总是与铝制气缸盖一起使用。嵌入式气门座也可用来替换损坏的整体式气门座。

气门座

图 4-18　气门座

气门座为气门提供密封区域。它们还吸收气门的热量并将热量传递给气缸盖。气门座必须有足够的硬度以承受气门不断关闭时带来的拍击。由于废气中存在腐蚀性物质，气门座还必须具有

极高的耐腐蚀性。如果气缸盖是用铸铁制成的，则可采用整体式气门座，因为铸铁满足上述要求。

许多采用铝制气缸盖的新型发动机装有粉末金属（碳化钨）气门座。粉末金属的气门座比铸铁气门座更硬、更耐用。

3. 气门导管

气门导管支撑气门并防止它们除上下以外向其他任何方向移动。导管的内径经过机加工以提供与气门杆之间的极小间隙。这个间隙之所以非常重要，是因为下述原因：

1）该间隙要在进气行程期间防止机油吸入燃烧室，并在排气口压力低于曲轴箱压力时防止机油漏入排气口。

2）该间隙要在排气行程期间防止废气通过排气门气门杆窜入曲轴箱中。

3）该间隙要使气门锥面与气门座精确对正。

气门导管可以与气缸盖整体铸造，也可以是可拆卸的（图4-19）。可拆卸的或嵌入的气门导管是压入气缸盖的。铝制气缸盖宜用嵌入式气门导管。气门导管用可提供低摩擦且利于传热的材料制成。铸铁导管中掺有或涂有磷和/或铬，有时也使用青铜合金。这些材料可能含有一些铝、硅、镍和/或锌等成分。

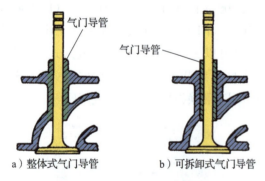

a）整体式气门导管   b）可拆卸式气门导管

图4-19 两种气门导管

（1）气门弹簧座圈和油封　气门总成用气门弹簧、弹簧座圈和气门油封安装在气缸盖中。油封放置在气门杆的上部，以防止机油沿气门杆向下流入燃烧室。保持气门在常闭位置的气门弹簧用弹簧座圈限定在适当位置。座圈用两个称为气门锁片的楔形零件锁定在气门杆上。图4-20展示了构成气门总成的各个零件。

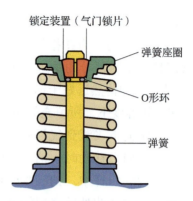

图4-20 装有弹簧、弹簧座圈、密封件和锁片的气门总成

（2）气门旋转装置　有些发动机配备了可使排气门旋转的弹簧座。这类旋转装置用于防止积炭积聚在气门锥面和气门座之间。积聚的积炭会使气门保持部分开启并导致气门烧损。

（3）气门弹簧　气门弹簧关闭气门并在气门打开和关闭过程中保持与配气机构的接触。有些发动机每个气门只有一个弹簧，另一些发动机则使用两个或三个弹簧。第二个或第三个弹簧通常是称为阻尼弹簧的扁弹簧，其设计目的是控制振动。为了抑制弹簧颤动并增加弹簧总压力，有些发动机在主弹簧内设有一个反向缠绕的副弹簧。

弹簧压力低可能导致气门在高速运动过程中浮动。而压力过大会导致配气机构或凸轮轴的凸轮凸角过早磨损，还会导致气门破裂。

4. 与气门有关的其他部件

（1）摇臂　摇臂改变凸轮举升力的方向。随着气门挺柱和推杆向上移动，摇臂绕其枢轴转动。这导致气门一侧的运动方向改变并推动气门向下。摇臂还可使气门的开启量比凸轮凸角实际的升程更大。从摇臂的气门端到转动中心点（轴或螺柱）的距离与推杆或摇臂凸轮端到转动中心点的距离之比代表摇臂比。摇臂比的范围通常从1:1到1:1.75。大于1:1的比例使气门开启量比凸轮凸角实际的升程更大。

> ▶ 参见
>
> 有关摇臂比的说明参见《汽车维修技术基础（原书第7版）》第3章。

某些OHC发动机中的凸轮轴直接骑在摇臂上方。摇臂的一端配放在凸轮从动件或气门挺柱上，另一端在气门杆上方（图 4-21）。OHC 发动机的气缸盖通常带有复杂的摇臂布置（图 4-22），其他一些 OHC 发动机没有摇臂，凸轮轴直接骑在气门的顶部。

摇臂由冲压钢板、铸铝或铸铁制成。铸造摇臂通过支架连接到安装在气缸盖的摇臂轴上（图 4-23）。铸铁摇臂用于大型、低速发动机中。铝制摇臂通常在滚针轴承上转动并应用在高性能发动机中。有些发动机的每个气门都有一个冲压成型的钢制摇臂。这类摇臂安装在一个压入或用螺纹装入气缸盖的螺柱上，如果摇臂磨损、弯曲、断裂或松动，必须更换。

图 4-21　该凸轮轴骑在装有液压间隙调整装置的摇臂上

图 4-22　此种布置的每个气门有三个不同升程的凸轮凸角

图 4-23　摇臂总成

（2）推杆　在 OHV 发动机中，推杆是摇臂和气门挺柱之间的连接杆。气门挺柱、推杆和摇臂将凸轮轴的旋转运动传递给气门。推杆的中心可能有一个孔，以使机油从气门挺柱流入摇臂总成（图 4-24）。有些发动机使用推杆导向板来限制推杆的侧向运动。

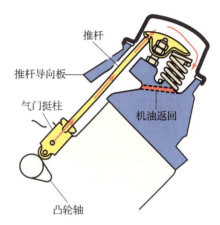

图 4-24　大多数推杆的中心有一个小孔以使机油流入摇臂总成

（3）凸轮从动件　某些 OHC 发动机上的凸轮从动件是一个为凸轮凸角提供驱动气门接触面的杯形零件。有些从动件在杯形零件下装有一个液压件以保持适当的气门间隙，另一些从动件结构则需要定期调整气门间隙。这类结构中的大多数是在杯形零件和凸轮凸角之间使用金属垫片（图 4-25）。为了调整气门间隙，需要插入不同厚度的垫片。

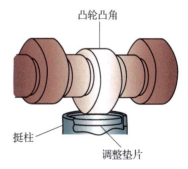

图 4-25　某些凸轮轴骑在挺柱上，挺柱内装有用于调整气门间隙的垫片

（4）凸轮轴轴承　在所有 OHC 发动机上，凸轮轴是气缸盖总成的一部分。支撑凸轮轴的结构可以是用螺栓固定在气缸盖上的单独装置，也可以是加工在气缸盖上部的凸轮轴孔。一般情况下，气缸盖都加工成可容纳一根或两根凸轮轴，并有固定凸轮轴的轴承盖（图 4-26）。

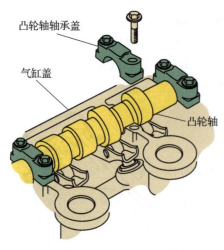

图 4-26 不少 OHC 发动机的气缸盖都加工成可在气门上方布置一根或两根凸轮轴，并用轴承盖固定凸轮轴

图 4-27 每个气缸有两个火花塞、两个进气门和一个排气门

5. 多气门发动机

大多数较新型的发动机采用了多气门布置。使用一个以上的进气门和 / 或排气门的根本原因很简单，就是追求更高的效率。为了提高效率，必须改善进出燃烧室的气体流动。过去一般是通过加大气门直径和改变气门正时来努力实现的。更大的气门可吸入更多的空气和排出更多的废气，但更大的气门更重，因而需要更强的弹簧来关闭气门。更强的弹簧可使气门关闭得更紧密，但同时需要更多的发动机功率来打开它们。此外，当发动机以低转速运转时，流经较大气门的空气只有较低的流速，这会降低发动机低速时的输出转矩。

尽管两个小的气门在总重量上与一个大气门相当或更重，但单个小气门的重量会更轻。因此在每个气门上的弹簧力也更小。这意味着开启它们所需的功率也更少。此外，发动机在低转速下，空气进出的速度要比使用大气门时更快。

如今的多气门发动机每个气缸可以有三个气门（图 4-27）、四个气门（图 4-28）或五个气门（图 4-29）。最常见的布置是每个气缸有四个气门，即两个进气门和两个排气门。

使用更多的进气门和排气门可导致更完全的燃烧，并降低失火和爆燃的可能性。它还会带来更好的燃油效率、更清洁的尾气并增加功率输出。

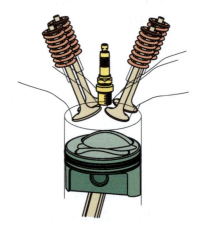

图 4-28 每个气缸四气门的典型布局

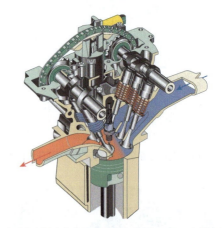

图 4-29 每个气缸五气门的布置，有三个进气门和两个排气门

4.4 可变气门正时系统

根据行驶状况改变气门正时提高了驾驶性并降低了燃油消耗和排放。有许多不同的可变气门正时（VVT）系统用在当前的发动机上。许多系

统只改变进气门或排气门的正时，而有些系统则改变进气门和排气门两者的正时。某些系统还改变进气门或排气门的升程和正时，还有少数系统则改变进气门和排气门两者的正时和升程。ECM 根据发动机转速和负荷等运转条件提前或推迟气门正时（图 4-30）。

VVT 系统要么是分级可变正时的，要么是连续可变正时的。大多数分级式的系统允许有两种不同的气门正时和升程设置。连续可变的系统每当汽车行驶工况改变时就会改变气门正时。连续可变的系统改变气门工作周期的相位或正时（图 4-31）。这些系统提供了更宽的转矩曲线，并降低了燃料损耗和提高了高转速段的功率，同时减少了碳氢化合物和氮氧化合物的排放。在有些发动机上，使用 VVT 系统的发动机已经可以不再需要排气再循环（EGR）阀。

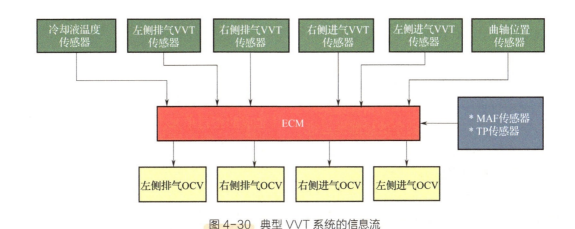

图 4-30　典型 VVT 系统的信息流

OCV—机油控制阀

提前	推迟
更早开始进气	推迟进气
增加气门重叠	减小气门重叠
增加低速段时的转矩	增加高转速段的功率
减小活塞与进气门的间隙	增加活塞与进气门的间隙

图 4-31　改变进气门正时的影响

1. 分级式气门正时

大多数分级式的气门正时系统根据运行工况在两个或多个不同的凸轮轮廓之间切换。这类系统的一个实例是本田用在多气门发动机上的 VTEC 系统。其凸轮轴为每对进气门配有三级凸轮凸角。第三级凸轮凸角的形状匹配气门的更大升程和不同的开启及关闭时间（图 4-32）。这三个级别的凸轮凸角各有一个自己的摇臂。在发动机转速较低时，只有第二级凸轮凸角的摇臂推动气门。在高转速时，电磁阀通过摇臂轴向外摇臂中的柱塞输送有压力的机油（图 4-33），由此推动柱塞部分

地进入中间摇臂，从而将三个级别的摇臂锁定在一起。气门此时根据第三级凸轮凸角的轮廓打开。当该电磁阀关闭时，弹簧将柱塞推回到外摇臂中，发动机以正常的气门正时（第一级）运转。

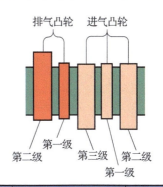

凸角	进气	排气
第一级	1.1692in（29.700mm）	1.1771in（29.900mm）
第二级	1.4003in（35.568mm）	1.4054in（35.699mm）
第三级	1.4196in（36.060mm）	

图 4-32　本田三级式 VTEC 系统每个气缸的凸轮凸角尺寸

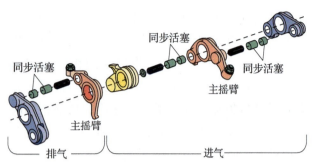

图4-33 同步销由机油压力控制并将摇臂锁定在一起

本田新型i-VTEC发动机在低速凸轮凸角和高速凸轮凸角之间的切换类似于较旧型的VTEC发动机，但还会改变进气门的正时以减少发动机在低转速时的泵气损失。在轻负荷、巡航和低发动机转速下，电子节气门控制系统完全打开节气门板以增大发动机进气量，i-VTEC系统切换到低速凸轮凸角和摇臂。该凸轮凸角的轮廓推迟进气门的开启，使得一些空气燃油混合气泵出气缸并返回进气歧管，就像阿特金森循环发动机一样。这会降低发动机的输出，但却可提高燃油经济性。在高负荷和高转速时，系统将切换到可增大气门升程的高速凸轮凸角。

2. 连续可变气门正时

为提供连续可变的气门正时，凸轮轴配有一个相位移相器。该移相器安装在正时带轮、链轮或齿轮安装的位置（图4-34）。在发动机运行时，移相器可使凸轮轴相对于曲轴的正时进行改变。移相器可用电子系统或液压系统控制。在液压控制系统中，ECM控制液压油的流动，而电子系统依赖步进电机（图4-35）。

图4-34 新型发动机上的移相器

移相器要么是基于斜齿轮组，要么是基于封闭在壳体中的叶片。斜齿轮式移相器有一个由正

时带驱动的外齿轮、一个与凸轮轴连接的内齿轮，以及布置在外齿轮和内齿轮之间的柱塞。当液压控制的柱塞移动时，柱塞和内齿轮上的螺旋花键将迫使凸轮轴改变其相对于正时齿轮的位置。

图4-35 依赖步进电机的电子凸轮轴移相器

叶片式移相器总成是一个带有轮毂和内置叶片总成的密封单元（图4-36）。轮毂的外侧是用链条或正时带与曲轴连接的正时链轮（齿轮）。叶片总成通过连接在凸轮轴上。叶片总成通过移动来改变凸轮轴的相位。在轮毂的底座有机油口，来自控制电磁阀的机油通过这些机油口进出。当ECM确定需要改变气门正时时，会通过指令将机油发送到正确的机油口，有压力的机油随后推动叶片，从而使气门正时改变。

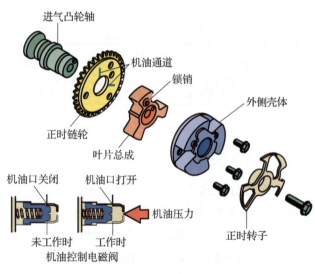

图4-36 叶片式移相器分解图

在有些SOHC（单顶置凸轮轴）发动机上，移相器以相同的角度同时改变进气和排气凸轮轴的正时。当在低速需要更大的转矩时，ECM指令较早地打开和关闭气门。当在高速需要更大功率

时，ECM 将通过同时改变进气门和排气门的正时来推迟凸轮轴的正时，这也会改变气门重叠角。

（1）丰田的 VVT-i 系统　丰田混合动力汽车的发动机像其他混合动力汽车发动机一样采用阿特金森循环运行。但它也会用传统的四行程循环运行。这两种循环之间的切换是由可变气门正时控制系统来实现的。丰田的 VVT-i 系统经过重新编程以允许进气门在阿特金森循环中较晚关闭。阿特金森循环有效地减少了发动机的工作排量，并运行在发动机低负荷时。VVT-i 系统由 ECM 控制。ECM 根据发动机转速、进气量、节气门位置和冷却液温度来调整气门正时。作为对这些输入的响应，ECM 向控制凸轮轴正时的机油控制阀（Oil Control Valve，OCV）发送指令。OCV 引导机油压力到 VVT-i 移相器的提前侧或推迟侧

（图 4-37）。OCV 的位置由不同的磁场强度决定，而该磁场强度由不同的占空比控制。该磁场产生的磁力与 OCV 中恒定的弹簧力相反。不同气门正时的设置见表 4-1。

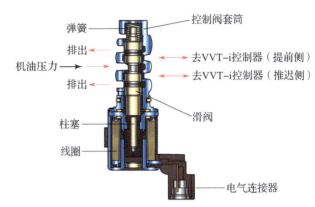

图 4-37　ECM 用占空比控制 OCV 中的滑阀以使机油压力施加到移相器的提前侧或推迟侧

表 4-1　丰田 VVT-i 为阿特金森循环提供的动作

运行工况	范围	气门正时	目的	结果
怠速期间	1	TDC 排气 最迟正时 进气 BDC	取消气门重叠以消除吹回进气侧的排气	稳定的怠速转速和更好的燃油经济性
轻负荷时	2	至推迟侧 排气 进气	减小气门重叠以减少吹回进气侧的排气	确保了发动机运转的稳定
中等负荷时	3	至提前侧 排气 进气	为了消除泵气损失，增加气门重叠以增加内部的 EGR	更好的燃油经济性和改善的排放控制
在低至中速大负荷时	4	TDC 排气 至提前侧 进气 BDC	为了提高容积效率，提前进气门关闭正时	改善低至中速范围的转矩
在高速大负荷时	5	排气 进气 至推迟侧	为了提高容积效率，推迟进气门关闭正时	改善了输出

（续）

运行工况	范围	气门正时	目的	结果
在低温时	—	排气　最迟正时　进气	为减少低温时燃油消耗增加并在减少快怠速持续时间时稳定急速转速，取消气门重叠以防止排气吹回进气侧	稳定的快怠速转速和更好的燃油经济性
在发动机起动 / 停机时	—	排气　最迟正时　进气	取消气门重叠以消除排气吹回进气侧	改善了发动机运转的稳定性

　　VVT-i 系统依赖曲轴位置传感器和凸轮轴位置传感器来监控凸轮轴的位置。对进气门和排气门正时都进行控制的系统称为双 VVT-i 系统。这种系统还可改变气门重叠的总量。

　　（2）菲亚特 MultiAir 系统　菲亚特的液压气门（MultiAir 或 UniAir）系统是一种用于汽油或柴油发动机的可变气门升程和气门开闭角的控制系统，它是一个依赖机械、液压和电子技术的控制系统（图 4-38）。

图 4-38　从外面看到的菲亚特 MultiAir 系统气门传动机构

　　该系统通过滚轮式凸轮从动件、液压活塞、液压室、电子控制的电磁阀和液压阀执行器控制各个进气门。因此该系统可改变进气门的正时和升程。排气门则由凸轮轴直接驱动。

　　该系统对流过进气门的空气直接进行控制。它不依靠节气门来调节进气量，因此尽可能地减小了**泵气损失**，这是从该系统所获得的许多收益中最重要的一项。泵气损失是活塞为了移动空气进出气缸必须要用的功。在带节气门的发动机中，

泵气损失影响发动机在节气门全开以外所有时间的整体性能。在所有其他时间，节气门限制了流过进气门的空气，因而降低了容积效率。在进气行程中，活塞在节气门部分关闭时必须使用额外的能量来将空气吸入气缸。能量损失量取决于发动机转速。当发动机处在低速时，损失量非常小，但会随节气门开度增加而增加，直到开度超过一半。

　　进气门由液压电磁阀（图 4-39）的动作控制，它由 ECM 控制。当电磁阀关闭时，机油室内被封住的机油提供了凸轮从动件和进气门之间的刚性连接，因此进气门按照凸轮凸角的形线运动。凸轮凸角形线的设计目的是在发动机高速运转时通过向气门提供大的升程和长的开启周期来最大限度地提高功率。

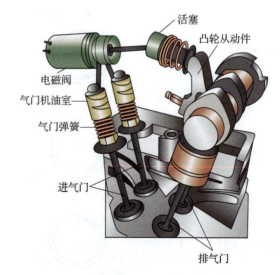

图 4-39　菲亚特 MultiAir 系统的主要部件

当电磁阀打开时，机油室和进气门之间的液压连接消失，因此进气门不再跟随凸轮凸角动作，气门弹簧的压力关闭该气门。这种行为控制了进气门打开的时间和开度。例如，为了提前关闭气门，电磁阀在进气行程开始时关闭，然后在进气行程一半时打开。进气门的提前关闭提供了低速转矩。

在发动机起动和低转速时，系统会以相反的方式做出反应。在此期间，电磁阀在进气行程开始时打开，然后在进气行程一半时关闭，由此通过增大吸入空气的速度以降低尾气排放。

电磁阀关闭的时长不仅控制了气门打开的持续时间，还控制了气门的升程。短的电磁阀关闭时长导致小的气门升程，长的关闭时长导致大的气门升程。

（3）宝马 Valvetronic 系统　宝马大多数发动机都配有 Valvetronic（连续可变进气门升程控制）。该系统通过控制气门的升程调节进入气缸的空气流量，所以这类发动机不需要节气门。

该系统除使用一根传统凸轮轴外，还有一根额外的偏心轴和一系列由步进电机驱动的杠杆和滚轮从动件（图 4-40）。计算机改变偏心凸轮的相位以改变气门的动作。气缸盖有一组称为中间摇臂的额外摇臂放置在气门杆与凸轮轴之间。这些摇臂可绕一个电子驱动的凸轮轴枢轴转动，因此该系统可以改变气门升程，且不依赖传统凸轮轴的凸角形线。

图 4-40　用于 Valvetronic 系统的额外偏心轴和步进电机总成

在发动机高转速时，为了保证以最大空气量快速充填气缸，该系统提供打开进气门的最大升

程（图 4-41）。在发动机低转速时，系统会返回到最小气门升程（图 4-42），这将减少进入气缸的空气量。气门的动作起到了节气门的作用。

图 4-41　Valvetronic 系统提供最大气门升程时的偏心轴位置

图 4-42　Valvetronic 系统提供最小气门升程时的偏心轴位置

该系统与单独的双可变凸轮轴控制（VANOS）系统协同工作，双可变凸轮轴控制系统连续改变进气和排气凸轮轴的正时。这是一套液压机械式凸轮轴控制装置，它用发动机转速和加速踏板位置来确定各种工况下理想的气门正时。

（4）其他 VVT 系统　有种用于控制进气门和排气门正时及升程的独特设计是依靠一根传统的凸轮轴，该凸轮轴是按高性能要求设计的，并采用配有用来排出机油的超高速控制阀的液压气门挺柱。ECM 通过改变挺柱中的机油压力来延迟气门开启、改变气门开启的持续周期或阻止气门打开。电磁阀用来控制进入每个气门挺柱柱塞中的机油流量，因而实际上决定了气门挺柱的高度。

另一种设计是通过有压力的机油使每气缸四气门发动机在低速时以三气门模式运转，在高速行驶时使用四个气门，在低于2500r/min时，每个进气门跟随各自的凸轮凸角运动。主气门正常开启和关闭，而副进气门打开到刚好能够保持发动机平稳运转的开度。当发动机达到2500r/min时，ECM指令有压力的机油推动一个将每对摇臂锁定在一起的小锁销，从而使两个进气门跟随正常的凸轮凸角运动。当发动机降低转速时，排出压力机油，释放锁销来分离被锁定的两个摇臂。

3. 停缸

气缸停用（简称"停缸"）技术是通过关闭发动机某些气缸的一组进排气门来实现的。这减小了发动机的工作排量，从而提高了燃油经济性并减少排放。该系统的设计能让驾驶员感觉不到有些气缸的停用和启用。停缸是通过控制喷油器、点火正时、节气门开度和气门正时来实现的。用于停缸工作的具体系统因发动机设计和制造商的不同而不同。

OHC发动机通常在每个气门上都有一对摇臂。其中一个摇臂贴附在凸轮轴凸轮凸角上，另一个用来推动气门。当两个摇臂锁定在一起时，气门将随着凸轮轴的转动而动作。为了让某个气缸停用，可解锁该摇臂。此时贴附在凸轮凸角上的摇臂继续工作，但不会将其运动传递给另一个摇臂。

该锁定装置只是一个依赖机油压力而移动的销钉，被称为锁销。一个由ECM控制的电磁阀将机油压力引导至该锁销。

（1）本田　本田的可变气缸管理（Variable Cylinder Management，VCM）系统是以i-VTEC可变气门控制系统为基础的，这是一个分级式气门正时系统。该系统主要用在本田混合动力汽车上以增加车辆的再生制动能力和最大限度地减少油耗。该系统称为气缸怠速系统，并可增加减速过程中捕捉的能量。该系统还考虑了发动机正常和高输出的气门正时，以及所有或部分气缸的怠速运转。

概括来说，该系统的每个气缸都有五个摇臂（图4-43）。一个由液压控制的锁销连接或分离这些摇臂。当与凸轮贴附的摇臂与气门摇臂没有连接时，该气缸处于怠速或停用状态。有三个独立的机油通道通至锁销。当有压力的机油通过一个通道时将移动锁销。PCM控制压力机油引导到适当通道的滑阀。PCM还控制着控制机油压力的电磁阀。在该电磁阀处在关闭状态下，停用气缸的活塞可完全自由地移动，从而减少了减速过程中的发动机制动阻力。

在典型的本田混合动力系统中，当松开制动踏板并踏下加速踏板时，车辆凭借电力和发动机的动力行驶。此时发动机用升程较低的凸轮形线打开气门以经济模式运转。当驾驶员保持非常低的巡航速度时，发动机关闭，仅电机向车辆提供

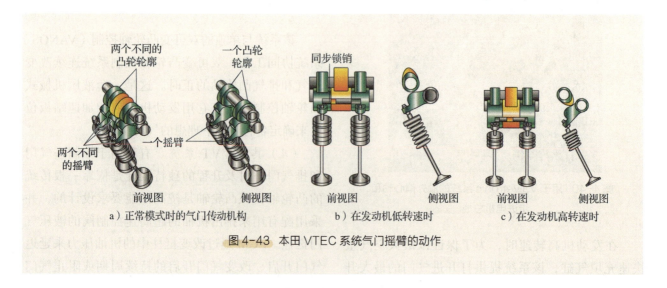

图4-43　本田VTEC系统气门摇臂的动作

两个不同的凸轮轮廓　一个凸轮轮廓　同步锁销

两个不同的摇臂　一个摇臂

前视图　　侧视图　　　前视图　　侧视图　　　前视图　　侧视图

a）正常模式时的气门传动机构　　b）在发动机低转速时　　c）在发动机高转速时

动力。在此期间，发动机的摇臂不打开气门。在从低速加速期间，发动机以经济模式运转。在急加速时，发动机以高输出模式运转，且电机辅助发动机提供动力。在减速过程中，电机开始作为发电机工作，且发动机的气门关闭并保持此关闭状态。这可产生最大的再生制动力并减小燃油消耗。当需要发动机的全部动力时，该系统将迅速使三个处于息速状态的气缸恢复工作。在这些气缸以息速运转时，VCM 系统控制点火正时并循环动作变矩器锁定离合器以抑制因从六缸切换为三缸工作而导致转矩变化所引发的任何振动。

本田 VCM 系统中的摇臂和气门挺柱需要特殊的检查步骤。检查时，应按顺序保持所有部件以便将它们安装回原位置。在第一个摇臂的位置处测量每个摇臂轴的外径，然后测量摇臂的内径，两者之间的差值是装配间隙。该间隙应与技术规范进行比较。对每个摇臂和摇臂轴重复此步骤。如果间隙超出技术规范，应更换该摇臂轴和所有超出公差的摇臂。即使只有一个摇臂需要更换，也应更换该轴上的所有摇臂。

接下来，检查摇臂中的同步锁销。当把它们滑入摇臂时应该平滑移动。如果它们移动不顺畅或已损坏，则应更换摇臂总成。摇臂机油控制电磁阀有一个滤清器，应进行检查，如堵塞，则应更换。

（2）其他气缸停用系统　OHV 发动机也可以使用机油压力来停用某些气缸。高压机油被送到气门挺柱以使其下陷。之后气门挺柱会跟随凸轮凸角运动，但不会驱动推杆和摇臂。在克莱斯勒某些发动机中应用的多排量系统（Multi Displacement System，MDS）配有电磁阀控制的机油油道和独特的液压式滚轮气门挺柱。当运行工况允许车辆不需要所有气缸工作时，ECM 接通电磁阀。机油压力输送到气门挺柱上并推动该气门挺柱中的小锁销（图 4-44）。随着锁销移动，挺柱内的柱塞与气门挺柱体脱开，该气门挺柱体继续随凸轮凸角运动，但其运动不会传递到摇臂。

通用汽车（GM）目前称为主动燃油管理（Active Fuel Management，AFM）的按需排量（Displacement on Demand，DoD）可变系统使用两级切换式气门挺柱。该气门挺柱内外体通过一个

弹簧加压的锁销连接在一起。电磁阀控制高压机油以压缩弹簧，从而使气门挺柱的内外体彼此分离（图 4-45）。

图 4-44　该气门挺柱用于克莱斯勒多排量系统，当中间锁销移出时，挺柱内的柱塞将与挺柱体分离

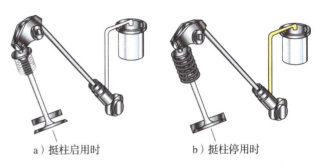

a）挺柱启用时　　　b）挺柱停用时

图 4-45　通用的按需排量可变系统中气门挺柱的动作

4.5　拆检气缸盖

在某些发动机上，在拆解气缸盖前必须先取下气门摇臂。如果凸轮轴直接骑在摇臂上方，应使用适当的弹簧压缩工具将气门下压到足够距离以拉出摇臂（图 4-46）。有些发动机的摇臂安装在单独的摇臂轴上。有些摇臂的末端不直接接触气门，而是使用过桥式摇臂，这种摇臂总成也安装在一根轴上。为取下这类摇臂，需要松开这两根轴的固定螺栓（图 4-47）。

取下摇臂

用专用工具或撬棒压下弹簧

图 4-46　在有些 OHC 发动机上，为取出摇臂必须稍微压下气门弹簧

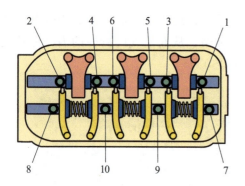

图 4-47 始终应按照松开固定螺栓的规定顺序拆卸摇臂总成

图 4-49 用气门弹簧压缩工具压缩到刚好
可取下气门锁片的位置

在所有 OHC 发动机上，拆解气缸盖前须先拆下凸轮轴。按照规定的顺序松开并取下凸轮轴轴承盖。将拆下的轴承盖按其在气缸盖上的顺序摆放。此外，应对凸轮各从动件的布置进行拍照或绘制一张简图并标记每个零件，这将有助于确保每个零部件都会重新安装到原位置。

拆卸气门弹簧前应先测量每个气门弹簧的安装高度（图 4-48）。在重新组装时将会用到此测量值。为了拆卸气门，应使用气门弹簧压缩工具。首先选择适合放置在气门顶端的弹簧座圈上的套筒。用塑料锤子轻轻敲击该套筒以松动气门锁片。调整压缩工具的钳卡口，以使其能牢固地卡在弹簧座圈上，然后将气门弹簧压缩到刚好可拆下气门锁片的位置（图 4-49）。

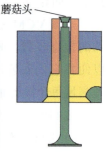

a）取出气门　　　　　b）锉平蘑菇头

图 4-50 在将气门从气门导管中取出之前，
先将已成蘑菇头状的气门头锉平

1. 检查气缸盖

气缸盖在清洁后应仔细检查。气缸盖密封区域和气门区域的任何严重损伤都表明应对气缸盖进行修复或将其更换。此外，应使用适当的方法来检测裂纹。还应检查气缸盖是否有凹陷、刮伤以及水道周围是否有腐蚀。

由于发动机在其使用寿命期间不断经历冷热循环，某些部件往往会变形，特别是气缸盖。可以用精密的直尺和塞尺测量气缸盖的变形量。在气缸盖的横向和纵向两个位置检查安装面是否变形（图 4-51），一般情况下，允许的最大变形量为 0.004in（0.1016mm）。查看制造商对该发动机建议的最大允许变形量。许多制造商建议在气缸盖变形量超过允许限值时应更换。此外，还应检查进气和排气歧管安装表面的平整度。

图 4-48 拆卸气门弹簧前应先测量气门弹簧的安装高度

接下来，拆下气门油封和气门。将这些零件按照它们所在气缸的位置摆放在一起。如果气门不能从其导管中穿出，则其顶端可能已成蘑菇头或成锤击状。不要强制将气门推出气门导管，否则会拉伤或挤裂气门导管或气缸盖。推起气门杆，然后锉去端部上的凸起部分，直到气门杆能轻易滑出气门导管（图 4-50）。

铝制气缸盖可能因经历大的热膨胀而开裂。铸铁气缸盖也会出现裂纹，特别是当发动机曾经过热时。最易开裂的区域是气门座周围的区域（图 4-52）。高的燃烧温度和气门对气门座的不断拍击会导致进排气门座之间或在排气门气门座正下方出现裂纹。

🔴 **警告**　在铝制气缸盖还处于热态时，切勿松开或是紧固其安装螺栓，否则可能会导致因力矩变化而带来的气缸盖变形。

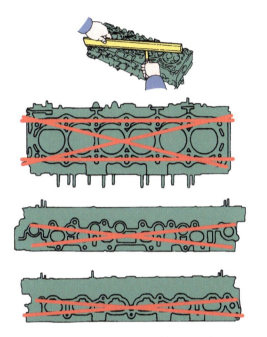

图 4-51　检查气缸盖安装面是否变形

图 4-52　曾经过热的发动机气缸盖更容易出现裂纹

应检查铝制气缸盖是否有凹陷、刮伤以及水道周围是否被腐蚀；此外，还应检查是否已变形。铝制气缸盖变形通常是因过热造成的。铝制气缸盖所允许的最大变形量小于铸铁气缸盖允许的最大变形量。

在加工气缸盖以使其平整前，先将气缸盖厚度与技术规格进行比较，以确认可从气缸盖上加工掉的金属量。一些制造商不建议对气缸盖进行任何机械加工，而是要求更换气缸盖。

2. 检查气门

应检查每个气门表面是否有烧蚀的迹象（图 4-53），还应检查整个气门各部位是否有磨损或变形的迹象（图 4-54）。更换任何已严重烧蚀、磨损或弯曲的气门。废弃任何已严重烧蚀、开裂、有麻点或有过度磨损迹象的气门。检查气门杆表面，若镀层剥落或破裂，应更换该气门。

图 4-53　严重烧蚀的气门

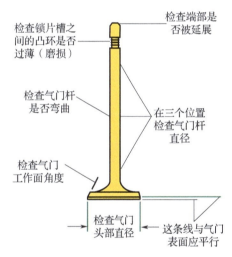

图 4-54　检查气门时应查看的各部位

检查进气门的背面。在颈部和杆部的黑色含油堆积物表明机油已经通过进气门或导管根部进入气缸（图 4-55）。测量气门边缘的余量，如果重整表面后剩下的边缘余量小于 1/32in（0.79mm），则该气门不能再进行加工和再次使用。可再使用的气门可通过浸泡在溶剂中来清洁，因为溶剂会软化积炭。随后用金属丝抛光轮清除堆积物。去除堆积物后，重整气门工作面。

更换气门时，应确保新气门是原气门允许的替代物，包括气门杆直径、气门杆高度、气门头直径和气门的制造材料在内都合适。更换的气门应是用与原装气门相同或更好的合金制造的。辨别金属的一个好方法是看它是否有磁性。不锈钢是无磁性的，而碳钢是有磁性的。

图4-55 气门背面堆积的含油炭灰或严重积炭表明气门座不良

3. 检查气门座

应检查气门座是否有损坏、裂纹、烧损或其他不良迹象。此外，对嵌入式气门座要检查其在座孔中是否松动。这可通过撬动气门座内侧来查看，在中等力度下不应有松动。如果发现气门座有任何损坏，可以安装一个新的嵌入式气门座。如果是整体式气门座损坏，则需要切除其周围区域并安装一个嵌入式气门座。如果气门座看起来在其孔中下沉过深，则需要更换。

如果气门破损或变形，也应更换气门座。这可能是因为气门座与气门导管不同心，这会导致气门杆在气门每次关闭时被弯曲。

4. 检查弹簧座圈和锁片

磨损的弹簧座圈会使弹簧偏离气门中心线，这会因气门上的弹簧张力分配不均匀而影响气门的动作。应仔细检查每个弹簧座圈是否有裂纹。大多数弹簧座圈内侧的形状是圆锥形的，并与锁片外侧的形状相匹配。两者必须很好地相配才能将锁片固定在气门杆上的锁片槽中。如果弹簧座圈和锁片显现损坏或磨损，应予以更换。

气门杆上的锁片槽应与锁片内侧的形状相匹配。有些气门上有多个锁片槽，有些则只有一个。应检查气门杆上的所有锁片槽是否损坏，并在其中插入一个锁片检查其是否合适。

5. 检查气门旋转装置

在重整或更换气门时，还应一同更换其旋转装置。这是因为它们无法准确地检查。用手是否可将其旋转并不能说明它们的功能如何。气门

杆顶端不均匀的磨损形状表明其旋转装置工作不正常。

6. 检查气门弹簧

应检查包括阻尼弹簧在内的气门弹簧组（图4-56）是否有裂纹、断裂和损坏的痕迹。在气门弹簧工作期间施加其上的高的压力和温度会导致它们弱化，有时会断裂。锈斑也会导致气门弹簧断裂。为了确定该弹簧是否仍可继续使用，应进行释放/压缩弹簧的压力测试、弹簧自由高度测试和弹簧垂直度的测试。

a）等距　　b）非等距　　c）疏密圈式　　d）机械振动阻尼装置

图4-56 常见的气门弹簧设计

> **性能提示**
>
> 当为增强发动机性能而进行改装，尤其是变更凸轮时，不要忘记应安装更硬的气门弹簧。更高张力的弹簧将有助于保持气门挺柱与凸轮凸角接触，以及克服发动机高速运转时增加的气门和气门传动机构的冲量。过大的弹簧张力也不好，因为它在凸轮凸角、气门挺柱、摇臂等零件上施加过大的压力，并导致它们过早磨损。在更换气门弹簧时，应始终遵循凸轮轴制造商的建议。

4.6 检查配气传动机构

检查配气机构时，应按照下述指南仔细检查每个零部件。

1. 正时带

通常来说，在重新组装发动机或气缸盖时都会更换正时带。正时带的故障通常是因为张紧力不足、使用时间过长、运行条件恶劣或张紧器磨损所致。大多数制造商建议正时带每60000mile更换一次。松弛的正时带会在正时带轮轮齿上跳齿，导致正时带的齿被剪切。查看正时带所有表面上是否有分离的编织绳线和裂纹（图4-57），同时还

应检查是否有接触过机油或水的痕迹。这两者都会导致正时带老化。如果正时带已有污染或损伤，应更换。

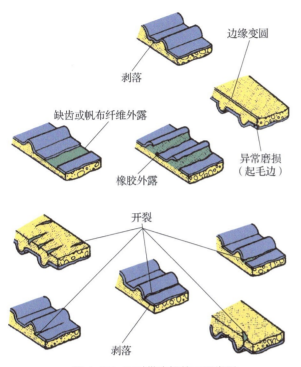

图 4-57 正时带磨损的不同类型

在许多发动机上，正时带断裂可能会导致发动机严重损坏。当正时带断裂时，凸轮轴不能再转动，但曲轴仍在继续旋转。此时凸轮轴已停止转动，气门将停留在正时带断裂时的位置。这意味着一些气门正处于打开状态。当活塞继续移动时，就会撞击打开着的气门，这将导致气门弯曲或断裂和 / 或活塞顶部损坏。

2. 正时链条

新型发动机可能有多根传动链条。曲轴用其中一根链条驱动凸轮轴。图 4-58 所示的发动机有一根驱动凸轮轴的长链条和一根驱动平衡轴的短链条。有些发动机还有一根额外的用于将进气凸轮轴与排气凸轮轴对准的正时链条。V 型发动机可能在每侧气缸组都有一根从曲轴到凸轮轴的单独链条，然后再用另外的链条来连接每侧气缸组的进气凸轮轴和排气凸轮轴（图 4-59）。

应检查每根传动链条，如有损坏应更换。此外还要检查链条的长度。有些制造商建议测量整个链条的长度，并将其与技术规范比较。其他发动机上的链条应该在链条被拉紧状态下进行分段测量（图 4-60）。为此先用规定的张力拉紧链条，然后测量规定链节数的长度，这种测量是在链条的三个随机部分进行的。然后将测量的平均长度与技术规范比较。如果不在规定范围内，应更换该链条。

图 4-58 该发动机采用两根独立的传动链条

图 4-59 该发动机配有单根独立的正时链条

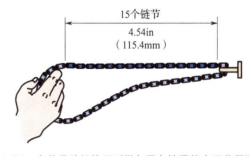

图 4-60 有些发动机的正时链条是在拉紧状态下分段测量的

3. 中间惰轮

所有的正时带的中间惰轮都应能用手转动，转动平顺即为良好。还应检查这些带轮是否有润滑油泄漏的迹象。检查密封件周围，如果有明显泄漏，则应更换该中间惰轮。

4. 张紧器

检查正时带和链条传动系统的各个张紧器。张紧器的类型有许多种，应参考维修信息来获得正确的检查步骤。检查张紧器的带轮表面，它应是光滑的且无堆积的油脂或油污（图4-61）。对大多数张紧器来讲，还应检查它们是否有润滑油泄漏的痕迹。检查密封件周围，如果有任何损坏或泄漏，应更换该张紧器。

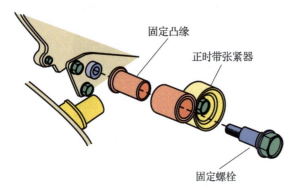

图4-61 正时带张紧器

应检查正时带张紧器的活动状况。确保弹簧可以自由移动张紧器的惰轮。如果张紧器弹簧有问题，应更换张紧器。在柱塞式张紧器上，用双手握住张紧器并将其顶在一个平面上用力推动其推杆，此时推杆不应有移动。如果能移动，则更换张紧器。测量推杆从壳体中伸出的长度，将该长度与技术规范比较。如果测量值不在技术规范范围内，应更换该张紧器。

正时链条传动系统会有不同的张紧器、阻尼和导向装置（图4-62），应该检查它们是否磨损。大多数情况下，还应该测量它们的宽度，并与技术规范进行比较。如果已磨损，应更换。再次强调，有不同类型的链条张紧器，每一种都有特定的检查步骤。棘轮式张紧器中的柱塞用手应该能够平顺地移出，但用手却无法推入。

5. 齿轮和链轮

应仔细检查所有的正时齿轮和链轮。轮齿表面上的裂纹、剥落或过度磨损表明齿轮的侧向间隙不正确。应更换所有已损坏或磨损的齿轮。有些发动机上的机油泵、凸轮轴正时、曲轴正时及

平衡轴的齿轮和链轮都是将传动链条环绕在各自齿轮上进行测量的。用游标卡尺测量齿轮绕上链条后的直径。测量时游标卡尺的卡口必须与链条的滚柱接触。如果测得的直径小于技术规范，则应更换链条和齿轮/链轮。

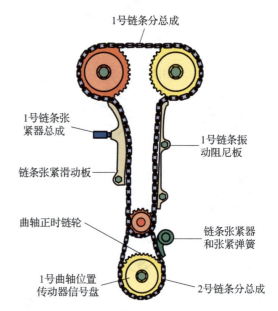

图4-62 正时链条机构各零部件

6. 凸轮轴移相装置

凸轮轴移相（相位调整）装置的检查可在其安装在凸轮轴上时进行。用带有软钳口的台虎钳夹住凸轮轴，然后尝试转动移相装置的正时链轮。如果它可移动，则必须更换。接下来用电气胶带盖住移相装置上除提前侧进油口以外的所有机油口（图4-63）。然后用头部带有橡胶的空气喷嘴向露出的提前侧进油口施加规定的气压（图4-64）。此时正时链轮应逆时针转动。当释放掉空气压力时，正时链轮应以顺时针返回。该检查应进行几次，且正时链轮应当转动平稳。随后在推迟侧进油口重复此过程。在进行推迟侧的检查时，除推迟侧进油口外，其他所有端口都应是封闭的。

7. 凸轮轴从动件和间隙调节装置

应仔细检查顶置凸轮的从动臂和气门间隙调节装置总成中是否有裂纹或严重损伤的部件。如果是用垫片调整气门间隙的，还应仔细检查杯形环槽和垫片。软的垫片不能保持气门间隙正确，

因此还要检查每个垫片的硬度。可将一个垫片放在凸轮轴基圆上，然后用手向下压动垫片，不应感觉到有弹性。

图 4-63　凸轮轴移相装置上的提前侧进油口位置

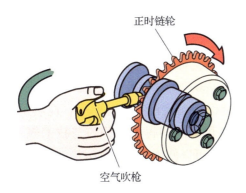

图 4-64　向提前侧进油口施加空气压力并观察正时链轮的动作以检查移相装置的好坏

8. 检查气门摇臂

检查气门摇臂是否有磨损，特别是与气门杆和推杆接触的点。确保每个摇臂上的供油孔清洁且未被污垢堵塞。通过测量摇臂轴的外径并与摇臂的内径做比较来检查摇臂与轴间的配合间隙。如果间隙过大，则需要更换摇臂或摇臂轴，或两者都更换。另一个应检查的磨损点是摇臂的转动区域。还应检查安装螺柱、螺母或螺栓是否有松动。压入式替换件有标准尺寸和加大尺寸可供选择。标准尺寸的用于更换损坏或磨损螺柱，而加大尺寸的用于更换已松脱的螺柱。

当摇臂以冲击的方式反复撞击气门杆顶部时，摇臂上在与气门接触处焊接的垫状物可能过度磨损。过度磨损是气门调整不当或液压气门挺柱不良而产生过大气门间隙所造成的，垫状物的磨损也可能是润滑不良造成的。虽然铸造摇臂可以重新修整接触面，但冲压的不可调整的摇臂如果已磨损，则必须更换。

9. 推杆

在检查推杆过程中可能有些推杆在其穿过气缸盖的部位有凹槽状的磨损，有些则可能顶端有磨损，应当更换所有已损伤的推杆。空心式推杆应彻底清洁以确保孔内没有堵塞物。此外，还应检查推杆的末端是否有裂纹、沟槽、粗糙或过度磨损的痕迹。

检查每根推杆的直线度。当推杆在发动机中时，可以在气门关闭状态下通过转动它们来检查。当推杆已从发动机中取出时，可将它们放在一个平面上滚转。如果推杆不是直的，那么在其滚动时会出现跳行。最精确的方法是用千分表测量。

10. 凸轮轴轴承

大多数 OHC 发动机用轴承盖将凸轮轴固定在气缸盖上。有些是骑在对开轴承上的，另一些则骑在气缸盖上的加工表面上。应仔细检查轴承或轴承表面是否有异常磨损的痕迹。如果发动机配有凸轮轴轴承，则通常在发动机大修过程中应更换。如果凸轮轴轴承孔损坏，一般应更换气缸盖。

11. 凸轮轴及相关部件

清洗凸轮轴后，应检查每个凸轮凸角（图 4-65）是否有划痕、擦伤、表面破裂、点蚀和异常磨损的痕迹，还应检查油道是否堵塞。

图 4-65　已磨损的气门挺柱和凸轮轴

应用千分尺测量凸轮凸角的高度。先测量从根部到凸角顶的距离，然后从该测量位置转 90° 再重新测一次。记录每个进气和排气凸轮凸角的测量值。然后将测量值与技术规范对比，任何差异都表明该凸轮凸角已磨损。

为了检查凸轮轴是否有磨损，应在几个不同位置测量凸轮轴的轴颈。如果轴颈比技术规范小 0.001in（0.0254mm）或更多，则应更换凸轮轴。

还应使用千分表检查凸轮轴的直线度。将凸

轮轴放在 V 形块上，将千分表放置在中间的轴颈上，然后慢慢转动凸轮轴。如果千分表显示过大的跳动，则表明凸轮轴已弯曲，必须连同气门挺柱和 / 或从动件一起更换新件。

4.7 气缸盖修复

气缸盖的维修可能涉及许多不同的步骤。这些步骤会因制造气缸盖的金属材料和发动机设计的不同而不同。在开始气缸盖的任何维修作业前，务必先参考相应的维修信息。

1. 修复裂纹

气缸盖中常见的裂纹位置包括：火花塞孔和气门座之间、气门座之间、气门导管周围以及排气口中。在大多数情况下，有裂纹的气缸盖应更换。但某些裂纹可以有效修复。裂纹修复通常是由专修店来完成的。

需要识别开裂的原因并修复。如果要重复使用该气缸盖，那么无论是什么原因造成的裂纹都需要修复。裂纹修复是通过钉扎的冷工艺或焊接的热工艺完成的。

2. 重整气缸盖安装平面

重整气缸盖安装平面有三个目的：

1）使该表面平整，以使气缸垫密封性良好。

2）提高压缩比。

3）使该平面与主要的钻孔成直角。

气缸盖可以用平面刨床、铣床（图 4-66）、拉床或平面磨床进行修整。它们的夹装和操作都与铣床类似。

图 4-66 平面铣床

重整后的表面不应过于光滑。为了给气缸垫提供合适的基面，加工后的最终表面应该有较浅的划痕和小的突起以保证气缸垫与接合点间的密封性。

> ❗ **警告** 在操作任何平面磨床前，应熟悉并遵循机床操作手册中给出的所有注意和警告事项。此外，在操作这些机床时，要佩戴安全眼镜、护目镜或面罩。

3. 切削量说明

必须限制从气缸盖表面去除的切削量。表面修整过多会导致以下问题。

（1）压缩比 在重整气缸盖平面后，燃烧室会小些，这会提高压缩比。压缩比提高的程度取决于去除了多少金属以及燃烧室的类型。

为确保压缩比没有增加过多，应测量每个燃烧室的容积。所测得的容积应与技术规范比较。如有必要，可以使用更厚的气缸垫以降低压缩比。

如果各燃烧室的容积不相等，可通过研磨气门座以使气门下沉，或通过磨削和抛去燃烧室表面的金属来使各燃烧室的容积一致。

（2）气门正时 在许多 OHC 发动机上，重整气缸盖后，有必要恢复凸轮轴和曲轴齿轮之间的距离。特殊的气缸垫可用来抬高气缸盖。如果从气缸盖表面去除了 0.030in（0.7620mm）厚的金属，则凸轮轴必须向上移动 0.030in（0.7620mm）。如果不这样做，则会改变气门正时。

（3）活塞与气门干涉 当气缸体和气缸盖平面重整后，活塞与气门间的间隙会变小。为了防止气门与活塞发生接触，建议活塞与气门间的最小间隙为 0.070in（1.778 mm）。

（4）错位 从气缸盖或气缸体平面上去除金属还会导致气门顶端、摇臂和推杆被放置在更靠近凸轮轴的位置上，这会导致摇臂几何运动变化，使液压气门挺柱内的柱塞被压到其行程的最低点。

此外，在 V 型发动机上，安装歧管的位置也会降低。这可能出现密封问题。另外，歧管上的进排气口可能与气缸盖上的进排气口错位，歧管固定螺栓也可能无法对正。为了使进气歧管恢复到原来的正确位置，还必须去除歧管密封表面上的金属。

4．修复磨损的气门导管

气门导管的磨损量可用球形（小孔）量规和千分尺测量。在气门导管的顶部插入并展开球形量规，然后用外径千分尺测量球形量规的展开量。在导管中部和底部用球形量规重复该过程（图 4-67）。读数上的任何差异都表明导管内部已有锥度或磨损。将测量到的直径与技术规范比较以确定导管磨损的程度。

图 4-67　用小孔量规和千分尺测量气门导管磨损程度

也可以用百分表测量。这种检查方法的精确度取决于气门在检查时的开启量。将百分表固定在气缸盖上，然后将百分表测量杆放置在气门头的边缘上，并使之与气门杆垂直（图 4-68）。将气门向百分表方向移动，将百分表归零。然后再朝远离百分表的方向移动气门，并观察表盘上的读数。该读数是气门的总摆动量，也是导管磨损的表征。最后将读数与技术规范做比较。

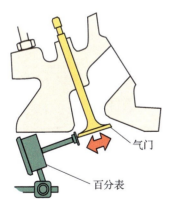

图 4-68　用百分表测量气门导管的磨损程度

如果气门与气门导管的间隙过大，机油会通过该导管吸入气缸。尽管机油消耗在很大程度上是与进气门导管过松或磨损有关，但机油也会因排气口产生的吸力而被拉入排气门导管。这是因为，当排气从排气口排出时，热的排气产生了文丘里效应，从而产生真空将机油吸入已磨损的导管（图 4-69）。

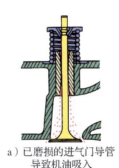

a）已磨损的进气门导管　　b）已磨损的排气门导致机油吸入　　　　导管也会如此

图 4-69　真空将机油吸入已磨损的导管

（1）滚花　滚花是恢复已磨损的气门导管内径（ID）最快的方法之一。该工艺通过在导管整个金属内表面加工出细微的沟纹来抬高其内表面。当滚花工具进入导管时，将金属抬高或推高到沟纹两侧，从而减小了导管的内径。滚花的主要优点之一是它不会改变气门杆的中心线。

（2）铰孔　铰孔增大了导管的内径以适合加粗的气门杆，或通过安装嵌入件使导管恢复到其原始直径。铰孔时，要限制铰刀每次通过时去除的金属量。在对气门导管铰孔后，必须重整气门座表面，并使用合适的刮刀刮去气门导管内径顶部和底部的锐角。

通常认为铰孔后使用加大的气门杆要比采用滚花更好，而且如滚花一样，它也是一种相对快速和容易的方法。唯一需要的工具是一把铰刀。这种方法仅适于那些气门导管未磨损到超出可供选择的加粗气门杆限值的气缸盖。

（3）薄壁导管衬套　该方法通常是把薄壁导管衬套（图 4-70）装入导管以恢复其内径，可用在整体式和嵌入式导管中。这是一种比安装新的气门导管更快、更容易和更便宜的方法，而且还可保持导管与其气门座的对中。

图 4-70　薄壁气门导管衬套

将原来的导管扩孔到衬套所需的直径，然后将薄壁磷青铜或硅铝青铜衬套压入该导管孔中。为了保证良好的导热性和防止衬套在工作时松动，需要采用紧配合。重要的是要注意，有些衬套没有预先切割到原始导管的长度。在这种情况下，应在安装衬套前，先将衬套精确地切割或铣削到正确的长度。应在安装后检查导管与气门杆的间隙，并通过铰孔或滚花进行矫正。

无法修复的导管必须更换。这可能需要一个机加工车间来切去旧的导管并安装新的导管。

4.8 气门杆密封件

气门杆的密封件用来控制流过气门杆和导管之间间隙的机油量。润滑不足将导致气门杆和导管产生擦痕和磨损。而过多的机油会导致进气门上大量沉积物和排气门气门杆上硬沉积物的堆积。气门杆密封件磨损后可使机油消耗增加高达70%。

基本上有三种类型的密封件。正向式密封件紧紧地固定在气门导管的顶部，并在气门杆上下移动时刮去气门杆上的机油。导流式、飞溅式或伞形的密封件套在气门杆的上部和下部，以使机油偏离气门导管。O形密封圈用于防止机油在气门打开时流入气门导管。

如果要在车辆上更换发动机的气门杆密封件，先拆下气门室盖和火花塞。为了防止气门掉入导管中，可用压缩空气对该气缸加压。从压缩压力测试表的适配器软管中取下气门芯阀，将适配器软管安装在火花塞孔中。转动发动机，使活塞处于上止点位置，且气门关闭。然后将压缩空气软管连接到适配器软管上。压缩空气将持续保持气缸内的压力，从而使气门紧靠在气门座上。此时可拆卸气门弹簧和更换气门杆的密封件。

1. 安装正向式密封件

为了安装正向式气门杆密封件（图4-71），先将密封件套件中的塑料套管放在气门杆顶端，以使密封件在滑过锁片槽时得到保护。稍稍润滑套管，并小心地将密封件套在气门杆上。然后向下推动密封件，直到它接触到气门导管的顶部后再取下塑料套管，并使用安装工具将密封件压在气门导管上，直到密封件与导管的顶部齐平。

2. 安装伞形密封件

在安装气门弹簧之前，先将伞形密封件安装在气门杆上。将其向下推到气门杆上，直到接触到气门导管的凸台（图4-72）。

3. 安装O形密封圈

安装O形密封圈时，先用发动机机油稍微润滑O形密封圈。然后将其安装在低于气门杆锁片槽的部位（图4-73）。确保O形密封圈没有扭曲。

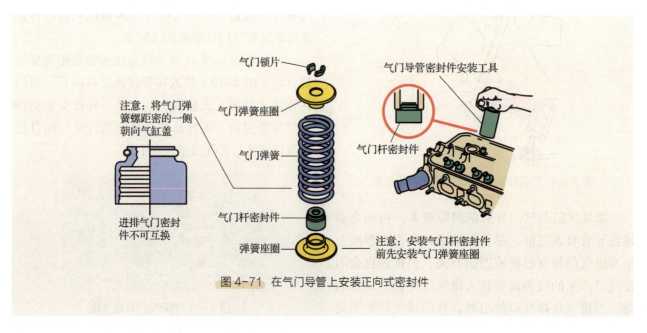

图4-71 在气门导管上安装正向式密封件

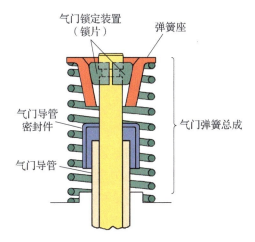

图4-72　装有伞形密封件的气门组件

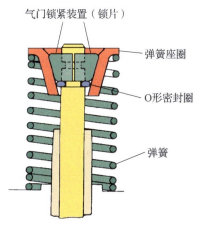

图4-73　装有 O 形密封圈的气门组件

4.9 气缸盖组装

在重新组装和安装气缸盖之前，必须检查两个测量值：气门杆安装高度和气门弹簧安装高度。

气门杆安装高度是弹簧座圈与气门杆顶端之间的距离。可使用不同量具来获得精准的气门杆安装高度值，包括深度千分尺、游标卡尺和伸缩式量规。

使用维修信息

气门杆安装高度的技术规范通常在维修信息中无法获得。可在拆解过程中，记录所有气门的气门杆安装高度，以作为组装时的参考。

气门弹簧安装高度是在用气门锁片组装弹簧后从弹簧下座圈到弹簧上座圈下侧进行测量的。该测量可用两脚规组或刻度尺、伸缩式量规或弹

簧高度计完成。

气门弹簧安装高度的调整可使用称为弹簧垫片的气门弹簧垫片来完成。这种垫片只有三种标准厚度：0.060in（1.52mm）、0.030in（0.7620mm）和 0.015in（0.3810mm）。使用不同厚度垫片的组合可以补偿弹簧高度的变化。如果需要安装不止一个垫片，应将最厚的一个紧挨着弹簧。如果垫片的一侧有锯齿或波纹，则应将该侧朝向弹簧座圈。

在气门装入其导管后，将气门弹簧垫片、气门弹簧和弹簧座圈安装在气门杆上。弹簧缠绕最紧的一端应始终朝向气门头。使用气门弹簧压缩工具压缩弹簧到刚好可将气门锁片装入锁片槽中。安装锁片后松开弹簧压缩工具，并用橡胶锤敲击气门杆头部以使锁片能够完全入位。

车间提示

气门锁片应成对更换。如果一个新锁片与一个用过的锁片搭配，则弹簧座圈可能会歪斜，从而会使气门杆头折断或使该总成飞脱。

⚠ **注意**　如果锁片没有完全入位，弹簧总成可能会飞脱，并会造成人身伤害。所以在装配气门时使弹簧座圈一侧朝向墙体并佩戴护目镜是一个很好的做法。

对于 OHC 发动机，在安装气门并组装气缸盖后，即可在气缸盖上安装凸轮轴。有些发动机有一个用螺栓固定在气缸盖上的单独的凸轮轴壳体。该壳体在安装时应使用适当的密封件或衬垫。

在 OHC 发动机上，如果发动机使用整圆嵌入式凸轮轴轴承，则应将它们压入气缸盖的轴承座孔中。每个轴承在其轴承孔中完全就位后，再次检查轴承的机油孔与气缸盖上的机油孔是否对准。

大多数新型 OHC 发动机使用对开的轴承和轴承盖，或是有一个单独的凸轮轴外壳。在这些发动机上，应清洗铝铸件中的座孔，并在必要时校正轴承座孔。对这些轴承的作业就像对曲轴主轴承一样，包括使用塑性测隙规检查凸轮轴与轴承之间的间隙（图4-74）。

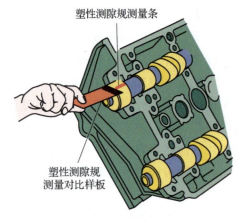
塑性测隙规测量条

塑性测隙规测量对比样板

图4-74 用塑性测隙规检查OHC发动机凸轮轴与轴承的间隙

安装前先用无绒抹布擦拭每个凸轮轴轴承，然后用制造商推荐的润滑油全面涂抹凸轮轴凸轮凸角和轴承轴颈。将正时链轮安装到凸轮轴上并确保其正确对正。按技术规范拧紧固定螺栓。在凸轮轴和链轮与正时标记对齐后安装轴承盖，并按照规定的顺序和力矩拧紧固定螺栓。然后将另一根凸轮轴安装在轴承上。在两根凸轮轴上的正时标记都对准后，拧紧第二根凸轮轴的轴承盖螺栓。拧紧螺栓后，凸轮轴应能平顺地转动。在两根凸轮轴都安装到位后，安装链条和张紧器。

安装凸轮轴时，根据要求安装新的O形密封圈和衬垫。有些OHV发动机上的凸轮轴有一个用来限制轴向间隙的轴向推力板或止推片。在凸轮轴就位后，检查轴向间隙并按需要调整垫片的厚度。

将摇臂、气门间隙调整装置、推杆、气门挺柱和其他将凸轮轴的运动传递到气门杆的零部件收集在一起，用清洁的发动机机油润滑所有这些零部件。然后按照维修信息的要求安装它们。其中有些零部件是要在安装凸轮轴之前安装，有些则是在安装凸轮轴之后安装。

摇臂总成的安装通常是通过转动凸轮轴直到该气门的凸角不面对气门杆时进行。稍微压下气门弹簧以使摇臂滑入到位。确保正确拧紧摇臂安装螺栓。遵循相同的步骤安装所有气门摇臂。

安装所有的歧管以及在拆卸气缸盖时从气缸盖上拆下的其他部件。在必要位置，使用新的衬垫或正确的密封胶。调整气门间隙，并将气缸盖安装在气缸体上。

3C：问题（Concern）、原因（Cause）、纠正（Correction）

维修工单				
年份：2002	制造商：本田	车型：雅阁（Accord）	里程：119559mile	单号：17887
问题	曲轴可转动，但发动机不能起动。客户陈述发动机是在行驶中熄火的。			
根据该客户的问题，应用本章所学内容，确定该问题的可能原因、诊断该问题的方法以及为纠正此问题的必要维修步骤。				
原因	确认无法起动，发动机起动转速高于正常转速。拆下正时带罩盖后，发现冷却液泵咬死，正时带已切断。更换正时带并重新设置凸轮轴与曲轴的正时后，进行气缸泄漏测试，发现气门杆已弯曲。			
纠正	用再制造的气缸盖更换损坏的气缸盖。更换冷却液泵、正时带及相关部件。			

4.10 总结

• 推杆是摇臂和气门挺柱之间的连接杆。

• 摇臂将气门挺柱向上的运动转换为向下的运动以打开气门。

• 铝制气缸盖因为重量轻而用于新型的发动机上。铝的热膨胀特性可能会导致诸如泄漏和开裂等问题。

• 四行程发动机的每个气缸至少有一个进气门和一个排气门。

• 多气门发动机的特征是每个气缸有三、四或五个气门，从而获得更好的燃烧效果并减少失火和爆燃。

• 重整气缸盖平面的方法包括磨削、铣削、堆焊和拉削。

• 必须限制从气缸盖与气缸垫接触一侧表面上去除的金属量。表面修整过多不仅会造成活塞/气门干涉和错位，还会造成与发动机压缩比有关的许多问题。

• 凸轮将凸轮轴的旋转运动转变为气门的往复运动。凸轮上控制气门开启的部分是凸轮凸角。气门弹簧的作用是关闭气门。

• 已磨损的气门导管内径可以通过滚花工艺来修复。

• 扩孔增大了导管的内径以便允许使用加粗气门杆的气门，或装入薄壁衬套后将导管恢复到其原始尺寸。

• 气门杆密封件用来控制气门杆和导管之间的机油量。机油过多会产生沉积物，而润滑不足将导致过度磨损。

• 气门弹簧关闭气门，并在气门开启和关闭过程中保持与传动机构间的接触。有三种检查指标可用来确定是否需要更换气门弹簧：自由高度、垂直度和释放 / 压缩弹簧的压力。

• 在重新组装气缸盖之前，必须先进行两个关键测量：气门杆安装高度和气门弹簧安装高度。

4.11　复习题

1. 思考题

1）什么是分级可变和连续可变气门正时系统？

2）OHC 发动机重整气缸盖后如何影响气门正时？当气缸盖需要重整时应该做些什么？

3）什么是气门余量？

4）通常哪些因素会导致铝制气缸盖翘曲？

5）检查推杆直线度的两种方法是什么？

2. 判断题

1）菲亚特的液压气门系统依赖于机械、液压和电子技术。对还是错？　（　　）

2）使用 V 形块和测隙规检查凸轮轴直线度。对还是错？　（　　）

3. 单选题

1）以下哪一个关于滚花的说法是**不正确**的？（　　）

    A. 它是恢复已磨损的气门导管内径最快捷的方法之一

    B. 它减少了更换气门座所需的工作量

    C. 它有助于将严重磨损的导管恢复到原始状态

    D. 以上都不是

2）为了使发动机以阿特金森循环运转，丰田的 VVT-i 系统使（　　）。

    A. 进气门提前打开　　　　B. 排气门延迟打开

    C. 进气门延迟关闭　　　　D. 排气门提前关闭

3）为确保气门正确落座，气门座必须（　　）。

    A. 宽度适当

    B. 在气门锥面的正确位置

    C. 与气门导管同心

    D. 以上都是

4）许多采用 VVT 的发动机都有安装在一根或多根凸轮轴端部的移相装置。以下哪一个说法是**不正确**的？（　　）

    A. 移相装置用来改变气门正时

    B. 大多数移相装置是用油压控制的

    C. 移相装置用来改变气门升程

    D. 移相装置可以用来改变气门重叠角

5）多气门发动机往往比每个气缸两气门的发动机更有效，因为它们（　　）。

    A. 可增加气门口面积

    B. 有较小的气门

    C. 提供低的空气流动阻力

    D. 以上都是

6）以下哪一种**不是**气门导管密封件的类型？（　　）

    A. 正向式密封件　　　　B. 反向式密封件

    C. 伞形密封件　　　　　D. O 形密封圈

7）什么类型的气门挺柱能自动抵消发动机温度的影响？（　　）

    A. 液压型　　　　　　　B. 实心型

    C. 滚轮型　　　　　　　D. 以上均是

8）气门传动机构中的哪个装置用来将旋转运动转变为往复运动？（　　）

    A. 偏心装置　　　　　　B. 凸轮装置

    C. 衬套装置　　　　　　D. 心轴装置

4. ASE 类型复习题

1）在讨论重整气缸盖平面的原因时，技师 A 说气缸盖平面应重整的原因是要使其平整和非常光滑，以便气缸垫在发动机组装时能够完美密封；技师 B 说为了提高压缩比，可以重整气缸盖平面。谁是正确的？（　　）

A. 仅技师 A 正确

B. 仅技师 B 正确

C. 技师 A 和 B 都正确

D. 技师 A 和 B 都不正确

2）在检查发动机的正时齿轮时，技师 A 说齿轮的齿面上有裂纹、剥落或过度磨损，表明齿轮侧向间隙不合适；技师 B 说许多发动机的正时齿轮和链轮直径应该将驱动链条缠绕在各自齿轮（链轮）上来测量。谁是正确的?（　　）

A. 仅技师 A 正确

B. 仅技师 B 正确

C. 技师 A 和 B 都正确

D. 技师 A 和 B 都不正确

3）技师 A 说正向式气门杆密封件紧紧地套在气门导管的顶部。技师 B 说正向式气门杆密封件在气门上下移动时会刮掉气门杆上的机油。谁是正确的?（　　）

A. 仅技师 A 正确

B. 仅技师 B 正确

C. 技师 A 和 B 都正确

D. 技师 A 和 B 都不正确

4）技师 A 说气缸盖的裂纹通常出现在气门座之间和火花塞孔周围。技师 B 说裂纹通常出现在进气口周围。谁是正确的?（　　）

A. 仅技师 A 正确

B. 仅技师 B 正确

C. 技师 A 和 B 都正确

D. 技师 A 和 B 都不正确

5）技师 A 说发动机的每个气门可能使用一个或多个气门弹簧。技师 B 说附加的气门弹簧用于控制弹簧的颤动并增加弹簧的总压力。谁是正确的?（　　）

A. 仅技师 A 正确

B. 仅技师 B 正确

C. 技师 A 和 B 都正确

D. 技师 A 和 B 都不正确

6）技师 A 说除非更换气门，否则不需要测量气门杆的安装高度。技师 B 说气门杆的安装高度可以用垫片来调整。谁是正确的?（　　）

7）在讨论 Valvetronic 系统时，技师 A 说这个系统不需要节气门；技师 B 说该系统可改变进气门的升程。谁是正确的?（　　）

A. 仅技师 A 正确

B. 仅技师 B 正确

C. 技师 A 和 B 都正确

D. 技师 A 和 B 都不正确

8）在凸轮轴已从发动机上取下的情况下进行液压式移相装置的检查时，技师 A 尝试用手转动移相装置的正时链轮，并在发现无法转动它时进行了更换；技师 B 向提前侧和推迟侧进油口施加气压，并在发现齿轮不转动时进行了更换。谁是正确的?（　　）

A. 仅技师 A 正确

B. 仅技师 B 正确

C. 技师 A 和 B 都正确

D. 技师 A 和 B 都不正确

9）在维修一对铝制气缸盖时，技师 A 说如果需要重整，两个气缸盖必须采用同样的加工方法，并从每个气缸盖上去除等量的材料；技师 B 说如果气缸盖变形量超过规定的允许范围，则应同时更换两个气缸盖。谁是正确的?（　　）

A. 仅技师 A 正确

B. 仅技师 B 正确

C. 技师 A 和 B 都正确

D. 技师 A 和 B 都不正确

10. 在讨论凸轮轴时，技师 A 说气门升程的大小仅取决于凸轮凸角的高度；技师 B 说气门持续开启的角度是基于凸轮凸角高度的。谁是正确的?（　　）

A. 仅技师 A 正确

B. 仅技师 B 正确

C. 技师 A 和 B 都正确

D. 技师 A 和 B 都不正确

第 5 章
发动机的密封与重新组装

学习目标

- 能够阐述发动机中所用各种衬垫的功用。
- 能够区分各种主要类型的衬垫及其应用场景。
- 能够描述衬垫的一般安装步骤。
- 能够描述用于密封正时端盖和后主轴承的方法。
- 能够重新组装发动机，包括芯塞、轴承、曲轴、凸轮轴、活塞、连杆、正时部件、气缸盖、配气机构部件、机油泵、油底壳和正时盖。
- 能够重新安装发动机，并执行正确的起动和磨合程序。

3C：问题（Concern）、原因（Cause）、纠正（Correction）

维修工单				
年份：2014	制造商：现代	车型：索纳塔	里程：48316mile	单号：16474
问题	客户陈述发动机运转不良且动力不足。			
维修历史	在 47855mile 时通过质量担保更换了长缸体总成，即不带任何附件的发动机总成。			
根据该客户的问题，应用本章所学内容，确定该问题的可能原因、诊断该问题的方法以及为纠正该问题的必要维修步骤。				

发动机的正确密封可保证冷却系统的低压液体不会进入气缸和润滑系统，防止气缸内高燃烧压力的降低以及发动机内部和外部的漏油，并封闭和抑制噪声。

5.1 力矩应用原理和螺纹检查

所有金属都是有弹性的，这种弹性意味着可以将螺栓拉伸和压缩到一定程度。当将一根螺栓拧紧在螺纹孔中或当拧紧螺母时，这种弹性就会像弹簧一样提供夹紧力。当螺栓被拧紧时，它被拉伸了千分之几英寸。螺栓为恢复其原有长度的自然特性而产生了夹紧力或保持力（图 5-1）。

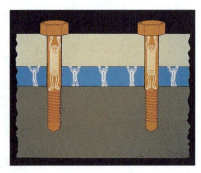

图 5-1 螺栓由于被拉伸而产生了夹紧力

螺栓拉伸得越多，其产生的夹紧力就越大。但若将螺栓拉伸得过长，就会在扳手手柄上明显感觉到变"黏"。在此点，该螺栓将不能再安全地承载其设计要求承受的负荷。术语"屈服"表示螺栓仍可提供夹紧力时所能承受的最大拉伸量。

如果一根螺栓被拉伸到屈服状态，它将发生永久变形，且永远不会再恢复到正常状态（图 5-2）。螺栓在每次使用时，都会有进一步拉伸，就像拉伸一块太妃糖直到它断开一样。如果有制造商的力矩规范，则应遵循。

图 5-2 这两根螺栓拧紧的力矩已超过它们的屈服强度，注意已拉伸成瓶颈状的部分

非电镀的螺栓表面要比有镀层的螺栓表面粗糙，因此要产生与电镀螺栓相同的夹紧力将需要更大的力矩。大多数力矩规定值是针对干燥的电镀螺栓的。

重复使用干燥的螺母所形成的连接，将在每次使用时减小可提供的夹紧力。螺母螺纹都设计成可轻微变形的形式，以承载螺纹上的负荷。润滑过的紧固件可提供更光滑的表面，以及负荷更一致和更均匀的连接。润滑还有助于减少螺纹擦伤。记住，是润滑螺栓而不是螺纹盲孔。

如果供应商（OEM）指定使用杆部直径减小的螺栓（例如连杆螺栓），那么切勿替换为标准的直杆螺栓。减小螺栓杆直径的设计目的，是要通过将应力传递给螺栓杆来减小螺纹上的应力。标准螺栓在同样工作条件下会很快在螺纹处断裂。这类杆直径减小的螺栓可通过测量螺纹和杆部的直径来检查，并将测量值与技术规范减小做比较（图 5-3）。

记住以下各点。

1）目视检查螺栓：螺纹必须清洁且无损伤，废弃所有不可再使用的螺栓；用手转动处在螺栓螺纹上的螺母，如果感到有任何阻滞，则废弃该螺栓；用螺纹板牙或丝锥清理螺栓和内螺纹孔（图 5-4）。

图 5-3　可通过测量螺栓杆部直径并与技术规范做比较来确定螺栓是否已拉伸

图 5-4　用丝锥清理螺纹孔

2）在螺纹和螺栓头底面涂抹一点 10W 机油。进入冷却液道的螺栓需要使用密封剂。这可防止螺栓螺纹周围的渗漏。渗出的冷却液可能会进入机油润滑系统或引起腐蚀并损坏零部件，进而导致发动机故障。

3）用精准的力矩扳手按照推荐的顺序拧紧所有螺栓。这对防止零部件变形至关重要。

4）如果螺栓头底面不能紧贴到安装表面上，则应拆下该螺栓并安装垫片。

5）确保螺栓长度合适。

内螺纹通常会被向上拉起，并在螺纹孔的周边留下卷起的毛边（图 5-5）。如果零部件的安装表面经过重整，则螺纹可能已与表面平齐，此时应通过倒角使其表面处形成锥形，并用合适尺寸的平底丝锥清理螺纹。

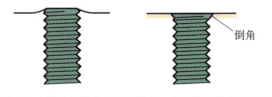

倒角

图 5-5　内螺纹通常会被向上拉起，并在螺纹孔周边留下卷起的毛边。若气缸体安装表面经过重整，其螺纹会与该表面平齐。无论如何，都应对螺纹孔倒角

1. 修复螺纹

常见的一个紧固问题是发动机缸体、气缸盖或其他结构件上的内螺纹脱落。这个问题通常是因力矩过大或螺纹孔中拧入了不合适的螺栓造成的，损坏的螺纹可用螺纹套来替换。

> ▶ **参见**

有关螺纹修复的一般步骤参见《汽车维修技术基础（原书第 7 版）》第 8 章。

> **车间提示**
>
> 冲击扳手仅适用于松动螺母和螺栓，安装螺母和螺栓则使用其他动力或手动工具。始终应使用力矩扳手完成最后的拧紧工作。

2. TTY 螺栓

有些螺栓被有意拧紧到其屈服状态，这类螺栓称为屈服力矩（TTY）螺栓，它们的设计是在适当拧紧时被拉伸。当螺栓拉伸到其屈服点时，将产生最大夹紧力。TTY 螺栓不是普通螺栓，其螺杆被设计成是可拉伸的（图 5-6），并在拧紧时回弹到其屈服点。一旦达到屈服点，该螺栓将发生永久性拉伸，且不会再恢复到其原来的长度。因此，TTY 螺栓是不可重复使用的。

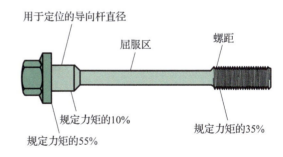

用于定位的导向杆直径
屈服区
螺距
规定力矩的10%
规定力矩的35%
规定力矩的55%

图 5-6　TTY 螺栓都设计有杆直径减小的部分，以便在此处产生预期的应力

紧固 TTY 螺栓包括两个不同的步骤：先将螺栓拧紧到规定力矩，再将螺栓转动一个规定角度（以度为单位），从而使螺栓加载到超过其屈服点（图 5-7）。这需要使用力矩转角仪。这个转角仪安装在力矩扳手的驱动头和套筒之间（图 5-8）。在达到规定的力矩时，将转角仪设置为零，然后

继续转动螺栓，直到在角度仪上读到所要求的角度数。

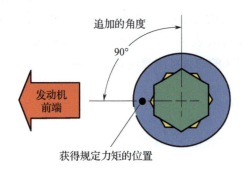

图 5-7 先将 TTY 螺栓拧紧到规定力矩，再转动一个追加的角度

图 5-8 力矩转角仪

5.2 密封垫

当用螺栓将部件连接在一起时，几乎不可能在部件之间形成良好密封。密封垫除有密封作用外，还可用作隔垫，以及防止磨损隔离件和吸收振动。密封垫只用在相对静止的两个部件之间。如果其中一个部件是运动的，则需要使用油封。用于制造密封垫的材料取决于它的具体应用（图 5-9）。

1. 切制的软密封垫

由纸、纤维和软木制成的密封垫通常称为切制的软密封垫（图 5-10）。每个密封垫都是用一整块材料切制成所需尺寸和形状的。

（1）纸/纤维密封垫 这类密封垫用类似纸的纤维增强材料制成。它们能在低压、低温部位起到良好的密封效果。对于某些应用，纸质密封垫可相对厚些。这类密封垫很少需要额外的密封剂，但是在安装这种密封垫时，可用一层薄的黏合剂来保持密封垫在位。

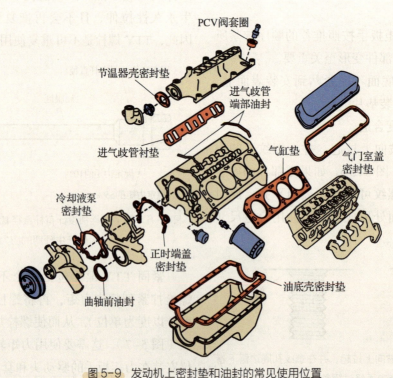

图 5-9 发动机上密封垫和油封的常见使用位置

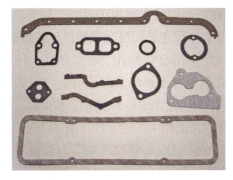

图 5-10　各种切制的软密封垫

（2）软木密封垫　软木密封垫也用于密封低压区域，但它们在当前的发动机上已不太常用。软木密封垫比较柔软，容易变形，但会吸收并渗出一些它们所密封的液体。随着使用时间的延长，它们还往往会变脆和破裂。大多数制造商已将软木密封垫替换为复合材料密封垫，典型的复合材料密封垫是软木橡胶密封垫（图 5-11）。

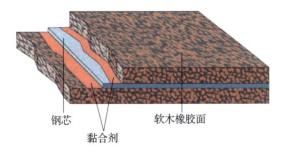

钢芯　　　　　　软木橡胶面
黏合剂

图 5-11　软木橡胶密封垫主要用于气门室盖、
油底壳和正时盖的密封

2. 模压橡胶密封垫

模压橡胶密封垫可提供极好的密封性，因而普遍应用在当今的发动机上。这些密封垫是通过将合成橡胶（氯丁橡胶、丁腈橡胶、硅胶或其他类似材料）注入模具以形成整体的密封垫。模压密封垫可保持其弹性，因而耐用。它们通常用来密封进气歧管、某些节温器或冷却液泵壳、气门室盖和油底壳。

有些模压密封垫中有一个钢制嵌入件，以增加密封垫的刚度和强度（图 5-12）。此外，有一些密封垫在螺栓孔周围具有加强层的结构，以在零部件被紧固在一起时限制挤压变形量。

⚠ **警告**　不要在橡胶密封垫上使用密封剂或黏合剂，因为它们会妨碍密封垫的密封。

图 5-12　许多较新的气门室盖和油底壳密封垫中
带有钢制嵌入件

制造商可能不使用预先做好的密封垫，而是使用化学制品的密封垫。机器人设备围绕密封区域涂抹一层密封胶，这层密封胶也称为原位成型密封垫。

3. 硬质密封垫

硬质密封垫用钢、不锈钢、铜、金属、组合材料或其他材料制成。金属部分通常用可压缩和耐热的黏土/纤维或聚四氟乙烯化合物包裹（图 5-13）。硬质密封垫用在气缸盖、排气歧管、EGR 阀和一些进气歧管上。

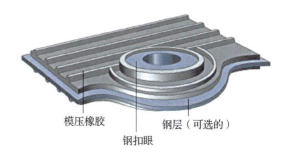

模压橡胶　　　　　　　钢层（可选的）
钢扣眼

图 5-13　涂有聚四氟乙烯的带孔钢芯构成的密封垫，
主要用于气缸盖和进气歧管的密封

4. 密封垫配件

密封垫可以单独购买或成套购买，通常会有用于发动机维修的成套密封垫可供选择。最常见的是正时盖、气缸盖、歧管、油底壳密封垫套装和全套装包（俗称"大修包"）。全套装包中包括重新组装发动机所需的所有密封垫和油封（图 5-14）。通常在全套装包中的密封垫都会比所需数量多。特定的发动机可能配有不同的装备，因此会有为此变化而增加的额外密封垫。

5. 密封垫一般安装步骤

以下的密封垫安装原则仅供参考。由于密封

垫材料和设计有许多不同类型，要列出每种类型的安装操作指南是不现实的，所以应始终遵循密封垫套装包中附带的说明书所给出的任何特殊用法说明。

图 5-14 全套装包中包括重新组装发动机所需的密封垫和油封

车间提示

在更换密封垫之前，应查询与该发动机有关的技术通报。可能会有推荐的 OEM 密封垫的替代件。例如：通用在 1996—2002 年生产的一些发动机发生了进气歧管密封垫过早失效的故障。这些故障通常是采用有机酸工艺（OAT）的冷却液的腐蚀作用导致的。解决措施是更换受 OAT 影响小的密封垫。

使用维修信息

应始终参考维修信息的发动机和发动机零件部分中所建议的密封剂使用步骤。

车间提示

有些汽车维修技师习惯在密封垫上使用过多的密封剂。不要犯这个错误，因为密封剂的强度比密封垫材料低，它们会产生更弱的接缝，而且还会影响密封垫材料发挥其应有的作用，即吸收机油和膨胀以形成紧密的密封。

1）切勿重复使用旧密封垫。

2）确保正在安装的密封垫是最新零件号的配件。密封垫的设计有时会变更和改进以纠正共性问题。

3）小心拿取新密封垫。

4）清洁是必不可少的。新密封垫用在干净表面上时密封效果最好。

5）在正确的位置使用正确的密封垫。始终应将新密封垫与配合表面进行对比，以确保其正确。检查密封垫上所有螺栓孔、定位销孔、冷却液和润滑油道是否与密封垫上的孔洞完全对齐。有些密封垫上有诸如"顶部""前部"等指向，或在表面上压有"该面朝上"的字样（图 5-15）。上下颠倒或反向安装很容易导致机油压力缺失、过热和发动机故障。

图 5-15 密封垫的表面上印有安装方向

6）密封剂和黏合剂仅在发动机或密封垫制造商推荐使用时才使用。有些化学制品会与密封垫涂层产生不利的反应。

7）在打算紧固所有螺栓中的任何一个之前，务必先将每个螺栓都装入其螺栓孔中。在未安装所有螺栓前紧固螺栓，会导致部件错位并妨碍某些螺栓装入其螺纹孔内。

5.3 发动机特殊密封垫

发动机上使用了很多不同种类的密封垫，每一种都有其用途，而且每一种都是为特定应用而设计的。下面是几种最常见的密封垫。

1. 气缸垫

气缸垫将气缸盖密封在气缸体上（图 5-16）。气缸垫的工作条件非常苛刻。它必须密封气缸盖和气缸体之间的燃烧室、冷却液道和机油道。机油和冷却液是低温低压的液体。气缸垫要能防止发动机内部和外部的泄漏，还必须在承受每个气缸内很宽范围的温度和压力的同时做到密封。当冷态发动机刚起动时，燃烧室附近部件的温度非常低。在仅仅几分钟的运转后，这些部件的温度可能会达到 400℉（204℃）。气缸垫内侧边缘暴露在 2000~4000℉（1093~2204℃）的燃烧温度下。在进气行程中还会有真空或负压。混合气燃烧后会产生大约 1000 psi（6895 kPa）的压力峰值。这种从低压到高压的极度变化发生在千分之几秒内。

图 5-16　带有防火圈的气缸垫

气缸垫必须同时满足以下几点要求：密封进气行程中的真空、气缸内的燃烧压力和燃烧热量；防止冷却液泄漏，防止生锈、腐蚀，在许多情况下，控制冷却液的流向；密封穿过气缸体和气缸盖的机油道，同时防止发生化学反应；当发动机受热和冷却时，允许气缸盖在横向和垂直方向上有轻微变化；要有足够的可塑性，以密封轻微的表面变形，同时还要有足够的硬度，以使气缸垫能承受足够的压缩；填充那些可能引起密封垫泄漏和失效的微小加工痕迹；承受发动机振动产生的力。

许多新型铸铁发动机使用的气缸垫在其表面有凸起的硅胶、氟橡胶或氟橡胶密封胶条，以增加某些区域周围的夹紧力。大多数气缸垫在气缸孔的周圈都有一个钢制防火圈。这些防火圈用来保护气缸垫其他部位的密封材料。此外，通过使用芳纶等高强度耐高温的纤维，以及通过在机油道周围添加强化材料，也可以提高气缸垫的耐用性。

（1）双金属发动机的需求　大多数新型发动机使用铝制气缸盖和铸铁气缸体。受热时，铝的膨胀率是钢的 2~3 倍。随着发动机温度的变化，产生了一种往复搓动气缸垫的动作（图 5-17）。如果在设计中未考虑到这点，膨胀引起的运动就有可能撕毁气缸垫。为减少气缸垫被撕毁的可能性，

气缸垫中使用了石墨或特殊涂层。石墨是一种相对柔软并可承受高温的材料，它是一种天然的润滑剂。聚四氟乙烯、钼和其他类似的光滑且不黏的涂层也用在其他气缸垫的设计中，以防止气缸垫与密封面粘连。如此，即可在允许气缸盖膨胀和收缩的同时，保证气缸垫不至于损坏。

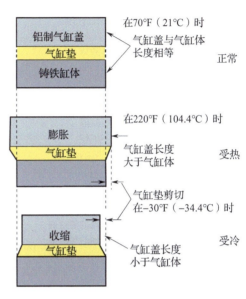

图 5-17　采用双金属的发动机的热膨胀特性

（2）多层钢（Multilayer Steel，MLS）气缸垫　许多发动机使用 MLS 气缸垫。这类气缸垫含有 3~7 层钢片，外层是涂有薄薄的聚四氟乙烯丁腈橡胶或氟橡胶减摩涂层的压花防锈弹簧钢（图 5-18），内层用来提供气缸垫所需的厚度。MLS 气缸垫的使用减少了气缸盖螺栓上的负荷，并使它们在拧紧到位后还能保持其形状。它们非常耐用，但要求对发动机缸体和气缸盖表面进行光面精整。它们也会与 TTY 螺栓一起使用。

图 5-18　MLS 气缸垫的组成

（3）气缸垫失效　当气缸垫失效时，重要的是要解决造成失效的问题。表5-1展示了失效的常见原因和应检查的系统。

表5-1　造成气缸垫失效的主要原因

主要问题	可能的原因
早燃/爆燃	点火正时不正确 混合气空燃比不正确 真空泄漏 冷却系统有故障
过热	散热器阻塞 冷却系统泄漏 节温器有故障 冷却液泵有故障 冷却风扇不工作 EGR系统有故障
安装不当	表面处理不当 螺栓拧紧顺序不正确 使用了已拉伸或损坏的螺栓 使用了不正确的密封剂 使用了不正确的气缸垫 配合表面脏污
热点	使用了不正确的气缸垫

某些发动机存在无法避开的热点。这类发动机的排气口彼此相邻，热量在这些区域积聚并导致气缸盖膨胀而挤压气缸垫。密封垫的制造商通常在这些区域加入加固物以抵抗这种挤压。

车间提示

重要的是要找出气缸垫失效的原因。在检查气缸垫时，应分别测量已损坏和未损坏区域的厚度。若已损坏的地方较薄，则气缸垫是因为过热或热点而失效的。若气缸孔周围的防火圈开裂或烧毁，则气缸垫的失效是早燃或爆燃导致的。

气缸盖安装方面的问题通常是由气缸盖螺栓导致的。安装气缸盖和螺栓时应注意：

1）确保所有螺栓清洁且螺纹完好。更换任何有切口、变形或磨损的螺栓。

2）确保安装在孔中的螺栓长度正确。某些发动机在某些位置使用较长的螺栓。

3）检查每个螺栓的长度并比较测量值，比正常螺栓长的螺栓已产生拉伸，不应再使用。

4）检查螺栓的杆部或螺纹顶部是否有拉伸。

5）切勿重复使用TTY螺栓。

6）安装铝制气缸盖时，在螺栓下面使用经硬化的钢垫片。放置钢垫片时应将有圆角的一面朝上。

7）用平底丝锥清洁发动机缸体中的螺纹孔。

8）确保每个螺纹孔的头部已有倒角。

9）如果缸盖平面曾进行过重整，应确保螺栓触及不到螺纹孔的底部。若有此情况，应在螺栓下安装硬化的钢垫片以抬高它们。

10）用机油润滑螺栓的螺纹和螺栓头的下表面。

11）在进入冷却液道的所有螺栓上涂抹正确类型的螺纹密封剂。

2. 歧管密封垫

歧管密封垫有三种基本类型：进气歧管垫、排气歧管垫和进排气歧管组合垫。组合式密封垫一般用在采用非横流式气缸盖的直列发动机上。根据应用的不同，歧管密封垫会用不同的材料制作。每种类型的歧管密封垫都有自己的密封特性和不足（图5-19），因此在安装时务必遵循制造商的说明。

在安装歧管及其密封垫之前，确保气缸盖与歧管的装配表面平整且没有损坏。还应始终遵循推荐的螺栓拧紧顺序并采用正确的力矩值。

图5-19　不同应用的各种进气和排气歧管密封垫

3. 气门室盖密封垫

气门室盖密封垫必须能在钢、铝、镁或模制塑料盖与气缸盖装配表面之间形成密封。在OHC发动机上，凸轮轴盖通常由压铸铝制成。有些气缸的气门室盖密封垫将火花塞垫集成在密封垫中。当安装这类密封垫时，要确保密封垫完全对正。气门室盖螺栓的间距通常都较大，这种设计可使密封垫材料无须过分夹紧即可实现密封（图 5-20）。气门室盖密封垫必须能够承受高温和机油中酸的腐蚀。

图 5-20　经胶化处理的气门室盖密封垫

4. 油底壳密封垫

油底壳密封垫密封油底壳与缸体间的接合面（图 5-21）。该密封垫还可能密封正时盖底部和后主轴承盖的下截面。

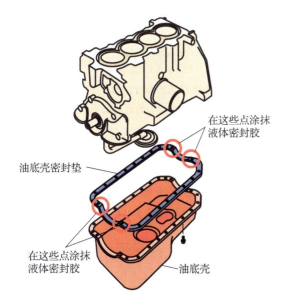

图 5-21　油底壳密封垫的安装，注意需要涂抹液体密封胶的点

像气门室盖密封垫一样，油底壳密封垫必须要阻挡热的稀机油。油底壳通常由冲压钢板、铸铁或铸铝制成。由于增加了曲轴箱内机油的重量和飞溅，油底壳有许多间隔均匀且密布的固定螺栓，因此油底壳密封垫上的夹紧力更大。

油底壳密封垫可以用不同材料制成。常用的材料是合成橡胶，合成橡胶的突出优势是长期的密封能力强。该材料坚固耐用，并可阻挡热机油。合成橡胶密封垫易于拆除，因此密封表面只需要

较少的清理。

许多新型发动机使用围绕密封垫内侧形状涂有密封胶的硬质密封垫（图 5-22）。密封胶增加了夹紧力，因而提供了更好的密封性。

图 5-22　涂有密封胶的油底壳硬质密封垫

有些发动机的油底壳由两部分组成：由铝合金或镁合金制成的上部单元，以及由冲压钢板制成的下部单元。这两个单元用一个密封垫来密封。

仔细遵循 OEM 和密封垫制造商的建议。在安装冲压钢制油底壳前，应确保其边缘是平整的。根据维修手册中给出的技术规范和顺序拧紧油底壳螺栓。

5. EGR 阀垫

排气再循环（EGR）阀抽取一部分排气，并将其引回到气缸中以降低燃烧温度，防止 NO_x 的形成。应仔细检查 EGR 阀的密封面。用锉刀清除任何可能妨碍 EGR 阀密封的微小瑕疵。还要确保新密封垫是正确的，有些密封垫有调节排气流量的特定尺寸的孔。使用错误的密封垫将会改变发动机实际循环的废气量。

5.4　黏合剂、密封剂和其他密封材料

许多密封垫套装中都含有一个标签，上面标明了与该密封垫套件一起使用的推荐化学制品。当 OEM 使用一种密封剂来替代密封垫或不再为此应用生产该密封垫时，密封垫套装中还会有密封剂。当密封垫的接合面需要密封剂以确保良好的密封性时，密封垫套装中也会附有密封剂。

1. 黏合剂

密封垫黏合剂用在清洁、干燥的表面上会形成坚韧的黏合。黏合剂无助于密封垫的密封性，

它们仅仅是在组装过程中保持密封垫在位。使用很少的量，且在黏合剂完全干燥前不要组装部件（图5-23）。

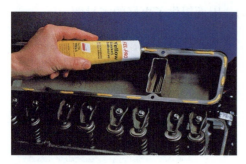

图 5-23 通常用于组装中的黏合剂是为了保持密封垫在位

2. 密封剂

车间提示

化学黏合剂和密封剂增强了两个部件连接地方的保持力和密封能力，密封剂通常添加在频繁接触液体的螺纹上。化学的螺纹固定剂要么是需氧的（在有空气时固化），要么是厌氧的（在没空气时固化）。这些化学制品用于代替锁紧垫片。

制造商有时会指定使用密封剂来辅助密封垫或油封的密封，或用来形成一个新的密封垫。这些密封剂只应在制造商指定时才使用。此外，要使用制造商推荐的特定密封剂。

⚠️ **警告** 千万不要在排气歧管上使用密封剂或液体密封垫。

（1）多用途密封剂 多用途密封剂是液体，有刷涂型（称为涂胶）和喷雾型（称为喷洒胶）可供选择。当多用途密封剂（图5-24）以薄且均匀的方式涂抹时，会形成一种发黏的柔性密封层，它在组装过程中辅助定位密封垫并有助于密封。

图 5-24 用毛刷涂抹密封剂

⚠️ **警告** 确保所使用的的密封剂对催化转化器和氧传感器是安全的。

（2）螺纹密封剂 穿越液体通道的螺栓应涂抹 Teflon®（特氟龙）螺纹剂（图5-25）或刷上螺纹密封剂，有些要拧入冷却液道的气缸盖螺栓或冷却液泵螺栓必须密封，否则会发生渗漏。这些稀软的密封材料是填充缝隙的非硬化密封剂，它们可防止液体沿螺纹流动。它们可以抵抗润滑剂、合成机油、清洁剂、防冻剂、汽油和柴油的化学侵蚀。

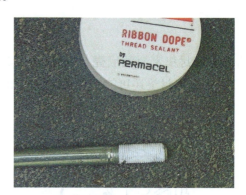

图 5-25 穿越液体通道的螺栓应涂抹 Teflon®（特氟龙）螺纹剂或类似材料

（3）硅胶密封剂 硅胶是一种原位成型密封剂（FIP），直接涂抹在接合面并可就地固化。许多汽车维修技师用它来辅助密封垫上的拐角、切槽或楔形榫头的密封（图5-26）。

图 5-26 在两个密封垫的接缝点涂抹一条硅胶密封剂

（4）室温硬化（RTV）密封剂 最常用的FIP密封产品是硅树脂（硅胶）密封剂。RTV密封剂是一种需氧的密封剂，这意味着它会在空气中固化或硬化。RTV密封剂可用于密封两个相对静止的部件，例如冷却液泵、气门室盖（图5-27）

和油底壳。它不能用作气缸盖或排气部件的密封垫，也不能用在燃油系统中。RTV 密封剂用不同颜色表示其适合的应用，黑色用于一般用途，蓝色用于特殊用途，红色是针对高温要求的。应始终使用适合具体应用的正确类型。大多数液体都不能渗透 RTV 密封剂。这种密封剂极其耐油，具有出色的柔韧性，且对大多数材料具有良好的附着性。

图 5-27　在气门室盖上涂一条 RTV 密封剂

🔴 **警告**　注意不要使用过量的 RTV 密封剂，如果使用过多，它会松脱而落入润滑系统，从而阻塞机油道并导致发动机严重损坏。

若要使用 RTV 密封剂，应确保接合面没有污垢、油脂和润滑油。然后仅在一侧接合面（最好是盖的一侧）上使用连续的约 1/8in 粗的 RTV 胶条。要围住所有螺栓孔（图 5-28）。在薄的密封带形成之前（大约 1min）调整其形状，随后用干毛巾或纸巾擦去多余的 RTV 密封剂，然后将两部件压合在一起。注意不是将部件滑动到一起，这会移动 RTV 胶条。将所有固定螺栓拧紧至规定力矩。图 5-29 中的系列照片展示了使用 RTV 密封剂的步骤。

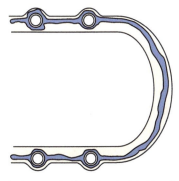

图 5-28　涂抹 RTV 密封剂时，应确保其围住所有螺栓孔

1）随着车龄增加，密封剂和油封常会变硬而开始渗漏。这是油底壳垫漏油的示例

2）原位成型的密封剂常用在汽车的油底壳、气门室盖和变速器油底壳等部件上。制造商在组装时也会使用它

3）使用这种密封剂前，接合面必须是清洁和干燥的。这可能会用到清洁剂、喷雾清洁剂和密封垫刮刀来清除旧密封剂。清理过程中注意不要损伤接合面

4）确保两接合面是清洁和干燥的

5）为具体应用选择正确类型的密封剂生成材料。这对防止渗漏至关重要

6）环绕整个密封表面和所有螺栓孔涂上一条 1/8in 粗的连续的该材料

图 5-29　使用原位成型的密封剂材料

7）根据所用的密封剂生成材料，可能需要待其固化后再安装油底壳，应参考附带的产品说明书

8）安装油底壳，并在拧紧任何一个螺栓前先装上所有螺栓

9）按照规定顺序将螺栓拧紧至规定力矩。正确拧紧所有螺栓可防止因拧紧过度而损坏油底壳

图5-29 使用原位成型的密封剂材料（续）

（5）厌氧密封剂 这类材料用于螺纹的锁定和密封。它们主要在振动较大的地方用来固定套筒、轴承和锁定螺钉螺母。厌氧密封剂应使用在刚性铸件的加工表面间，而不是有弹性的冲压件上。只在有规定时才使用厌氧密封剂。

⚠ **注意** RTV密封剂中含有的未固化橡胶会刺激眼睛。如果有任何一点进入眼睛，应立即用清水或洗眼液冲洗。如果刺激仍然存在，应就医。

3. 防咬粘化合物

防咬粘化合物用于防止不同类型的金属相互反应产生咬粘。它们用在许多紧固件上，特别是与铝制部件一起使用的紧固件。使用这类化合物时，应始终遵循制造商的建议。

车间提示

硬化后的防咬粘化合物能够承受高温。不同的厌氧密封剂用于特定用途且不可随意互换。例如，用于螺纹锁定的产品范围从中等强度的抗振剂到高强度的焊接定位类化合物。不慎使用了错误的产品可能会导致部件以后无法拆解。

5.5 油封

油封（图5-30）用于防止机油或其他油液围绕旋转轴溢出。

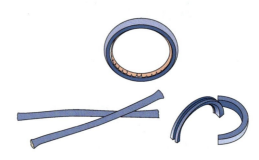

图5-30 三种基本类型的油封设计

1. 正时盖油封

正时盖油封防止机油从曲轴的周围泄漏。它的安装通常需要使用专用工具或压装套筒（图5-31）。重要的是将油封垂直放置在正时盖的孔中，且曲轴处于该密封件的中心。

油封压装套筒

图5-31 正时盖油封的安装需要使用专用工具或压装套筒

车间提示

安装油封时，应确保用一层薄薄的机油涂抹在其油封唇部。此外还要确保油封唇部朝向机油流来的方向。

2. 后主轴承油封

后主轴承油封用来防止机油从后主轴承的周围泄漏。大多数发动机都使用模制合成橡胶的唇形油封。若曲轴的表面非常光滑，则能很好地起到密封作用。合成橡胶油封可以改装到一些使用油线式油封的旧型发动机上。

有四种合成橡胶用来制作后主轴承油封：①可能使用聚丙烯酸酯橡胶是因为它坚韧和耐磨，并耐中等温度；②硅树脂合成橡胶具有更高的耐温范围，但耐磨性较差，且比聚丙烯酸酯橡胶更易碎裂。③硅橡胶油封在安装过程中必须小心处理以避免损伤；④氟橡胶同时具有聚丙烯酸酯橡胶的耐磨性和硅橡胶的耐温范围，但它是合成橡胶中最贵的一类。合成橡胶油封可以是整体式（图5-32），也可以是上下对开型（图5-33）。现在使用的聚四氟乙烯（PTFE）橡胶油封比氟橡胶和聚丙烯酸酯橡胶油封具有更小的摩擦、更宽的工作温度范围和更好的化学稳定性。

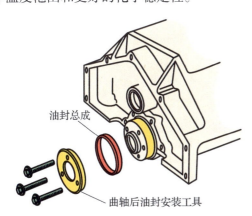

图 5-32　曲轴整体式合成橡胶油封的安装

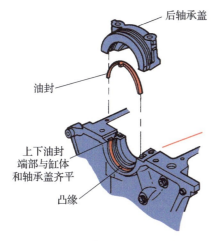

图 5-33　曲轴典型的上下对开型橡胶后油封

5.6　发动机重新组装

重新组装一台发动机的顺序基本上与前一章中给出的拆解顺序相反。

1. 安装气缸盖和气门机构

使用金属丝刷清洁气缸盖螺栓的螺纹，然后检查它们的状况和长度。很多发动机会使用不同长度的气缸盖螺栓（图5-34），它们的安装位置由维修信息给出。用清洁的机油稍微润滑一下螺纹。

图 5-34　很多发动机会使用不同长度的气缸盖螺栓

将气缸垫放在气缸体上，并确保它与气缸体上的孔相匹配。将气缸盖放在气缸体上。确保定位销到位，且气缸盖与气缸体正确对齐。

按照推荐的顺序（图5-35）拧紧气缸盖螺栓，并将螺栓拧紧至规定力矩。大多数气缸盖螺栓的拧紧顺序是从中间开始移向两端。气缸盖螺栓一般分成两个或三个阶段拧紧。

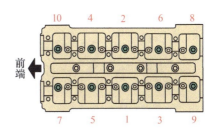

图 5-35　应始终遵循规定顺序拧紧气缸盖各螺栓

对于 OHV 发动机，在插入推杆前，通过在平面上滚动它们来检查其直线度。检查端部是否磨损并确保内部油道清洁通畅。安装时，在两端涂抹一些装配用的润滑油。在摇臂上涂抹足够的装配用润滑油或清洁机油，然后安装推杆和摇臂。许多 OHV 发动机带有强制止动摇臂的调整装置。这意味着在将摇臂拧紧到规定力矩时，液压气门挺柱的柱塞可被正确定位以得到正确的气门挺柱调整。

> **车间提示**
>
> 当更换正时带或链条时，可用凸轮轴锁定工具将凸轮轴固定在适当位置。凸轮轴工具是车辆专用工具，所以要确保手头有适用于正在维修的发动机的正确工具。这些工具通常会与套件一起提供，以便将凸轮轴与曲轴对正。

2. 安装正时带

凸轮轴与曲轴的正时对准至关重要。对正标记和进行对正的正确步骤随发动机设计不同而不同。许多发动机装有用于凸轮轴的主正时带和用于平衡轴的第二条正时带，这些都必须准确定位。查看有关正确对准和张紧力调整步骤的维修信息，以确保正时带张紧器能被正确设置。

正时带的更换可以在发动机仍在车辆上时进行，也可在发动机装在翻转架上时进行。图 5-36 展示了在车辆上更换发动机正时带的常规步骤。

正时带安装后，按照制造商的建议调整其张紧力。然后通过转动曲轴使发动机旋转两整圈后，再次检查张紧力。最后让发动机再转动两圈以上，并再次检查曲轴与凸轮轴上的正时标记。必要时

1）拆卸和更换正时带前，先断开蓄电池负极电缆

2）小心拆下正时盖。拉动该盖时不要将其扭曲或损坏。查看正时带周围是否有导线或障碍物，若有则将它们移开

3）将凸轮轴带轮上的正时标记与气缸盖上的标记对齐。若标记不明显，用漆棒或白粉笔标记清楚

4）小心拆下曲轴正时传感器和安装架

5）松开张紧器带轮上的调整螺栓，通常不需要拆下张紧器总成

6）将正时带从凸轮轴带轮上滑出，此过程不可让曲轴带轮转动

7）为将正时带从发动机上取下，需先拆下曲轴正时带轮，然后可从曲轴带轮上滑出正时带

8）拆下正时带后，检查其是否有裂纹和其他损伤。裂纹在正时带扭曲时会更明显。正时带有任何损伤都应更换

图 5-36 更换正时带的常规步骤

9）开始组装时，先将正时带绕在曲轴带轮上，然后安装曲轴正时带轮

10）确认曲轴带轮上的正时标记已与气缸体上的标记对正。若不能对正，可慢慢来回转动曲轴直到对正

11）将正时带装在曲轴带轮上并将其紧固，然后安装曲轴位置传感器和固定架

12）将凸轮轴带轮上的标记对准气缸盖上的标记，然后将正时带绕在凸轮轴带轮上，并用张紧器对正时带施加合适的张紧力

图 5-36　更换正时带的常规步骤（续）

重新调整正时和张紧力。

3. 安装正时链条

许多发动机使用正时链条而不是正时带。一台发动机可能有一根正时链条，或像大多数 OHV V8 发动机那样有三根或三根以上正时链条。DOHC 发动机的每根凸轮轴可能都有其单独连接的正时链条。装有多根正时链条的发动机通常会有针对多个正时链条的不同安装步骤，因此，必须完全遵守这些步骤以确保正确的正时，进而防止损坏发动机。

使用维修信息

一般来讲，凸轮轴的正时标记都显示在维修信息中的发动机部分的正时带或正时链条 R&R 条目下。

下面是新型 V6 发动机仍在车上时更换其正时链条的常规步骤。应始终遵循制造商的维修信息进行更换，并确保使用最近更新过的配件。

1）拆下上部的进气歧管和气门室盖以接触到凸轮轴。

2）拆下曲轴带轮和正时盖。

3）将曲轴设定到第 1 个对齐位置。

⚠ **注意**　这是先设定发动机一侧气缸组的正时，然后需要进一步转动曲轴，以设定另一侧气缸组的正时。拆下气缸组 1 的链条张紧器、导向板和链条。

4）旋转曲轴到第 2 个对齐位置。拆下张紧器、导向板和主正时链条。拆下气缸组 2 的张紧器、导向板和链条。

5）为了更换凸轮轴链轮或 VVT 正时移相器，在松开和拧紧正时链轮时，应用扳手将凸轮轴固定不动。

6）安装气缸组 2 的新链条。注意链条上任何带有涂漆的链节（图 5-37），这些链节通常用来与凸轮轴链轮和其他链轮上的正时标记对齐。按照维修信息对正正时链条。安装并拧紧导向板和张紧器。再次检查所有正时标记并释放张紧器。

图 5-37　注意 DOHC 发动机正时链条上的正时标记和位置

7）安装主正时链条，正确对准正时标记。安装链条导向板和张紧器。再次检查所有正时标记并释放张紧器。

8）将曲轴转回到第 1 个对齐位置并安装链

条。确保涂漆的标记与正时链轮和其他链轮上的标记对准。安装导向板和张紧器。再次检查所有正时标记并释放张紧器。

4. 调整气门间隙

几乎所有重新组装后的发动机在起动前都需要设置气门间隙。采用实心气门挺柱的发动机要求定期调整气门。气门与其驱动件间的间隙称为气门间隙。可通过在气门顶端和摇臂或凸轮凸角之间插入塞尺来检查。适当的气门间隙允许零部件随发动机温度的升高而膨胀。这可防止配气机构的过度磨损和／或损坏。它还最大限度地减少了配气机构的噪声。在调整气门间隙之前，务必参考维修信息。

根据发动机的设计不同，气门间隙有不同的调整方式。最重要的是在调整前应确保气门已完全关闭。大多数采用液压气门挺柱的 OHV 发动机，每次只调整一个气缸的气门间隙，这是通过依次使每个气缸位于准确的 TDC 来完成的。此时进气门和排气门完全关闭，且气门挺柱处于凸轮凸角的根部。在拧紧摇臂转动枢轴螺母的同时，用手指转动气门推杆。当感到推杆上稍有阻力时，将螺母再转动 1/8～1/2 圈。调整完该气缸气门间隙后，将点火顺序中的下一个气缸转动到 TDC 并调整其气门间隙。重复这个步骤，直到调整完所有气门间隙。不论发动机在车上还是在车外都可对气门间隙进行调整。

车间提示

仔细注意气门间隙的调整参数。通常排气门间隙的调整参数与进气门不同。错误的调整可能导致失火和其他性能问题。

在采用实心气门挺柱的 OHV 发动机上，其气门的调整除了在气门杆顶部和摇臂末端之间必须有间隙外，其他步骤是类似的。其气门间隙用塞尺测量并用螺钉调整。一旦达到所需的间隙，在调整螺钉保持其位置的同时紧固锁紧螺母，这样调整间隙就不会改变。

类似的间隙调整步骤也用于某些 OHC 发动机。拧紧或松开摇臂一端的调节螺钉以获得所需的气门间隙（图 5-38）。

图 5-38 某些 OHC 发动机配有带调整螺钉的凸轮随动件

许多 OHC 发动机上的气门间隙可以通过选择不同厚度的垫片来调整（图 5-39）。垫片位于凸轮凸角和安装在气门总成上的凸轮从动件之间。气门间隙通过将不同厚度的垫片插入从动件来调整。图 5-40 详细展示了调整气门间隙的常规步骤。

a）转动曲轴至 TDC

b）检查凸轮轴正时标记

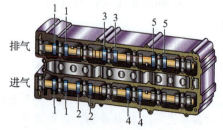

c）测量并记录气门已完全关闭时的间隙

图 5-39 气门间隙调整步骤

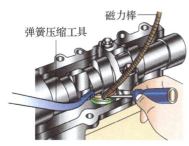

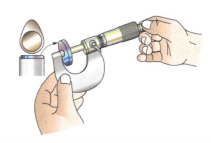

d）用小螺丝刀和磁力棒取出调整垫片　　e）用千分尺测量该垫片厚度以确定要安装的垫片厚度

图 5-39　气门间隙调整步骤（续）

1）该新型四缸发动机配有可调式摇臂

2）铺上翼子板护罩以保护漆面

3）拆下气门室盖的固定螺栓

4）取下气门室盖

5）为保持调整螺钉在位，调整螺钉用锁紧螺母锁定。记住，重要的是使被调整的气门完全关闭

6）用套筒和棘轮扳手转动曲轴，直到其参考标记对正正时盖上的 TDC 标记

7）图中是该发动机气门间隙的规定值

8）在调整螺钉与气门顶端之间插入符合规定值的塞尺。若感觉该厚度的塞尺过薄或过厚，尝试使用其他厚度的塞尺

9）一旦找到合适的塞尺，读取其厚度值，这就是该气门的间隙值

10）要将间隙调整到规定值，松开锁紧螺母，转动调整螺钉直到达到预期间隙

11）一旦气门间隙在规定范围内，在此位置固定住调整螺钉并拧紧锁紧螺母

12）用塞尺再次检查该气门间隙

13）查阅维修信息中有关调整其余气缸气门间隙的说明

图 5-40　调整气门间隙的常规步骤

有些发动机依靠不同厚度的凸轮从动件来提供适当的气门间隙。为了调整这类发动机上的气门间隙，应在气门关闭时测量所有气门间隙。完成间隙测量后，拆下凸轮轴。然后测量那些超出规定范围的气门上的凸轮从动件厚度。所需的凸轮从动件的厚度按照确定正确厚度垫片同样的方法确定。新从动件的厚度值等于旧从动件的厚度值加上测得的间隙值，再减去所需的间隙，其计算结果就是新更换从动件的所需厚度。

5. 最后的安装步骤

发动机重新组装的最后步骤包括安装各种盖板、传感器、扭转减振器和其他直接安装在发动机上的零部件。

（1）冷却液排泄塞和堵头 确保所有冷却液排泄塞和堵头都已安装在气缸体上。排泄塞通常是用螺纹密封剂拧在气缸体上的。这也适用于所有螺纹堵头。

（2）正时传感器 曲轴和凸轮轴正时传感器的正确安装至关重要。确保在传感器安装前用清洁的机油涂抹新O形圈。某些传感器有规定的间隙，因此必须在安装时进行设定。还要确保每个传感器的触发轮都已正确对正。这可能需要将发动机设定到1号气缸的上止点，并通过传感器驱动装置中的校准孔来验证。

（3）正时盖 更换正时盖时，用压装工具、油封安装工具或锤子和干净的木块安装新油封。安装油封时，一定要支撑在正时盖的油封孔的下方以防止损坏装饰盖。正时盖的密封垫可用各种材料制作。有些密封垫在组装过程中要求涂上一层薄薄的黏合剂，以将密封垫保持在其位置上。除非制造商建议这样做，否则不要涂抹黏合剂。将密封垫安置在正时盖上，再将正时盖安装到气缸体上，并将螺栓拧紧到规定力矩（图5-41）。

（4）扭转减振器 使用合适的工具将扭转减振器安装到曲轴前端。确保半圆键在其正确位置。有些扭转减振器不是压装在曲轴上的，在这类发动机上，要确保将大垫片安装在扭转减振器固定螺栓的后面。有些较新型的发动机在扭转减振器的安装上不使用键和键槽，而是仅用螺栓将其紧

固在曲轴前端。

将曲轴带轮安装到扭转减振器的外侧，并将其安装螺栓拧紧至规定力矩。在拧紧带轮螺栓时，通常需要固定住曲轴以防止其转动。一般情况下，都需要专用工具来完成此项工作。

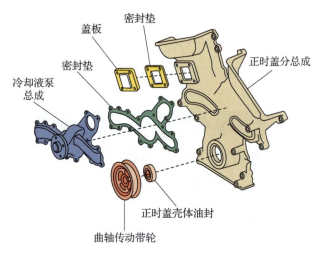

图5-41 正时盖和冷却液泵总成

（5）气门室盖 在安装冲压式气门室盖前，确保气门室盖的密封面是平整的，然后在气门室盖密封面上涂抹少量的压合型黏合剂。将气门室盖密封垫放置在气门室盖上并对齐。如果密封垫有附件，应与黏合剂一起使用。在将气门室盖安装到气缸盖上之前，让黏合剂完全干燥。将气门室盖的固定螺栓拧紧至规定力矩。

铸塑和铝制的气门室盖通常有一个橡胶密封垫。除非有相关说明，否则不要在该密封垫上涂抹黏合剂或密封剂。在开始拧紧工序之前先放好所有螺栓。

（6）冷却液泵 在许多情况下，应在新密封垫的两侧涂抹一层防水密封剂。将冷却液泵定位在气缸体上，安装固定螺栓并将它们拧紧至规定力矩。随意拧紧可能导致泵壳破裂。拧紧后，检查冷却液泵是否可自由转动。然后在冷却液泵轴上安装传动带带轮。

（7）油底壳 在安装冲压式油底壳之前，检查其边缘处的平面是否翘曲。使用直尺（图5-42）或将油底壳的安装平面一侧朝下放在一个平整的表面上，用手电筒放在其底面以发现不平整的部位。仔细检查螺栓孔周围的平面。轻微的变形可

以用锤子和木块加以修整。如果变形对这种修复方法来讲已经过大，则应更换该油底壳。在确定安装面是平整的后，用新密封垫安装油底壳。

如果铸造式油底壳变形或损坏，则应更换。它们的安装螺栓应按正确顺序和规定力矩拧紧。

图 5-42　检查油底壳安装面的平整度

（8）进气歧管　安装进气歧管前，彻底清洁所有密封面、螺栓孔和螺栓。检查密封面是否不良。检查密封垫上可能印有的任何标记或安装说明。查看制造商有关使用附带密封剂的建议。有些进气歧管的密封垫需要涂抹非硬化密封剂。

在 V 型发动机上安装进气歧管时，使用定位螺栓是明智的。这些定位螺栓可确保密封垫和进气歧管在拧紧之前已完全对正。它们还可阻止进气歧管的移动，避免断开原本应连续的密封胶。拧紧螺栓或螺母时，应确保按照规定顺序拧紧至正确力矩。

在某些 V 型发动机上，进气歧管的前部和后部可能有橡胶或软木橡胶的端部密封件。在安装这些密封件之前，应彻底清除进气歧管安装面上的所有机油。安装时，在其表面涂抹黏合剂以使密封件可保持在其位置上。在密封垫和密封件就位后，在密封件与密封垫接缝处涂抹一条 RTV 密封剂（约 1/8in 粗）。还有些发动机可能有一个带有防溅罩的大型整体式进气歧管密封垫，安装这类密封垫时应像安装其他进气歧管密封垫时一样小心。

（9）节温器和出水口外壳　安装节温器时，应使温度传感器一侧朝向气缸体。如果将节温器反向安装，则会使发动机过热。还要安装所有输

送冷却液进出发动机的冷却液管道和软管。

（10）排气歧管　安装排气歧管时，首先拧紧排气歧管中心的螺栓以防止其产生裂纹。如果排气歧管上有与气缸盖上的定位销对齐的销孔，应确保这些孔比定位销稍大。如果由于异物的堆积使定位销与其周围缺乏足够的间隙，则排气歧管将无法适当膨胀而可能开裂。一定要安装好所有隔热罩（图 5-43）。

排气歧管和催化转化器分总成

排气歧管和催化转化器隔热罩

图 5-43　四缸发动机的排气歧管和隔热罩

（11）飞轮或挠性连接板　重新安装发动机吊索，升起发动机并拆下发动机翻转架的安装板。将组装好的发动机放在地面并用木块支撑好后，安装飞轮或挠性连接板。一定要使用正确的飞轮螺栓和锁紧垫片。这种螺栓的头部和垫片都非常薄，如果使用普通的螺栓或垫片，则可能会与离合器压盘或液力变矩器产生干涉。制造商通常建议在这些螺栓上涂抹黏合剂。通常需要使用飞轮锁定工具，以便将螺栓拧紧至规定力矩（图 5-44）。在拧紧螺栓时应始终遵循规定的顺序。

图 5-44　锁定和转动飞轮的工具

⚠ **小心** 在本田和其他一些混合动力汽车上，在将转子安装到发动机后部时必须格外小心。转子总成具有非常强的磁性。任何装有起搏器或其他对磁力敏感的医疗装置的人都不应该经手该转子总成。不能用手来安装该转子，只应使用正确的工具（图5-45）。在安装过程中，转子可能会突然以很大的力被吸向定子，这可能会造成严重的手或手指伤害。

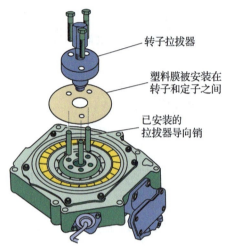

转子拉拔器

塑料膜被安装在转子和定子之间

已安装的拉拔器导向销

图5-45 拆卸和安装本田混合动力汽车转子所需的专用工具

（12）离合器部件　如果车辆配备手动变速器，则需要安装离合器总成。确保曲轴后端的变速器导向衬套或轴承在其正确的位置上且状态良好。

使用离合器对中工具或旧的变速器输入轴将离合器片对中，然后将离合器片和离合器后压盘紧固在飞轮上。确保离合器片的安装方向正确。上面应有写着"飞轮侧"的标记。可能需要锁住飞轮以拧紧离合器固定螺栓。如果离合器外壳已从变速器上拆下，则将其重新装上。如果发动机是与变速器一起拆下的，则将它们重新连接上。

▶ **参见**

有关安装离合器总成的步骤参见《汽车底盘检修技术（原书第7版）》第1章。

（13）液力变矩器　对于配备自动变速器的车辆，在将变速器连接到发动机上之前，应先更换变速器前油泵的油封。

安装液力变矩器，应确保它与变速器前油泵正确接合。应感觉到变矩器上的传动凸缘与变速器前油泵齿轮的内凸缘啮合。若变矩器安装不正

确，将会导致变速器前油泵损坏。如果发动机是与变速器一起拆下的，现在将它们重新连接上。

（14）发动机悬置　检查发动机所有悬置的状况并更换任何已损坏的悬置。将悬置松旷地安放到它们在发动机上的位置，这样在将发动机安装到车辆上时可使悬置更易对准。发动机在车上对准后，应将悬置的固定螺栓拧紧至规定力矩。

（15）其他部件　在将发动机装到车辆上之前，还有许多其他部件可以先重新装上。这些部件因车型不同而不同。在将任何部件安装到发动机上之前，务必查看维修信息。以下是当发动机不在车辆上时可以安装的一些部件：起动机、机油尺管、发动机冷却液温度传感器、机油压力开关、机油油位传感器、爆燃传感器、喷油器、燃油导轨、PCV阀、凸轮轴正时控制阀、传动带张紧器、空调压缩机、发电机、传动带、火花塞和点火线圈。

5.7　安装发动机

安装计算机控制的发动机是一项复杂的工作且需要特定的步骤。必须查阅该车辆的维修信息以确保这些步骤正确。通常情况下，这些步骤与拆卸步骤相反。

1. 安装FWD车辆上的发动机

车间提示

某些发动机的固定螺栓应按规定的顺序安装并拧紧。不按此顺序进行可能会导致过大的噪声和振动。在安装发动机时，务必参考相应的维修信息。

如果发动机是从汽车上方进行安装的，应先将发动机连接到吊索上，再将吊索连接在发动机吊架上（图5-46）。随着将发动机慢慢降低到发动机舱中，将发动机周围的所有电缆和软管移开以避免损坏。当发动机接近其在发动机舱中的位置时，对正发动机和变速器的安装座，然后继续降低发动机以连接发动机和变速器的悬置。随后将车辆举升到合适的作业高度。

如果发动机必须从汽车下面进行安装，应先将发动机固定在发动机支架上或滑动台架上。用举升机升起车辆，将发动机放置在发动机舱的下方。小心降低车辆，直到发动机和变速器正确地处于发动机舱内。进行此操作时，应移开所有电缆和软管，确保车辆不会接触到或停在发动机或变速器的任何部位上。用发动机吊起装置将发动机 / 变速器升高到位。对正发动机和变速器悬置并拧紧螺栓。取下发动机吊架或推离滑动台架，然后将车辆举升到适于作业的高度。

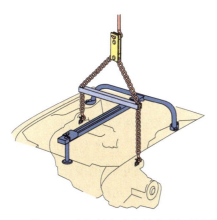

图 5-46　从 FWD 车辆的上方安装发动机所需的设备

在车辆下面作业时，对正并拧紧发动机 / 变速器悬置的所有螺栓。安装驱动桥半轴和轮毂。将排气歧管连接到排气系统上。安装拆下发动机时拆卸的所有隔热罩。连接至变速器的所有联动装置、管路、软管和电气线路（图 5-47）。然后重新连接所有已断开或拆除的悬架和转向部件。检查并补充变速驱动桥的油液。

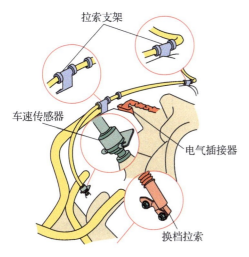

拉索支架

车速传感器

电气插接器

换档拉索

图 5-47　变速驱动桥的各个连接部位

降低车辆，取下发动机支撑杆装置或吊索。安装所有拆下的防溅挡板，然后安装轮胎 / 车轮总成。

降低车辆，使其重量落在车轮上。拧紧驱动桥轮毂螺母。用燃油管路的卡箍连接燃油管。安装活性炭罐电磁阀和相关软管，确保所有连接都牢固可靠。现在连接发动机线束、搭铁金属带和所有其他电气插接器及导线。

⚠ 注意　如果在混合动力车辆上作业，应确保在进行任何连接之前隔离高压电系统。高压电线缆和插接器是橙色的（图 5-48）。

图 5-48　混合动力车辆的高压电插接器和线缆均为橙色以易于识别

连接所有真空软管。然后连接节气门联动装置，并在必要时进行调整。安装散热器、冷却风扇和溢流罐。安装散热器上下软管。然后安装暖风加热器芯的软管。混合动力车辆在逆变器上也有冷却液软管，确保已正确紧固了这些软管。

将自动变速器油（ATF）冷却器软管安装到变速器上。现在可安装空调压缩机及其传动带、冷凝器风扇罩，以及风扇电机和压缩机离合器的电气插接器。还要连接至转向机构的线路。然后重新安装发动机舱盖的支撑杆。

⚠️ **注意** 在有些车辆上，空调压缩机是由高压电提供动力的。确保高压电系统是关闭的。还要确保电源电缆固定在它们的安装夹上。

现在安装进气系统并连接所有尚未安装的部件，包括蓄电池和电缆。为了检查发动机是否有燃油泄漏，将点火开关转到 ON 位并让燃油泵运转几秒。关闭电源，检查是否有燃油泄漏的迹象。如果有任何泄漏，则在继续作业前修复它。

确保所有拆下的部件都已重新安装且安全可靠。如果车辆的发动机舱盖已拆下，应小心地重新装上。重新在散热器中加注冷却液，并在打开暖风加热器芯控制阀的状态下，排出冷却系统中的空气。目视检查是否有泄漏。预润滑发动机，并确保机油油位正确。在混合动力车辆上，应在连接所有装置后再启用高压电系统。

⚠️ **注意** 一旦高压电系统被启用，在发动机舱盖下进行任何作业时都应佩戴高压电绝缘手套。

🚗 **客户关爱**
在发动机已经起动并检查完所有事情后，必须做四轮定位，否则会使客户非常不满意。

2. 安装 RWD 车辆的发动机

将发动机连接到吊索上，然后将吊索连接到发动机吊架上。将变速器放置在变速器千斤顶上并使其保持正确的位置。现在慢慢将发动机降入发动机舱，移开发动机周围的所有线路和软管以确保不会损坏。当发动机接近其在发动机舱内的位置时，将发动机对准变速器的输入轴或将变矩器的凸缘对准变速器前油泵。小心晃动发动机，直到变速器输入轴滑入离合器片花键或变矩器在变速器中完全落座。将变速器与发动机合拢在一起并紧固所有连接螺栓。然后将发动机悬置的固定螺栓装入其安装孔中，为此可能需要稍微晃动发动机。一旦螺栓到位，拧紧它们并移除变速器千斤顶和发动机吊索。

⚠️ **注意** 不要用螺栓硬是将发动机与变速器接合在一起。

将车辆举升到一个合适的作业高度，安装发

动机和变速器所有尚未安装的悬置。将排气歧管与排气系统连接。安装拆下发动机时拆除的所有隔热罩。重新连接从燃油箱到发动机的燃油管路。如果已拆下传动轴，应重新安装好。确保拆除时所做的标记已对正。连接可从车辆下方触及的所有电气插接器、软管和联动机构。重新安装任何已拆除的悬架和转向系统的部件。

将车辆降低到能够在发动机舱盖下作业的高度。安装空调压缩机并连接所有管路及电气插接器。安装散热器和冷却风扇及冷却系统的其余软管。连接所有真空软管和其他软管。现在连接节气门联动装置并在必要时进行调整。连接所有尚未连接的电气插接器。

连接任何剩余的已断开的燃油管路。确保所有连接牢固。使用新卡箍连接散热器和暖风加热器芯的软管。将发动机线束连接到 PCM 或防火墙插接器上（图 5-49）。连接发动机搭铁金属带条。安装蓄电池并连接蓄电池电缆。将点火开关转到 ON 位，让燃油泵运转几秒。关闭电源后检查是否有燃油泄漏迹象。如有任何泄漏，在继续作业前修复它。

加热器芯软管

图 5-49 暖风加热器芯软管在防火墙上的连接位置

现在安装进气系统并安装所有尚未安装的部件，包括节气门位置传感器。重新在散热器中加注冷却液并检查是否有泄漏。如果发动机还未加注机油，应添加规定数量的合适类型的机油。用适当方法驱动机油泵，为起动发动机做好准备。安装并对正发动机舱盖。

3. 预润滑

新的或修复后的发动机如果没有预润滑，则会在起动初期因润滑不足而导致轴承过早出现故障。其他部件，如活塞、活塞环和气缸壁都需要立即润滑以防止擦伤、划伤和损坏。机油在发动机起动后需要长达 5min 才能分配到发动机的所有重要部件。据说，超过 80% 的发动机磨损出现在发动机首次起动时。

车间提示

在预润滑发动机期间，要确保正确类型的机油可连续流动。如果机油在预润滑装置工作时被用尽，将会在发动机润滑系统内形成气穴。

这些问题可以通过组装各部件时的润滑以及通过将机油压入机油道来预防。这是预润滑的目的。预润滑装置在发动机起动前强制机油循环流过整个发动机。有几种方法可以预润滑发动机或使发动机做好起动准备。最常见的方法之一是使用一个气动的预润滑器。

在采用分电器驱动机油泵的老式发动机上，可以用电钻驱动机油泵以使发动机得到预润滑。将事先做好的油泵驱动轴夹紧在电钻上，并将驱动轴穿过分电器安装孔插入机油泵的驱动端。打开气门室盖上的加注口盖，但要将该盖松扣在机油添加口上以防机油飞溅。在机油泵运转几分钟后，拆下气门室盖，检查机油是否已流到摇臂上。如果机油到达了气缸盖，则表明发动机的润滑系统已充满机油且工作正常。如果没有机油到达气缸盖，则机油泵可能存在问题，也可能是轴承上的机油孔未对正或有机油道堵塞。

4. 起动步骤

在配有点火分电器的发动机上，在起动发动机之前要尽可能准确地设置点火正时。起动后，点火正时可使用发动机诊断仪或正时灯进行正确设置。向燃油箱加注几加仑新汽油，起动发动机并以大约 1500r/min 的转速运转。当发动机冷却液温度达到正常工作温度时，关闭发动机。重新检查所有调整部分、点火正时和气门间隙。还应查看是否有冷却液或机油泄漏的迹象。

5. 磨合步骤

为了防止修复的发动机损坏，并确保在初始

阶段对机油的良好控制并延长发动机寿命，必须遵循正确的磨合步骤。以 30mile/h 的速度行驶，然后以节气门全开状态加速到 50mile/h。至少重复这个循环 10 次。此后就不再需要进一步磨合了。如果交通状况不允许这种磨合步骤，可在路试时以中间档位急加速发动机数次。其目的是在发动机暖机后连续不断地短时向发动机施加一个负荷。这一行为用增加的燃烧压力推动活塞环压向气缸壁，从而使活塞环与气缸壁加速贴合。

车间提示

混合动力车辆有特殊的初始化步骤。混合动力系统在车辆停止时会自动关闭发动机，并在某些条件出现时重新起动发动机。在许多情况下，PCM 必须知道辅助电机转子的精确位置。如果 PCM 不能辨别转子的位置，则电机可能无法运转。一般来讲，如果初始化没完成，混合动力系统将无法正常工作。该车辆的维修信息会给出需要初始化的每个系统的初始化步骤。

车间提示

有些制造商建议修复的发动机在首次运转后应重新紧固气缸盖。在发动机处在正常工作温度情况下，按照规定的拧紧顺序重新紧固气缸盖上的每个螺栓。如果发动机采用铝制气缸盖或气缸体，在发动机完全冷却前，不要重新紧固这些螺栓。在某些发动机上，可能需要在特定的时间或里程间隔后，重新紧固气缸盖螺栓。应始终遵循制造商的这些建议。

6. 重新学习步骤

大多数新型车辆上的计算机在重新连接蓄电池后都需要经历一个重新学习或初始化的过程。这个过程可使计算机学习发动机的状况并根据发动机的恢复状况进行调整。计算机在上次发动机运行时所做的调整是根据已出现故障时的发动机状态进行的。这个重新学习的过程可使计算机意识到那些故障已经纠正。初始化还会重新设定曲轴位置传感器和 PCM 的学习值。应始终遵循制造商在维修信息中给出的步骤进行重新学习。

3C：问题（Concern）、原因（Cause）、纠正（Correction）

维修工单				
年份：2014	制造商：现代	车型：索纳塔	里程：48316mile	单号：16474
问题	客户陈述发动机运转不良且动力不足。			
维修历史	在 47855mile 时通过质量担保更换了长缸体总成（不带任何附件的发动机总成），工单号是 15877。			
根据该客户的问题，应用本章所学内容，确定该问题的可能原因、诊断该问题的方法以及为纠正该问题的必要维修步骤。				
原因	确认发动机运行不良和动力不足。冷却液液位低，未发现外部泄漏。拆下气门室盖，检查气缸盖螺栓的紧固力矩，发现有些螺栓的紧固力矩低于规定值。			
纠正	拆下气缸盖，更换气缸垫和气缸盖螺栓。在发动机初始运转后关机，待冷却后重新紧固气缸盖螺栓。发动机运转正常。			

5.8 总结

· 弹性是指螺栓在其负荷减小时仍能返回其原始尺寸，因此螺栓可拉伸一定长度。

· 螺栓屈服的意思是指被拉伸的螺栓产生了永久变形，它不会再恢复到正常时的状态。

· 有些紧固件特意要拧紧到屈服状态。这类使用屈服力矩（TTY）的螺栓被设计成可在适当拧紧时被拉伸。当螺栓被拉伸到屈服点时，将发挥其最大的夹紧力。TTY 螺栓是不可重复使用的。

· 密封垫用作密封件、间隔垫片、磨损隔离物和振动阻尼器。

· 密封垫可用纸、纤维、钢、软木、合成橡胶和这些材料的组合制成。

· 千万不要重复使用旧的密封垫。小心使用新的密封垫，仅在有要求时才使用密封剂。彻底清洁所有配合表面，并在正确的位置使用正确的密封垫。

· 气缸垫必须能密封气缸盖和气缸体间的燃烧室和冷却液及机油道。

· 气缸垫失效的常见原因包括安装不当、过热、热点、爆燃和早燃。

· 黏合剂用于在组装中使密封垫保持在其位置上。

· 穿过液体通道的螺栓应涂抹 Teflon®（特氟龙）或刷涂类螺纹密封剂。

· 最常见的 RTV 密封剂用在油底壳、气门室盖、节温器外壳、正时盖和冷却液泵上。

· 原位成型的厌氧型密封剂用于螺纹的锁定和密封。

· 油封用于防止机油和其他液体从旋转轴周围溢出。

· 所有采用机械式气门挺柱的发动机都有一些使气门间隙恢复到规定范围的调整方法。

· 在发动机不运转时能使其在压力下进行预润滑的最好方法是使用预润滑器。

· 正确的磨合步骤对确保发动机使用初期有良好的油膜接触和延长发动机寿命是必要的。

5.9 复习题

1. 思考题

1）需氧的密封剂与厌氧的密封剂的主要区别是什么？

2）屈服力矩螺栓与标准螺栓有何不同？

3）油封与密封垫有何不同？

4）螺纹密封剂最常用在什么地方？

5）如何识别混合动力车辆上的高压电缆和插接器？

2. 判断题

1）在拧紧已用机油或任何其他液体润滑的螺栓时，应确保找到并遵守"湿态"下的规定力矩值。对还是错？　　　　　　（　　）

2）大多数新型汽车上的计算机在断开并重新连接汽车蓄电池后必须经历一个重新学习或初始化的步骤。对还是错？　　　　　（　　）

3）有些曲轴和凸轮轴正时传感器的安装有规定间隙，它们必须在安装时进行设定。对还是错？
（　　）

4）气门间隙的调整有许多不同方式，但在许多 OHC 发动机上，该间隙是通过更换不同厚度的垫片来设定的。对还是错？　（　　）

3. 单选题

1）下列陈述中的哪一个是**不正确**的？（　　）
   A. 气缸盖螺栓必须拧紧到适当的力矩。
   B. 大多数气缸盖的螺栓是按从一端开始的顺序紧固的
   C. 某些发动机上的气缸盖螺栓需要在发动机运转且达到热态后再次拧紧
   D. 许多发动机使用不同长度的气缸盖螺栓

2）下列哪一个关于气缸垫功用的陈述是**不正确**的？（　　）
   A. 它密封进气行程时的真空、做功行程中的燃烧压力和燃烧热量
   B. 它防止冷却液泄漏，阻止生锈、腐蚀，并在许多情况下控制冷却液的流向
   C. 它允许气缸盖在发动机受热和冷却时向横向和垂直方向移动
   D. 它控制发动机气缸壁上的机油

3）石墨是（　　）。
   A. 一种厌氧的物质
   B. 一种 RTV
   C. 一种需氧的物质
   D. 以上都不是

4）下列哪一种密封垫被认为是切制的软密封垫？
（　　）
   A. 纸质密封垫
   B. 软木密封垫
   C. 软木橡胶密封垫
   D. 以上都是

5）什么材料通常**不用于**制造后主轴承油封？
（　　）
   A. 聚丙烯酸酯
   B. RTV
   C. 硅树脂合成橡胶
   D. 氟橡胶

6）下列哪一个关于准备组装发动机的陈述是**不正确**的？（　　）
   A. 弃置并更换所有损坏的螺栓
   B. 确定哪些螺栓是要装入特定螺纹孔的
   C. 在所有螺栓上使用螺纹锁定装置
   D. 用螺纹板牙或丝锥清理螺栓和气缸体上的螺纹孔

4. ASE 类型复习题

1）技师 A 说 TTY 螺栓如果没有变形和拉伸的迹象，就可以在拆下后重复使用；技师 B 说穿过冷却液道的气缸盖螺栓在安装前应涂抹不会硬化的密封剂。谁是正确的？（　　）
   A. 仅技师 A 正确
   B. 仅技师 B 正确
   C. 技师 A 和 B 都正确
   D. 技师 A 和 B 都不正确

2）技师 A 在安装密封垫时使用黏合剂以使密封垫能保持在其位置上；技师 B 在所有容易渗漏的表面使用 RTV 密封剂。谁是正确的？（　　）
   A. 仅技师 A 正确
   B. 仅技师 B 正确
   C. 技师 A 和 B 都正确
   D. 技师 A 和 B 都不正确

3）技师 A 在气门室盖上使用软密封垫；技师 B 在冷却液泵上使用软密封垫。谁是正确的？
（　　）
   A. 仅技师 A 正确
   B. 仅技师 B 正确
   C. 技师 A 和 B 都正确
   D. 技师 A 和 B 都不正确

4）在安装正时带时，技师 A 装上正时带后，先转动曲轴两整圈，然后对正时带施加张紧力；技师 B 装上正时带后，先施加张紧力再转动曲轴两圈。谁是正确的？（　　）
   A. 仅技师 A 正确
   B. 仅技师 B 正确
   C. 技师 A 和 B 都正确
   D. 技师 A 和 B 都不正确

5）技师 A 说油底壳密封垫通常是用软木制成的，因为它能适应油底壳上的小瑕疵；技师 B 说

油底壳和气门室盖密封垫通常是 MLS 密封垫，这是考虑了各部件之间的不同膨胀率。谁是正确的？（　　）

A. 仅技师 A 正确

B. 仅技师 B 正确

C. 技师 A 和 B 都正确

D. 技师 A 和 B 都不正确

6）技师 A 说铝的热膨胀率与铸铁不同；技师 B 说铸铁的热膨胀系数是铝的 2~3 倍。谁是正确的？（　　）

A. 仅技师 A 正确

B. 仅技师 B 正确

C. 技师 A 和 B 都正确

D. 技师 A 和 B 都不正确

7）在讨论正确的发动机磨合时，技师 A 说发动机应至少怠速运转 2h；技师 B 说发动机应从停车开始以节气门全开加速到 50mile/h，而且至少重复该循环 10 次。谁是正确的？（　　）

A. 仅技师 A 正确

B. 仅技师 B 正确

C. 技师 A 和 B 都正确

D. 技师 A 和 B 都不正确

8）在拧紧 TTY 螺栓时，技师 A 最初就将螺栓拧紧到规定力矩；技师 B 在已将螺栓拧紧到规定力矩后，又将螺栓转动了一个额外的角度。谁是正确的？（　　）

A. 仅技师 A 正确

B. 仅技师 B 正确

C. 技师 A 和 B 都正确

D. 技师 A 和 B 都不正确

9）在重复使用气缸盖螺栓或其他关键螺栓前，技师 A 测量它们的长度，并将测量值与规定值做比较；技师 B 在安装气缸盖螺栓前用机油润滑螺纹和螺栓头部的底面。谁是正确的？（　　）

A. 仅技师 A 正确

B. 仅技师 B 正确

C. 技师 A 和 B 都正确

D. 技师 A 和 B 都不正确

10）在为特定应用选择合适的 RTV 密封剂时；技师 A 为所有高温应用都使用了黑色管装的 RTV；技师 B 在大多数一般应用中都使用了红色管装的 RTV 密封剂。谁是正确的？（　　）

A. 仅技师 A 正确

B. 仅技师 B 正确

C. 技师 A 和 B 都正确

D. 技师 A 和 B 都不正确

第 6 章
进气和排气系统

学习目标

- 能够说明进气系统各部件的工作原理，包括进气管道系统、空气滤清器／滤芯和进气歧管。
- 能够检查真空和进气系统并排除故障。
- 能够解释涡轮增压器的功用和工作原理。
- 能够检查涡轮增压器并描述涡轮增压器的一些常见问题。
- 能够说明机械增压器的工作原理并判别机械增压器的常见问题。
- 能够说明排气系统各部件的工作原理，包括排气歧管、密封垫、排气管和密封件、催化转化器、消声器、谐振器、排气管、卡箍、支架和吊架。
- 能够正确进行排气系统的检查、维修和更换排气系统的部件。

3C：问题（Concern）、原因（Cause）、纠正（Correction）

维修工单				
年份：2011	制造商：福特	车型：F-150	里程：78852mile	单号：19127
问题	客户陈述故障指示灯（MIL）点亮，发动机动力不足。			
根据该客户的问题，应用本章所学内容，确定该车故障的可能原因、诊断方法以及必要的维修过程。				

内燃机需要用于燃烧的空气，同时还需要让燃烧后的废气离开气缸。本章的重点是进气系统和排气系统，尽管它们经常被忽视，但却非常重要。

空气能进入气缸的原因只是因为一个基本的物理定律：高压流体总是向低压区移动。因此，外部空气之所以能进入气缸是由于在进气行程形成了真空。

6.1 真空系统

进气歧管中的真空不仅将空气吸入气缸，它还用于操作或控制许多系统，例如排放控制装置、动力制动助力器、驻车制动的释放、通风系统的部件和较老车型上的巡航控制（图6-1）。真空通过软管、管路和控制阀组成的网路应用于这些系统。

1. 真空基本知识

术语"**真空**"是指在任何给定海拔高度上的低于地球大气压力的任何压力。海拔越高，大气压力越低。

> ▶ 参见
>
> 有关大气压力和真空的说明参见《汽车维修技术基础（原书第7版）》第3章。

真空是相对于大气压力来度量的。海平面上的大气压力为14.7psi，但它在大多数压力表上显示为零。这并不意味着没有压力，而是代表该压力表的功用是读取高于大气压力的压力。这类仪表上的测量值是以 lbf/in²（磅/平方英寸）为计量单位给出的，称为psig（poundsper square inch gauge，即相对压力表值）。还有一些压力表的读数单位用bar、kPa或inHg。但这些仪表上的测量值应称为psia（即绝对压力值）。12psia和

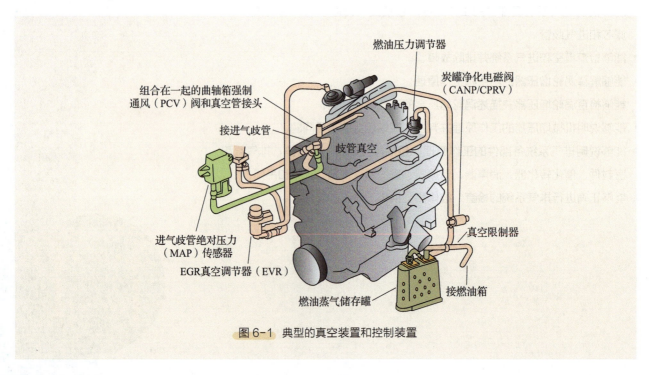

图6-1 典型的真空装置和控制装置

12psig 之间存在一个很大差值，12psia 是小于大气压力（14.7psi）的，因此相当于是一个真空，而 12psig 大约是 26.7psia。所以真空是小于 0 psig 或 14.7psia 的任何压力（图 6-2）。通常真空是用 inHg 的单位给出的，真空还可以用 kPa 和 bar 来表示。在海平面的正常大气压力约为 1bar 或 100kPa。

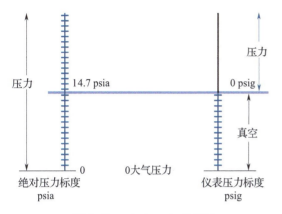

图 6-2 psia 与 psig 的对比

发动机的真空是由活塞在进气行程中向下运动建立的。随着进气门打开和活塞向下移动，该气缸和进气歧管中会建立一个局部的真空。这种局部真空在多缸发动机中是连续的，因为至少会有一个气缸是处于其进气行程的某个阶段。

2. 诊断和故障排除

真空问题会带来下述驾驶性的故障现象：熄火，起步不顺畅，回火，怠速不良，加速不良，浓或稀混合气造成的行驶不平稳，过热，爆燃、敲击或砰砰声，尾气有臭鸡蛋味，燃油经济性差。

每当出现驾驶性问题时，应进行以下检查：

1）检查真空软管是否走向布置不当或断开。

2）查找真空软管是否已断裂或脱落，断开的真空软管会导致远高于发动机标定时是所需空气量进入进气歧管。

3）查找管路和软管是否有扭结，这些扭结会严重降低一个部件的真空度，导致该部件不能正常工作。

4）检查在灼热点附近的真空管路是否已损坏，例如排气歧管或 EGR 管附近。

5）确保连接的真空软管中没有汽油、机油或传动液的痕迹（各种控制阀可能因进入其内部的机油而被污染）。

6）检查真空系统的装置是否损坏（如凹陷的真空罐、旁通阀、各种阀门上的接头、真空管路中的"三通"等）。

在更换任何有缺陷的软管时应逐根更换以避免走向连接错误。OEM 的真空管可以用一体式尼龙或橡胶接头连接在由外径为 1/8 in（或更大些）、内径为 1/16 in 尼龙软管构成的管路中。在管路中偶尔也会连接有橡胶软管。尼龙接头中有橡胶嵌件，它用来提供尼龙接头和连接件（接头）之间的密封。许多制造商近年来已经在使用成组的钢制真空管路。

车间提示

一种烟雾发生器可用于确定真空、进气和排气系统的泄漏位置。

3. 真空测试设备

参见

有关发动机真空测试及结果分析的详细内容参见本书第 1 章。

可在真空表连接到进气歧管且发动机处于暖机后的怠速状态时，观察真空表指针的动作。运转良好的发动机将显示一个稳定的介于 17~22 inHg 之间的真空读数。但有些四缸和六缸发动机的正常读数可能只有 15 inHg，而且许多高性能的发动机在怠速时会有不稳定但却一致的读数。

发动机舱盖下的贴签上会给出排放系统真空连接的示意图。它给出了所有与排放相关装置的真空软管的路线和真空源。图 6-3 中的真空管连接示意图显示了各部件安装在发动机上时的关系和位置。务必记住，这些示意图仅显示了排放系统中的真空控制部分，其他真空装置的位置和软管路线可以在维修信息中找到。

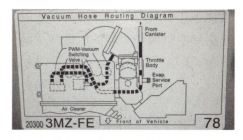

图 6-3 贴在发动机舱盖下的真空管连接示意图

许多技师使用烟雾发生器来查找真空泄漏的部位。烟雾发生器将烟雾喷入真空系统或发动机。如果没有泄漏，烟雾不会从发动机中逸出，但如果存在真空泄漏，烟雾会显示出泄漏的位置。

6.2 进气系统

进气系统将外部空气引入到发动机的气缸中。进气系统由将外部空气输送到用于除去空气中污物的空气滤清器的管道系统、滤清器和节气门体的管道系统，以及将空气分配到发动机各个气缸的进气歧管等组成（图6-4）。进气系统中配有测量进气温度和空气流量的传感器。

图 6-4 新型涡轮增压发动机的进气系统

进气系统的检查应该是诊断驾驶性问题的一部分。确保进气管道安装正确且所有连接都密封良好，特别是空气流量传感器或稍远处的空气滤清器与节气门体之间的连接。

1. 空气滤清器／滤芯

空气滤清器的主要功用是防止通过空气散布的污染物和磨料进入气缸。这些污染物会造成发动机严重损伤并明显缩短发动机的寿命。因此，所有进入发动机之前的空气都应经过滤清器过滤。

空气滤芯在密封的空气滤清器总成内，该总成还用于引导空气流动和降低因进气运动引发的噪声（图6-5）。空气滤清器还向PCV系统提供过滤后的空气，并在发生回火时提供发动机舱的防火保护。

如果空气滤芯变得很脏，其污物将阻碍空气流入发动机。空气流动受限会导致燃油经济性和发动机的其他性能变差，以及高的排放。

图 6-5 当前发动机使用的空气滤清器示例

▶ 参见

维护和更换空气过滤装置的相关信息参见《汽车维修技术基础（原书第7版）》第9章。

2. 进气管道

是为了使空气按一定路径进入发动机进气管道的使用。空气通过新鲜空气入口进入并通过进气软管和管道。进气软管通常是柔性的橡胶软管，以使其能够在发动机和其他进气部件之间有一定移动。有些车辆使用硬塑料管道来输送空气，这些管道还可能有谐振器（也称为亥姆霍兹腔室）。该谐振器看起来像是从一段进气管中突出的附加腔室，该腔室的功用是减少空气通过进气系统和进气歧管时产生的噪声。

有些车辆使用声音优化系统（图6-6），将软管从进气系统引至乘客舱。这些系统提供额外的发动机噪声，以弥补当前汽车中添加的隔音装置。

图 6-6 雪佛兰大黄蜂车上的声音优化系统

3. 进气歧管

进气歧管的功用是将清洁空气或空气燃油混合气尽可能均等地分配给发动机的每个气缸。

旧型发动机采用铸铁的进气歧管。它向各个气缸输送空气和燃油，并且气道是短的。这些进气歧管要么是湿式的，要么是干式的。湿式进气歧管中有直接浇铸的冷却液通道。而干式的没有，但会有通过歧管的排气通道以加热歧管的底部。这有助于在燃油到达气缸之前实现汽化。其他一些干式歧管的设计使用某种电加热单元或格栅来加热进气歧管的底部。加热的底部可阻止燃油在稳压腔的冷凝。良好的燃油汽化和防止冷凝使向各个气缸输送更一致的空气燃油混合气成为可能。

进气歧管还作为许多与进气相关的附件（例如喷油器、燃油导轨和节气门体）和传感器的安装点（图6-7）。有些歧管还包含一个用来安装节温器和节温器壳体的预留位置。此外进气歧管还会配有向排气再循环（EGR）系统、动力制动和/或加热器和空调气流控制风门提供真空源的一些连接装置。

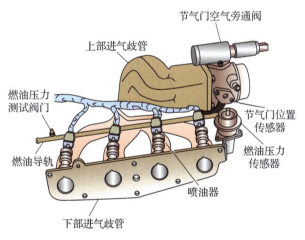

燃油压力测试阀门
燃油导轨
上部进气歧管
节气门空气旁通阀
节气门位置传感器
燃油压力传感器
喷油器
下部进气歧管

图6-7 四缸发动机的新型进气歧管

当前发动机的进气歧管通常由压铸铝（图6-8）或塑料（图6-9）制成。这些材料用于减轻重量。因为这类进气歧管向气缸输送的仅是空气，所以燃油汽化和冷凝是无须担心的。它们设计的主要目标是能够向每个气缸输送等量的空气。

与进气歧管入口相连的是节气门体。节气门体总成（图6-10）控制进入发动机的空气量。节气门体内装有节气门板。节气门板在息速时是关

闭或是几乎关闭的，因此只有很少的空气进入发动机。在节气门全开（WOT）时，节气门板处于水平位置，以允许最大的空气量流入发动机。在较旧型的车辆上，节气门板由节气门拉索操作，该拉索连接到加速踏板或气体控制踏板上。新型的车辆使用电子节气门控制（ETC）系统。

图6-8 压铸的铝进气歧管

图6-9 用于直列五缸发动机的塑料进气歧管

图6-10 节气门体总成

4. 不同的设计

进气歧管的基本设计随发动机类型不同而不同。例如四缸发动机的进气歧管有四个气道或两

个气道，这两个气道在气缸盖附近再分成四个。直列六缸发动机有六个气道或三个气道，三个气道在气缸盖附近又分成六个。在 V 型发动机上，每个气缸都有单独的气道。

进气歧管有两个基本部分：稳压腔室和气道。当空气进入进气歧管时，先进入稳压腔室内，再从稳压腔室通过气道流向各气缸。稳压腔室及气道的尺寸和形状是针对特定的发动机和用途进行设计的。

稳压腔室充当空气的一个存储室，用于均匀分配进气充量和改善发动机的换气。PFI 和 GDI 发动机的气道形状与其他发动机不同。同时输送空气和燃油的进气歧管都设计成能产生涡流，以使空气和燃油在输送到气缸的过程中得以混合。当进气歧管只输送空气时，不再需要涡流，它只需提供一个平稳径直的空气流动。仅输送空气的气道具有光滑的内表面和最少的弯曲次数。其气道长度的设计目标是使发动机在一定转速范围内实现最佳的性能。

当所允许的最大空气量进入气缸时，发动机的容积效率最高。峰值转矩出现在发动机效率最高时。一般来说，为在发动机高转速时具有最大转矩和功率而设计的发动机比在低转速下提供高转矩的发动机具有更短的进气道。当发动机提供其峰值转矩时，气道长度会有所改变。

大多数人没有想到的一件事就是空气进入气道时的运动。一个简单的想法是认为空气到达进气门处并停留在那里，直到进气门打开，随之空气流经气门进入气缸。实际上当空气被吸入气缸时正在以非常好的速度流动，在气门关闭时又不得不终止这种流动。直到气门再次打开前，空气不会停留在气门处，相反，它会从关闭的气门处反射并流向稳压腔室。当空气到达稳压区时，它又遇到正进入的空气冲击而再次反射回进气门。反射回来的空气流速高于其离开进气门时的流速，这是由于进气起了推动作用。

气道的设计目的是接收该反射的空气并在下一次气门打开时又恰好送回到该进气门。这个时间决定了气道的长度，并导致更强的进气充量，因为该空气是处于压力之下的。在大多数进气歧管中，这种空气波在进气门再次打开之前会反射几次。这种空气的反射效应和由此引起的压力波称为声波（谐波）增压。

气道的内径也会影响空气的输送。当使用小直径气道时，空气会更快地流入气缸。这提高了发动机在低转速下的容积效率，当发动机以更高转速运转时，它需要大量的空气。小直径的气道会限制空气流动并影响发动机的效率，因此在发动机高转速下需要更大直径的气道。

5. 可变进气歧管

许多发动机都有由 PCM 控制的可变进气歧管。这类歧管根据发动机转速和负荷改变稳压区域的大小和 / 或改变气道的长度和有效直径。这类歧管的使用可使发动机在较宽的发动机转速范围内都有高的容积效率。

这类歧管的工作过程和设计因制造商和发动机的不同而不同。可变稳压区域的系统有两个小的稳压腔室。根据其系统，在低转速期间仅使用一个稳压腔室。在其他系统中，稳压腔室被拆分并用于指定的气缸。在这两种情况下，当发动机达到特定转速时，这些稳压腔室将打开并同时工作以形成更大的稳压区域。这类系统通常称为进气歧管调谐（Intake Manifold Tuning，IMT）系统。

IMT 系统有一个连接到歧管中心碟形阀的电机（图 6-11）。该碟形阀在低转速时关闭，保持两个稳压区域的隔开状态。当 PCM 发出指令时，碟形阀打开，两个稳压腔室成为一个大的稳压室。PCM 通过电机上的位置传感器接收碟形阀位置的反馈。

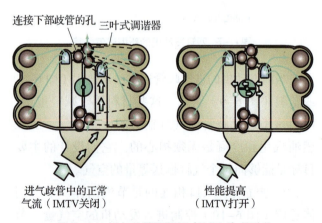

连接下部歧管的孔　　三叶式调谐器

进气歧管中的正常　　　　性能提高
气流（IMTV关闭）　　　（IMTV打开）

图 6-11　进气歧管调谐阀（IMTV）的动作

⚠️ **警告**　该蝶形阀是用很大的力转动的。当该系统通电时，切记始终要将手指远离该阀门，否则可能会造成严重的人身伤害。

最常见的可变进气歧管设计是根据发动机转速来改变长和短进气道（或小直径和大直径气道）之间的空气路径。这类系统通常称为进气歧管气道控制（Intake Manifold Runner Control，IMRC）系统。吸入的空气在低速时通过长的或小直径的气道，而在高速时通过短的或大直径的气道。气道切换主要是通过控制打开和关闭短或大直径气道的蝶形阀实现的。最终总空气量由节气门板控制，歧管中的蝶形阀仅控制空气的流经路径。

根据不同转速改变进气道可获得声波（谐波）增压的增益，这如同在高转速下提供了更大的空气流量。重要的是要意识到在低转速时过多的空气流量实际上会影响发动机性能。因为发动机此时并不需要这么多空气，并且由此产生的空气波很难恰好与进气门的开启相匹配。根据 OBD-II 标准，所有 IMRC 系统都必须有一个反馈系统。如果 IMRC 系统工作不正常，将会设置诊断故障码（DTC）。

IMRC 系统的蝶形阀用真空或电动控制。在采用真空控制的系统中，真空执行器安装在进气歧管上（图 6-12）。给执行器的真空由 PCM 调节的电磁阀控制。连接杆将执行器与蝶形阀连接。PCM 主要依靠 TP、ECT 和 CKP 传感器的输入来确定何时打开或关闭该蝶形阀。在低转速时，电磁阀通电，用进气歧管的真空保持蝶形阀关闭。一旦满足发动机转速和其他条件，电磁阀关闭，蝶形阀上的弹簧强制该蝶形阀打开。

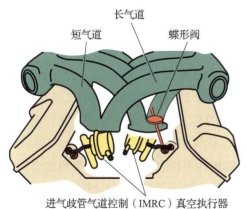

长气道

短气道　　蝶形阀

进气歧管气道控制（IMRC）真空执行器

图 6-12　IMRC 的真空执行器

在电动控制系统中，电机用来转动碟形阀（图 6-13）。可以每个气缸有一个碟形阀，也可以每组进气道有一个碟形阀。碟形阀可以是常开的，即正常情况下保持在打开状态，或是当其他气道的碟形阀打开时，该常开的蝶形阀由电磁阀关闭。通常有一个高速气道共用的碟形阀。该蝶形阀位于稳压区域并用于切换稳压区域内空气的路径。电机的动作由 PCM 控制，并可用占空比控制以便能对当前的发动机转速做出响应。

电机转动该齿轮以转动碟形阀

图 6-13　电机与该齿轮啮合以转动可变进气歧管中碟形阀的轴

6. 水喷射系统

为了从发动机中获取更多的功率和效率，用来驱动宝马 M4 GTS 双涡轮增压六缸发动机配备了水喷射系统，该系统将经冷却的水雾喷射到进气中。它降低了气缸内的温度，从而改善了燃烧，并通过减少爆燃和相关的热应力使发动机能够运转在更高的增压水平。水喷射电控模块监测和控制系统的运行。

水一旦被喷入气缸，就会迅速蒸发，从而降低了进气温度。该系统比中冷器更能使空气温度降低（降幅高达 80℉，约为 26.7℃）。因此，可用涡轮增压器提供更高的增压水平且不引起发动机爆燃。同时，由于水喷射降低了气缸的温度，因而可使用更提前的点火正时和更高的压缩比。宝马称该系统可提高 5% 的功率和 13% 的燃油经济性。

在这种发动机中，直列六缸发动机的进气稳压腔室中布置了三个喷射器，每个喷射器向两个气缸提供细小的水滴。该喷水器在进气道中紧靠进气门前的位置，在发动机高负荷运转期间将非常细的水雾喷射到进气气流中。喷水器由专用的水泵供水，类似于电动燃油泵。

蒸馏水来源于安装在汽车后部的水箱，该水箱容积为5.0L。如果水箱缺水，控制模块将降低发动机的最大功率，直到水箱重新加满。

7. 维修进气歧管

进气歧管很少需要更换或维修。如果歧管破裂或密封面严重损坏，则应更换。当歧管被拆下或歧管与气缸盖之间有泄漏迹象时，应检查密封面是否平整。这种检查还包括冷却液和机油的通道。表面上的细小瑕疵可以打磨平整，但是切勿尝试修复任何严重的损伤。

歧管密封垫泄漏是冷却液泄漏到发动机内部最常见的原因。密封垫不良也会导致真空泄漏。安装进气歧管时，应使用新的密封垫和密封件。此外，要确保安装的是最新设计的密封垫。要确保进气歧管与密封垫彼此完全对正。在V型发动机上，使用导向螺栓有助于确保正确对正。确保所有连接螺栓都按正确顺序拧紧至规定力矩。

许多发动机有两个进气歧管，一个上部歧管和一个下部歧管。在许多V6发动机上，若要更换火花塞或调整气门间隙，必须先拆除上部进气歧管。这两部分用密封垫和密封件密封在一起。当该歧管拆分后应更换这些密封件，并应将螺栓拧紧至规定力矩。

6.3 强制进气系统

发动机无法在高速下产生它们理应产生的功率，是因为它们没有得到足够的空气。这就是为什么许多赛车都在发动机舱盖上开有进气口的原因。这种进气口可在压力下向进气歧管输送冷空气并为空气提供一个开放的来源。对于今天的车身外形，发动机舱盖进气口并不是特别需要，因为它们增加了空气阻力，因此要用其他方法来提高进气的总量和对其进行压缩，可变进气歧管和气门正时无疑会有助于此。有些制造商正在探索可变压缩比的发动机，但尚未投入量产。

通过空气滤清器的设计已经改善了发动机性能（图6-14）。滤清器的形状和直接暴露于空气使增加进气流量成为可能。尽管这些滤清器可以增加功率和降低油耗，但制造商在普通汽车上不使用这类滤清器。由于滤清器暴露在外，没有采用任何措施来减少进气噪声，这种噪声会令车上的人员感到非常讨厌。

图6-14 特殊的锥形空气滤清器可提高发动机的输出功率

应记住内燃机产生的功率直接与气缸中被压缩的空气量有关。换句话说，压缩比越高（在合理范围内），发动机的输出功率就越大。可以使用两种方法来增加发动机的有效压缩比。一种是通过提高压缩比来改进发动机。这可以通过多种方式实现，例如使用拱顶或高顶活塞、改变活塞行程，或者改变燃烧室的形状和结构等。另一种不改变燃烧室形状，但能提高压缩比（和发动机功率）且成本较低的方法是只需增加进气量。通过对混合气在其进入气缸之前加压，可以将更多的空气和燃料推入燃烧室。

有两种人为增加发动机进气空气流量的方法，即涡轮增压和机械增压。这两种系统都是通过在空气到达进气歧管之前将其压缩以迫使更多的空气进入进气歧管。涡轮增压利用排气，而机械增压依赖发动机的动力来压缩空气。这两种系统各有其优点，但也都有一些局限。使用这两种系统的最大缺点都是与空气的压缩有关。当空气被压缩时，它的热量会增加。高温使空气密度减小，这意味着空气中的氧气也会减少。大多数涡轮增压或机械增压系统都使用中冷器来增加空气密度。

中冷器冷却涡轮增压或机械增压后的尚未到达燃烧室的空气（图6-15）。从进入中冷器的加压空气中去除热量增加了空气密度，从而提高了发动机的容积效率、功率和转矩。

　　中冷器实际上是进气的散热器。压缩空气的热量流经中冷器时被消散到大气中。中冷器系统由一个安装在前格栅区域（图 6-16）或发动机上方（图 6-17）的散热器、冷却液储液罐（与发动机冷却系统储液罐分开的）、泵和连接各部件的软管和管子组成（图 6-18）。中冷器总是布置在涡轮增压器或机械增压器后和进气歧管之前。当热的空气流过中冷器时，一部分热量会转移给中冷器中循环的冷却液，冷却液又被流过中冷器的空气所冷却。流过中冷器的冷却液流量通常由 PCM 控制。所以，PCM 控制了进气的温度。

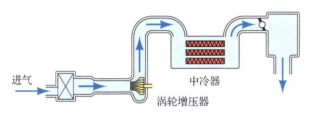

图 6-15　压缩空气流经中冷器的路径

图 6-16　中冷器位于发动机前面的双涡轮增压发动机

图 6-17　该增压发动机的中冷器位于发动机上部

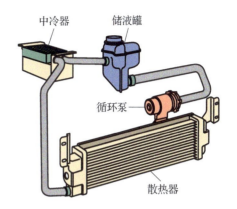

图 6-18　冷却液至空气式中冷器的主要部件

6.4　涡轮增压器

　　涡轮增压器通过压缩进入发动机之前的进气来增加发动机的功率。涡轮增压器是一个由发动机排气气流驱动的空气泵。排气的热量和压力使泵的涡轮叶片高速旋转（由此得名涡轮增压器）。涡轮叶轮与压气机叶轮连接在一根轴上。当涡轮高速旋转时，压气机叶轮也随之以非常高的转速旋转并压缩进气。经压缩的空气随后输送到气缸。由于排气是一种无用的废气，因此通过涡轮回收的能量被认为是无成本的，所以它在理论上未使用发动机产生的任何功率。

　　涡轮增压器用于柴油和汽油发动机上。使用它们的主要优点是它们有可能在增加功率的同时又不显著降低燃油经济性。这是因为，它们仅当需要额外动力时才去提高发动机的功率输出。在大多数情况下，小型发动机可用其提供低的燃油消耗和排放水平。当需要增加功率时，才启用涡轮增压器。许多制造商正在使用较小排量的发动机并安装涡轮增压器。在保持客户性能期望值不变的同时改善燃油经济性和减少尾气排放的要求，意味着现在许多汽车和轻型货车都会用更小、更高效的涡轮增压发动机来提供动力。

1. 结构

　　涡轮增压器通常都紧靠排气歧管。在排气歧管与涡轮壳体之间的排气管将发动机排出的气流快速输送给涡轮叶片（图 6-19）。另一根管道将压气机涡壳上的出气口与节气门板总成的入口或进气歧管连接起来。在有些较新的发动机设计中，排气歧管集成在气缸盖中（图6-20），这可以显著提高驱动涡轮的效率。

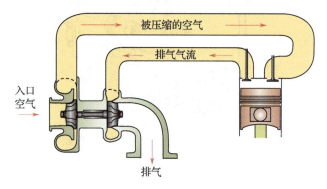

图6-19 典型涡轮增压器系统中排气和压缩空气的流向

图6-20 排气歧管集成在气缸盖中

典型的涡轮增压器包括下述部件：涡轮、涡轮轴、压气机叶轮、中间壳体和旋转组件（Center Housing and Rotating Assembly，CHRA）、废气旁通阀。包含涡轮、压气机叶轮及连接轴的涡轮增压器剖开图如图6-21所示。

图6-21 包含涡轮、压气机叶轮及连接轴的
涡轮增压器剖开图

在涡轮增压器内部，涡轮叶轮（温度高的叶轮）和压气机叶轮（温度低的叶轮）安装在同一根轴上。CHRA中装有连接轴、轴承、涡轮密封组件和压缩器密封组件。每个叶轮都被它们自己用来控制和引导排气或进气流动的带有螺旋形腔体的壳体所包住。因为涡轮处在排气路径中，所以它变得非常热，而且还以非常高的转速旋转，因此通常是用耐热铸铁制成的。

传统的涡轮增压器通常在发动机转速高于2000 r/min时开始压缩进气。有些新型发动机采用低惯量的涡轮增压器，能在较低的发动机转速下就开始压缩进气。排气流动的力被引向涡轮一侧，随着热气体对涡轮叶片的冲击而旋转，涡轮叶片将废气引导到其壳体的中心以排出废气。这个工作过程产生了一种称为涡流的气体流动。压气机叶轮（形状像反向的涡轮叶轮）与涡轮一起旋转。进入的空气被吸入壳体并被压气机的旋转叶片捕获，然后被离心力向外推出。空气在压力下从这里开始离开压气机流入进气歧管和各个气缸。

空气通常是因大气压力和发动机真空之间的压力差而被吸入气缸的。但涡轮增压器可将进气加压至高于正常大气压。**涡轮增压**是用于描述由涡轮增压器产生的正向压力增加的术语。例如，增压10psi意味着空气以24.7 psi的压力（14.7 psi的大气压力加上提高的10psi压力）提供给发动机。涡轮增压器配有废气旁通阀，用于控制输送给气缸的空气压力。

涡轮迟滞功率的增加通常用发动机对快速打开节气门的响应来验证。在有些涡轮增压发动机上能感觉到节气门瞬间响应的不足。这种延迟或**涡轮迟滞的出现**是因为排气气流需要一点时间才能建立起足够的能量使叶轮足够快地旋转来响应发动机的增速需求。这导致了发动机的动力会暂时落后于行驶状况所需的动力。新型发动机和涡轮增压器设计已经几乎消除了旧式发动机中常见的涡轮迟滞。

2. 废气旁通阀

如果来自涡轮增压器的空气压力变得过高，就会发生爆燃并会降低发动机的输出功率，而且空气燃油混合气燃烧产生的压力会变得大到足以使发动机自身损坏。为了防止这种情况，涡轮增压器配有**废气旁通阀**。废气旁通阀是涡轮壳体的一部分。当增压压力超过一定值时，它可使一定量的废气绕过涡轮以降低增压压力。

可用歧管压力直接控制废气旁通阀的工作（图 6-22）或 PCM 根据歧管压力进行控制（图 6-23）。大多数新型系统都用 PCM 控制废气旁通阀。在非 PCM 控制的系统中，当压力变得过高时，感知进气系统空气压力的执行器会打开废气旁通阀以减少流到涡轮的排气量，从而降低涡轮和压气机叶轮的转速和涡轮增压器的输出压力。当进气歧管中的压力未大到足以超过执行器中的弹簧力时，该旁通阀关闭，使所有废气都流过涡轮，使涡轮相应地高速旋转。当增压压力克服执行器弹簧的张力时，执行器打开废气旁通阀，一部分废气转移到涡轮外。其结果是涡轮转速受到控制，同时增压压力也得到相应控制。

图 6-22 该增压器的输出由进气歧管压力控制

图 6-23 该增压器的输出由 PCM 控制

在新型发动机上，其废气旁通阀由 PCM 控制，它直接控制一个控制废气旁通阀真空的电磁阀。当真空引入给废气旁通阀时，旁通阀打开以

允许废气绕过涡轮。该电磁阀的动作由 PCM 根据各种输入来控制。PCM 还根据涡轮增压器的输出调节点火正时和空气燃油混合气。推迟点火正时是在涡轮增压发动机上用来控制爆燃的一种常用方法。不幸的是，任何时候推迟点火都会损失动力和影响燃油经济性，并常常使发动机的运转趋于更热。大多数系统仅在检查到爆燃时才用爆燃传感器信号来推迟点火正时。这类传感器还用于根据所用燃油的辛烷值限制增压压力。这可在所有工况下都能最大限度地提高发动机性能并减少发动机爆燃的可能性，而不管燃油的辛烷值。

当 PCM 检测到歧管压力过高时，它会打开废气旁通阀，同时加浓混合气。这种浓的混合气可降低燃烧温度，因而有助于冷却涡轮增压器和燃烧室。

3. 涡轮增压器的润滑和冷却

保持涡轮增压器的冷却和良好润滑对于增压器的耐用性至关重要。涡轮叶轮面对非常高的温度。汽油发动机的排气温度可以超过 1800 ℉（982℃）；柴油发动机的排气温度稍低，其范围在 1400~1500℉（768~816℃），若不加以控制，这个热量会损坏涡轮增压器。

涡轮和压气机叶轮以非常高的转速旋转（超过 200000r/min）。连接它们的轴安装在全浮轴承上，这种设计的目的是要保持连接轴高速旋转时的安全。其轴承用发动机机油润滑，并在轴上及其壳体中自由旋转。发动机机油通过机油入口管路输送给涡轮增压器，然后循环到轴承。轴承的外侧有密封件以防止机油泄漏。机油流过轴承后通过机油出口管路返回发动机油底壳。机油的循环冷却了涡轮增压器。

涡轮增压器可以用发动机冷却液冷却，发动机冷却液通过内置于壳体中的冷却液通道循环。冷却液从发动机的节温器壳体通过冷却液入口管路输送到涡轮增压器壳体。冷却液循环通过壳体后，再通过冷却液出口管路返回冷却液泵。

4. 各种涡轮增压器设计

为了提高涡轮增压发动机的效率，制造商已经研发了各种涡轮增压器及其控制系统。常见的设计称为可变喷嘴涡轮和可变几何形状涡轮增压器。在这些设计中，排气流通的横截面积是可变的。横截面可以通过可移动的叶片进行调节，叶片根据涡轮转速改变其角度。在发动机较低转速下，叶片控制排气的流向，从而提高增压压力。在发动机较高转速下，叶片打开得宽些，使得排气背压降低。这即可使涡轮增压器在发动机较低转速时提供更大的增压度，又不会在较高转速下产生过高的增压。据称，使用可变涡轮增压器能使汽油发动机的燃油消耗降低 20%。

因为可变几何形状使更精确地控制涡轮成为可能，所以有些可变涡轮增压器取消了废气旁通阀。这类增压器可在较低的发动机转速下提供更高的增压度，并且对发动机负荷变化的响应也更迅速，它们还有助于减少涡轮增压器迟滞的影响。

双涡轮增压器　有些发动机有两个或多个涡轮增压器，它们的工作取决于其具体应用。有些发动机的一半气缸用一个涡轮增压器，而另一半气缸用另一个涡轮增压器（图 6-24）。有些 V 型发动机的每列气缸都有一个涡轮增压器。涡轮增压器用来自特定气缸的排气为同列气缸压缩空气。

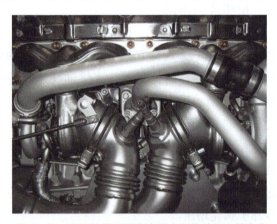

图 6-24　双涡轮增压器在直列六缸发动机上的布置

有些新型发动机采用的双涡轮增压器使用一个共同的壳体和排气气流，而压缩后的空气从两个不同的路径送出（图 6-25）。

另一些发动机有两个大小不同的涡轮增压器，它们每一个都是针对特定工况设计的。一般情况下，连接轴（旋转轴）上较小的一个提速非常快，从而减少了涡轮迟滞。较大的一个跟进速度较慢，

但可增加发动机转速较高时的增压度。这是一种两级的设计：其中一级用于发动机较低转速和提高即时的转速，而另一级用于维持发动机的功率。

图 6-25　双涡轮增压器总成

少数发动机将双涡轮增压器布置在气缸列之间的 V 形空间中，这种布置称为热 V 型设计，这种设计改变了空气通往气缸盖的流动路径，因而将进气歧管布置在发动机外侧而不是气缸盖之间。这种设计增加了进入涡轮增压器的排气流量（图 6-26）。

图 6-26　该 V8 发动机的双涡轮增压器布置在两列气缸之间的 V 形空间中

在典型的双涡轮增压系统中，两个涡轮增压器的工作由较大涡轮增压器的运行模式控制。它的运行由控制阀控制，控制阀调节进入它的排气量和它送出的空气量。

在发动机转速和负荷较低时，增压仅由较小的增压器提供。另一个涡轮增压器的控制阀已被禁用。当来自第一个涡轮增压器的增压压力达到预定水平时，将允许排气流向第二个涡轮增压器。但此时它虽在旋转，但不提供任何增压。这是一个准备步骤，可使第二个涡轮增压器在其被需要

之前已经旋转。一旦负荷或速度状况需要更多的动力，控制阀就会打开并允许来自第二个涡轮增压器的增压空气进入进气歧管。此时，来自两个涡轮增压器的增压空气被送到进气歧管。在某些系统中，来自较大涡轮增压器的较高压力使废气旁通阀打开从而控制最大增压度。此废气旁通阀是小涡轮增压器不可分割的一部分。

当发动机从高速变动到低速时，一个控制阀将阻止第二个涡轮增压器至进气的流量，然后另一个控制阀阻止排气流向该涡轮，这些工作过程防止减速期间的高增压。

5. 双涡管涡轮增压器

为了改善涡轮增压器的性能和减少迟滞，有些车辆使用双涡管涡轮增压器。双涡管涡轮增压器使用接在一根公共轴上的两个涡轮。通过重新配置排气歧管，每个涡轮都从发动机的一半气缸获得排气。双涡管系统上的排气有两条路径，而不是所有废气都流入一个公共区域来供给一个常规的涡轮增压器。该配置经过调整，使排气脉冲不会相互干扰，并通过定时来改善流出发动机和穿过每个涡轮的排气流量。

马自达采用了类似的设计，并在其 2.5L 涡轮增压发动机的排气中采用了一个节流类型的阀门。排气是 4—3—1 的设计，这意味着 4 个排气气流（每个气缸 1 个）先合并成 3 个，再合并成 1 个。该阀门位于涡轮增压器之前，并在低转速时对流向涡轮增压器排气加以适当限制。其效果类似于用拇指堵住水管末端的一部分，它限制了水流截面，但加速了水的流速。这种限制改善了发动机低转速时的响应并减少了迟滞。该阀门在 1620 r/min 以上时打开以恢复正常的流量。

6. 一体顺序双增压涡轮增压器

2011 年，福特在其 6.7L 的 PowerStroke 柴油发动机上配备了双增压涡轮增压器。这种涡轮增压器有两个压气机叶轮和一个涡轮。两个压气机叶轮有不同的形状和尺寸，但它们安装在同一根轴上。两个压气机叶轮的壳体尺寸也不相同。这构成了一个顺序式涡轮增压器，在较小压气机可快速加速旋转后，用紧随其后的较大叶轮来增加

空气流量。单排气入口的壳体容积由可变几何形状系统的叶片控制（图 6-27）。在可变涡轮处使用一个废气旁通阀按照需要旁通排气气流。由于体积小，这种涡轮增压器可以安装在发动机的 V 形空间中。通过气缸盖的空气流动路径也因此改变，废气直接从气缸盖提供给涡轮增压单元。

图 6-27 福特双增压涡轮增压器的剖开图

7. 电动涡轮增压器

虽然仍在研发中，但有些制造商正在尝试采用电动涡轮增压器。电驱动的涡轮增压器从怠速起就能提供即时的增压，并且一旦发动机提高转速，就可以借助正常的排气流动。但在它们成为标准配置前需要先克服几个问题，包括找到一种有效的途径来为涡轮增压器提供电力。不管怎样，有些制造商正转向 48V 的电气系统，这可能会为电动涡轮增压器的实用化提供足够的电力。

8. 检查涡轮增压器

使用维修信息

涡轮增压器系统维修的常规步骤通常在制造商维修信息中是一个独立章节。而属于电子控制系统一部分的输入和输出则涵盖在发动机控制或性能章节中。

为了检查涡轮增压器，起动发动机后倾听涡轮增压系统产生的声音。随着对这种特有声音的日渐熟悉，通过较高音调的声音，可更容易地辨别出压缩机出口到发动机之间的空气泄漏或发动机和涡轮增压器之间的排气泄漏。如果涡轮增压器的声响循环出现或强度发生变化，可能的原因是空气滤清器堵塞或压气机进气管道中的零件松

动或压气机叶轮和壳体上有污物。

听完声音后，检查空气滤清器并拆下空气滤清器至涡轮增压器的管道，查看是否有污物堆积或异物造成的损伤。检查压气机出口连接的卡箍是否松动，并检查发动机进气系统是否有螺栓松动或密封垫泄漏。然后断开排气管并查找是否有阻塞物或松动的零件。检查排气系统是否有裂纹、螺母松动或密封垫损坏。转动涡轮增压器的连接轴总成，看它是否可以自由旋转、是否有摩擦或叶轮撞击损坏的迹象。

目视检查所有软管、密封垫和管道的安装是否正确、是否已损伤和磨损。检查进气系统低压部分或空气滤清器一侧是否有真空泄漏。

（1）压力测试　涡轮增压器的性能可以用压力表测试。将压力表连接到进气歧管并观察增压压力。这个测试最好是在路试中进行。该测试还可以验证废气旁通阀及其控制的动作。也可用诊断仪监测进气歧管的压力。

可以用肥皂水检查系统有压力的一侧是否有漏气。涂抹肥皂水后，查找气泡以确认泄漏源。

泄漏到涡轮增压器外壳的废气也会影响涡轮增压器的工作。如果废气在进入壳体之前逸出，温度和压力的降低将导致成比例地降低增压度和功率输出。

> **车间提示**
>
> 当在涡轮增压器涡轮端发现有机油泄漏时，检查涡轮增压器的回油管和发动机曲轴箱通风管是否有阻塞。当发现淤积的发动机机油时，必须更换发动机机油和机油滤清器。

（2）废气旁通阀　废气旁通阀问题通常都可归结于积炭。积炭使废气旁通阀装置无法关闭或导致其黏滞。膜片有缺陷或真空软管泄漏会导致废气旁通阀状况失效。在判定废气旁通阀状况之前，先检查点火正时、点火推迟系统、真空软管、爆燃传感器、氧传感器和计算机。如果废气旁通阀工作不正常（增压过多或过少），应检查并确保连接杆的动作顺畅且没有卡住，还要确保压力传感器的连接软管内清洁和连接正确。

> **警告**　在清除涡轮增压器和废气旁通阀部件上的积炭时，切不可使用硬质金属工具和砂纸。记住，这些部件上的任何磕伤或划痕都会导致涡轮增压器的严重振动或损坏。可使用较软的刷子或清洗液清洁这些部件。

> **车间提示**
>
> 由于涡轮增压器需要进行平衡和密封，所以涡轮增压器的所有维修是在专业维修车间进行的。

（3）涡轮增压器的常见问题　通过适当的维护和修理，涡轮增压器能可靠工作很多年。大多数涡轮增压器的故障是因润滑不足、吸入异物或润滑油被污染造成的（图6-28）。

图6-28　受损的涡轮增压器叶轮

9. 更换涡轮增压器

如果涡轮增压器出现故障，应使用新的或再制造的涡轮增压器予以更换。应始终遵循维修信息中给出的步骤。在拆卸涡轮增压器前，先堵住进气和排气口及进油口，以防止污物或其他异物进入。更换时，检查机油管中是否有沉积的油泥，必要时清洁或更换该机油管。切勿使新增压器跌落或撞击任何物体，也不要紧握容易变形的部件。

安装新涡轮增压器时，从涡轮增压器进油口倒入20mL机油，然后用手转动压气机叶轮几圈以使机油分布到轴承上。

安装新涡轮增压器或起动较长时间未使用的发动机后，在机油压力足以将机油输送到涡轮增压器轴承之前，发动机可能会有明显的迟滞。遵循下述简单步骤以防止出现此问题：

1）确保进油管和回油管在连接之前是清洁的。

2）确保发动机机油是清洁的且油面高度合适。

3）用清洁的机油加满机油滤清器。

4）暂不连接涡轮增压器处的回油管，在不起动情况下转动发动机，直到有机油从涡轮增压器回油口流出。

5）断开燃油泵熔丝或继电器后转动发动机30s，使机油分布到整个发动机中。

6）让发动机怠速运转60s。

7）连接回油管后起动发动机，先低怠速运转几分钟，再以较高转速运转。

10. 维护

涡轮增压器无须维护，但必须定期更换发动机机油和机油滤清器。涡轮增压器在高速和高温下运转，润滑不良将导致涡轮增压器自身损坏。此外，高温也会使机油分解，因此机油的使用寿命比在非增压发动机上要短。制造商通常建议在增压发动机中使用特定类型的机油。在更换机油和机油滤清器后，发动机应至少怠速运转30s，这样可使机油循环流过整个涡轮增压器。

除了需要定期更换机油外，空气滤清器和滤芯总成也需要维护，还要确保系统不存在漏气现象。极少量污物进入涡轮增压器都会损坏其涡轮和压气机叶轮。PCV阀及其过滤装置也应定期维护。

11. 涡轮增压器的启动和停止

涡轮增压器失效的第一大原因是润滑不良。由于发动机起动后其轴承不会立即得到很好的润滑，因此在发动机被加载前应让其先怠速运转一会儿。如果发动机一整天或更长时间没有运转，应起动发动机并怠速运转3~5min，以防止涡轮增压器缺少润滑油。发动机润滑系统有排空的倾向。当发动机持续静置长时间后，明智的做法是转动发动机但不起动，直到观察到稳定的机油压力读数后再起动。这称为起动前预润滑系统。如果发动机的机油压力低于30psi，涡轮增压发动机此时一定不要带载运转。在寒冷天气下应遵循相同的起动步骤。黏稠的发动机机油流动需要更长时间。发动机起动期间机油压力低和机油输送缓慢会损坏涡轮增压器中的轴承。

当发动机在高转速或重负荷下运转时，涡轮会暴露在非常热的排气中。这种热量会传递给涡轮轴和压气机叶轮。如果在车辆高速行驶后立即关闭发动机，将会立即停止供给涡轮增压器机油和冷却液，但涡轮增压器的轴在其惯性下仍会高速旋转，此时润滑不足将会损坏轴承和连接轴，所以在发动机高速运转后应使其怠速运转20~120s，以使涡轮增压器的轴冷却下来。当发动机怠速运转时，排气温度可降至573~752℉（300~400℃）。较冷的排气气体有助于冷却增压器的轴和用来润滑的机油。

6.5 机械增压器

当前有些发动机用机械增压器来替代涡轮增压器（图6-29）。

图6-29 新型高性能发动机上的机械增压器

机械增压器是一个由发动机曲轴通过多楔式传动带直接驱动的容积式空气泵（图6-30）。通过机械增压器增加进气歧管中的空气压力和密度来提高发动机功率和转矩，其压力的增加与发动机的转速成正比。

图6-30 用传动带驱动的机械增压器

典型的机械增压器通常由一个电磁离合器、两个转子（图6-31）、两根转子轴、两个转子齿轮、外壳及后盖板和前端盖组成。传动带将一个与转子轴相接的带轮与发动机相连接（图6-32）。安装在两个转子轴上的齿轮以相反旋向驱动转子轴（图6-33）。转子轴上压装了带有三个螺旋状凸角的转子，并用销子和锯齿状凸起与轴锁定。转子在密封的壳体内转动，并随着旋转对空气加压。转子轴由后盖板上的球轴承或滚针轴承支撑，并用机械增压器装置中的机油进行润滑。

图6-31 典型机械增压器的转子和前端盖

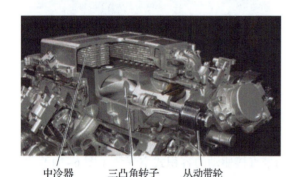

中冷器　三凸角转子　从动带轮

图6-32 一个驱动轴上装有驱动带轮和驱动齿轮

图6-33 齿轮将驱动轴的运动传递给两个转子

为了应对机械增压带来的更高工作温度，发动机通常配备有发动机机油冷却器。这种液-油类型的冷却器一般安装在发动机前盖和机油滤清器之间。

1. 机械增压器的运行

图6-34展示了空气通过机械增压器进入气缸的流向。空气通过较远处安装的空气滤清器和质量空气流量计进入。然后流过节气门板总成并经过机械增压器入口稳压腔室总成，该总成用螺栓固定在机械增压器的背面。

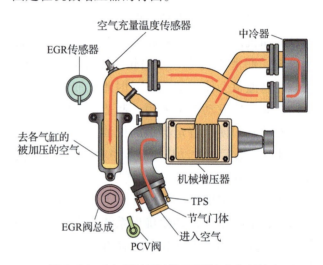

空气充量温度传感器　中冷器
EGR传感器
去各气缸的被加压的空气
机械增压器
TPS
节气门体
EGR阀总成
进入空气
PCV阀

图6-34 空气通过机械增压器进入气缸的流向

空气进入机械增压器后被高速旋转的转子加压，然后经由空气出口适配器从机械增压器的上部排出。由于空气被压缩，其温度升高。为了增加功率，需要更冷、密度更高的空气，所以已加热的空气按照给定路径通过一个中冷器。中冷器可以使空气温度降低150℉（66℃）。

这个经冷却的空气随后通过进气歧管适配器组件，该组件用螺栓固定在进气歧管的后部。当进气门打开时，空气被强制进入燃烧室，并在燃烧室内与喷油器提供的燃油混合。

2. 机械增压器旁路系统

机械增压器与涡轮增压器不同，它不需要废气旁通阀来限制增压度和防止可能具有破坏性的过度增压。由于机械增压器的转速与发动机转速直接相关，所以其泵送功率受发动机自身转速的限制，而与排气本身没有直接关系。机械增压器的增压度是通过节气门的打开和关闭或通过控制离开机械增压器的空气旁路系统直接控制的。该旁路系统可以是电动或真空控制的。

当不需要额外动力时，该旁通回路可使机械增压器空转。它将进气歧管中的任何过量的空气按规定路径流回机械增压器的进气稳压腔室总成，从而使发动机实际上以正常自然吸气方式运转。这等于取消了机械增压器的任何增压。当不需要增压时，该旁路系统可减少对空气进行压缩带来的功率损耗，从而获得更好的燃油经济性。

有些系统使用 PCM 控制的步进电机来控制绕过机械增压器的空气量。PCM 根据发动机当前状况确定所需的增压压力，并控制电磁离合器和旁通阀的操作。

还有一些系统有一个调节旁通空气量的真空泵。随着发动机功率需求增加，真空泵控制碟形阀，将或多或少的空气按规定路径输送到进气歧管，从而改变增压压力。当该旁路完全关闭时，增压压力可达到约 12psi。当发动机的真空度高时，执行器打开，空气绕过机械增压器。随着节气门打开和发动机真空度降低，该执行器关闭，从而使更多的空气进入机械增压器。

3. 机械增压器和涡轮增压器

有些欧洲生产的车辆配备了同时装有机械增压器和涡轮增压器的汽油发动机，这些系统称为双增压系统。机械增压器用于发动机低转速时增加动力，而涡轮增压器在高转速时增加动力。

在沃尔沃双增压系统中，当不需要机械增压器工作时，用电磁离合器使机械增压器驱动轴解耦。机械增压器用在发动机低转速时的增压，直到涡轮增压器启用。一旦发动机转速达到 3500r/min，机械增压器的离合器解锁，涡轮增压器启用。尽管机械增压器仅用在较低转速范围，但它可以过载运行而提供更高的增压压力，且无须以非常高的转速运转。

4. 电动机械增压器

与电动涡轮增压器一样，有些公司正在探索电动机械式增压器。使用电力驱动消除了发动机用来转动机械增压器的机械阻力。电动机械增压

器的另一个明显优势是因它不需要使用发动机传动带驱动，所以能重新布置机械增压器的位置。其面对的挑战如同电动涡轮增压器一样是为其提供的电力。12V 系统不太可能提供足够的电力来满足对电力系统增加的需求，对此解决方案的选项是使用高压电系统、超级电容器或某种类型的再生能源。在此技术能广泛采用之前，每种方法都有其优点和需要解决的问题。

5. 机械增压器的问题

针对涡轮增压器的许多问题及其解决方法也适用于机械增压器。还有一些与机械增压器关联的特有问题。有关机械增压器失效的故障现象和原因的总结，以及维修建议内容可参阅维修信息。

6. 维护

机械增压器通常会有自己的润滑油供给系统并需要专用润滑油。必须定期检查该机油的液面高度，必要时进行补偿。此外还应定期检查是否有机油泄漏。就像涡轮增压器一样，进气中的任何污物都会损坏机械增压器，因此必须定期检查进气系统是否有泄漏并按规定更换滤清器。

> **使用维修信息**
>
> 有关维修机械增压器系统的步骤通常在维修信息中单独成章。

6.6 排气系统部件

排气系统的典型部件（图 6-35）包括排气歧管、排气管及密封垫、催化转化器、消声器、谐振器、中间排气管、隔热罩、吊架、氧传感器等。

排气系统所有部件的设计目标是既要符合车辆底盘的可用空间，还要有高于行驶道路的安全距离。

1. 排气歧管

> ⚠ **警告** 当检查排气系统或对其进行作业时，记住在发动机运转时，排气系统的部件是非常灼热的。接触这些部件会造成严重灼伤。此外，在车下作业时，始终要佩戴安全眼镜或护目镜。

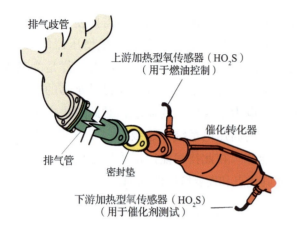

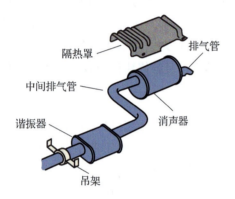

图 6-35 新型车辆的排气系统

排气歧管（图 6-36）收集从气缸中排出的已燃烧气体并将它们引导至排气管。大多数车辆的排气歧管由铸铁（图 6-37）或球墨铸铁制成。许多较新型的车辆采用高碳钢金属薄板或不锈钢冲压成型的部件。有些发动机采用集成在气缸盖中的排气歧管设计，例如克莱斯勒的五星牌车（Pentastar）采用的 V6 发动机。

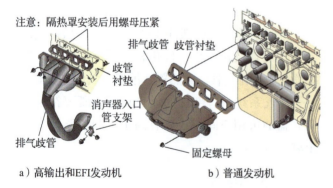

a）高输出和EFI发动机　　b）普通发动机

图 6-36 排气歧管的两个示例

尽管宝马直列六缸发动机有两个排气歧管（图 6-38），但大多数直列发动机只有一个排气歧管。V 型发动机在其每一侧都有一个排气歧管。

排气歧管根据发动机的类型可能有三、四、五或六个通道，这些通道在其另一端汇合为一个通道并连接到排气管。从此点起，排气继续流过催化转化器、消声器和排气管，最后从汽车尾部排出。

图 6-37 四个发动机的铸铁排气歧管

图 6-38 该直列六缸发动机有两个独立的排气歧管

V 型发动机可能配备双排气系统，该系统由同一辆车上的两个几乎相同但彼此独立的系统组成。

排气系统是为发动机与底盘的特定组合设计的。排气系统的长度、管道尺寸和消声器尺寸用来调谐排气系统气体的流动。排气歧管管路的恰当调谐实际上可以产生局部真空，这有助于将废气从气缸中排出，从而提高容积效率。单独的、经调谐的排气集管（图 6-39）还可以通过防止一个气缸的排气气流对另一个气缸排气气流的干扰来提高效率。彼此相邻的气缸可能在相同时间释放排气。当发生这种情况时，一个气缸排气的压力会干扰另一个气缸排气的流动。采用单独的排气集管，各气缸之间相互隔离，可消除这种干扰，从而使发动机换气更好。

或许使用排气集管得到的最大性能增益是它提高了发动机的容积效率。每次排气脉冲结束时，在排气中都会出现低压。当排气门打开时，该集管利用这个低压将废气从气缸中排出。低压还有助于在气门重叠期间将更多的空气吸入气缸。提高排气流量和增加进气流量都会提高发动机的效率。

图 6-39　该 V10 发动机配有一个经调谐的排气歧管（集管）

2. 排气管和密封件

排气管是由镀铝钢、不锈钢或镀锌高碳钢制成的金属管，布置在车辆下面的排气歧管和催化转化器之间（图 6-40）。

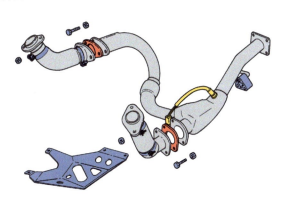

图 6-40　用于 V6 发动机的前排气管总成

车间提示

排气歧管密封垫安装在气缸盖和排气歧管之间的接合面上，起密封作用。许多新型发动机组装时不用排气歧管密封垫，这可能是因为新的歧管接合面非常平整并与气缸盖紧密配合而没有泄漏。排气歧管经受多次加热和冷却循环，从而引起排气歧管上的应力和某些腐蚀。拆卸歧管时常常会使其产生扭曲，致使该歧管接合面的平整状态不足以在没有密封垫的情况下保证密封。在重新安装排气歧管时，通常使用密封垫来消除泄漏。

3. 催化转化器

▶ 参见

有关催化转化器的详细讨论参见第 16 章。

催化转化器（图 6-41）是排气系统的一部分，也是排放控制系统中一个非常重要的部分。催化转化器在排气系统中位于消声器的前面。催化转化器中的巨大热量氧化了从发动机流出的废气。因为它是两个系统的一个部件，所以它在这两个系统中都起作用。作为排放控制的一个装置，它负责减少有害排气污染物的数量。它又作为排气系统的一部分，帮助降低排气噪声的等级。催化转化器包含一个涂有催化剂的陶瓷元件。催化剂是引起其他元素化学反应而其自身实际不成为该化学反应的一部分，也不会在此过程中被消耗或耗尽。

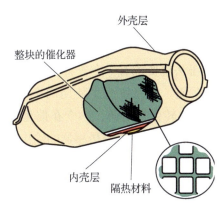

图 6-41　催化转化器

催化转化器可以是颗粒型（用于旧式系统）或整体型。排气通过催化剂材料层。在整体型催化转化器中，排气通过蜂窝状陶瓷体。转化器的颗粒或陶瓷体上涂有一层很薄的铈、铂、钯、和 / 或铑的涂层，并封装在不锈钢壳体中。这些元素可单独使用或相互组合使用，将有害的排放物转化为无害的混合物。

从 20 世纪 80 年代后期开始，汽车都配备了三元催化转化器（TWC），用来处理三类受控的排放气体。它通过增加氧使 HC 和 CO 氧化，并通过去除氮氧化物中的氧来减少 NO_x。柴油发动机有一个颗粒型催化转化器（图 6-42），它用于收集和消除柴油发动机通常以黑烟形式排出的微粒。

图 6-42 颗粒型催化转化器

大多数新型发动机会有一个小型催化转化器，它要么内置在排气歧管中，要么就紧接在排气歧管之后。这些转化器用于清洁发动机暖机期间的排气，因此通常称为暖机转化器。

许多旧式的催化转化器都有一根从二次空气喷射系统连接到氧化型催化转化器的空气管路。空气通过提供额外的可用氧气来帮助转化器工作。新鲜空气在错误时间添加到排气中可能会过度加热转化器并产生 NO_x，而 NO_x 正是催化转化器试图要消除的东西。

OBD-Ⅱ法规要求有一个查看催化转化器有效性的监测系统。该系统至少使用两个氧传感器，一个位于催化转化器之前，一个在催化转化器之后（图 6-43）。如果这些氧传感器的输出一致，则表明催化转化器没有正常工作，并会点亮 MIL 和设置故障码（DTC）。

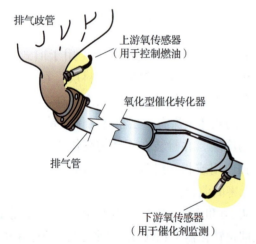

排气歧管

上游氧传感器
（用于控制燃油）

氧化型催化转化器

排气管

下游氧传感器
（用于催化剂监测）

图 6-43 OBD-Ⅱ排气歧管和排气管采用氧传感器和催化转化器的基本配置

催化转化器在正常情况下是可靠的排放控制装置，但也可能会劣化或堵塞。这些问题通常是

因催化转化器过热所引起的。当未燃烧的燃油因发动机失火而进入排气中时，催化转化器的温度将急剧升高，其热量会熔化催化转化器内部的催化剂载体，对排气流动造成严重阻碍。

催化转化器堵塞或排气的任何受阻都可能导致高速时的动力损失、起动后熄火（如果完全堵死）、真空度随发动机转速增加而下降，或者有时在进气口出现爆燃的声音或回火。

确定催化转化器是否正常工作的最佳方法是检查排气品质，可使用五气尾气分析仪来做尾气检测。如果催化转化器工作正常，其检测的结果应显示为低的排放水平。

目前使用的催化转化器的效率取决于浓和稀混合气之间的正常转换。有关催化转化器的进一步检测参考第 17 章。

4. 消声器

消声器是一个圆柱形或椭圆形的部件，通常约 0.6m 长，一般安装在排气系统的中间或靠近汽车后部。消声器内部有一系列用来衰减、抵消或抑制排气抑力脉动的隔板、腔室、带孔的管子等。排气的压力脉动出现在排气门每次打开时。

乘用车上经常使用两种类型的消声器（图 6-44）。逆流式消声器改变排气气体流过消声器内部的方向，这是汽车上最常见的消声器。直通式消声器允许排气气体通过单个管子，该管子上有一些穿孔，它通常可衰减排气压力的脉动，但这类消声器的消声效果不如逆流式好。

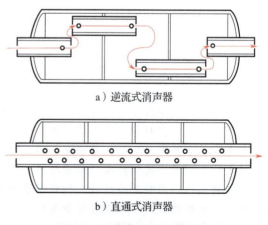

a）逆流式消声器

b）直通式消声器

图 6-44 两种常见的消声器

近年来，消声器的设计发生了一些重大变化。

这些变化大多集中在减少重量和排放、提高燃油经济性和简化装配上。这些变化包括下述方面：

（1）新材料　越来越多的消声器用镀铝和不锈钢制成。使用这些材料可减轻消声器的重量和延长使用寿命。

（2）双壁设计　这种设计主要用于保持热量，以使系统中的含水量最小化。此外，许多汽车使用双壁式排气管是为了更好地防止声音扩散和减少管环。

（3）后悬挂式消声器　车辆下部为消声器留下的唯一空间越来越靠近车辆的最后部。这意味着消声器的工作温度要比以往更低，因而更容易因排气系统中的冷凝水而受到腐蚀。这些水分与排气中的氮氧化物和硫氧化物结合而形成酸，导致消声器由内向外锈蚀。目前许多消声器在生产时都会在其下方钻一个排水孔。

（4）排气背压　即使设计良好的消声器也会在排气系统中产生一定的**背压**。排气背压会降低发动机的容积效率。因消声器或排气系统其他部件的故障而引起的过大排气背压会使发动机加速缓慢甚至熄火。但也可以有意利用小量的背压来减慢排气通过催化转化器的速度，这种减慢的结果可使转化更彻底以减少有害气体。此外，如果没有排气背压，可能会导致进入气缸的空气或混合气流入排气。

有些制造商在排气系统中配备了旁通阀（图 6-45）。当选择了某种驾驶模式或按下运动式排气按钮时，该旁通阀会改变排气流向，从而增大排气的声音输出和改变排气音调。

图 6-45　排气旁通阀

5. 谐振器

在有些较旧型的车辆上，还有一个额外的消声器，称为谐振器或消声器。该装置旨在进一步降低或改变排气声级。它位于系统的末端，通常看起来像是一个更小更圆的消声器。

6. 排气管

排气管是排气系统中最后一节管子，用于将排气释放到汽车尾端以外的大气中。

7. 隔热罩

隔热罩用来保护其他部件免受排气系统和催化转化器热量的影响。它们通常由压制或冲孔的金属薄板制成。隔热罩将热量限制在排气系统中，这对保持排气气体流速有直接影响。

催化转化器上的隔热罩也用来防止催化转化器在发动机失火时产生的热量会点燃汽车周围的材料。一个过热的催化转化器的热量足以熔化路面上的柏油。

8. 挠性连接

前驱车辆的排气系统在前排气管的某处有一段挠性连接。这种连接允许发动机在移动或倾斜时不会使排气系统随之移动。该连接防止了排气系统碰撞车辆的底部和排气管因施加其上的应力而开裂。

9. 卡箍、支架和吊架

卡箍、支架和吊架用于正确连接和支撑排气系统各部分。这些部件还可阻断排气噪声通过骨架或车身传递给乘客舱以帮助隔绝排气噪声（图 6-46）。卡箍用于帮助排气系统部件间的相互固定。这些排气管采用一根排气管插入另一根排气管内的连接方式。这种设计可形成非常紧密的配合。U 形卡箍通常可保持这种连接的牢靠性。卡箍和支架的另一个重要作用是将这些排气管安装在车辆底部。卡箍和支架的设计必须既允许排气系统振动，又不能将这种振动传递给整个车辆。

有许多不同类型的柔性吊架可供选择，每一种都是为特定应用而设计的。有些排气系统用排气部件和车架或车身上挂钩之间的环形橡胶圈作为吊架悬挂起来，而另一些排气系统则通过金属和增强织物吊架组合来支撑排气管的连接处。环形橡胶圈和增强织物都允许排气系统振动而又不会因与车辆骨架直接物理接触而造成损坏。

有些排气系统是一个整体单元，其中的部件在工厂就已焊接在一起。焊接而不是将组件夹装在一起的方法，使汽车制造商可以省去连接的重叠部分并减轻卡箍的重量。

图 6-46 橡胶吊架使排气系统既保持其安装位置，
又不会触及承载它们的支架

6.7 排气系统检修

排气系统的部件会受到物理性和化学性损坏。对排气系统部件的任何物理性损坏都会造成排气系统部分受阻或完全堵塞，这通常会导致功率损失或在节气门板处的回火。除发动机运转不良外，堵塞或受阻的排气系统还会导致噪声和空气污染的增加。排气系统因物理或化学（生锈）原因引起损坏而产生的泄漏可能引发人体疾病、窒息甚至死亡。

1. 排气系统检查

> ⚠ **警告** 在进行排气系统的所有检查和维修作业时，要佩戴安全护目镜或等效的眼睛防护装备。

排气系统的大部分部件，特别是排气管、消声器和尾管，都可能出现生锈、腐蚀和开裂。卡箍和 / 或吊架损坏或松动会导致某些部件在汽车行驶时出现分离或撞到路面。所有的检查应包括倾听是否有异常噪声，还应包括用举升设备升起车辆时仔细查看排气系统。

在开始对排气系统进行作业之前，应确认它

摸起来是凉的。还应检查排气系统与车辆下部的关键间隙点，以确保排气系统在车辆行驶时不会接触到底盘。

（1）排气受阻测试 泄漏和嘎嘎声通常是在排气系统中唯一要查找的事，但还应测试排气系统是否已堵塞或阻塞。凹陷的管道或阻塞的催化转化器和 / 或消声器都会导致排气受阻。

检查排气受阻的方法有很多。排气的声音可以表明是否存在阻塞。在阻塞情况下，排气会在其奋力离开排气系统时发出气喘似的响声。虽然这不是确定存在阻塞最有效的方法，但会是一个好的开始。

检查排气在排气系统中产生的压力是确定排气是否受阻的最佳方法，这可以通过在排气管上氧传感器安装孔中安装压力表来进行测试。在发动机怠速时，压力表的读数应小于 1.5psi（10 kPa），在 2500r/min 时读数应小于 2.5psi（17 kPa）。

有些维修技师使用真空表检查排气是否受阻。将真空表连接到进气歧管后，升高并保持发动机转速，此时真空表的读数应上升并保持在此读数或略有增加。如果真空度降低，则表明存在排气受阻。

（2）排气泄漏 尽管非常小的泄漏可能难以定位，但通常还是可通过声音来识别是否有排气泄漏。确定系统泄漏源的最有效方法之一是使用烟雾发生器。当烟雾引入排气系统时，烟雾的踪迹会确定泄漏部位。

2. 更换排气系统部件

在开始排气系统的作业之前，先确认它摸起来是凉的。用渗透性好的油类浸泡所有生锈的螺栓、螺母和其他可拆卸的部件。最后检查排气系统与车辆底部间的关键间隙点，以便在安装新部件时可以保持其原有的间隙。

大多数排气系统方面的作业都涉及更换零部件。在更换排气系统的零部件时，要确保新的零部件是原装零部件的合规替换件。这样做可确保安装正确和对正，以及达到可接受的噪声水平。

排气系统零部件的更换可能需要使用专用工具（图 6-47）和焊接设备。如果需要将排气系统的零部件焊接在一起，应先断开蓄电池负极电缆

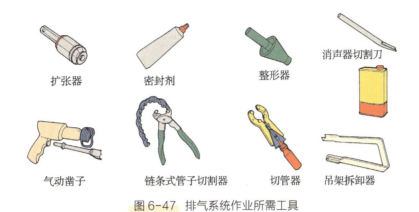

扩张器　　密封剂　　　整形器　　消声器切割刀

气动凿子　　链条式管子切割器　　切管器　　吊架拆卸器

图 6-47　排气系统作业所需工具

以免损坏电子部件。

通常会使排气系统的作业更容易的新式工具是电磁感应式加热器。这类工具使用高频磁场快速安全地激励和加热含铁的金属零部件且不会产生火焰（图 6-48）。

图 6-48　为使螺栓容易拆卸可使用图示的
Mini-Ductor® Ⅱ工具

（1）维修排气歧管　如前所述，排气歧管本身很少引起任何问题，但有时排气歧管会因为过热而变形。可用直尺和塞尺检查排气歧管的安装面。

排气歧管的另一个问题是开裂，这也是因发动机产生高温的结果。开裂通常发生在汽车驶过一个大的水坑且冷水飞溅到排气歧管灼热表面的情况。如果排气歧管变形量超出制造商的技术规范或已开裂，则必须更换。

（2）更换泄漏的密封垫和密封件　最有可能发生密封垫和密封件泄漏的地方是在排气歧管与排气管的连接处（图 6-49）。

图 6-49　常见的排气歧管与排气管间的密封垫或密封件泄漏

排气系统的螺栓在大多数情况下都是生锈严重的，很难松开。这就是在准备拆卸该系统之前为什么要用渗透性液体浸泡螺栓和螺母的原因（图 6-50）。

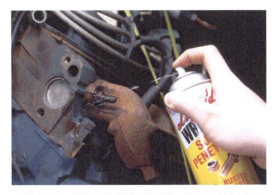

图 6-50　试图拆卸排气系统前，先用松动剂喷洒
所有螺母和螺栓

安装排气系统密封垫时，应仔细遵循其包装上的贴签和说明书中的建议。在开始之前通读整

个安装步骤。要注意 OEM 在维修信息中的任何建议，它可能会影响发动机的密封。如果试图在歧管仍然很热时进行拆卸，则歧管更容易变形。记住，热量会使金属膨胀，使装配的螺栓更难拆卸且更容易拧断。

在更换排气歧管密封垫时，应按照与拧紧顺序相反的顺序松开每个螺栓。分几次重复该顺序拆下所有螺栓。这样做可以最大限度地减少部件变形的可能。

遗留在密封面上的任何碎屑都会增加泄漏的机会。好的衬垫去除剂可快速软化旧密封垫的碎屑和黏合剂以便于快速去除。用刮刀和金属丝刷小心地除去已软化的碎片。当试图从铝制品表面去除密封垫材料时，务必使用非金属刮刀。

检查歧管是否存在可能导致泄漏的不平整处，例如磕伤、划痕或裂纹。如果有裂纹或严重变形，应更换。对任何不平整的瑕疵进行锉平以确保歧管的良好密封。

对所有螺纹孔重整攻丝和修复，以确保密封垫上的压紧力紧密和均衡。排气歧管变形的最常见原因是其双头螺栓和螺母的力矩不正确。通常在拆卸排气歧管时，其双头螺栓与螺母螺纹会被连在一起拆下。在重新安装排气歧管之前，先将螺母与双头螺栓分开并彻底清洁它们。在大多数情况下，最好更换该双头螺栓和螺母。确保新的螺栓和螺母与原装零件准确一致。用高温防粘润滑剂润滑所有螺纹。

在密封垫安装面上涂抹少量接触面黏合剂以使密封垫被保持在安装位置，在黏合剂干燥之前对正密封垫。待黏合剂完全干燥后安装排气歧管。

用手拧上螺栓或螺母后，再分别用规定力矩的 1/2、3/4 和最终力矩分三次拧紧。始终遵循该发动机的技术规范。通常应按特定顺序拧紧螺母。该顺序通常是从中心位置开始并以某种方式向外延伸。

（3）更换排气管　在大多数情况下，排气系统是作为一个整体更换的。这样做可确保正确匹配并节省大量时间。但有时只需要更换一部分或一个部件。当这样做时，注意不要损坏周围的任何部件。为更换排气管，先支撑住催化转化器以防其跌落，然后拆下氧传感器。拆下车身上用来固定排气管的所有吊架或卡箍。松开排气管与排气歧管安装法兰的连接螺栓。从催化转化器上断开排气管，将前排气管拉松并拆下。如果排气管是用密封垫密封的，则应在安装新排气管时将其更换。

> ⬤ **警告**　务必配戴护目镜以保护眼睛，并戴上工作手套以防止手被生锈的零件割伤。

当尝试更换排气系统中的一个零部件时，可能会遇到锈蚀在一起的零部件。当一根排气管插入另一根排气管或消声器时，更是问题。如果想重复使用其中一个部件，则应小心地在已锈蚀在一起的外侧排气管上使用錾子或切割工具，这样做时必须小心，因为这很容易损伤插在内侧的排气管。它必须是完好的圆形才能形成与新排气管的良好密封。

3C：问题（Concern）、原因（Cause）、纠正（Correction）

维修工单				
年份：2011	制造商：福特	车型：F-150	里程：78852mile	单号：19127
问题	客户陈述故障指示灯（MIL）点亮，发动机动力不足。			
技师确认 MIL 灯点亮并从诊断仪检索到 P0299 增压不足的故障码。在检查时，技师发现气缸组 1 侧的涡轮增压器有噪声。检查机油液面后发现液面很低且看起来似乎很长时间未更换过。技师怀疑涡轮增压器因为缺少机油已经失效了，但需要额外的时间来拆下和检查涡轮增压器。				
原因	发现气缸组 1 侧涡轮增压器的轴承、涡轮和压气机已损坏。机油供给管路受阻且已被机油油泥堵塞。			
纠正	更换气缸组 1 侧的涡轮增压器。冲洗并清洁到两个涡轮增压器的机油供给管路。更换了发动机机油。			

6.8　总结

• 空气进入发动机气缸的原因基于一个基本物理定律：高压流体总是向低压区流动。因此外部空气会因进气行程所形成的真空而流入气缸。

• 进气歧管中的真空可操作许多系统，例如排放控制、制动助力器、加热器 / 空调、巡航控制等系统。真空是通过软管、管路和继电器的复杂系统施加的。排放系统真空软管的路径图在发动机舱盖下的贴签上。真空的缺失会导致许多驾驶性问题。

• 进气系统可使过滤后的流量受控的清洁空气进入发动机。冷空气通过新鲜空气管吸入。它在进入节气门体之前先通过空气滤清器。

• 进气歧管将空气或空气燃油混合气尽可能均匀地分配到每个气缸。进气歧管用铸铁、铝或塑料制成。

• 可以使用两种方法来提高发动机的容积效率。一是改进发动机的内部结构以提高压缩比；二是增加进气充量流量，这是通过涡轮增压或机械增压来实现的。

• 有些涡轮增压和机械增压发动机配备了中冷器，其设计目的是冷却来自涡轮增压器或机械增压器的压缩空气。

• 涡轮增压器压缩进入的气体不需要发动机与增压用的压气机之间有机械连接，它依靠热的排气离开气缸后的快速膨胀来旋转涡轮。

• 典型的涡轮增压器由涡轮、轴、压气机和壳体组成。废气旁通阀通过控制允许进入涡轮壳体内的废气量来管理涡轮增压器输出。

• 涡轮增压器借助加压和过滤后的发动机机油来润滑。机油通过管路被输送到涡轮增压器的进油口。

• 减小涡轮和压气机叶轮的直径可以减小涡轮增压器的迟滞，但会限制增压度。使用两个小直径的涡轮增压器可提供良好的增压度和实现很小的迟滞。

• 如果涡轮增压器的声响发生循环或强度的变化，则可能原因是空气滤清器堵塞或压气机进

气管道中的零件松动或压气机叶轮上和壳体内积聚了污垢。涡轮增压器的大多数故障是由下述原因之一引起的：缺少润滑油、吸入异物或润滑油已污染。当涡轮增压器无法满足发动机的即时需求时，就会出现响应迟滞。

• 机械增压器是一个通过传送带直接与曲轴连接的空气泵。这种直接的连接方式因与曲轴转速直接相关，所以可实现瞬间响应和将空气泵入发动机。

• 车辆的排气系统带走燃烧后的气体，净化排气，并降低发动机的声音。排气系统的部件包括排气歧管、排气管、催化转化器、消声器、谐振器、排气管、隔热罩、卡箍、支架和吊架。

• 排气歧管是一组管道，用于收集从气缸中排出的燃烧气体并将其引导至排气管。所有气缸都在一排的发动机有一个或两个排气歧管。V 型发动机在发动机的每一侧都有排气歧管。排气管安装在排气歧管和催化转化器之间。

• 催化转化器使利用催化剂将 CO、HC 和 NO_x 转化为水蒸气、CO_2、N_2 和 O_2。

• 消声器由一系列隔板、腔室、带孔的管子组成，用来衰减、抵消和抑制脉动的排气压力，两种常用类型是逆流式消声器和直通式消声器。

• 有些车辆配有一个称为谐振器的额外消声器，以进一步降低排气的声级。排气管是排气系统的末端，它将尾气送到汽车后端外的大气中。隔热罩保护车辆的零部件以免受排气系统热量的影响。卡箍、支架和吊架用于连接和支撑排气系统的部件。

• 排气系统的部件会受到物理和化学性破坏。可通过倾听是否有泄漏和目视检查来检查排气系统。排气系统的大多数维修都会涉及更换零部件。

6.9　复习题

1. 思考题

1）psia 与 psig 读数之间有什么区别？

2）两种检查排气系统是否受阻的方法是什么？

3）什么是声（谐）波增压？

4）进气歧管气道控制（IMRC）系统的基本工作原理是什么？

5）为什么涡轮增压和机械增压发动机都使用中冷器？

6）为什么机械增压器不需要废气旁通阀？

2. 判断题

1）所有类型的废气旁通阀都是由 PCM 控制的。对还是错？　　　　　　　　　（　　）

2）发动机失火会导致催化转化器过热。对还是错？　　　　　　　　　　　　（　　）

3. 单选题

1）小型催化转化器用于（　　）。

A. 普通转化器无法适当布置的小型车辆上

B. 使用含铅燃油的发动机上

C. 与 EGR 系统的结合使各气缸的排气更清洁

D. 减少发动机预热期间的排放

2）排气系统受阻会导致（　　）。

A. 熄火

B. 动力损失

C. 回火

D. 上述所有的现象

3）下列哪一项不是机械增压器的特点？（　　）

A. 它通过压缩进入燃烧室的空气来增加发动机功率

B. 它通常位于靠近排气歧管的位置

C. 它使用传动带驱动的带轮

D. 它需要发动机与增压器之间的机械连接来压缩进气

4）10psi 的涡轮增压压力意味着当发动机工作在海平面高度时，空气是以（　　）的压力送入发动机。

A. 4.7psia　　　　B. 10psia

C. 14.7psia　　　　D. 24.7psia

5）以下哪个部件是通过控制进入涡轮壳体的排气量来管理涡轮增压器输出的？（　　）

A. 废气旁通阀

B. 涡轮密封组件

C. 涡轮

D. 压气机

6）检查涡轮增压器的第一步是什么？（　　）

A. 检查空气滤清器滤芯是否有脏污

B. 拆开涡轮增压器两端的外壳

C. 起动发动机并倾听该系统的声音

D. 拆下从空气滤清器到涡轮增压器的管道并检查该区域

7）下述哪个关于机械增压器的说法是不正确的？（　　）

A. 随着排气流量的增加，机械增压器必须克服惯性才能提高转速

B. 机械增压器不需要废气旁通阀来限制增压度

C. 系统中设计了一个旁路以使机械增压器在不需要额外动力时进行空转

D. 机械增压器可高功率和转

4. ASE 类型复习题

1）技师 A 说涡轮增压器有自己独立的润滑系统。技师 B 说当发动机的机油压力低于 30psi 时，涡轮增压器不应该运转。谁是正确的？（　　）

A. 仅技师 A 正确

B. 仅技师 B 正确

C. 技师 A 和 B 都正确

D. 技师 A 和 B 都不正确

2）技师 A 确保在对排气系统进行作业之前摸起是凉的。技师 B 在焊接排气管前先断开了蓄电池负极电缆。谁是正确的？（　　）

A. 仅技师 A 正确

B. 仅技师 B 正确

C. 技师 A 和 B 都正确

D. 技师 A 和 B 都不正确

3）技师 A 说真空是指大于大气压的任何压力。技师 B 说真空会随海拔高度而变化。谁是正确的？（　　）

A. 仅技师 A 正确

B. 仅技师 B 正确

C. 技师 A 和 B 都正确

D. 技师 A 和 B 都不正确

4）技师 A 使用砂纸去除涡轮增压器废气旁通阀零件上的积炭，技师 B 在准备清洁废气旁通阀之前先刮去严重的沉积物。谁是正确的？（　　）

A. 仅技师 A 正确

B. 仅技师 B 正确

C. 技师 A 和 B 都正确

D. 技师 A 和 B 都不正确

5）技师 A 说真空泄漏导致进入发动机的空气减少，这会造成更浓的空气燃油混合气。技师 B 说真空泄漏会导致发动机运转不良。谁是正确的?（　　）

A. 仅技师 A 正确

B. 仅技师 B 正确

C. 技师 A 和 B 都正确

D. 技师 A 和 B 都不正确

6）技师 A 说整个车辆的真空软管连接说明在发动机舱盖下的贴签上。技师 B 说该贴签展示了排放系统真空软管的走向。谁是正确的?（　　）

A. 仅技师 A 正确

B. 仅技师 B 正确

C. 技师 A 和 B 都正确

D. 技师 A 和 B 都不正确

7）在更换任何排气系统部件之前，技师 A 用松动剂浸泡该系统的所有连接部位；技师 B 检查该系统的安装布置以确定关键的间隙点。谁是正确的?（　　）

A. 仅技师 A 正确

B. 仅技师 B 正确

C. 技师 A 和 B 都正确

D. 技师 A 和 B 都不正确

8）一辆汽车的进气歧管变形，技师 A 说可能需要更换该歧管；技师 B 说该歧管有可能进行锉平而重复使用。谁是正确的?（　　）

A. 仅技师 A 正确

B. 仅技师 B 正确

C. 技师 A 和 B 都正确

D. 技师 A 和 B 都不正确

9）技师 A 说催化转化器仅是用来降低排气噪声的。技师 B 说催化转化器是用于改变发动机排气成分的。谁是正确的?（　　）

A. 仅技师 A 正确

B. 仅技师 B 正确

C. 技师 A 和 B 都正确

D. 技师 A 和 B 都不正确

10）技师 A 说排气歧管密封垫用于密封排气歧管和排气管之间的连接处。技师 B 说谐振器有助于降低排气噪音。谁是正确的?（　　）

A. 仅技师 A 正确

B. 仅技师 B 正确

C. 技师 A 和 B 都正确

D. 技师 A 和 B 都不正确

第 7 章
润滑和冷却系统

学习目标

- 能够列举并描述典型润滑系统的零部件。
- 能够描述曲轴箱通风系统的功用。
- 能够描述冷却系统的工作原理。
- 能够列举并描述冷却系统的主要零部件。
- 能够描述冷却液泵、散热器、散热器盖和节温器的功用。
- 能够诊断发动机过热的原因。
- 能够测试和维修冷却系统。

3C：问题（Concern）、原因（Cause）、纠正（Correction）

维修工单				
年份：2006	制造商：福特	车型：F150	里程：173520mile	单号：18082
问题	发动机过热。冷却液温度表读数高。客户陈述在干线公路上行驶时，冷却液温度表读数可达到红线。无冷却液泄漏迹象，已更换过节温器，但温度仍然过高。			

根据该客户的问题，应用本章所学内容，确定该问题的可能原因、诊断该问题的方法以及为纠正此问题的必要维修步骤。

发动机的寿命很大程度上取决于其润滑和冷却系统。如果发动机不能得到足够的润滑或无法摆脱高温，它将会很快损毁。

7.1　润滑系统

发动机的润滑系统有几个重要功用。这里描述了典型润滑系统的主要零部件和机油流经发动机的走向（图 7-1）。

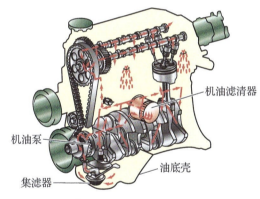

图 7-1　机油流经该发动机的走向

1. 发动机机油

发动机机油是专门配制来润滑和冷却发动机零部件的，所以发动机中的运动部件要有源源不断的机油供给。发动机机油储存在油底壳中。机油泵从油底壳中吸出机油，并推动其通过机油滤清器以去除污物，再通过机油通道流动到整个发动机。机油在发动机内循环后又返回油底壳。

▶ 参见

有关发动机机油的详细讨论参见《汽车维修技术基础（原书第 7 版）》第 9 章。

2. 机油泵

机油泵是润滑系统的核心。机油泵通过吸油

管从油底壳中抽取机油。油底壳中吸油管的一端有一个滤网，这个滤网浸没在机油中（图 7-2）。该滤网阻止大颗粒物进入机油泵。每次拆下油底壳时都应清洁该滤网。吸油部件中可能还包含一个旁通阀，其作用是在滤网完全堵塞时能允许机油通过该旁通阀进入机油泵。

图 7-2　吸油管和滤网

机油泵可能位于油底壳中或安装在发动机的前端（图 7-3）。其功用是提供机油来冷却、清洁和润滑发动机中的运动部件。该泵通常由曲轴驱动并产生吸力通过滤网从油底壳中抽取机油。机油泵强制机油通过机油滤清器并流向整个发动机的各个油道，最后返回油底壳。

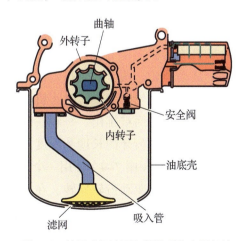

图 7-3　转子式机油泵和润滑系统主要部件

机油泵不产生油压，它只是将机油从一个地方转移到另一个地方。机油泵是容积泵，即离开泵的机油量与进入泵的机油量相等。输出流量与泵的转速成正比。随着发动机转速增加，机油泵的输出也增加。当机油离开机油泵时，它流经许多油道。这些油道限制了机油的流动。而这种限制正是造成机油压力的原因。较小的油道使压力增加，较大的油道使压力降低。

这就是为什么过大的轴承间隙会降低机油压力的原因。增大的间隙减少了机油流动的阻力，因此增加了通过发动机的机油量。降低阻力和增加流量都会降低机油压力。因此机油泵提供超过发动机所需机油量的机油是一种安全措施，以便在发动机磨损后仍能保证重要零部件的润滑。

机油压力还受机油的黏度、温度和机油状况的影响。高黏度的机油比低黏度的机油具有更大的流动阻力。

（1）机油泵的类型　机油泵由凸轮轴或曲轴驱动。如何驱动机油泵取决于泵的布置位置。有些机油泵由凸轮轴上的一个齿轮驱动中间轴或驱动轴来驱动。另一些机油泵由曲轴通过链条或齿轮驱动。

当前发动机中使用**转子式**和**齿轮式**两种基本类型的机油泵。转子式机油泵有一个内转子和一个外转子。外转子由内转子驱动。外转子比内转子多一个凸角。当转子转动且转子凸角未啮合时，机油被吸入其空间。随着转子继续转动，机油被围困在凸角、盖板和机油泵腔室顶部之间，接着通过凸角的继续啮合从泵体中将机油挤压出来并引向发动机。从机油泵中挤压出来的机油数量取决于泵的转子直径和厚度。

齿轮式机油泵使用一个与输入轴连接的驱动齿轮和一个从动齿轮。两个齿轮将机油围困在齿与泵腔壁之间。当齿轮继续旋转时，机油会随着齿轮的齿牙脱离啮合而被排出。每转一圈所输出的机油量取决于齿轮齿牙的长度和深度。另一种类型的齿轮式机油泵（图7-4）使用一个带有内齿的空转齿轮，它围绕驱动齿轮旋转。在这种通常称为月牙形或摆线式的机油泵中，齿轮位置是偏心的，即当较大齿轮转动时，它绕着较小齿轮爬

行，从而推动处在它们之间的机油。

转子式机油泵泵送机油的数量比齿轮式机油泵更多，这是因为外转子上凸角间的开放空间大于齿轮式机油泵齿轮齿牙间的空间。

图7-4　齿轮式机油泵

大容量机油泵通常是由发动机再制造商改装的。大容量机油泵装有更大的齿轮或转子。机油流量的增加正比于齿轮尺寸的增加。大20%的齿轮将提供多于20%的机油流量。

（2）压力调节　机油泵有一个压力安全阀以防止随发动机转速增加而出现过高的系统压力（图7-5）。当机油压力超过预设限值时，被弹簧顶住的安全阀打开，以使机油直接返回到油底壳。过高的机油压力会导致润滑不良，这是因为机油会喷洒在零件的后面而不是流过它们。压力调节

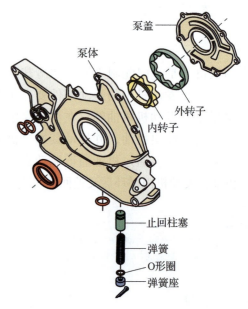

泵盖

泵体

外转子

内转子

止回柱塞

弹簧

O形圈

弹簧座

图7-5　转子式机油泵及安全阀

阀用一个经校准的弹簧顶住，可在给定压力下打开以允许机油排出。当来自机油泵的压力达到预设水平时，单向球阀或柱塞将离开阀座以使机油返回机油泵的入口侧或曲轴箱中。

3. 油底壳

油底壳安装在发动机气缸体的底部。它作为发动机机油的储存装置而被设计成能保持一定数量的机油。油底壳还通过与外部空气的接触来帮助冷却机油。因为油底壳中始终有机油，所以采用这种油底壳的系统称为湿式油底壳机油系统。

（1）挡油盘 使用湿式油底壳时，机油会在车辆急转弯或紧急制动时四处晃动。在此期间，机油可能会离开机油泵的吸入口。这将导致流过发动机的机油暂时中断，进而会毁坏发动机。为了避免这种晃动，许多发动机在其油底壳中都有挡油盘以限制机油的晃动程度（图 7-6）。

图 7-6 在油底壳制造时会配有挡油盘

（2）干式油底壳 为避免机油晃动，有些 OEM 发动机采用干式油底壳的机油系统，大多数赛车发动机都采用这种设计。在干式油底壳系统中，油底壳不储存机油，它仅用于密封曲轴箱的底部。机油箱是一个与发动机分开的布置在远端的容器。干式油底壳中的机油泵直接将机油输送到曲轴、气门机构和涡轮增压器，而不是只有单一的泵送机油路径。干式油底壳系统通常还在外部布置一个机油泵（图 7-7），但有些系统有两个机油泵。第二个机油泵用于从油底壳中抽出机油并将其送至机油箱，该机油泵还可降低曲轴箱内的压力。

干式油底壳系统可向发动机的关键部位提供即时的机油供给。它们还可防止因车辆加速、制动和转弯力造成的机油瞬间缺失。由于干式油底壳比湿式油底壳小，因此可以将发动机放置在车架中较低的位置以改善整车的操控性。

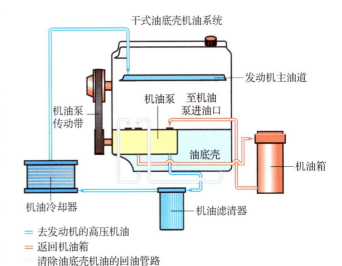

干式油底壳机油系统
发动机主油道
机油泵
至机油泵进油口
机油泵传动带
油底壳
机油箱
机油冷却器
机油滤清器

= 去发动机的高压机油
= 返回机油箱
= 清除油底壳机油的回油管路

图 7-7 干式油底壳发动机的典型润滑系统

4. 机油滤清器

当机油离开机油泵时，它将流经机油滤清器（图 7-8）。滤清器阻止悬浮在机油中的微小污物和金属颗粒进入精密配合的发动机零部件中。如果杂质没有从机油中过滤掉，发动机会过早和过度磨损。过滤还可增加机油的使用寿命。机油滤清器总成直接连接到主油道上。来自机油泵的机油进入滤清器并通过滤清器的滤芯过滤后流入发动机主油道。

图 7-8 安装在发动机气缸体上的机油滤清器

机油滤清器通常是用经处理的特殊纸料或用其他过滤材料（棉布、毛毡等）填满的一次性金属容器。有些发动机的滤清器有一个装在气缸体的单独壳体，或有一个单独的金属外壳（图 7-9）。

机油滤清器安装并密封在一个用螺纹固定在气缸体上的适配接头上，但也可以安装在正时盖上或通过机油管连接到稍远处的气缸体中的机油油道上（图 7-10）。

图 7-9 采用可更换滤芯的机油滤清器

图 7-10 机油管输送进出机油滤清器的机油流经发动机以润滑其零部件

机油滤清器可能有一个防止回流的阀门。当发动机不工作时，该阀门阻止机油从滤清器中回流。这可使发动机在起动后能尽可能快地提供过滤后的机油并建立机油压力。

流经发动机的所有机油都先通过滤清器。但如果滤清器已堵塞，滤清器中的旁通阀将打开以使机油绕过滤芯而直接进入发动机的机油通道（图 7-11）。尽管该机油是未经过滤的，但它还是为发动机提供了必不可少的润滑。

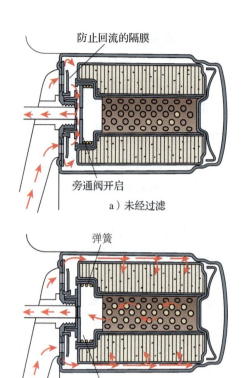

a）未经过滤

b）经过滤

图 7-11 机油通过滤清器的不同路径

5. 机油冷却器

为了控制机油温度，许多高性能和用机械或涡轮增压的柴油机都有一个外部的发动机机油冷却器。热的机油与氧混合产生分解（氧化）并形成积炭和油泥。温度越高，这些沉积物形成得越快。机油冷却器有助于将机油温度保持在正常工作温度。机油从机油泵流经冷却器后流向发动机。机油冷却器是一个小型散热器，它安装在紧靠发动机前部的地方或集成在冷却液散热器内。当发动机冷却液围绕机油冷却器流动且空气穿过机油冷却器时，将带走机油的部分热量。

6. 发动机机油通道

机油从滤清器流入发动机的机油通道。在气缸体中钻出的这些油道是相互连通的。曲轴上也有将机油从主轴承输送到连杆轴承的机油通道。采用远端机油滤清器、机油冷却器或干式油底壳系统的发动机配有将机油输送到特定部位的外部机油管路。

7. 油尺

油尺用来测量油底壳中机油的液面。油尺的

末端加工有用来指示机油液面应该处在位置的标记。不言而喻，如果机油的液面低于该标记，则需要添加机油。有些新型发动机不再使用油尺，发动机机油液面是通过机油液面传感器测量并随后显示在驾驶员信息中心的。

8. 油压指示装置

所有车辆都有一个机油压力表和 / 或一个油压低的指示灯。机油压力表不管是机械式的还是电子式的都显示发动机的实际机油压力。指示灯仅用于提醒驾驶员机油压力低。

在机械式压力表中，机油上行到压力表的背后，在那里有一个随着压力增加而展开的弹性空心管（称为波登管）。连接在波登管上的指针在刻度上移动以指示机油压力。

大多数机油压力表是电子控制的。一个机油压力传感器或发送器单元用螺纹拧紧在某个机油油道上。当机油流经机油压力发送单元（图 7-12）时，它会推动一个连接到可变电阻器上的膜片。该电阻器改变通过其电路的电流。随后机油压力表对该电流做出反应并移动刻度盘上的指针来指示机油压力，或将该电流转换为压力表上的数字读数。

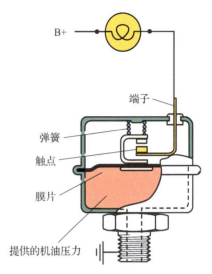

图 7-13　用于警告灯的机油压力传感器电路中的电阻值和压力表读数也相应改变

> 参见

有关机油压力表和其他仪表的进一步讨论参见《汽车电气系统检修技术（原书第 7 版）》第 4 章。

7.2　润滑系统基本诊断和维修

发动机润滑问题除了造成发动机毁坏之外，还会引起发动机的其他问题，例如噪声、排气冒烟，以及需要经常向曲轴箱补充机油。

1. 机油通道、油道和管路

在发动机大修过程中和大修后，都应彻底清洁和冲洗所有的机油通道、油道和管路。

2. 机油消耗

造成机油消耗过多的原因可能有发动机外部和内部的泄漏，也可能是活塞环、气门密封件及气门导管磨损。内部泄漏可使机油进入燃烧室并在那里燃烧。蓝色的排气烟雾表明发动机正在燃烧机油。

如果气门导管磨损或气门密封件磨损、破裂或安装不当，机油将在进气行程被吸入气缸。如果活塞环磨损或断裂或气缸壁磨损，受影响气缸的压缩压力会降低。气缸中的机油还易于污染火花塞，这将导致失火、排放高，并可能损坏催化

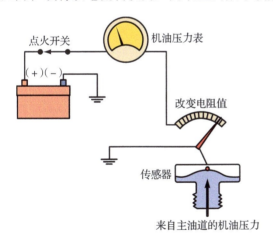

图 7-12　当机油压力变化时，机油压力表电路中的电阻值和压力表读数也相应改变

警告灯系统基本上是一个简单电路。当通过传感器的电路接通时将点亮警告灯。该传感器内有一个与传感器内部开关相连的膜片。在正常情况下，该开关是断开的。当机油压力下降到低于某个值时，就会导致该膜片移动并闭合开关（图 7-13），从而接通电气回路并点亮警告灯。

转化器。

外部泄漏是机油消耗过大的常见原因。这些泄漏可能出现在气门或凸轮轴室罩盖的密封垫、气缸垫、机油滤清器、前后油封、油底壳密封垫和正时齿轮盖处。离合器壳、油底壳（图7-14）、气门室盖边缘、外部机油管路、曲轴箱机油加注管、正时齿轮或正时链条盖底部等处的新鲜机油通常表明泄漏在这些点的附近或这些点的上部。

图7-14 油底壳周圈有机油和积聚的油污表明油底壳密封垫有泄漏

若曲轴箱压力过高，将会逼迫机油从正常情况下不会泄漏的接缝处漏出。当曲轴箱强制通风（PCV）系统工作不正常时，曲轴箱内的压力就会增加。窜气是用来表示气体从燃烧室泄漏并进入曲轴箱的一个术语。窜气由增压的进气和／或有压力的排气构成。PCV系统通过向曲轴箱提供持续流动的新鲜空气来释放曲轴箱内的压力并防止腐蚀性污染物的形成（图7-15）。

PCV阀是针对特定发动机的运转特性而设计的。PCV阀使用的不正确可能会导致机油消耗以及其他的问题。如果PCV阀或连接软管被堵塞，将在曲轴箱中形成过大的压力。这个压力会使机油通过密封垫和密封件泄漏，还可能迫使机油进入空气滤清器或吸入进气歧管。

机油用量 即使是最小的泄漏也会导致机油消耗过大。每100ft（30.48 m）损失三滴机油相当于每1000mile损失2.8L机油。一般情况下，每1000~2000mile（1609~3218km）的发动机机油消耗应不到0.946L。随着发动机磨损，其机油消耗量可能会增加。对高行驶里程的发动机来讲，每1000mile（1609km）消耗0.946L机油是正常的。

在发动机燃烧中消耗的机油量可能会根据机油的类型和密度以及车辆的行驶工况不同而不同。

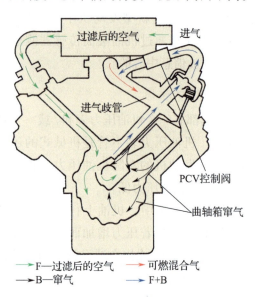

图7-15 PCV系统的工作原理

3. 油泥

发动机维护不当的一个典型特征是在发动机内部积聚有黄色油泥。油泥（图7-16）是因机油氧化而产生的。当机油氧化时，机油中的化合物开始分解和固化而形成胶状物。已成胶状的机油不能在发动机中循环并聚集在发动机的零部件上。这种堆积的油泥还会阻塞正常的润滑油道。使用不符合发动机性能要求的机油也会产生油泥。

图7-16 堆积在发动机下部的油泥

油泥堆积的最初表现包括机油压力低于正常值、燃油消耗增加、排放污染物增高和驾驶性能变差。

机油添加口盖的内侧有少量积聚的油泥是正常的，这是因冷凝造成的。但如果盖上的油泥过多，则表明发动机整个内部可能都已有油泥了。过多的油泥也可能是因 PCV 软管或 PCV 阀自身堵塞所造成的。由于 PCV 阀是用来清除曲轴箱中的蒸汽和水分的，所以 PCV 系统堵塞会导致冷凝物积聚并污染机油。如果机油添加口盖上的油泥是白色的，则有可能是气缸垫窜气造成的。发白的胶状物是由冷却液与机油混合形成的。

一般情况下，油泥可通过冲洗润滑系统来去除。但如果积聚得太多，则需要拆解发动机进行清洁。

4. 冲洗润滑系统

有些制造商建议定期冲洗润滑系统，但也有制造商不建议这样做。冲洗是使溶剂流过发动机润滑系统，然后将溶剂排空。这样做的方法和所使用的溶剂各不相同。那些不建议冲洗担心的只是在于溶剂可能松动一些污垢或油泥，而它们有可能不会随机油完全排出。这些污染物会阻塞机油油道和阻碍机油的流动。

可在更换机油之前先将机油冲洗溶剂添加到发动机机油中，让发动机运转约半小时，然后更换机油和机油滤清器。在排出旧机油后，将冲洗设备连接到机油滤清器安装底座和放油堵头安装口上。将加热的溶剂泵送通过机油储存罐、机油油道、机油泵并上行进入气门机构。用溶剂反向冲洗机油泵和吸油管滤网以打碎和分解油泥。残留的溶剂可用真空吸出。冲洗后，在发动机上安装新的机油滤清器并加入干净的机油。

如果发动机配有外置的机油冷却器，则应检查该冷却器及其管路是否有泄漏。如果泄漏明显，则应更换该管路和 / 或冷却器。只要发动机中有油泥堆积，就应冲洗或更换冷却器总成。如果发动机是重新组装的，则应更换冷却器并清洁管路。困留在冷却器中的金属碎屑在发动机运转时可能会离开原位并形成阻塞而导致机油供应不足。

7.3　冷却系统

当前的发动机都会产生大量的热量，这些热量的大部分是在燃烧过程中产生的。燃烧室周围

金属的温度可高达 1000℉（537.7℃），这么高温度的热量会毁坏发动机，因此必须散热。散热就是发动机冷却系统的功能（图 7-17）。不管工作状况如何，该系统还必须能使发动机快速预热到所需的工作温度并保持这个温度。

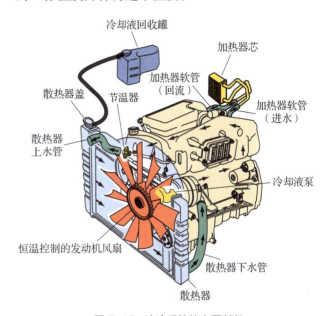

图 7-17　液冷系统的主要部件
注：图中箭头代表冷却液的流向。

热量通过在发动机内部循环的吸热液体（冷却液）带走。冷却液流到散热器，并在此将其部分热量转移给外部空气。冷却液泵驱动冷却液流经发动机气缸体，再流过气缸盖，流入散热器的顶部，并在向下流过整个散热器时散去部分热量。散热器的冲压空气和来自冷却风扇的气流使冷却液温度降低。冷却后的冷却液离开散热器后进入冷却液泵，随后被送回发动机继续循环。

1. 冷却液

发动机冷却液是纯水与防冻剂 / 冷却剂的混合液。发动机冷却液具有比水更高的沸点和更低的冰点。准确的沸点温度或冰点温度取决于混合液的成分和混合比例。通常推荐的典型混合液是水与防冻剂 / 冷却剂按 50∶50 比例混合的液体。

▶ 参见
有关发动机冷却液的详细讨论参见《汽车维修技术基础（原书第 7 版）》第 9 章。

2. 节温器

节温器控制发动机的最低工作温度。最高工作温度由发动机产生的热量和冷却系统的散热能力控制。

节温器是一个感应温度的冷却液流向控制阀，通过控制进入散热器的冷却液量来控制发动机的温度。当发动机处于冷态时，节温器关闭（图7-18a），此时只允许冷却液在发动机内部循环，以使发动机均匀升温。当冷却液到达特定温度时，节温器打开并允许冷却液流向散热器。冷却液温度越高，节温器的开度越大（图7-18b），从而向散热器输送更多的冷却液。冷却液流过散热器后重新进入冷却液泵，并被泵入发动机，循环再次开始。

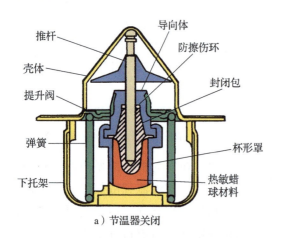

a）节温器关闭

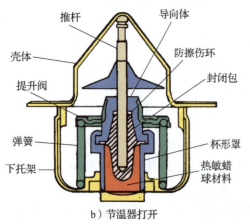

b）节温器打开

图7-18 节温器关闭和打开时的状态

节温器可使发动机快速升温，升温缓慢会导致曲轴箱内出现冷凝而产生油泥。节温器还使冷却液的温度保持在规定的最低温度之上，以确保发动机性能高效。

如今的节温器有一个用石蜡和粉末金属制成的小球，小球的外面是一个导热的铜杯形罩，这个铜杯形罩内还有一个套在橡胶套内的推杆。热量引起石蜡膨胀，迫使推杆向外，从而打开节温器的阀门。热敏材料的小球响应温度的变化并移动阀门以控制冷却液的流量。节温器的另一个设计目的是在其打开时降低冷却液的流速，这可以避免发动机内的冷却液流速过快。过快流动的冷却液可能没有足够的时间来吸收热量而过热。

大多数节温器都布置在发动机的前上部（图7-19）。热敏元件安装在气缸体中的凹坑中，并在此处浸泡在热的冷却液中。节温器的顶部用出水口外壳盖住。该壳体将节温器固定在位，与散热器软管的连接口也在壳体上。

图7-19 典型的位于出水口中的节温器

3. 冷却液泵

冷却系统的核心是冷却液泵。冷却液泵的任务是推动冷却液流过冷却系统。冷却液泵通常由曲轴通过带轮和传动带驱动（图7-20和图7-21）。在某些发动机上，冷却液泵由凸轮轴、正时带或链条或电动机驱动。冷却液泵是一个离心泵，它装有驱动冷却液的旋转叶轮（图7-22）。泵轴在冷却液泵壳中安装的轴承上旋转。冷却液泵装有密封件以防止冷却液通过冷却液泵泄漏。冷却液泵的入水口与散热器下软管连接，出水口通过软管与发动机气缸体相连。

电动冷却液泵　有些发动机的冷却系统采用电动冷却液泵。该冷却液泵由ECM控制的无刷直流电动机驱动。ECM根据发动机运转工况调节循环通过发动机的冷却液数量。电动冷却液泵的优点是改善了燃油效率、冷却系统运行高效、所有时间都有理想的流量、加热器性能改善，以及发动机暖机时间减少。可以用诊断仪监测这类冷却液泵的工作状态。

图 7-20　冷却液泵用螺栓固定在发动机前部

图 7-21　由传动带驱动的冷却液泵

图 7-22　叶轮式冷却液泵

4. 散热器

散热器是一个热交换器，它将热量从发动机迁移给通过它的空气。散热器由一系列管子和散热片组成（统称为散热器芯）以增大冷却液散热

面积（图 7-23）。塑料或铝制的冷却液室附着在散热器芯侧面（或顶部）和底部（图 7-24）。一个冷却液室内是热的冷却液，另一个是冷却后的冷却液。散热器芯通常由被扁平的薄铝散热片环绕的铝管组成。散热片将热量从铝管传导给流过散热器的空气。大多数散热器在底部附近都有一个排水阀或堵头。冷却液是从散热器盖口或冷却液膨胀罐盖口添加的。

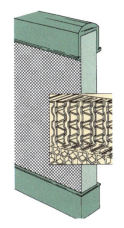

图 7-23　散热器由一系列管子和散热片组成，以增大冷却液散热面积

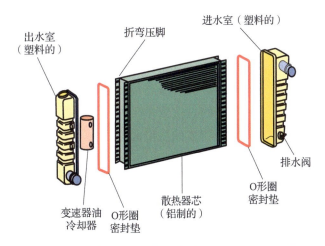

图 7-24　散热器芯布置在塑料或铝制冷却液室之间。其中一个冷却液室中可能有 ATF 和 / 或发动机机油冷却器

散热器的效率取决于其基本设计、芯部面积和厚度、通过散热器的冷却液量和冷却空气的温度。当前散热器的设计目标是要使冷却液在所有时间都能保持在某个温度。为了保持低的排放水平，使发动机运转在一个较高温度下是非常必要的。

散热器一般有两种设计：横流式或下流式。

173

在横流式散热器中，冷却液从一侧进入，通过散热器管后收集在对面的一侧。在下流式散热器中，冷却液进入散热器的顶部并借助重力向下流出。许多新型汽车采用横流式散热器，这是因为，冷却风扇的空气流可吹过所有冷却液，并且该设计可使车身设计采用较低的发动机舱盖。

ATF 冷却器 配有自动变速器的车辆使用的散热器中可能装有一个单独密封的热交换器，它位于发动机散热器的冷却液出水室中。金属管或橡胶软管将热的 ATF 输送到该冷却器。流过该冷却器的冷却液使 ATF 得到冷却，冷却后的 ATF 又返回自动变速器。ATF 的冷却对自动变速器的效率和耐用性至关重要。

5. 散热器盖

散热器盖（图 7-25）用来防止冷却液飞溅出散热器。它还使冷却液温度保持在预期范围内，将冷却液维持在一个特定的压力水平就可以实现这个目标。增加冷却系统的压力，冷却液沸点就提高了。冷却液上每增加 1eb 的压力，沸点就会升高约 1.8℃。目前散热器盖的设计是要将压力保持在 14~25psi（93~172kPa）之间，这可使冷却液在未沸腾的情况下达到高于正常沸点的温度。如此还可使冷却液从发动机吸收更多的热量，从而将更多的热量从散热器芯传递给外部空气。这是由于一个基本的自然规律，即两个物体之间的温差越大，较热物体的热量向较冷物体转移的速度就越快。

图 7-25 新型发动机上的散热器盖

冷却系统中的压力由散热器盖上的卸压阀或通气阀调节（图 7-26）。当散热器盖拧紧在散热

器的添加口上时，它封闭了添加口的上下密封面。卸压阀紧压在下密封面上。冷却液的压力随着冷却液温度的升高而增加。当压力达到散热器盖的额定压力时，它将向上推动卸压阀中的弹簧，打开卸压阀使水蒸气通过上下密封面中间的孔排出散热器以降低压力。该孔借助一根软的溢流管与膨胀罐（或回收罐）相连。当压力释放到足够将系统压力降至散热器盖额定值以下时，弹簧关闭卸压阀。散热器中的压力随冷却液变凉而降低。较低的压力将打开真空溢流阀，随后将冷却液从膨胀罐中抽出以重新流回散热器。

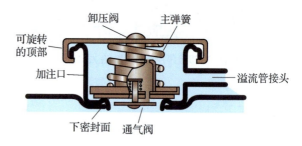

图 7-26 散热器盖总成中的零部件

🔴 **警告** 切勿从热的发动机上取下散热器盖。这样做会使热的冷却液及蒸汽喷出而导致严重烫伤。

散热器盖的技术规范要求其在低于范围下限时不能有泄漏，而在高于上限时必须打开。散热器盖上标有其应保持的压力值。对于美国生产的车辆，该压力值用 psi 或 kPa 为单位表示。通常 kPa 额定值表示为数字乘以 100kPa，例如：1.3×100kPa，它表示该散热器盖的额定压力是 130kPa。

进口到美国的某些车辆的散热器盖上会有不同的标示。有些标示为 0.9bar，这表示该散热器盖的额定压力值是正常大气压的 0.9 倍。由于大气压力为 14.7psi，标示为 0.9bar 的散热器盖的额定压力值约为 13.2psi（14.7psi×0.9）。另一个常见的额定值标示是 100。100 表示该散热器盖的额定压力值是 100% 的大气压力，即 14.7psi。

6. 膨胀罐

所有新式冷却系统都有一个**膨胀罐**（回收罐，如图 7-27 所示），这类系统称为封闭式冷却系统。

这类系统的实际目的是要捕获并留住流过散热器盖的所有冷却液。冷却液会随着发动机的升温而膨胀，并最终将导致散热器盖打开以使一些冷却液流入膨胀罐。当发动机关闭后，冷却液将开始收缩，最终导致散热器盖内的真空弹簧打开，使膨胀罐中的冷却液被吸回到冷却系统中。

图 7-27　冷却液膨胀罐

许多车辆使用类似于膨胀罐的排气罐或压力罐。这类系统没有单独的散热器盖，而是用排气罐盖作为该系统的加注点和压力盖。一根软管将排气罐与发动机相连接，它通常在靠近节温器外壳的位置。如果因维修或保养将任何空气困留在系统中，空气将通过这根软管到达排气罐从而排出。

7. 软管及卡箍

冷却液通过散热器软管从发动机流到散热器，并从散热器流回发动机。这些软管通常用丁基或氯丁橡胶软管制成以缓冲发动机的振动和防止散热器损坏。

软管通常由三部分组成：内部的橡胶管、某些增强材料和外部的橡胶保护层。根据软管的应用，可使用不同的保护层和增强材料。这三部分都黏合在一起。从根本上讲，软管结构的差异在于软管将要输送什么、位于何处，以及它们将面对的温度和压力。冷却系统的软管必须能够承受剧烈的振动和压力，并耐油、耐热、耐磨和抗风化。

大多数车辆的冷却系统至少有四根软管，有些车辆的冷却系统会有五根或更多根软管（图 7-28）。两根直径较小的软管将热的冷却液从冷却液泵输送到暖风加热器芯和从加热器芯返回。两根直径较大的软管将冷却液从冷却液泵输送到

散热器并返回发动机气缸体。第五根软管是一个小直径的旁通软管，它用于节温器关闭时使冷却液在发动机内循环。并非所有的发动机都需要此根软管，因为该旁路功能也可内置在发动机气缸体或气缸盖中。

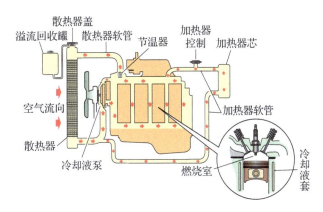

图 7-28　冷却液在冷却系统中的流动路径

软管尺寸由其内径确定。例如，常见的暖风加热器软管是 5/8in 或 3/4in。散热器软管更粗，并有加强层，以使它们能够承受 6 倍于冷却系统的正常工作压力。

散热器软管很少是直管。它们需要围绕零件进行弯曲或成为曲线以形成良好的连接且没有扭结。大多数散热器配备的原装软管都是用强化材料模制成特定的形状以适合复杂的走向或曲线等具体应用。散热器的下软管内通常有用于加固的金属丝，以防止它们因冷却液泵的吸力而凹陷。

软管用卡箍安装在发动机和散热器上（图 7-29）。软管卡箍的设计目的是在与散热器、发动机气缸体、冷却液泵或加热器芯进水口和出水口连接点处连接软管的安装位置上施加夹紧力。施加在该连接处的夹紧力对于在该点产生并保持密封非常重要。

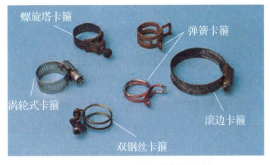

图 7-29　常见的各种软管卡箍

8. 发动机出水口和冷却液套

发动机出水口与散热器上水管连接，来自发动机的热的冷却液通过它进入散热器。它也称为鹅颈口、弯头、进水口、出水口或节温器外壳。一般来讲，它盖住并密封住节温器，在某些情况下，还会含有节温器旁通管路的接口。大多数出水口由铸铝或冲压钢制成。

冷却液套是缸体和气缸盖中的空心通道，它们围绕在紧靠气缸和燃烧室的区域（图7-30）。有些发动机配备塑料衬套，它引导冷却液围绕关键区域流动。

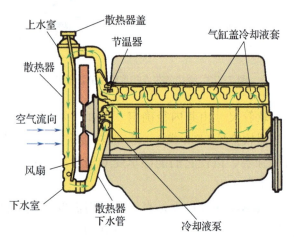

图 7-30 冷却系统通过发动机冷却液套循环冷却液

9. 传动带

传动带在许多发动机上用来为冷却液泵和／或冷却风扇传递动力。为了以合适的速度驱动冷却液泵和／或风扇，传动带必须处于良好状态并有适当的张紧力。

> ▶ 参见
>
> 有关传动带的详细讨论参见《汽车维修技术基础（原书第7版）》第9章。

10. 暖风加热器系统

给乘客舱加热的热液式暖风加热器是发动机冷却系统的一部分。受热后的冷却液从发动机流出经过加热器软管和加热器控制阀到达位于防火墙后的加热器芯（图7-31）。空气定向吹过加热器芯，经加热后流入乘客舱。可移动的风门控制冷空气与热空气混合以获得或多或少的热量。

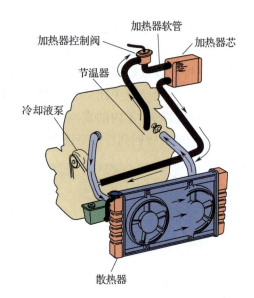

图 7-31 热冷却液从发动机上部输送到加热器芯并流过加热器芯后返回到冷却液泵入水口

11. 冷却风扇

冷却系统的效率取决于其能从系统中带走并转移给空气的热量。以干线公路速度行驶时，通过散热器的冲压空气应足以维持适当的冷却。在低速和怠速时，冷却系统需要额外的空气。这个空气是由冷却风扇提供的。风扇可以由发动机通过传动带驱动，也可以用电动机或动力转向系统的液力驱动。传动带驱动的风扇用螺栓固定在冷却液泵带轮上，并随发动机持续转动。因此，这种驱动方式的风扇总是从散热器后部吸入通过散热器的空气。风扇由钢、尼龙或玻璃纤维制成的几个叶片构成，它们连接在金属的叶片轮毂上。

放置在离散热器3in以上距离的风扇是无效的。这就是为什么大多数散热器都配备了风扇护罩的原因。护罩是由塑料、金属或纸板类材料制成的一个圆状物，它从散热器开始向外延伸以围住风扇，从而提高风扇的效率。

因为通常只是在发动机运转在怠速和低速时才需要风扇提供空气，所以各种设计概念被用来限制风扇在发动机高速时的运转。但转动风扇是需要动力的，因此冷却风扇的运转降低了车辆驱动轮上的有效功率和燃油经济性。风扇在高速运转时会有非常大的噪声，这增加了驾驶员的疲劳程度和车辆的总噪声。

为了消除在不需要风扇运转时的功率消耗，

当前用传动带驱动的许多风扇仅在发动机和散热器变热时才工作。这是通过位于冷却液泵带轮和风扇之间的风扇离合器（图7-32）来实现的。当发动机和风扇离合器处于冷态时，风扇的转动独立于离合器且只驱动较少的空气。当风扇周围的空气温度达到一个特定点时，离合器将风扇与其叶片轮毂锁定。在大多数情况下，离合器在高速时是打滑的，因此它不会以发动机当时的转速转动。离合器总成的工作用一个温度调节弹簧或硅油来控制。

图 7-32 黏性风扇离合器

为了节省功率和降低噪声水平，大多数新型车辆都采用**电动冷却风扇**（图7-33）。该风扇和电动机安装在护罩上，并由发动机冷却液温度开关和/或空调开关控制12V电动机来驱动冷却风扇。

图 7-33 该车配有两个独立工作的电动冷却风扇

如图7-34所示，冷却风扇电动机经过冷却风扇继电器中的一组常开（NO）触点与蓄电池电源连接。当发动机在空调关闭且冷却液温度低于约215℉（101.6℃）的预定温度正常运转时，该继电器触点是断开的，因此冷却风扇电动机不工作。

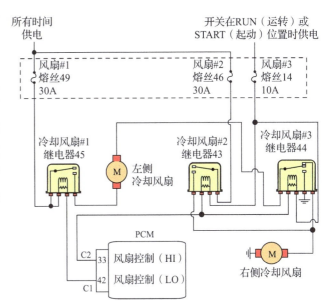

图 7-34 电动冷却风扇电路简化示意图

当冷却液温度超过大约220～230℉（104～110℃）时，PCM接通低速继电器控制电路，使冷却风扇#1的继电器线圈通电，从而闭合了该继电器触点。这导致该风扇以低速运转。当空调开关设置到任何制冷位置或发动机需要额外冷却时，PCM接通高速风扇电路。#1继电器保持闭合，#2或#3继电器也闭合，为每个风扇电动机都提供12V电压。

电动冷却风扇有许多类型。其中有些类型的风扇提供一个在发动机熄火且点火开关关闭后仍继续运转的冷却时段，这些系统有第二个温度传感器，风扇只有在发动机冷却液降至预定温度时才会停止。这个预定温度通常约为210℉（98.8℃）。某些系统的风扇在当空调打开时并不启动，只有在空调系统高压侧的温度和/或压力高于预定值时才启动。

有些新型汽车的冷却风扇是通过发动机控制计算机和风扇控制模块来共同完成冷却风扇电路控制的。在进行电动冷却风扇作业之前，应查看维修信息以了解该电动冷却风扇是如何控制的。

有些福特和不少吉普（JEEP）车辆使用液力驱动的**液力冷却风扇**，它们也称为液力冷却模块。在这类系统中，动力转向油泵向风扇总成提供油液。PCM根据发动机温度和空调系统的需求通过一个电磁阀来控制风扇的转速。当发动机温度达到220℉（105℃）时，该风扇将接收到来自动力转向的全部油液流量从而以最高转速运转。

电动冷却风扇的正确运转取决于**温度传感器**的工作。温度传感器响应于温度的变化。有些车辆使用多个温度传感器来控制风扇并向 PCM 发送发动机温度的信号。PCM 基于这些信息将控制燃油喷射和点火系统以提供发动机的高效运行。

> ⚠ **注意** 即使发动机没有运转，电动冷却风扇也有可能会在没有警示的情况下突然运转。因此，在电动风扇周围作业时，始终应断开蓄电池的负极端子或冷却风扇电动机的插接器。确保在将车辆交付客户前，已重新连接好这些插接器。

12. 温度指示装置

冷却液温度指示装置（温度表和 / 或警告灯）提醒驾驶员存在的过热状况。温度传感器通过螺纹拧紧在冷却液道孔中（图 7-35）。

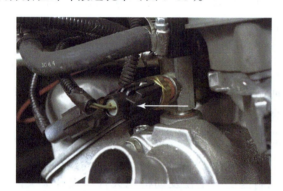

图 7-35 冷却液温度传感器

7.4 检查和诊断冷却系统

冷却系统必须作为一个系统整体来进行检查和维修。若仅是更换一个损坏的部件而遗漏其他污物或阻塞物，是不可能提高系统效率的。冷却系统的诊断包括部件的目视检查、简单检查和测试以及泄漏测试。冷却系统首先检查的内容之一是冷却液液面高度及其状况。这些检查应在常规的预防性维护中和出现问题时进行。

> ▶ 参见
>
> 有关检查冷却液液面高度及其状况的综合讨论参见《汽车维修技术基础（原书第 7 版）》第 9 章。

大多数膨胀罐上都有标识用来表示冷却液在汽车热态和冷态时应具有的液面高度。冷却液的有效性应使用液体比重计、折光计或碱性试纸进行检查。

水与防冻剂适当比例的混合液还减少了系统中可能形成的铁锈和氧化钙沉积物。这些沉积物会使冷却液套壁隔热，其结果是冷却液吸收发动机热量的能力在有沉积物的部位变差，因此会增加更容易过热的热点，加剧发动机部件的磨损（图 7-36）。

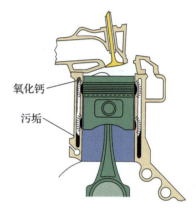

氧化钙

污垢

图 7-36 积聚在冷却液通道中的氧化钙和污垢通常会使冷却液套内壁隔热而形成热点，这些热点使磨损加剧并更易导致过热

> ⚠ **注意** 在冷却系统上作业时，记住冷却液的工作温度是非常高的。接触或溢出冷却液会导致严重的身体烫伤。当发动机处于热态时，切勿拆下散热器盖。

无论使用何种比例混合的冷却液或防冻剂，在冷却系统中总会积聚一些氧化钙、铁锈和水垢。冷却液套壁上的任何沉积物都会影响发动机的冷却。发动机温度的变化会导致发动机部件膨胀和收缩。这些沉积物的一部分会脱落并悬浮在冷却液中，冷却液因之被污染，而且沉积物可能聚集在一个狭窄的通道中，使通道变得更窄。这种受限制的状态将进一步降低冷却系统的有效性。由于这些原因以及其他一些因素，应根据制造商的建议更换发动机冷却液并冲洗冷却系统。

冷却系统最常见的问题是过热。过热会有许多原因，对此问题的诊断涉及很多步骤，简单地说是因为很多因素都会导致这个问题。从根本上讲，能够降低冷却系统吸收、传递和散热能力的任何事情都可能导致过热，所以第一步是要确定发动机是否确实过热。表 7-1 给出了发动机过热的一些常见原因。

表 7-1　发动机过热的常见原因

故障现象	故障原因
在交通堵塞或长时间息速运转时发动机过热	• 冷却液液面低 • 散热器盖有问题 • 节温器有问题 • 冷却风扇不运转 • 通过散热器的空气流量受阻 • 气缸盖密封垫泄漏 • 排气受阻 • 冷却液泵叶轮腐蚀
在低速行驶或反复急加速后过热	• 散热器和/或气缸体被铁锈污垢、淤泥或凝胶堵塞 • 通过散热器的空气流量受阻 • 散热器盖有故障 • 节温器有故障 • 散热器散热翅片腐蚀或脱落 • 冷却液泵叶轮腐蚀 • 散热器出水管塌陷 • 制动拖滞
在任何时间或无规律地过热	• 冷却液液面低 • 散热器盖有问题 • 节温器有问题 • 温度传感器或相关电路有问题 • 冷却风扇不运转
发动机起动后不久就过热	• 温度传感器或相关电路有问题
似乎总是有点过热；冷却液温度表有时接近红色区域	• 散热器和/或气缸体内部被铁锈、污垢、淤泥和凝胶堵塞 • 通过散热器的空气流量受阻 • 散热器盖有问题 • 节温器有问题 • 散热器散热翅片腐蚀或脱落 • 散热器出水管塌陷 • 冷却风扇不运转
冷却液膨胀罐有气泡	• 散热器盖有问题 • 气缸盖密封垫损坏
散热器中有空气，但膨胀罐中的冷却液是满的	• 冷却液泄漏 • 散热器盖有问题 • 冷却系统中有空气 • 散热器盖和膨胀罐间的密封件有问题 • 气缸盖密封垫损坏

客户对发动机过热的抱怨通常都是因为车辆上冷却液温度表读数高或温度高警告灯点亮。尽管当发动机严重过热时，由冷却系统喷出的蒸汽或由气味给出的迹象很明显，但都是因冷却系统

有问题或温度传感器有问题导致的。

大多数发动机的正常工作温度为 195~220℉（91~104℃）。为了保持这个温度，冷却液必须要循环通过发动机和散热器。任何会阻碍冷却液流动的因素都会导致发动机过热，例如冷却液泵或节温器有问题，或冷却液缺失。同样，任何阻碍空气流过散热器的事情也会导致发动机过热。

发动机过热会导致以下问题：爆燃、早燃、气缸垫损坏、气缸盖翘曲、OHC 发动机的凸轮轴咬黏和破损、软管爆裂、散热器泄漏、因活塞膨胀而导致气缸孔壁面损坏、排气门杆黏滞及发动机轴承损坏。

1.　检查冷却系统电解趋势

水电解是一个在电流流过水时引起氢和氧分子分离的过程。在冷却系统中，电解会破坏散热器管内的保护层，还会导致严重的发动机故障。当电气附件和设备接地不当或在车辆某处积聚静电时，就会发生电解。对电解状况的检查应该是冷却液全部检查的一部分。

为了检查电解趋势的状况，可使用能够测量交流（AC）和直流（DC）电压的电压表。设置电压表以使其可以读取 0.1V 的直流电压。将电压表负表笔连接到良好的接地点，将正表笔放入冷却液中（图 7-37）。在用起动机转动发动机的同时查看该电压表读数并记录。然后再在发动机运转且所有附件都接通时读取并记录此时的电压读数。对铸铁发动机来讲，0~0.3V 的电压是正常的，双金属或铝制发动机的正常读数是上述值的一半。再用数字万用表（DMM）以 AC 电压模式重复该

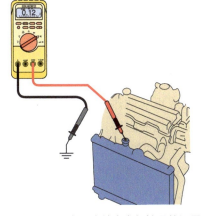

图 7-37　用电压表检查电解情况的设置

测试。如果有 AC 电压，则表明是静电问题。任何高于正常值的读数都表明存在问题。

为了找出问题所在，应查看在何处测量到高的电压并考虑在检测间被接通的系统。如果在所有附件都接通时电压高，则一次关闭一个系统，直到电压降至正常值为止。在电压下降之前被关闭的电路存在接地问题。修复该电气问题后，应冲洗冷却系统并更换冷却液。

2. 检查温度

检查温度是否确实过高或温度指示装置是否准确的最佳方法是直接测量冷却液的温度。如果指示装置看起来有问题，应排查并修复其电气电路，然后再重新检查冷却系统的温度。

> **车间提示**
>
> 在大多数新型发动机上很难测到冷却液的实际温度，因为只有通过膨胀罐才能触及冷却液。膨胀罐里的冷却液温度不代表是发动机里冷却液的温度，因为它不被加热。使用温度探头或红外传感器来测量散热器进水室的温度。这会给出冷却系统温度的一个准确的测量值。

温度可以用红外测温仪、温度计或温度探头（传感器）测试。后者可能也是数字万用表的功能之一。温度测试是监测冷却系统的温度变化。当发动机在冷态起动过程中，可观测节温器伴随发动机温升的工作状态，并与技术规范进行比较以确定节温器是否已工作不良。一旦发动机升温，立即用探头扫描散热器以发现凉点。这些点表明了冷却液不能自由流过的散热器区域。还应检查冷却风扇的温度开关。

3. 检查散热器

散热器上的凉点表示散热器内部的阻塞区域。在大多数情况下，这需要拆解散热器并对其进行深度清洗，或更换散热器。冷却系统的正常清洗可能无法去除这些阻塞。这类阻塞通常是因其内部的腐蚀、污垢和氧化钙的堆积所导致的。

还应检查散热器是否有外部阻塞和泄漏的迹象。散热器表面的污物、虫子和其他碎屑会阻碍空气流动。这些都应通过仔细清洁加以去除。另外还应检查散热片是否松动。盐分和道路上的其他杂物会腐蚀散热片与散热器管外壁连接的接合物。当散热片与散热器管分离时，热量也就不会那么容易地转移到外部空气了。

4. 检查软管

仔细检查所有冷却软管是否泄漏、肿胀和磨损。还应更换在用力挤压时感觉任何发黏或明显发脆的软管（图 7-38）。当软管变软时，说明它正在劣化，因此应在出现更严重的后果之前更换掉。硬化的软管会妨碍软管弯曲并会破裂，因此应更换而不是去弯曲它。

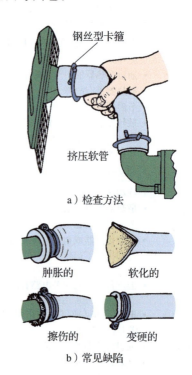

图 7-38 冷却软管的检查方法和常见缺陷

软管通常是从内部开始劣化的。已劣化软管的碎片会循环通过冷却系统直到找到可滞留的地点。它们导致的堵塞通常是在散热器芯内。软管劣化还会导致泄漏。软管上的任何外部肿胀或裂纹都是明确的故障前兆。当一根软管出现问题时，还应仔细检查其他所有软管。

散热器进水软管在冷却系统所有冷却液管中是使用寿命最短的。它必须比其他软管吸收发动机更多的移动。它还暴露给处于最热阶段的冷却液，并且在热浸期间还被封闭在发动机舱盖下。这些使用环境使得进水软管更可能出现问题。

检查散热器出水软管的坚固度以确保其内部的强化弹簧处于原位且未损坏。如果没有这个强化弹簧，则该软管会因发动机高转速时产生的真空而塌陷，从而阻碍冷却液从散热器流向发动机。

挤压每根软管并查看是否有裂口。这些裂口在压力下可能爆裂成宽的开口。还应查看该卡箍的周围是否有锈斑。锈斑表明有泄漏，这有可能是因为卡箍侵蚀了该软管。松开这个卡箍，将其向后滑动，然后检查该软管上是否有开口。

软管失效的一个主要原因是橡胶软管上的电化学侵蚀。这称为电化学降解（Electrochemical Degradation，ECD）。它的出现是因为软管、发动机冷却液和发动机 / 散热器固定件之间形成了一个原电池单元。这种化学反应造成了软管中的微小裂纹，从而使冷却液侵蚀并削弱软管中的强化部分（图 7-39）。ECD 会在正常工作压力下导致针孔式泄漏或软管破裂。高温和振动会加速 ECD 效应。

图 7-39　被 ECD 损伤的软管

检查软管是否有 ECD 的最佳方法是挤压在卡箍或连接件附近的软管。ECD 发生在软管末端的 2 in 的范围内而不是中间。比较中间软管和末端软管之间挤压的感觉。沿着已被 ECD 弱化的软管长度可以感觉到不同位置的差异。如果感觉软管末端已发软发黏，则软管可能已被 ECD 侵蚀，应更换该软管。

油类是橡胶软管的另一个天敌。因油类损坏的软管会肿胀、发软和发黏。如果油的泄漏是来自外部的，应消除油泄漏的问题或尝试重新布置软管走向以防止油类损坏新的软管。有时油类的泄漏发生在软管内部，这可能是由于变速器油漏入冷却液或发动机内部机油泄漏引起的。

5. 检查传动带

由传动带打滑引起的过热往往会导致传动带过硬化，从而导致橡胶变硬和开裂。打滑可能是由于传动带张紧度不当或有油类而造成的。发生打滑时，热量不仅会使传动带过硬化，而且还会通过带轮向下传递到支撑轴承。如果持续打滑，产生的热量就会损坏轴承。当 V 形传动带磨损时，它骑在带轮槽中的位置会更深。这不仅减小了传动带的张紧度，还会进一步加剧打滑。应仔细检查所有传动带，并在必要时更换掉。

▶ 参见

有关更换传动带和调整张紧力的正确步骤参见《汽车维修技术基础（原书第 7 版）》第 9 章。

6. 检查风扇和风扇离合器

大多数由发动机驱动的冷却风扇都有离合器，因此许多过热的问题都是由有缺陷的离合器引起的。但也必须彻底检查风扇本身和风扇护罩。风扇护罩应牢固地固定在散热器支架上。风扇的任何损坏或变形都会导致其失去平衡。这可能导致严重的问题，包括冷却液泵轴承和密封件的快速过度磨损，或散热器因风扇叶片撞击而损坏。风扇叶片旋转时的明显摇摆意味着应该更换该风扇。还应检查护罩是否有裂纹和其他损坏。损坏的护罩也应被更换。

风扇离合器充有硅油。这种油响应于速度和温度的变化。随着发动机转速提高，硅油允许风扇在其叶片轮毂上滑动，以减少发动机运转的阻力。如果离合器允许风扇在发动机低转速时打滑，就会发生过热。硅油的缺失或劣化会导致风扇打滑。随着时间的推移，硅油开始逐渐分解，将会减少风扇和叶片轮毂之间的耦合力。

应仔细检查离合器总成是否有泄漏。从叶片轮毂轴向外散射的条状油迹意味着硅油已经通过轴承密封件泄漏。应更换已泄漏的离合器。如果风扇在发动机关闭的情况下可以用很小的力或没有阻力地旋转，或在风扇转动或停止时离合器出现摆动，或者离合器散热片损坏或缺失时，都应更换该离合器。

若配有**电动冷却风扇**，应观察电动冷却风扇的动作。但在这样做之前，先检查风扇总成的安装和风扇叶片的状况。在空调接通和冷却液温度达到规定值时，风扇应通电运转。如果风扇在应该运转时没有转动，应检查电动机。可通过将电动机直接跨接在蓄电池上进行检查。如果此时电动机转动，则问题是在电动机的控制电路中。此问题的诊断应遵循制造商给出的规定步骤。如果电动机在跨接情况下也不转动，则问题在风扇电动机（图7-40）。

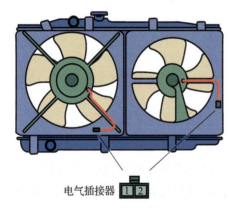

电气插接器 ①②

图7-40 分别将两个电气插接器中的端子1和端子2连接在蓄电池正、负极上。若其中电动机未转动或转动不平稳，应更换该电动机

7. 检查节温器

节温器是过热或加热器性能不佳的常见原因。它们还可导致燃油消耗增加和发动机性能不良。发动机电子控制系统的程序是根据发动机运转工况来提供理想的空气燃油混合气和点火正时。ECM所监测的发动机运转状态之一就是发动机温度。

若节温器卡在打开状态，冷却液可能无法达到所需的温度，因为在它变热之前就已被冷却了。若节温器因失效或因其下方有气阻而卡在关闭状态，则冷却液将不能在发动机和散热器之间流动，使发动机很快变得过热。

检查节温器工作状态的最佳方法是用红外线测温仪测量发动机的温度（图7-41）。但也可用手去感觉这个温度。在发动机刚起动时，触摸散热器进出水软管。如果软管在几分钟内没有变热，则说明节温器没有打开。

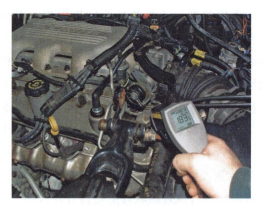

图7-41 用红外线测温仪观察节温器的工作状况

8. 检查冷却液泵

冷却液泵由曲轴或凸轮轴通过传动带驱动，或由电动机驱动。冷却液泵从散热器中抽出冷却液并推送冷却液流经发动机。如果冷却液泵不能正常工作，则发动机会很快过热。很少见到冷却液泵只是停止工作。冷却液泵的问题通常是噪声或泄漏。但电动冷却液泵却是一个例外。电气问题会导致冷却液泵完全停止工作。这类问题的原因可通过排查电路来确定。

冷却液泵的大多数故障都归因于泄漏。当冷却液泵轴承和密封件开始失效时，冷却液会从铸件的排水孔或通过外侧密封件渗出（图7-42），因为老化或系统中的磨料磨损会使这些密封件损坏，或者因为热冲击而开裂，例如向过热的发动机添加凉水。

图7-42 该冷却液泵已有严重泄漏的迹象

⚠ **注意** 冷却液泵一旦开始泄漏，就应该更换。泄漏不仅会变得更严重并导致严重过热，而且还有可能导致泵轴断裂和风扇移入并毁掉散热器。

其他故障可归因于轴承和冷却液泵轴的问题以及偶尔出现的铸造裂纹。冷却液泵轴承或密封件的故障可能是因很难注意到的微小失衡而引起的。冷却液泵轴或风扇的任何摆动都意味着该冷却液泵和/或风扇应更换。

随着时间的推移，叶轮叶片可能会腐蚀或从轴上松脱。这两种状况都会导致冷却液泵不起作用，因此必须更换。在极少的极端情况下，腐蚀可能会导致叶轮在轴上松动，因而不能在所有时间都旋转。这会导致间歇性的冷却问题。不幸的是，了解叶轮状况的唯一可靠方法是拆下冷却液泵进行检查。

为了检查冷却液泵的工作状况，起动发动机并使其升温。然后捏住散热器的进水软管（图7-43）并使发动机急加速，若此时感觉到软管中有浪涌，则说明冷却液泵正在起作用。

图7-43 可捏住散热器的进水软管的同时使发动机急加速，若此时感觉到软管中有浪涌，则说明冷却液泵正在起作用

冷却系统中的空气会妨碍冷却液泵正常工作。为了检查是否存在空气，可将一根小软管的一端连接至散热器的溢流口，将另一端放入一瓶水中，并确保所有软管连接牢固和冷却液液面正常。运转发动机并使其达到正常工作温度。随后以高怠速运转发动机。如果水瓶中出现稳定的一连串气泡，则说明空气已进入系统。

空气可能会因气缸垫不良而进入冷却系统，应进行燃烧泄漏或气缸压缩压力测试。如果压缩压力测试的结果显示两个相邻气缸的压缩压力都低，则该气缸垫很有可能已损坏。

对传动带驱动的冷却液泵，可关闭发动机并拆下传动带和风扇护罩。握住风扇并尝试前后上下移动，如移动量超过1/16in（1.58mm），则表明轴承已磨损，需要更换冷却液泵。

如果问题是噪声过大，应起动发动机并倾听冷却液泵轴承是否不良。将听诊器的探头放在轴承或冷却液泵轴上。如果听到比正常声音更大的噪声，则说明轴承有问题。

⚠ **注意** 只要在运转的发动机附近进行作业，就应保持自己的手臂和衣服远离正转动的风扇和传动带。不要让听诊器或橡胶管接触到移动的部件。

9. 检查出水口

内部腐蚀会导致出水口出现问题。铸铁的出水口比冲压钢或铸铝的出水口更耐腐蚀。出水口问题的一个最常见原因是安装螺栓的拧紧力矩不均匀，这可能会导致安装凸缘开裂或折断。当出现这种情况时，必须更换出水口。

7.5 冷却系统测试

过热的最常见原因是因泄漏致使冷却液的液面过低。泄漏可能发生在系统中的任何部位。最常见的泄漏点包括软管、散热器、加热器芯、冷却液泵、节温器壳体、发动机防冻塞、ATF冷却器、气缸盖、气缸垫和发动机气缸体。通常只需要目视检查冷却系统和发动机即可发现泄漏源。泄漏点可能是潮湿或带有浅灰色的地方，这是冷却液在此处蒸发后的结果。

1. 压力和泄漏测试

冷却系统压力测试仪是用来测试冷却系统的常用工具。它对查找冷却系统中任何泄漏源是非常方便的。该测试仪对整个冷却系统施加压力。一个完好的冷却系统应能持续15min或更长时间保持大约14psi（93kPa）的压力而不降低。图7-44给出了使用压力测试仪的基本步骤。

将压力测试仪紧固在散热器的加注管口或膨胀罐上，使发动机运转直到其升温。来回推拉测试仪手柄向冷却系统施加压力。一旦系统压力等于散热器盖上标示的压力值，就开始观察压力测试仪上的压力表。如果压力下降，则存在泄漏。仔细检查软管、散热器、加热器芯和冷却液泵是

1）取下散热器盖

2）加满冷却液

3）将测试仪连接在散热器的加注管口上，用测试仪手动泵对冷却系统施加压力

4）一旦压力达到散热器盖的额定压力，就观察压力是否下降并查找泄漏点

5）用合适的适配接头将散热器盖连接在测试仪上

6）用测试仪按散热器盖的额定值施加压力。若散热器盖不能保持住该压力，则更换。若散热器盖是好的，则超过额定值的压力将通过散热器盖排出

7）解决任何泄漏问题并加满冷却液

图7-44 使用冷却系统压力测试仪的基本步骤

否有泄漏。通常刚开始的泄漏会很明显，因为冷却液是从泄漏点喷出的。还应查找软管上是否有鼓包，它表明软管已经变软和变得薄弱，应更换。如果压力下降但没有外部的泄漏，则怀疑是内部泄漏。内部泄漏源则需要通过其他测试来查找。

由气缸垫不良造成的内部泄漏可用压力测试仪验证。释放冷却系统中的所有压力后，将压力测试仪安装在散热器加注管口上并起动发动机。使发动机怠速运转，并观察测试仪上的压力表。如果压力开始建立，则很有可能是气缸垫窜气，致使燃烧气体进入冷却液。

（1）用染料检测泄漏　另一种识别外部泄漏源的常见方法是使用染料渗透剂和紫外线灯。将染料倒入冷却系统，并让发动机运转，直到达到工作温度。在发动机关闭的情况下，用紫外线灯检查发动机和冷却系统。染色的冷却液所泄漏的地方将显现出明亮的或发出荧光的绿色（图7-45）。

（2）燃烧泄漏测试　内部的泄漏通常是由于气缸盖或气缸体有裂纹，或是气缸垫不良导致冷

却液漏入气缸或是燃烧气体渗入冷却系统中。有时排气中的蒸汽、白烟或水，或机油中有冷却液或冷却液中有油，都表明气缸垫不良。

图7-45 染色的冷却液所泄漏的地方将显现出明亮的或发出荧光的绿色

燃烧泄漏测试仪用来确定燃烧气体是否正在进入冷却系统。该测试器基本上是一个带有橡胶球的玻璃管。该管的底部有一个单向阀。为了检查是否有燃烧气体泄漏，应遵循以下步骤：

步骤1　起动发动机并使其达到正常工作温度。

步骤2　将测试液（通常为蓝色液体）加入测试仪的玻璃管中。

步骤3　小心取下散热器盖。

步骤4　确保散热器中的冷却液液面低于加注口的下密封区域。

步骤5　将测试仪的玻璃管放入加注口。

步骤6　快速挤压和释放橡胶球。这将迫使空气从散热器向上通过测试液。

步骤7　观察测试液。燃烧气体将使测试液的颜色变为黄色。如果测试液保持为蓝色，表明不存在燃烧气体。

步骤8　处理掉已用过的测试液且不可将其放回到它最初存放的容器中。

气缸垫不良通常是由不同问题导致的。在更换气缸垫之前，应确保问题已得到解决。应尽快更换有问题的气缸垫，由这个问题引起的过大热量和压力远远超出冷却系统的承受能力，因此会导致严重的发动机问题。

车间提示

更换气缸垫、或因有裂纹更换气缸盖或气缸体后都应更换氧传感器，因为冷却液中含有会污染氧传感器的硅和硅酸盐。

2. 散热器盖测试

应测量散热器盖的开启压力（因此也叫压力盖）并检查散热器盖的密封垫是否已开裂、变脆或劣化（图7-46）。还应检查散热器加注管口的密封面。

图7-46　散热器盖的检查

随着时间的推移，散热器盖内的弹簧强度

会减弱，从而降低冷却液的沸点。这将导致发动机在变热时会通过溢流管损失冷却液。为了检查散热器盖，应使用正确的散热器盖适配器将散热器盖安装在测试仪的头部，然后来回推拉测试仪手柄，直到测试仪上的压力表读数达到该散热器盖的额定压力值。散热器盖至少应能将压力保持1min。如果不能保持，则更换掉。然后施加一个大于该散热器盖额定值的压力。良好的散热器盖此时应可排出多余的压力。从测试仪上取下散热器盖，并目视检查其压力阀和上下密封垫的状况。如果密封垫变硬、变脆或劣化，则该散热器盖在暴露于有压力的热冷却液时有可能会出现泄漏。更换散热器盖时应使用具有相同压力范围的新散热器盖。

⚠ **注意**　当散热器盖触摸起来还很热时，千万不要取下散热器盖。当散热器内的压力突然被释放时，冷却液的沸腾温度会被降低。这将导致冷却液立即沸腾。因为冷却液是液体，它会粘在皮肤上，并会导致严重的烫伤。应使散热器冷却下来。当散热器盖已变凉且发动机关闭时，用一块抹布盖在散热器盖上，然后逆时针转动1/4圈，将其转到安全止位位置以释放压力。保持散热器盖在这个位置上，直到释放完所有压力。然后压下散热器盖，并再次逆时针转动以将其取下。

7.6 冷却系统维修

对冷却系统的维修包括更换泄漏或损坏的部件以及排空、冲洗和重新加注冷却系统。常见的一项维修作业是更换传动带。传动带是一个常见的磨损性零部件，应以正确的张紧力安装。松弛的传动带会打滑，进而妨碍冷却液泵足够快地驱动冷却液通过发动机和/或转动风扇来冷却冷却液。

▶ **参见**

有关传动带的详细讨论和更换传动带及调整其张紧度的正确步骤参见《汽车维修技术基础（原书第7版）》第9章。

许多新型发动机上的冷却液泵是由发动机正时带或链条驱动的。当更换这类发动机的冷却液泵时，务必同时更换正时带。安装正时带时，应确保所有带轮和齿轮都按技术规范对正。

1. 软管

 客户关爱
　　软管应按照制造商的维护指南进行定期检查和更换。

　　用于更换的新软管必须是由合适的材料制成的，并具有正确的直径、长度和形状。被更换的和用于更换的软管外壁上通常都印有零件号（图7-47）。

图7-47　几乎所有散热器软管在其外壁上会印有零件号，可在更换软管时参考

　　几乎所有的OEM软管都采用模压和弯曲成型的设计，而通常售后市场上销售的模压软管都是为适应多种应用而设计的。这种软管通过切割可适合特定的应用需要。有些软管的上面印有切割处的标识以显示应在何处切割，除此之外应与旧软管进行比较以作为切割时的参考。

　　售后市场上的软管要么是模压成型的，要么是可弯曲的。可弯曲的软管也有不同的长度和直径，因此可以根据其零件号来适应许多车辆。它们可以弯成大多数需要的形状，且不会造成对流量的限制。这种可弯曲的软管可能不适合那些要求极端弯曲和特殊形状的系统。

　　与其用模压软管更换加热器软管，不如选用可弯曲成型的加热器软管。这种设计的软管内有一个金属丝骨架。该金属丝骨架允许软管被弯曲成曲线，且不会在弯曲处凹陷。一旦获得所需的形状，即可将软管切割到合适长度，然后进行安装。

　　所有冷却系统的软管安装方式基本相同。软管都是用卡箍紧固在散热器、冷却液泵和加热器的进出水口接头上的。

　　更换软管时，先将系统的冷却液液面排出至该软管位置平面以下。松开或小心地切断旧卡箍。用刀小心地切开旧软管的末端（图7-48），以便将其从连接处滑出。如果软管被粘住，不要采用撬掉的方式，因为这可能会损坏进出水口接头或软管末端和接头凸缘之间的接合面。在这种情况下，只需在软管上多切几刀即可。

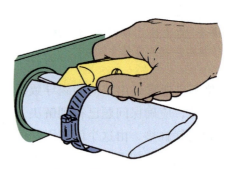

图7-48　用刀切开旧软管的末端

　　拆下旧的软管后，务必使用金属丝刷子或砂布清洁软管的安装接头或接头颈部。毛边或锋利的边缘会损坏软管并导致其过早失效。连接处有污物会妨碍获得良好的密封。

　　将软管的两端浸入冷却液中，取出软管并在两端套上软管卡箍。卡箍即便看起来是好的，也不要重复使用。将软管滑入其接头。在寒冷天气中，软管可能变硬，可以先将其浸泡在温水中以使其恢复弹性。如果软管的安装端部不合适，可将其取下并反转两端，然后滑入卡箍，并将软管刚好紧固在颈部凸缘之后（图7-49）。紧固卡箍，但不要过紧。

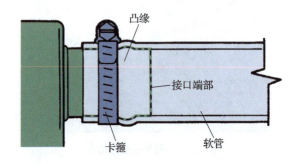

图7-49　将新卡箍放置在紧靠颈部凸缘后的位置

原装的软管卡箍通常是弹簧钢丝型的，需要用专用卡钳拆卸和安装。出于多种原因，通常会用蜗杆传动型卡箍替代原装卡箍。这种卡箍能给软管外侧提供均匀的压力，也易于安装且不需要特殊工具。

有些发动机上不使用钢丝型卡箍，而是使用热塑型卡箍（图 7-50）。这类卡箍安装在软管末端，需要用热风枪来收紧。卡箍的收缩压紧了连接处的软管。当发动机运转时，冷却液的热量将会进一步收紧软管的连接部分。

图 7-50　用热风枪收紧热塑型卡箍

在短暂的一段试车后，重新调整新安装的软管卡箍应是一个好方法。软管的收缩和膨胀速率与进出水口接头金属的收缩和膨胀速率是不相同的。受热冷却液和发动机升温的影响，橡胶软管会膨胀，当发动机变冷时，接头会比橡胶软管收缩得更多，此时软管就不那么紧固了，凉的冷却液可能会在进出水口接头处泄漏。重新紧固软管卡箍以消除此问题。

2. 节温器

更换节温器时，确保更换件的温度额定值与原装件的额定值相同。在计算机控制的发动机上，使用与原装节温器开启温度不同的节温器将影响燃油、点火和排放控制系统的工作，这是由于错误的节温器会影响系统进入闭环控制。

节温器上的标记通常表明节温器的哪一端应朝向散热器。不管标记如何，安装时有感温器的一端必须始终朝向发动机。

在更换节温器时，还应同时更换节温器的密封垫。该密封垫将节温器密封和定位在节温器外壳与气缸体之间。确保节温器外壳与气缸体的接合面是清洁且没有旧密封垫的残留物（图 7-51）。有些节温器的外壳是用液态密封垫密封的。应环绕冷却液道涂上一条薄薄的液态密封垫，并在其干燥前安装好节温器外壳。

图 7-51　安装节温器外壳和新密封垫前，确保已去除旧密封垫的所有残留物

有时在节温器上会有定位销或凹槽，以便将节温器正确定位在其外壳和气缸体中（图 7-52）。大多数节温器与其外壳是用密封垫或橡胶密封件密封的。密封垫可用含纤维成分的材料切割而成以匹配节温器的安装开口和外壳或安装在节温器外边缘的橡胶密封件上的螺栓孔位置。节温器密封垫底部通常带有黏性，以便将节温器牢固地保持在安装法兰中心。这种密封垫的安装更利于将外壳与气缸体正确对正。

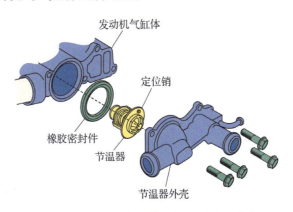

发动机气缸体

定位销

橡胶密封件

节温器

节温器外壳

图 7-52　节温器上通常会有用于在气缸体和外壳中定位的定位销

3. 维修散热器

大多数已泄漏的散热器都需要将其拆下维修。

为此必须先排空冷却液并断开所有软管和机油冷却器的管路，然后拆下冷却风扇和散热器的固定螺栓。

散热器的实际维修步骤取决于散热器的结构和损坏类型。大多数散热器的维修是由散热器专修店进行的，因为他们的技师具有此类作业的专项技能。目前许多散热器都采用塑料冷却液室，它们是无法修复的。如果这类冷却液室出现泄漏，应更换。如果散热器已严重损坏，也应予以更换。

> **车间提示**
>
> 更换散热器盖时，应始终参考应用图表或维修信息以确保新的散热器盖具有正确的压力范围。

 注意 在进行例如更换散热器、节温器或冷却液泵等冷却系统的作业时，都会有一定数量的冷却液洒落在地板上，地板此时将变得非常湿滑。始终应及时擦掉任何洒落的冷却液以减少或消除受伤的可能性。

4. 更换冷却液泵

更换冷却液泵时，应确保所更换的冷却液泵是正确的。有些发动机使用顺时针旋转的冷却液泵，而有些则是逆时针旋转的。由于制造商会改变设计，所以当冷却液泵看起来可能相同时，应检查其是否是正确的。使用错误的冷却液泵会导致发动机过热。

在更换冷却液泵之前，应排空冷却系统。拆下所有可能影响拆卸冷却液泵的部件，包括传动带、风扇、风扇离合器、风扇护罩和冷却液泵带轮。为了从冷却液泵轴上拆下风扇通常需要专用的风扇离合器拆装工具（图 7-53）。大多数冷却液泵是用螺栓固定在气缸体上的。以十字交叉方式从中心向外松开并拆下螺栓。用抹布堵住气缸体的开口并刮掉旧密封垫的任何残留物。更换冷却液泵时应始终遵循制造商给出的步骤。其中最常见的步骤内容是在将新密封垫放置在冷却液泵上之前，通常要在新密封垫上涂一层黏合剂。有些冷却液泵与气缸体之间是用 O 形密封圈来密封的，因此要确保气缸体上的 O 形圈槽是清洁的。安装

O 形圈时，应确保其完全嵌入到 O 形槽中，并润滑 O 形圈以防止其在安装过程中撕裂。将冷却液泵放置在气缸体上，直到它正确落座。安装螺栓并以交叉的顺序将它们均匀拧紧至规定力矩。拧紧顺序随意会导致冷却液泵壳体开裂。最后要检查冷却液泵以确保其旋转自如。

图 7-53 用于拆装冷却风扇离合器的工具

许多新型 OHC 发动机上的冷却液泵是由发动机的正时带驱动的。当更换这类发动机的冷却液泵时，始终应同时更换发动机正时带。在安装正时带时，要确保所有带轮和齿轮按照技术规范对准正时标记。

5. 排空冷却液

预防性维护作业中的一个内容是更换发动机冷却液。这样做是为了防止冷却液出现化学分解。当发生化学分解时，冷却液会变得酸性过高。

在排空冷却液之前，从该车辆的技术规范中找到其冷却系统的容量，以便确定已排出的冷却液所占总容量的比例。通常在冷却系统中仍会留有 30%~50% 的冷却液。

大多数散热器冷却液室的下部会有一个排放塞。有些散热器采用一个小的旋塞。在排空冷却液前，应确保发动机是凉的。将加热器控制装置设置到 HOT（热）位置。取下散热器盖。拆下溢流罐，将其内的冷却液排空到一个收集装置中。然后将收集装置放在排放塞下方并取下排放塞。如果散热器有小旋塞，将其完全打开。如果散热器没有排放塞，可拆下散热器下水管。小心不要强行从散热器上取下该软管，而是在来回扭动软管的同时将其拔出。如果软管被困住，可用细螺

丝刀在软管和散热器管口之间滑动以松动软管。在冷却液停止流出后，装上排放塞或关闭小旋塞。

剩余的冷却液可以通过发动机气缸体上的排水塞排出（图 7-54）。将收集装置放在排水塞下方，拆下气缸体上的排水塞，待冷却液排完后，安装新的排水塞。安装前确保在排放塞的螺纹上涂抹密封剂，最后清理所有溢出的冷却液。

图 7-54　大多数发动机的气缸体上会有可排出发动机内冷却液的排水塞

每当排出冷却液时，应使用冷却液回收和再循环机器回收和再利用已用过的冷却液。通常在再循环过程中会在回收的冷却液中混入添加剂。这些添加剂要么是用来与冷却液中的污染物结合以便更容易地将污染物清除，要么是用来恢复冷却液的一些化学特性的。

⚠ **注意**　切勿将发动机冷却液倒入下水道或倒在地面上。用过的冷却液是一种有害垃圾，它的废弃处置应符合当地的法律法规！

⚠ **注意**　冷却液对儿童和动物非常危险。它有一种甜味，如果摄入，可能会致命。切不可将冷却液放在打开的容器里。

6. 冲洗冷却系统

只要更换冷却液，尤其是在更换冷却液泵之前，都应对冷却系统进行彻底冲洗。散热器的底部会困住一些铁锈、污物和金属屑。排空冷却系统只能去除悬浮在排出液体中的污染物。任何冷却系统都会不可避免地产生铁锈和污垢，这些堆积物会影响冷却系统的效率，并可能导致散热器内部堵塞。冲洗也可能无法清除所有碎屑。事实上，如果散热器已堵塞，则应将其拆下进行大修

或更换。

冷却系统可以用不同方式冲洗。动力冲洗设备强制旧的冷却液和污染物排出冷却系统，这个功能通常是冷却液交换设备工作循环中的一个。反向冲洗迫使清水反向流经冷却系统，排出液体时会带出铁锈、污垢、腐蚀物和其他污染物。使用压缩空气冲洗枪反向冲洗冷却系统可打碎或松动污垢和其他碎屑层（图 7-55）。不建议在采用塑料和铝制散热器的系统上使用这种冲洗方法。查阅维修信息以了解有关针对所修车辆冷却系统的正确清洗方法。

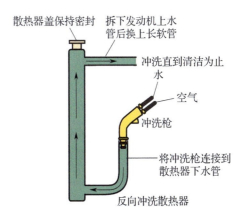

散热器盖保持密封　拆下发动机上水管后换上长软管
冲洗直到清洁为止
水
空气
冲洗枪
将冲洗枪连接到散热器下水管
反向冲洗散热器

图 7-55　反向冲洗冷却系统的连接方式

冲洗冷却系统的一个简单方法是排空冷却液，并用水充满散热器，随后让发动机运转达到其工作温度后关闭发动机，待其冷却后再将水排空。重复上述步骤，直到排出的液体清澈为止。清澈的液体表明所有旧的冷却液已清除干净。此时再次排空冷却系统中的水后重新加满冷却液。

有许多不同的冲洗化学制品可供选择。在使用任何化学制品前，要确保其对散热器是安全的。冷却液交换机经常将使用化学制品作为其冲洗功能的一部分。使用冲洗化学制品的典型步骤是先排空冷却系统，然后将化学制品倒入散热器，并用水加满散热器后安装并拧紧散热器盖。起动发动机并将加热器控制装置设置在其最高温度的位置。让发动机运转直至达到正常工作温度，然后关闭发动机并等其冷却下来。一旦发动机冷却下来，彻底排空散热器。如果冲洗化学制品需要中和剂，则将其添加到仍剩留在冷却系统的冷却液中。最后用新的冷却液加满冷却系统。

7. 重新加注及排气

在排空冷却系统并完成所有维修项目后，需要用合适类型和混合比的冷却液加满冷却系统。加注正确类型的冷却液极为重要。冷却液的颜色并非一定能表明其用途。早期无机的酸性冷却液是绿色的，长效冷却液通常是橙色或黄色的，而其他冷却液常常是红色、粉色或蓝色的。长效冷却液中的添加剂与那些早期的绿色或红色冷却液中的添加剂在化学上是不兼容的，因此必须排空冷却系统并重新用制造商规定的冷却液加满。

在重新加注冷却系统时，要先确定该冷却系统的总容量。用正确类型的冷却液加满该系统，然后松松地装上散热器盖。运转发动机直到其达到正常工作温度，然后关闭发动机，并调整冷却液的液面高度。最后拧紧散热器盖，再次运转发动机并检查是否有泄漏。

在重新加注冷却系统时，应确保已将其完全加满。有些系统在没有排净困住的空气之前很难加满。气缸盖、加热器芯和节温器下部的气泡会妨碍冷却液的正常流动和冷却。如果空气困在发动机气缸体或气缸盖中，也会产生热点，这会毁坏气缸垫、气缸壁和整个冷却系统。

这种问题在新型车辆上要比旧型车辆更为常见。在较旧车型上，散热器顶部的位置高于冷却系统的其他部分。这种布置易于使系统中的空气能通过散热器盖逸出。许多新型车辆的散热器盖低于冷却系统的其他部分，从而使空气更容易困在气缸体或气缸盖等其他的高处。

这些新型车辆必须在重新加满冷却液后排出空气。这可以通过很多种方式来实现。有时顶起汽车的前部可抬起散热器盖的位置，以使其高于冷却系统的其他部分。将散热器盖转动至第一个止动位置，起动发动机，让其运转直到节温器打开和冷却液循环。困住的气泡将自然地从散热器盖处溢出。在空气排净后，关闭发动机并调整冷却液液面。重新拧紧散热器盖至完全锁定的位置。

每种车辆可能有其自己的特定排气步骤。有些发动机在其冷却系统最高点位置布置了放气塞（图7-56）。查阅维修信息可确定它们的位置。这些放气塞可在系统填充时让空气逸出。

图7-56 某些发动机在冷却系统的最高点布置了放气塞用于排出困住的空气

为了使用放气塞，要确保发动机是热态且暖风加热器已完全打开。将软管连接到各放气塞的末端，将软管的开口端放入收集罐中。打开所有放气塞，慢慢地将所需量的冷却液加入散热器，直到冷却液从放气阀中开始流出。关闭各个放气塞并将冷却液加满冷却系统。

如果冷却系统没有放气塞，则断开冷却系统最高点的加热器软管。一旦液体稳定地从该软管中流出，重新连接该软管。如果冷却系统原配有冲洗用的三通，取下其盖子以清洗冷却系统。在将汽车重新投入使用之前，务必重新检查冷却液液面高度并确保已排出所有空气。

许多技师使用真空加注系统来重新加注冷却系统以防止任何空气滞困在系统中。将真空加注系统连接到散热器加注管口或膨胀罐上，并接上车间里的压缩空气系统。连接后，利用压缩空气的引流可在冷却系统中建立真空。几分钟之内应排净系统中的空气，并应保持住真空。如果不能保持住真空，则表明该系统中存在泄漏。如果系统可保持住真空，则从加注设备上断开车间的压缩空气，然后连接加注软管并将其一端放入新冷却液的容器中。打开真空加注设备上的阀门强制冷却液流入冷却系统至完全加满。加满后起动发动机并确认冷却液液面符合技术要求。

8. 混合动力汽车的特殊注意事项

大多数混合动力汽车都要求特殊的冷却液，这是因为冷却液要冷却发动机和转换器总成。对转换器的冷却是非常重要的，因而检查冷却液的状况和液面高度是在预防性维护期间追加的一项检查。在有些混合动力汽车中使用的冷却系统采用了电动泵和储液罐。储液罐储存已受热的冷却液，如果技师不知道如何小心地检查它们，可能会造成人身伤害。为了正确地维修众多混合动力汽车上的冷却系统，需要故障诊断仪和正确的维修信息以便顺利地完成冷却液的排空和重新加注。

第二代丰田混合动力汽车配有一个用保存的热冷却液加热冷发动机的系统以提供低的排放水平。热的冷却液储存在一个容器中（图7-57）。在发动机起动后，冷却液会立即循环通过发动机。在发动机关闭后，冷却液仍可循环通过发动机数小时。这种液体是处于压力下的，所以在为检查和维修而打开该系统时可能会对作业的任何人员造成严重烫伤。为了安全地维修该冷却系统，必须断开储存罐的冷却液泵。该冷却系统还与转换器总成相连。这就存在一个潜在问题：冷却液的流动路径很容易将空气困在冷却系统中（图7-58）。为了排空该系统中的空气，有一个放气螺塞，并需要使用故障诊断仪来驱动电动冷却液泵工作。

图 7-57 丰田混合动力汽车有一个热冷却液储存罐

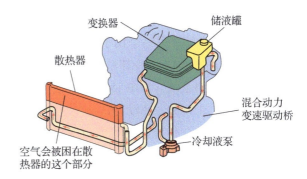

图 7-58 由于储液罐和变换器高于散热器盖，所以在加注冷却液时很容易有空气被困住

丰田混合动力汽车冷却系统排出空气和重新加注冷却液的推荐流程包括下述步骤：

步骤 1 拆下散热器的顶盖和散热器盖。

步骤 2 断开电动冷却液泵上的电气插接器以防止冷却液循环。

步骤 3 将一根排水软管连接到热冷却液储存罐底部的出水口上，然后松开储存罐上的黄色排放塞。

步骤 4 将一根排水软管连接到散热器左下角的排水口上，然后松开散热器上的黄色排放塞。

步骤 5 将一个排水软管连接到发动机后部的排水口，并松开发动机上的排放塞。

步骤 6 在冷却液被排空后，拧紧上述三个排放塞。

步骤 7 重新连接热冷却液储存罐冷却液泵的电气插接器。

步骤 8 将一根软管连接到散热器的放气塞端口，并将软管的另一端放入冷却液储液罐中。

步骤 9 松开散热器的放气塞。

步骤 10 将正确的冷却液加注到散热器中。

步骤 11 拧紧散热器的放气塞，并装上散热器盖。

步骤 12 将故障诊断仪连接到 DLC3（数据链接插接器）。

步骤 13 使用故障诊断仪，使热冷却液储存罐的冷却液泵运转 30s。

步骤 14 然后松开散热器的放气塞。

步骤 15 取下散热器盖，并在散热器中加满冷却液。

步骤 16 常常需要重复上述放气和加注步骤。通常在完成上述步骤且不需要再补充冷却液时，表明系统中的空气已被排净。

步骤 17 起动发动机并运转 1~2min。

步骤 18 关闭发动机，必要时补满冷却液。

福特混合动力汽车有两个独立的冷却系统，一个用于发动机冷却，另一个用于混合动力部件，称为电机电子设备（M/E）冷却系统。发动机冷却系统是传统的冷却系统。M/E 冷却系统使用一个电动冷却液泵（图 7-59）驱动冷却液流过变换器、变速器和一个安装在传统散热器旁边的单独散热器（图 7-60）。M/E 冷却液的储液罐布置在发动机冷却液储液罐的后面。尽管这两个冷却系统的工作原理相似，但 M/E 冷却系统通常工作在较低的压力和温度下。这两个冷却系统中冷却液液面都必须保持在正常高度。

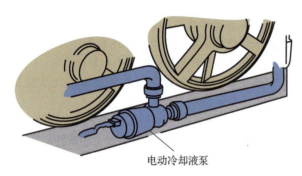

电动冷却液泵

图 7-59 福特 Escape 混合动力汽车 M/E 冷却系统的电动冷却液泵

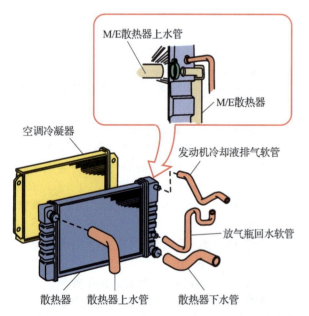

M/E 散热器上水管

M/E 散热器

空调冷凝器

发动机冷却液排气软管

放气瓶回水软管

散热器　散热器上水管　散热器下水管

图 7-60 福特 Escape 混合动力汽车的散热器总成

由于空气会很容易困在 M/E 冷却系统中，该系统在变换器的顶部设有一个放气螺钉（图 7-61）。在维修该系统时，确保将维修接头放置在 SERVICING/SHIPPING（维修 / 运输）位置

以隔离高压系统。此外，因放气螺钉非常靠近高压电缆，因此要戴高压绝缘手套。

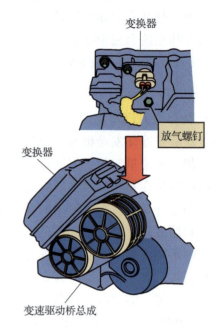

变换器

放气螺钉

变换器

变速驱动桥总成

图 7-61 福特 Escape 混合动力汽车冷却系统放气螺钉位置

9. 冷却液交换机

冷却液交换机（图 7-62）用于从冷却系统中排出旧冷却液，并用正确混合比例的新冷却液加注冷却系统。有些冷却液交换机还可对系统进行泄漏测试和冲洗。尽管有少数冷却液交换机是用车辆的蓄电池提供动力的，但大多数是用车间压缩空气提供动力的。大多数的冷却液交换机是在发动机关闭状态下通过它们循环冷却液的。

图 7-62 冷却液交换机收集旧的冷却液并用新冷却液进行更换

冷却液交换机可连接到散热器的加注口、散热器上水管或加热器软管上。旧的冷却液从冷却

系统中吸出，并储存在一个容器中。当吸尽所有冷却液后，冷却系统中的低压会从另一个容器吸入新的冷却液混合液。整个过程只需要几分钟。

交换完成后，冷却系统中不再会有空气，而且已加满冷却液。

3C：问题（Concern）、原因（Cause）、纠正（Correction）

维修工单				
年份：2006	制造商：福特	车型：F150	里程：173520mile	单号：18082
问题	发动机过热。冷却液温度表读数高。客户陈述在干线公路上行驶时，冷却液温度表读数可达到红线。无冷却液泄漏迹象，已更换过节温器，但温度仍然过高。			
根据该客户的问题，应用本章所学内容，确定该问题的可能原因、诊断该问题的方法以及为纠正此问题的必要维修步骤。				
原因	检查冷却系统的液面高度低。重新添加后进行压力测试，未发现泄漏。持续运转发动机，最终出现过热状况。此时散热器和软管仍是凉的。拆下并测试节温器。节温器测试结果良好。客户同意为拆卸冷却液泵而追加工时后，发现冷却液泵驱动轴断裂。			
纠正	更换冷却液泵并重新加满冷却系统。发动机的温度在所有行驶工况下均正常。			

7.7 总结

• 发动机的润滑系统必须提供足够的机油供给来冷却、清洁、润滑和密封发动机。它还必须清除机油中的污染物，并将机油输送到发动机所有需要的部位。

• 发动机机油储存在油底壳中。机油泵从油底壳中抽取机油，并经过滤清器清除污物。机油随后通过机油通道或油道流动到整个发动机中。机油循环通过发动机后返回到油底壳。

• 机油泵是一个容积泵，因而需要一个压力安全阀以防止在发动机高速时油压过高。

• 所有离开机油泵的机油都被引导至机油滤清器。

• 过多的机油消耗可能是由于发动机外部和内部泄漏，或是因活塞环、气门密封件或气门导管磨损所导致的。内部的泄漏使机油进入燃烧室后在燃烧室中被燃烧掉。

• **窜气**是一个术语，是指气体逃离燃烧室后进入曲轴箱。

• 当机油氧化时，机油中的化学混合物开始化学分解并凝固而形成油泥。

• 如今用作冷却液的液体是水和乙二醇基防冻剂 / 冷却剂的混合物。

• 冷却液泵驱动冷却液流经冷却系统。

• 散热器将热量从发动机转移到流过散热器的空气中。

• 节温器力图通过选择冷却液是去散热器还是通过旁路，或有时是它们组合的路径来控制发动机的工作温度。

• 散热器盖的作用是防止冷却液飞溅出散热器，并使冷却液能保持在一定压力范围内。

• 每使冷却液增加 1lb 的压力，其沸点将会升高约 3℉（1.6℃）。

• 冷却液通过散热器软管从发动机流向散热器后再从散热器流向发动机。

• 温度指示装置安装在仪表板上以在发动机温度过热时提醒驾驶员。

• 热液式的乘客舱加热器是发动机冷却系统的一部分。

• 配有自动变速器的车辆的散热器在其冷却液出水室内有一个密封的变速器油冷却器。

• 冷却风扇向散热器输送额外的空气以使发动机在低速和怠速时保持适当的冷却。

• 为了节省发动机功率和降低噪声水平，大多数新型车辆都装有电力驱动的冷却风扇。

• 测试车辆冷却系统的基本步骤包括检查散热器加注管口和溢流管是否有凹陷和其他障碍物，以及测试是否有外部和内部泄漏。

• 散热器盖能够持续使冷却液的压力保持在其范围内 1min。

• 应检查软管是否有泄漏、肿胀和磨损。应该更换任何感觉发黏、明显脆化或在挤压时有开裂痕迹的软管。

• 冷却液泵的大多数故障都归因于某种泄漏。其余的故障可以归因于轴承和冷却液泵轴的问题，以及偶尔有裂纹的铸件。

• 电解作用会破坏散热器管内侧的保护层，这会造成发动机的严重故障。它通常发生在电气附件和设备接地不良时。

• 发动机过热会导致爆燃、早燃、气缸垫损坏、OHC 凸轮轴咬死和断裂、软管爆裂、散热器泄漏、气缸因活塞膨胀而损坏、排气门杆黏滞以及发动机轴承损坏。

• 散热器压力测试可以帮助辨别冷却系统中的任何泄漏源和检查散热器盖的功能。

• 内部泄漏可以用燃烧泄漏测试仪来验证。

• 更换节温器时，更换的节温器务必要与原配的节温器具有相同的温度级别。

• 混合动力汽车通常需要特殊的冷却液，因为其冷却系统还要冷却变换器总成。混合动力汽车还需要特殊的维修步骤。

7.8 复习题

1. 思考题

1）提高散热器效率的最有效方法是什么？

2）在汽车机油泵中为什么需要一个卸压阀？

3）因发动机过热而可能导致的五个问题是什么？

4）使用放气塞排出冷却系统中空气的步骤有哪些？

5）用于确定冷却液泵是否正在提供良好循环的简单测试方法是什么？

2. 判断题

1）冷却系统中有空气存在表明气缸垫已有缺陷。对还是错？　　　　　　　　　　　（　　）

2）机油压力由机油泵是齿轮式还是转子式以及油隙、机油泵压力调节阀和机油黏度所决定。对还是错？　　　　　　　　　　　　　　　　（　　）

3）为了避免在不需要冷却风扇运转时消耗发动机的功率，当前许多由传动带驱动的风扇都有一个风扇离合器，以避免冷却风扇在发动机和散热器升温过程中转动。对还是错？　（　　）

3. 单选题

1）以下哪一项是发动机润滑系统的功用？（　　）

　　A. 保持足够的机油供给

　　B. 去除机油中的污染物

　　C. 输送机油到发动机需要的所有部位

　　D. 上述都是

2）每向发动机冷却液增加 1lb 的压力，冷却液的沸点将升高约（　　）。

　　A. 2℉（1.1℃）　　　　B. 3℉（1.6℃）

　　C. 4℉（2.2℃）　　　　D. 5℉（2.7℃）

3）以下哪一个**不是**驱动冷却液泵的常见方法？（　　）

　　A. 附件传动带　　　　B. 电动马达

　　C. 液压马达　　　　　D. 正时带

4）以下哪一项**不是**确定发动机是否有内部冷却液泄漏的有效方法？（　　）

　　A. 对系统进行压力测试

　　B. 目视检查排气、冷却液和发动机机油状况

　　C. 使用染料渗透剂和紫外线灯

　　D. 使用燃烧泄漏测试仪

5）当冷却系统软管（　　）时应被更换。

　　A. 变硬（脆）　　　　B. 变软（松软）

　　C. 有肿胀　　　　　　D. 上述都是

6）以下哪一项有关节温器的说法是**不正确**的？（　　）

　　A. 节温器有故障通常是冷却液管道中有空气泡的原因

　　B. 节温器故障还会导致燃油消耗增加和发动机性能下降

　　C. 若节温器卡在打开位置，冷却液将无法达到预期的温度，因为它在变热之前已被冷却

　　D. 若节温器卡在关闭位置，冷却液将无法在发动机和散热器之间流动，因而发动机将会很快过热

4. ASE 类型复习题

1）发动机在交通拥堵时过热，但在正常行驶时没有问题，技师 A 说节温器有问题可能是其原因；技师 B 说风扇离合器可能是其原因。谁是正确的？（　　）

A. 仅技师 A 正确

B. 仅技师 B 正确

C. 技师 A 和 B 都正确

D. 技师 A 和 B 都不正确

2）技师 A 说机油消耗过大可能是由低的机油液面造成的。技师 B 说机油消耗过大可能是因气门导管磨损引起的。谁是正确的？（　　）

A. 仅技师 A 正确

B. 仅技师 B 正确

C. 技师 A 和 B 都正确

D. 技师 A 和 B 都不正确

3）在检查可能导致冷却液电解的情况时，技师 A 将电压表的正表笔放入冷却液中，并将负表笔接地；技师 B 在点火开关关闭时检查冷却液中是否有电压存在。谁是正确的？（　　）

A. 仅技师 A 正确

B. 仅技师 B 正确

C. 技师 A 和 B 都正确

D. 技师 A 和 B 都不正确

4）在讨论机油消耗时，技师 A 说每行驶 2000mile 使用 0.946L 机油是可接受的；技师 B 说机油消耗会随行驶工况不同而增加。谁是正确的？（　　）

A. 仅技师 A 正确

B. 仅技师 B 正确

C. 技师 A 和 B 都正确

D. 技师 A 和 B 都不正确

5）技师 A 说如果 PCV 阀或其连接软管堵塞，将在曲轴箱中建立过大的压力并会导致机油泄漏。技师 B 说如果 PCV 阀或其连接软管堵塞，机油会被推入空气滤清器或被吸入进气歧管。谁是正确的？（　　）

A. 仅技师 A 正确

B. 仅技师 B 正确

C. 技师 A 和 B 都正确

D. 技师 A 和 B 都不正确

6）当从冷却系统排出空气时，技师 A 松开处在最高点的暖风加热器软管；技师 B 使用放气塞。谁是正确的？（　　）

A. 仅技师 A 正确

B. 仅技师 B 正确

C. 技师 A 和 B 都正确

D. 技师 A 和 B 都不正确

7）在诊断频繁急加速后发动机过热时，技师 A 检查散热器下软管是否塌陷；技师 B 检查冷却风扇的电气电路。谁是正确的？（　　）

A. 仅技师 A 正确

B. 仅技师 B 正确

C. 技师 A 和 B 都正确

D. 技师 A 和 B 都不正确

8）在混合动力车辆上进行冷却系统的维修时，技师 A 说可能需要将故障诊断仪连接到车辆上；技师 B 说可能需要在维修发动机之前禁用高压电系统。谁是正确的？（　　）

A. 仅技师 A 正确

B. 仅技师 B 正确

C. 技师 A 和 B 都正确

D. 技师 A 和 B 都不正确

9）在讨论发动机机油压力低的原因时，技师 A 说已污染的和旧的机油可能是其原因；技师 B 说卸压阀卡住可能是其原因。谁是正确的？（　　）

A. 仅技师 A 正确

B. 仅技师 B 正确

C. 技师 A 和 B 都正确

D. 技师 A 和 B 都不正确

10）在诊断冷却液膨胀罐中有气泡的原因时，技师 A 检查气缸垫是否损坏；技师 B 检查散热器盖。谁是正确的？（　　）

A. 仅技师 A 正确

B. 仅技师 B 正确

C. 技师 A 和 B 都正确

D. 技师 A 和 B 都不正确

第8章
起动机和起动系统

学习目标

- 能够描述各类电动机的基本工作原理。
- 能够识别直流电动机的主要零件。
- 能够说明起动系统的功用。
- 能够描述起动和起动控制电路的主要零部件及其功用。
- 能够描述不同类型的电磁开关和起动机单向离合器。
- 能够描述用于当前汽车上不同类型的起动机。
- 能够检查和测试起动机继电器、电磁阀、开关、插接器和起动机控制电路。
- 能够进行起动电路的电压降和起动时的电流消耗测试。

3C：问题（Concern）、原因（Cause）、纠正（Correction）

维修工单				
年份：2008	制造商：丰田	车型：Corolla	里程：149051mile	单号：16225
问题	该车被拖到店里，客户陈述当转动点火开关到 START（起动）位时，起动机无法带动发动机运转。			
根据该客户的问题，运用本章学习的内容确定该问题的可能原因、诊断该问题的方法和纠正该问题将需要哪些步骤。				

在应用电动起动机之前，汽车曾配有一个用来转动发动机的手摇柄以使发动机起动（图 8-1）。手摇柄使用的困难和不便促进了电动起动机的发展。

图 8-1 在引入电动起动机之前，手摇柄曾经是起动发动机的常用工具

目前起动发动机都采用电动机。电动机还用于混合动力和电动汽车的驱动。此外，电动机还用来驱动各种不同的附件。在大多数情况下，不同类型电动机的基本区别在于其尺寸和输出功率。大多数电动机以直流电为"动力"，而且其本身也是相对简单电路的一部分。用于牵引或驱动车辆的电动机使用交流电，并由非常复杂的电路控制。无论用来驱动电动机的电源是直流电源还是交流电源，所有电动机的运转都是以电磁学为基础的。

8.1 电磁学基本知识

电与磁之间是相互关联的，一个可以用来创建另一个。流过导线的电流建立了一个围绕该导线的磁场，而一根导线在磁场中移动，其中就会产生电流。

1. 电磁学

如果一种物质具有磁性，它就具有吸引铁、钢、镍或钴等金属物质的能力，那么这种物质就可以说是一种磁体。磁体有两个最大的引力点，分别位于其两端。这两个点被定义为其北极和南极（图 8-2a）。将两块磁体放在一起时，极性相反的两极相互吸引（图 8-2b），而极性相同的两极则相互排斥（图 8-2c）。

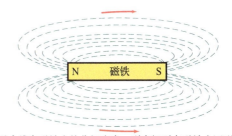

a）磁力线自磁铁中的北极出发，到南极再在磁铁内回到北极

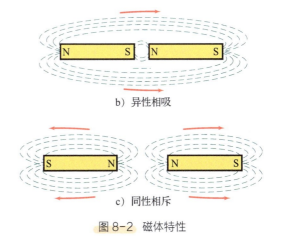

b）异性相吸

c）同性相斥

图 8-2 磁体特性

任何磁体周围都存在称为**磁通场**的磁场。磁场由沿着磁力作用的磁力线组成。这些磁力线从北极出发，进入南极，再通过磁体内部回到北极。所有磁力线都以与磁体垂直的角度离开磁体，它们彼此之间不相交，且所有磁力线都是完整（闭合）的。

2. 电磁体

磁体能以一种叫作磁石的矿物质形式存在于自然界。将一根磁性材料棒插入绝缘导线线圈的内侧，并使电流通过该线圈就可以制造出人造磁体。另一种制造磁体的方法是用一根条形磁体轻轻触及磁性材料。这两种方法都是迫使磁性材料中随机排列的分子变为沿着南极和北极排列。

人造磁体可以是临时的，也可以是永久的。临时磁体通常用软铁制成。软铁很容易被磁化，但当磁化力消失后，它们的磁性也会很快消失。永久磁体很难被磁化，但一旦被磁化，它们就能将这个特性保持很长一段时间。

地球是一个非常巨大的磁体，有一个北极和一个南极，在它们之间分布有磁力线。这就是指南针总是会朝向南方的原因。

1820年，一个简单的实验发现载流导体（线）周围也存在磁场。当拿着指南针处于该导线上面时，指南针的指针会以直角对正该导线（图8-3）。磁力线是围绕该导线的一些同心圆。这些环状磁力线的密集度在接近导线处最大，并随着远离该导线而逐渐变得稀疏。如图8-3所示，载流导线的磁场极性随电流流过该导线的方向而改变。这些磁力线或磁通线并不围绕该导线移动或流动。它们只是有一个方向，如同它们对指南针作用的那样。

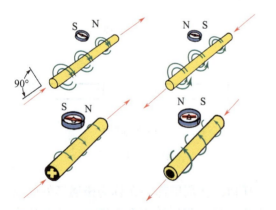

图8-3 当电流流过导体时，导体周围会产生与电流方向成直角的磁力线

（1）磁通量密度 在一点的磁通线越多，表明在这一点的磁场越强。增大电流将提高**磁通量密度**。此外，将两根流过相同方向和同等大小电流的导线并排放置所产生的磁场强度，等于一个携带两倍电流的导体的磁场强度。因此，增加更多的导线可以提高磁场强度（图8-4）。

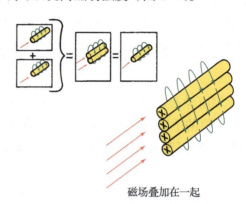

磁场叠加在一起

图8-4 增加流过相同方向电流导体的数量可增加其周围的磁场强度

（2）线圈 将一根导线绕成一个线圈，可使线圈内侧的磁通量集中。该合成的磁场是所有单回路磁场的总和（图8-5）。其整体效果与将流过相同方向电流的许多导线并排放置在一起相同。

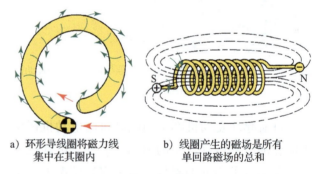

a）环形导线圈将磁力线集中在其圈内   b）线圈产生的磁场是所有单回路磁场的总和

图8-5 线圈

3. 磁路与磁阻

正如电流只能在完整电路中流动一样，磁体产生的磁通线也只能存在于一个闭合的磁路中。材料对磁通线通路的阻力称作**磁阻**。磁阻可以比作电阻。

重新考虑图8-5所示的导线线圈。线圈内的空气有很高的磁阻，从而限制了其产生的磁场强度。如果将一个铁心放置在线圈内，则产生的磁场强度会大大提高。这是由于铁心具有非常低的磁阻（图8-6）。

当一个载流导线绕在一个铁心上时，就构成了一个可用的电磁铁。电磁铁的磁场强度正比于该线圈的匝数和通过它们的电流。

电磁电路的计算公式与电气回路中的欧姆定律类似。它指出磁力线的数量与线圈匝数除以磁阻的商成正比。概括如下：线圈的磁极性取决于流过该线圈的电流方向；磁场强度随着通过线圈电流的增加而增加；磁场强度随着线圈匝数的增加而增加；磁场强度随着磁阻增加而减小。

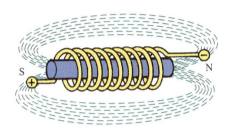

图 8-6　放置在线圈内的软铁心大大降低了线圈的磁阻，从而构成一个可用的电磁体

4. 电动机

电动机把电能转换成机械能。这些年来，尽管电动机在设计上发生了许多变化，但其基本工作原理仍保持不变。这个原理通过将两个棒状磁体以端对端方式放在一起就能很容易地观察到。如果两个端部具有相同的极性，它们就相互排斥；如果两个端部具有相反的极性，它们将彼此向对方移动并接成一个磁体。

如果我们推动一个转轴通过一个磁体的中心并允许其旋转，同时将另一个磁体向其移动，则第一个磁体要么是朝偏离第二个磁体的方向转动，要么是朝第二个磁体的方向转动。这就是电动机的工作基本原理（图 8-7）。尽管观察不到一整圈的转动，但确实看到了可能是转动半圈的那部分。如果能够改变第二个磁体的极性，将得到另外半圈的转动情况。所以为了使第一个磁体保持旋转，就需要在它转动半圈后立即改变它的极性。如果能持续这样做，就得到了一个电动机。

在真正的电动机中，一个电磁体安装在一根轴上。用轴承或衬套支撑轴，以使其能够旋转并保持在电动机的中心。环绕轴而又不接触轴的这个内部磁体，是一个固定的永磁体或电磁体。实际上，在这两个部件中有不止一个磁体或磁场。这些磁场的极性被快速转换，就有了几个磁场的

不断相斥和相吸，由此得到了一个不断旋转的内部磁场，并因磁力导致其中的轴旋转做功。电动机的转矩随电动机的转速、电动机的设计和电动机获取的电流大小而变化。旋转速度取决于电动机输入的电流、电动机的设计以及电动机旋转轴上的负荷。

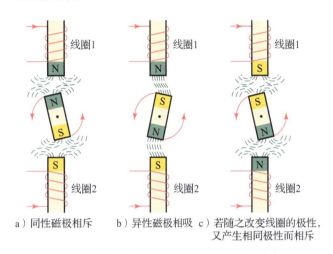

a）同性磁极相斥　b）异性磁极相吸　c）若随之改变线圈的极性，又产生相同极性而相斥

图 8-7　电动机的基本工作原理

电动机的基本部件有作为固定部件的定子绕组和作为旋转部件的转子绕组或电枢（图 8-8）。磁场绕组是在带槽铁心的软铁薄片上缠绕绝缘铜线形成的一对或多对磁极。有些电动机具有缠绕在极爪上的磁场绕组，它们称为极靴。电枢由载流导线回路组成。这些回路用低磁阻金属绕制型以增强磁场。电枢周围的磁场被绕组的磁场排斥，使得电枢旋转，以离开某个绕组的磁场。

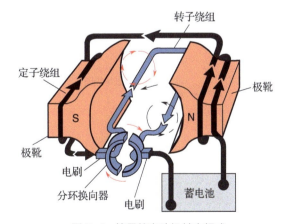

图 8-8　简易的电动机基本组成

磁场绕组或电枢可以用永磁体制成，而不是用电磁体。磁场绕组和电枢不能同时是永磁体。

电磁体可以改变磁场的极性以保持电枢旋转。改变电流流向也可以改变磁体的极性。

8.2 起动机

起动机（图8-9）是一种特殊类型的电动机，它的设计是要能在大电气负荷下工作，并能在短时间内产生大转矩。

所有起动机的设计和工作原理大体上是相同的。起动机基本上是由壳体、磁场线圈（绕组）、电枢、电刷、换向器和端盖组成（图8-10）。

起动机壳体包裹着起动机内部的零部件，并防止它们受到损伤，或受水分和外来物质的影响。起动机壳体还起到支承磁场线圈的作用。

（1）磁场线圈　磁场线圈和极靴（图8-11）牢靠地固定在壳体内部。磁场线圈与壳体绝缘，但与一个伸出壳体外表面的端子相连。这个端子连接至电磁开关。

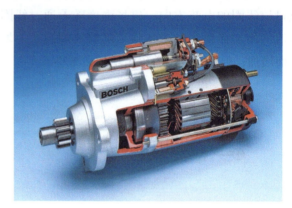

图8-9　起动机的剖开图

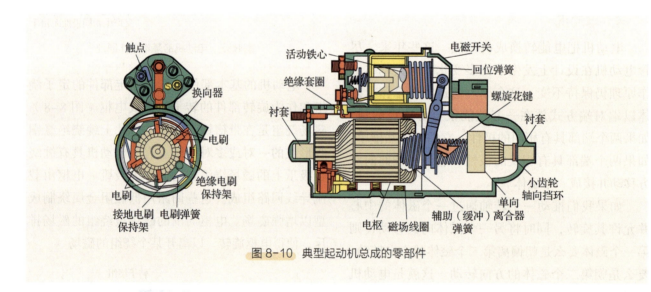

图8-10　典型起动机总成的零部件

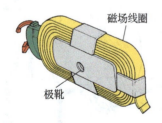

图8-11　磁场线圈和极靴示例

磁场线圈和极靴的设计是为了在电流流过它们时能在起动机内部产生强大的静电磁场。该磁场集中在极靴处。以相反方向分别绕在各自极靴上的线圈产生极性相反的磁场。

磁场线圈通过起动机电刷与电枢绕组串联。这使得所有流过磁场线圈电路的电流也流过电枢绕组。

（2）电枢　电枢是起动机中的旋转部件。它位于起动机驱动装置和换向器端盖之间，并被磁场绕组围住。流过电枢的电流在电枢的每个导体中都产生一个磁场。电枢磁场和磁场线圈产生的磁场之间的相互排斥使电枢旋转（图8-12）。这就是随后用来转动发动机的机械力。

电枢总成由电枢绕组、**换向器**和起动机驱动装置组成（图8-13）。电枢绕组由大型扁平的形成单独回路的紫铜带或铜线构成，因此可承受大电流。这些回路的一侧镶嵌在电枢芯或轴上的凹槽中，并与凹槽绝缘。

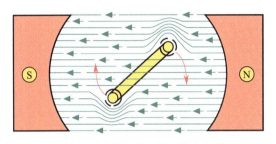

图 8-12 导体向磁场较弱的方向转动

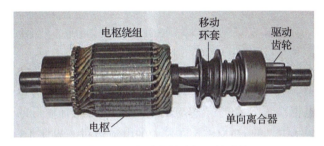

图 8-13 起动机的电枢及其附件

磁场线圈相互连接，因此来自线圈的电流同时流过所有电枢绕组。这种作用产生了围绕着每个电枢绕组的磁场，产生对周围所有导体的排斥力。这种排斥力使电枢转动。

换向器总成由相互隔开的粗铜换向片组成并与电枢轴绝缘。换向器的每个换向片都分别连接到相应电枢绕组的两端。

起动机有 2~6 个电刷，它们"骑"在换向片上，将来自静磁场线圈的电流输送到旋转的电枢绕组中。电枢绕组的每一端都与换向器上的一个换向片相连。一组电刷与一个电源端子连接，另一组电刷接地。电刷与换向器的换向片接触，传导流入流出电枢绕组的电流。

电刷安装在某种类型的保持架中并在其上工作。这种支架可能是在起动机壳体内部或保持架上的一种转臂式设计。然而在许多起动机中，电刷保持架是固定在起动机端盖上的。弹簧以适当的压力将电刷压在换向器上。最后要说的是，相邻的电刷保持架与壳体或端盖是绝缘的，而处于这些绝缘保持架之间的电刷保持架是接地的。

端盖是一个金属板，它用螺栓固定在起动机壳体的换向器一端，并用衬套或轴承来支撑电枢换向器的一端。

（3）起动机的工作原理　起动机通过磁场的相互作用将电流转换为转矩。磁场线圈和电枢绕组产生的磁场具有相反极性。当电枢绕组被置于磁场线圈中时，电枢绕组的某部分会因其磁场极性与磁场线圈的磁场极性相反而被推向一个方向，从而使电枢开始转动。随着电枢的转动，电刷与之前的换向片间的接触中断，并与下一个换向片接触，这导致电枢周围的磁场极性反向。该新的反向磁场导致电枢继续转动。这个过程不断延续，使得电枢持续转动，直到电流不再流向电枢。

电枢使用了许多换向片，从而提供了一个相同方向的旋转运动。这是因为当电枢的一个换向片转过一个电刷时，另一个换向片会立即占据它的位置，从而提供了持续的转矩。

不同型号起动机中的线圈和电刷数量可能会不同。电枢可以与磁场线圈串联（**串励式**），也可以跨接在电枢上形成并联形式（**并励式**），或使用串联与并联的组合（**复励式**）（图 8-14）。

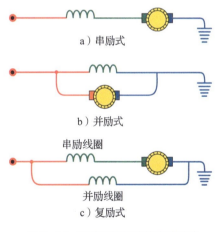

图 8-14 起动机按其接线方式分类

串励式起动机在起动时产生最大转矩，转矩随转速增加而减小。它是需要承受大起动负荷时的最理想选择。并励式起动机产生较小的起动转矩，但在所有运行负荷下都能保持恒定转速。复励式起动机综合了良好的起动转矩和恒定转速的特点。这种设计特别适合突然施加大负荷的应用场合。在起动机中，并励线圈常常用来限制起动机工作时的最大空载转速。

（4）永磁式起动机　许多起动机和附件电动

机使用永磁体取代电磁铁作为磁场线圈。这类起动机在电气方面比较简单，它不需要给磁场线圈提供电流。电流通过换向器和电刷直接输送到电枢（图8-15）。除了在磁场中没有电磁体外，这类起动机的功能与其他起动机相同。

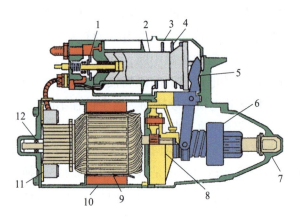

图8-15 永磁式起动机的总成结构

1—接触盘 2—活动铁心 3—电磁开关 4—回位弹簧
5—拨叉 6—驱动装置总成 7—滚针轴承
8—行星齿轮减速装置 9—电枢 10—永磁体
11—电刷 12—球轴承

这类起动机的维护和测试步骤与其他类型的起动机是一样的。需要注意的是，装在电枢前面的行星齿轮减速装置可使电枢以更高的转矩旋转，从而提高起动机的冷起动性能。

> ⭐ **警告** 永磁电动机需要特殊对待，因为永磁材料是相当脆弱的，重的敲击或跌落会毁掉该电动机。

（5）反电动势（CEMF） 起动机转矩的大小受很多因素影响。其中最重要的因素之一是电流消耗量。起动机转动越慢，消耗的电流就越多。这就是为什么当发动机难以转动时，起动机会消耗大量电流的原因。为了起动起动困难的发动机，起动机需要有更大的转矩。电流消耗和起动机转速之间的关系可以用反电动势（Counter EMF，CEMF）的原理来解释。电动势（EMF）是电压的另一种叫法。

当电枢在磁场线圈内转动时，电枢内就存在了感应一定电压的条件。只要一根导线通过磁场就会感应出电压。当由许多线圈构成的电枢转过磁场线圈时，会感应出较低电压（图8-16）。这个电压与蓄电池给电枢通电的电压相反。因此，只

有较小的电流流过该电枢。

电枢旋转越快，电枢中产生的感应电压就越高。电枢中的感应电压越高，对正常流向电枢的电流流动的阻碍就越大。电枢中的感应电压与蓄电池电压相反。这就是感应电压称为CEMF的原因。

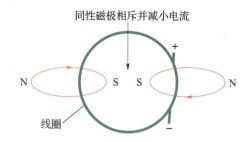

图8-16 磁场按照电流方向在载流导体的周围形成。当导线绕成线圈时，相斥的磁极引起CEMF

CEMF的影响是完全可以想象的。当起动机电枢缓慢转动时，感应的电压低，因此有较低的CEMF。低CEMF允许较大的电流流过。事实上，起动机输入最大电流的唯一时刻是电枢将转未转的时刻。

（6）无刷电动机 无刷电动机（起动机）使用一个永磁电动机和电磁场绕组。这种设计消除了电刷与换向器接触区域的电弧，延长了起动机的使用寿命。它还可以降低影响许多电子系统运行的电磁干扰（EMI）。有些混合动力汽车采用高输出的无刷直流电动机。

这些电动机通过一个电子电路来控制定子，并根据需要接通和断开电流以保持转子旋转。其关键是使用霍尔效应传感器来监测转子的位置（图8-17）。

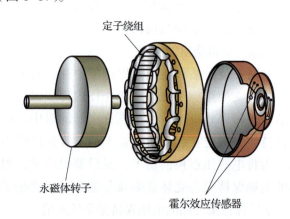

图8-17 无刷电动机的部件，霍尔效应传感器用来监测转子位置

8.3　起动系统

起动系统设计的目的是要通过转动或拖动发动机，直到它可以依靠自己的动力运转。为了实现这点，起动机需要与发动机飞轮的齿圈啮合。当起动机旋转时，带动发动机曲轴转动。起动系统的唯一作用是足够快地转动发动机曲轴，以使其能够自行运转。发动机的点火和燃油系统为发动机的运转提供火花和燃油，尽管通常不把它们作为起动系统的一部分，但它们确实会影响发动机起动的好坏。

一个典型的起动系统包括六个基本部件和两个不同的电气回路。这些部件是蓄电池、点火开关、蓄电池电缆、电磁开关（电气继电器或电磁线圈）、起动机和起动安全开关。

起动机从蓄电池中获得电流。一个大起动机可能需要 250A 或更大的电流。该电流流过将蓄电池连接到起动机和搭铁线的大直径电缆。

驾驶员用点火开关控制起动电流。蓄电池的电缆不连接到点火开关上。起动系统有两个独立的电路：起动机电路和控制电路（图 8-18）。起动机电路通过继电器或电磁线圈中的电磁开关将大电流从蓄电池输送给起动机。控制电路将点火开关上的蓄电池电源连接到用来控制流向起动机的大电流的电磁开关上。在许多新型车辆中，起动机的电路由车载计算机系统控制，点火开关仅作为该系统的一个输入。

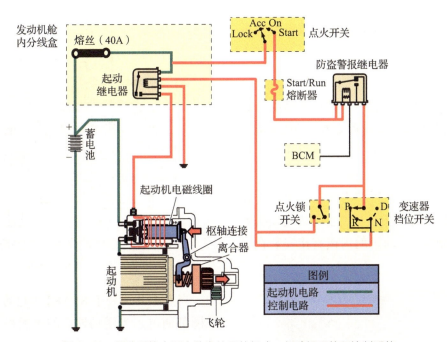

图 8-18　起动系统由两个独立的系统组成：起动机系统和控制系统

8.4　起动机电路

起动机电路承载系统内流过的大电流，并为转动发动机提供动力。起动机电路的部件有蓄电池、蓄电池电缆、电磁开关或电磁线圈以及起动电动机。

1. 蓄电池和电缆

起动机电路需要两根或多根大直径电缆。其中一根电缆连接在蓄电池负极端子和发动机气缸体或变速器壳体之间，另一根电缆连接着蓄电池正极端子与电磁线圈（图 8-19）。在配有**起动机继电器**的车辆上，需要两根正极电缆。一根从蓄电池正极端子连接到起动机继电器，另一根从该继电器连接到起动机上的相应端子。在起动发动机期间，这些电缆将大电流从蓄电池输送到起动机，再从起动机输送回蓄电池。

图 8-19 连接在起动机电磁线圈上的蓄电池正极电缆

这些电缆必须足够粗，以便能够充裕地承载所需的电流。当安装了尺寸不足的电缆时，可能会导致起动问题。使用尺寸太小的电缆，起动机不能输出其最大转矩，甚至充满电的蓄电池都可能无法起动发动机。

2. 电磁开关

每个起动系统都会包括一个某种类型的电磁开关，它使控制电路能够接通和关闭起动机电路。

电磁开关式 用电磁开关驱动的起动机是目前最常用的起动系统。电磁开关是一种机电装置，它利用活动铁心的移动产生拉力或保持力以闭合接触板。图 8-20 所示的电磁开关也称为起动机继电器，它可以安装在发动机舱内或直接安装在起动机的顶部。

图 8-20 这种起动机继电器安装在远离起动机的位置

在这类起动系统中，电磁开关利用其线圈产生的电磁场来执行两个不同的任务。第一个任务是推动起动机的驱动小齿轮与发动机飞轮齿圈啮合，这是该电磁开关的机械功能；第二个任务是充当继电器开关，驱动小齿轮一旦完成与飞轮的啮合，即向起动机供电。一旦电磁开关的接触板闭合，蓄电池的所有电流就将流向起动机。

电磁开关总成中有两个独立的线圈：一个吸拉线圈和一个保持线圈。这两个线圈的匝数大致相同，但用不同直径的导线缠绕而成（图 8-21）。这两个线圈共同产生将活动铁心拉入电磁线圈所需的电磁力。较粗的吸拉线圈将活动铁心吸入电磁线圈，而较细的保持线圈产生足够的磁力，使活动铁心能保持在该位置上。

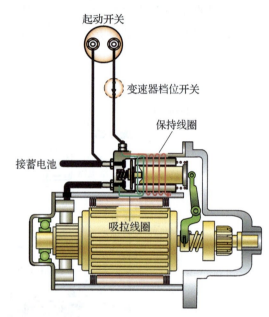

图 8-21 起动机电磁线圈中含有两个线圈：吸拉线圈和保持线圈

当点火开关处于 START（起动）位时，两个线圈都通电。当活动铁心的接触板与电磁线圈的端子接触时，吸拉线圈停用，此时活动铁心接触板接通蓄电池和起动机之间的供电电路，将电流引导至磁场线圈和起动机电枢，为起动发动机提供动力。

随着电磁开关活动铁心的移动，拨叉也在枢轴销上转动，从而推动起动机驱动小齿轮与飞轮齿圈啮合。当起动机接收到电流时，其电枢开始旋转。这个转动通过单向离合器和小齿轮传递到发动机飞轮，使发动机曲轴转动。

采用这种电磁开关驱动的直接驱动式起动系

统，小齿轮上的齿牙有可能不会立即与飞轮齿圈啮合。如果发生这种情况，将压缩位于小齿轮后面的弹簧，弹簧将力图使电磁开关的活动铁心完成其移动行程。当起动机电枢开始旋转时，小齿轮的齿牙可迅速与飞轮齿圈的齿牙对齐，同时弹簧的压力将迫使它们啮合。

3. 自动启停系统的电磁开关

为了降低燃油消耗，许多新型发动机都配备了自动启停或称为怠速停机系统。这类系统在怠速时关闭发动机，在驾驶员松开制动踏板或踏下加速踏板时会迅速重新起动发动机。为了实现发动机的快速起动，采用了一种新型的含有双电磁线圈的电磁开关（图 8-22）。它可以在电枢未旋转时单独控制起动机的驱动小齿轮，甚至可以在发动机停止转动瞬间啮合起动机驱动小齿轮，随后再通过另一个线圈使电枢通电来起动发动机。

图 8-22　用于自动启停系统的双电磁线圈起动机

这类电磁开关的另一个特点是可使发动机更快地重新起动。当系统处于工作状态时，发动机重新起动的时间通常不到 0.5s，而用普通的起动机需要 2s 以上。

为了利用自动启停功能，起动机和蓄电池都必须更强有力，以面对更多次数的发动机起动。该功能通常可以由驾驶员关闭，也可能因某些操作条件不满足或因驾驶员的优先权而自动关闭。

4. 起动机驱动装置

起动机的驱动装置是把电枢和飞轮耦合起来的装置。电枢一端的小齿轮与飞轮外侧的齿圈啮合（图 8-23）。旋转的电枢随后转动飞轮。为了防止损坏小齿轮或飞轮齿圈，小齿轮必须在电枢开始快速转动之前与飞轮齿圈啮合。为确保顺利啮

合，小齿轮齿牙的端部加工成锥形（图 8-24）。为了将小齿轮与飞轮齿圈脱离，小齿轮通过单向离合器安装到电枢上。

图 8-23　起动机的驱动小齿轮用于转动发动机的飞轮

图 8-24　为了平稳啮合，小齿轮的齿牙端部加工成锥形

（1）单向离合器　一旦发动机起动，其转速就会提高。如果起动机仍通过飞轮齿圈保持着与发动机的耦合，将使起动机以极高转速旋转，这会毁坏电枢和其他部件。

为了防止这种情况，一旦发动机转动快于起动机，就必须尽快分离起动机的驱动装置。在大多数情况下，小齿轮会保持啮合，直到电流停止流向起动机。为了防止电枢随发动机高速旋转，使用了单向离合器。

该离合器壳体内部通过花键滑套在电枢轴上。驱动小齿轮此时可在离合器壳体内的电枢轴上自由转动。当离合器外壳由电枢驱动时，被弹簧顶住的滚子被迫进入其锥形槽较窄的一端，并紧紧地楔入小齿轮的滑动面，将小齿轮和离合器壳体牢固地锁定在一起，离合器外壳与电枢轴相连，此时电枢带动小齿轮旋转，并驱动飞轮来起动发动机。

一旦发动机起动（图 8-25），飞轮带动小齿轮转动的转速就会高于电枢转速。这将释放滚子，从而解除小齿轮与电枢轴的锁定。小齿轮随后在电枢轴上自由旋转。一旦流过电磁开关的电流停

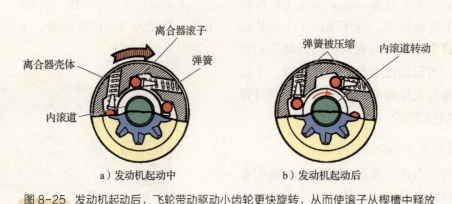

离合器壳体　　　离合器滚子　　弹簧　　　弹簧被压缩　　内滚道转动

内滚道

a）发动机起动中　　　　　　　　　b）发动机起动后

图 8-25　发动机起动后，飞轮带动驱动小齿轮更快旋转，从而使滚子从楔槽中释放

止，电磁开关的弹簧就会将活动铁心推回电磁开关未通电的位置，同时拉动小齿轮与飞轮齿圈脱离。

（2）齿轮减速驱动　有些起动机的电枢不直接驱动起动机的驱动齿轮，而是驱动一个与较大齿轮或行星齿轮组始终啮合的小齿轮（图 8-26）。这可使齿轮转速降低，从而允许一个小型高速起动机能以令人满意的起动转速提供大转矩（图 8-27）。这种设计的起动机在发动机起动时通常只需要较小电流。

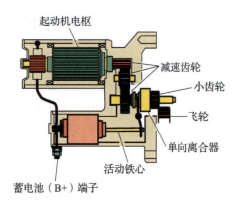

起动机电枢

减速齿轮

小齿轮

飞轮

单向离合器

活动铁心

蓄电池（B+）端子

图 8-26　齿轮减速驱动式起动机

电枢　　电刷

行星
齿轮组　　永磁体

图 8-27　齿轮减速式永磁起动机剖开图

8.5　起动控制电路

控制电路可用小电流来控制起动电路中的大电流。

整个起动电路中通常有一个通过正常规格的导线与蓄电池连接的点火开关和电磁开关（电磁线圈或继电器）。当点火开关转到 START（起动）位时，小电流流过电磁开关的线圈并闭合电磁开关，从而使全部电流直接流向起动机。点火开关除了控制起动电路外，还执行其他功能。它通常至少有四个独立的档位：上电（ACC）、关闭（OFF）、运转（RUN）和起动（START）。

有些较新型车辆上的点火开关不直接控制起动机工作（图 8-28）。该开关仅是车载计算机系统的一个输入。当钥匙转动到起动（START）位时，车身控制模块（BCM）向 PCM 发出信号以启用起动继电器。电流随后通过起动继电器流到起动机电磁开关。这种配置在装有原厂防盗系统的车辆上是常见的。该系统的优点之一是可在车辆遥控钥匙中添加远程起动的功能。

许多新型车辆已经取消了传统的钥匙和点火开关，而是采用了起动按钮和智能钥匙（图 8-29）。起动按钮只是车载计算机系统的一个输入。起动机的电路根据来自防盗、BCM 和 PCM 的输入来控制。通常情况下，车辆必须先检测到正确智能钥匙的存在。接下来是驾驶员踩下制动踏板，然后按下起动按钮一次以给车辆上电，再次按下起动按钮启用起动机电路。在发动机运转时按下该按钮将关闭发动机。

起动安全开关，通常也称**空档安全开关**。它是一个常开开关，用于允许起动系统在变速器处在非 P/N 位时运行。起动安全开关可以布置在点火开关与继电器或电磁阀的电路之间，也可以布置在继电器与搭铁电路之间。在计算机控制的起动系统中，安全开关可以作为 PCM 的一个输入，而不是直接连在起动机控制电路中。

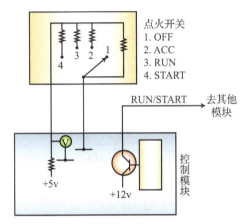

图 8-28　计算机控制的起动系统中的点火开关

图 8-29　发动机起动按钮

与自动变速器同时使用的安全开关通常称为 P/N 位开关（图 8-30）。该开关触点以串联方式连接在控制电路中。只有变速杆处于 N 位或 P 位时，才会有电流流经继电器或电磁线圈。该开关通常安装在变速器箱体上。

自动变速器的机械式安全开关在自动变速器处于非 P/N 位时会在物理上阻止点火开关的转动。点火开关只能在变速杆处于 P 或 N 位时才能转动。这类系统也称互锁系统。

配合手动变速器使用的安全开关通常由离合器踏板控制。离合器开关的功用与 P/N 位开关相同。离合器开关在未踩下离合器踏板之前将使起动机控制电路断开（图 8-31）。

图 8-30　安装在制动变速器箱体上的空档安全开关

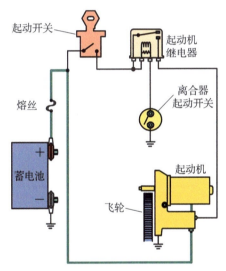

图 8-31　必须完全踩下离合器踏板才能闭合离合器开关并接通起动控制电路

8.6　起动系统测试

如前所述，起动机是一种设计为仅是间断使用的特殊类型的电动机。在测试过程中，其每次运转的时间不得超过 15s，且每个测试周期的间隔时间应不少于 2min 以让其冷却。

1. 初步检查

起动机的起动输出受蓄电池和充电状况、电路线缆以及发动机转动要求的影响。

在测试起动系统之前，应先检查蓄电池，必要时充电。许多与起动系统相关的问题都可以通过排查蓄电池及其相关零部件来解决。

检查线路和电缆连接的清洁、紧固情况（图8-32）。连接松动或脏污会导致过大的电压降。电缆可能被蓄电池酸液腐蚀，与发动机部件和其他金属面的接触会磨损电缆的绝缘层。磨损的绝缘层会导致完全短路，这种短路可能严重损坏车辆上的某些电气装置。

还应该检查电缆以确保它们不过长或过短。当检查电缆和线路时，每次都要检查系统的大电流熔丝和／或熔断器。当其中一个发生熔断时，在更换它们之前，务必排查该系统并确定故障原因。

确认该发动机加注的是汽车制造商推荐的合适黏度的机油。使用比规定机油黏度大的机油再加上低运转温度，将使起动转速严重降低到发动机无法起动的转速点，此时起动机会输入过大电流。

2. 安全注意事项

几乎所有的起动系统测试都必须在起动机拖

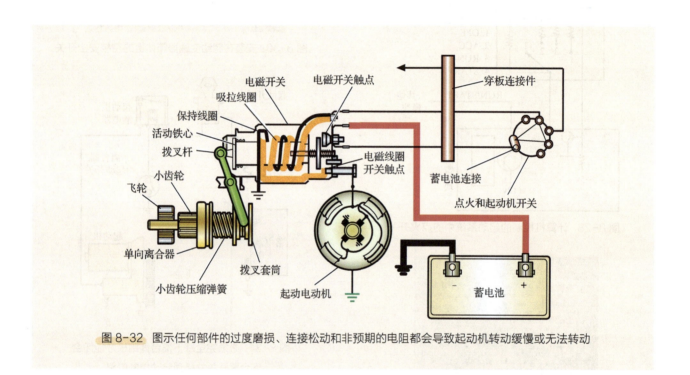

图 8-32 图示任何部件的过度磨损、连接松动和非预期的电阻都会导致起动机转动缓慢或无法转动

动发动机转动时进行，这需要在测试期间发动机不能起动和运转，否则读数将是不准确的。

为了防止发动机起动，可以通过一个远程起动开关绕过点火开关，以使电流流向起动系统，但又不会流向电气系统的其余部分。在测试过程中，要确认变速器处于P/N位并施加了驻车制动。

车间提示

应始终以合乎逻辑的方式进行起动系统的诊断。这是确定问题真正原因的唯一方法。在索赔申报中，因缺陷而被返回的起动机中有近80%在测试时都是工作良好的。这通常是对起动和相关充电系统的诊断不当或不全面造成的。

3. 不能转动的问题

一个常见的问题是发动机未转动，且没有转动的迹象。这意味着当转动钥匙或按下起动按钮到起动位时，起动机没有啮合。在起动过程中，使用试灯或电压表检查起动机电磁开关控制电路端子上是否有蓄电池电压。如果有电压且到起动机本身的电源和搭铁电路良好，则是电磁开关或起动机存在故障。如果没有电压或电压低，则需要诊断控制电路。

采用计算机控制起动系统和／或配备防盗系统的车辆可能需要使用诊断仪来检查给起动机的指令。无转动状态可能是防盗系统禁用了起动机。确保安全开关处于闭合状态，并在尝试起动发动机时观察给起动机的指令。如果给起动机的指令是 ON，但其没有运转，则应检查在起动过程中是否向电磁开关提供了电压。如果在试图起动时给起动机的指令是 OFF（关闭），则需要确定起动机被禁用的原因。检查来自离合器、变速器档位和点火开关的输入数据，看是否其中一个处于断开状态。

尽管并不常见，但发动机可能会因为被"咬死"而无法转动。起动机在该情况下可能会发出咔嗒声或咚咚声，并试图去转动飞轮，但无法转动。可在尝试起动发动机时打开前照灯。如果灯光明显变暗或熄灭，则应检查起动机电流，或试试用手动工具能否转动发动机。

4. 起动电磁开关的问题

电磁开关问题的典型现象是当点火开关转动到 START（起动）位时发出了咔嗒声。该声响是由电磁开关的活动铁心来回移动引起的。正常情况下，该铁心应移动到能使蓄电池触点接通的位置，并被磁场力保持在那里，直到点火开关离开 START（起动）位。

为了使电磁开关的活动铁心足够移动到位，以接通起动机电路并保持在该位置，在电磁开关绕组周围必须有一个强磁场。该磁场的强度取决于流过电磁开关绕组的电流。因此任何会减小电流的因素都会影响电磁开关的运行。发出"咔嗒"声的常见原因是蓄电池电压低、电磁开关上的电压低或保持线圈中有开路问题。

检查蓄电池和至电磁开关的电压有助于确定问题的原因。如果电磁开关是坏的，它可以作为一个单独部件更换或与起动机一起更换。

5. 起动安全开关

起动安全开关可以用电压表检查。当变速器处在 P 或 N 位，或踏下离合器踏板时，该开关应闭合。在其他档位和松开离合器踏板时，该开关应断开。在许多车辆上，安全开关的状态是使用诊断仪检查的。找到该开关的输入数据，然后查看相关输入是否随着选择不同的档位或踏下离合器踏板而改变。这些开关通常只需要进行适当调整，即可恢复它们的功能。但这并非适用于所有车辆。如果调整不能解决问题，则应更换起动安全开关。

6. 蓄电池加载测试

发动机转动缓慢通常是蓄电池不能提供足够大的电流导致的。蓄电池必须能够在所有电气负荷下转动发动机，同时还要保持足够的电压以满足起动时的点火系统等所需。在检查起动系统前，先执行一下蓄电池的加载测试。

▶ 参见

有关蓄电池加载测试和其他测试的正确步骤参见《汽车电气系统检修技术（原书第 7 版）》第 1 章。

7. 起动电压测试

起动电压测试是测量起动过程中起动机上的可用电压。为执行该测试，先禁用点火开关或使用一个远程起动开关来绕过点火开关。正常情况下，远程起动机开关的引线连接到蓄电池正极端子和起动机或电磁开关的 S 端子或继电器（图 8-33）。有关被测车辆的具体电路和说明可参阅维修信息。将电压表的负极引线连接到良好的底盘搭铁点。将正极引线连接到起动机继电器或电磁开关上的起动机供电端。起动起动机并观察电压读数。将读数与技术规范进行比较。通常 9.6V 是所需的最小电压。

测试结论　如果读数高于技术规范，但起动机仍然转动不良，则可能是起动机有故障，或是起动机搭铁电路电阻过大。如果电压读数低于技术规范，则应进行起动电流测试和电路电阻测试，以确定问题是由起动电路中的高电阻还是发动机问题引起的。

8. 起动电流测试

起动电流测试是测量起动机电路为转动发动机所消耗的电流。这可以使用 VAT 测试仪、DMM 和电流夹钳来完成，也可以用一个带电流钳的示波器（图 8-34）来测量所消耗的电流。

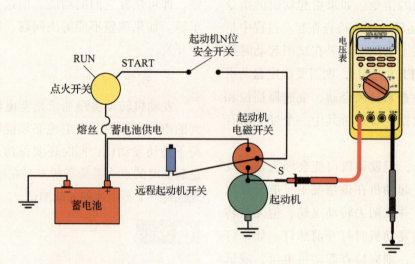

图 8-33 使用远程起动开关以绕开起动机的控制电路和点火系统

尽管大多数参考文献规定起动电压应至少为 9.6V，但有些发动机在电压低于 10.2V 时会难以起动。因此在通过本测试得出结论之前，一定要查看制造商的技术规范。

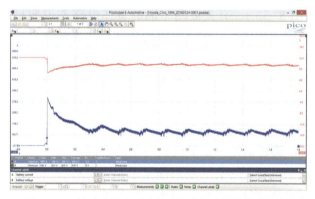

图 8-34 使用示波器测试起动机在起动时的电流和电压

为了进行起动电流测试，在测试前先连接一个远程起动开关或禁用点火开关。按照测试仪所给的说明连接测试引线。转动发动机不要超过 15s。观察电压表，如果电压降至 9.6V 以下，则表明存在问题。同时观察电流表并将读数与技术规范做比较。一般来说，根据发动机的排量，汽油发动机的起动电流在 130~250A 之间变化，柴油发动机的起动电流可能达到 350A 或更高。

表 8-1 概要性地说明了起动机电流过低或过

高的最可能原因。如果问题是由系统中的电阻过大引起的，则需要进行电路的绝缘电阻测试。

表 8-1　平均电流消耗

发动机	12V 电压时的电流
四缸发动机	125 ~ 175A
六缸发动机	150 ~ 200A
八缸发动机	175 ~ 250A

问题	可能的原因
电流和电压都低	蓄电池充电不足或损坏
电流低，电压正常	起动机电路中电阻过大
电流低，电压正常	起动机或电磁开关中电阻过大
电流低，电压正常	至起动机和 / 或电磁开关的各个连接电阻过大
电流高，电压正常	起动机短路
电流高，电压正常	起动机电路与搭铁短路
电流高，电压正常	因发动机问题，机械阻力过大
电流高，电压正常	起动机驱动齿轮未对准
电流高，电压正常	机油黏度过高
电流高，电压正常	严寒天气

9. 绝缘电路电阻测试

起动电路由绝缘（供电）电路和搭铁电路组成。绝缘电路包括从蓄电池到起动机的所有大电流电缆和连接。

要测试绝缘电路是否有高电阻，应禁用点火开关或使用一个远程起动机开关以绕过点火开关。将 DMM 的正表笔连接到蓄电池的正极接线柱或螺母，将电压表的负表笔连接到起动机或电磁开关 / 继电器的 M 端子上。用起动机转动发动机并记录电压表的读数，如果电压降在规定范围内（通常为 0.2~0.6V），则绝缘电路中不存在过大的电阻。然后测试搭铁电路的电阻是否过高。如果电压读数显示电压降超出规定范围，则将电压表负表笔向蓄电池逐渐移近，在每个测试点测量转动发动机时的电压降。被测电缆两端电压降的最大允许值通常为 0.1V。

图 8-35 展示的是典型的起动机电路电压降测试步骤。

1）测量起动机电路各点电压降所需工具有翼子板护罩、DMM 和远程起动机开关，确保已施加驻车制动且变速杆在 P 或 N 位

2）将 DMM 正表笔连接在蓄电池正极柱上，尽可能不要连接在蓄电池夹子上

3）将 DMM 负表笔连接在起动机的 B+ 端子上

4）将 DMM 的电压量程设置在接近但高于蓄电池电压的档位

5）禁用点火开关和燃油喷射系统，使用远程起动机开关

6）转动发动机，同时读取电压读数，该读数是起动机电路正极侧的电压降

7）图中的电压降读数表明电路中有过大电阻。为确定其位置，将负表笔向蓄电池侧移动到下一个测量位置。本示例中是移动到安装在翼子板内侧的起动机继电器上接起动机的一侧

8）转动发动机并观察电压读数，它是从蓄电池正极到该继电器输出之间电路上的电压降

9）若仍有过大电压降，则将 DMM 负表笔移到该继电器接蓄电池正极的一侧继续测量

10）转动发动机并观察电压读数。它是从蓄电池到起动机继电器电缆上的电压降。注意，此时读数显示几乎没有电压降，表明该电缆是完好的

11）现在将 DMM 跨接在该继电器两端子上，正表笔接蓄电池侧，负表笔接起动机侧

12）转动发动机并观察电压读数。这是电流流过该继电器内部接触板引起的电压降

13）测量结果显示电压降高于正常值，该起动机继电器接触板接触电阻过高，应更换

图 8-35 典型起动机电路电压降测试步骤

测试结论 当观察到过大的电压降时，可将故障点定位在当前测量点与前一个测试点之间的原因。电压降过大要么是电缆损坏，要么是连接不良、导线直径过小，或者可能是电磁开关内的接触组件不良。修理或更换任何损坏的线路或有故障的连接件。

⚠ 注意 在进行此测试之前，应确保车辆的变速器处于 P 或 N 位。起动机能够使车辆移动，这可能会伤害到您和您周围的人。

10. 起动继电器旁通测试

起动继电器旁通测试是确定继电器工作是否正常的一种简单方法。首先禁用点火装置，然后在蓄电池正极柱和起动机继电器的起动机端子间连接一根较粗的跨接电缆，以绕过继电器。当建立起该连接后，发动机应运转。

测试结论 如果发动机在连接该跨接电缆时能够运转，而在未接通旁通继电器之前不能运转，则起动机继电器有故障，应更换。

11. 接地电路电阻测试

接地电路为绝缘电路供给起动机的电流提供返回蓄电池的回路。该电路包括起动机到发动机、发动机到底盘以及底盘到蓄电池接地端子的连接。

为了测试接地电路的电阻是否偏高，禁用点火开关或使用一个远程起动机开关绕开点火开关。有关测试的正确连接参见图 8-36。运转发动机并记录电压表的读数。

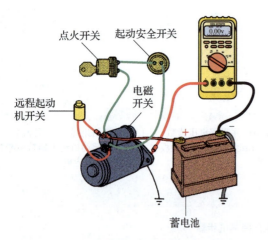

点火开关　起动安全开关

远程起动机开关

电磁开关

0.00v

＋　－

蓄电池

图 8-36 检查接地电路两端电压降的连接

测试结论 对于一个 12V 系统来说，可接受的电压降应小于 0.2V，超过此值的电压降表明接地电路存在连接不良的情况，其原因可能是起动机固定螺栓松动、蓄电池接地端子插接器不良，或从蓄电池到发动机气缸体的接地系统线路损坏或线径过小。查找电压降过大原因的方法与在绝缘电路电阻测试中推荐的将万用表正表笔逐步移向蓄电池的方法相同。如果接地电路测试结果不能令人满意且存在起动机问题，则应转向控制电路测试。

12. 控制电路的电压降测试

控制电路测试用于检查控制电磁开关的所有线路和部件，无论是继电器、充当继电器的电磁开关，还是安装在起动机上的电磁开关。

电磁开关电路中的大电阻降低了通过电磁开关线圈的电流，这会导致电磁开关工作不正常。在某些大电阻的情况下，电磁开关可能完全不动作。电磁开关工作不正常通常会造成电磁开关触点烧蚀，进而导致起动机电路中的大电阻。

如有可能，查阅被测车辆的电路中图以确认控制电路中的所有部件。这些部件通常包括点火开关、安全开关、起动机电磁线圈或继电器。

为了进行该测试，应先禁用点火和 / 或燃油系统。将万用表正表笔连接到蓄电池正极柱上，负表笔连接到电磁开关或继电器上的起动机开关（S）端子，然后运转发动机并记录万用表的读数。

测试结论 一般情况下，可接受的结果是小于 0.5V，小于该值表明该电路状况良好。如果电压读数超过 0.5V，则通常表明电路中有过大的电阻。但在某些车辆上，电压降稍高一点可能是正常的。

通过将负表笔逐步向蓄电池正极端子方向移动，用一次排除一根导线或一个部件的方式来确定大电阻所在的位置。

任何一根导线、插接器或开关上的电压降读数超过 0.1V 通常都表明存在故障。如果在自动变速器使用的安全开关上读取到偏高的电压降读数，则应根据制造商的维修信息检查开关的调整状态。大多数离合器控制的安全开关是不能调整的，若有问题必须更换。

13. 测试起动机驱动部件

该测试用于就车检测起动机驱动装置是否打滑。首先禁用点火系统或用远程起动开关绕过点火开关，然后使起动机处于起动工况并保持几秒。至少重复上述过程三次，以检测间歇出现的打滑情况。

测试结论 如果起动机能平稳地起动发动机，则表明起动机驱动装置工作正常。如果发动机停机，但起动机高速旋转且噪声很大，则表明起动机驱动装置打滑，应更换。

如果起动机驱动装置没有打滑，但发动机没有被拖动，应检查飞轮是否缺齿或有损坏的齿牙。从车辆上拆下起动机并检查其驱动部件。检查小齿轮的齿牙是否有磨损和损坏的迹象，然后测试单向离合器。如果正常，单向离合器应能在一个方向上自由转动，而在另一个方向上不能转动。不良的离合器会在锁定方向上自由转动，或者完全锁死。如果驱动装置锁死，将会导致起动机以15倍以上的发动机转速旋转，从而导致起动机毁坏。

14. 拆卸起动机

如果测试表明必须拆下起动机，则第一步是断开蓄电池负极电缆并用电气胶带包裹好电缆夹头。可能需要将车辆停放在举升机上以便触及起动机。在举升车辆之前，断开所有可以从发动机舱盖下触及的与起动机有关的导线、紧固件等。

断开通往电磁开关端子的导线。为了避免在重新安装起动机时产生混淆，明智的做法是在导线上做标记，以便在重新安装时将它们安装到正确的端子上。

在某些车辆上，可能需要断开排气系统才能拆卸起动机。松开起动机固定螺栓，除留下一根螺栓外，取下其余所有的固定螺栓，注意，此时要支撑住起动机，随后将起动机从飞轮壳上拉出。起动机不受阻碍后，拆下最后一个螺栓并取出起动机。

为更换起动机，有时可能需要拆下进气歧管。在有些四缸发动机上，进气歧管可以不必拆下，而只是将其移动就可以获得接近起动机的空间。在某些V型发动机上，必须拆除进气歧管。

取出起动机后，应检查起动机驱动小齿轮和飞轮齿圈（图8-37）。当起动机驱动装置的齿牙有异常磨损时，一定要检查飞轮的整个齿圈。如果起动机驱动装置或飞轮的齿圈显示有磨损或损坏的迹象，则必须更换。

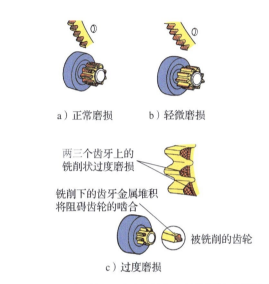

a）正常磨损　　　b）轻微磨损

两三个齿牙上的
铣削状过度磨损

铣削下的齿牙金属堆积
将阻碍齿轮的啮合

被铣削的齿轮

c）过度磨损

图 8-37 起动机驱动小齿轮和飞轮齿圈的磨损形式

15. 空载测试

许多制造商不提供起动机在车上时的起动电流技术参数，仅提供空转转速（空载）时的技术参数。这是因为，在车上的电流大小受蓄电池、蓄电池电缆和连接以及发动机状况的影响。为了准确测试起动机的电流大小，将起动机拆下后进行台架测试。空载电流消耗通常在60~80A范围内，但实际技术参数应参照制造商的维修信息。

每台起动机在拆下后和安装前都应进行台架测试。对起动机进行空载测试时（图8-38），应按照以下步骤进行。

> **步骤**
>
> 空载测试：
> 步骤1　用台钳稳固夹紧起动机。
> 步骤2　将电流表连接在蓄电池电缆上，将起动机连接至蓄电池。这将使起动机运转起来。
> 步骤3　检查电流大小和起动机转速，并将它们与技术参数做对比。如果它们在蓄电池电压不低于11.5V时与技术参数相符，则该起动机工作正常。

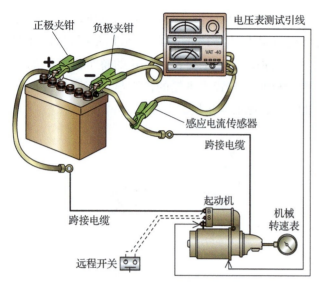

图 8-38　起动机空载测试的基本连接方式

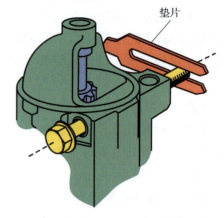

图 8-39　在起动机安装位置使用垫片以获得
驱动小齿轮与飞轮齿圈间的合适间隙

如果电流过大或起动机转速过低，则可能存在过大的机械阻力，这可能是衬套或轴承磨损或电枢变形导致的。电流过大也可能是因为电枢或磁场线圈短路。

如果没有电流且起动机不转动，则问题可能是电磁开关故障、磁场线圈开路、电枢绕组开路、电刷或电刷弹簧损坏。

电枢转速低且电流小则表明存在过大电阻，这可能是因为换向器与电刷连接不良或电缆与起动机连接不良。如果电枢转速高且电流大，则应检查磁场线圈是否短路。

16. 安装

在安装新的或再制造的起动机前，应先去除安装处的油漆。另外要确保在安装时已拿稳起动机。将固定螺栓拧紧至规定力矩，并确保在最终拧紧前起动机已完全落座。起动机安装力矩不足可能导致固定螺栓在工作时松动，从而造成起动机头部开裂或断裂。此外，要确保所有电气连接牢固。如果起动机装有隔热罩，则应在拧紧固定螺栓前确认隔热罩已经就位。

有些起动机在安装位置使用了垫片（图 8-39）。为了检查这个间隙，可装上起动机，并将螺丝刀插入驱动装置外壳侧面的检修插槽中，然后将驱动小齿轮撬动到啮合位置。使用线规或一段0.020in 直径的金属丝来检查齿轮与飞轮齿圈齿牙之间的间隙（图 8-40）。

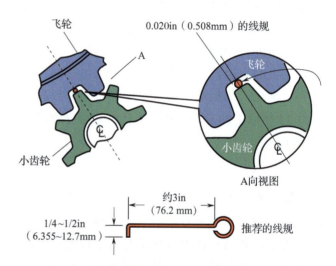

图 8-40　检查驱动小齿轮与飞轮齿圈齿牙间的间隙

如果两个齿牙间的间隙不合适，则需要添加或减少垫片以使间隙符合技术规范。如果间隙过大，则在起动机转动发动机时会发出尖锐的吱吱声。如果间隙过小，则在发动机起动且点火开关返回到 RUN（运转）位后，起动机仍将产生尖锐的吱吱声。

8.7　总结

• 电流流过导线时在导线周围产生磁场。移动的导线穿过磁场会在导线中产生电流。

• 每个磁体周围都存在一个磁场，也称为磁通场。

3C：问题（Concern）、原因（Cause）、纠正（Correction）

维修工单				
年份：2008	制造商：丰田	车型：Corolla	里程：149051mile	单号：16225
问题	该车被拖到店里，客户陈述当转动点火开关到 START（起动）位时，起动机无法带动发动机运转。			
汽车维修师确认当点火开关处于 START（起动）位置时，发动机不运转。在尝试起动发动机时，蓄电池带载测试通过且起动机 M 端子上有蓄电池电压。				
原因	起动机不工作。			
纠正	更换起动机和电磁开关，起动系统工作正常。			

- 电磁体的磁极性取决于电流流过其回路的方向。

- 电磁体周围的磁场强度随着通过线圈的电流增加、线圈匝数增加和磁阻减小而增加。

- 起动机的基本部件是定子或磁场线圈（起动机固定部件）和转子或电枢（旋转部件）。

- 起动机是一种设计为在短时间大电流负荷下工作并产生大转矩的特殊类型的电动机。

- 所有起动机都有一个壳体、几个磁场线圈、一个电枢、一个带电刷的换向器和端盖。

- 起动机转矩的大小取决于其输入的电流，该电流的大小受 CEMF 的限制。

- 起动系统有两个不同的电气回路：起动机电路和控制电路。

- 起动机电路将大电流从蓄电池通过大直径电缆输送到起动机。

- 控制电路使用小电流来控制电磁开关，从而断开和闭合起动机电路。

- 点火开关用于控制控制电路中的电流。

- 电磁阀和继电器是起动系统中使用的两种电磁开关类型。电磁阀使用电磁力将活动铁心拉入线圈以闭合接触板。继电器使用其活动触点断开和闭合电路。

- 起动机的驱动机构啮合并转动飞轮以带动发动机起动。

- 一旦发动机起动，单向离合器将就保护起动机不会旋转过快。

- 起动安全开关防止起动系统在变速杆处于非 P/N 位时运行。

- 蓄电池负荷、起动电压、起动电流、绝缘电路电阻、起动继电器旁路、接地电路电阻、控制电路和驱动装置等测试都可以用来排查起动系统的故障。

- 拆下起动机后，应检查起动机驱动小齿轮和飞轮齿圈。

8.8 复习题

1. 思考题

1）磁场绕组在起动机中起什么作用？

2）什么是电动势（EMF）？电动势与起动机运转有什么关系？

3）电刷"骑"在电枢上的部件称为什么？

4）描述如何进行起动机的台架测试。

2. 判断题

1）电磁体中的磁场强度随着导线匝数和流过导线的电流增大而增加。对还是错？　　（　　）

2）磨损的电枢轴承会导致该起动机起动电流大于正常起动机。对还是错？　　（　　）

3. 单选题

1）下列哪一项**不是**起动机电路的零部件？（　　）
　　A. 蓄电池　　　　　　　B. 起动安全开关
　　C. 起动机　　　　　　　D. 继电器电磁线圈

2）下列哪一项测试**不用于**检查蓄电池电缆中的大电阻？（　　）
　　A. 起动电压测试
　　B. 绝缘回路电阻测试
　　C. 起动机继电器旁通测试
　　D. 接地电路电阻测试

3）当起动机转动但不能带动发动机运转时，以下哪一项可能是真正的原因？（　　）

　　A. 起动机继电器有故障

　　B. 飞轮齿圈齿牙损坏

　　C. 起动机电磁开关有故障

　　D. 上述都是

4）在尝试用起动机起动发动机时，如果电磁开关仅发出"咔嗒"声，以下哪一项**不是**其可能的原因？（　　）

　　A. 空档安全开关有故障

　　B. 蓄电池电压低

　　C. 电磁开关上的可用电压低

　　D. 保持线圈开路

5）正常的最小起动电压技术规范约为（　　）。

　　A.9.6V　　　　　　　　B.10.5V

　　C.11.0V　　　　　　　　D.12.65V

6）如果接地电路测试显示电压降大于 0.2V，则问题可能是（　　）。

　　A. 起动机固定螺栓松动

　　B. 蓄电池接地端子连接不良

　　C. 蓄电池接地电缆损坏

　　D. 上述都是

7）以下哪一项**不会**导致起动机电流过大？（　　）

　　A. 起动机中的短路

　　B. 电枢中的大电阻

　　C. 使用黏度过高的机油

　　D. 严寒的天气

8）防止发动机带动起动机电枢高速旋转的装置是（　　）。

　　A. 单向离合器

　　B. 小齿轮

　　C. 飞轮

　　D. 极靴

9）控制电路电压降测试显示在起动机 S 端子处有 1.1V 的电压降。以下哪一项是可能的原因？（　　）

　　A. 电磁开关电路电阻高

　　B. 离合器安全开关电阻高

　　C. 蓄电池电缆连接松动

　　D. 起动机电枢绕组短路

4．ASE 类型复习题

1）发动机转动缓慢，技师 A 说该问题的可能原因是起动机电路连接不良；技师 B 说此问题的可能原因在发动机。谁是正确的？（　　）

　　A. 仅技师 A 正确

　　B. 仅技师 B 正确

　　C. 技师 A 和 B 都正确

　　D. 技师 A 和 B 都不正确

2）在讨论自动启停系统时，技师 A 说其使用的特殊起动机可使发动机更快地起动；技师 B 说在配有该系统的车辆上使用了不同的起动机和发电机。谁是正确的？（　　）

　　A. 仅技师 A 正确

　　B. 仅技师 B 正确

　　C. 技师 A 和 B 都正确

　　D. 技师 A 和 B 都不正确

3）在讨论小齿轮与飞轮齿圈间的间隙时，技师 A 说如果间隙过大，则发动机运转时会发出尖锐的"吱吱"声；技师 B 说如果间隙过小，则发动机起动后会发出尖锐的吱吱声。谁是正确的？（　　）

　　A. 仅技师 A 正确

　　B. 仅技师 B 正确

　　C. 技师 A 和 B 都正确

　　D. 技师 A 和 B 都不正确

4）技师 A 说起动机空载测试是将起动机固定在台虎钳上进行的。技师 B 说空载测试用于确定起动机电路的电压降。谁是正确的？（　　）

　　A. 仅技师 A 正确

　　B. 仅技师 B 正确

　　C. 技师 A 和 B 都正确

　　D. 技师 A 和 B 都不正确

5）起动机起动电流过大，但在台架测试时正常，技师 A 说该问题可能是在到电磁开关的蓄电池正极连接上；技师 B 说可能是发动机机械问题。谁是正确的？（　　）

　　A. 仅技师 A 正确

　　B. 仅技师 B 正确

　　C. 技师 A 和 B 都正确

　　D. 技师 A 和 B 都不正确

6）技师 A 说起动机继电器的设计目的是要完成从蓄电池到起动机的电路连通。技师 B 说电磁线圈的设计目的是要完成从蓄电池到起动机的电路连通。谁是正确的?（　　）

A. 仅技师 A 正确

B. 仅技师 B 正确

C. 技师 A 和 B 都正确

D. 技师 A 和 B 都不正确

7）在诊断发动机不运转情况时，尝试用起动机起动发动机时，发现电磁开关 S 端子上没有电压，技师 A 说其原因是起动机有故障；技师 B 说其原因是安全开关短路。谁是正确的?

（　　）

A. 仅技师 A 正确

B. 仅技师 B 正确

C. 技师 A 和 B 都正确

D. 技师 A 和 B 都不正确

8）在讨论发动机不运转的情况时，技师 A 说在测试起动机之前应先检查蓄电池的状况；技师 B 说可使用诊断仪来检查起动机控制电路的工作状态。谁是正确的?（　　）

A. 仅技师 A 正确

B. 仅技师 B 正确

C. 技师 A 和 B 都正确

D. 技师 A 和 B 都不正确

9）在讨论直流起动机时，技师 A 说电枢可以与磁场线圈串联；技师 B 说磁场线圈可以与电枢并联。谁是正确的?（　　）

A. 仅技师 A 正确

B. 仅技师 B 正确

C. 技师 A 和 B 都正确

D. 技师 A 和 B 都不正确

10）在讨论电动机时，技师 A 说当 CEMF 高时，将有大电流流动；技师 B 说如果电磁体的磁阻增加，则电磁体的磁场强度也增加。谁是正确的?（　　）

A. 仅技师 A 正确

B. 仅技师 B 正确

C. 技师 A 和 B 都正确

D. 技师 A 和 B 都不正确

第 9 章
影响发动机性能的系统和 OBD

学习目标

- 能够简述影响发动机性能的主要系统或部件的功用。
- 能够说明开环和闭环控制是何含义。
- 能够说明点亮 OBD–Ⅱ 系统故障指示灯的条件。
- 能够简要描述 OBD–Ⅱ 系统监测哪些系统。
- 能够描述 OBD–Ⅱ 的暖机循环过程。
- 能够说明 OBD–Ⅱ 系统的行程和驾驶循环。
- 能够描述排气系统中有两个氧传感器的设计目的。
- 能够使用存储的诊断故障码，诊断由发动机电子控制系统中的故障导致的排放或驾驶性问题。
- 能够获取并解释诊断仪中的数据。

3C：问题（Concern）、原因（Cause）、纠正（Correction）

维修工单				
年份：2014	制造商：Jeep	车型：Grand Cherokee	里程：38146mile	单号：18370
问题	客户陈述发动机故障指示灯点亮。			
考虑该客户的问题，运用本章学习的内容确定该问题的可能原因、诊断该问题的方法和纠正此问题将需要哪些步骤。				

发动机运转得如何取决于燃烧过程。为了确保燃烧有效地进行，发动机使用了各种与性能有关的系统。当今这些系统的设计目的都是为了实现尽可能完全的燃烧。粗略地讲，如果进入发动机气缸的所有燃油都能被燃烧，则燃烧是完全的。

尽管完全燃烧的要求很简单，但实现起来却非易事。当适量的空气与适量的燃油在封闭的容器中混合时，就会出现完全燃烧。通过进气门进入气缸的空气与燃油混合，这些混合气受到压缩并在正确的时间点燃，从而极大地增加了在燃烧过程中释放的能量。已燃烧过的排气通过排气门从气缸中排出。由于发动机运转在不同的转速、负荷和温度下，所以必须随时精确地控制空气和燃油的数量以及点火火花，而要满足这些要求是非常困难的。

由于无法在所有时间都能实现完全燃烧，所以在车辆上增加了排放控制装置。这些装置减少了车辆的有害排放物，但也会影响发动机的运转，因而它们也是影响发动机性能的系统之一。

9.1　点火系统

为了实现完全燃烧，点火系统必须在发动机所有工况下都能在合适的时刻提供跨越火花塞电极的高压电弧脉冲（图 9-1）。这是一个困难的任务：设想一台以 4000r/min 运转的六缸发动机，因为曲轴每转一圈，点火系统必须引发三个火花，也就是每分钟要提供 12000 个火花。火花塞的这些点火还必须出现在合适的时间和产生合适的热能。如果点火系统无法实现这些要求，将使燃油经济性、发动机性能和排放水平受到不利影响。点火系统有两种基本类型：分电器式点火（DI）和电子点火（EI）（图 9-2）以及无分电器点

火系统。

图 9-1　点火系统唯一的设计目的是提供火花以引发燃烧

图 9-2　电子点火系统的点火线圈

1. 点火系统的功用

对每个气缸来说，点火系统有三项主要任务：必须产生具有足够热能的电火花来点燃燃烧室中的空气燃油混合气；必须保持持续时间足够长的火花，以使燃烧室中混合气全部燃烧；必须将火花按照正确顺序分配到每个气缸，以使燃烧发生在压缩行程的合适时间内。

2. 点火正时

点火正时是指火花产生的精确时间，并参照 1 号活塞相对于曲轴转角来计算。使用分电器点火系统的发动机在传动带轮或飞轮上有一个点火正时的参考标记来标明 1 号活塞在其压缩上止点时

的位置。这个标记用于设定初始的点火正时。对于这类发动机，制造商通常会给出一个初始或基本点火正时的规定。例如 10 BTDC，它表明火花出现在压缩上止点前 10° 曲轴转角的时刻。

点火正时可能提前，这意味着产生该火花的时刻将随发动机转速的提高而出现得更早（图 9-3）。这是为了有足够的时间使点火线圈产生火花并提供给燃烧室。点火正时也可能推迟，这意味着火花供给会晚些。

3. 点火顺序

曲轴每转 720°，每个气缸必须产生一次做功，因此点火系统必须要在适当的时间点提供火花，以使每个气缸能有一个适当时间的做功行程。为此，点火系统必须监测曲轴的旋转和每个活塞的相对位置，以确定火花应该供给哪个气缸。所有气缸的火花必须在正确的时间供给。点火系统如何做到这一点取决于它的系统设计。

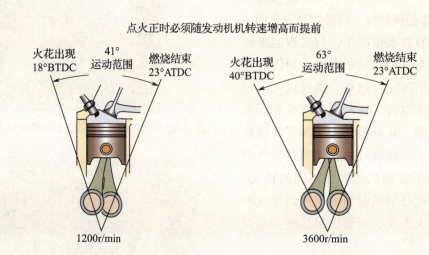

图 9-3　为了在 23° ATDC 结束燃烧，点火时间必须随转速提高出现得更早

点火顺序是每个火花塞点燃该气缸中空气燃油混合气的顺序。这个顺序的改变不可能不影响发动机的性能。每台发动机都会随着活塞的上下运动而有一个气门开启和关闭的顺序。该顺序决定了每个气缸产生做功的时刻。点火顺序对应于经过压缩行程的每一个气缸。如果火花发生在压缩行程结束前的任何时间，都会影响发动机的性能。

对于老式的分电器系统，点火顺序是按照安装在分电器盖上的点火高压线位置来分配的。电子点火系统则按点火顺序触发点火线圈来点火。

4. 计算机控制的点火系统

采用计算机控制的点火系统（电控点火系统），PCM 使用输入传感器的数据按照需要提前或推迟点火时间，这将使发动机运转发生变化，从而向计算机发送新的信息。计算机会不断调整点火正时以实现最大功率（图 9-4）。

电控点火系统有三方面优势：可补偿发动机温度（有时是外部空气温度）变化对发动机性能的影响；调整速率比旧系统高许多倍；有一个反馈机制，允许控制系统利用传感器的输入对变化的状态不断修正。

9.2　燃油供给系统

燃油供给系统扮演着向燃油喷射系统输送燃油的重要角色。燃油必须以适当的数量和压力进行供给，而且燃油在输送过程中还必须保持清洁。

一个典型的燃油供给系统包括燃油箱、燃油管路、燃油滤清器和燃油泵（图 9-5）。燃油供

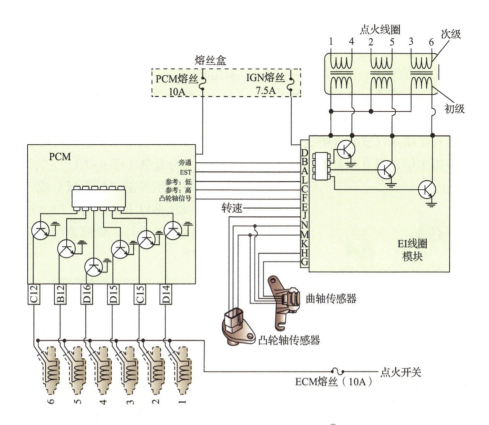

图 9-4　电控点火系统的基本设计[⊖]

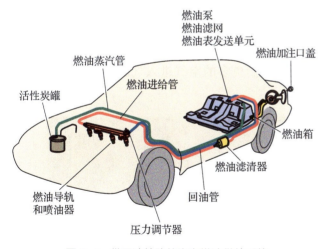

图 9-5　带回油管路的汽车燃油供给系统

系统的功用是将燃油用燃油泵从燃油箱中抽出，并以一定压力驱使燃油穿过燃油泵，再通过燃油管路和燃油滤清器输送给燃油喷射系统。滤清器

从燃油中除去污物和其他有害杂质。在带回油管路的燃油供给系统中，燃油压力调节器保持一个所需的恒定燃油压力。该压力是产生喷射燃油所需的喷射力。发动机不需要的多余燃油将通过回油管路返回燃油箱。

电子燃油喷射（EFI）已证明它是当前向发动机燃烧室供给燃油最精确、可靠和具有成本效益的方式。EFI 系统由计算机控制，其设计目的是要为发动机在各种负荷、转速和温度条件下提供正确空燃比的混合气。

虽然燃油喷射技术在 20 世纪 20 年代就已出现，但直到 20 世纪 80 年代，制造商才开始用电子燃油喷射系统来取代化油器。许多早期的 EFI 系统是节气门体喷射（TBI）系统，在该系统中，燃油喷射在节气门板上方。有一个类似的系统，

⊖　为方便世界技能大赛选手参考原版书进行学习，本书保留原版书电路图画法，请对照我国相关标准自行学习。

称为中央单点喷射，它有一个位于进气歧管下半部分的喷油器总成。TBI系统早已被进气口多点燃油喷射所取代，PFI系统的喷油器位于各个气缸的进气口。为满足OBD-Ⅱ的要求，从1995年开始，所有新车型都配备了PFI系统。当前大多数发动机采用汽油直接喷射（GDI）系统（图9-6），在这类系统中，燃油直接喷入气缸。直喷技术在柴油发动机中早已使用多年，但直到最近才成功地应用在汽油发动机上。

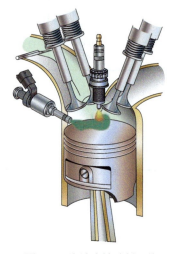

图9-6 汽油直接喷射系统

大多数EFI系统只在发动机的进气行程中喷入燃油。发动机的燃油需求量是通过流经传感器的吸入空气量或进气歧管绝对压力（真空）来计算的。空气流量或歧管压力传感器将其读数转换为一个电信号，并将其发送给发动机ECU。该计算机处理此信号以及其他信号并计算出发动机的燃油需求。计算机随后向喷油器发送一个电气信号，该信号决定了喷油器开启时刻和喷油的时长。这个时长称为喷油器的脉冲宽度。

在确定任意给定时刻的所需燃油量时，PCM还要考虑节气门位置、发动机转速、曲轴位置、发动机温度、进气温度和排气中氧含量等输入。

9.3 进气系统

内燃机需要空气才能工作。空气是通过活塞在进气行程中产生了真空而吸入发动机的。控制空气流量是进气系统的任务。

在引入排放控制装置前，进气系统非常简单，只有一个安装在发动机顶部的空气滤清器。空气滤清器的功用是过滤掉要吸入发动机的空气中的灰尘和沙粒。

新型的进气系统除过滤空气外，还要具备更多功能。排放标准和燃油经济标准推动了进气温度控制技术的发展。新型燃油喷射发动机上的进气系统十分复杂（图9-7）。空气管道将发动机舱外的冷空气引导至节气门板总成。空气滤清器移到发动机顶部以下的位置，以方便实现符合空气动力学的车身设计。传感器测量空气的流量、温度和密度。

图9-7 新型进气系统

为了提高燃油经济性，制造商采用配备机械或涡轮增压器的小型发动机（图9-8）。涡轮增压器通过强制更多的空气进入气缸来提高发动机的功率。

图9-8 涡轮增压器的剖开图

▶ 参见

有关涡轮和机械增压器的详细介绍参见第6章。

空气与燃油混合的质量比称为空燃比（A/F）。在大多数工况下，汽油发动机理想的空气与燃油之比约为 14.7∶1，称为理论空燃比。由于空气比汽油轻得多，它需要 10000USgal 左右的空气与 1USgal 的汽油混合来达到 14.7∶1 的空燃比。这就是适量的空气供给与燃油供给是同等重要的原因。

当混合气中的空气比理论空燃比需要的更多时，称之为稀混合气。15∶1~16∶1 的空燃比能实现汽油发动机燃油经济性最佳。空燃比低于 14.7∶1 的混合气称之为浓混合气。12∶1~13.1∶1 的浓混合气可使发动机产生更大功率，但也增加了燃油消耗。汽油直喷（GDI）系统的一个优点是在一定工况下能使用非常稀的混合气，从而提高了燃油经济性并减少了尾气排放。

9.4 排放控制系统

排放控制系统只有一个目的，那就是要减少由车辆释放的污染物和对环境有害的物质数量。这些污染物造成的后果是很严重的（图 9-9）。我们呼吸的空气和饮用的水已被损害我们健康的化学物质所污染，社会和工业界花费了很多年想设法解决这些污染物的问题，但直到烟雾成为一个问题时，政府才真正开始关心并对这些污染物采取行动[○]。

图 9-9 汽车肮脏的尾气对任何人都是有害的

烟雾不仅表现为肮脏的空气，它还会刺激眼睛、鼻子和咽喉。形成光化学烟雾的物质是在静止空气中暴露在阳光下的碳氢化合物（HC）和氮氧化物（NO_x）。空气中的 HC 与 NO_x 相互作用导致这两种化学物质产生化学反应，并形成光化学烟雾。

汽车的污染物主要有三类：碳氢化合物（HC）、一氧化碳（CO）和氮氧化合物（NO_x）。微粒（碳烟）排放物也存在于柴油发动机和汽油直喷发动机的尾气中。HC 排放物在很大程度上是由燃烧室中未燃烧的燃油产生的。HC 排放物还可能来源于一些蒸发源，如燃油箱。CO 排放物是燃烧过程的副产品，它是由空燃比不正确的混合气造成的。NO_x 排放物是由于氮和氧在气缸温度高于 2300℉（1261℃）时结合而生成的。当前的担忧还包括二氧化碳排放物。CO_2 是完全燃烧的副产物，但据说会加剧全球变暖。

排气再循环阀、空气泵以及控制蒸发排放物的活性炭罐也是由 PCM 控制的。计算机将三种主要污染物（CO、HC 和 NO_x）的水平保持在可接受的低水平上。其他排放控制装置也可全部或部分由计算机控制。对空气、燃油和点火系统的控制也明显有助于控制排放水平。

9.5 发动机控制系统

由于技术进步，特别是在电子方面的进步，使得发动机越来越接近实现完全燃烧，可以产生更高的功率、使用更少的燃油和排出更少的污染物。

▶ 参见

有关计算机和控制系统的详细介绍参见《汽车维修技术基础（原书第 7 版）》第 5 章。

计算机是发动机的控制系统，其功用和其他计算机一样。它接收输入、处理信息并输出指令。发动机控制系统中的主要计算机是发动机控制模块（ECM）或动力总成控制模块（PCM）。

○ 20 世纪四五十年代，美国加州汽车烟雾问题严重，居民的健康受到严重威胁，迫使加州政府制定了严格的汽车排放标准。——编译者注

发动机控制系统依赖于传感器，它们将发动机的运转状态，例如温度、发动机转速、车速、节气门位置和其他状态转换成可由 PCM 连续监测的电信号（图 9-10）。PCM 还利用其他电气关系感知某些状态，这其中包括各个部件上的电压变化。

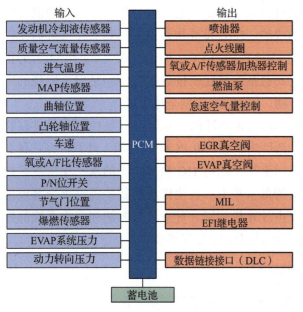

图 9-10　发动机控制系统的基本架构

PCM 处理各种输入信号并将它们与编入程序的参数进行比较，这是计算机的处理功能。基于这种比较，计算机可以指令改变一个部件或系统的运行。PCM 还监测各系统的活动，并能够检测发生的任何问题。在发现问题时它将设置一个诊断故障码（DTC）并存储其他相关的诊断信息。PCM 还可以存储车辆的信息，例如车辆识别码（VIN）、标定标识和标定核查，这些都用来确认所有标定设置与此车辆相匹配。

根据输入信息和编程，PCM 决定最佳的运行参数，并向各种输出或执行器发送指令。这些指令先发送给用来打开或关闭输出装置的输出驱动器。这些输出包括电磁阀、继电器、灯光、电机、离合器和加热器等。

PCM 通过线路或网络与其他一些控制模块通信，它们共享信息，在某些情况下，一个控制模块会控制另一个控制模块。大多数车辆的共享信息都靠 CAN 数据总线传输（图 9-11）。

图 9-11　用于多路传输系统数据总线的双绞线

参见

有关 CAN 和其他多路传输系统的详细介绍参见《汽车维修技术基础（原书第 7 版）》第 5 章。

传感器、执行器和计算机通过电子和多路传输系统的电路进行通信。例如，当从冷却液温度传感器进来的输入电压信号告诉 PCM 发动机正在变热时，PCM 发出指令以打开电动冷却风扇。PCM 是通过使控制电动冷却风扇的继电器电路接地来实现这一点。当继电器发出咔嗒声接通时，电动冷却风扇开始旋转，从而冷却发动机。这些信息还可用来改变空燃比和点火正时。

在 PCM（图 9-12）中，随机存取存储器（RAM）用于存储由传感器收集的数据、计算的结果以及在发动机运转过程中不断变化的其他信息。当关闭点火开或断开电源时，易失性 RAM 中的信息将会丢失，而非易失性 RAM 在电源断开时不会丢失其存储的数据。

计算机的永久性记忆内容存储在只读存储器（ROM）或可编程只读存储器（PROM）中，它们在电源断开时不会被擦除。ROM 和 PROM 用于存储计算机控制系统的控制策略和查找表。PROM 中通常包含该车辆的特定信息。查找表有时也称为脉谱（MAP）图，它包含标定内容和技术参数。查找表告诉发动机应该如何执行控制参数。例如，从进气歧管绝对压力（MAP）传感器接收到一个 20inHg 的真空读数，该信息与来自发动机转速传感器的信息组成点火提前角的查找表。该查找表告诉计算机对当前的节气门位置和发动机速度应使用多少点火提前角（图 9-13），随后计算机将改变点火提前角。

图 9-12　当前先进的动力总成控制模块

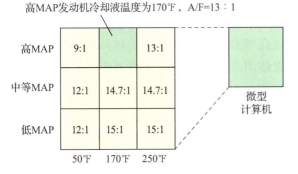

图 9-13　基本 MAP 图示例

在做决策时，PCM 不断参考三个信息来源：MAP 图、系统策略和来自各传感器的输入。

计算机通过比较来自这些信息源的信息以做出正确的决策。

9.6　计算机决策逻辑

为了控制发动机系统，计算机会做出一系列决策。决策是一步一步逐步做出的，直到达到预期目标。一般来说，第一个决策是要确定发动机的状态。例如，为了控制空气燃油混合气，计算机首先确定发动机是在起动、怠速、巡航、加速还是减速状态。随后计算机会为当前的发动机状态选择最佳的系统策略。一个典型的例子是传感器的输入表明发动机已暖机，发动机转速和进气

歧管绝对压力都高，且节气门板全开，由此计算机便可确定车辆处于急加速或节气门全开状态。接着计算机决定要实现的目标。例如，在急加速时的目标是尽力提供较浓的空气燃油混合气。在节气门全开，且进气歧管绝对压力为高，冷却液温度为 170°F，MAP 图中显示空燃比应为 13:1。13:1 的空燃比建立了急加速所需的浓的空气燃油混合气。

在最后一系列决策中，计算机将决定如何实现其目标。在上面的例子中，浓的空气燃油混合气是通过增加喷油器喷油脉宽来实现的。喷油器喷嘴保持开启的时间越长，就会有更多的燃油喷入气缸，从而提供所需的额外动力。

有些不直接连接到发动机的装置也由 PCM 控制以确保发动机效率最大。例如，空调压缩机离合器可以根据不同工况分离或接合。当节气门完全打开时，一个常用的控制程序会短时关闭空调压缩机，通过去除压缩机带来的负荷以实现发动机的最大加速度。

在有些车辆上，液力变矩器锁定离合器的接合与分离也由计算机信号控制。该离合器是借助变速器油液压力接合的，而油液压力由电磁阀控制，电磁阀又由计算机控制。

大多数情况下，PCM 还会与其他控制模块协同工作来控制一个系统。这方面的实例有防抱死制动系统、牵引力和稳定性控制系统以及其他附件。

9.7　车载诊断系统

由于所有制造商都在不断更新、扩展和改进他们的计算机控制系统，所以在道路上跑着的车辆有数百种不同的国产和进口系统。对技师来说幸运的是 OBD-Ⅱ要求所有车辆要使用相同的术语、首字母缩略词和定义来描述他们的部件。它们还都有相同形状的诊断插接器、相同的基本测试步骤，并在有故障时显示相同的故障码。OBD-Ⅱ始于 1996 年，并从 1997 年起在北美销售的所有车辆上使用。

OBD 系统的主要设计目的是通过检测并报告

系统故障来减少车辆的排放物和降低排放物进一步增加的可能性。

1. 车辆排放控制信息（VECI）贴签

从 20 世纪 90 年代中期开始 OBD-I 系统逐步淘汰，同时逐步采用 OBD-II 系统。这意味着，根据年型、品牌和型号不同，一辆汽车可能有 OBD-0，但安装了 OBD-II 的诊断插接器，或者同时具有 OBD-I 和 OBD-II 的诊断插接器。为了确定实际使用的是哪个系统，可参考位于发动机舱盖下的车辆排放控制信息（VECI）贴签（图 9-14）。该贴签上提供了与 OBD 系统相关的所有信息，还会给出安装的排放控制装置以及车辆符合哪一年车型的排放标准。在 VECI 上常见的其他信息还包括排放控制系统的真空图、发动机排量、火花塞间、气门间隙等技术参数。

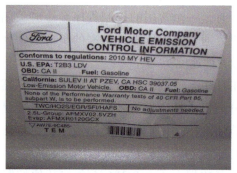

a）VECI 原始件

b）VECI 翻译件

图 9-14 新型汽车的 VECI

2. OBD-I（第一代车载诊断系统）

OBD-I 系统于 1988 年首次使用。ECM 能够监测与排放相关的关键部件和系统，并在发现问题时点亮故障指示装置。**故障指示灯（MIL）**位于仪表板上。大多数 OBD-I 系统使用闪烁码来显示诊断故障码（DTC）。它是通过跨接诊断数据连接插接器接口（DLC）上的端子来触发显示的。制造商提供故障码含义表，以及用于确定故障的诊断步骤。

诊断故障码（DTC）通常反映与传感器、燃油计量系统和排气再循环（EGR）阀工作状态有关的问题。如果其中任意一个出现开路、短路、电阻高，或运行在正常范围之外，都将设置故障码。MIL 不仅有助于诊断，而且还能提示驾驶员有问题存在。当运行状态恢复正常后，MIL 将会熄灭，但故障码仍将保存在存储器中，直至被技师删除。

OBD-I 是技术进步的一大步，但它还有一些不足。它只监测少数系统，且仅有有限的故障码数量（由于这些故障码没有被标准化，所以每个制造商都有各自的故障码）和只允许串行数据的有限使用。大多数制造商要求使用专用的诊断仪和程序，而且各制造商及其车型之间用于描述部件的名称也会不同。

3. OBD-II（第二代车载诊断系统）

为克服 OBD-I 的一些不足，OBD-II 诞生了，因为计算机技术的进步使之成为可能，同时由于更严格的排放标准也使其成为必要。OBD-I 系统仅监测少数与排放相关的部件，并且没有要求要维持特定的排放水平。OBD-II 能够进行更全面的监测，并使技师能更准确地进行诊断。

研究表明，新型汽车总排放量的大约 50% 是因一些与排放相关的问题所导致的。OBD-II 系统旨在确保车辆在其整个使用寿命中尽可能地保持清洁。在排放或"烟雾"检测中，一台检测计算机可以插入车辆的 DLC，并从车载计算机读取数据。如果存在与排放相关的 DTC，则该车辆将不能通过检测。

OBD-II 增加了更多的监测功能，例如催化剂效率、发动机失火检测、蒸发系统、二次空气系统和 EGR 系统流量比率，这些监测参数可能是影响排放水平的因素。此外，采用了含 20 个基本数据参数的串行数据流和相同的 DTC。

OBD-Ⅱ系统主要监测排放控制系统和可能影响排放的其他任何部件的有效性，并在检测到问题时点亮 MIL。在监测器运行期间，每一个可能影响排放性能的部件都由其诊断程序检查以证实该部件是否在正常工作。根据美国联邦测试程序（FTP）规定，如果车辆状况有可能使排放物超过该年型车被允许的排放标准的 1.5 倍，则 OBD-Ⅱ系统必须点亮 MIL（图 9-15）。当一个部件或系统的故障可能导致排放物会超过这个水平，且在连续两个行程中都检测到该故障，则点亮 MIL 以告知驾驶员车辆出现了问题，同时将 DTC 存储在 PCM 中。

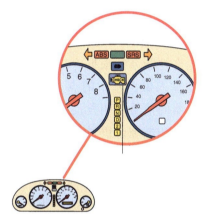

图 9-15　典型的 MIL

除了增加 PCM 的能力外，还需要额外的硬件来监测并维持排放水平。例如在离开催化转化器的下游排气流中增加一个加热型氧传感器、改进的特殊插接器、为能持续正常工作 80000mile 或 8 年而设计的零部件、更精确的曲轴或凸轮轴位置传感器，以及一个新的标准化的 16 针 DLC。

满足 OBD-Ⅱ要求的 PCM 没有使用固定的不可更改的 PROM，而是用一个 EEPROM 来存储大量的信息。EEPROM 存储数据不需要持续的电源，它是一个集成电路，包含了 PCM 用来提供动力传动系统控制的程序，并可在不从计算机中拆下 EEPROM 的情况下对其进行删除和重新编程。当需要修改 PCM 的运行策略时，可使用诊断仪通过 DLC 或直通装置对 EEPROM 重新编程。

▶ 参见

有关计算机存储器的更多介绍和闪存的内容参见《汽车维修技术基础（原书第 7 版）》第 5 章。

例如，如果要为在加州销售的特定车型更新标定内容，可以使用计算机来擦除 EEPROM。擦除原有程序后，用更新的信息对 EEPROM 重新编程。新程序可以通过汽车制造商的维修信息网站或从光盘中获取。制造商定期向授权的维修设备发送 EEPROM 当前更新所需的光盘。PCM 重新编程必须按照维修公告或召回函的指导进行。

（1）数据连接插接器（DLC）　OBD-Ⅱ的标准要求当坐在驾驶员座椅上时能够容易地连接该 DLC（图 9-16）。DLC 不能隐藏在面板后且必须不用工具也可连接。插接器的接线端子布置为两排并连续编号。OBD-Ⅱ标准已将 16 个端子中的 7 个做了规定，无论车辆的制造商、型号和年份如何，它们都用于相同的功能。剩下的 9 个端子可由制造商另行定义以满足自己的需要和要求。

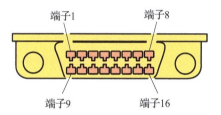

端子1：制造商自由决定	端子9：制造商自行决定
端子2：J1850总线（+）	端子10：J1850总线（−）
端子3：制造商自行决定	端子11：制造商自行决定
端子4：底盘接地	端子12：制造商自行决定
端子5：信号接地	端子13：制造商自行决定
端子6：制造商自行决定	端子14：制造商自行决定
端子7：ISO 9141-2 "K" 线	端子15：ISO 9141-2 "L" 线
端子8：制造商自行决定	端子16：蓄电池电源

图 9-16　标准的 OBD-ⅡDLC 及其端子功能规定

该插接器的外形有些像英文字母 D 并有导向槽，以保证诊断仪只能以一个方向插入。使用标准的插接器和指定的端子，可使为 OBD-Ⅱ设计的任何诊断仪都能够检索数据。有些车辆使用规定的 DLC 来满足 OBD-Ⅱ标准，同时还另有用于专用诊断仪的专用插接器。通常情况下，一辆汽车会有不止一个 DLC，每个 DLC 都有其各自的用途。根据 OBD 标准，OBD 的 DLC 始终都应位于转向柱的左侧或右侧 1ft（约 0.3m）的范围内。

车间提示

一辆汽车装有 16 针 DLC 并不一定意味着该车也装备了 OBD-Ⅱ。

（2）OBD-Ⅱ术语 所有制造商必须对所有与发动机和排放控制系统相关的电气和电子系统使用相同的名称和首字母缩略语。以前同一个部件有许多不同的名称。现在所有类似的部件都将使用相同的名称。从1993年的年型车开始，所有维修信息都要求使用新的术语。这些专用术语因其符合SAE标准J1930而通常称为J1930的专用术语。

（3）轻型柴油发动机的OBD-Ⅱ OBD-Ⅱ系统还被强制用于重量为14000磅及以下的所有柴油发动机车辆。这些系统非常类似于汽油发动机使用的OBD-Ⅱ系统。但已排除了对汽油发动机独有的一些系统，并包含了对柴油发动机特有的那些系统。

4. OBD-Ⅲ（第三代车载诊断系统）

尽管OBD-Ⅲ在本书印刷时还没有实施，但它的基本功能和运行将很可能与OBD-Ⅱ非常相似。不同的是从排放相关故障中所收集的数据报告。如何进行数据收集和报告收及还没有最终确定。一种很有可能的方法是使用内置的通信系统，比如OnStar（安吉星）。

OBD-Ⅲ的主要目的是要将OBD-Ⅱ系统对排放故障的检测与车辆实际维修之间的延迟时间最小化。据说，因检查发动机的指示灯对及时维修的激励不足，因而许多车辆对与排放相关部分的维修会拖延到接近强制排放检查时才进行。换句话说，汽车是带着问题到处行驶的，这增加了排放水平，而且有些车主对此却无动于衷。

如果OBD-Ⅲ使用远程监测和报告作为一个功能而被采用，那么每个州可能会有一个集中的数据收集机构。一旦收集到车辆的排放数据，将告知车主有关结果。如果存在可能导致排放增加的故障，就会给车主一定的时间来修复问题并重新检测车辆。

这种对车辆监测的方式对有些车主来说是一种担忧，他们觉得政府将能够更多地了解他们的驾驶习惯和行驶路线，他们希望其隐私受到保护。出于该原因，OBD-Ⅲ的最终设计和方法至今尚未确定。

9.8 系统运行

PCM将根据工况以不同的模式运行，这些模式通常称为控制环路。PCM并不总是处理其接收到的所有信息，它根据当前的工况，按编好的程序会忽略或修改一些输入。

1. 开环模式

当发动机、氧传感器和催化转化器处于冷态时，大多数发动机的电子控制系统会进入开环模式。在该模式下，控制环路不是一个完整的循环环路，因而计算机不对来自氧传感器的反馈信息做出响应，而是根据预先编好的信息做出决策。这些信息允许控制系统根据冷却液温度、节气门位置和其他输入做出基本的点火或空燃比设定。当温度传感器的信号表明发动机温度对燃油在气缸内完全蒸发和燃烧来讲过低时，就会启用开环模式。配备非加热式氧传感器系统在怠速或氧传感器冷到足以停止发送良好信号以及节气门全开时也会进入开环模式。新型系统可以非常快速地加热催化转化器以使车辆尽可能快地进入闭环控制。

> **车间提示**
>
> 大多数新型发动机都有一个加热型氧传感器，这使PCM处于开环的时间减少。如果系统提前1min进入闭环，污染物的数量将减少近一半。

2. 闭环模式

在闭环控制模式中，PCM接收并处理所有可获得的信息。传感器输入发送到PCM，PCM将这些值与其程序进行比较，然后向输出装置发送指令。输出装置调整点火正时、空燃比和排放控制装置的操作。而后续发生的发动机运转将由来自传感器新的输入信号决定。这种连续的信息循环称为闭环。

闭环控制的回路通常称为反馈系统。这意味着各个传感器提供发动机内正在发生什么的连续信息或反馈，从而使PCM能够不断地监测、处理和发送新的输出指令。

3. 失效保护或跛行模式

大多数计算机系统还有一个称作失效保护或跛行的模式。该模式只不过是计算机在其某个重要传感器的输入缺失或完全超出其正常范围时试图对车辆运行采取的一种控制。更具体地说，如果计算机从传感器信号中发现了问题，它或用固定的参数值代替有故障的传感器输入，或根据缺失的输入，通过结合两个或更多相关传感器的输入另外生成一个修改值。

举例来说，如果故障出现在电子节气门控制系统中，例如来自加速踏板位置传感器的读数超出了范围，PCM 将停用节气门控制，并以预定的转速运转发动机。这种受限的功能限制了发动机的转速，通常只有 1200r/min，但仍允许发动机运转直到驾驶员可以到达一个维修地点。

4. 自适应策略

系统的自适应策略是基于在不同工况中为正时和系统控制制定的一个程序。若计算机具备自适应能力，它实际上可以从以往的经历中进行学习。例如，给 PCM 的 TP 传感器正常电压信号范围为 0.6~4.5V，若接收到 0.2V 的信号，PCM 会将此信号视为是 TP 传感器磨损的结果，并将此较低的电压认定为是正常的低电平信号。PCM 将在收到的 0.2V 电压上增加 0.4V。后续来自各个节气门位置的信号也都将在原信号上增加 0.4V。对磨损的 TP 传感器做这种计算调整，确保了发动机的正常运转。如果来自传感器的输入不稳定或超出范围过大，PCM 可能会完全忽略这个输入。

大多数自适应策略有两个部分：短时和长时。短时策略是那些由计算机立即实施以克服运行变化的策略，这些改变是暂时的。长时策略是以相关短时策略的反馈为基础的，这些改变是持久的。

9.9 OBD-Ⅱ 监测功能

OBD-Ⅱ监测排放及其他相关系统的工作状态。这些监测器（图 9-17）的设计目的是要在点亮 MIL 前就能检测出排放水平已下降的系统，而不是等到它们失效后才点亮 MIL。OBD-Ⅱ系统对

发动机管理系统中的各个子系统执行特定的测试。若发现一个或多个受监测的系统出现问题，将点亮 MIL 以提示驾驶员出现了问题。有些监测器是持续运行的，而有些则仅在驾驶循环中存在特定工况时才运行。这些特定工况称为允许监测的许可条件。

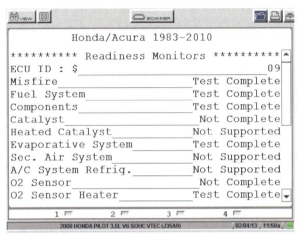

a）原文

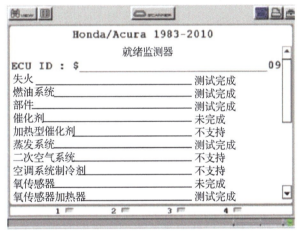

b）中文翻译

图 9-17 诊断仪监测器监测报告

例如用于特定监视器的许可条件可能有：发动机起动后的时长超过 300s；发动机冷却液温度在 170~220℉ 之间；节气门位置在 1.5~3V 之间；车速在 10~60mile/h 之间；燃油液面在满燃油箱液面的 20%~80% 之间。

若在日常行驶过程中未满足特定监测器的许可条件，则该监测器将不运行。此外，某个系统中的故障可能会阻止另一个系统的监测器运行。例如，一个卡在打开位置的节温器会导致发动机冷却液温度保持在一个监测器要启动所需的数值

以下，这可能会使许多监测器保持在不运行和不能完成的状态。

（1）驾驶循环　OBD-Ⅱ驾驶循环是为使所有监测器运行和完成监测而必须进行已定义的一组工况。如果某个监测没有完成，某些方面的自诊断也将无法进行。一个驾驶循环包括发动机起动、使车辆进入闭环循环，包括任何特定工况所需的初始化并完成一个特定的监测程序或核实一个故障现象或维修。每个制造商都有关于如何驾驶车辆完成一个驾驶循环的指南说明（图9-18）。

（2）OBD-Ⅱ行程　一个行程是驾驶循环的一部分，它包含了要运行一个特定监测器所需的所有许可条件。为了运行一个监测器，该车辆必须在不同的速度和工况下行驶，类似于执行一个驾驶循环的工作内容。

在诊断过程中，可能需要为一个监测器完成

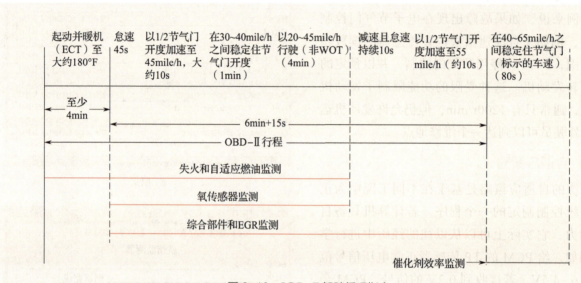

图 9-18　OBD-Ⅱ驾驶循环指南

一个行程来查证问题或修复结果。系统在每个行程都会对部件或系统测试一次。重要的是要注意，一旦维修完成，该车辆将需要完成一个行程或一个驾驶循环，以使原来监测到故障的监测器可以继续运行并通过监测。如果该监测器没能通过，应确保其满足许可条件且驾驶循环正确。监测没能完成的原因也可能是由于另一条电路或系统中的故障阻止了监测器的运行和完成。

（3）暖机循环　OBD-Ⅱ标准将暖机循环定义为从发动机起动开始直到发动机温度至少已经上升了60℉（16℃）且至少已经达到160℉（88℃）的这段时间。

1. 催化剂效率监测器

配备 OBD-Ⅱ 的车辆至少会使用两个氧传感器。其中一个用于向 PCM 反馈以进行燃油控制，而位于催化转化器后面的另一个氧传感器给出该转化器效率的标示，并且也会用于燃油控制。下游的氧传感器有时称为催化剂监测传感器（Catalyst Monitor Sensor，CMS）。催化剂效率监测器比较两个氧传感器之间的信号以确定催化剂当前运行的状态。

一个加热型氧传感器（HO_2S）安装在排气歧管附近，而另一个 HO_2S 安装在催化转化器的下游（图9-19）。氧传感器是用它们的安装位置和相对于转化器的关系来定义的。缩写 S1 表示该氧传感器在催化转化器的上游或转化器的前面，而缩写 S2 是在催化转化器的下游或转化器的后面。在 V 型发动机上，附加的缩写 B1 表示该氧传感器是安装在 1 号气缸所处的那一侧气缸组的，B2 表示它位于另一侧的气缸组。

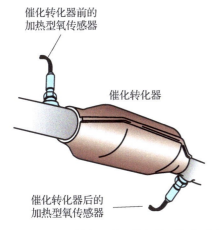

图 9-19　催化转化器前后的加热型氧传感器

催化转化器上下游氧传感器的设计为要防止在其陶瓷体上聚集冷凝气会配有加热器，所以除非 ECT 传感器表明发动机已完成暖机，否则不会接通氧传感器内的加热器。该设计避免了冷陶瓷体突然受热时开裂。氧传感器的插接器采用镀金的端子和插座，而且上下游的氧传感器使用不同的线束插接器。

催化转化器在发动机以稀混合气运转期间储存氧气，而在浓混合气运转期间释放储存的氧气以燃烧过多的碳氢化合物。催化转化器的效率是通过在闭环运行过程中监测催化转化器对氧气的储存能力来衡量的。

当催化转化器能正常储存氧气时，下游的氧传感器提供穿越中值次数较少的（低频次的）电压信号。如果催化转化器不能很好地储存氧气，下游氧传感器电压信号穿越中值的次数将增加。当来自下游氧传感器的信号接近上游氧传感器信号的穿越次数时（图 9-20），PCM 将认为催化转化器效率已降低，并会在存储器中设置相应故障码。如果该故障在三个驾驶循环中都出现，将点亮故障指示灯。

2. 失火监测器

如果某个气缸失火，碳氢化合物从气缸中排出并进入催化转化器。一次失火表示至少某个气缸中有一个燃烧不足的燃烧循环。这通常会使未燃烧的燃油从该气缸进入排气中。虽然催化转化器可以对偶尔随排气而来的未燃燃油进行处理，但过多的未燃燃油会导致催化转化器过热而损坏，

此时催化转化器中的蜂窝状载体会烧结成一个实心固体。如果发生这种情况，该催化转化器将不可能再有效地降低排放物。

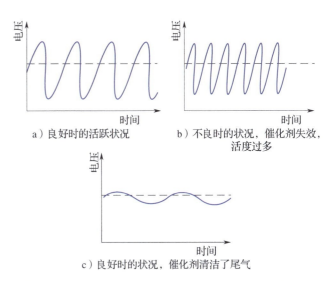

a）良好时的活跃状况　　b）不良时的状况，催化剂失效，活度过多

c）良好时的状况，催化剂清洁了尾气

图 9-20　状态良好和较差的催化转化器上的氧传感器信号

气缸失火监测需要测量每个气缸对发动机总功率的贡献。该失火监测系统使用高度精确的曲轴转角来测量曲轴在各气缸每次做功时的加速度（图 9-21）。如果一个气缸贡献了正常的功率，就会有特定的曲轴加速时间。当一个气缸发生失火时，该气缸将不能为发动机贡献功率，因而曲轴在该气缸做功时的加速度会减慢。除了少数例外的情况，该监测器在发动机运转期间将持续运行。一个例外的实例就是在关闭节气门减速期间会暂时中断监测。

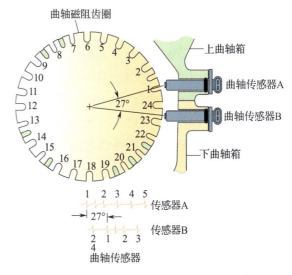

图 9-21　用两个曲轴传感器监测发动机和检测失火的示例

在将失火标记为故障之前，大多数 OBD-Ⅱ系统允许有大约 2% 的随机失火率。重要的是要注意，该监视器只查看气缸做功行程中的曲轴转速。它无法确定问题究竟是与燃油、点火，还是与机械有关。通常将失火分为 A、B、C 三类。A 类失火可导致催化剂很快受损，B 类失火可导致超出设计标准 1.5 倍的排放量，C 类失火可导致排放检测失败。当出现 A 类失火时，故障灯会闪烁。如果存在 B 类失火，故障灯将点亮但不会闪烁。C 类失火通常不会导致故障灯点亮或闪烁。

失火监测的流程中包括一个自适应功能，它用来补偿因制造公差和部件磨损而造成的发动机工作中的变化。它还有能力容许发动机在不同转速和负荷时的波动。当单个气缸为发动机转速的贡献低于某一个阈值时，失火监测的流程将在失火故障码设置前先计算波动、公差和负荷因子。

（1）A 类失火　失火监测器检查发动机每 200 转中是否有 A 类失火。如果在此期间某个气缸的失火率在 2%~20% 之间，将认为该气缸失火过多。这种情况可能导致 PCM 关闭该失火气缸或几个气缸的喷油器以限制催化转化器的热度。当发动机在大负荷下运转时，PCM 将不会关闭这些气缸的喷油器。A 类失火若未得到纠正，将会损坏催化转化器。

如果失火监测器检测到气缸有 A 类失火，而 PCM 并没有关闭一个或多个喷油器，则故障灯开始闪烁。当失火监测器检测到气缸出现 A 类失火，而 PCM 关闭了一个或多个喷油器，则故障灯将会持续点亮。

（2）B 类失火　为了检测 B 类失火，失火监测器检查发动机每 1000 转中是否有气缸失火。如果在此期间气缸的失火率超过 2%~3%，监测器将认为失火过多。气缸失火的这个量级虽然可能不会使催化转化器过热，但可能导致过高的排放水平。当检测到 B 类失火时，PCM 会在存储器中设置一个待定的故障码。如果在第二个连续的驾驶循环中又检测到这个故障，将点亮故障灯。

（3）C 类失火　这类失火可能导致车辆无法通过排放测试，但通常不会损坏催化转化器或使排放水平高过 FTP 限值的 1.5 倍以上。

3. 燃油系统监测

PCM 持续监测燃油系统的状况并调整喷油器所提供的燃油量。大多数这些调整都发生在一个围绕基本设置的特定范围内。PCM 通过氧传感器的反馈来检查这些调整的有效性，然后根据需要进行修正。当 PCM 需要在这个范围外产生一个改变时，它将做出燃油修正的调整。相比于喷油器基本脉宽，燃油修正是一个理想的新的设置。记住，喷入发动机的燃油量是由喷油器的开启时间控制的。

该系统可以进行短时和长时燃油修正。短时燃油修正对脉宽进行较小的调整。这些调整是短时的，并且在点火开关关闭后不会存储在存储器中。长时燃油修正是通过短时修正的有效性来设置的。如果短时修正满足了发动机在不同工况下的需求，PCM 可使用长时修正作为喷油量的新基础。对燃油的需求量会随着车辆的老化而改变。当短时燃油修正平均值增加或减少时，将学习一个新的长时燃油修正值并保留在存储器中。这个新的长时燃油修正值将会使短时燃油修正返回到 0% 的修正区间。PCM 按照发动机转速和负荷或进入发动机的空气质量将燃油修正数据存储在区域计算机中。

燃油修正监测器是一个连续监测器并报告短时和长时燃油修正所产生的修正量。通过不断监测燃油修正的总数量（短时加上长时），PCM 随时检查自身控制空燃比的能力。如果 PCM 必须将短时和长时燃油修正移向更稀或更浓的限值，并且在下一次的行程中仍需要使用该修正时，将设置一个故障码。

4. 氧传感器监测器

氧传感器监测器除监测氧传感器的信号电压外，还监测氧传感器在混合气从稀到浓和从浓到稀时的时间响应。这个测试能发现响应迟缓的氧传感器，这个"懒惰"的氧传感器切换得不够快，因而无法保持对空气燃油混合气的正确控制。此外还监测加热型氧传感器向 PCM 发送清晰信号的时间，该时间反映了加热器电路工作的好坏。

每个驾驶循环都会对系统中的所有氧传感器

监测一次，但加热型氧传感器监测器为上游和下游氧传感器提供单独测试。加热型氧传感器监测器检查上游氧传感器的电压信号频率。在某些时候，加热型氧传感器监测器改变燃油供给以检测氧传感器的响应。传感器电压信号频率响应缓慢表明传感器有故障。此外还监测传感器的信号是否电压过高。

加热型氧传感器监测器还检查后氧传感器的信号变化频率，并检查这些信号电压是否过高。如果监测器检测到信号电压变化频率未在特定范围内，则认为后氧传感器有故障。该加热型氧传感器监测器将指令 PCM 改变空燃比以检查后氧传感器的响应。

5. EGR 系统监测

EGR 系统监测器（简称 EGR 监测器）使用不同的策略来确定 EGR 系统是否工作正常。有些是监测 EGR 通道内的温度，偏高的温度表明 EGR 阀打开，并且废气正流过该通道。有些是查看给 EGR 阀通电时的 MAP（进气歧管绝对压力）信号，即查看真空度的相应变化。在打开 EGR 阀时，真空度应有所下降。有些是在车辆滑行期间打开 EGR 阀，并监测 STFT（短时燃油修正）的变化。

EGR 监测器查看 EGR 阀的运行和该系统的流量比，它还检查电路的短路或开路。如果在任何 EGR 监测器测试中检测到故障，将在 PCM 存储器中设置一个故障码。如果该故障在两个驾驶循环中都出现，则点亮 MIL。EGR 监测器在每个 OBD-Ⅱ行程中运行一次。

目前在用的有许多不同的 EGR 系统。最常见的有压力反馈式 EGR、线性 EGR 和压差反馈式 EGR 系统。如果系统使用压差反馈式 EGR 传感器（DPFE），则会在 EGR 阀下方有一个节流孔。较细的排气压力软管分别从该节流孔的两侧连接到 DPFE 传感器。在 EGR 监测期间，PCM 首先检查 DPFE 的信号。如果该传感器的信号在正常范围内，监测器将继续进行其测试。

PCM 通过检查 DPFE 信号并对照特定转速范围内节气门稳定开度工况下预期的 DPFE 值来检查 EGR 的流量。

在 EGR 阀关闭时，PCM 检查连接到 DPFE 传感器的两个压力软管上的压力差。当 EGR 阀关闭且没有 EGR 流量时，两条软管上的压力应是基本相等的。如果这两个软管上的压力不同，则代表 EGR 阀是卡在了打开位置。

PCM 指令 EGR 阀打开，然后检查连接到 DPFE 传感器的两个排气软管上的压力。在 EGR 阀开启且有 EGR 流经节流孔时，上游软管处的压力应高于下游软管处的压力（图 9-22）。压差传感器还用在汽油发动机颗粒捕集器（GPF）和柴油发动机颗粒捕集器（DPF）的系统中以监测 GPF 或 DPF 中的颗粒物积存量，并在积存量达到不同程度时进行不同方式的再生。

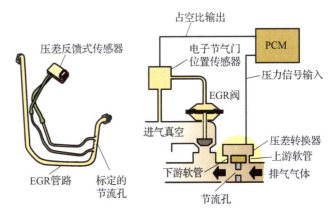

图 9-22　压差反馈式 EGR 系统

6. 燃油蒸发排放（EVAP）系统监测器

OBD-Ⅱ系统除了能够监测影响车辆排气管排放的各种部件和故障外，还监测燃油蒸发系统。该监测器测试燃油箱保持压力的能力，以及净化系统在 PCM 发出指令时从活性炭罐中排出脱附气体的能力。

包括克莱斯勒在内的一些公司经常使用泄漏检测泵（Leak Detection Pump，LDP）来检测 EVAP 系统中的泄漏。当满足特定运行条件时，PCM 向该泵提供电源以测试 EVAP 系统。该泵向系统加压，随着压力的建立，泵的循环率降低。如果系统没有泄漏，压力将持续增加，直到泵关闭。如果存在泄漏，由于压力不会建立起来，致使该泵持续运转，直到 PCM 确定该泵已经运行了一个完整的测试循环，并随后设置一个故障码。如果没有泄漏，PCM 将运行净化监测器。由于系统中的压力来自于泵，其循环率应该很高。如果不存在泄漏且净化循环率高，则该系统通过测试。

在大多数系统中，EVAP 监测器有两个部分：一部分是系统完整性测试，它检查燃油箱、燃油箱盖、燃油管路和软管、活性炭罐和蒸汽管路是否有泄漏；另一部分是净化流量测试，它检查蒸汽管路和净化电磁阀是否堵塞。在完整性测试中，PCM 关闭活性炭罐的通风电磁阀并脉动净化电磁阀直到燃油箱传感器读到 20inH_2O 的负压。PCM 此后关闭净化电磁阀，并测量燃油箱中真空衰减所用的时间。EVAP 净化流量测试将打开活性炭罐通风电磁阀，然后改变净化电磁阀的占空比，直到出现 STFT（短时燃油修正）测量值的改变。一旦燃油箱内的燃油量少于满箱的 1/4 或多于 3/4 时，EVAP 监测器将会暂停。

少数 EVAP 系统有一个净化流量传感器（Purge Flow Sensor，PFS），它连接在活性炭罐净化电磁阀和进气歧管之间的真空软管上（图 9-23）。PCM 在每个驾驶循环中监测一次 PFS 信号以确定是否有燃油蒸汽流量通过电磁阀到进气歧管。

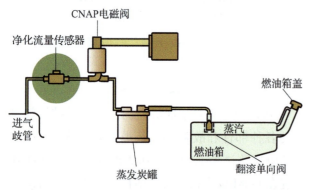

图 9-23 配有净化流量传感器的 EVAP 系统

加强型 EVAP 系统 自 2003 年以来，在北美的所有新型车辆都配备了加强型蒸发系统监测器。该系统检测 EVAP 系统中的泄漏和受限状态（图 9-24）。该监测器首先检测 EVAP 系统的完整性，此检测仅在满足特定许可条件时才运行。一旦完整性检测运行，监测器将进行真空下拉检测。在该检测过程中，PCM 指令 EVAP 活性炭罐通风口关闭，然后打开蒸汽管理阀，以允许系统

抽取进气真空并形成少量真空。如果系统存在泄漏，系统将无法保持住真空，此时监测器将设置故障码。如果没有泄漏，监测器将关闭蒸汽管理阀，并监测系统保持真空的能力。最终的检测是蒸汽生成量。PCM 释放系统中的真空，然后关闭 EVAP 系统，此时查看系统中的压力变化。如果压力升高，表明蒸汽生成过多。

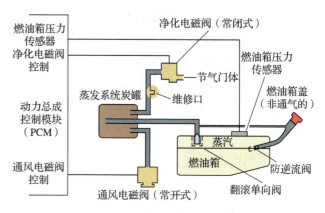

图 9-24 加强型 EVAP 系统

这类系统使用一种专门设计的燃油箱加注口盖。在这类系统中，蒸发系统泄漏或燃油箱盖缺失将导致故障指示灯点亮。此外，如果燃油加注口盖拧得不够紧，OBD 系统可以检测到蒸汽在泄漏，并点亮故障指示灯。如果随后拧紧加注口盖，该指示灯通常会在短时间后自动熄灭。有些车辆会点亮"CHECK GAS CAP（检查汽油箱盖）"灯，而不是故障指示灯。

7. 二次空气喷射（AIR）系统监测器

车间提示

许多发动机不需要二次空气喷射系统，因此该监测器不会运行。

AIR 系统的运行可通过打开本系统向氧传感器上游喷入空气并同时监测氧传感器信号来验证。许多较老的设计是在发动机处于开环控制时向排气歧管喷入空气，而在发动机处于闭环时空气控制将空气切换到催化转化器。如果空气在闭环控制过程中转到排气歧管，则氧传感器会认为混合气稀，氧传感器的信号值将降低。

在某些车辆上，AIR 系统用被动和主动测试监测。在被动测试期间，监测催化器前的氧传感

器从发动机起动到闭环运行时的电压。在此期间，二次进气泵通常是处于工作状态。一旦该氧传感器升温到足可产生电压信号，如果此时空气泵正向排气歧管输送空气，则氧传感器的信号电压将降低。如果该信号电压在此时是低的，则二次空气监测器将显示测试通过。被动测试还查看氧传感器电压在 PCM 关闭流向排气歧管的空气时是否是较高的。当二次进气系统通过被动测试后，不再进行下一步测试。如果 AIR 系统未能通过被动测试或测试结果不确定，PCM 中的 AIR 监测器将进行后续的主动测试。

在主动测试期间，PCM 在闭环运行期间循环接通和关闭流向排气歧管的空气，同时监测催化转化器前的氧传感器信号电压和短时燃油修正值。当流向排气歧管的二次空气接通时，传感器的信号电压应降低，且短时燃油修正应指示一个加浓的状态。如果二次空气系统在连续两个行程中未能通过主动测试，则该监测器将点亮 MIL 并在 PCM 存储器中存储一个相应的故障码。

有些车辆配有电动空气泵系统。在这类系统中，其空气泵通过固态继电器控制。继电器由来自 PCM 的信号控制。一个空气喷射旁通电磁阀也由 PCM 控制。该电磁阀向双空气分流器控制阀提供真空（图 9-25）。

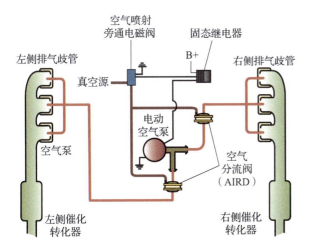

图 9-25　采用电动空气泵的空气喷射系统

PCM 监测继电器和空气泵以确定二次空气是否出现。该监测器在每个驾驶循环中工作一次。当在两个连续的驾驶循环中出现空气泵系统的故障时，将存储相应的故障码并点亮 MIL。如果故障自行纠正，则 MIL 将在三个连续且该故障不存在的驾驶循环后自动熄灭。

8. 节温器监测器

所有 2002 年及以后的新车上都有节温器监测器检查发动机及其冷却系统是否存在影响发动机温度并阻止发动机达到正常工作温度的故障。该监测器的设计目的是要识别可能阻止 PCM 进入闭环的任何事情。该监测器还检查其认为气缸盖达到某个特定温度所用的时间。如果在预期的时间内未达到所期望的温度，则表明有故障，此时监测器将设置一个待定的代码。如果在两个连续的驾驶循环中仍检测到该故障，则待定的代码将变为实际的故障码。此时将点亮 MIL。

9. 曲轴箱强制通风监测器

曲轴箱强制通风（PCV）阀清除曲轴箱中有害的蒸汽。这些蒸汽大部分是碳氢化合物。该系统利用发动机的真空将蒸汽从曲轴箱内抽出并送入进气系统。如果存在真空泄漏，系统将无法正常工作，且碳氢化合物会流入大气。此外，如果存在真空泄漏，发动机可能会失速或无法起动。真空泄漏会导致发动机运转在混合气稀的状态，特别是在怠速时。PCV 监测器查看氧传感器的信号是否持续保持为混合气稀的读数且缺乏从浓到稀的切换。始终异常的信号将导致监测器在两个连续的驾驶循环后点亮 MIL，并会存储一个或多个故障码。

10. 可变气门正时系统监测器

配备可变气门正时（VVT）系统的新型车辆有一个检测该系统运行的监测器。由于 VVT 系统常常用于排气再循环，因此 VVT 的运行能够直接影响尾气排放。该监测器根据 VVT 指令和凸轮轴位置传感器（图 9-26）测量的凸轮轴位置检测凸轮轴位置变化的响应时间。如果响应速率慢，将设置 VVT 性能方面的故障码。

11. 电子节气门控制系统监测器

配备电子节气门控制（ETC）系统的发动机使用一个单独的监测器来评估该系统的运行状况，这是因为安全问题与 ETC 的运行情况直接相关。

ETC 的运行不是使用一个计算机处理器，而是使用两个独立的处理器和监测系统。这实现了对该系统的冗余控制和监测。

图 9-26 凸轮轴位置传感器

如果检测到故障，该监测器可能会限制发动机转速，迫使转速保持在怠速附近，甚至通过关闭喷油器而强制发动机停机。

12. 综合部件监测器

综合部件监测器（Comprehensive Component Monitor，CCM）是一个连续监测器。它关注可能影响排放水平的输入和输出信号。该系统查看任何有可能影响排放的电气输入信号。其目的是发现开路、短路或超出正常范围的输入信号值。它还注意观察执行器是否对系统产生了预期影响，并监测其他的异常情况。

CCM 使用不同的策略来监测输入和输出。监测输入的一种策略是通过检查模数转换器上的输入信号来检查输入或电气设备的缺陷和超出范围的信号值。该监测器还检查各种输出电路。这些电路检查关注导通性和超出范围的值。如果检测到开路，将设置故障码。

CCM 还通过执行合理性检测来检测频率信号的输入。在合理性检测期间，监测器使用其他传感器的读数并计算以确定某个传感器的读数对当前运行状态是否适合。下述部件受到合理性检测：曲轴位置（CKP）传感器、输出轴转速传感器（OSS）、凸轮轴位置（CMP）传感器、车速传感器（VSS）。

CCM 的功能性测试通过监测 PCM 输出驱动器上的每个输出到电磁阀、继电器或执行器的电

压来检测大多数输出。如果输出设备是关闭的，这个电压应是高电平。当输出接通时，这个电压被拉低。

9.10 OBD-Ⅱ 自诊断

重要的是要记住，尽管 OBD-Ⅱ的诊断能力很强，但该系统并不是要检测任何事情，而且也没有能力发现所有驾驶性问题的原因，而且不是所有问题都会点亮 MIL 或存储故障码。故障码只能表明一个系统、传感器电路或一个输出中的某些地方出现了问题。技师的任务就是要发现这个问题。借助已设定的故障码仅能知道某个传感器的读数超出了范围，但这并不代表该传感器是坏的。异常信号可能是由发动机的机械问题或空气、燃油、点火、排放控制和其他系统中的故障引起的。检索 PCM 中存储的信息只是整个诊断流程的起点。

当没有存储故障码而又存在驾驶性问题，或为确定故障码的真正原因而进入技术支持系统之前，应对发动机进行检查基础。许多发动机控制系统提供一种发动机运转中的压缩压力测试。该测试运行时很像存在失火的状态。测量并比较气缸之间点燃时的曲轴转速。如果一个或多个气缸在做功行程时产生的曲轴加速度较慢，则可能存在压缩问题。该测试应在其他标准的发动机机械方面的测试之后进行。

> ▶ 参见
>
> 进行发动机机械方面的各种测试规程参见第 1 章。

9.11 故障指示灯

根据 OBD-Ⅱ的法规，当 PCM 检测到可能影响排放的问题时，必须点亮 MIL。此外，当检测到确认的故障时，必须设置故障码。根据问题不同，MIL 有点亮且保持点亮或闪烁两种状态。系统在设置故障码后的行为取决于监测器和问题本

身。例如，可使排放超过规定但又不会损坏催化转化器的失火将点亮 MIL。如果失火有可能使催化转化器的温度升高到足以要损坏催化转化器时，将使 MIL 闪烁。如果在三个连续的驾驶循环中不再出现失火，将熄灭 MIL。这一要求适用于大多数监测器，但会记录相应的故障码和冻结帧数据。如果在 40 个暖机循环中未再检测到相同的故障，则该故障码和冻结帧数据将从当前存储中删除，但该故障码和冻结帧的数据将作为历史故障码和冻结帧数据一起存储下来直至将其清除。

1. 诊断故障码

OBD-II 的故障码编写已经标准化，这意味着无论什么车辆，大多数编号相同的故障码其含义都相同。但车辆和诊断仪制造商可以设置其他故障码并可增添更多的数据流、报告模式和诊断测试。设置故障码的目的是指示已检测到故障的电路和系统。

OBD-II 的每个诊断故障码的主体由一位字母和五位数字组成（图 9-27），它称为字母数字式系统。

```
第一位字符：字母表示部件的分组部位
  P表示动力传动系统
  B表示车身
  C表示底盘
  U表示网络通信系统

第二位字符
  0表示SAE或OBD指令的
  1表示制造商定义的

第三位字符
  0表示总系统
  1表示燃油和空气流量
  2表示燃油和空气流量
  3表示点火系统或失火
  4表示辅助的排放控制
  5表示怠速转速控制
  6表示PCM和辅助的输入
  7表示变速器
  8表示变速器

第四和第五位字符：详述区域或部件和基本问题
```

图 9-27 OBD-II 诊断故障码组成的说明

故障码的首位字符是一个字母。它定义了设置该故障码的系统。目前有四种可能的首字符字母：P 表示动力传动系统，B 表示车身，C 表示底盘，U 表示网络通信系统。

第二位字符是一个数字。它定义了一个故障码是 OBD 规定的故障码，还是特定制造商定义的故障码。0 表示该故障是由 SAE 或 OBD-II 定义的或者说是强制规定的。1 表示该故障码是制造商定义的。例如，所有符合 OBD-II 要求的车辆都可以设置一个发动机随机失火的故障码 P0300，P0 表示这是一个对所有品牌、车型和发动机都通用的 OBD-II 故障码。而 P1259 是制造商针对特定系统或部件定义的故障码，它不是所有发动机共用的。在本示例中，P1259 在本田和讴歌（Acura）车上代表一个与 V-TEC 系统有关的问题。

第三到第五位字符可能是字母或数字，它们用于描述一个故障。第三位字符表示故障发生在哪里。剩下的两位字符描述设置该故障码时的确切状态。这些数字经过合理编排以使各类故障码与相关的特定传感器或系统集中在一起。

并非所有的故障码都会使 MIL 点亮。这取决于监测器和具体问题。不会影响排放的故障码绝不会点亮 MIL。故障码基本上有三种类型。现在或当前的故障码表示其是在两个驾驶行程中检测到和出现的故障。当两个行程的故障在第一次被检测到时，会存储为一个待定的故障码，它表示一个故障已发生但未达到点亮 MIL 的足够次数。有些故障码会在一个驾驶行程中被设置，但这取决于监测器。

2. 冻结帧数据

OBD-II 强制规定的一项功能是冻结帧（又叫快照）。尽管法规仅规定与排放相关的故障码要有冻结帧，但制造商可以选择在其他系统中包含这个特点。PCM 使用此功能获取各种输入和输出在 MIL 点亮时的状态快照。如果将来出现同样的问题，PCM 将使用这个数据进行识别并与类似的工况做比较。这个功能对技师也很有价值，尤其是在试图确定间歇性问题的原因时，可以重新回看设定该故障码时传感器和执行器的运行情况。这在确定问题的原因时是一个极大的帮助。冻结帧中所冻结的信息是实际值，PCM 没有用自适应策略对它们进行改变（图 9-28）。

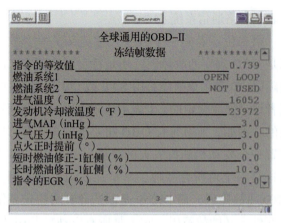

图9-28 为故障码捕获的冻结帧数据示例

一旦故障码和相关冻结帧数据存储在存储器中，即使又设置了与排放相关的其他故障码，原冻结帧的数据仍将存储在存储器中。但如果出现对排放影响更大的故障时，较低优先级的故障冻结帧可能会被更严重故障的数据所覆盖。例如，如果存储了EVAP一个小泄漏的冻结帧，当出现会导致催化转化器损坏的失火时，原先的数据可能会被覆盖。数据按优先级存储，与失火和燃油控制相关的信息具有高于其他故障码的优先级。如果断开车辆的蓄电池，这个数据将丢失，它也可以用诊断仪删除。当使用诊断仪来删除故障码时，同时也将自动删除所有相关的冻结帧数据。

3. 通用型和增强型数据

在OBD-Ⅱ计算机中，有两种不同类型的入口：通用型（也称为全球通用的OBD-Ⅱ）和增强型。增强型有时也称为原厂或制造商的系统端口。这两种相互有联系的系统都提供对故障码和数据的访问，但方式不同。

通用型OBD-Ⅱ提供的对测试模式的访问是下一节要讨论的内容。故障解码器或诊断仪能够进行这种访问，如Snap-on（实耐宝）、Bosch（博世）、OTC和其他公司生产的诊断仪。这些诊断仪通常可获得的数据与使用原厂诊断仪或可访问增强型数据的诊断仪相比是有限的。使用通用模式获取数据事先不需要针对待修车辆编程，这意味着访问串行数据流不需要输入VIN信息。重要的是要记住，通用模式的访问只是用于排放控制系统。使用通用模式时，有可能无法访问其他系统，

例如ABS或车身电气系统。

增强型数据通常可为双向控制提供更多参数识别（PID）和更多系统的访问。为了使用增强型访问功能，必须根据车辆对诊断仪编程，这需要将VIN信息输入到诊断仪中。新车型的系统通常可通过诊断仪自动识别VIN，因此不需要人工输入。当使用增强型数据时，特别是使用原厂诊断仪时可以访问动力传动系统和排放系统以外的各系统。

许多技师都是使用通用模式查找故障码和冻结帧数据的。在很多情况下，通用型数据对诊断和修复故障已足够满足需要了。

4. 通用测试模式

所有OBD-Ⅱ系统都有相同的基本测试模式，而且所有这些模式都可以用通用型OBD-Ⅱ诊断仪访问。在为诊断而使用这些测试模式时，务必参考制造商的信息。图9-29展示了用Snap-on（实耐宝）诊断仪读取OBD-Ⅱ数据的步骤。

模式1是PID（**参数识别**）模式。该模式可访问与排放相关的当前输入和输出数据值、计算值和系统状态信息。有些PID值是制造商所特有的，有些PID对所有车辆都是共有的，这类信息称为**串行数据**（图9-30）。

模式2是冻结帧数据访问模式。该模式允许访问特定的通用PID中与排放相关的数据。可存储的冻结帧帧数是有限的，如果某一状态重复出现，将更新该冻结帧的信息。

模式3允许诊断仪获取已存储的故障码。信息根据模式3的请求从PCM传输给诊断仪。诊断仪上可显示故障码或相关描述文本，或两者同时显示。

模式4是PCM的重置模式。它允许诊断仪从PCM的存储器中清除所有与排放相关的诊断信息。当启用此模式时，所有的故障码、冻结帧数据、历史故障码、监测的测试结果、监测测试结果状态和车载测试结果都将被清除并重置。

模式5是在采用CAN之前车辆的氧传感器监测测试。该模式给出测试循环期间的氧传感器的实际输出。这些输出值是存储的值，而不是在模式1中获取的当前值。这个信息用于确定催化转化器的有效性。

1）将诊断仪与车辆连接后，选择检查项目。OBD-Ⅱ用于查看所有非制造商特定的数据

2）进入通用型 OBD-Ⅱ模式后，选择要诊断的系统

3）选择车辆品牌后再选择车型

4）此时诊断仪将显示该控制系统的基本信息

5）诊断仪会询问希望执行哪个选项

6）可选择模式 6 或其他测试参数

7）所选测试的测试结果显示在诊断仪上

8）模式 6 的数据可通过输入该车辆的信息进行检索，例如 VIN

9）模式 6 可看到非连续性监测器的数据

图 9-29　用通用型 OBD（实耐宝）诊断仪读取 OBD-Ⅱ数据的步骤

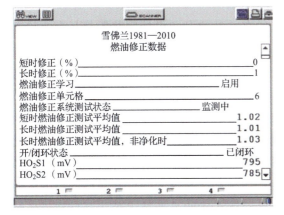

图 9-30　技师查看诊断仪上可用的串行数据示例

模式 6 是输出状态模式（Output State Mode，OTM），它用于识别非连续监测系统中的潜在问题。

模式 7 报告连续性监测系统的测试结果（图 9-31）。

模式 8 是对车载系统测试或部件运行情况进行控制的请求模式。它可使技师通过诊断仪控制 PCM 来测试一个系统。在某些情况下，诊断仪仅设置某个测试的条件，并不实际参与该测试。这方面的一个示例是 EVAP 泄漏测试，该测试是用其他测试设备实现的。

模式 9 是对车辆信息访问的请求模式。该模式报告车辆的 VIN、标定鉴别和标定核实。这个信息可用于查看最近的标定是否已编程到 PCM 中。

模式 10 显示可能已清除但尚未从存储器中擦除的故障码。这类故障码也叫永久性故障码。在相关监测器成功运行并完成该故障码的清除之前会一直保存在存储器中。例如，有故障的催化转化器在存储器中设置了一个P0420故障码。在维修车间更换了催化转化器并清除了该故障码，但在其催化转化器监测器成功运行并通过测试前，P0420仍将保留在模式10中。一旦完成所需的监测，该故障码将获释。

a）原文

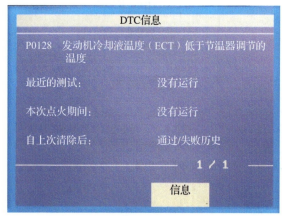

b）中文翻译

图9-31 在模式7中，连续性测试中报告的故障码和待定故障码都属于待定故障码，若再次检测到该故障，它们将转为当前故障码

9.12 发动机电控系统的基本诊断

诊断一个计算机控制的系统远比读取故障码复杂，它需要知道要测试什么、何时测试以及如何测试。由于发动机控制计算机的功能已从简单进化到复杂，因此在试图诊断一个问题之前，重要的是要了解要进行诊断的系统的功能。查阅维修信息以了解这些内容。在了解系统及其功能后，运用已有的知识和逻辑开始诊断。

符合逻辑地进行故障排查的重要性如何强调都不为过。具有诊断故障的能力（找到故障的原因和解决方案）是汽车维修技师与零件更换工的分水岭。

1. 逻辑性诊断

当面对发动机的异常状况时，好的汽车维修技师会用他们对正常状况的了解对比各种线索（如诊断仪的数据、仪表读数、示波器读数和波形、故障现象等），找出与发动机当前运行状态之间的逻辑性原因。符合逻辑的诊断意味着遵循简单的基本流程，即从最可能的原因开始直到最不可能的原因。换句话说，在实施可能性较小、难度较大的解决方案之前，先考虑最简单、最直接的解决方案。在考虑了所有因素之前，不要对问题进行猜测或立即下结论。

这种逻辑性的方法在检修发动机的电子控制方面具有特殊作用。在尝试诊断发动机电控系统之前，务必检查所有传统的非电控的发动机方面的可能因素。例如，蓄电池电压低可能导致错误的传感器读数。记住，即使是最先进的车载计算机系统也无法纠正发动机机械方面的问题。气门正时不正确、气门黏滞、压缩压力低和真空泄漏问题都可能呈现似乎是计算机或传感器方面的问题。

2. 维修信息

所有新型的发动机控制装置都具有自诊断功能。任何传感器、输出装置或计算机本身的故障都会作为一个故障码被存储。检索故障码并进一步检查其所指示的问题区域或部件。正确的诊断取决于正确理解所有收集的数据和正确执行所有后续的测试。会对诊断有所帮助的维修信息通常包括以下内容：检索到的故障码和获取的冻结帧说明；系统和诊断仪之间没有通信问题的诊断说明；针对该车辆的最新技术公告、反映设置特定DTC后采取何种策略的失效保护措施表、诊断仪的操作手册、带有故障码和该问题可能区域或部件的故障码表、系统的零部件位置图、系统的电气线路图、PCM 各端子的标识、故障码的排查指南、部件测试过程说明。

9.13 OBD-Ⅱ系统诊断

为使监测器运行至少需要一个驾驶循环，所以所有 OBD-Ⅱ的诊断仪都包含一个准备就绪的功能，它显示所有监测项目和其状态是完成了还是未完成。有些系统可能会将监测器的状态显示为就绪或未就绪。未完成的意思代表该监测没有完成运行，结果判定有待进一步测试，或是监测器没有运行或监测器运行并记录了一个故障。大多数诊断仪屏幕上的"就绪测试"和"监测状态"显示的信息都相同（图 9-32）。

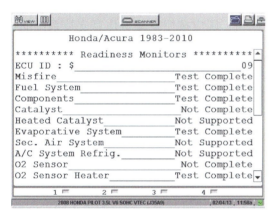

a）原显示

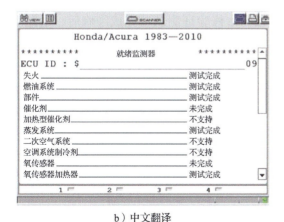

b）中文翻译

图 9-32　该诊断仪上显示了哪些监测已完成、不支持或未完成

可使用就绪监测器类的工具。将这类工具插入数据链路插接器，可在一个驾驶循环完成时提醒技师。当设法收集维修前后的数据时，这类工

具可以节省大量时间。这对一项已经完成的维修来讲是非常有用的。车辆在路试过程中，一旦就绪监测器闪烁和/或发出蜂鸣声时，即可将该车辆返回维修店并检索故障码。

1. 排查 OBD-Ⅱ系统故障

以下步骤提供了排查 OBD-Ⅱ系统问题的一般要点。这些内容在不同年款和车型中会稍有变化。在开始诊断前，务必查阅制造商的维修信息。排查 OBD-Ⅱ系统的故障包含了图 9-33 所列出的一系列步骤。

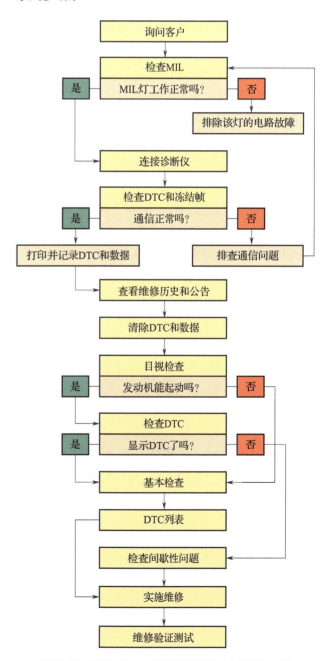

图 9-33　排查 OBD-Ⅱ系统的问题时应遵循的步骤

以下是对每个步骤的简单说明。

1）询问客户：从客户那里收集尽可能多的信息。恳请客户描述问题出现时的行驶状态，包括天气、交通状况和速度等。

2）检查MIL：当打开点火开关发动机尚未运转时，MIL应点亮。当发动机起动后，MIL应熄灭。如果上述任意一种情况未发生，则在继续检查前先排查该MIL系统的问题。

3）连接诊断仪：确保所用的诊断仪是符合OBD-Ⅱ需要的。

4）检查故障码和冻结帧数据：使用诊断仪时，紧挨着故障码的星号（*）通常表示已存储了与该故障码关联的冻结帧数据。在诊断过程中，清楚故障被设置时的运行状态是非常有用的，例如：车辆是在行驶还是停止的、发动机的温度是多少以及混合气是浓或是稀。打印或记录所有故障码和相关信息。如果出现没有通信或通信不良故障码，在继续排查前先解决通信问题。

5）查看维修历史和服务公告：可能会存在一个含有必要维修信息的技术服务公告（TSB）或其他维修提示。在继续诊断之前，查阅这些内容并遵循其中讲述的步骤。特别重要的是，要注意是否有迭代的标定或闪存可用。试图通过自己诊断和解决一个可用新软件解决的问题会浪费数小时的诊断时间。维修历史可以提供有关该问题原因的可能线索，因为问题可能与最近的维修有关。

6）目视检查：快速浏览一下最基本的内容。

检查所有连接导线以确保其连接牢固且没有损伤。进行该作业时，尽量不要摆动连接导线，摆动可能会纠正间歇性的问题，致使该问题在后面很难发现。目视检查蓄电池和燃油液位。必要时纠正任何问题。如果发动机不能起动，执行步骤8。

7）检查故障码：重复步骤4。如果没有故障码，检查监测器的就绪状态和诊断仪上的待定故障码。在继续之前，先完成必要的驾驶循环。PCM可能会因有多个故障码而进入失效保护模式，这意味着PCM已用替代值来控制发动机的运转。参考维修信息以确定是否有任何故障码表示已进入失效保护模式。如果是，则遵循相应的诊断步骤进行排查。如果存在故障码，则执行步骤9。如果不存在故障码，执行步骤10。

8）基本检查：如果在之前的检查中未确认该故障码，则应按照发动机信息支持系统的诊断进行排查。当显示没有故障码而确实存在问题时，使用维修信息中的故障症状表来进行诊断。

9）故障码表：使用故障码表来确定已检测到什么、问题的可能区域以及如何诊断该故障码（图9-34）。

10）检查间歇性问题：如果未能确定问题的原因，继续进行间歇性问题的检查。

11）实施维修作业：一旦确定了问题的原因，进行所有必要的维修。

12）维修验证测试：完成维修后，通过重复步骤2、3和4检查已完成的作业。

DTC#	检测项目=有问题的系统	故障区域=系统中被怀疑有问题的区域	MIL点亮（是/否）	信息被保留在存储器中（是/否）
P0100	质量空气流量电路故障	•MAF电路开路或短路 •MAF传感器故障 •PCM故障	否	是
P0101	MAF电路-范围/性能问题	MAF传感器故障	是	是
P0110	IAT电路故障	•进气温度（IAT）传感器电路开路或短路 •IAT故障 •PCM故障	是	是
P0115	ECT电路故障	•ECT电路开路或短路 •ECT故障 •PCM故障	是	是

图9-34 典型的故障码表内容

2. 间歇性故障

间歇性故障是一种并非始终存在的故障，因此它可能不会点亮 MIL 或导致设置故障码，因而间歇性故障可能很难诊断。通过研究系统以及每个部件与另一个部件的关系，应能够建立一个与该间歇性故障相关的各种原因的罗列。为帮助确定其原因，应遵循以下步骤：

1）查看历史故障码、故障码属性和冻结帧数据。

2）为可能的方案寻求技术支持。将可用的维修信息与对系统性的理解相结合。

3）评估客户所描述的故障症状和状况。

4）使用检查表确认可能存在问题的电路或电气系统部件。

5）遵循在维修资料中查到的对间歇性故障诊断的建议。

6）目视检查所怀疑的电路或系统。

7）使用诊断仪的数据捕捉功能。

8）测试该电路的连接导线是否短路、开路或电阻过高。这可用 DMM 以标准方式完成，除非在维修信息中另有说明。

大多数间歇性故障是由电气连接或线路故障引起的。参照每个可疑电路或部件的电路图，这将有助于查明该电路中的所有连接和部件。应仔细和彻底地检查可疑电路的整个电气系统。检查导线绝缘层是否烧损或损坏、插接器端子是否损坏和腐蚀、插接器和插接器接线端子是否松动以及接地线或线带是否断开或松动。对插接器或端子的目视检测正常并不意味着不存在问题，可对端子进行拉拽测试以检查可疑插接器的插接端子之间的连接状况。这需要将合适的针脚插入插孔并感觉两者之间的阻力或夹紧力的大小。如果针脚容易从插孔中滑出或脱落，则应检查插孔是否不良。

为了确定故障的源头，可将电压表连接到可疑的电路并使用 MIN/MAX 功能，同时晃动线束（图 9-35）。参照维修信息中的参考值表，将其作为该电路中所期望的参考电压值。如果电压表上的读数随线束的晃动而变化，则问题是在该电路中。还可以在车上连接着电压表进行路试。如果电压表的读数随着工况的变化而变得异常，则所观察的电路可能存在问题。

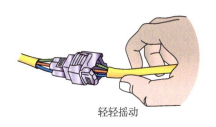

轻轻摇动

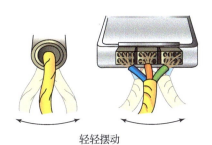

轻轻摆动

图 9-35　晃动测试可帮助确定间歇性故障的位置

还可以在车上连接着诊断仪进行路试。诊断仪可用于监测或记录电路在车辆行驶期间的活动状况。这可使我们看到电路对变化状况的响应。冻结帧功能可存储 PCM 发出指令时或设置故障码时的发动机状态和运行参数。如果能够得到间歇性故障发生时的快照，则问题可能会更容易诊断。

使用 OBD-II 诊断仪可以启动执行器执行功能性的测试，并可监测运行中变化的结果，此外还可以监测执行器响应输入变化的输出。当执行器启动时，观察诊断仪上的反应。还可在启动继电器输出时，倾听继电器是否有咔嗒声。如果没有听到咔嗒声，则测量继电器控制电路上的电压，当启用继电器时，应至少有大于 4V 的电压变化。

还可用诊断仪监测 PCM 和一个输出如何响应传感器信号的变化。选择与可疑电路相关的模式并查看、记录对该电路的扫描数据。将读数与技术规范做比较。随后创造一个能够导致相关输入改变的条件，同时观察数据变化是否与之相符。

3. 参数识别

通常参数识别代码（PID）用于识别诊断仪正在请求的是哪个数据段。当诊断仪连接到 DLC 并显示串行数据时，诊断仪是在请求计算机要查看按照参数 ID 分类的传感器数据。例如，当用诊断仪要观察发动机冷却液温度（ECT）传感器的数据时，诊断仪请求来自模式 $01 PID 5 的数据。在配备 OBD-II 的车辆上无论使用何种诊断仪，所请求的来自模式 $01 PID 5 的通用数据都将显示 ECT 的数据。该 PID 的列表是标准化的，并且自从引入 OBD-II 后已经进行了更新。

通用的 PID 可用带有通用功能的任何类型的诊断仪或解码器访问。要访问增强型数据或制造商的 PID 需要使用增强型或制造商的专用诊断仪。因为这是两套独立的 PID，在使用通用型诊断仪上的模式 $01 时并非可得到所有数据。标准化的数据允许使用通用型诊断仪或解码器去访问符合 SAE J1979 标准的 OBD II 数据。

诊断仪通常还能够根据用户的选择显示或隐藏 PID。减少被显示的 PID 数量可以加快车辆和诊断仪之间的数据传输，从而使显示的数据刷新更快。诊断仪和 / 或维修信息可能还带有关于标准值、最小 / 最大值的详细信息，以及对每个 PID 的完整说明。

4. 串行数据

PID 是用于从 PCM 请求数据的代码。诊断仪用它进行串行数据的请求和接收，为此，需要在诊断仪中输入预期的 PID（表 9-1），以使连接到 CAN 总线上的负责该 PID 的装置将该 PID 值上传到总线上，以便在诊断仪上读取。许多 PID 对所有 OBO-II 系统是标准的，但并非所有车辆都支持所有的 PID，而且有一些制造商定义的 PID 不是 OBD-II 系统标准的一部分。

制造商在其维修信息中列出并定义了各种可用的 PID。应将该信息于观测到的数据进行比较。如果某一项不在正常值的范围内，应记录这个差异并对该特定项目进行诊断。

按照图 9-36 所示步骤连接诊断仪并评估所看到的串行数据。

5. 使用模式 6

模式 6 可访问各种监测器诊断测试的结果。其测试值是在每个监测完成时存储的。模式 6 中可得到的信息是非常有用的，但也可能是很难理解的。模式 6 的数据用 $ 标识、测试 ID（TID）

表 9-1 通用型 PID 列表示例

冻结帧	缩写	描述	测量单位
X	AAT	环境空气温度	°
X	AIR	二次空气状态	ON/OFF
X	APP_D	加速踏板位置 D	%
X	APP_E	加速踏板位置 E	%
X	APP_F	加速踏板位置 F	%
X	CATEMP11	催化剂温度，气缸组 1，传感器 1	°
X	CATEMP12	催化剂温度，气缸组 1，传感器 2	°
X	CATEMP21	催化剂温度，气缸组 2，传感器 1	°
X	CATEMP22	催化剂温度，气缸组 2，传感器 2	°
X	IAT	进气温度	°
X	LOAD	计算的发动机负荷	%
X	LOAD_ABS	绝对负荷	%
X	LONGFT1	来自化学计量的当前气缸组 1 燃油修正（磨损参考 1），% 被认为是长时修正	%
X	LONGGFT2	来自化学计量的当前气缸组 2 燃油修正（磨损参考 2），% 被认为是长时修正	%
X	MAF	质量空气流量	gm/s 或 lb/min
	MIL_DIST	MIL 点亮后行驶的距离	km
X	O2S11	气缸组 1 上游氧传感器（11）	V
X	O2S12	气缸组 1 下游氧传感器（12）	V
X	O2S13	气缸组 1 下游氧传感器（13）	V
X	O2S21	气缸组 2 上游氧传感器（21）	V
X	O2S22	气缸组 2 下游氧传感器（22）	V
X	O2S23	气缸组 2 下游氧传感器（23）	V
X	SHRTFT1	来自化学计量的当前气缸组 1 燃油修正调节（磨损参考 1），% 被认为是短时修正	%
X	SHRTFT2	来自化学计量的当前气缸组 2 燃油修正调节（磨损参考 2），% 被认为是短时修正	%
X	SPARKADV	要求的点火提前	°
X	SPARK_ACT	实际的点火提前	°
X	TAC_PCT	指令的节气门执行器	%
X	TP	节气门位置	%
X	VSS	车速	km/h 或 mile/h

1）诊断仪在连接到 DLC 后应上电

2）从主菜单中选择要使用的特定功能

3）选择自动识别或输入该车的年款和 VIN

4）扫描故障码以显示哪些模块存储了故障码

5）选择发动机以查看 PCM 中存储的故障码

6）用诊断仪检索与故障码有关的信息

7）利用从维修信息或诊断仪上获得的信息理解该故障码

8）起动发动机，查看诊断仪上的输入传感器和输出执行器的数据。若诊断仪配有打印机，则打印出报告

图 9-36　连接诊断仪并观察相关数据

和内容 ID（CID）以及字母和数字的组合给出。其中大部分都没有直接可用价值，因为它是用十六进制给出的，这是一种对普通人而言十分陌生的语言。例如，数字 10 的十六进制代码是 $0A。这就是建议只使用能够解读这些数据的诊断仪的原因。在诊断仪上观察模式 6 数据的方法因诊断仪的品牌和型号而异，因此务必参考诊断仪的使用操作手册（图 9-37）。

尽管用来读取模式 6 数据的诊断仪未将数据转换为可理解的数据，但仍可使用诊断仪所提供的数据，这需要访问许多汽车制造商网站上提供的模式 6 的数据。结合诊断仪和制造商给出的信息，应能确定每个 TID 的含义以及报告中的值代表了什么。

当未检索到故障码时，模式 6 的数据可以帮助查找问题的原因。制造商通常会列出模式 6 的各种正常值。为了有效地使用模式 6 的数据，将

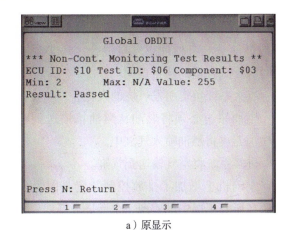

a）原显示

图 9-37　模式 6 如何显示其数据的示例

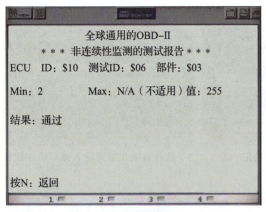

全球通用的OBD-Ⅱ
＊＊＊ 非连续性监测的测试报告 ＊＊＊

ECU ID：$10　测试ID：$06　部件：$03

Min：2　　　　Max：N/A（不适用）值：255

结果：通过

按N：返回

b）中文翻译

图 9-37　模式 6 如何显示其数据的示例（续）

捕获的读数与正常值做比较，然后运用逻辑思考和对系统、零部件和电气的知识来确定什么是异常的及什么会导致这种情况。有些制造商建议使用模式 6 来诊断特定的系统。利用这些数据还可以非常方便地诊断任何系统的控制电路。

6. 修复系统

在找到故障的原因后，应进行维修。在维修 OBD-Ⅱ 电路时，下述指南很重要：

1）不要将售后市场销售的附件连接到 OBD-Ⅱ 电路或网络中。

2）不要移动或改变接地点的原始位置。

3）始终使用正确的继电器作为更换件。损坏的继电器应该丢弃，不进行维修。

4）确保所有插接器的锁扣处于良好状态并安装到位。

5）维修插接器或插接器端子后，应确保正确固定该端子并密封插接器。

6）安装电气接地点的紧固件时，一定将其拧紧至规定力矩。

完成维修后，应重新检查系统以验证维修是否已解决问题。为了确认问题已得到解决，可能需要对车辆进行路试。

3C：问题（Concern）、原因（Cause）、纠正（Correction）

维修工单				
年份：2014	制造商：Jeep	车型：Grand Cherokee	里程：38146mile	单号：18370
问题	客户陈述发动机故障指示灯点亮。			
技师确认 MIL 点亮，并检索到存储的故障码 P0128。运转发动机约 30min 后，冷却液温度仍保持在 160℉ 以下。				
原因	检索到存储的故障码 P0128，且发动机冷却液温度低于正常值。发现节温器卡在打开位置。			
纠正	更换节温器并重新加满冷却系统。发动机达到工作温度并清除了 DTC。			

9.14 总结

- 为了实现完全燃烧，在密闭容器中必须有合适的燃油量与合适的空气量混合，还必须在适当的时间受到合适的热量点燃。
- 点火系统负责引发燃烧的火花。
- 燃油系统必须将燃油从燃油箱输送到喷油器，喷油器再将燃油喷入气缸中。
- 进气系统将空气输送到气缸。
- 发动机上增加了排放控制装置是因为发动机无法在所有工况中都实现完全燃烧。
- 发动机控制系统在一个循环中运行，即输入、处理和控制（输出）。
- 发动机控制模块会以开环或闭环控制方式运行。在闭环中，计算机处理所有输入。
- 大多数发动机控制系统都具有自诊断功能。通过进入这个模式，计算机能够评估整个控制系统，包括其自身。
- 根据 OBD-Ⅱ 标准，所有车辆在规定位置都有一个通用的 DLC，还必须具有标准的故障码清单和标准的通信协议，以便在所有品牌和车型上可使用通用型诊断仪、通用的诊断测试模式，并具有记录和存储故障发生时运行状态的快照能力，以及用于电子控制系统的所有部件的术语、首字母缩略词和已定义的标准术语表。

- OBD-Ⅱ系统有许多监测器来检测系统的运行状况。如果车辆排放物超过该年型车所允许标准的 1.5 倍，系统将点亮 MIL。

- OBD-Ⅱ中包括的监测器有：催化转化器效率、发动机失火、燃油系统、加热型氧传感器、EGR、EVAP、二次空气喷射、节温器和综合部件监测器。

- 符合 OBD-Ⅱ要求的车辆至少使用两个氧传感器。其中一个用于向 PCM 反馈燃油控制，而另一个用来给出对催化转化器效率的判断。

- OBD-Ⅱ驾驶循环包括启动并完成特定监测系列事件或为验证一个症状或维修所需的任何特定工况。

- OBD-Ⅱ的短时燃油修正和长时燃油修正策略监测氧传感器信号，并使用这些信息对燃油控制的计算进行调整。自适应燃油控制策略使按照工况改变供给至各个气缸的燃油量成为可能。

- OBD-Ⅱ系统监测整个排放系统，如果某些事情出现错误，则点亮 MIL，并在检测到一个问题时将在 PCM 中存储相关的故障码。

- OBD-Ⅱ法规要求 PCM 监测并可对发动机控制系统和部件执行某些连续测试。有些 OBD-Ⅱ测试是随机的、以特定间隔完成的，或响应已检测到的故障。

- OBD-Ⅱ系统会在某些部件失效之前注意到它们的劣化，这可在车辆出现故障前，允许车主在自己方便时开车到维修店检修。

- MIL 告知驾驶员已经出现了影响车辆排放水平的故障。在维修完成后，技师可能需要驾驶车辆持续行驶三个行程以确保 MIL 不会再次点亮。

- 大多数间歇性故障是由电气连接或线路故障引起的。

9.15 复习题

1. 思考题

1）描述开环和闭环控制模式之间的区别。

2）说明系统策略和查找表在发动机电子控制系统中的应用和重要性。

3）描述 OBD-Ⅱ的一个暖机循环。

4）说明 OBD-Ⅱ系统中的行程和驾驶循环的定义。

5）描述 OBD-Ⅱ系统是如何检测发动机失火的。

6）描述排气系统中安装上游和下游两个氧传感器的目的。

7）简要描述 OBD-Ⅱ系统中的各种监测器。

8）如果在（　　）转的周期内失火超过（　　）%~（　　）%，则是发动机 B 类失火过多。

9）（　　）监测器系统检查活性炭罐净化系统的动作。

10）（　　）监测器系统用一个（　　）和（　　）测试来检查空气喷射系统的有效性。

11）燃油系统监测器检查（　　）燃油修正和（　　）燃油修正。

2. 单选题

1）以下哪一个传感器用于 OBD-Ⅱ系统的失火监测？（　　）

A. 氧传感器　　　　　　B. 凸轮轴位置传感器

C. 曲轴位置传感器　　　D. DPFE 传感器

2）以下哪一项陈述是**不正确**的？（　　）

A. 不影响排放的故障码绝不会点亮 MIL

B. 正起作用的或当前的故障码表示一个被检测到并且在两个行程中都出现的故障

C. 当一个两行程的故障被第二次检测到时，它将作为一个待定的故障码被存储

D. 有些故障码会在一个行程中被设置

3）计算机能够进行以下所有工作，但不包括（　　）。

A. 接收输入数据

B. 根据程序处理输入数据并监测输出动作

C. 控制车辆的运行条件

D. 存储数据和信息

4）以下哪一种记忆电路用于存储故障码和其他临时信息？（　　）

A. 只读存储器　　　　　B. 编程的只读存储器

C. 随机存取存储器　　　D. 以上都是

3. ASE 类型复习题

1）技师 A 说氧传感器在开环控制模式下提供主要输入。技师 B 说在开环控制模式运行期间不

使用冷却液温度传感器的输入。谁是正确的？
（　　）

A. 仅技师 A 正确

B. 仅技师 B 正确

C. 技师 A 和技师 B 都正确

D. 技师 A 和技师 B 都不正确

2）在讨论 OBD-Ⅱ系统时，技师 A 说如果某个缺陷导致排放水平超过该年型车排放标准的 2.5 倍，PCM 将点亮 MIL；技师 B 说如果失火状况预示发动机或催化器有损坏的危险，PCM 将闪烁 MIL。谁是正确的？（　　）

A. 仅技师 A 正确

B. 仅技师 B 正确

C. 技师 A 和技师 B 都正确

D. 技师 A 和技师 B 都不正确

3）在讨论催化转化器效率监测器时，技师 A 说如果催化转化器没有实际上减少排放，下游的氧传感器信号电压的切换频率会增加；技师 B 说如果催化转化器监测系统在三个驾驶循环中都监测到故障，将点亮 MIL。谁是正确的？（　　）

A. 仅技师 A 正确

B. 仅技师 B 正确

C. 技师 A 和技师 B 都正确

D. 技师 A 和技师 B 都不正确

4）在讨论监测系统时，技师 A 说燃油系统监测器检查短时和长时燃油修正；技师 B 说加热型氧传感器监测系统会检查从稀到浓和从浓到稀的响应时间。谁是正确的？（　　）

A. 仅技师 A 正确

B. 仅技师 B 正确

C. 技师 A 和技师 B 都正确

D. 技师 A 和技师 B 都不正确

5）在讨论综合部件监测系统时，技师 A 说它测试各种输入电路；技师 B 说它测试各种输出电路。谁是正确的？（　　）

A. 仅技师 A 正确

B. 仅技师 B 正确

C. 技师 A 和技师 B 都正确

D. 技师 A 和技师 B 都不正确

6）在讨论 OBD-Ⅱ系统的 MIL 时，技师 A 说如果 PCM 检测到一个会损坏催化转化器的故障，将使 MIL 闪烁；技师 B 说只要 PCM 检测到一个故障，就会点亮 MIL。谁是正确的？（　　）

A. 仅技师 A 正确

B. 仅技师 B 正确

C. 技师 A 和技师 B 都正确

D. 技师 A 和技师 B 都不正确

7）在讨论诊断流程时，技师 A 说在执行完目视检查后，应该从 PCM 存储器中清除故障码；技师 B 说当没有故障码而系统中存在故障时，串行数据是很有用的。谁是正确的？（　　）

A. 仅技师 A 正确

B. 仅技师 B 正确

C. 技师 A 和技师 B 都正确

D. 技师 A 和技师 B 都不正确

8）技师 A 说许可条件是 PCM 完成一个监测测试之前必须满足的要求。技师 B 说驾驶循环包括在特定工况下驾驶车辆以便能够完成该监测测试。谁是正确的？（　　）

A. 仅技师 A 正确

B. 仅技师 B 正确

C. 技师 A 和技师 B 都正确

D. 技师 A 和技师 B 都不正确

9）在讨论 PCM 监测测试时，技师 A 说有些监测只有在另一个监测完成后才运行；技师 B 说当诊断仪启用一个监测测试后，该监测测试将会运行。谁是正确的？（　　）

A. 仅技师 A 正确

B. 仅技师 B 正确

C. 技师 A 和技师 B 都正确

D. 技师 A 和技师 B 都不正确

10）在讨论失火监测器时，技师 A 说在检测 A 类失火时，该监测器检查发动机每 500 转间隔内的失火；技师 B 说在检测 B 类失火时，该监测器检查每 1000 转间隔内的失火。谁是正确的？（　　）

A. 仅技师 A 正确

B. 仅技师 B 正确

C. 技师 A 和技师 B 都正确

D. 技师 A 和技师 B 都不正确

第 10 章
诊断流程和传感器

学习目标

- 能够用诊断仪对不同类型的车辆进行诊断。
- 能够进行 OBD-II 系统的初步检查。
- 能够监测 OBD-II 系统部件的活动状态。
- 能够诊断车载电脑的电源和接地线路。
- 能够测试和诊断开关型输入传感器。
- 能够测试和诊断可变电阻型输入传感器。
- 能够测试和诊断发生器型输入传感器。
- 能够测试和诊断输出装置（执行器）。
- 能够用诊断仪对执行器进行主动测试。

3C：问题（Concern）、原因（Cause）、纠正（Correction）

维修工单				
年份：2008	制造商：道奇	车型：Ram 1500	里程：108540mile	单号：18510
问题	客户陈述检查发动机指示灯点亮，发动机怠速有时粗暴且偶尔熄火。			

针对该客户的问题，利用本章所学内容确定该问题的可能原因、诊断该问题的方法和纠正该问题将需要哪些步骤。

车载诊断系统可引导技师排查到汽车驾驶性能和排放问题所在的区域或部件。车辆的整体驾驶性能涉及许多不同的输入传感器。由于计算机网络的运用，来自各种传感器的输入在所有发动机控制系统的运行中扮演着重要角色。因为来自各传感器的信号共享于多个控制模块，一个传感器不会被指定仅用于某个系统。一个已设置的故障码（DTC）通常会反映影响多个系统的问题。这些问题常常是由一个有故障的传感器或传感器线路引起的。本章着眼于最常见的传感器及如何对它们进行测试。

10.1 使用诊断仪数据

发动机控制模块（ECM）或动力总成控制模块（PCM）持续监测来自各种开关、传感器和其他控制模块的信息，控制影响车辆性能和排放水平的各系统运行，并监测与排放相关的系统是否劣化。当一个系统的性能可能导致排放增加时，OBD-Ⅱ的监测器会设置一个故障码，同时PCM会通过点亮故障指示灯以提醒驾驶员对排放相关问题予以关注。所设置的故障码也会给出导致MIL点亮的故障范围（图10-1）。

图10-1 导致MIL点亮的故障码会显示在诊断仪上

1. 诊断系统初始检查

在开始诊断一个问题之前，先确保已完成一些基本检查。大多数诊断流程在开始时，都会询问是否已经为诊断进行了系统检查。这通常意味着需要进行例如下述内容的基本检查：蓄电池电压和充电系统的工作状况、检查是否有任何熔断的熔丝、目视检查被怀疑系统的外露部件、检查是否安装了售后市场的任何装置、注意是否有其他故障或警告灯点亮。

2. 连接诊断仪

1）确认点火开关已关闭。

2）如有需要，将该车辆专用的功能模块和系统装入该诊断仪。

3）将诊断仪连接至车辆上的数据插接器。

先需要与计算机系统建立通信。如果诊断仪没有上电，应检查DLC的熔丝和其电路。如果诊断仪已经上电，但没有通信，则需要在继续检查之前先诊断并处理该问题。

> ▶ 参见
>
> 有关计算机通信故障的诊断参见第9章。

3. 快速测试

今天快速测试功能已应用在许多车辆上，不过最早使用该功能的车是福特，它提供了三种从车载计算机系统获取诊断信息的方式：点火开关ON发动机OFF（KOEO）的自检、点火开关ON发动机RUN（KOER）的自检、历史存储内容的自检。

KOEO自检对某些输入传感器和输出执行器进行功能测试。如果在KOEO自检中出现问题，将生成一个故障码并将其存储在存储器中。然而，如果问题是间断性的或在该测试中没有出现，则该项测试检测不到这个问题，因而也不会设置故障码。

除了发动机是在运转外，KOER 自检与 KOEO 自检是相同的。为了使该测试正确完成，发动机应运转在正常的温度下。此外，测试过程中通常需要技师踏下制动踏板、转动转向盘和循环超速档（OD）开关。同 KOEO 测试一样，问题必须在测试过程中出现才会被检测到并为此设置故障码。

历史存储内容的自检能帮助检索排放和非排放相关的故障码。在该测试中可读取到所有被存储的故障码。

一旦确认了客户抱怨的问题确实存在，就需要使用诊断仪来获取相关信息。诊断仪提供的信息随诊断仪和被测车辆的不同而不同。由于 OBD-II的标准化，不管车辆如何，各种诊断仪都能够显示相同的基本类型的信息。

4. 故障码和维修信息

为获取存储的故障码，诊断仪使用 $03 模式来请求数据连接。根据诊断仪的不同，诊断仪上可能提供对故障码的描述。如果诊断仪不提供这类信息，则需要使用维修信息查找详细信息。检查保存在存储器中的当前、待定和历史故障码。

检索到故障码后，在维修信息中查找对它们的描述。通常在描述的后面会有帮助诊断的附加信息。如图 10-2 所示，该问题的可能原因不止一个。一个是传感器自身，另外的两个涉及传感器的线路，经过详细测试才能查明确切的原因。由于不同车辆制造商，甚至同一制造商的不同发动机在设置条件上往往会略有不同，所以重要的是要了解导致特定车辆设置该故障码的设置条件。

P0117–发动机冷却液温度（ECT）传感器1电路信号低	
描述：表示该传感器信号小于自检最小值。ECT传感器最小值为0.2V或121℃（250°F）	
可能的原因：	• 线束中电路接地 • 传感器损坏 • 线束连接不正确
诊断帮助：在KOEO或发动机任何工作模式下，当ECT PID读数小于0.2V时，则出现该故障码	

图 10-2　典型维修信息中给出的故障码描述和帮助诊断的附加信息

⚠ **注意**　这些描述还可能引导技师进行精准测试——给出进一步诊断的详细步骤。为了达到预期效果，技师应按照给定的步骤执行，直到最终确认问题。

应查阅所有与该故障码有关的维修信息。可能存在有关该故障码的技术服务公告（TSB），遵循技术公告上的步骤也许可以解决问题。此外还应确保 ECM 和 PCM 是最新软件版本。

5. 监测失败

在检查故障码时，还要检查 OBD-II监测器的状态。所有的 OBD-II诊断仪都有一个就绪的功能，它们显示所有的监测序列和每个监测器的状态：完成或未完成。如果车辆的行驶时间、运行条件或其他参数不足以完成某个监测序列的测试，那么诊断仪将会显示出哪个监测序列尚未完成。

在第 9 章中介绍了为 OBD-II的一系列监测而设定的一套特定驾驶循环。

▶ 参见

有关监测器和驾驶循环的更多内容参见第 9 章。

当大部分监测器的测试顺利完成，而一个系统或部件未能通过测试时，就会产生一个有待确定的故障码。当该故障再次被检测到时，将设置一个故障码并点亮 MIL（表 10-1）。有时尽管一个故障已经发生，但被监测电路的故障码也有可能没有存入存储器。在监测条件未被满足时可能会碰到这种情况。

表 10-1　OBD-Ⅱ 监测器监测失败的可能原因

监测器	失败的可能原因
催化剂监测器	燃油被污染 排气泄漏 发动机机械问题 上游或下游氧传感器线路有故障 PCM 有故障
燃油系统监测器	燃油泵有故障 上游氧传感器信号异常 发动机冷却液传感器故障 催化转换器工作不正常 MAP 或 MAF 相关故障 冷却系统有故障 EGR 系统有故障 燃油喷射系统有故障 点火系统有故障 真空泄漏 发动机零件磨损
EGR监测器	EGR 阀有故障 EGR 通道或管路有故障 EGR 电磁阀线路和 / 或插接器松动或损坏 DPFE 或 EGR VP 传感器损坏 至 DPFE 或 EGR VP 传感器的电气插接器断开或损坏 EGR 真空管路断开、损坏或连接错误
EVAP监测器	净化电磁阀插接器或线路断开、损坏或松动 EVAP 系统的软管、管路或插接器泄漏 至电磁阀和活性炭罐的真空和 / 或通风软管连接错误 从净化电磁阀到活性炭罐的软管阻塞 净化电磁阀的插接器松动或损坏 燃油箱盖未拧紧或缺失
失火监测器	在行驶循环中燃油液面过低 喷油器脏污或有故障 燃油被污染 燃油泵有故障 燃油滤清器阻塞 EGR 系统有故障 EVAP 系统有故障 排气系统阻塞 点火系统次级电路有故障 PCM 供电和 / 或接地电路损坏、松动或电阻过大
氧传感器监测器	上游和 / 或下游氧传感器工作不正常 上游和 / 或下游氧传感器的加热器工作不正常 PCM 有故障 传感器的进出线路有故障

（续）

监测器	失败的可能原因
二次空气系统监测器	二次空气系统电磁阀和 / 或继电器有故障 至二次空气系统电磁阀和 / 或继电器的线路损坏、松动或断开 吸气阀有故障 空气软管和 / 或管路断开或损坏 电动或机械式空气泵有故障 空气泵传动带缺失 空气单向阀有故障

6．冻结帧数据

还应获取与该故障码有关的冻结帧（FF）数据。该数据含有来自特定的通用参数识别（PID）值，它们提供了该故障码在设置时出现的相关运行状态。它们也可用来识别需要检测的部件。

失火冻结帧（MFF）的数据含有一些特有的 PID。MFF 数据不是与故障码存储在一起的冻结帧数据的一部分，它仅用来发现失火的情况。尽管通用型诊断仪也可在发动机失火时捕捉到失火冻结帧数据，但它不体现在失火时发生了什么，而是显示失火后发生了什么。MFF 数据捕捉的是失火率最高时的数据，而不是设置故障码时的数据。

记录的冻结帧信息是非常有用的。在汽车完成维修后，可驾驶车辆在与冻结帧中这些数据相似的工况下行驶以验证维修结果。有些技师称其为"行驶时的冻结帧"。这可以用来重现设置故障码时的行驶状况。

车间提示

很多电子控制系统都有自适应策略，它允许发动机在一个或多个输入失效时继续运转。当 ECM/PCM 监测到来自传感器的数值超出限值时将依赖预定值来运行。在查看增强型数据时，输入信号可能不随状态变化而变化，而且这种信号可能会使人误解。在使用增强型数据时，串行数据可能显示一个替代值。而在使用通用类或全球通用的 OBD-Ⅱ数据时，PID 将显示实际值，因为替代值不能作为通用类数据的一部分来显示。

7．串行数据

一旦确认了故障码和相关的系统或部件后，

需要针对明显有问题的数据进行检查。例如，如果在存储器中设置了发动机冷却液温度传感器电路高的故障码，可检查该传感器在诊断仪上显示的电压和温度数据。如果读数超出正常范围，比如 4.9V 且是 −40℃，则接着检查该传感器及其线路是一个好主意。

8. 模式 $06 的数据

模式 $06 中的可用数据还可用于确定问题的原因。模式 $06 可查看各种监测器的诊断测试结果（图 10-3）。当一个特定的监测器完成一个测试后将存储测试数值。模式 $06 数据除了提供具体的测试结果外，还可用于判断部件状态和失火率。在某些情况下，模式 $06 还可帮助确定一个正接近失效的部件。例如，随着催化转化器效率下降，后氧传感器信号的变化速率将上升。通过检测模式 $06 中后氧传感器电压变化速率的数据，可以监测催化剂的劣化程度。一旦测试值达到设定的限值，将设置故障码。

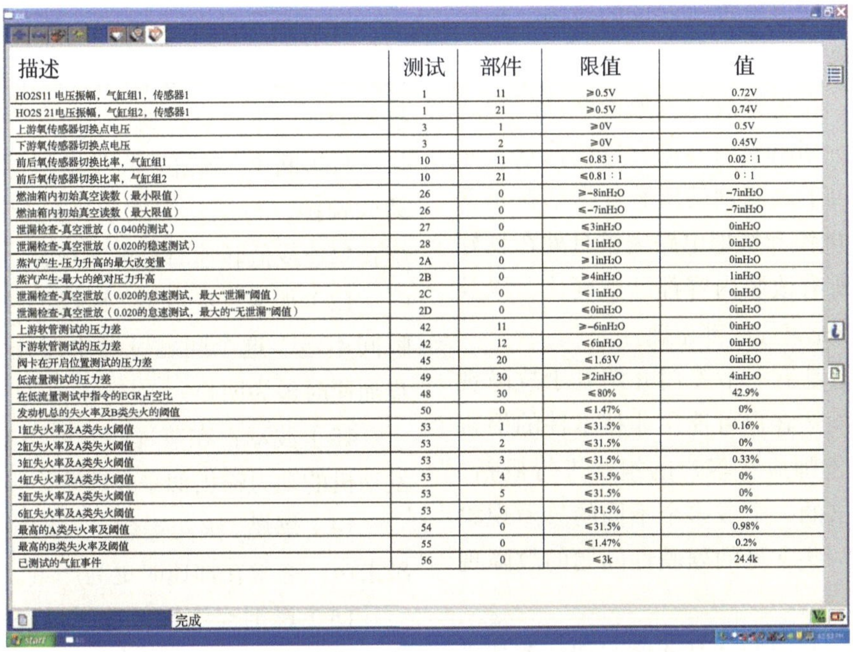

描述	测试	部件	限值	值
HO2S11 电压振幅，气缸组1，传感器1	1	11	≥0.5V	0.72V
HO2S 21电压振幅，气缸组2，传感器1	1	21	≥0.5V	0.74V
上游氧传感器切换点电压	3	1	≥0V	0.5V
下游氧传感器切换点电压	3	2	≥0V	0.45V
前后氧传感器切换比率，气缸组1	10	11	≤0.83：1	0.02：1
前后氧传感器切换比率，气缸组2	10	21	≤0.81：1	0：1
燃油箱内初始真空读数（最小限值）	26	0	≥−8inH₂O	−7inH₂O
燃油箱内初始真空读数（最大限值）	26	0	≤−7inH₂O	−7inH₂O
泄漏检查-真空泄放（0.040的测试）	27	0	≤3inH₂O	0inH₂O
泄漏检查-真空泄放（0.020的稳速测试）	28	0	≤1inH₂O	0inH₂O
蒸汽产生-压力升高的最大改变量	2A	0	≥1inH₂O	0inH₂O
蒸汽产生-最大的绝对压力升高	2B	0	≥4inH₂O	1inH₂O
泄漏检查-真空泄放（0.020的怠速测试，最大"泄漏"阈值）	2C	0	≤1inH₂O	0inH₂O
泄漏检查-真空泄放（0.020的怠速测试，最大"无泄漏"阈值）	2D	0	≤0inH₂O	0inH₂O
上游软管测试的压力差	42	11	≥−6inH₂O	0inH₂O
下游软管测试的压力差	42	12	≤6inH₂O	0inH₂O
阀卡在开启位置测试的压力差	45	20	≤1.63V	0inH₂O
低流量测试的压力差	49	30	≥2inH₂O	4inH₂O
在低流量测试中指令的EGR占空比	48	30	≤80%	42.9%
发动机总的失火率及B类失火的阈值	50	0	≤1.47%	0%
1缸失火率及A类失火阈值	53	1	≤31.5%	0.16%
2缸失火率及A类失火阈值	53	2	≤31.5%	0%
3缸失火率及A类失火阈值	53	3	≤31.5%	0.33%
4缸失火率及A类失火阈值	53	4	≤31.5%	0%
5缸失火率及A类失火阈值	53	5	≤31.5%	0%
6缸失火率及A类失火阈值	53	6	≤31.5%	0%
最高的A类失火率及阈值	54	0	≤31.5%	0.98%
最高的B类失火率及阈值	55	0	≤1.47%	0.2%
已测试的气缸事件	56	0	≤3k	24.4k

完成

图 10-3　用模式 $06 可查看各种监测器的诊断测试结果

9. 目视检查

查看完故障码和验证数据后，进行目视检查。应特别注意与故障码有关的线路和部件。通过以下步骤通常可以发现驾驶性问题的原因：

1）检查所有真空管路。确保它们正常连接，且没有挤压、切断或破裂。

2）检查发电机传动带的状况和张紧度。

3）检查蓄电池及其连接。查找连接是否松动或腐蚀，以及发动机舱盖下的线路是否有损坏或烧蚀（图 10-4）。

图 10-4　检查发动机舱内所有线路的导线是否有损坏或烧蚀

4）检查传感器和输出装置的线路。

5）检查空气滤清器，同时检查进气系统是否有阻塞或泄漏。

6）检查排气系统是否泄漏。

> ⚠️ **注意** 在起动发动机诊断一个问题之前，确保已施用驻车制动器，且自动变速器变速杆在 P 位位置，手动变速器则在 N 位位置。同时挡住驱动车轮。

10.2 基于故障现象的检测

有时尽管计算机没有设置故障码，但车辆仍然存在驾驶性问题。在这种情况下，技师必须查看发动机的各个系统以发现该问题的原因。根据对此问题或其故障现象的描述来确定要测试哪一个系统或者部件。在根据故障现象诊断该问题之前，先根据上面所列出的内容进行目视检查。此外还应确保诊断仪上观测到的所有数据都在正常范围内、PCM 的电源和接地电路完整且处在良好状态、该车辆的所有改装内容都已被确认，以及车辆的轮胎尺寸和充气气压都正确。

维修手册通常都有一节专门介绍基于故障现象的诊断方法。虽然客户可能用非技术性的语言来描述问题，但技师应将客户的担忧进行概括，以便与制造商列出的一个或多个不同的故障现象相匹配。以下为一些常见的驾驶性问题的故障现象及其简要描述。

1）起动困难 / 长时间转动才能起动：发动机转动正常，但需要持续转动很长时间才能起动。发动机一旦起动，可能正常运转也可能立刻失速。

2）无法转动：起动系统无法使发动机转动。

3）无法起动（发动机可转动）：发动机可正常转动，但即使持续长时间转动也无法起动。

> ❗ **警告** 应避免长时间转动发动机。因为未燃烧的燃油会使排气系统过载而导致催化转化器在发动机起动后损坏。每次起动发动机的时间不应超过 15s，且每次尝试起动之间应至少间隔 2min。

4）返回急速慢：加速踏板释放后，发动机需要经过一些时间才能回到正常的急速转速。

5）急速过高：发动机的急速转速高于正常值，或在节气门释放时无法返回到正常急速转速。

6）续走（柴油机）：急速转速过高会导致发动机在关闭点火开关后试图继续运转。这是因为燃烧是由燃烧室内的热点引起的，所以这种现象称为柴油机的自燃。

7）急速粗暴或不平稳和失速：发动机在急速或不断改变急速转速时抖动。这个问题可能导致发动机失速。

8）急速低 / 慢或失速 / 减速时熄火：发动机转速降到低于其正常的急速转速，在松开加速踏板时可能导致失速。

9）回火：燃油在进气歧管或排气系统中点燃，并引起较大的爆燃声音。

10）动力不足或损失：发动机响应迟钝且其提供的动力低于正常预期。踏下加速踏板时发动机的动力似乎没有提高。

11）断火 / 缺缸：在发动机低速时有持续的脉动或顿挫，特别是当发动机负荷较大时。排气系统在急速或低转速时有突突声。

12）加速反应迟缓 / 顿挫：对加速踏板的响应瞬间不足。这个问题可发生在任何车速下，但起步加速时最为明显。

13）波动：在节气门开度不变或巡航行驶时，发动机的动力输出似乎在改变。

14）爆燃 / 火花爆燃：发动机发出尖锐的金属敲击声，通常在加速时更为严重。

15）燃油经济性差：燃油经济性明显低于预期的或之前的。

表 10-2 是一张常见问题的故障现象表，这些问题可能不会设置故障码，但这些部件或系统可能引起问题。应该检查每一个潜在的问题。重要的是应当意识到有些问题可能会导致不止一种的故障现象。此外，在仅基于故障现象去解决问题之前，记得要检查是否有可用的新软件版本。

10.3 基本测试方法和内容

对发动机电子控制系统的诊断不仅仅是检索故障码，还必须检查和测试单独的部件及其线路。用诊断仪可以监测一些零部件的运行，但增加的一些检测通常也是有必要的。这些检测如下。

表 10-2　在没有故障码时可使用故障现象表

问题	部件 / 系统	可能的原因
起动困难 / 需长时间转动	起动系统 燃油 / 点火 / 计算机 进气系统 MAF 传感器 排气系统 PCV 系统 EVAP 系统	蓄电池电量低、蓄电池连接不良、起动机有故障 燃油压力 / 流量低、点火火花弱、点火正时错误、TP、ETC、MAF/MAP 传感器有故障 进气系统受阻、空气滤清器阻塞、进气泄漏 MAF 传感器脏污、错读或有故障 排气系统受阻 PCV 软管损坏或断开 起动过程中进行燃油蒸汽净化
不转动	防盗装置 发动机机械部分 起动系统	钥匙、编码器、遥控器有故障，或没有网络通信 发动机卡死或液顶 起动机、起动机继电器、蓄电池、点火 / 安全开关有故障，或蓄电池电缆连接不良
不能起动（发动机可转动）	防盗装置 燃油 / 点火 / 计算机 进气系统 排气系统 发动机机械部分	燃油系统禁用、钥匙错误、没有网络通信 燃油压力 / 流量低、没有点火火花或火花弱、CKP 传感器有问题、网络通信缺失、TP 传感器信号电压高 进气系统受阻 排气系统受阻 气门正时错误、没有压缩压力 / 压力低
返回怠速缓慢	真空泄漏 节气门体 进气系统泄漏	PCV 或其他真空软管开裂或脱落 节气门板卡滞或节气门回位弹簧损坏 进气系统泄漏
怠速高或仅怠速运转	发动机基础部分 燃油 / 点火 / 计算机 进气系统	发动机过热 TP 传感器有故障、喷油器泄漏、燃油压力过大、点火正时提前过早、火花塞热值不正确 真空泄漏
怠速低 / 慢，减速时失速 / 停机	发动机基础部分 燃油 / 点火 / 计算机 进气系统 自动变速器	气门正时错误 燃油压力 / 流量低、点火正时不正确、怠速过低 进气系统泄漏 变矩器离合器有问题
回火	次级点火系统 燃油供给系统 发动机基础部分 排气系统	高压线错乱，分电器盖有裂纹，分电器内有水分、炭痕 燃油压力 / 流量低 气门正时错误 排气泄漏
动力不足 / 损失	发动机基础部分 燃油 / 点火 / 计算机 进气系统 排气系统 制动系统 自动变速器 机械增压系统 涡轮增压器	可变凸轮轴正时系统、气门正时错误，压缩压力低 燃油压力 / 流量低，节气门泄漏，加速踏板位置传感器 /TP 传感器、MAF 传感器脏污或有故障，EGR 系统有故障，检查燃油修正和氧传感器及 VPWR 的参数 空气滤清器受阻、进气系统泄漏、真空泄漏 排气受阻 车轮制动器卡滞或拖滞、驻车制动器卡滞 自动变速器有故障、变矩器有问题 机械增压器有故障、旁通阀开启 涡轮或压缩器叶片损坏、排气旁通门开启、增压泄漏
火花爆燃	发动机基础部分 燃油 / 点火 / 计算机 进气系统方面	发动机温度、冷却液液面和浓度异常，气门正时错误，进气门积炭 燃油压力 / 流量低、MAF 传感器脏污或有故障、爆燃传感器有故障、点火正时提前过早、喷油器阻塞、EGR 系统有问题 真空泄漏、PCV 阀有故障
燃油经济性差	发动机燃油 / 点火 / 计算机基础部分 进气系统 排气系统 自动变速器 制动系统 转向和悬架系统	发动机温度异常、可变凸轮轴正时系统有故障、压缩压力低、气门正时错误 喷油器泄漏、燃油压力调节器有故障、点火正时错误、火花弱、火花塞热值错误、ECT 传感器有故障、MAF 传感器脏污或有故障、氧传感器有故障、检查燃油修正和氧传感器 PID PCV 系统、真空泄漏 排气受阻 变速器有故障、变矩器有问题 车轮制动器卡滞或拖滞、驻车制动器卡滞 轮胎压力低、轮胎尺寸不正确

1）用欧姆表检测：大多数传感器和输出装置都可以用欧姆表检查。例如，欧姆表可用来检查温度传感器。如果温度传感器是PTC（正温度系数）型的，欧姆表读数通常在发动机冷机时是低的，而在热机时的读数是高的。如果传感器是NTC（负温度系数）型的，则预期的读数与PTC型恰好相反。线圈或电机等输出装置也可以用欧姆表检查。

2）用电压表检测：许多传感器、输出装置及其线路都可通过检查其输入或输出电压来诊断，此外，有些类型的氧传感器也可用此方法进行检查。

3）用示波器检测：传感器和执行器的活动可以用示波器或图形万用表监测，通过观察它们的活动信号，技师所做的远不止是检测。通常控制系统里其他地方的问题会导致一个部件或系统运行异常。这些状况是借助示波器上显示的信号和技师对示波器及被监测部件的理解来查明的。

尽管有时候最后的检查方法只能是替换，但在OBD-II规定下是不认可替换方式的，而且替换也不是诊断问题最可取的办法。然而有时它却是验证问题原因唯一可行的办法。在替换时，用一个已知良好的零部件替换被怀疑的零部件，并重新检查该系统。如果系统此时工作正常，则证明原来的零部件是有问题的。

1. 检测传感器

为了监测发动机的状况，计算机使用了各种传感器。所有传感器都执行着基本相同的功能，即它们检测机械状态（位移或位置）、化学状态或物理状态，并将它们转换为PCM能够使用的电信号以便PCM做出决策。

如果故障码指向一个有故障的传感器或传感器电路，或者怀疑一个传感器有故障，则应检测这个传感器。检测传感器或其他电子部件时，应始终遵循生产商给出的步骤。此外，要确保已掌握每个被测传感器的正确技术参数。可用数字万用表（DMM）、诊断仪、示波器、可绘制图形的万用表（GMM）对传感器进行检测。

由于各种类型的汽车示波器和GMM的操作方式是不同的，所以应确保遵循示波器制造商的

使用说明。如果示波器设置错误，它不会损坏，仅仅是不能显示你想要显示的内容。为了帮助理解如何设置示波器的控制装置，记住以下内容。必须根据预料的信号电压值调整垂直坐标的电压量程，为使波形正确地出现在屏幕上，还必须调整水平坐标的时间基准或每格的毫秒数（ms/div）。当水平的时间基准调整合适时，可以清晰地显示出多个波形。

为了帮助解释示波器的波形和设置示波器，通常在示波器或GMM中都编入了可用的软件包（图10-5）。其中会含有可用来参考的丰富的波形库，因而从中可以查到特定装置的正常波形。该波形库中还含有一些由常见问题所导致的波形。此外还可以通过将波形从示波器传输到计算机（PC）的方式对波形库进行添加。可以上国际汽车技师网（International Automotive Technicians Network，IATN）查找正常波形或故障波形，可将检测到的波形与正常波形和异常波形数据库中来自相似车型或部件的波形进行比较。在传输完波形之后，还可以给文件添加备注。软件中可能还包括操作的说明、示波器设置信息以及常见输入和输出的诊断步骤。

如何连接示波器

---

1. 用USB数据线将示波器连接至计算机。
2. 开启示波器。
3. 将正的和负的电压检测引线插入通道1。
4. 将电流探头连接线插入通道2。
5. 从"检测"的下拉菜单中选择想要执行的检测类型，或设置所需的电压和时基。

上图展示了如何与电池连接来进行起动电压和电流测试

图 10-5 用于诊断电子控制系统的示波器有多种类型，使用中务必遵循制造商给出的操作步骤

传感器有许多不同类型，其设计取决于它们要监测的对象。有些传感器仅是简单的ON/OFF开关，有些可能是某种形式的可变电阻，其阻值随着温度的变化而变化。有些传感器是产生电压

或频率的发生器，而另一些是根据装置旋转速度而发送变化的信号。所以，了解它们在监测什么以及它们如何响应这种变化是能够正确监测一个输入传感器的关键。

PCM 的某些输入是来自另一个控制模块或仅仅是来自某个装置的连线，其中一个实例是蓄电池电压的输入和风窗玻璃的加热模块。蓄电池的电压可从数据总线上获得，而且许多控制模块都需要这个信息。这里没有传感器参与，仅有蓄电池到总线的一根连线。当风窗玻璃加热系统运行时，其模块会告知计算机。这可帮助 PCM 准确地确定发动机的负荷并控制怠速转速。

车间提示

除非证明接地和电压供给电路都处于令人满意的状态，否则切勿更换计算机。

2. 诊断计算机电源和接地线

所有 PCM（OBD-Ⅱ和较早期的设计）如果在指定端子上没有良好的接地和正确的电压将完全不能运行。为了进行这些检测，必须使用待修车辆的电路图。将背测探针插在 PCM 的蓄电池端子上（B+）并从该端子通过数字万用表与接地点连接（图 10-6）。务必使用发动机上的良好接地点。

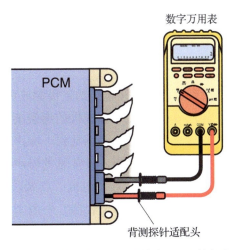

数字万用表

PCM

背测探针适配头

图 10-6 使用数字万用表检查 PCM 的电路

点火开关 B+ 端子在开关关闭时应有 12V 电压。如果该端子上没有 12V 电压，应检查计算机的熔丝和相关电路。打开点火开关，将电压表正表笔接至 PCM 上其他的蓄电池端子，负表笔接

地。当点火开关接通时，在这些端子上也应测到 12V 的电压。若没有获得规定的电压，则测试至这些端子的供电线路。这些端子可能是通过熔丝、熔断线或继电器与蓄电池连接的。

3. 接地电路

接地电路通常是从计算机延伸至发动机或蓄电池的一个接地连接点。在点火开关接通时，用数字电压表从蓄电池接地端连接至计算机的接地端。穿过接地线的电压降应是 30mV 或更小。如果电压读数超过 30mV 或大于制造商的规定，应维修接地线或其连接点。

不仅应检查计算机的接地，还应检查蓄电池与接地（和正极）的连接。检查蓄电池及其电缆的状况应始终是在诊断发动机控制系统之前的最初目视检查的一部分。

电压降测试是检查任何线路状况的一种快捷方法。为此可将电压表跨接在被测线路或装置上。将电压表的正表笔放在电路中最接近正极的地方，然后接通该电路。理论上，穿过任何导线的电压降读数都应是 0V，除非该导线是用来降低电压的电阻线。即使是电阻线，也应参照技术规范看其电压降是否过大。

良好的接地对所有采用参考电压的传感器来讲都至关重要。这个问题在没意识到它之前是不明显的。不良的接地会导致参考电压（通常为 5V）高于正常值。在一个电路中，不良接地所带来的额外电阻通常会导致负载上的电压降低。由于采用参考电压的传感器的接线方式，实际情况是与此相反的。若至该传感器的参考电压过高，则该传感器向计算机输出的信号值也会过高。作为结果，计算机将根据这个错误的信息做出决策。如果输出信号在该传感器的正常范围内，则计算机将不会察觉到该信息是错误的，因而也不会设置故障码。

为了说明参考电压是如何因不良接地而提高的，来看一个分压器电路。该电路在其分接点上向外提供一个 5V 的参考电压。车辆的计算机向此类似电路提供一个经校准的 12V 电压，以确保到传感器的参考电压非常接近 5V。该分压器电路包含以串联方式连接的两个电阻，其总电阻值

为 12Ω。提供参考电压的分接头在两个电阻之间。第一个电阻降低了 7V 的电压（图 10-7），这给第二个电阻和参考电压分接头留下了 5V 电压。只要该电路有 12V 的电压，在该分接头上就可始终获得 5V 的参考电压。

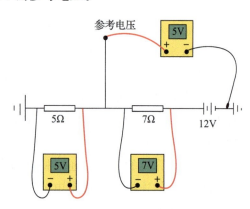

图 10-7 一个标有电压值的分压电路

如果该电路接地不良，则相当于多了一个电阻，这导致第一个电阻上的电压降减小，从而使参考电压提高。例如图 10-8 所示，为了模拟一个不良的接地，在接蓄电池负极的接地电路中添入了一个 4Ω 的电阻。这使该电路的总电阻值增加到 16Ω，因而降低了流过整个电路的电流。随着流过该电路的电流降低，第一个电阻上的电压降变为 5.25V（图 10-9）。这意味着分接头处的可用电压将高于 5V，图中显示的是 6.75V。

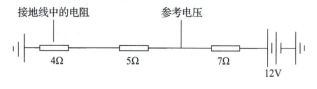

图 10-8 一个接地不良的分压电路

（1）电气噪声 接地不好还会使参考电压信号出现电磁干扰（EMI）或噪声。这种噪声导致至传感器的电压出现小的变化。因此，来自传感器的输出信号也将伴有这些变化。计算机会力图响应这些微小和快速的变化，这会造成驾驶性的问题。检测噪声的最好方法是使用示波器。

将示波器连接在传感器的 5V 参考电压和接地点之间。示波器上的扫描线应是平直的（图 10-10）。如果显示有噪声，可将示波器负极探针移至一个已知良好的接地点。若此时噪声消失，则是传感

器的接地电路不良或有阻值。如果该噪声依然存在，则可能是电压供给电路不良，或电路中有来自其他干扰源的电磁干扰，比如交流发电机。找到并解决导致该噪声的原因。

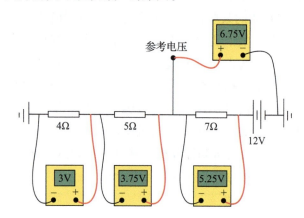

图 10-9 标有电压读数的图 10-8 所示电路

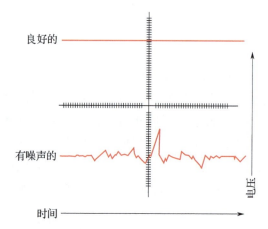

图 10-10 上面是良好的电压信号，下面是带有噪声的电压信号

电路噪声可以出现在电路的正极侧或负极侧。也可以通过闪烁的 MIL、收音机的爆裂杂音或间歇性的发动机熄火而明显地感觉到。噪声可以导致任何电路中的各种问题，最常见的噪声源是电机、继电器和电磁阀、AC 发电机、点火系统、各种开关以及空调压缩机的离合器。一般来讲，噪声是在电气装置接通和关闭时产生的结果。有时候该噪声的源头是一个有缺陷的噪声抑制装置，制造商采用这些装置来最小化或消除电磁噪声。有些常用的噪声抑制装置是电阻类型的次级高压线和火花塞、被屏蔽的线缆、电容器、二极管和电阻。电容或扼流圈用于控制来自电动机或发电机的电气噪声。如果噪声源不是不良的接地或有

缺陷的部件，则应检查噪声抑制装置。

（2）箝位二极管　箝位二极管与线圈绕组并联以限制高电压的尖峰脉冲。这种电压的尖峰脉冲是因电磁阀、继电器或电磁离合器线圈绕组周围的磁场减弱而引发的。磁场在流向绕组的电流停止时减弱。箝位二极管阻止尖峰脉冲电压到达计算机或其他敏感的电子元器件。当该二极管不能抑制该尖峰脉冲电压时，ECU 内部的晶体管可能会遭到破坏。如果箝位二极管坏了，在电压扫描线中就会出现一个负的尖峰脉冲电压（图 10-11）。电阻也可以用来抑制尖峰脉冲电压。电阻不能消除尖峰脉冲电压，而只能限制其强度。若电路中已安装了一个用来抑制该尖峰脉冲的电阻器，但该电路的电压扫描线中仍有较大的尖峰脉冲，则可能是该电阻坏了。

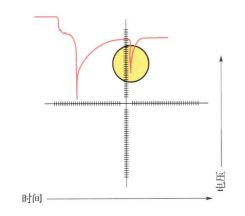

图 10-11　电磁离合器箝位二极管损坏时的扫描轨迹

10.4　开关

开关通过装置的动作或通过驾驶员的操作来实现断开和闭合。开关通常有常开式和常闭式两种。开关向 PCM 发送其接通或关闭的数字信号。有的开关由 PCM 提供 5V 或 12V 的参考电压。这方面的一个实例是 N 位开关（NDS）。该开关让 PCM 知晓变速器什么时间已换入一个档位。如果变速器处在 P 位或 N 位，NDS 开关闭合。它向 PCM 发送一个低于 1V 的电压信号。当变速器处在一个非 P/N 位的档位时，该开关断开并向 PCM 发送一个高于 5V 的电压。

有些开关控制电路的接地侧。这些电路包含一个与该开关串联的固定电阻。当开关闭合时，发送给 PCM 的电压信号是低的或是 0V。当该开关断开时，发送一个高的电压信号。常见的接地侧开关包括怠速开关、动力转向压力开关、超速档（OD）开关、离合踏板位置开关。

供电或电源侧的开关是最常用的开关并以与接地侧开关相反的方式工作。这些开关在闭合时，向 PCM 发送一个 5V 或 12V 的电压信号。当在断开时，PCM 上将没有电压。常见的供电侧开关包括点火开关、P/N 位开关、空调（A/C）请求开关、制动开关、分动器高速档开关。

连接至模块的开关可用诊断仪通过观察其状态来测试。找到该开关的数据并操作开关几次。每当开关闭合（ON）或断开（OFF）时，PID 应改变显示的状态。

开关很容易用欧姆表测试。断开开关上的插接器，参阅电路图以确认该开关的端子是否有两个以上针脚（图 10-12），将欧姆表跨接在开关的端子上。执行必要的操作以断开和闭合开关。当开关断开时，欧姆表的读数应为无穷大；当开关闭合时，其电阻值应是 0。如果开关以任何其他的方式做出响应，则该开关是坏的，应更换。

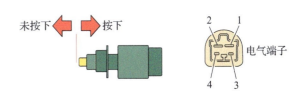

测试仪的连接	开关状态	规定值
1–2	开关销被释放时 开关销被推入时	低于 1Ω 10kΩ 或更高
3–4	开关销被释放时 开关销被推入时	10kΩ 或更高 低于 1Ω

图 10-12　查看维修信息以确定开关上的正确待测端子

开关也可用电压表测试。从供电侧开关至 PCM 的信号在开关断开时应为 0V，而在开关闭合时应是供电电压。电压的变化向 ECM 表明开关状态已经改变。更推荐使用电压表，是因为电压测试同时检查了电路和开关。如果在开关闭合时出现的电压低于供电电压，则该电路中存在不应有的电阻。同样，在接地侧开关上期望的是与上述相反的读数。

有一些开关是可调节的，而且必须进行设置才能在正确的时间断开和闭合。该开关用于告知计算机在什么时间发动机没有负荷（如离合器踏板踩下）。该开关阻止发动机在有负荷时的起动，除非离合器踏板已完全踏下。该开关在离合器踏板松开时处于常断的状态。当踏下离合器踏板，此开关闭合并完成点火开关和起动机电磁开关之间的电路连接，此时它向 PCM 发送了没有负荷的信号。

大多数接地侧的开关是通过对一些机械操作做出响应而断开或闭合的。但也有一些是响应于状态的变化，例如可以响应压力或温度的变化。这类开关的一个实例是动力转向的压力开关，它在动力转向压力达到一个特定值时会告知 PCM。当动力转向压力超过该值时，PCM 就知道发动机上出现了额外负荷，并提高急速转速。

为了检测此类开关，可使用诊断仪、DMM 或示波器来监测其活动。在发动机急速运转时，转动转向盘至一侧的极限位置，此时 PID 的数据应从"低"变为"高"或者从"NO"变为"YES"。如果用 DMM 或示波器检测，一旦动力转向压力达到"高"点，开关的电压信号应降为"低"。如果电压信号没降低，要么是动力转向总成不能产生高的压力，要么开关是坏的。

温度响应式开关的工作方式与此相同。当达到特定温度时，该开关断开。此类开关的最佳检测方法是将其取下，然后将其浸入热水中。当温度上升时，观察欧姆表，一个良好的温度响应式开关在水温达到规定值时将断开（读数为无穷大）。如果该开关不能通过这个检测，则应更换。

10.5 温度传感器

热敏电阻是可变电阻并用作参考电压型的传感器。来自热敏电阻的输入使计算机可以观测到温度的微小变化。热敏电阻用于监测发动机冷却液、车内外环境、进气和许多其他系统的温度。

PCM 会根据温变化而改变许多部件和系统的运行。几乎所有的温度传感器都是 NTC（负温度系数）类型的热敏电阻并以相同的方式运行，它们的阻值随温度升高而减小。PCM 向传感器提供一个 5V 的参考电压，该电压随温度传感器热敏电阻阻值变化而改变，并通过一条接地线反馈给 PCM。PCM 根据返回的电压计算出准确的温度。当传感器是冷态时，其阻值高，因而反馈的电压信号也高。随着传感器变热，其阻值下降，电压信号也随之下降。

1. 发动机冷却液温度（ECT）传感器

发动机冷却液温度（ECT）传感器是一个热敏电阻。PCM 通过 ECT 的测量知道发动机的平均温度。该温度用于监控发动机的许多系统，比如燃油喷射系统、点火正时、可变气门正时、变速器换档、EGR 和活性炭罐的净化，以及控制系统的开环和闭环运行模式。ECT 传感器通常位于临近节温器之前的发动机冷却液通道中。在实行 OBD-Ⅱ前生产的车辆上，可能使用一种冷却液温度开关。这种开关型的传感器设计成在特定温度范围内保持闭合，而只在发动机暖机后才断开。

ECT 传感器或传感器电路有故障将会导致各种问题。最常见的问题是在发动机暖机后无法切换到闭环控制模式。ECT 传感器的问题通常是由线路故障、连接头松动或腐蚀引起的，而不是传感器本身。许多诊断仪都能提示诊断仪的探针在检查类似 ECT 的器件时应放置的位置（图 10-13）。ECT 传感器或电路有故障可能导致下列问题：发动机起动困难、空燃比过浓或过稀、排放控制装置运行不正确、燃油经济性降低、液力变矩器离合器闭锁不当、加速迟缓、发动机失速、变速器将无法换入高档位或换档延迟。

图 10-13 在诊断仪上显示的 ECT 传感器测试步骤

2. 进气温度（IAT）传感器

进气温度（IAT）传感器又称为空气充量温度

传感器，其阻值随着进入空气温度的上升而下降和随着进入空气温度的下降而上升（图 10-14）。PCM 使用该进气温度作为计算喷油量、点火正时和空气流量的修正系数。例如，PCM 用该输入来辅助计算燃油供给量。由于冷的进气密度较高，因此需要更浓的混合气。

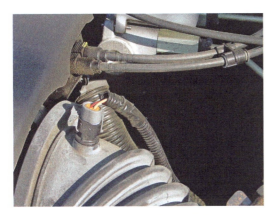

图 10-14 进气温度传感器

在配有 MAP（进气歧管绝对压力）传感器的发动机上，IAT 安装在进气通道内。在其他发动机上，IAT 通常是空气流量（MAF）传感器的一个组成部分（图 10-15）。大多数发动机控制系统比较来自 IAT 和 ECT 的输入以判断发动机是否正准备冷起动。

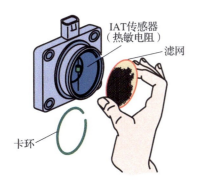

图 10-15 典型的集成在 MAF 传感器中的 IAT 传感器

IAT 传感器故障可能导致以下问题：空燃比过浓或过稀、发动机起动困难、发动机失速或波动、加速顿挫、燃油消耗过高。

3. 其他温度传感器

许多其他温度传感器也可用在发动机上，它们的应用取决于发动机和控制系统。有些涡轮或机械增压发动机有两个 IAT 传感器：一个位于增压器前，另一个位于增压器后。这样做是为了监测空气在压入气缸前后的温度变化。

有一些发动机有一个安装在气缸盖中的气缸盖温度（CHT）传感器，它用来监测气缸盖的温度。其首要作用是要识别发动机过热，当金属温度过高报告给 PCM 时，PCM 将进入其故障安全冷却策略模式。

其他常见的温度传感器还包括发动机机油温度（EOT）传感器、燃油导轨压力温度（FRPT）传感器和 EGR 温度传感器。此外，实施 OBD-Ⅱ 前生产的许多车辆使用一个温度传感器来直接控制散热器的电动风扇。

4. 检测

应检测温度传感器电路是否有开路、短路和高的电阻。如果存在这些问题中的任意一个都会设置故障码。诊断仪的数据也会显示出传感器和相关电路的状况。如果观测到的温度为最低的可能值，则该电路可能已开路。如果观测到的温度为最高的可能值，则该电路可能有短路。大多数维修信息会提供检查开路和短路的步骤。将一根短路跨接线跨接在该电路规定端子上并观察数据。跨接会引起读数变为"高"或"热"。如果断开传感器上的插接器，读数应降为"冷"。这个检测方法在有些车辆上会失灵，因为 PCM 将使用一个 PID 值作为响应。电阻高的问题会导致 PCM 做出比实际温度更低的响应。这可以通过用一个好的温度计（最好是红外温度计）来测量温度并与诊断仪的读数进行比较。可能会存在一些差异，但如果传感器和其电路工作正常，则该差异应很小。电路中多余的电阻可以导致发动机性能和燃油经济性变差及发动机过热。

温度传感器检测可通过拆下并在其两端子上连接一个欧姆表，然后将传感器放入盛水的容器中来进行。在水中再放入一个温度计。当水加热时，传感器在任何温度点上都应有规定的电阻值（图 10-16）。如果与规定的电阻值不符，则更换该传感器。制造商为每种温度传感器都给出一张温度和阻值关系的图表。

⚠ **警告** 切勿为了测试而将明火或热风枪应用于 ECT 或 IAT 传感器。这种行为会损坏传感器。

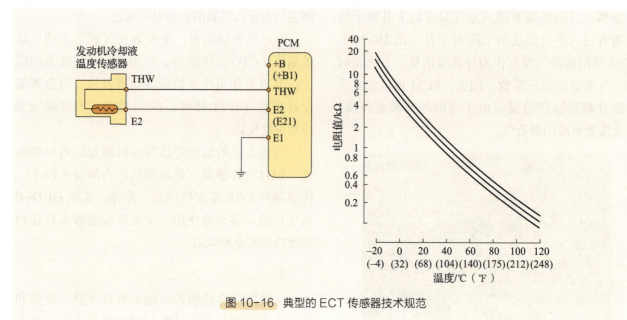

图 10-16　典型的 ECT 传感器技术规范

传感器的线路也可用欧姆表检查。断开传感器和计算机上的线路插接器，用欧姆表从传感器的每个端子连接到该线路连接计算机的端子上。传感器的两根连线都应显示比制造商规定要小的阻值。如果线路中有高的阻值，则必须维修该导线或线路插接器。

> ❗ **警告**　在断开计算机系统的任何部件前，确认点火开关已关闭。否则断开部件时可能引起高的感应电压和计算机损坏。

当传感器已安装在发动机上时，传感器的端子可用背测探针来与数字电压表连接。传感器应提供冷却液在任何温度点时的规定电压降（图 10-17）。为了获取正确的读数，确保至电压表的引线连接良好。

冷-10000Ω电阻		热-909Ω电阻	
-20 ℉	4.7V	110 ℉	4.2V
0 ℉	4.4V	130 ℉	3.7V
20 ℉	4.1V	150 ℉	3.4V
40 ℉	3.6V	170 ℉	3.0V
60 ℉	3.0V	180 ℉	2.8V
80 ℉	2.4V	200 ℉	2.4V
100 ℉	1.8V	220 ℉	2.0V
120 ℉	1.25V	240 ℉	1.62V

图 10-17　用于 ECT 传感器电压降测试的参考数据

10.6　压力传感器

惠斯顿电桥可用作各类可变电阻式传感器。电桥通常由四个电阻构成，四个电阻输入端子和接地端子之间以串联和并联的方式连接。其中三个电阻保持相同电阻值，第四个电阻是检测电阻。当四个电阻都具有相同的电阻值时，电桥处于平衡状态，因此传感器的输出电压是 0V。如果检测电阻改变了其阻值，电桥的平衡就会发生变化。检测电路将收到一个与阻值变化量成正比的电压读数。如果使用惠斯顿电桥测量温度，则温度的变化将表示为检测电路的电压变化。惠斯顿电桥也可用来测试压力（压阻式）和机械应变。

大多数压力传感器都是压阻式的。传感器内的硅晶片随着压力变化而弯曲，弯曲量决定了从该传感器送出的信号电压。硅晶片的一侧处在一个参考压力下，该参考压力要么是绝对真空，要么是某个标定的压力。硅晶片的另一侧是要测量的压力。当硅晶片响应压力变化而弯曲时，其阻值改变，从而改变了发送给 PCM 的信号电压。PCM 观察该信号电压的变化并计算压力的变化。

1. 进气歧管绝对压力（MAP）传感器

进气歧管绝对压力（MAP）传感器感知进气

歧管中的空气压力或真空度。该传感器测量进气歧管内相对于绝对压力的空气压力。MAP 用绝对真空作为参考压力。MAP 传感器（图 10-18）测量进气歧管中的压力变化，这种变化是由发动机负荷和转速变化造成的。PCM 向 MAP 传感器发送一个电压监测信号。当压力改变时，传感器的电阻值也改变。控制模块通过监测传感器的输出电压来确定歧管压力。

图 10-18　进气歧管绝对压力（MAP）传感器

PCM 使用 MAP 的信号来计算在气缸内要喷射多少燃油和什么时刻来点燃该气缸内的混合气。MAP 故障可能导致过浓或过稀的混合气、过大的燃油消耗、起动困难、无法起动的状况，以及发动机转速的波动。MAP 的信号还用来调控 EGR 或监控 EGR 的运行。

节气门全开时形成高的进气歧管压力（低真空度），因此需要更多的燃油，而低的压力或高的真空度则需要较少燃油。在节气门关闭时，发动机会产生一个低的 MAP 值。节气门全开时产生高的 MAP 值。在进气歧管压力与歧管外的大气压力相同时，MAP 出现最大值，此时测量到的进气压力为 100%。该传感器的应用还可使控制系统针对不同海拔高度自动进行调整。带有 MAP 传感器的 PCM 借助于 IAT 传感器来计算进气密度。

尽管许多采用 MAF 传感器的 EFI（电子燃油喷射）系统没有 MAP 传感器，但仍有少数发动机同时装有 MAF 和 MAP 这两种传感器。其中 MAP 主要用作 MAF 失效后的备用传感器。当 EFI 系统有 MAF 时，计算机根据 MAF 和发动机转速的输入来计算进气量。

MAP 是燃油管理系统中第二重要的传感器（CKP 是最重要的）。喷油器的基本脉宽是根据 MAP 信号设置的。有故障的 MAP 会导致许多问题，包括无法起动、功率输出降低和发动机转速的严重波动。

2. 检测 MAP

MAP 传感器有故障会导致空燃比过浓或过稀、燃油消耗过高、发动机起动困难、无法起动的状况，以及发动机转速的波动。MAP 传感器安装在进气歧管上或发动机舱内较高的位置，连接该传感器的软管提供发动机真空。检查该传感器及其电气插接器和真空软管。还应检查该软管是否有开裂、扭结情况以及连接是否正确。

PCM 向该传感器提供一个 5V 的参考电压，对 MAP 的诊断从测量该电压开始。在点火开关 ON（接通）时，从该参考电压线路的背面插入探针并测量其电压。如果参考电压的线路上没有规定的电压，则检查 PCM 一端是否有该参考电压。如果 PCM 上的参考电压在技术规范内，但在传感器侧低，则维修该线路。若 PCM 端的参考电压低，应检查 PCM 的电源和接地线路。如果线路正常，则更换该计算机。

MAP 传感器可以用诊断仪通过特定的 PID 值（图 10-19）来监测。在使用诊断仪诊断时，确保使用正确的技术规范并遵循维修信息中给出的后续测试步骤。

在点火开关 ON（接通）状态下，从传感器的接地线连接电压表至蓄电池的接地线。如果穿过该线路的电压降超过规定值，则维修从传感器至

传感器/输入	PCM端子	测量的/PID 值				单位测量的/PID
		KOEO	热机怠速时	48km/h（30mile/h）	89km/h（55mile/h）	
MAP	E62	4*	1~1.4*	1.8~2.1*	1.9~2.3*	DCV

图 10-19　典型的 MAP 传感器 PID

计算机的接地线路。

在点火开关 ON（接通）发动机未起动状态下，从 MAP 传感器信号线背面插入探针并测量电压。此时的电压读数代表从 MAP 传感器发送给 PCM 的大气压力（BARO）信号。大多数 MAP 传感器还会在点火开关每次接通或节气门每次全开时向计算机发送一个大气压力信号。如果此时的大气压力信号与点火开关接通但发动机未起动时的 MAP 信号不一致，则更换 MAP 传感器。

为了检查 MAP 的电压信号，转动点火开关至 ON 位置并连接电压表至 MAP 传感器的信号线。将一个真空泵连接至 MAP 传感器的真空连接端口，然后向传感器施加真空。制造商列出了在不同真空度下预期的电压值（图 10-20）。如果 MAP 传感器的电压在任何真空度下超出技术规范，则更换该传感器。

施加的真空					
inHg	4	8	12	16	20
kPa	14	27	40	54	68
电压降低 /V	0.3~0.5	0.7~0.9	1.1~1.3	1.5~1.7	1.9~2.1

图 10-20 MAP 传感器输出电压随施加的真空度变化而下降示例

为了用示波器检查 MAP 传感器，将示波器连接至 MAP 的输出端并接好示波器的接地线。随着发动机加速后返回怠速，MAP 的输出电压应该随之上升和下降（图 10-21）。如果 MAP 传感器的输出电压没有随发动机转速的上升和下降而变化，或信号不稳定，则该传感器或传感器电路有故障。

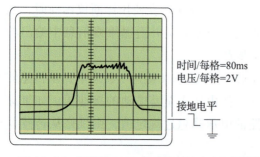

时间/每格=80ms
电压/每格=2V

接地电平

图 10-21 正常的 MAP 传感器的输出电压扫描线

有些 MAP 传感器产生频率变化的数字电压信号，可从检查参考电压线和地线开始诊断。对于采用频率式 MAP 传感器的车辆，可使用能测量频率的 DMM 来检查这类传感器。将 DMM 的读取范围设置为 100~200Hz 并连接至 MAP 传感器。在未对传感器施加真空的情况下，测试传感器的电压、占空比和频率。然后向传感器施加 18inHg 的真空。观察和记录上述同样的参数。一个良好的 MAP 在有和没有真空情况下应有大约相同的电压和占空比，但频率应降低。一般来讲，在没有真空的海平面高度，预期的频率约为 155Hz。当施加真空时，频率应降至 95Hz 左右。

示波器也可用来检查频率式 MAP 传感器。其扫描线的上水平线应在 5V 位置，而下水平线应接近 0V（图 10-22）。检查波形是否有异常的轨迹波动。如果波形完全不正常，则更换该传感器。

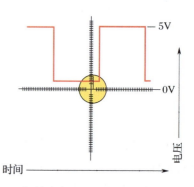

5V

0V

时间

电压

图 10-22 福特汽车上一个良好的 MAP 传感器信号

下面是检查 MAP 传感器的一般步骤。

步骤

按照下述步骤继续测试：

步骤 1 关闭点火开关，断开 MAP 传感器上的线路插接器。

步骤 2 将 MAP 传感器测试仪的插接器连接至 MAP 传感器上。

步骤 3 将 MAP 测试仪的蓄电池引线连接至 12V 蓄电池上。

步骤 4 将数字电压表的两个测试引线分别连接到 MAP 测试仪的信号线和地线上。

步骤 5 打开点火开关，并观察仪表上大气压力的电压信号。如果该电压信号与技术规范不一致，则更换传感器。

步骤 6 用真空泵向 MAP 传感器提供规定的真空度。

步骤 7 观察电压表在每个规定真空度下的读数。如果 MAP 传感器的电压信号与任何一个真空度下的技术规范不符，则更换传感器。

3. 蒸气压力传感器（VPS）

蒸气压力传感器（VPS）测试蒸发排放控制系统中的蒸气压力。这种传感器能够响应微小的压力变化。该传感器有两个用一块硅晶片分开的腔室，一个腔室与大气压力相通并称为参比室，另一个腔室与蒸气相通。蒸气压力的变化引起硅晶片弯曲，从而导致传递给 ECM 的信号改变（图 10-23）。在大多数情况下，该传感器会有一个 5V 的参考电压。该电压信号代表蒸气压力和大气压之差。当蒸气压力高时，返回的信号电压也高。

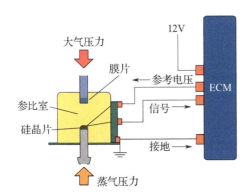

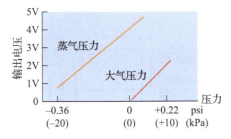

图 10-23　蒸气压力传感器的工作原理

该传感器可能位于燃油泵上或一个较远的位置。当 VPS 安装在较远处时，有一根软管将传感器连接至蒸气压力端口。在某些情况下，还会有一根额外的软管向 VPS 提供大气压力。如果这些软管接反了，PCM 将检测到高的蒸气压力并设置一个故障码。应检查所有软管是否有泄漏、扭结现象，软管应连接可靠。还应检查参考电压。除了给该传感器施加的是压力而非真空外，该传感器的运行检查同 MPA 的检查方法相同。参考测试压力的技术规范来施加压力并观察随之来自传感器的电压信号。

4. 其他压力传感器

有些发动机上还使用了其他压力传感器。它们的用途取决于发动机及其控制系统，其中大多数都与 EGR 系统有关。最常用的是反馈压力式的 EGR 传感器。该传感器通过其电压信号使 PCM 知道 EGR 阀的开度。PCM 使用该输入来控制给 EGR 阀的真空并控制空燃比和点火正时。

很多采用 MPI 系统的发动机有一个燃油导轨压力传感器。该传感器用在无回油的燃油系统上，用于测量喷油器附近的燃油压力。PCM 使用该输入来调整喷油器的喷油脉宽。涡轮或机械增压发动机有一个监测增压压力的压力传感器。采用汽油直接喷射的发动机有一个安装在高压燃油泵或燃油导轨上的燃油压力传感器。

10.7　空气流量传感器

空气流量（MAF）传感器测量进入发动机的气体流量（图 10-24）。这个对进气量的测量用来计算发动机的负荷（节气门开度和空气流量）。这类似于发动机负荷与 MAP 或真空度传感器信号的关系。发动机负荷的输入用于控制喷油或点火系统及自动变速器的换档定时。空气流量传感器安装在空气滤清器和节气门板总成之间，或在空气滤清器总成内部。

图 10-24　空气流量传感器

MAF 传感器有几种类型，最常用的是热线式 MAF。在热线式 MAF（图 10-25）中，放置了一根称为热线的金属丝，进入的空气将流过它。在传感器的热线旁边还有一个热敏电阻，它有时也称为冷线，用于测试进气温度。传感器还有一个控制模块。来自 PCM 的电流使热线保持一个比环境温度高出一个恒定的温度差，这个温度差通常为392℉（200℃）。空气流过热线时，使其损失热量，而PCM用向热线传送更多电流的方式做出响应。增加的电流使热线保持其规定的温度差。为保持热线温度差所需的电流正比于质量空气流量。该传感器测试这个电流，并向PCM发送电压信号，PCM解读这个信号并确定空气流量。大多数MAF传感器都有一个内置的IAT传感器，而有些MAF传感器还配有湿度传感器。

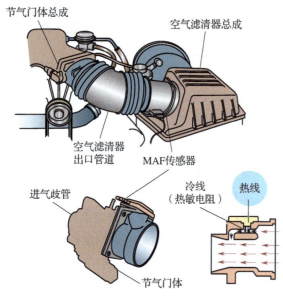

图 10-25　热线式空气流量传感器

热线式MAF传感器的检测步骤随汽车品牌和年款不同而不同，所以应始终遵循相应维修信息中的测试步骤。通常MAF传感器的诊断包括目视检查及电路和部件的检查。MAF传感器的通道内必须没有杂物才能正常工作。如果该通道阻塞，虽然发动机通常能够起动，但会运转不良或失速，而且可能还不会设置故障码。

检查进气系统（空气滤清器的滤芯、壳体和管道系统）是否有障碍物、阻塞物、是否正确安装及已密封。仔细检查空气滤芯。劣质滤芯会脱落纤维，它们会聚积在MAF传感器的感测线上。此外，如果安装了售后市场用于提高性能的空气滤清器，则需要清洁和加注机油。要确认滤清器中没有过多的机油，因为机油也会向下游流动并污染MAF。检查MAF传感器的滤网是否有污物或其他杂物。检查节气门板腔内是否有脏污堆积。

车间提示

故障码P0103（质量或体积空气流量电路高）会因碎屑阻塞MAF传感器的滤网而被设置。

确保至MAF的电气连接是可靠的。检查MAF传感器的参考电压和接地电路。为了检查MAF传感器的输出电压或频率，将电压表连接在MAF电压信号线和良好接地点上（图10-26）。起动发动机并观察电压表的读数。在有些MAF传感器上，这个读数应为2.5V左右。用螺丝刀手柄轻轻敲击MAF传感器的壳体，并注视电压表的读数。如果电压波动或发动机失火，则应更换MAF传感器。内部连接的松动将导致电压信号不稳，从而引起发动机失火和波动。大多数MAF传感器的检查都可以通过在传感器的正确端子上提供电源和接地，在传感器的信号线上连接一个电压表，并在向传感器吹气的同时观察电压变化来完成。

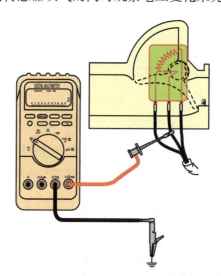

图 10-26　连接电压表测量 MAF 传感器的信号

有些MAF传感器输出一个频率数字信号。为了检查这类MAF，设置DMM使其能够读取DC电压的频率。仍然将DMM连接到信号线和接地线上，在发动机怠速时，仪表上的读数应为30Hz左右。然后提高发动机转速并记录DMM在不同发动机转速下的读数。将读数绘制成一条曲线。MAF传感器的频率应随着发动机转速的上升而平稳地逐步提高。如果MAF传感器的频率读数不稳定，则更换该传感器（图10-27）。

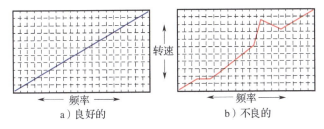

图 10-27　良好的和不良的 MAF 传感器频率读数

可使用诊断仪通过特定的 PID 来监测 MAF 传感器。当用诊断仪监测时，应确保使用正确的技术规范并执行维修信息给出的后续测试。发动机通常先以 1500r/min 运转 5s，然后回到怠速。观测 MAF 的返回信号和传感器的工作情况（图 10-28）。生产商通常建议在不同转速下观测该传感器。

在用诊断仪诊断某些 MAF 传感器时，测试值可能显示为 g/s（克/秒），这种模式提供了对 MAF 传感器的精确测试。在发动机怠速时，该读数通常应为 4~7g/s。当发动机转速提高时，这个读数应逐渐增大。当发动机转速恒定时，g/s 的读数应保持稳定。如果读数在发动机转速恒定时不稳定，或读数在轻轻敲击传感器时发生改变，则可能传感器有故障。不稳定的读数不一定会设置 MAF 传感器的故障码，但不稳定的读数表明该传感器有缺陷。

诸如响应迟缓并伴有排气稀的故障码的驾驶性问题通常是因 MAF 传感器误报所导致的。设置诊断仪以记录 MAF、转速、节气门、发动机负荷和氧传感器的活动状况并进行路试。在全开节

传感器/输入	PCM 端子	测量的 /PID 值				单位测量的 /PID
		KOEO	热机怠速时	48km/h（30mile/h）	89km/h（55mile/h）	
MAF	E25	0	0.6	1.1	1.3	DCV

图 10-28　典型 MAF 传感器的 PID

气门加速工况下，当变速器从一档换到二档时，MAF 应至少达到 100g/s。如果读数低且氧传感器的电压读数也低，则怀疑 MAF 脏污或有故障。

频率式的 MAF 传感器也可以用示波器测试。其波形应是一系列方波。当发动机转速和进气流量增加时，MAF 传感器信号的频率应平稳增加并正比于发动机转速的变化。如果 MAF 或其连接线有故障，其扫描线将显示不稳定的频率变化（图 10-29）。

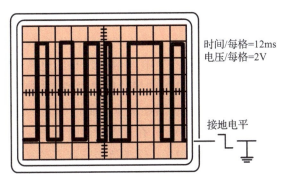

时间/每格=12ms
电压/每格=2V

接地电平

图 10-29　有缺陷的 MAF 传感器信号频率的变化轨迹

10.8　氧传感器

氧传感器（O_2S）如图 10-30 所示，或空燃比传感器是闭环控制模式中的关键传感器。氧传感器用螺纹安装在排气歧管或靠近发动机的排气管上。PCM 使用氧传感器来确保催化转化器所需的空燃比是正确的。PCM 根据氧传感器的信号来调节喷入气缸的燃油量。

图 10-30　典型的氧传感器

OBD-Ⅱ标准要求催化转换器的前后要各有一个氧传感器（图 10-31）。催化转换器前面的氧传感器用于短时燃油调整，该传感器称为传感器 1。在 V 型发动机上，一个氧传感器称为气缸列 1 传

感器 1（bank 1 sensor 1），是因为该传感器位于 1 号气缸所在的一列气缸组，而另一列气缸组的氧传感器称为气缸列 2 传感器 1（bank 2 sensor 1）。催化转换器后的氧传感器用来判断催化转化器的效率及燃油控制。这个传感器称为传感器 2。有两个催化转化器时，一个氧传感器为气缸列 1 传感器 2（bank 1 sensor 2），另一个是气缸列 2 传感器 2（bank 2 sensor 2）。氧传感器 2 通常称为催化转化器监测传感器。有些发动机在排气系统中有两个以上的氧传感器，其中带有最大数字编号的氧传感器是催化转化器监测传感器。

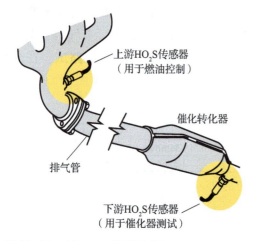

图 10-31 OBD-Ⅱ系统催化转化器前后的氧传感器

车间提示

O$_2$S 常常称为 λ 传感器。λ 可用来指空气–燃油比或标准的空燃比。从技术上讲，它指的是标准的空燃比并用希腊字母 λ 表示。最好将 λ 看作是一个标准的或理想的空气–燃油混合气参照值。该混合气通常称作理论空燃比。λ 传感器测量偏离理论空燃比的变化，这与 O$_2$S 的功用基本相同。

氧传感器根据排出气体中氧和其他气体的含量产生一个电压信号。14.7∶1 的完全平衡的化学计量空燃比使氧传感器产生一个约 0.5V 的输出电压。它等同于 λ（过量空气系数）为 1.0。当氧传感器检测到过量的氧含量时，读数为稀，因而计算机会给发动机的空气燃油混合气加浓。当氧传感器的读数为浓时，计算机将减稀空气燃油混合气。

1. 加热型氧传感器

为了产生准确的信号，氧传感器必须在至少 750℉（400℃）以上的温度运行。当前的氧传感器都有内置的加热元件来快速加热它们并在怠速和轻负荷工况下使其保持热的状态。该加热器由 PCM 控制。早期的氧传感器没有加热器，因此需要一些时间来用排气加热催化转化器，这导致发动机开环运行时间的延长。

加热型氧传感器（HO$_2$S）有三根或四根连接导线。添加的导线给传感器内部的加热器提供电源。HO$_2$S 有时也称为加热型排气传感器（HEGO）。加热器并不是所有时间都工作。PCM 根据需要以占空比的方式接通或断开加热器电路的接地电路。循环的加热器电流保护加热器的陶瓷材料以避免过度加热，过热将导致陶瓷材料破裂。

2. 氧化锆氧传感器

尽管氧化锆（ZrO$_2$）氧传感器在当今汽车上正被空燃比（A/F）传感器所取代，但它们仍是最常用的氧传感器。它有一个氧化锆元件、铂电极（图 10-32）和一个加热器。氧化锆元件的一侧暴露在排气气流中，另一侧通过传感器特殊线路与大气相通。每一侧都有一个与二氧化锆元件连接的铂电极。铂电极传导传感器产生的电压。铂电极或氧化锆元件受到污染或腐蚀都会降低其电压信号的输出。这类氧传感器有时也称为窄范围的氧传感器，因为它仅在 14.7∶1 的空燃比附近是有效的。这类传感器的表现更像是一个 λ（过量空气系数）开关，其输出电压高或低的变化取决于排气气体相比于 1 的 λ 值是浓或是稀。

3. 二氧化钛氧传感器

二氧化钛（TiO$_2$）氧传感器仅用在少数车辆上。这些传感器不产生电压信号，它们更像是一个可变电阻，它改变控制模块所提供的 5V 参考电压。二氧化钛氧传感器在氧含量低时发送一个低电压信号（小于 2.5V），在氧含量高时发送一个高电压信号（大于 2.5V）。这类氧传感器不需要用外部空气做参照基准，从而消除了内部与外部通气的必要。

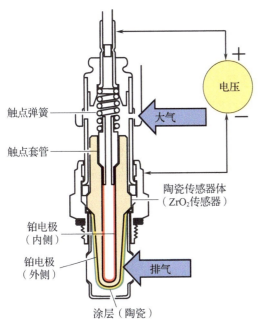

标注：
触点弹簧
触点套管
陶瓷传感器体（ZrO₂传感器）
铂电极（内侧）
铂电极（外侧）
涂层（陶瓷）
大气
排气
电压
+
−

图 10-32　氧传感器的信号电压来自于其内部的两个铂电极板间的电压差

4. 空燃比传感器

空燃比（A/F）传感器毫无疑问会在未来几年内取代几乎所有现有的氧传感器。大多数新型车辆都已使用了 A/F 传感器，因为它能更精确且能覆盖更宽范围的空燃比。ECM 的 A/F 传感器电路始终力图通过一个控制该传感器电流的电子组件来保持最佳的空燃比（14.7∶1）。

尽管 A/F 传感器看起来像是一个典型的氧传感器，但其内部结构是不同的，而且它的工作原理也不同。它的电压输出随着混合气变稀而增加。该传感器不直接产生电压信号，而是改变电流。PCM 中的一个检测电路监测来自 A/F 传感器的电流变化和强度，并产生一个与排气中氧含量成正比的电压信号（图 10-33）。根据此电压信号，PCM 可以计算很宽范围上的空燃比并快速地调整所需的燃油量以保持理论空燃比。该传感器能在很宽范围工作，使得其可测量非常稀的混合气。当发动机以稀的混合气运转时，排气中的氧含量高于普通氧传感器的检测能力。A/F 传感器所需的工作温度比传统氧传感器更高（1200℉，650℃）。该传感器的温度非常关键，所以 ECM 通过控制加热器电路的脉冲宽度来控制加热器电路。

检测电路始终测量正在产生的电流大小和方向。当混合气为理论空燃比时，该传感器上不产生电流，此时来自检测电路的电压信号为 3.3V（图 10-34）。当混合气较浓时（排气中氧含量低），A/F 传感器产生一个负的电流并在检测电路上产生一个低于 3.3V 的电压。稀的混合气使排气中含有更高的氧含量，因而 A/F 传感器产生一个正的电流并使检测电路产生一个高于 3.3V 的电压。

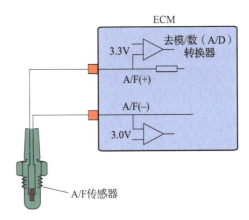

标注：
ECM
3.3V
去模/数（A/D）转换器
A/F(+)
A/F(−)
3.0V
A/F传感器

图 10-33　用于 A/F 传感器的检测电路

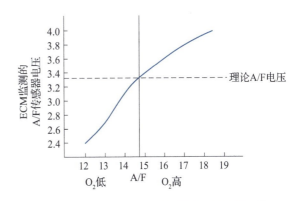

坐标轴：
纵轴：ECM监测的 A/F 传感器电压（2.4 2.6 2.8 3.0 3.2 3.4 3.6 3.8 4.0）
横轴：A/F（12 13 14 15 16 17 18 19）
O₂低　　O₂高
理论A/F电压

图 10-34　A/F 传感器在不同空燃比时的电压输出

5. 检查氧传感器及其电路

记住，除了有故障外，有些事情也会使氧传感器看起来似乎有问题。氧传感器工作异常的常见原因包括燃油压力不正确、AIR 系统有故障，EGR、喷油器、真空、排气等的泄漏，以及 MAF 传感器受到污染。非常重要的是要判断到底是氧传感器本身还是有其他因素导致了氧传感器出现异常。

氧传感器读数的准确性还会受到进气或排气歧管泄漏的影响。一个不能点火的火花塞会导致未燃烧的氧气进入排气，这也会使氧传感器给出一个虚假的混合气稀的读数。氧传感器可能因污染而变得响应迟缓。迟缓是用来描述一种常见故障现象的术语，即氧传感器从稀到浓或从浓到稀切换所花费的时间比正常时要长。被污染的氧传感器可能会停止切换而提供持续低或高的信号。在某些情况下，模式 $06 的数据可用来检测氧传感器的切换速率和电压水平。这些数据可在氧传感器故障码被设置前用来判断氧传感器的状况。还应该检测氧传感器及其加热器的电路是否有过大的电阻、开路或与地短路。

（1）辨别氧传感器污染的原因　很多因素都会导致氧传感器污染。不过在更换已污染的氧传感器之前，应找出其为何和如何被污染的。从检查发动机是否有泄漏开始，机油、冷却液和其他液体可能堵塞氧传感器上的气孔，从而导致其对外部空气或排气中氧含量的响应变得迟滞和不准确。如果没有明显的泄漏，应检查该车的维修历史，可能近期已纠正或尚未纠正的问题正是氧传感器污染的原因。例如，如果发动机进行了一些维修，可能使用了不适合用在氧传感器附近的密封胶。

使用错误的发动机机油已被证明会污染催化转化器和氧传感器，特别是含有大量硫酸盐灰分、磷及硫（SAPS）的机油。这已经促使在新的发动机机油规范中降低了 SAPS。

也可以通过拆下氧传感器来发现问题的原因。氧传感器的颜色和气味可能表明问题所在。如果氧传感器上有甜的气味，则无疑是发动机冷却液污染的。如果是烧焦的气味，则极有可能是机油已熔粘在氧传感器上。硅酮和冷却液会在氧传感器上留下白色的沉积物，褐色可能表明是机油的污染，而黑色意味着传感器是被过浓的空气燃油混合气所污染。

> **车间提示**
>
> 在测试 O_2S 之前，发动机必须处于正常温度。应始终参考制造商提供的技术规范和测试步骤。

（2）用诊断仪检测　OBD-Ⅱ系统的氧传感器监测器监测氧传感器的电路故障、响应迟缓、切换点电压和加热器的电路故障。对每个氧传感器的每一种状况都有单独的故障码（表 10-3）。催化转化器监测传感器（氧传感器 3）监测的不是响应速率，而是监测混合气在浓或稀时的峰值电压。多数情况下，PCM 在每个行程会监测氧传感器一次。PCM 通过查看空燃比每次被改变后的返回信号来检测该氧传感器。氧传感器响应越快越好。诊断模式 5 和模式 6 报告这些监测器的测试结果。

表 10-3　不良氧传感器会导致许多问题并设置相应的故障码

定义	气缸组 1 传感器 1	气缸组 1 传感器 2	气缸组 2 传感器 1	气缸组 2 传感器 2	气缸组 1 传感器 3
加热器电阻	P0053	P0054	P0059	P0060	P0055
信号电压高	P0132	P0138	P0152	P0158	P0144
响应迟缓	P0133	P0139	P0153	P0159	—
加热器电路	P0135	P0141	P0155	P0161	P0147
信号被交换	P0040（气缸组 1 传感器 1 与气缸组 2 传感器 1），P0041（气缸组 1 传感器 2 与气缸组 2 传感器 2）				

当氧传感器的输出不在期望范围内时，PCM 将存储故障码。正常范围是在 0~1V 之间，且氧传感器应持续地在 0.2~0.8V 之间切换。如果其切换的范围是在技术规范内，计算机将认为一切是正常的并为此做出响应。但这并不意味着氧传感器正在正常地工作。

在发动机运转时观察诊断仪，氧传感器电压应移动到接近 1V，然后降回到接近 0V。电压信号在其降低后，应立即回升。这种即刻的循环是氧传感器的一个重要功能。如果响应减慢，则表明氧传感器已经劣化，应该更换。当发动机运转在 2500r/min 左右时，氧传感器电压应在 10s 内从

高至低循环 10~40 次。这种切换是计算机响应氧
传感器的反馈而持续修正空燃比的结果。当氧传
感器的读数为稀时，计算机将加浓混合气。当其
读数为浓时，计算机将减浓混合气。当计算机这
么做时，表明它正在控制空燃比。

如果氧传感器电压持续偏高，则可能是混合
气过浓或传感器受到密封胶、防冻液或含铅汽油
中铅的污染。如果其电压持续偏低，则可能是混
合气过稀、传感器有故障，或计算机与传感器间
的线路存在阻值过高的问题。如果氧传感器的电
压信号始终保持在中值位置，则可能是计算机还
处在开环状态，或氧传感器有故障。

如果所用的诊断仪有绘制数据图的能力，可
使用该功能来检查氧传感器的活动状况。使用绘
图功能可同时观察多个信息，比如氧传感器的活
动状况和燃油修正。

（3）用数字万用表检测　有许多检测氧传感
器的方法。图 10-35 展示了用 DMM 的最小值 / 最
大值功能检测氧传感器的步骤。如果怀疑氧传感

器的信号线有故障，可分别从计算机插接器和氧
传感器插接器相应端子的背面插入探针，在探针
和接地点之间连接数字电压表，并在发动机怠速
时分别检测氧传感器的电压信号。传感器端的电
压读数与计算机端的电压读数之差不应超过汽车
制造商的技术要求。氧传感器导线的电压降通常
不应大于 0.02V。

接着检测氧传感器的接地情况。在发动机怠
速时，将电压表从氧传感器壳体连接至计算机上
的该氧传感器接地线。通常在氧传感器接地线上
所允许的最大电压降为 0.02V。如果该接地线上的
电压降超过该值，则维修接地线或氧传感器在排
气歧管上的接地点。

断开氧传感器插接器，将欧姆表跨接在插接
器的加热器端子上。如果加热器的电阻值不符合
技术规范，应更换该氧传感器。

大多数发动机都使用加热型氧传感器。当电
流通过其内的 PTC 热敏电阻时加热了氧传感器。
PCM 根据 ECT 和发动机负荷（由 MAF 或 MAP

 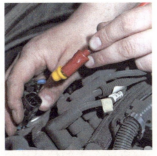  

1）在该车电路图中找到氧传感器并确定各线缆连接的部件　2）将电压表正表笔接加热器的电源线，负表笔接地线　3）将电压表放在从驾驶员座位易于观察的位置　4）起动发动机并观察最初起动时的电压表读数

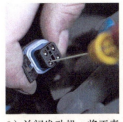    

5）关闭发动机，将正表笔接氧传感器信号线，负表笔接地　6）起动发动机并在达到正常工作温度后，观察氧传感器信号电压从低切换到高的情况　7）按动电压表上的 MIN/MAX 按钮并观察电压表，此时应显示最小值（应约为 0.1V）　8）再次按动 MIN/MAX 按钮并观察最大电压读数，应约为 0.9V　9）再次按动按钮以读取平均值读数，应约为 0.45V。在不同发动机转速下重复上述测试以观察氧传感器的响应状态

图 10-35　用 DMM 的最小值 / 最大值功能检测氧传感器

传感器信号决定）接通加热器电路。加热器温度越高，加热器本身的阻值就越大。若加热器不工作，传感器的加热时间以及计算机滞留在开环控制的时间将延长。在该模式下，计算机将提供较浓的混合气，其结果是发动机的排放增高和燃油经济性下降。

为了检测加热器的电路，断开氧传感器插接器，将万用表跨接在加热器供电线和接地线之间（图10-36）。打开点火开关，加热器电源线应有12V电压。如果该电压低于12V，则维修该电源线路中的熔丝或该线路本身。

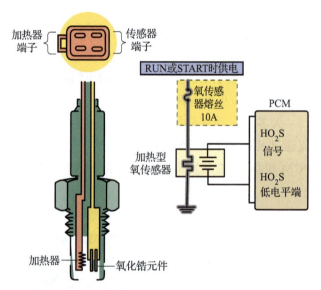

图10-36　用电路图确认加热型氧传感器上的接线端子

车间提示

ZrO₂和TiO₂传感器产生模拟信号。A/F传感器仅在其电流输出已发送到PCM后才产生信号；在对A/F传感器做出判断之前，务必参考制造商的相关信息。

（4）用示波器测试　示波器或绘图万用表可观测氧传感器响应空燃比改变过程中的工作状态。将示波器连接至传感器的信号线和良好接地处。设置示波器以便用200mV/div和500ms/div的比例显示信号的轨迹。

氧传感器的问题可能有信号偏向浓或稀、完全不工作或响应过慢等。从让发动机和氧传感器升温开始测试，观测其波形（图10-37）。如果该氧传感器的电压在0~500mV间切换，则该切换范

围低于正常范围，表明它未正常工作。其信号偏向了低或稀的状态，为此计算机将持续增加燃油以力图使氧传感器达到其正常范围的上限。这说明某些事情正在导致氧传感器的信号偏向稀。如果切换仅发生在电压范围的较高限值附近，则该信号是偏向了浓。

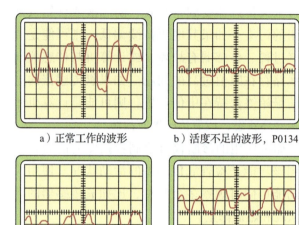

a）正常工作的波形　　　b）活度不足的波形，P0134

c）过长时间稀的波形，P0171　　d）过长时间浓的波形，P0172

图10-37　正常和非正常的氧传感器波形

当混合气浓时，燃烧更具有完成的可能性，因此排气中的氧含量会降低。氧传感器的输出会用高的电压信号来响应低的氧含量。应记住，计算机将始终根据从氧传感器接收到的信号做出相反的控制。当氧传感器显示混合气稀时，PCM将加浓；反之亦然。当排气稀的信号不是由空燃比问题导致时，PCM并不知道真实的情况，而且为响应这个稀的信号还会不断加浓混合气，这将使发动机的运转比更差。

车间提示

有些PCM的编程中带有对O₂S的偏置。这意味着该传感器的电压输出不能精确地反映PCM是如何解释来自传感器的信号的。一般来讲，该偏置是添加给实际读数的。所以务必参考维修信息以便确认可能出现的任何电压偏差。如果不这样做，诊断最终会失败。

应比较来自前（上游）和后（下游）氧传感器的信号。这不仅有助于确定催化转化器的有效性，还有助于确定每个氧传感器的状况。使

用两通道的示波器或 GMM 时，将示波器连接至两个氧传感器线束中的信号线上。起动发动机，并使传感器升温。然后将发动机转速升高到 2000~2500r/min，并观察波形（图 10-37）。在图 10-38 所示的波形中，上游的氧传感器很明显在正常地切换，下游的氧传感器显示出该催化转化器也在正常地工作。

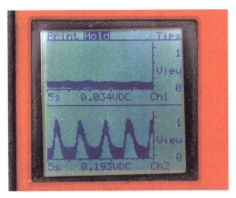

图 10-38　上下游氧传感器信号波形比较

在发动机无负荷并以 2500r/min 运转时，来自上游氧传感器的电压信号应在 5s 内有 7 个穿越中值的计数；下游的氧传感器应有更少的穿越计数，并且有比上游氧传感器更小的振幅。氧传感器信号的穿越计数是其电压信号在 1s 内高于或低于 0.45V 的变化次数。如果没有足够的穿越 0.45V 的计数，则表明该氧传感器已污染或劣化，应更换。下游氧传感器信号在催化转化器预热和在发动机怠速时不会切换，这是因为催化转化器利用了排气中的所有氧气。

氧传感器的另一项检测内容涉及氧传感器对过浓或过稀混合气的反应。将浓缩丙烷瓶的软管插入制动真空助力器的真空管内或简单地安装在空气滤清器总成的管口处以便加浓混合气。当混合气被强制加浓时，大多数良好的氧传感器会产生差不多 1V 的电压，通常的技术规范至少是在 800mV。如果电压未升高，则该氧传感器已损坏，应更换。之后拆下丙烷瓶，并通过拔下一根进气真空管来人为制造真空泄漏，同时观察示波器上氧传感器如何反应。此时电压应降到 175mV 以下，如果没有，则更换该氧传感器。这些检测检查的仅是氧传感器本身而不是其系统，因此该检测结果对氧传感器本身来讲是真实可信的。

6. 检测空燃比传感器

空燃比（A/F）传感器不能用与氧传感器相同的方法检测。A/F 传感器有两根信号线，PCM 给其中一根提供 3V 电压，给另一根提供 3.3V 电压。如果用电压表跨接在这两根线之间，则可测得它们之间的电位差。该读数没有意义，因为无论氧含量如何，该 0.3V 的差值始终存在。加热器的电路可用电压表检测，也可用欧姆表检测。

为了观察电压变化与氧含量变化的关系，可使用装有合适软件的诊断仪。有些诊断仪不能读到来自传感器检测电路的数据，因此 A/F 传感器的 PID 将无法获得。有些诊断仪将电压信号转换为 0~1V，这是通过将检测电路的输出除以 5 实现的。为计算真实的电压信号，可将读到的电压乘以 5。0.66V 的读数相当于 3.3V 的实际电压，这是在混合气为理想空燃比时应出现的值。来自 A/F 传感器的电压随混合气的变稀而提高，随混合气的变浓而降低。

除非空燃比有较大变化，否则电流读数将只有很小值的切换（图 10-39）。空燃比受到 PCM 的严格控制，因此通常仅会有微小的调整。但如果 A/F 传感器的输出电压在任何情况下都停留在 3.3V，则表明该传感器电路可能已开路。如果 A/F 传感器的电压停留在 2.8V 或更低，或 3.8V 或更高，则该 A/F 传感器的电路可能已短路。

对于 A/F 传感器的运行情况也可将电流表串联在 3.3V 信号线中进行观测。断开 A/F 传感器的插接器，然后用几根跨接线分别连接被分开的加热器各端子和 3V 信号线，然后将电流表的正表笔连接至传感器插接器上至 PCM 一侧的 3.3V 信号线端子上，将电流表的负表笔连接至另一半传感器插接器中的对应端子上。运转发动机并观察电流表。当混合气为理想空燃比时，电流应为 0A。当混合气浓时，应有负的电流流动。而当混合气稀时，电流应变为正的电流。

A/F 传感器的监测器与氧传感器的监测器相似，但具有不同的运行参数。监测器检测传感器电路故障、响应速率迟缓和传感器加热器电路中的问题。如果发现故障，将设置表明传感器及其故障类型的故障码。PCM 通过改变喷入气缸中的

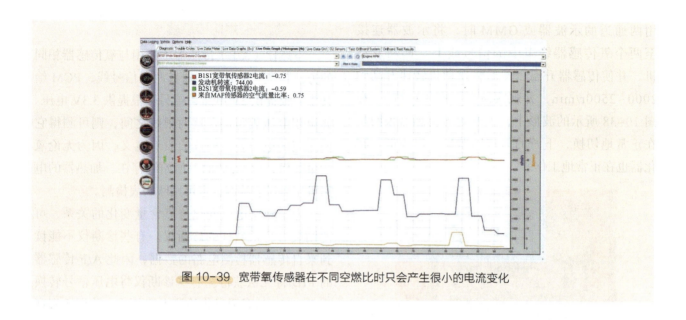

图 10-39　宽带氧传感器在不同空燃比时只会产生很小的电流变化

燃油量并测量 A/F 传感器对变化的响应信号来测试 A/F 传感器的性能。良好的传感器应快速地响应。该监测器的检测结果不在模式 5 中报告。模式 6 用来确定该 A/F 传感器是否通过检测。

7. HO$_2$S 与 A/F 传感器的维护

如果加热型氧传感器（HO$_2$S）的线路、插接器或端子已损坏，则应更换整个氧传感器总成，切勿尝试去维修该氧传感器。为了使氧传感器正常工作，它必须有作为参考基准的清洁空气。氧传感器从信号线和加热器线路周围的空气中获取这个参考基准，任何尝试去维修氧传感器本身的线路、插接器或端子的都会造成参考空气的阻塞，从而降低氧传感器的性能。

以下是加热型氧传感器的维护指南。

1）不要对传感器或其导线线束插接器使用接触式清洁剂或其他材料。这些材料可能会进入传感器而导致其性能变差。

2）确保传感器的尾线和线束导线不存在导线内部外露的损坏。这会使其他物质进入传感器并导致性能方面的问题。

3）确保无论是传感器还是线路中的导线都没有严重的折弯或扭结。严重的折弯或扭结等现象都可能会阻塞参考空气穿过引线。

4）不要拆去或破坏传感器的地线。使用该地线连接传感器的车辆可能还用该接地点作为其他传感器的唯一接地连接。拆去该地线将导致发动机性能不良。

5）为了防止因水侵入传感器所造成的损坏，确保传感器线束上的密封完好无损。

6）使用专门用于拆卸该传感器的套筒或工具，否则可能导致传感器或其线路损坏。如果制造商有推荐，可在安装前给传感器的螺纹稍微涂抹一层防粘的润滑剂。

10.9　位置传感器

位置传感器用来监测某物体从完全关闭到完全打开的位置，从本质上讲它是一个电位计。位置传感器滑动臂的一端连接在运动部件上，另一端与一个电阻接触，该电阻有一个参考电压。当运动部件移动时，滑动臂也随之移动。电压随着滑动臂在电阻上的移动而改变，因此在滑动臂与电阻接触点上得到的电压就是发送给 PCM 的信号电压，PCM 根据该电压就可以知道该部件的位置。

为了准确地了解系统中发生了什么，计算机向一个传感器发送一个预先确定的恒定电压信号。该传感器对工作状态做出反应并发送一个电压信号返回给计算机。这种类型的传感器称为**参考电压（Verf）型传感器**。由计算机发出的电压称为参考电压，它通常为 5~9V。参考电压是通过计算机中的参考电压调节器发送给传感器的。该调节器将参考电压保持在一个预定电压值。因为计算机知道已经发出的特定电压值，所以就可以根据返回的电压值间接地确定诸如移动状态、温度和部件位置等信息。

大多数参考电压型传感器是一个可变电阻器或电位计。它们改变参考电压值，并且返回的电压代表了某个状态。计算机将用这个返回的电压来计算该状态，并在必要时命令改变系统的运行。

（1）节气门位置（TP）传感器　节气门位置（TP）传感器（图 10-40）向 PCM 发送关于节气门打开速率和节气门的相对位置信号。该传感器内的滑动臂由节气门轴转动（图 10-41）。当节气门轴转动时，滑动臂移动到电阻上的一个新位置，其返回的电压信号告诉 PCM 节气门板打开的程度。当该信号告知 PCM 节气门正在打开时，PCM 加浓空气燃油混合气以保持恰当的空燃比。TP 传感器安装在节气门体上。单独的怠速触点开关或节气门全开（WOT）开关在节气门处在怠速或全开位置时也会发送相应的信号。

图 10-40　节气门位置（TP）传感器

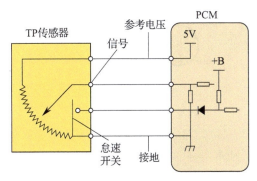

图 10-41　TP 传感器的基本电路

一个基本的 TP 传感器有三根连线，一根导线带有 5V 参考电压，另一根用作电阻器的接地线，第三根导线是信号线。当节气门板关闭时，信号

电压应为 0.6~0.9V。当节气门打开时，从电阻器端点到滑动臂与电阻接触点之间的电阻值下降，因而电压信号提高。在节气门全开（WOT）时的电压信号为 3.5~4.7V。通常传感器插接器的端子是镀金的，这种镀层可使插接器更耐久和更耐腐蚀。

（2）用于电子节气门控制的 TP 传感器　电子节气门控制用 TP 传感器在一个壳体内有两个滑动臂和两个电阻器（图 10-42），所以它们有两根信号线。这样做是为了当一个传感器失效时仍可确保计算机知道节气门板的准确位置。有些 TP 传感器在这两根信号线上具有不同的电压信号，但它们以相同的方式工作。其中一个信号从较高的电压开始，因此有不同的变化速率。这类传感器的另一种设计是一个信号电压随节气门的打开而降低，而另一个信号电压随节气门打开而升高。无论哪种情况，PCM 使用两个信号来确定节气门的开度，如果其中一个发送了超出范围的信号，则 PCM 将依赖另一个信号。

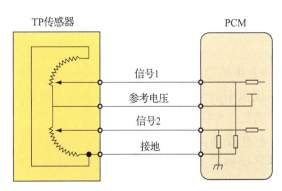

图 10-42　电子节气门中的 TP 传感器基本电路

1. 检测 TP 传感器

TP 传感器损坏或失调导致的常见症状是发动机失速、怠速转速不适当、加速迟缓或顿挫。由于计算机没有接收到需要其随着节气门的打开而增加燃油的正确信号，所以混合气变稀，虽然 O_2S 最终会检测到这个问题而使 PCM 调整混合气，但在这之前发动机的运转已经出现了问题。

该传感器的初始设定是关键。计算机接收的这个电压信号是以该设定值为基准的。大多数维修信息都要求将 TP 传感器初始设定到最接近规定值的 ±0.01V 公差范围内，这显然表明该设定的重要性。

在点火开关接通时，将电压表连接在参考电压线和接地之间。该电压读数通常应是5V。如果参考电压线没有提供这个规定的电压，应在计算机端子处检查该连线的电压。如果在计算机端的电压在规定值内，而传感器端子处的电压低，则维修参考电压线路。若计算机端的电压也低，检查计算机上的电源线和接地线。如果这些线路都没有问题，则更换计算机。

在点火开关接通时，将电压表从传感器信号线连接至地线。慢慢打开节气门并观察电压表。电压表读数应平稳地逐渐增加。TP传感器的典型读数在节气门处于怠速位置时应为0.5~1V，在节气门全开（WOT）时为4~5V。如果TP传感器没有给出相应的电压，或电压信号不稳定，应更换该传感器。

车间提示

当逐渐打开节气门来检查TP传感器的电压信号时，轻轻拍打传感器并密切注意电压表的指针是否有波动，有波动表示传感器有故障。

TP传感器也可以用欧姆表检测。通常来说，技术规范中都会给出传感器的总阻值。如果传感器不满足这些技术规范，应更换。

有些发动机上的TP传感器是可调整的。TP传感器调整不当可能导致怠速转速不准确、发动机失速及加速顿挫。可按照以下步骤调整普通的TP传感器。

1）将背测探针从传感器插接器背面插入信号线端子，并将该线通过电压表与接地连接。

2）将节气门置于怠速位置，打开点火开关并观察电压表读数。

3）如果TP传感器不能提供规定的电压，则松开TP传感器的固定螺栓，移动传感器壳体直到电压表显示规定的电压值（图10-43）。

4）将传感器保持在此位置并将螺栓拧紧至规定力矩。

TP传感器还可以用示波器检测。将示波器连接至传感器的输出和良好的接地点，并观察节气

门打开和关闭过程中的波形。产生的波形应平滑、干净，没有任何骤然中断或毛刺（图10-44）。不良的传感器通常在其轨迹的某些地方会出现毛刺（向下的脉冲尖峰，如图10-45所示），或不能平滑地从高电压过渡到低电压。这些毛刺是传感器内有开路或断路的迹象。

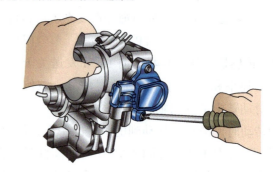

图10-43 松开节气门位置传感器的固定螺栓以调整该传感器

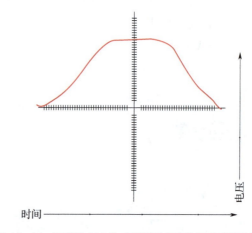

图10-44 正常的TP传感器随节气门打开和关闭的波形

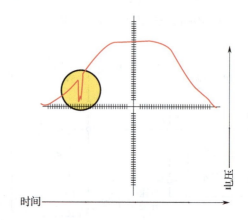

图10-45 有缺陷的TP传感器波形，注意其在打开时出现的毛刺

也可用诊断仪监测TP传感器的动作，然后将用百分比表示的节气门位置与该节气门位置对应

的规定值进行比较。

需要小心的是，某些 TP 传感器有四根导线，增加的那根导线是与怠速开关相连的。通常当该开关闭合时，该线上的电压应是 0V，而当开关断开时应等于蓄电池电压。在测量某导线上的电压和确认此开关和电路是否良好前，先查看电路图。

2. EGR 阀位置传感器

制造商使用不同类型的传感器和开关来确定 EGR 阀何时开启以及开启程度。该信息用来调节空燃比和 EGR 阀的流量比率。为了使排气中的碳氢化合物保持在低的水平，通过 EGR 阀将排气气体引入进气歧管降低了燃烧室内的可用氧气，因而减少了所需的燃油。大多数 EGR 阀位置传感器是线性的电位计，它安装在 EGR 阀的顶部并检测 EGR 阀的开启高度。当 EGR 阀开启时，电位计的阀杆向上移动，一个较高的电压信号发送给 PCM。这类传感器的工作方式与 TP 传感器相同。

大多数 EGR 阀位置传感器有一根 5V 的参考电压线、一根电压信号线和一根地线。为了检测该传感器，在打开点火开关且发动机不运转的状态下，测量信号线上的电压。电压表上应读到约 0.8V 的电压。随后将真空泵连接到 EGR 阀的真空入口上，将真空度缓慢提高到约 20inHg。在 20inHg 时电压信号应平稳上升至 4.5V。如果电压信号没有达到规定的电压值，应更换该传感器。

这类传感器也可以用示波器或 GMM 检测。在施加真空的同时观察信号波形的上升。还应注意波形中的任何毛刺。除非毛刺很严重，否则用电压表很难看到它们。信号波形应干净且平滑。

3. 加速踏板位置（APP）传感器

APP 传感器常与电子节气门控制系统一起使用。它将加速踏板的运动转换为电气信号。就像用于电子节气门控制系统的 TP 传感器一样，APP 也是以两个电位计为基础的。PCM 使用该传感器的信号来确定对功率或转矩的需求，进而打开或关闭节气门并调节喷入气缸内的燃油数量。

APP 传感器的检测方法与其他可变电阻式传感器的相同。

10.10　速度传感器

速度传感器测量某些物体的旋转速度。PCM 根据具体系统以多种方式使用这类信号。速度传感器要么是霍尔效应开关类的，要么是磁脉冲发生器类的。辨别在特定应用中使用的传感器类型决定了应如何检测这些传感器。

磁脉冲发生器使用磁感应原理来产生电压信号。它们也称为永磁（PM）式脉冲发生器。这类传感器常用来向计算机发送有关被监测部件的速度数据。这类数据能够提供有关车速、轴速和轮速的信息。来自速度传感器的信号用在仪表、巡航控制系统、防抱死制动系统、点火系统、车速感应式转向系统和自动驾驶控制系统中。磁脉冲发生器还用来告知计算机有关被监控装置的位置。常见的是 PCM 在控制发动机过程中需要知道曲轴位置与曲轴转角的相对关系。

脉冲发生器的主要部件是一个定时盘和一个拾波线圈。定时盘连接在一根旋转轴或钢制软轴上。定时盘上的齿数取决于其具体应用。如果仅需要知道旋转的圈数，那么定时盘可能只有一个齿。若必须要分辨到四分之一圈，则定时盘上至少要有四个齿。齿在轴旋转每一圈时产生的电压个数是恒定的。例如，车速传感器设计成每英里发出 4000 个脉冲。无论车速如何变化，每英里的脉冲数保持不变。计算机根据该信号的频率来计算车辆行驶的速度。定时盘也称作电枢、磁阻盘、触发轮、脉冲轮或定时铁心。

拾波线圈也称为定子、传感器或磁极片。当定时盘在拾波线圈前转动时，拾波线圈保持固定。磁力线的变化在线圈中生成一个小的电压信号。拾波线圈由一个缠有绝缘细金属线的永磁体组成。

定时盘和拾波线圈之间留有一定的气隙。当定时盘在拾波线圈前旋转时，发生器产生脉冲信号（图 10-46）。当定时盘上的齿与拾波线圈的磁芯对正时，齿挤压磁场从而迫使磁场流过拾波线圈及线圈中的磁芯（图 10-47）。一旦该齿转过磁芯，磁场就会扩散（图 10-48）。该动作在齿每次经过磁芯时都会重复。移动的磁力线切割线圈绕组并感应一个电压信号。

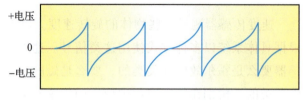

图 10-46　脉冲电压信号

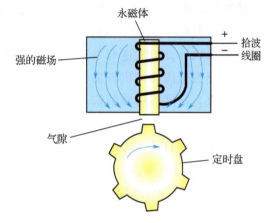

图 10-47　当齿与磁芯对正时，就会在拾波线圈中产生强磁场

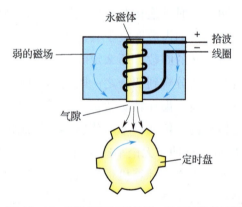

图 10-48　当轮齿经过磁芯后，磁场扩散并减弱

　　随着轮齿接近磁芯，磁场开始聚集在线圈周围而产生一个正的电流。当轮齿与磁芯对正时，磁场既没有进一步扩散，也没有进一步汇集，因而电压降为 0V。当轮齿经过磁芯后，磁场扩散并产生一个负的电流（图 10-49）。所产生的脉冲信号会发送给中央处理器（CPU）。

1. 车速传感器（VSS）

　　最常见的**车速传感器**（VSS）是磁脉冲发生器（磁感）式传感器（图 10-50），但有些车辆使用霍尔效应式。VSS 产生与车速成正比的频率波形。

　　当车辆以低速行驶时，该传感器产生一个低频率的信号。随着车速的提高，信号的频率也增加。PCM 使用 VSS 信号来帮助控制燃油喷射系统、点火系统、巡航控制、EGR 流量、活性炭罐中的净化、变速器换档时刻、可变传动比转向系统及液力变矩器的锁定时机。该信号还用来发起诊断程序。VSS 在一些车辆上还用来限制车速，当到达预设车速时，PCM 会限制燃油的供给。

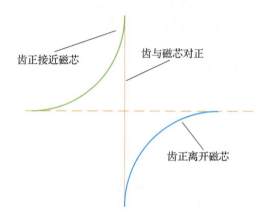

图 10-49　磁脉冲发生器产生的波形

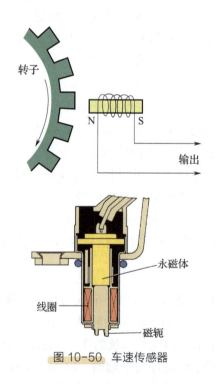

图 10-50　车速传感器

　　车速传感器安装在变速器或变速驱动桥壳体上能够测量输出轴转速的里程表软轴安装孔中。在早期的车型中，VSS 与里程表软轴相连。随输出轴旋转的触发轮在传感器中产生一个脉冲电压，其频率随车速的提高而增加。

2. 排查车速传感器故障

车速传感器的缺陷会因控制系统不同而导致不同的问题。如果 PCM 没有收到 VSS 信号，将设置故障码，即使该信号与其他输入不相关，也可能设置一个故障码。有问题的 VSS 信号会导致燃油消耗增加、怠速不良、变矩器锁定不当、巡航控制操作不当和里程表读数失准。

在测试之前，应仔细检查 VSS。检查传感器的线束和插接器，以及依赖 VSS 信号的控制模块，确保连接牢固且无损坏。

还应检测 VSS 电路上的电压，看是否有开路、短路和阻值高的现象。这些检测的大部分内容都可以在 PCM 插接器上进行，参考维修信息以确认准确的检测点。

车速传感器可以用诊断仪或示波器进行检测（图 10-51），但在检测时应遵循制造商的检测步骤，最好在车辆行驶的同时观察 VSS 的信号状态。连接示波器、GMM 或诊断仪，并按维修信息中给出的参考车速操作车辆。将测量值与技术规范做比较，如果测量值与规范一致，则该 VSS 的工作是正常的，与 VSS 相关的任何问题有可能是由 PCM 导致的。如果测量值超出技术规范，但线路是良好的，则该传感器是坏的。

VSS 也可以在车辆置于举升设备上时进行检测。应将车辆举升到车轮可以自由转动的恰当位置。从 VSS 输出线后面进行检测，将电压表的两根引线分别连接此线和接地点。将电压表选择为 AC20V 量程。然后起动发动机。

将变速器置于前进挡。如果 VSS 的电压信号低于 0.5V，则更换该传感器。如果 VSS 信号电压正确，则在驱动轮旋转时从 PCM 的 VSS 端子的背面测量信号电压。如果在此端子上可测到 0.5V 电压，则故障可能是在 PCM 内部。

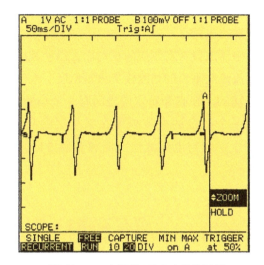

图 10-51　良好的 VSS 产生的波形

如果在此端子没有 0.5V 的电压，关闭点火开关并断开 VSS 至 PCM 的连线。将欧姆表引线连接在该信号线的两端，欧姆表的读数应接近 0Ω。再用欧姆表引线连接在 VSS 地线端子和 PCM 接地端子之间，该线的电阻值也应接近 0Ω。如果这些连接线的电阻值大于规定值，应维修相应线路。

磁感应式的速度传感器也可用欧姆表检测。大部分制造商都会列出电阻值的技术规范。传感器的电阻值是跨接在传感器两个端子上测量的。良好的传感器的电阻值一般在 800～1400Ω 范围内。

霍尔效应式开关扮演的角色与磁脉冲发生器相同。其工作原理是使电流流过一个暴露在磁场中的薄传导材料从而产生另一个电压（图 10-52）。

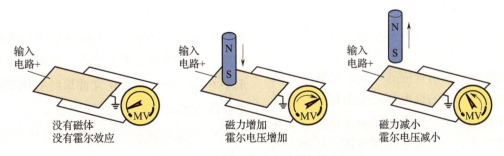

图 10-52　感应霍尔电压的霍尔效应原理

霍尔效应式开关包含一个永磁体和一个用砷化镓晶体制作的薄半导体层（霍尔层）及一个遮挡轮（图 10-53）。霍尔元件上接有一个负极端子和一个正极端子，另外两个位于霍尔层两侧的端子用于输出电路。

永磁体放置在霍尔层的正对面，以使其磁通线以与电流流向垂直的角度横贯该霍尔层。永磁体是固定不动的，在它和霍尔层之间有一个小的气隙。

将一个稳定的电流施加在霍尔层的晶体上，从而产生一个与电流流动方向和磁通方向垂直的

信号电压。该生成的信号电压是磁场对电子作用的结果。当磁场横贯于所提供的电流时，电子被偏转向霍尔层的负极端子，这导致在霍尔开关内产生一个微弱的电压电势。

遮挡轮包含一系列交替的窗口和遮挡片，它造成了磁场的分流，从而改变了来自永磁体的磁场强度。遮挡轮安装在一个旋转的部件上，当该轮旋转时，遮挡片穿过气隙。当遮挡片进入该气隙时会截断磁场，从而遮挡霍尔层的磁力线。所供电流中的电子不再受到干预而返回到正常状态。

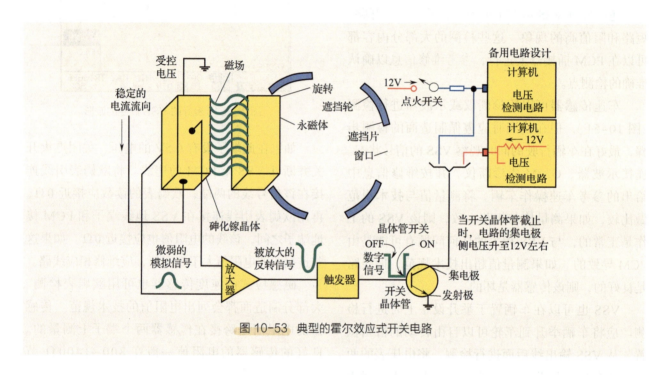

图 10-53 典型的霍尔效应式开关电路

这导致霍尔开关的信号电路具有低的电压电势。

霍尔传感器还可用作电流传感器。感应元件安装在环绕导体的磁芯上，典型的是蓄电池电缆。当电流流过该导体时，磁芯增强了磁场，霍尔传感器探测到这个变化并输出一个基于磁场强度的电压。PCM 监测该霍尔传感器的输出以决定发电机的输出或在车辆关闭期间是否仍有部件在消耗电力。

为了检测一个霍尔效应式开关，先断开其线束，然后将一个适当的低电压电平电压源跨接在霍尔层正负极端子上，再将电压表连接在负的和信号电压的端子上。在霍尔层和磁体之间插入塞尺的金属测量片，确保该金属片可触及霍尔元件。

如果传感器工作正常，电压表的读数应接近蓄电池的电压。当移开金属片时，电压应下降。在有些装置上，该电压会降到接近 0V。查阅维修信息以了解在插入和移开塞尺时应看到什么样的电压。

当在示波器上观测霍尔效应式传感器的波形时，注意向下和向上时的脉冲，它们应是竖直的，如果出现一定角度（图 10-54），则表明晶体管有问题，它导致电压上升缓慢。波形应该是干净的水平方波。任何偏离正常波形的变化都意味着应更换该传感器。

3. 速度传感器的其他应用

速度传感器还用于其他一些地方。最常见的

是用来监测自动变速器中不同轴的转速。它们向
PCM 提供可表明变速器内部零件出现滑移的信号。
有些车辆还有一个集成在发动机冷却风扇离合
器内的转速传感器。

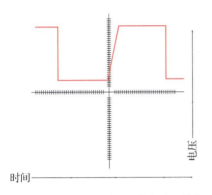

图 10-54　晶体管不良时霍尔效应式开关的波形

10.11　位置 / 转速传感器

　　位置 / 转速传感器可将一个部件的转速、转
速变化及位置告诉 PCM。最常用的两种位置 / 转
速传感器是曲轴位置传感器和凸轮轴位置传感器。
这些传感器的输入用于控制点火正时、燃油喷射
供给和可变气门正时。实现这点的传感器使用霍
尔效应式开关或磁脉冲发生器，这两种设计都产
生电压信号。

　　这些传感器通常都属于磁脉冲发生器，它们
安装在脉冲轮或带有缺口或齿的转子近旁。当齿
移动通过传感器时，在传感器线圈中便会产生一
个 AC 电压脉冲。当转子转动更快时，就会产生
更多的脉冲。利用信号的频率可计算转速。频率
是一秒钟内的脉冲数。为了提供干净且强的信号，
传感器和转子间的间隙有一定技术规范。如果传
感器离转子太远，信号将变弱。ECM 根据脉冲数
来确定旋转中的部件转速。

　　磁脉冲发生器产生 AC 电压信号，而且它们的
导线线束通常是双绞线或是带屏蔽的一对导线。

1. 曲轴位置传感器

　　曲轴位置（CKP）传感器的转子在外圈有数
个间距相同的轮齿（齿数随不同应用而不同），并
在某个特定位置缺少一个或多个轮齿。这些缺齿

的间隔用于向 PCM 提供确定曲轴位置的参考点
（图 10-55）。例如，脉冲轮总共有 35 个轮齿，齿
距为 10° 间隔，而在应有的第 36 个轮齿的位置是
空齿。这 35 个轮齿用来检测曲轴的转速，而空齿
的位置用来确认哪一对气缸正在接近 TDC。来自
凸轮轴位置传感器的输入信号用来确定这对气缸
中的哪一个处于压缩行程、哪一个处在排气行程。

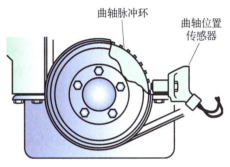

a）传感器监测曲轴转速和位置的方式

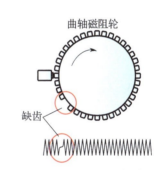

b）缺齿位置在示波器上是如何显示的

图 10-55　曲轴位置传感器工作原理

　　来自 CKP（图 10-56）的输入对点火系统的
工作至关重要。PCM 还用这个输入来判断是否发
生了失火。这是通过查看各轮齿通过传感器的时
间间隔来进行的。如果发生失火，则从一个轮齿
到下一个轮齿的时间间隔会比正常情况时慢。

图 10-56　曲轴位置（CKP）传感器

（1）检查 CKP 传感器　像检查所有电子装置一样，应检查传感器及其线路是否有腐蚀或损坏。如果 PCM 检测到异常信号将会设置故障码。PCM 会在多个监测器检测中检查 CKP。对于同时带有曲轴位置（CKP）和凸轮轴位置（CMP）传感器的发动机，PCM 将比较这两个输入并在不能确定这两个信号彼此的关联性时设置相应的故障码。

可以用诊断仪和示波器来监测传感器的工作状况。如图 10-57 所示，大多数 CKP 传感器的波形都有一些等间距的脉冲和一个缺齿处的双倍间隔或同步信号的脉冲。等间距的脉冲总数（算上缺齿齿数）与发动机的气缸数成整数倍关系。霍尔效应式传感器产生的是数字信号，应仔细检查其信号电压的波形，任何毛刺都表明该传感器或其电路有问题。

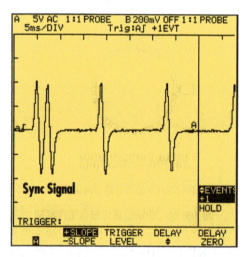

图 10-57　良好的 CKP 传感器波形

（2）更换 CKP 传感器　尽管更换 CKP 的具体步骤会因制造商和发动机的不同而有所差异，但有些步骤是通用的。必须正确地设置传感器和转子（信号轮）间的气隙（图 10-58）。根据不同的应用，可通过几种方式设置。通常是用专门的校准工具或用传感器配件附带的垫片来进行的。如果该传感器装有 O 形密封圈，确保先在密封圈上涂抹一层薄薄的机油，否则会妨碍传感器完全落座而影响传感器的输出信号并导致机油泄漏。

2. 凸轮轴位置传感器

凸轮轴位置（CMP）传感器监测凸轮轴的位置（图 10-59）。CMP 的输出与 CKP 的输出一同

用来确定 1 号气缸处在其压缩行程的时刻。该信息用来控制燃油喷射、点火和可变气门正时系统。采用可变气门正时的 V 型发动机通常装有两个 CMP 传感器，每侧气缸组一个。在有些发动机上，CMP 传感器故障将妨碍失火监测完成。

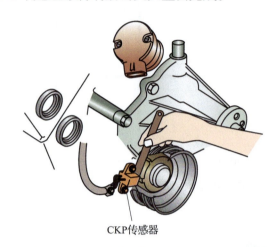

CKP传感器

图 10-58　CKP 传感器与信号轮之间的间隙很重要

图 10-59　安装在进气和排气凸轮轴端部的 CMP 传感器

CMP 传感器可以是磁脉冲发生器或霍尔效应式的（图 10-60）。传感器的类型可以通过连接至传感器的导线数量来辨别，磁脉冲发生器有两根导线，而霍尔效应式的有三根导线。

（1）检查 CMP 传感器　CKP 传感器的大多数诊断步骤也适用于 CMP 传感器。有许多与 CMP 相关的故障码。如果设置了其中任何一个故障码，都应遵循制造商给出的检测步骤。这包括对传感器及其线路的全面检查。当用示波器观测 CMP 传感器信号时，应确认已知道传感器是何种类型。磁脉冲发生器式传感器产生模拟信号，而霍尔效应式传感器提供数字信号。磁脉冲发生器还可以用欧姆表（图 10-61）来检测。检测步骤可

能还包含凸轮轴正时的校核。当安装新的传感器时，确保要润滑 O 形密封圈并将固定螺栓拧紧至规定力矩。

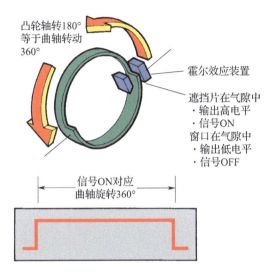

图 10-60　霍尔效应式 CMP 传感器及其产生的信号

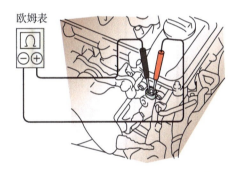

图 10-61　用欧姆表检查磁脉冲发生器式凸轮轴传感器

▶ 参见

有关核实和调整凸轮轴正时的步骤参见第 3 章。

（2）磁阻（MR）传感器　该类传感器的外观与磁脉冲发生器式传感器相似，都只有两根导线，但其工作原理不同。MR 传感器上有蓄电池提供的电压并有一根信号返回线。当触发轮通过该传感器时，引起传感器内部的磁场发生变化，从而引发传感器输出一个小的电流，并导致电压输出发生变化。该传感器产生数字信号并通过信号返回线发送回计算机。

MR 传感器的优势在于它可以监测转速、旋转方向和 0 的转速。MR 传感器还能够在传感器和触发轮间留有更大气隙情况下正常工作。

10.12　爆燃传感器

爆燃传感器（KS）告知 PCM 在气缸内正在发生爆燃，计算机进而推迟点火正时（图 10-62）。KS 是一种压电装置，其工作方式类似于传声器。该传感器将发动机的敲击振动转换为电压信号。压电装置在其被施于压力或振动时产生电压。发动机的敲击通常是在一个特定的频率范围内，因此 KS 被设置能够检测该频率范围内的振动。KS 安装在发动机气缸体、气缸盖或进气歧管上。

图 10-62　爆燃传感器

有问题的 KS 可导致发动机爆燃或减小点火提前角和降低燃油经济性。更换 KS 时，必须按规定力矩将其拧紧。检查 KS 的步骤会因车辆制造商和年款的不同而不同。PCM 会用不同监测器来检测 KS。PCM 检测是否有因开路、短路或高的阻值导致该传感器的异常读数。务必要遵循车辆制造商推荐的测试步骤和技术规范。

爆燃传感器的检测可以通过在传感器附近轻轻敲击发动机时用示波器来观察它的信号波形是否正常来判断 KS 的好坏。传感器的信号波形应对敲击做出响应。这种测试方法可能不适用于所有 KS，因为这类传感器在与 CKP 信号不同步时将不会对敲击做出响应，所以没有反应在一些发动机上是正常的。

也可用电压表检查 KS 及其电路。检测传感器上的电压输入和来自 PCM 的电源供给。如果传感器没有得到规定的可用电压，可以用背测探针在 PCM 端的 KS 导线处测量电压。如果该端子上的电压正常，则维修 KS 线路。如果 PCM 端的电压不在规定范围内，应更换 PCM。

诊断仪也可用来诊断 KS。在路试中，急速打开节气门并观察诊断仪中的爆燃计数值。在节气门急速打开时应至少有一次计数。

10.13 计算机输出与执行器

一旦 PCM 程序设计指令必须在被控系统中进行修正或调整时，就会向被控装置或执行器发送一个输出信号。各种电磁阀、开关、继电器或电机等执行器将做出物理性的动作或执行 PCM 发出的指令。

执行器是一种机电装置，它将电流转换为机械动作。这种机械动作随后可用来开启和关闭阀门进而控制去其他部件的真空度或打开和关闭转换开关。当 PCM 接收到要求改变一个或多个运行状况的输入信号时，PCM 将决定处理该状况的最佳策略。PCM 随后控制一组执行器来实现预期的效果或策略目标。计算机为了能够控制执行器，必须依赖称为输出驱动器的部件。

电路驱动器通常应用在执行器的接地电路上（图 10-63）。当执行器必须按某个选定的时长持续工作，或可以用脉冲方式控制该执行器的接地电路时，这种应用方式可以稳定地实现控制要

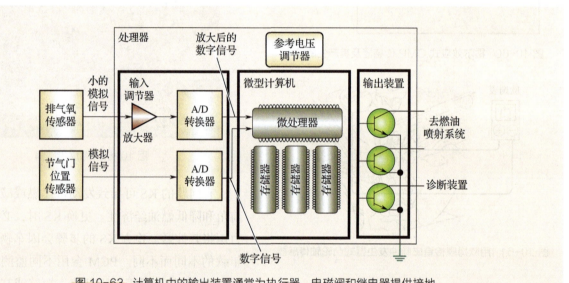

图 10-63 计算机中的输出装置通常为执行器、电磁阀和继电器提供接地

求。输出驱动器是控制执行器的一个晶体管或晶体管组。这些驱动器按照来自 PCM 的数字化指令工作。如果一个执行器不能用数字指令控制，则输出信号必须在发送给执行器之前先通过 A/D 转换器。

在计算机控制的发动机中，主要执行器包含以下部件。

1）空气管理电磁阀：二次空气旁通及换向电磁阀控制来自空气泵的空气是流向排气歧管（开环时）还是流向催化转化器（闭环时）。

2）蒸发排放（EVAP）活性炭罐的净化控制阀：净化控制阀由一个电磁阀控制，它控制炭罐

内已吸附的燃油蒸汽吸入发动机燃烧的时间。计算机只有在发动机暖机后且转速高于怠速时才会驱动该电磁阀。

3）排气再循环（EGR）流量电磁阀：EGR 流量可以用电子控制的真空电磁阀控制。当需要 EGR 时，该电磁阀向 EGR 阀供给进气歧管真空，或在不需要 EGR 时泄放掉真空。

4）喷油器：这些喷油器在燃油喷射系统中负责提供雾化的燃油。

5）怠速转速控制：这类执行器是小型电机。步进电机在燃油喷射系统中可以用来控制绕过节气门板的空气数量。

6）点火模块：它实际上是一个由来自控制计算机的信号触发的电子开关装置。点火模块既可以是一个独立的装置，也可以是 PCM 的一部分。

7）电机和灯光：计算机使用电气继电器来控制电机的运转，比如燃油泵，还可以控制各种警告灯或显示电路。

8）其他电磁阀：计算机控制的电磁阀还用在巡航控制系统、变矩器锁定离合器、自动变速器换档机构和许多其他系统需要机械动作的操作中。

10.14　电子节气门控制

像现代的飞行器一样，有些较新型车型上的加速控制采用线控（drive-by-wire）方式，它们通常称为电子节气门控制（ETC）。ETC 解析驾驶员加速踏板的位移信号并对节气门进行精确控制，这有助于在降低排放的同时提高燃油经济性和车辆性能。

ETC 通过导线与节气门体连接（图 10-64），而不是通过节气门拉索和机械联动机构与节气门连接。尽管这些系统是由电子模块控制和操作的，但有些 ETC 仍有一个机械备用系统，或当电子系统出现错误时改用节气门的部分功能。

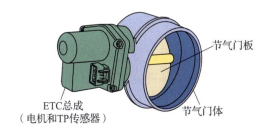
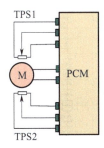

图 10-64　电子节气门总成及其基本的电气连接

加速踏板总成中装有一个或两个位置传感器，它们向 PCM 发送加速踏板位置和变化速率信息。加速踏板传感器向 PCM 发送一个变化的电压信号，PCM 控制与节气门板连接的电机。加速踏板总成中的螺旋弹簧给加速踏板一个普通加速踏板的感觉。加速踏板的位置或变化的速率仅仅是一个要 PCM 打开节气门的请求。PCM 将这个请求连同其他各种输入和已有的编程一起进行处理，然后向驱动装置发出指令，由驱动装置向与节气门连接的电机提供电力。来自 TP 传感器的信号可使 PCM 跟踪节气门板的位置。

电子节气门很容易实现巡航控制和牵引力控制系统的控制。对于后者，如果车轮滑转，系统可以减小节气门开度直到检测到车轮不再滑转。节气门控制还参与自动换档过程。采用电子控制，可在换档过程中稍稍关闭节气门来降低发动机的输出以提供更平顺的换档。

10.15　检测执行器

大多数控制系统都允许通过诊断仪来检测执行器。由计算机采用占空比方式控制的各类执行器都可通过这个方式进行精确诊断。在诊断执行器之前，确保发动机的压缩、点火和进气系统处于良好状态。可利用诊断仪中的串行数据来诊断输出的状态。显示的数据应与技术规范比较以确定各类执行器的状态。此外，当怀疑执行器有问题时，先要确保与该执行器控制相关的输入在正常范围内。错误的输入会造成看起来像是执行器有故障。

许多控制系统都有操作模式。该模式可通过诊断仪来控制一个输出的运行。这个模式的常见名称有输出状态控制（OSC）、输出检测模式（OTM）、执行器检测模式或功能检测模式（图 10-65）等。在此模式下，可以启用或停用一个执行器、提高或降低执行器的控制占空比或动作。在控制执行器动作的同时，观察能反映系统如何对指令做出响应的相关 PID。能够用这个模式控制的执行器会因车辆不同而有所差异。能用诊断仪控制的常见输出有：喷油器、燃油泵、怠速转速或节气门控制电机、冷却风扇、EGR 电磁阀和控制阀及 EVAP 电磁阀。务必参考维修信息以确定有哪些执行器可以检查以及如何检查。

图 10-65 显示输出控制检测的界面

1. 用数字万用表检测

若想用诊断仪以外的方式检测执行器，应务必遵循制造商推荐的步骤。由于许多执行器在 5~7V 下工作，切不可用跨接线直接连接 12V 电源，除非相应的维修步骤要求这样做。有些执行器可以很容易地用电压表通过检测至执行器的输入电压来检测。如果输入电压值正确，则检查接地状况。如果这两项都正常，则是执行器有故障。如果需要用欧姆表来测量执行器的电阻值，应先将它从电路中断开。

当用欧姆表检测任何对象时，使用推理的方法能够帮助判断读数反映的问题。如果欧姆表的读数为无穷大，则意味着开路。根据正在检测的元器件不同，断开的状态可能是正常的，也可能是不正常的。对非常低的电阻读数来讲也是如此。非常低的阻值在一些元器件上表示存在短路。比如不希望在电磁阀绕组的两端读到无穷大的读数或非常低的电阻值，而是希望有一定的阻值，这个阻值通常在 50~120Ω 之间。从绕组的一个端子到电磁阀壳体却希望是无穷大的读数，如果是低的电阻值，则意味着绕组已经与壳体短路。

2. 用示波器检测执行器

大多数计算机控制的电路是接地控制的电路。PCM 通过提供接地以使执行器通电。在示波器显示的扫描线上，通电时间（on-time）的脉冲是向下的脉冲。在正极供给电路中，计算机给该电路提供电压，电路通电时间的脉冲是向上的脉冲。一个完整的周期是从一个通电时间的脉冲起点到下一个通电时间脉冲的起点。

执行器是机电类装置，这意味着它们是能产生某些机械动作的电子装置。当执行器有故障时，它可能是电气故障，也可能是机械故障。通过在示波器上观测执行器的动作，就可监测其在电气方面的状况。一般情况下，如果有机械故障，也会影响其电气的运行情况。因此，通过示波器可以得到对执行器状况的正确判断。

为了检测一个执行器，首先需要知道它是何种类型的执行器。大多数执行器都是电磁阀。计算机通过控制指令信号的脉冲宽度来控制执行器的动作。通过观察一个控制信号可看到电磁阀 ON（通电）和 OFF（断电）的状态（图 10-66）。电压扫描线上的毛刺是由电磁阀线圈放电所产生的。

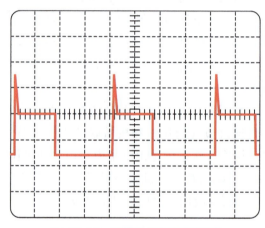

图 10-66 典型的电磁阀控制信号

有些执行器是用占空比调制信号控制的，这类控制信号显示的脉冲宽度是变化的。对这类装置的控制是通过改变脉冲带宽、信号频率和电压电平来实现的（图 10-67）。

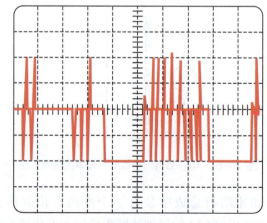

图 10-67 典型的脉宽调制式电磁阀控制信号

应检查这两种波形的幅值、时间和形状。还应关注脉冲宽度在工作状态改变时的变化。不良的波形会有噪声、毛刺或圆角。通过波形应能看到执行器按照计算机的指令立即关闭（OFF）和打开（ON）。

喷油器实际上是一个电磁阀。PCM 向喷油器发送频率和脉宽都有变化的信号。频率随发动机转速变化，而脉宽则随对燃油的控制而变化。增加喷油器的通电时间将增加输送给气缸的燃油量。正常工作的喷油器的电压波形如图 10-68 所示。

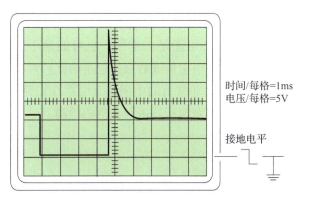

图 10-68　正常工作的喷油器电压波形

时间/每格=1ms
电压/每格=5V

接地电平

有些执行器可用**电流探头**检测，比如喷油器和燃油泵常用电流探头或电流夹钳进行检测。利用示波器同时检测电压和电流，可看到在被测电路和部件中到底发生了什么。首先将示波器的正极和负极引线连接到被测部件的插接器上，随后将电流夹钳环绕在该部件的电源线或地线上。需要注意电流夹钳相对于被测电路的正确极性，否则在示波器上无法显示出波形。设置示波器以使一个通道显示电压，另一个通道显示电流。电压、电流和时基的设置应根据被测线路或部件的电气特性来确定。某些示波器中已有电流夹钳的预先设置。如果示波器没有预先设置功能，则需要根据所用的电流夹钳来选择电压量程。

设置好示波器后，使该电路工作以获取其电压和电流波形（图 10-69）。本示例中，同时显示了来自 PCM 的喷油器控制信号和喷油器在工作时的电流消耗。电流波形前沿中的轻微下降点代表喷油器针阀的开启点。根据该图中的信息，可以推断 PCM、线路和喷油器工作正常。该示例

中无法确定的是从喷油器喷出的燃油雾化效果如何。

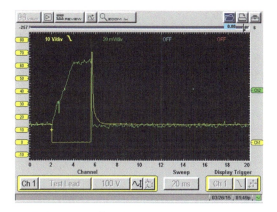

图 10-69　工作正常的喷油器电压和电流波形

3. 修复系统

在找到问题的源头后，应进行维修。维修后应重新检查系统以验证问题是否已得到纠正，为此可能还需要对车辆进行路试。

在维护或修理 OBD-Ⅱ电路时，下述指导原则很重要。

1）不要将售后市场购买的附件连接到 OBD-Ⅱ系统的电路中。

2）不要移动或改变接地的原始位置。

3）始终用准确的替换件更换 OBD-Ⅱ电路中的继电器。应废弃已坏的继电器而不是修复。

4）确保所有插接器的端子良好且安装到位。

5）在维修插接器或插接器的端子后，确保端子已正确固定且插接器密封良好。

6）在安装电气接地的紧固件时，应确保已按规定力矩拧紧。

带有 OBD-Ⅱ系统的车辆在维修结果验证上要比早期的车辆更为全面，所以在维修后，技师应实施以下步骤。

1）再次检查已诊断的故障码的故障记录和冻结帧数据并备案。

2）用诊断仪清除故障码，或使用信息清除功能删除故障码。

3）按照故障记录或冻结帧数据中记录的工况驾驶车辆进行路试。

4）监测原来发现的故障码的状态信息，直到与该故障码相关的诊断检测完成。

3C：问题（Concern）、原因（Cause）、纠正（Correction）

维修工单				
年份：2008	制造商：道奇	车型：Ram 1500	里程：108540mile	单号：18510
问题	客户陈述检查发动机指示灯点亮，发动机怠速有时粗暴且偶尔熄火。			
技师对该车进行了路试，但未发现怠速有任何波动，但回到车间后，发动机怠速变得非常差。技师进行了快速检查并发现已设置了故障码 P0123：TP 传感器电压高。使用万用表检查，参考电压为 5V。在发动机运转时监测 TP 传感器的数据，当晃动传感器插接器时发现发动机转速在 TP 电压跳变时出现波动。				
原因	发现存储了故障码 P0123。当晃动 TP 传感器的插接器时，发动机转速随 TP 传感器电压变化而波动。线束插接器的一般检查未发现问题。最终发现 TP 传感器内部的连接存在间歇性开路。			
纠正	更换 TP 传感器，清除故障码后，发动机运转正常。			

10.16 总结

• 发动机电控系统故障诊断不是仅仅获取故障码就够了。

• 以下方法可用于对各系统部件进行检测：目视检查、欧姆表检测、电压表检测和示波器检测。

• 在诊断发动机控制系统的问题时，维修公告绝对是非常重要的信息。

• 所有 PCM（包括 OBD-Ⅱ和 OBD-Ⅰ）除非有良好的接地连接和在所需端子上有正确的电压，否则不能正常工作。

• 电压降检测是检查所有电气导体或端子插接器状况的一个便捷方法。

• 不良的接地还会对参考电压信号造成电磁干扰或噪声。检查电气噪声的最佳办法是使用示波器。

• 重要的是要在检测传感器之前先了解被测传感器的工作原理及要测试的内容。

• 传感器用于检测温度、化学特性、压力、速度、位置和声音。

• 大多数传感器可用电压表、欧姆表、诊断仪、示波器和数字万用表进行检测。

• 大多数由计算机控制的执行器是机电装置，这些执行器将计算机输出的指令转换为机械动作以打开和闭合开关、控制通往其他部件的真空以及按照系统需求操作各种控制阀。

• 大多数系统都允许通过诊断仪来检测执行器。

• 当用万用表检测任何对象时，使用推理的方法可以帮助判断读数是否正常。如果仪表读数为无穷大，这表明存在开路。然而基于所测对象不同，这个开路状态可能是正常的，也可能是不正常的。对非常低的电阻值读数来讲也是如此。对某些检测对象而言，非常低的电阻值表明存在短路。

• 用示波器可对执行器进行精准的检测。

10.17 复习题

1. 思考题

1）OBD-Ⅱ系统使用多个运行模式，列举其中的三个。

2）列出可检查单独部件的四种方法。典型的正常氧传感器信号会在（　　）V 到（　　）V 之间切换。

3）解释一个接地不良的电路会如何影响一个传感器的参考电压。

4）当发动机以稀混合气运转时，氧传感器的电压信号应是（　　）（低或高）。

5）列出与进行目视检测有关的六个步骤。

6）许多控制系统都有可用诊断仪访问并控制输出工作的运行模式。控制输出的两种最常见的模式的名称是什么？

2. 判断题

1）不良的接地会导致供给传感器的参考电压升高。对还是错？　　　　（　　）

2）空燃比传感器可采用测试氧传感器的方法来检测。对还是错？　　　　（　　）

3. 单选题

1）下列哪一项关于氧化锆型氧传感器的表述是**不正确**的？（　　）

A. 该氧传感器的正常电压范围为 0~1V

B. 如果该氧传感器的信号电压在 0~500mV 间切换，则表明它在正常工作

C. 当发动机以 2500r/min 无负荷运转时，来自上游氧传感器的电压信号应在 5s 内有 7 个穿越计数

D. 发动机控制系统监测氧传感器的活动，并当氧传感器的输出电压不在规范范围内时存储故障码

2）催化转化器的监测测试可能因下述原因失败，**除了**（　　）。

A. 上游或下游氧传感器电路有故障

B. 排气泄漏

C. 燃油污染

D. 点火系统失火

3）IAT 传感器或电路有问题会导致以下问题，**除了**（　　）。

A. 发动机起动困难

B. 混合气过浓或过稀

C. 变矩器离合器锁定不正确

D. 燃油经济性下降

4）以下哪一条最不可能是导致发动机无法起动的原因？（　　）

A. CKP 传感器有故障

B. KS 有故障

C. 燃油或点火系统有故障

D. PCM 线路有故障

4. ASE 类型复习题

1）技师 A 说氧传感器可以是可产生电压的传感器。技师 B 说氧传感器是热敏电阻型传感器。谁是正确的？（　　）

A. 仅技师 A 正确

B. 仅技师 B 正确

C. 技师 A 和 B 都正确

D. 技师 A 和 B 都不正确

2）在讨论氧化锆型氧传感器的诊断时，技师 A 说好的氧传感器的电压信号应始终在 0.5~1V 之间循环；技师 B 说被污染的氧传感器可能持续产生高的电压信号。谁是正确的？（　　）

A. 仅技师 A 正确

B. 仅技师 B 正确

C. 技师 A 和 B 都正确

D. 技师 A 和 B 都不正确

3）在讨论 ECT 传感器的诊断时，技师 A 说 ECT 传感器有问题可能导致发动机冷起动困难；技师 B 说 ECT 传感器有问题可能导致排放控制装置的工作不正确。谁是正确的？（　　）

A. 仅技师 A 正确

B. 仅技师 B 正确

C. 技师 A 和 B 都正确

D. 技师 A 和 B 都不正确

4）在讨论霍尔效应式车速传感器的测试时，技师 A 说要用欧姆表测试线圈的电阻值；技师 B 说要用电压表跨接在该传感器的端子上来测量传感器产生的电压。谁是正确的？（　　）

A. 仅技师 A 正确

B. 仅技师 B 正确

C. 技师 A 和 B 都正确

D. 技师 A 和 B 都不正确

5）在讨论 TP 传感器的诊断时，技师 A 说四线的 TP 传感器中含有一个怠速开关；技师 B 说在一些应用中，可松开 TP 传感器的安装螺栓，使节气门处于怠速的位置时转动传感器壳体调整传感器输出信号的电压。谁是正确的？（　　）

A. 仅技师 A 正确

B. 仅技师 B 正确

C. 技师 A 和 B 都正确

D. 技师 A 和 B 都不正确

6）在诊断发动机难以起动的原因时，技师 A 检查 ECT 传感器；技师 B 检查 MAP 传感器。谁是正确的？（　　）

A. 仅技师 A 正确

B. 仅技师 B 正确

C. 技师 A 和 B 都正确

D. 技师 A 和 B 都不正确

7）在讨论检测 OBD Ⅱ 系统的部件时，技师 A 说试灯可用来检测氧传感器的输出；技师 B 说数字式电压表可用来检测氧传感器。谁是正确的？（ ）

A. 仅技师 A 正确

B. 仅技师 B 正确

C. 技师 A 和 B 都正确

D. 技师 A 和 B 都不正确

8）在检测频率式 MAF 时，技师 A 说频率应随发动机转速的上升而上升；技师 B 说用示波器观测的来自该传感器的信号波形应为方波。谁是正确的？（ ）

A. 仅技师 A 正确

B. 仅技师 B 正确

C. 技师 A 和 B 都正确

D. 技师 A 和 B 都不正确

9）技师 A 说有故障的 MAF 传感器会导致发动机运转在稀混合气的状况下。技师 B 说有故障的 MAF 传感器会导致发动机无法起动。谁是正确的？（ ）

A. 仅技师 A 正确

B. 仅技师 B 正确

C. 技师 A 和 B 都正确

D. 技师 A 和 B 都不正确

10）在讨论 OBD-Ⅱ的故障指示灯时，技师 A 说如果 PCM 检测到传感器或电路中有故障时，故障指示灯将闪烁；技师 B 说只要 PCM 检测到故障就将点亮故障指示灯。谁是正确的？（ ）

A. 仅技师 A 正确

B. 仅技师 B 正确

C. 技师 A 和 B 都正确

D. 技师 A 和 B 都不正确

第 11 章
点火系统

学习目标

- 能够说出不同点火系统类型的名称并做简单介绍。
- 能够说出所有点火系统中使用的两种主要电路及其通用部件的名称。
- 能够说明点火线圈、火花塞和点火高压线的工作原理。
- 能够说明点火线圈次级绕组如何感应出高电压。
- 能够简单介绍点火正时系统，包括其中的电子开关系统及与之有关的发动机位置传感器。
- 能够说明无分配器点火系统的工作原理。

3C：问题（Concern）、原因（Cause）、纠正（Correction）

维修工单				
年份：2008	制造商：福特	车型：Focus	里程：132148mile	单号：18604
问题	车辆被拖进维修店，发动机可转动但无法起动，客户陈述车辆是在行驶中熄火的。			
考虑该客户的问题，运用本章学习的内容来确定该问题的可能原因、诊断该问题的方法和纠正此问题所需要的步骤。				

现代汽车中，点火系统是发动机电子控制系统的一个组成部分。发动机控制模块（ECM）或动力总成控制模块（PCM）控制点火系统的所有功能并对点火正时不断进行修正。PCM根据来自各种传感器的输入计算所需的点火正时。这些输入使PCM能够知道发动机当前的运转状况。PCM将这些状况与自身的程序做匹配并据此控制点火正时。重要的是要记住，对发动机来讲，基于转速和负荷的点火正时调整始终是必不可少的。使用电子系统进行这些调整是非常有效的。用于点火系统控制的许多输入也用于控制其他系统，例如燃油喷射系统。这些输入可从CAN总线获取（图11-1）。

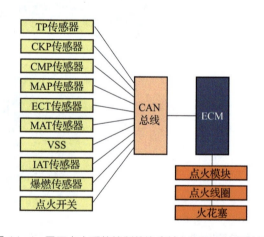

图11-1 用于点火系统控制的许多输入还用于控制其他系统并可从CAN上获取

点火系统有三种基本设计：分电器式点火（DI）系统、无分电器点火系统和**直接点火系统**（DIS）。SAE将后两种设计定名为电子点火（EI）系统。DIS是当前发动机上最常用的类型。无论哪种类型，所有近代点火系统的设计都是用来实现相同的功用：产生足够的电压以使火花跳过火花塞间隙、定时产生火花以符合发动机活塞的运动和根据不同工况改变火花产生的时间。

11.1 基本电路

所有点火系统都由两个相互关联的电气电路组成：**初级（低压）电路和次级（高压）电路**（图11-2）。

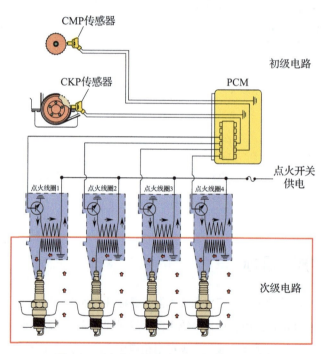

图11-2 点火系统具有初级（低压）电路和次级（高压）电路

根据点火系统的特定类型，在初级电路和次级电路中包括下述零部件：蓄电池、点火开关、点火线圈初级绕组、触发装置、开关装置或控制模块（点火触发器）、点火线圈次级绕组、分电器总成（某些旧的点火系统）、高压线（某些系统）、火花塞。

1. 初级电路的工作原理

当打开点火开关时，来自蓄电池的电压提供给点火线圈初级绕组的正极连接点。这条至点火线圈的路径根据系统不同可能来自点火开关、点火控制模块或 PCM。初级绕组的负极连接点连接在点火系统的开关类装置上。它可以是点火控制模块或 PCM。当点火开关闭合时，电流通过上述电路流过点火线圈的初级绕组并产生磁场。随着电流持续流动，磁场逐渐增强。当触发装置向开关发出活塞已接近压缩行程上止点的信号时，电路断开，电流流动停止。这导致初级绕组周围的磁场在次级绕组上突然锐减，而穿过次级绕组的磁场变化在次级绕组中感应出高的电压。次级电路从此点开始起作用。

2. 次级电路的工作原理

次级电路向火花塞输送高电压。次级电路提供这些高电压源的具体方式取决于不同的系统。直到 1984 年，所有的点火系统都还在使用某种类型的分电器来实现这个功能。但为了减少排放、改善燃油经济性和提高零部件的可靠性，汽车制造商现在都使用无分电器的电子点火（EI）系统。

（1）DI（分电器式点火）系统　该系统通过点火高压线或分电器盖的内部连接将来自次级绕组的高电压输送到分电器，分电器再通过一组点火高压线将该高电压分配给各个火花塞（图 11-3）。点火高压线按照发动机的点火顺序排布在分电器盖上，由分电器轴驱动的分火头旋转并完成从线圈次级绕组到单个火花塞的电气路径。分电器按点火顺序向处在压缩行程的响应气缸输送火花。分电器总成还具有提前或推迟点火正时的能力。

图 11-3　典型的采用分电器式点火的发动机

分电器盖安装在分电器总成的顶部。分电器盖上的一个用于对正的凹槽固定在分电器外壳上与之相配的凸缘上。因此分电器盖只可能安装在一个位置，从而确保了点火顺序的正确。

分火头定位在分电器轴的顶部，分火头内的凸缘刚好插入轴上的狭槽中。这使分火头只能安装在一个位置。分火头顶部的金属条与分电器盖中心的端子接触，金属条的外端旋转时经过分电器盖内周的各端子（图 11-4），由此按照点火顺序形成了点火线圈次级高压电和各个火花塞之间的电气路径。

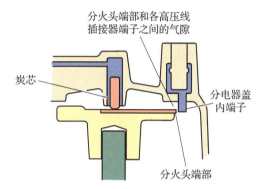

图 11-4　分火头与分电器的关系

（2）EI（电子点火）系统　EI（电子点火）系统没有分电器，点火火花的分配由电子控制单元和 / 或车辆计算机控制（图 11-5）。每个气缸可能各有自己的点火线圈，也可能两个气缸共用一个点火线圈，而不是所有的气缸都使用一个点火线圈。这些点火线圈与它们控制的火花塞直接连接。连接到车辆计算机控制系统的点火控制模块控制点火顺序、点火正时和点火提前角。

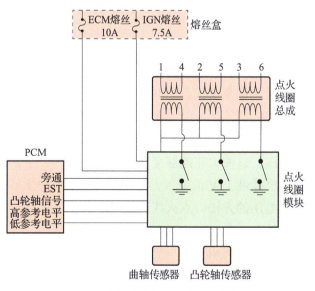

图 11-5　六缸发动机的一种电子点火系统

次级绕组产生电压，这个电压用于建立一个完整的电路以使电流能够流动。多余的能量用来维持流过火花塞间隙的电流。无分电器点火系统能够产生比传统点火系统更高的能量，这是因为，多个线圈可以增加电流量和线圈的充电时间。

由于 DI 和 EI 系统点火所用的火花塞在两电极间具有大致相同的气隙，因此这两个系统在火花塞开始点火时所需的电压近似。如果 EI 系统中额外的能量没有以电压的形式释放，那么它将以电流流动的形式释放，这导致更大的点火电流和更长的火花塞火花持续时间。相比于 DI 系统中的大约 1ms，在 EI 系统中穿过火花塞电极间的平均火花持续时间约为 1.5ms。这些增加的时间可能看起来微不足道，但它非常重要。目前的排放标准要求更稀薄的混合气，而 EI 系统中的这些多出来的火花持续时间有助于防止气缸在燃烧更稀的混合气时失火，所以汽车制造商都已在其发动机中使用 EI 系统。

11.2 点火系统部件

所有点火系统都拥有一些通用的部件，其中一些部件实现简单的功能，例如蓄电池和点火开关。蓄电池向点火初级电路提供低电压的电流。电流在点火开关处于起动或运行位置时流动。在点火开关上始终存在蓄电池的全部电压，就像它直接连接在蓄电池上一样。

1. 点火线圈

为了产生最初点燃混合气的火花，点火系统必须向火花塞输送高的电压。由于击穿火花塞间隙所需的电压随工况变化而变化，因此大多数新型车辆的点火系统可以轻松提供 30~60kV 或更高的电压，以使火花能够穿过火花塞间隙。由于蓄电池仅提供 12V 的电压，因此必须使用一种能够提高电压的方法。点火线圈的功用就是倍增蓄电池电压。

点火线圈相当于一个将蓄电池的低电压转换成高电压、短脉冲的脉冲变压器。转换的条件是初级电路中的大电流在次级电路中成一定比例地

减小，其结果是初级电路的低电压高电流转变为次级电路的高电压低电流的火花。

如前所述，当磁场穿过导线时，在导线中就会有感应电流。如果将一根导线绕成许多圈而形成一个线圈，且磁场通过整个线圈，则在每圈导线上会产生相等的电压。线圈中导线的匝数越多，感应的总电压就越高。如果磁场的变化速率加倍，则电压输出也加倍。

点火线圈正是利用了上述原理，并且有两个缠绕在铁心或钢心上的线圈（图 11-6）。使用铁心或钢心是因为它具有低的电感磁阻。换句话说，铁心极大地扩大或增强了绕组周围的磁场。第一个线圈是初级绕组，它通常由 100~200 匝的 20 号绝缘导线绕成。这个线圈传导蓄电池的电压和电流。当电流通过初级线圈时，磁化了铁心。磁体的磁场强度直接取决于线圈的匝数和流过线圈的电流。第二个线圈是次级绕组，它由更细的绝缘导线绕制 15000~25000 匝或更多匝而成。

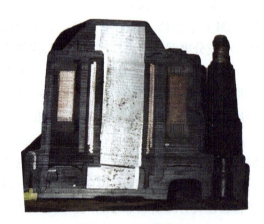

图 11-6 点火线圈内部

由于反电动势对流过初级绕组电流的影响，线圈需要一些时间才能完全磁化或饱和，因此电流在每个火花塞点火间隔期间会在初级绕组中流动一段时间。电流在初级绕组中流动的时间通常称为闭合时间。闭合时间的长短非常重要。

当电流流过一个导体时，它会立即达到电路中电阻所允许的最大值。如果将导体缠绕成线圈，则电流不会立即达到最大值。当磁场随着电流的流动而开始形成时，一部分绕组的磁力线经过绕组的另一部分（图 11-7）。这往往会引起对电流流动的反抗。这种现象称为电抗。电抗对电流产生

暂时的阻力，并使流动的电流达到其最大值的时间推迟。当线圈中存在最大的电流流动时，称该线圈已饱和，且其磁场的强度也处在最大值。

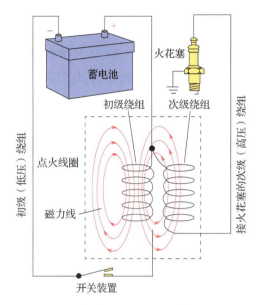

图 11-7 流过点火线圈初级绕组的电流产生磁力线并切割次级绕组而感应出高压电

只有在初级绕组的闭合时间足够长以使最大电流流过初级绕组时，线圈才会发生饱和。一个未达到饱和状态的线圈将无法产生其设计应能产生的电压。如果来自线圈的能量过低，则火花塞的火花持续时间可能不够长或完全没有火花。如果施加电流的时间长于线圈完全饱和所需的时间，则线圈将会过热。

一个典型的点火线圈需要 2~6ms 才能饱和。实际需要的时间取决于线圈的初级绕组电阻和施加给它的电压。有些系统在发动机低速时以电子方式限制初级电流量以防止点火线圈过热。当发动机达到较高的转速时，将禁用该电流限制功能。图 11-8 是一个反映电流流过点火线圈初级绕组时的波形示例。当初级线圈的电路突然断开时，磁场将立即衰减。磁场的突然衰减将在次级绕组中感应出非常高的电压。这个高的电压用来推动电流跳过火花塞的间隙。

（1）点火线圈的结构　旧型发动机配备的点火线圈封装在一个充满油的金属外壳中以帮助冷却点火线圈的绕组。现代车辆上的点火线圈用空气冷却，现在这之所以成为可能是因为，单个点

火线圈不再负责向所有火花塞提供点火电压，而是只负责一个火花塞的点火。在当今的车辆上可以看到点火线圈的许多不同设计（图 11-9）。点火线圈的具体设计取决于点火系统和具体应用。

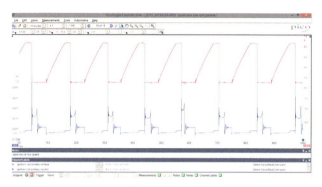

图 11-8 显示点火线圈初级绕组电流在磁场衰减导致电流突然减小前的增加（斜向上升）波形

图 11-9 当今车辆上可看到许多不同设计的点火线圈

层压的软铁心放置在每个点火线圈的中间。次级绕组围绕该铁心缠绕，而初级绕组则围绕次级绕组缠绕。初级绕组的两端在点火线圈壳体的外面并分别标记为正极和负极。次级绕组的一端在点火线圈内部与初级绕组的正极连接，另一端连接至火花塞的电路。用来组成绕组的导线都涂有绝缘层以防止导线相互短路。

（2）次级电压　跳过火花塞间隙所需的次级线圈电压通常为 10kV。大多数点火线圈从次级绕组获得的可用电压至少有 25kV。所需电压与最大可用电压之间的差值称为次级备用电压。为了补偿在大负荷情况下因气缸内压力高而出现的更高电压需求，这个备用电压是非常必要的，比如全开节气门加速，以及随着火花塞间隙因使用而不断增大导致的次级电阻增加。最大的可用电压必

须始终超过所需的点火电压，否则将出现点火失火。如果没有足够的可用电压来推动电流穿过火花塞间隙，火花塞将不会点火。

分电器式点火系统次级电路的路径是不断改变的，而无分电器点火系统有多个次级电路，它们各自都有一个不变的路径。

2. 火花塞

火花塞提供了关键的空气间隙，来自点火线圈的高电压在跳过这个间隙时产生电弧或火花。火花塞的主要部件包括：一个钢制壳体、一个用作导热体的陶瓷芯或绝缘体和一副电极，其中一个电极是在陶瓷芯内的绝缘电极，而另一个电极通过壳体接地。陶瓷芯和电极固装在气密的火花塞壳体总成中，并加工有用于安装在发动机中的火花塞螺纹（图 11-10）。绝缘体材料可以是硅酸铝或黑釉的氧化锆增强陶瓷绝缘体以提高耐久性和强度。壳体上可以涂上耐腐蚀材料和／或防止螺纹与气缸盖咬死的材料。

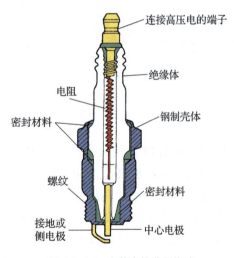

图 11-10 火花塞的典型构成

中心电极顶部的接线柱是火花塞高压线的连接点。电流通过一个电阻流过火花塞的中心电极，并形成从中心电极尖端到接地电极的电弧。中心电极用陶瓷绝缘体包裹，并用铜和玻璃密封材料与绝缘体密封。这些密封材料防止燃烧气体泄漏逸出气缸。绝缘体上的环形凸起增加了高压线端子与壳体之间的距离，从而帮助阻止在绝缘体外部产生电弧。钢制的火花塞壳体压合在绝缘体上，壳体下端的接地电极垂直于中心电极。这两个电极之间有一个空气间隙。

为了适应不同的发动机，火花塞有许多不同的尺寸和设计。

（1）规格　汽车火花塞可供选择的螺纹直径有 12mm、14mm、16mm 和 18mm。18mm 的火花塞几乎都用在较旧型的发动机上，并且有一个锥形底座，当其被正确拧紧时，它与气缸盖上火花塞孔的锥形座密封。12mm、14mm 和 16mm 火花塞的底座可能是锥形的，也可能是平面的。采用平面底座的火花塞依靠一个薄的垫圈来与气缸盖上的火花塞孔密封。所有火花塞都带有可与安装和拆卸套筒扳手相配的外六角壳体。12mm 火花塞的外六角平行面的尺寸为 5/8in 或 11/16in（16mm 或 18mm）。配锥形底座的 14mm 火花塞的外六角尺寸是 5/8 in（16mm），并配 14mm 的锥形垫圈。18mm 火花塞壳体上的外六角尺寸是 13/16in（20.6mm）。用在某些福特 V8 发动机上的 16mm 火花塞壳体上外六角尺寸是 9/16in 或 5/8in。锥形火花塞切勿用在设计用垫圈来装配火花塞的发动机上，反之亦然（图 11-11）。

图 11-11 两种不同的火花塞底座

（2）伸入长度　火花塞的一个重要的设计特征是**伸入长度**（图 11-12）。该长度是指从壳体底座的接触面到壳体底部的长度，包括有螺纹的和没有螺纹的部分。伸入长度是一个重要参数，因为为了产生合适的热量，火花塞间隙必须布置在燃烧室内的一个合适位置上。当火花塞的伸入长度过短时，其电极处在一个空腔中，电弧不能充分点燃混合气。如果伸入长度过大，外露的火花塞螺纹会变得非常热，可能会在错误的时间点燃空气燃油混合气而引起早燃。**早燃**是用来描述一种不正常燃烧的术语，它是由火花塞热量以外的其他东西引起的。

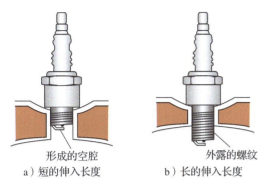

a）短的伸入长度　　　　b）长的伸入长度

形成的空腔　　　　　　外露的螺纹

图 11-12　伸入长度长短的比较

（3）热值等级　当发动机运转时，火花塞的大部分热量都集中在中心电极上。由于接地电极连接在火花塞壳体上，而壳体则是通过螺纹拧紧在气缸盖上，在气缸盖内循环的冷却液吸收了这些热量并通过冷却系统将热量带走，因此接地电极上的热量可快速转移。中心电极的热流路径是通过绝缘体进入壳体，然后至气缸盖。火花塞的热值等级由热量传递到壳体前的绝缘体长度决定。在冷型火花塞中，热流沿绝缘体向上传递到壳体的距离短。短的热流路径意味着电极和绝缘体在每次点火之间只留存少量的热量（图 11-13）。

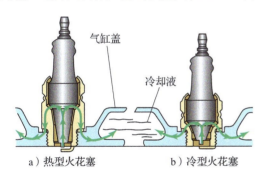

气缸盖

冷却液

a）热型火花塞　　　　b）冷型火花塞

图 11-13　热型和冷型火花塞对比

在热型火花塞中，在热量到达壳体前会沿绝缘体向上传递的距离更长，从而提供了一个较长的热流路径，使这种火花塞留存了更多的热量。火花塞需要保留足够的热量以便在每次点火之间进行自洁，但热量也不能大到会损坏火花塞本身或引起气缸内的空气燃油混合气出现早燃。

热值等级用压印在火花塞侧面的火花塞编号代码表示，通常标记在陶瓷绝缘体上。

（4）带电阻的火花塞　大多数汽车的火花塞在其顶部端子和中心电极之间会有一个电阻（通常约 5~6kΩ）。该电阻可提高点火电压。有些火花塞使用半导体材料来提供这个阻值。电阻还可以降低射频干扰（RFI），RFI 会干扰或损坏收音机、计算机和其他电子附加装置，如 GPS 系统。如果发动机最初装配的是带有电阻的火花塞，则在更换火花塞时应安装相同类型的火花塞。

⚠ **警告**　在某些发动机上使用非电阻式火花塞可能会导致不稳定的怠速、高速失火、发动机续走、功率降低和不正常的燃烧。

（5）火花塞间隙　火花塞间隙正确是实现发动机最佳性能和延长火花塞寿命的基本要求。过大的火花塞间隙将需要更高的电压才能跳过这个间隙。如果所需电压大于可用电压，其结果就是**失火**。这种失火是由于点火装置没有能力跳过火花塞间隙或维持火花而引起的。过小的间隙则需要较低的电压，但由于较多的电流流动，将导致怠速粗暴和电极过早烧损。

（6）电极材料　火花塞电极结构中所用的材料决定了火花塞的寿命、功率和效率。电极末端的结构和形状也很重要。

普通火花塞的电极是由铜制成的，而有些则是使用铜镍合金。铜是一种良好的电导体，并具有一定的耐腐蚀性。铜在 1981℉（1083℃）时才熔化，因此它非常适合用于内燃式发动机。

铂电极用来延长火花塞的使用寿命（图 11-14）。铂的熔点是 3200℉（1760℃），并具有很高的耐腐蚀性。铂虽然是一种极其耐用的材料，但也是一种昂贵的贵金属，因此铂金火花塞的成本高于铜火花塞。此外，铂的电导性不如铜。这种火花塞有仅中心电极由铂金制成（称为单铂金）和中心电极与接地电极均由铂金制成（称为双铂金）两种可供选择。为了获得更好的性能，有些铂金火花塞采用非常细的中心电极与尖角形接地电极组合的设计。

直到现在，由于铂金的耐用性，它仍被认为是用于电极的最佳材料。然而铱合金的硬度是铂金的 6 倍，强度是铂金的 8 倍，且熔点比铂金高 1200℉。铱是一种珍贵的银白色金属，是在地球上发现的密度最大的材料之一。有些火花塞用铱合金作为主要成分，并添加一些铑以提高抗氧化损耗的能力。这种铱合金非常耐用，因此允许使用极细的中心电极。典型的铜/镍火花塞的中心电极直径为 2.5mm，铂金火花塞的中心电极直径为 1.1mm，而用铱金制作的中心电极直径可以小到 0.4 mm（图 11-15），这意味着降低了对点火电压的要求。铱也用作铂的合金材料。

图 11-14 采用铂电极的火花塞

图 11-15 该火花塞有一个铱金的细中心电极和一个带凹槽的接地电极

另一种用于制作电极的稀有且坚硬的材料是钇。钇带有银色金属光泽，其熔点为 2773℉（1523℃）。钇在空气中相当稳定，但在加热时容易氧化。钇会产生一种高黏着性的氧化层，这可使火花塞非常耐用和可靠，从而延长了使用寿命。

（7）电极设计 火花塞电极有多种不同的形状和数量。当试图确定每种电极设计的优点时，应记住，火花是因电子穿过气隙而产生的。由于电子总是朝电阻最小的方向运动，因此，如果有四个接地电极可供自由选择，则电子就会跳转到距离最近的电极上。此外要记住，气隙中的混合

气含量和压力也会影响火花跳过该气隙的阻力。同理，电子将穿过电阻最小的路径，因此带有四个接地电极的火花塞通常不会同时向四个电极提供火花（图 11-16）。

图 11-16 带有四个接地电极的火花塞

接地电极的形状也会有所改变。普通的扁平型电极常常会挤压火花，致使火焰前锋的总体积较小。锥形的接地电极增加了火焰前锋的扩散面并减少了到电极的热量损失。

有些接地电极在面向中心电极的一侧加工有一个 U 形槽。U 形槽可使火焰前锋填充由凹槽构成的空间而形成一个火核，并可发展成更大和更热的火焰前锋，从而形成更完全的燃烧。

有一种品牌的火花塞采用 V 形的接地电极，这种接地电极不阻挡火焰前锋，并允许火焰前锋向上穿过 V 形缺口进入燃烧室。这类火花塞可以配有三个独立的铂金点，V 形的两端各一个，另一个在中心电极上。

还有一些中心电极设计，这些变型设计是基于电极的直径和形状考虑的。小直径的中心电极需要较低的点火电压且往往具有更长的使用寿命。有的中心电极加工成锥形。

某些火花塞的中心电极加工有 V 形槽，其目的是迫使火花跳向接地电极的外边缘，从而使火花更接近空气燃油混合气以便更快地点燃混合气。V 形槽式的中心电极也只需要较低的点火电压。

在某些火花塞上，中心电极并不在绝缘体外凸出来，其火花是跳过火花塞的端部产生的。采用这种设计，接地电极不会阻挡火焰前锋。这种布置称为表面间隙设计，其目的是防止积炭污染、正时偏离和失火。

3. 点火高压线

组成次级电路的还有火花塞高压线或点火高压线。这些高压线将高压电从分电器或各点火线

圈传送到相应的火花塞。高压线不是实心线缆，其内部含有在次级电路中充当电阻的碳纤维芯（图 11-17）。它们用于消减收音机和电视上的干扰，提高点火电压，并通过降低电流来减少火花塞电极的损耗。高压线末端的绝缘套用于加强与火花塞的连接并防止灰尘和水分渗入及电压损失。

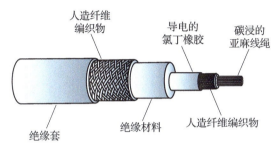

图 11-17 火花塞高压线的结构

有些点火高压线称为**可变螺距**电阻高压线。这些高压线依赖紧密或松散缠绕在铁氧体磁性材料层上的铜线来传送高压电，铁氧体磁性材料层包裹在玻璃纤维绞线芯上。这种结构用实心碳芯线组中的部分阻抗建立了所需的电阻。

有些发动机的火花塞高压线带有隔热罩，它们安装在气缸盖处的火花塞套上（图 11-18）。这些隔热罩包裹着每个火花塞套及火花塞，用来保护火花塞套免受附近排气歧管产生的极端热量的损害。

图 11-18 火花塞套上的隔热罩

11.3 触发和开关装置

触发装置和开关装置用于确保火花出现在正确的时刻。触发装置只是一种监测发动机曲轴和活塞运动的装置，开关装置控制流过点火线圈初级绕组的电流。当触发装置向开关装置发送特定气缸的活塞处于压缩行程的信号时，开关装置切断流向初级绕组的电流。当 PCM 确定了火花塞点火的最佳时刻时将出现电流流动的中断。

电子开关元件通常位于点火控制模块中，该模块可能是 PCM 的一部分。在老式汽车上，点火模块可能是分电器的一个组成部分或单独安装在发动机舱内。

点火模块根据发动机的运行状况提前或推迟点火正时。早期的点火系统只能通过机械或真空装置对点火时间进行少量的调整以改变点火时刻。现在的计算机控制系统具有全面控制的能力，因而可以根据来自各个传感器的输入和编入的程序调整点火正时。

大多数电子控制系统使用 NPN 晶体管来控制初级点火电路，从而最终控制火花塞的点火。晶体管的发射极接地，集电极连接到点火线圈的负极端子上。当触发装置向晶体管的基极提供一个小的电流时，点火线圈初级绕组中将有大的电流流过。当中断流向基极的电流时，给点火线圈的电流也将中断。其工作原理如图 11-19 所示，这是一个简化的电子点火系统示意图。

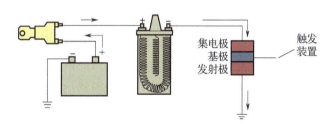

图 11-19 当触发装置向晶体管的基极提供小电流时，初级绕组接通且有电流流过

11.4 发动机位置传感器

初级电路必须接通和断开的时刻与活塞和曲轴的位置有关，所以曲轴位置信号用来控制流向开关晶体管基极的电流。

许多不同类型的传感器用来监测曲轴的位置并用来控制流向晶体管基极的电流。用作触发装置的这些发动机位置传感器或信号发生器包括磁脉冲发生器、金属探测传感器、霍尔效应传感器、磁阻（MR）传感器和光电式（光学）传感器。

这些传感器可以安装在分电器内部或安装在发动机外部以监测曲轴位置（CKP）。在许多情况下，来自 CKP 的输入还用凸轮轴位置（CMP）传感器的输入作为补充。在几乎所有的新型发动机上，CKP 和 CMP 传感器是磁脉冲发生器、磁阻传感器或霍尔效应式开关。

> ▶ 参见
>
> 有关曲轴和凸轮轴位置传感器的详细介绍参见第 10 章。

1. 磁脉冲发生器

磁脉冲发生器或感应式传感器基本上是由两部分组成的：一个触发轮和一个拾波线圈。触发轮还可以称为磁阻轮、脉冲环、动铁心或正时铁心。拾波线圈由绕在永磁体上的一段导线组成，也可称为定子、传感器或极片。根据所用点火系统类型的不同，触发轮可以安装在分电器轴上，也可以安装在曲轴后部，还可以安装在曲轴扭转减振器的后面（图 11-20）。

磁脉冲发生器是根据电磁原理工作的。当磁场通过导体或导体在磁场中移动时，该导体中会感应出电压。磁场由拾波线圈中的磁体提供，旋转的触发轮则提供需要通过磁场的运动以感应电压。

当触发轮旋转经过拾波线圈时，线圈中就会感应出一个微弱的交流电压信号并发送给点火模块。在早期的点火系统中，交流信号的极性变化还作为下一个火花塞点火准备好点火线圈的信号。

图 11-20　曲轴位置传感器的典型安装位置

当一个轮齿与拾波线圈对正时，磁场不会扩散或收缩。由于磁场在这个位置是不会变化的，因此拾波线圈在此点的感应电压为 0V。来自线圈的 0V 电压信号称为定时或"同步"脉冲，PCM将该信号作为点火系统中点火正时的基础。该定时脉冲与每个活塞在其气缸中的位置相对应。

2. 霍尔效应式传感器

霍尔效应式传感器或开关是最常用的曲轴位置（CKP）传感器。霍尔效应式传感器在发动机整个速度范围内都能产生精确的电压信号。它产生的方波信号更适合供计算机使用。在点火系统中，遮挡叶片安装在分电器轴、飞轮、曲轴传动带轮或凸轮轴装置上，因此传感器可以在曲轴旋转时产生位置信号（图 11-21）。霍尔效应式传感

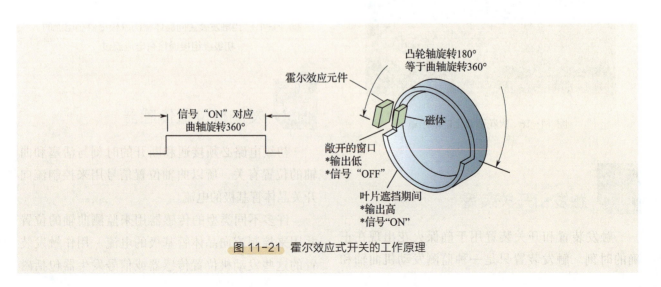

图 11-21　霍尔效应式开关的工作原理

器根据系统及其电路可以是常开（ON）或常闭（OFF）式的。使用常闭式霍尔效应式传感器，当磁场被遮挡叶片阻挡时，来自传感器的电压输出最大。而对于常开式的霍尔效应式传感器来说，则正好相反，当磁场未被阻挡时，它们才有电压输出。

一个典型的霍尔效应式传感器接有三根导线，其中一根是参考电压线。根据系统的不同，PCM 提供一个 5~12V 的参考电压。第二根导线向 PCM 提供输出信号，而第三根导线为传感器提供接地。

在采用顺序燃油喷射的发动机上，来自霍尔效应式 CKP 传感器的信号还用于将喷油器正时与发动机的点火顺序相匹配。霍尔效应式开关还可用作凸轮轴位置（CMP）传感器。在发动机起动过程中，PCM 接收到来自 CKP 传感器的信号，但直到 PCM 接收到来自 CMP 传感器的参考脉冲信号之前不会有火花塞点火。在发动机起动后，PCM 将不再依赖 CMP 传感器为点火排序。但如果 CMP 传感器坏了，发动机只是不能重新起动，而如果是 CKP 传感器坏了，则发动机将无法起动或运转。但在许多新型控制系统中，CKP 和 CMP 传感器只要有一个是好的，就仍可起动发动机，只是起动困难而已，这是通过计算机的程序实现的。

3. 磁阻传感器

磁阻（MR）传感器的外形类似于磁脉冲发生器，但其工作原理却类似于霍尔效应式传感器，会产生数字方波信号。磁阻传感器使用一个永磁体和两个间隔在磁体两侧的磁阻检波器。当磁阻轮通过传感器时，两个检波器检测到磁场变化，但这两个检波器对磁场变化的检测发生在稍微不同的时间点，从而产生一个输出信号。

像霍尔效应式传感器一样，MR 传感器也有三根接线，但它不需要电压源就能产生不断切换的 5V 电压信号。

4. 光电传感器

有些采用分电器的点火系统依靠光电传感器（图 11-22）来监测发动机曲轴的位置。这类传感器由一个 LED、一个光电晶体管（光敏电池）和一个称为遮光器的光栅盘组成。当遮光器在 LED 和光敏电池之间旋转时，光电晶体管中将产生方波电压信号。

图 11-22 配有光电传感器的分电器

光电传感器可以将 CKP 和 CMP 传感器组合在一起，这需要使用一个光栅盘和两组 LED 及光电晶体管。CKP 传感器使用光栅盘上的 360 个光栅槽，每个光栅槽对应 1° 曲轴转角。CMP 传感器使用的光栅数等于发动机的气缸数，其中用于 1 号气缸的光栅槽较宽以区别于其他气缸。

5. 点火正时推迟和提前

点火系统最重要的任务之一是在正确的时刻提供火花。在新型发动机上，这是 PCM 的任务。PCM 使用来自 CKP 传感器、发动机冷却液温度传感器、质量空气流量传感器和其他输入传感器的数据来确定点火正时。在早期的点火系统中，这是通过分电器上的机械装置和真空提前装置来完成的。机械装置提前响应于发动机的转速，而真空装置提前响应于发动机的负荷。

11.5 电子点火系统

当前的发动机早已用电子点火装置取代了分电器。电子点火（EI）这个术语在过去是指点火系统使用了电子控制装置，而现在则是指不使用分电器的点火系统。随着分电器的淘汰，制造商曾使用过一种每个点火线圈同时给两个气缸点火的双火花点火系统（图 11-23），但后来的车辆都使用每个气缸一个点火线圈的点火系统。大多数双火花点火系统使用一个点火模块来控制点火顺序，点火正时由 PCM 确定，而每个气缸使用一个点火线圈的系统通常使用 PCM 作为点火模块，PCM 控制点火顺序和点火正时。曲轴位置传感器用来触发点火系统。

图 11-23 双火花点火系统的点火线圈组

无分电器点火系统与使用分电器的点火系统相比具有许多优点，以下是一些比较重要的优点。

1）没有运动部件，因此只需要很少的维护工作。

2）有可能单独控制每个气缸的点火以满足特殊需求。

3）增加了使点火线圈饱和的可用时间。

4）增加了每次点火之间的时间，从而使点火线圈的冷却更充分。

1. 双头线圈或双火花点火系统

双头线圈或双火花点火系统中，两个火花塞使用一个点火线圈（图 11-24）。该线圈次级绕组侧的两端各与一个火花塞直接相连，这意味着两个火花塞同时点火，其中一个是在一个气缸的压缩行程点火，而另一个则在成对气缸的排气行程点火，因此这个火花塞的点火也称为无效点火。

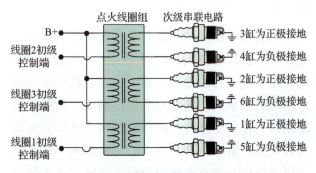

图 11-24 双火花点火系统中火花塞的极性

一台四缸发动机有两个点火线圈，六缸发动机有三个，而八缸发动机有四个。计算机、点火模块和各种传感器结合起来控制点火正时。

计算机收集并处理各种信息以确定当时运转工况下理想的点火提前角。由于在无分电器点火系统中有多个点火线圈，所有点火模块需要使用曲轴 / 凸轮轴位置传感器数据来控制点火线圈中初级电路接通和断开的时序（图 11-25）。点火模块可根据曲轴位置和发动机的点火顺序同步点火线圈的点火顺序，它完全取代了分电器的作用。

初级电流由点火控制模块中的晶体管控制。点火系统中的每个点火线圈都有一个开关晶体管。该晶体管完成初级电路的接地电路，并允许有一个闭合周期。当中断初级电流的流动时，在次级绕组中感应出次级电压，并使该点火线圈的火花塞点火。点火线圈动作的定时和顺序由点火控制模块和来自触发装置的输入决定。

点火控制模块还负责限制初级绕组的闭合时间。在 EI 系统中，在火花塞每次点火之间有足够时间使线圈完全饱和。如果系统需要较高的可用高电压，则最好使流过点火线圈的电流达到其允许的最大电流。但如果不需要高的电压，则不需要大的电流，而且也不希望它产生热量，因此控制模块被预设成仅在需要或预计需要非常高的电压时才允许线圈完全饱和。

点火模块还在发动机转速低于 400r/min（起动时）和计算机控制的旁路电路变为开路或接地时对点火正时加以调整。根据具体的 EI 系统，点火线圈可以更换一个单元总成或单个线圈。点火线圈总成通常也称为点火线圈组，它由两个或多个单独的线圈组成。

双火花点火系统的工作是以无效火花的分配方式为基础的。点火线圈次级绕组的两端各与一个火花塞相连，因此一个点火线圈是以串联方式与两个火花塞连接的。这两个火花塞属于活塞一起升降的一对气缸，称为成对气缸。当成对气缸中的两个火花塞同时点火时，其中一个气缸处在其压缩行程，而另一个气缸则处在其排气行程。一般情况下，气缸的配对如下：

1）四缸发动机：1 和 4、2 和 3。

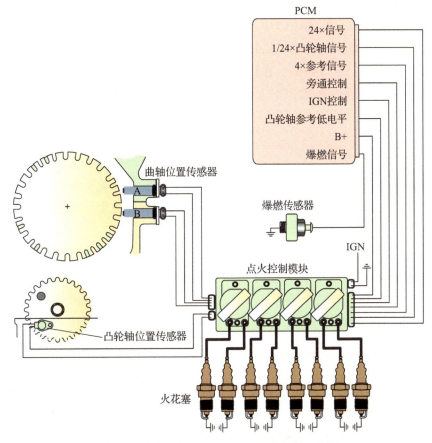

图 11-25　八缸发动机的双火花电子点火系统

2）V6 发动机：1 和 4、2 和 5、3 和 6。

3）直列六缸发动机：1 和 6、2 和 5、4 和 3。

4）V8 发动机：1 和 4、3 和 8、6 和 7、2 和 5 或 1 和 6、3 和 5、4 和 7、2 和 8。

注：V6 和 V8 发动机的气缸配对会随着制造商对气缸编号顺序的不同而不同。

由于次级线圈的接线方式，当感应电压穿过线圈的初级和次级绕组时，一个火花塞从正常方向点火，即从正的中心电极到负的侧电极，而另一个火花塞恰恰相反，是从侧电极到中心电极。两个火花塞同时点火，完成整个串联回路。每个火花塞始终以同样的方式分别在排气和压缩行程点火。

由于每个线圈能够产生高达 10kV 的电压，因此这种点火线圈有能力超过因极性相反而引起电压增加的需求，与此同时还能同时使两个火花塞

点火。在排气时，火花跳过火花塞间隙的阻力很小，因此该火花塞只需要非常小的电压即可点火，而提供给该成对气缸中处在压缩行程气缸的火花则需要有充足的可用电压。如果考虑一个带有两个不等值电阻的串联电路，则大部分电压将被大阻值的电阻所降低，而阻值较小的电阻将使用较小的电压。无效火花的电路以同样的方式工作：穿过无效火花塞间隙的阻力较小，可用电压降低得也少，剩余的电压被用于另一个火花塞点火。

某些 EI 系统采用双火花线圈的点火方式，但每个点火线圈仅引出一根次级高压线。在这类系统中，一个火花塞直接连接在点火线圈上，而成对的另一个火花塞则是通过高压线与该点火线圈连接。

2. 每个气缸一个点火线圈的点火系统

每个气缸一个点火线圈的点火系统与其他任何点火系统的工作原理基本相同。根据其定义，

这类系统的每个火花塞都有一个单独的点火线圈。目前使用在这类系统上的点火线圈有两种不同的设计：直接套在火花塞上的点火线圈（COP）和与火花塞分开安装的点火线圈。COP系统依赖单个总成的点火线圈和火花塞（图11-26）。在这类系统中，因为点火线圈是直接套在火花塞上的，所以没有火花塞高压线。

图11-26 直接套在火花塞上的点火线圈总成

分开布置的点火线圈系统常常称为紧靠火花塞或临近火花塞式点火线圈系统（图11-27）。这类系统将单独的点火线圈布置在火花塞附近，并使用短的次级高压线使点火线圈与火花塞连接。当火花塞安装位置处没有足够布置点火线圈的空间时，或当火花塞过于靠近排气歧管时，就会采用这类系统。

图11-27 临近火花塞式点火线圈系统

每个火花塞使用一个点火线圈可在每次点火之间留有更多的时间，以使点火线圈冷却，从而

提高了点火线圈的寿命。此外，这种方式还能有更长的线圈饱和时间，从而提高了点火线圈在发动机高转速时的电压输出。该增加的输出可使点火线圈对稀混合气的燃烧更有效，因为点燃稀混合气需要更高的点火电压。

对于采用每个气缸一个点火线圈的点火系统来讲，它的另一个优点是可以针对每个气缸单独改变点火正时，以在获得最佳性能的同时更好地响应爆燃传感器的信号。这类点火系统还有的优点是发动机的所有火花塞都能以相同极性方向跳火，而且一个点火线圈出故障只会影响一个气缸。

有些制造商会利用多次点火或重复点火特点，因为每个气缸都有自己的点火线圈，所以在每个燃烧事件中有足够时间使点火线圈饱和并多次点火。重复点火通常用在发动机低转速时以提高息速品质和减少尾气排放。

在典型的每个气缸一个点火线圈的系统中，曲轴位置传感器向PCM提供基本的正时信号。PCM根据程序设定的发动机点火顺序，确定应接通或关闭哪个点火线圈。某些发动机还需要来自凸轮轴位置传感器的正时信号。在某些系统中，每组点火线圈还有一个点火线圈电容器，用于抑制射频噪声。

COP点火系统与其他点火系统的真正区别是每个点火线圈都直接安装在相应火花塞的顶部（图11-28），因此点火线圈的电压直接传给火花塞的电极，而无须通过火花塞高压线。这意味着没有次级高压线路的松动、燃损、漏电、出故障或更换情况。取消火花塞高压线还减少了可能

图11-28 在COP系统中点火线圈直接安装在火花塞顶部

干扰计算机系统的射频干扰（RFI）和电磁干扰（EMI）。然而，由于没有火花塞高压线，想要检测是否有高压火花、连接点火示波器的检测附件或人工进行发动机做功一致性检测，则需要先拆下点火线圈并用适配器或用单独的火花塞高压线重新与点火线圈连接。

3. 双火花塞系统

绝大多数发动机每个气缸只有一个火花塞，但有些发动机有两个。通常是一个火花塞位于燃烧室的进气侧，另一个位于排气侧。当在燃烧室内的两个位置点火时，有可能实现更高效的燃烧和更清洁的排放。这种系统使用了两个点火线圈组，一个用于进气侧，另一个用于排气侧。

有些采用双火花塞系统的发动机在起动时每个气缸只有一个火花塞点火，在发动机起动后，另一个火花塞才会点火。在双火花塞工作期间，两个点火线圈组是同步的，所以每个气缸的两个火花塞同时点火。在双火花塞系统中，会有四个火花塞同时点火：两个在某个气缸压缩行程点火，另外两个在成对气缸中另一个气缸的排气行程点火。

11.6 电子点火系统工作原理

大多数电子点火系统的基本工作原理是相似的。它们在设计上的一个区别是点火线圈的数量。COP 系统的点火线圈数量与发动机的气缸数量相同。双火花塞点火系统的点火线圈数量是气缸数量的一半。点火系统在工作原理上的最大差异或许是在 CKP 和 CMP 传感器的使用上。

所有点火系统都有监测曲轴位置和发动机转速的 CKP 传感器，其中有些还用来监测每个气缸的相对位置。来自 CMP 传感器的信号用于识别气缸并验证曲轴和凸轮轴位置之间的相关性（图 11-29）。这两个传感器的触发轮或转子的设计也各不相同，其设计主要是根据所用传感器的类型是磁脉冲（可变磁阻）式的还是霍尔效应式的。这两类传感器均可用作位置传感器。这些传感器的输入对燃油喷射和点火系统的运行至关重要。

这些传感器布置和运行的设计目的是为发动机的快速起动和使燃油喷射和点火系统与发动机各气缸活塞的位置同步提供基准信号。

1. 霍尔效应式传感器

许多霍尔效应式传感器都依赖装在带轮或扭转减振器上的遮挡环或遮挡窗而工作。在许多情况下，曲轴带轮上的窗口数是发动机气缸数的一半。当曲轴旋转时，遮挡物进出通过霍尔效应位置开关，该开关使模块参考电压接通（ON）和中断（OFF）。这些信号是完全相同的，因此控制模块无法根据这些相同的信号区分出某个特定的点火线圈。来自凸轮轴位置传感器的信号为控制模块提供曲轴位置传感器信号与 1 号气缸位置同步所需的信息。控制模块依此可按照发动机的点火顺序给点火线圈通电。一旦发动机起动，凸轮轴信号对点火系统就没有实际用途了，但 CMP 信号在顺序喷射系统中还用于为燃油喷射正确地定时。

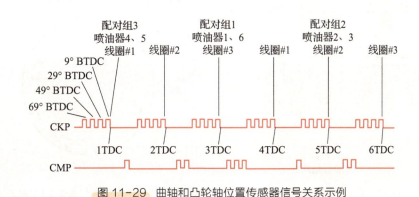

图 11-29　曲轴和凸轮轴位置传感器信号关系示例

许多 CMP 传感器都是可产生方波信号的霍尔效应式传感器（图 11-30）。该传感器可以对具有单槽或带有多个槽的凸轮轴带轮做出响应。一种设计是在触发轮上设有四个宽窄不同的槽。PCM利用宽窄不同的信号模式来识别凸轮轴的位置，或识别哪个气缸处在压缩行程、哪个气缸处在排气行程。随后 PCM 可以计算火花塞和喷油器的正确时间和顺序。

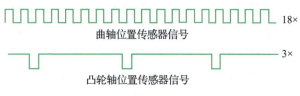

图 11-30　通用 3.8L SFI 发动机曲轴和凸轮轴信号之间的关系

2. 磁脉冲发生器

许多新型发动机的 CKP 传感器采用磁脉冲发生器——也被称为磁阻轮的触发轮，可以安装在曲轴带轮的后面、曲轴中间部位或飞轮上。触发轮的设计同样也取决于具体应用和系统的运行。

在更基本的系统中，触发轮布置在曲轴带轮的后面。如果是六缸发动机，在触发轮上会有七个缺口，其中六个缺口是以精确的 60° 间距排列的，而第七个缺口位于偏离第六号缺口 10° 的位置，它用于同步与曲轴位置关联的点火线圈点火顺序（图 11-31）。类似的触发轮也可用在四缸发动机上，计算机只需进行编程以便对信号做出不同于六缸发动机的解读即可。

当磁阻轮上加工的每个缺口经过 CKP 传感器时，CKP 传感器就会产生一个小的交流电压。通过计算各个脉冲之间的时间，点火模块可检测出间隔不均等的第七个缺口，并开始对点火线圈顺序进行计算。类似的系统还用于带有更多加工缺口或齿牙的磁阻轮上。磁阻轮上通常至少有一个

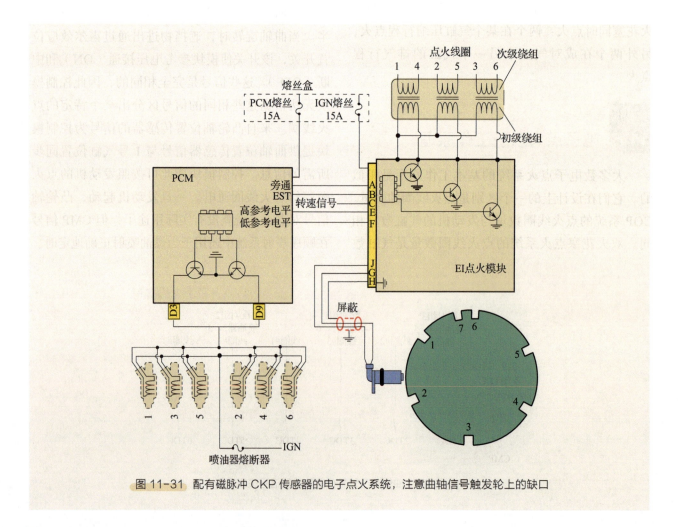

图 11-31　配有磁脉冲 CKP 传感器的电子点火系统，注意曲轴信号触发轮上的缺口

缺口（空隙）是用于气缸识别的。

在很多情况下，这些缺口在发动机起动期间还用于曲轴位置的识别，并用 CMP 传感器来确定气缸处在什么行程。

3. 磁阻传感器

采用这类传感器的 CKP 传感器通常安装在曲轴带轮后面或用螺栓固定在气缸体上。带有齿形的正时轮可以安装在曲轴的端部或飞轮上，也可以集成在曲轴上。磁阻传感器产生数字方波信号，信号的频率随发动机转速的提高而增加。

4. 失火检测

高数据分辨率的 CKP 传感器可用于检测 OBD-II 所要求的发动机失火，而 CMP 用来识别哪个气缸出现失火。失火是通过每个气缸的曲轴转速变化来检测的。大多数失火监测器的一个有趣的功能是 PCM 能够从可能导致发动机速度波动的其他事情中区分出实际的失火。在颠簸路面上行驶会造成车辆的车轮转速改变，进而会影响曲轴的旋转速度。为了确定是发动机失火，还是车辆恰好正行驶在颠簸路面上，PCM 将从防抱死制动系统接收轮速数据。颠簸的路面会引起轮速的变化，PCM 在断定已发生失火之前会查看这些相关数据。

5. 基础点火正时

PCM 全面控制点火正时，因而点火正时是不可调的。在为了起动而转动发动机时，PCM 将点火正时设置为一个固定值。这个值会一直用到发动机能以预定转速运转为止。一旦达到该预定转速，PCM 将根据各个输入，包括发动机转速、负荷、节气门位置和发动机冷却液温度进行相应的调整。PCM 在整个运行中会持续依赖这些输入和编入的程序。所有的 PCM 对点火时间的推迟量和提前量都有一定限制。PCM 根据已编入的程序和传感器输入来调整点火正时。为了补偿运行状况的轻微变化或异常情况，时常需要调整或修正点火正时。

1）负荷和转速：影响点火正时的两个最主要因素是发动机的负荷和转速。点火正时会随着发动机转速升高到一个预定转速而提前，随着发动机负荷增加，点火正时将随着曲轴转速降低而推迟。

2）温度：当冷却液温度较低时，点火正时提前。当冷却液温度非常高时，点火正时将推迟。

3）发动机爆燃：当检测到爆燃时，PCM 以固定的步长推迟点火正时直到爆燃消失。当爆燃停止时，PCM 停止推迟，并开始以固定的步长提前点火正时，除非爆燃再次发生。

4）稳定怠速：当发动机怠速转速偏离期望的怠速转速时，PCM 将调整点火正时以稳定发动机转速。重要的是要知道点火正时的改变只是为了修正较小的怠速问题。如果发动机的怠速转速高于期望值时，点火正时将推迟，而当转速过低时，点火正时将提前。

5）EGR 工作：当 EGR 阀开启时，点火正时提前。其提前量取决于进气量和发动机转速。

6）过渡修正：当车辆在减速后立即加速时，点火正时会短暂提前或推迟以使车辆过渡平滑。

7）转矩控制：为使自动变速器换档平顺，当变速器开始换档时，PCM 会暂时推迟点火正时以减小发动机的转矩。

8）牵引力控制修正：当车轮出现过大的滑移时，PCM 会推迟点火正时以减少发动机的转矩输出。一旦滑移得到纠正，点火正时将恢复正常。

9）E85 燃料：能够使用 E85 乙醇混合燃料的新型灵活燃料汽车能够检测到 E85 燃料的使用。当检测到 E85 燃料时，包括点火正时在内的发动机工作参数将会改变以补偿发动机的输出和燃油消耗的差异。

> ⚠️ **警告** 与分电器式点火系统相比，EI 系统明显具有更高的最大次级电压，因此 EI 系统能造成更大的电击。尽管此类电击可能对人体不是直接有害的，但它们可能让您蹿跳或做出突然反应，这可能导致人身伤害。例如，如果遭受 EI 系统电击，当您突然蹿跳时，头部可能会撞到汽车发动机舱盖上或将手推入旋转的冷却风扇中。

3C：问题（Concern）、原因（Cause）、纠正（Correction）

维修工单				
年份：2008	制造商：福特	车型：Focus	里程：132148mile	单号：18604
问题	车辆被拖进维修店，发动机可转动但无法起动，客户陈述车辆是在行驶中熄火的。			
	技师确认发动机可转动但不能起动。使用诊断仪检索故障码，发现有 P0351- 点火线圈初级 / 次级电路故障、P0300- 随机的气缸失火、P0301-1 号气缸失火和 P0303-3 号气缸失火的故障码。考虑到不能起动可能与点火有关，检查所有四个点火线圈是否能产生火花，结果发现没有一个能产生火花。查阅电路图，发现所有四个点火线圈都是由一个熔丝供电。找到熔丝后，发现已熔断。			
原因	检索到存储的故障码 P0351、P0300、P0301 和 P0303 且 29 号熔丝（点火线圈）熔断。更换后，起动发动机，熔丝又熔断。断开 1 号点火线圈，更换熔丝后可使发动机起动。发现 1 号点火线圈内部短路。火花塞看上去像是原装的。			
纠正	更换 1 号点火线圈和火花塞，清除故障码。不再出现失火，发动机运转正常。			

11.7 总结

• 点火系统向火花塞提供高压电以点燃燃烧室中的空气燃油混合气。

• 点火系统有两个相互关联的电气电路：初级电路和次级电路。

• 初级电路向点火线圈初级绕组提供低的电压，并在点火线圈中产生磁场。

• 开关装置中断初级电流的流动、衰减磁场并在点火线圈次级绕组中感应出高电压电涌。

• 电子控制系统中使用的开关元器件是 NPN 晶体管。

• 次级电路将高压电传送到火花塞。在旧式点火系统中，次级电路将电压从点火线圈经过分电器再送到火花塞。

• 点火正时与曲轴的位置直接相关。磁脉冲发生器和霍尔效应式传感器是应用最广泛的发动机位置传感器，它们在曲轴旋转期间的特定时间产生电信号。该信号触发电子开关装置来控制点火正时。

• 当前发动机配备的都是电子点火系统，电子点火系统有两种不同的设计：双火花点火线圈和每个气缸一个点火线圈。

• 在计算机控制的点火系统中，计算机接收来自多种传感器的输入。根据这些数据，计算机确定最佳点火时刻并向点火模块发出信号以在所需的精确时刻启动次级电路。

• 在某些系统中，凸轮轴位置传感器信号通知计算机何时对点火线圈和喷油器的工作顺序进行排序。

• 曲轴位置传感器信号向计算机提供发动机转速和曲轴位置的信息。

• 某些电子点火系统在曲轴前部装有组合的曲轴位置传感器和同步传感器。

11.8 复习题

1. 思考题

1）说明当磁阻轮与拾波线圈接近对正时，永磁式拾波线圈中是如何感应出电压的。

2）说明为什么闭合时间对点火系统的运行是重要的。

3）列出最影响点火正时要求的发动机运转工况。

4）说明两个火花塞共用一个点火线圈的直接点火系统中的火花塞是如何点火的。

5）说明为什么需要较高的电压才能在火花塞间隙间建立火花。

6）列举每个气缸一个点火线圈的优点。

7）为了削弱对收音机和电视的干扰并降低火花塞电极的损耗，当前用的点火高压线中会含有在次级电路中充当（　　　）作用的碳纤维芯。

8）说明霍尔效应式传感器的组成及其工作原理。

2. 判断题

1）为了减少维护和降低 RFI（射频干扰）和 EMI（电磁干扰），采用每个气缸一个点火线圈的所有点火系统都取消了火花塞高压线。对还是错？　　　　　　　　　　　　（　　　）

2）带有两个接地电极的火花塞在点火时可提供两个单独的火花。对还是错？　　（　　）

3. 单选题

1）当开关装置中断在点火线圈初级绕组中流动的低压电流时会发生什么？（　　）
 A. 磁场衰减
 B. 在点火线圈次级绕组中感应出高电压
 C. A 和 B 都正确
 D. A 和 B 都不正确

2）以下哪一个选项是所有点火系统都具有的功能？（　　）
 A. 产生足够的电压以强制火花跨越火花塞间隙
 B. 使火花出现的时刻与发动机活塞的运动相符
 C. 根据不同的工况来改变火花出现的时刻
 D. 上述都是

3）火花塞的伸入长度、热值等级和空气间隙会影响点火系统哪个部件性能的所有特性？（　　）
 A. 点火线圈　　　　　 B. 点火电缆
 C. 火花塞　　　　　　 D. 点火模块

4）磁脉冲发生器线圈周围的磁场在（　　）时改变。
 A. 磁阻轮的齿牙开始靠近线圈
 B. 磁阻轮齿牙开始从拾波线圈磁极离开
 C. 磁阻器与拾波线圈磁极对正
 D. A 和 B

5）下列哪一个电子开关装置的磁阻轮采用宽的遮挡片而不是齿牙？（　　）
 A. 磁脉冲发生器　　　 B. 光电式传感器
 C. 霍尔效应式传感器　 D. 以上都是

4. ASE 类型复习题

1）技师 A 说磁阻传感器配有永磁体。技师 B 说霍尔效应开关配有永磁体。谁是正确的？（　　）
 A. 仅技师 A 正确
 B. 仅技师 B 正确
 C. 技师 A 和 B 都正确
 D. 技师 A 和 B 都不正确

2）在讨论点火系统时，技师 A 说点火系统必须向火花塞提供高电压电涌；技师 B 说点火系统的火花必须保持足够长的时间以燃烧掉气缸中的所有空气燃油混合气。谁是正确的？（　　）
 A. 仅技师 A 正确
 B. 仅技师 B 正确
 C. 技师 A 和 B 都正确
 D. 技师 A 和 B 都不正确

3）在讨论点火正时要求时，技师 A 说当发动机处于大负荷时，需要更提前的点火正时；技师 B 说当发动机以低转速运转时，需要更提前的点火正时。谁是正确的？（　　）
 A. 仅技师 A 正确
 B. 仅技师 B 正确
 C. 技师 A 和 B 都正确
 D. 技师 A 和 B 都不正确

4）在讨论次级电压时，技师 A 说怠速时通常所需的次级电压要比节气门全开时更高；技师 B 说最大可用的次级电压必须始终超过通常所需的次级电压。谁是正确的？（　　）
 A. 仅技师 A 正确
 B. 仅技师 B 正确
 C. 技师 A 和 B 都正确
 D. 技师 A 和 B 都不正确

5）技师 A 说点火系统必须产生足够的电压以强制火花跨越火花塞间隙。技师 B 说为了与发动机活塞运动相符，点火系统必须控制火花出现的时刻并根据发动机的工况进行调整。谁是正确的？（　　）
 A. 仅技师 A 正确
 B. 仅技师 B 正确
 C. 技师 A 和 B 都正确
 D. 技师 A 和 B 都不正确

6）在讨论每两个气缸使用一个点火线圈的电子点火系统时，技师 A 说这两个火花塞以相同的电压在同一时刻点火；技师 B 说两个火花塞中的一个以正常方向（中心电极到侧电极）点火，另一个则以相反方向点火（从侧电极到中心电极）。谁是正确的？（　　）
 A. 仅技师 A 正确
 B. 仅技师 B 正确
 C. 技师 A 和 B 都正确
 D. 技师 A 和 B 都不正确

7）在讨论电子点火系统时，技师 A 说所有电子点火系统都依赖 CKP 和 CMP 信号以使点火系统与活塞运动同步；技师 B 说 CKP 和 CMP 信号用于使点火系统和燃油喷射系统的运行与活塞位置同步。谁是正确的？（　　）

A. 仅技师 A 正确

B. 仅技师 B 正确

C. 技师 A 和 B 都正确

D. 技师 A 和 B 都不正确

8）在讨论电子点火系统时，技师 A 说当发动机正在起动时，PCM 仅依靠来自 ECT 的信号来确定起动时的点火正时；技师 B 说当发动机最初起动后并以预定转速运转时，PCM 会查看包括发动机转速、负荷、节气门位置和发动机冷却液温度等几个输入并据此进行相应的点火正时调整。谁是正确的？（　　）

A. 仅技师 A 正确

B. 仅技师 B 正确

C. 技师 A 和 B 都正确

D. 技师 A 和 B 都不正确

9）技师 A 说开关装置控制流过点火线圈初级绕组的电流。技师 B 说开关装置停止向点火线圈初级绕组提供电流的时刻就是火花塞点火的时刻。谁是正确的？（　　）

A. 仅技师 A 正确

B. 仅技师 B 正确

C. 技师 A 和 B 都正确

D. 技师 A 和 B 都不正确

10）在讨论火花塞时，技师 A 说过小的火花塞间隙会导致急速抖动和电极的过早损耗；技师 B 说伸入长度错误的火花塞会导致早燃。谁是正确的？（　　）

A. 仅技师 A 正确

B. 仅技师 B 正确

C. 技师 A 和 B 都正确

D. 技师 A 和 B 都不正确

第 12 章
点火系统诊断和维修

学习目标

- 能够进行无法起动的诊断，并确定导致此问题的原因。
- 能够确定发动机失火的原因。
- 能够对点火系统零部件、点火线圈初级和次级绕组进行目视检查以确定明显的故障部位。
- 能够说明示波器是什么、它的标尺和运行模式，以及如何运用在点火系统的故障排除中。
- 能够检测初级和次级点火电路的部件。
- 能够使用电压表、欧姆表和试灯等设备检测点火系统的各个单独部件。
- 能够检修和安装火花塞。
- 能够描述点火正时错误的影响。
- 能够诊断配备电子点火系统的发动机失火问题。

3C：问题（Concern）、原因（Cause）、纠正（Correction）

维修工单				
年份：2007	制造商：GMC	车型：Yukon	里程：142698mile	单号：18825
问题	检查发动机的指示灯点亮，且在加速时发动机发出咯咯的声响。			

考虑该客户的问题，运用在本章学习的内容确定该问题的可能原因、诊断该问题的方法以及纠正此问题将需要哪些步骤。

本章聚焦于点火系统及其每个部件的检测，但必须强调的是，汽车制造商使用的点火系统有许多不同的设计。本章介绍的检测是常规采用的基本排查步骤，准确的检测步骤和最理想的故障排查顺序会因汽车制造商和车型的不同而不同。在进行点火系统维修时，务必查阅该车辆的维修信息。

在所有点火系统的检测中，应遵守两个主要的注意事项：1）断开任何系统的接线之前，先关闭点火开关；2）在发动机起动或运转期间，不要触摸任何外露的连接部分。

12.1 失火

当某些事情妨碍完全燃烧时，其结果是失火或不完全燃烧。失火会导致动力不足、燃油经济性变差、尾气排放过高以及发动机运行不稳定。失火（图 12-1）并不一定是由点火系统引起的，其他系统也会造成失火。当火花塞仅有微弱的火花或根本没有火花时，火花塞就会失火。失火可能是因火花塞受到污染、点火线圈不良、初级或次级点火电路有问题，或者火花塞间隙不正确造成的。

图 12-1 当 PCM 检测到失火时将设置故障码

不完全燃烧并不是发动机可能出现的唯一**异常燃烧**现象，发动机还可能出现爆燃。爆燃通常是因点火正时过早、发动机过热、混合气过稀或使用低辛烷值汽油所导致的。爆燃会对活塞、气门、轴承和火花塞造成物理上的损坏。

早燃可能引发敲缸声和点火敲击声。燃烧室内的任何炽热物都可能引起早燃。早燃的常见原因包括燃烧室中有炽热的积炭、冷却系统有故障、火花塞过热、发动机润滑不良和点火错乱。尽管早燃通常会引起爆燃，但早燃和爆燃是两种不同的事件。

12.2 点火系统常规诊断

只要已经发现或怀疑没有火花、火花不足、火花没有在正确的时间提供给气缸，就应该检测点火系统。

大多数情况下，点火问题可以分为两种类型：**共性和非共性问题**。共性问题是指影响所有气缸的问题，而非共性问题是只影响一个或多个气缸但不影响所有气缸的问题。在分电器式点火（DI）系统中，共用的点火系统部件包括直到分电器分火头的初级电路以及次级电路部分。非共用的零部件有分电器盖内至火花塞的端子、火花塞高压线和火花塞。在电子点火（EI）系统中，单独的线圈是非共用的部件。

真空表上的读数最能反映非共性问题（图 12-2）。如果一个连接到四缸发动机真空表的表针在怠速时有四分之三的时间都处于正常的真空度范围内，而有四分之一的时间是下降的，这表明有三个气缸工作正常，而第四个气缸工作不正常。这个问题的原因是非共性的。如果各气缸是密封良好的，且所有气缸都获得了正确数量的空气和燃料，则问题是在点火系统的非共用零部件上。

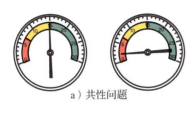

　a）共性问题

　b）非共性问题

图 12-2　真空表对共性和非共性问题的反应

确定点火问题是共性还是非共性问题是开始排查点火系统故障的一个好方法。通过将点火系统分为共用和非共用部分，只需要检测那些可能导致该问题的部分。

一般来说，当发动机运行不平稳时，其原因是一个非共性问题；如果发动机不能起动，则其原因可能是一个共性问题。电子点火（EI）系统，尤其对每个气缸一个点火线圈的点火系统，排查工作可能更容易些。PCM 或点火模块可能是所有气缸唯一的共用部分。点火线圈和所有的次级电路仅对一个或两个气缸是共用的。例如，如果双火花点火系统的一个点火线圈是坏的，则只会影响两个气缸，而不是整个发动机。

12.3　点火系统检查

所有的诊断都应从用户那里收集尽可能多的信息开始，然后仔细地进行目视检查。应检查系统是否存在明显的问题。虽然初级电路会导致无法起动和点火正时不正确，但次级电路可能是导致驾驶性问题的原因，所以也应该仔细检查。除了检查点火系统以外，还应检查所有相关的电气插接器、熔丝、真空管路、进气系统和冷却系统。此外，还要检查可能与故障现象相关的可用维修信息。

通常由点火系统问题引起的故障现象如下（记住，点火系统并非是引起这些问题的唯一原因）。

1）起动困难：发动机起动需要过长时间。

2）怠速粗暴：发动机怠速不良，而且可能失速。

3）发动机失速：发动机意外停机。可能发生在发动机刚起动后、怠速或减速时。

4）响应延缓：发动机不能对节气门的开启立即做出响应。

5）顿挫：发动机在加速时暂时缺乏动力。

6）加速不良：车辆的加速度比预期的慢。

7）涌动：当节气门开度不变且在怠速、稳定车速行驶、加速或减速时，发动机速度起伏不定。

8）窜动：车辆在加速或减速后立刻窜动。

9）敲击声（敲缸）：发动机在加速时产生尖锐的金属噪声。

10）回火和后燃（放炮）：回火是一种出现在进气系统的砰砰声，通常发生在节气门急速打开时。而后燃通常是出现在排气系统中的一种爆裂的噪声，通常发生在急减速期间。

1. 使用诊断仪

如今的点火系统属于发动机控制系统的一部分。目视检查的内容应包括对故障指示灯的检查。如果发动机运转正常，但故障是与排放有关的，故障指示灯在发动机起动后将保持点亮。如果故障指示灯在发动机运转时闪烁，则表明正在发生会损坏催化转化器的失火。在 OBD-Ⅱ诊断故障码中，故障码 P0300～P0399 是专门用于点火系统和失火方面的。与特定部件和系统相关的诊断故障码（DTC）将在本章的有关小节中讲述。还应检查与所修车辆相关的所有技术服务公告（TSB），查找那些建议刷新 PCM 程序的技术服务公告。有时因车辆生产后的控制策略或标定发生了改变，需要对 EEPROM（电擦除可编程只读存储器）重新编程。

▶ 参见

有关软件刷新的步骤参见《汽车维修技术基础（原书第 7 版）》第 5 章。

在诊断流程的开始阶段，先用诊断仪检索DTC 和相关数据（图 12-3）。这包括 KOEO（钥匙 ON，发动机 OFF）、KOER（钥匙 ON，发动机运转）和历史存储的 DTC。若诊断仪无法与系统通信，应按照制造推荐的检测步骤先修复该问题。还要确保记录与 DTC 相关的所有冻结帧数据。查阅 DTC 的设置条件并依据精确的检测来确定为什么设置了该 DTC。通常这些检测会帮助引导到该问题的确切原因，剩下的工作就是需要去做进一步的检测。如果设置了多个 DTC，应参考该车辆的电路图并识别出对这些 DTC 哪些是共用的部件和电路。如果检索到多个 DTC，则需要确定它们与该问题是否有关。在继续进行诊断之前，可能需要先纠正造成这些 DTC 的问题。在纠正这些 DTC 的设置原因时或许也就修复了点火方面的问题。

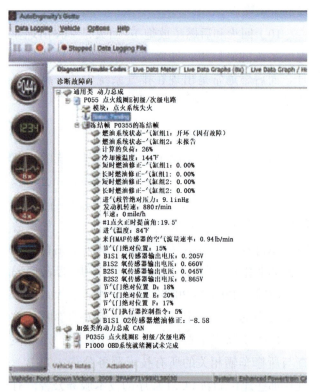

图 12-3 在诊断仪上显示有关 DTC 信息的示例

记住，PCM 在控制输出装置时总是会假设输入信号是正确的。这意味着不正确的输入可能导致输出超出规定范围。因为是 PCM 驱使输出超过正常范围，所以检查输出前先应检查输入信号。

如果没有检索到 DTC，可查看点火系统的串行数据。首先确定相关的 PID。PID 测试模式允许访问 PCM 的信息，这包括输入、输出、计算值以及点火系统和监测器的状态。在观察串行数据时，先着眼于各个输入，找出任何超出正常范围的信号。对输出也一样。许多系统和诊断仪可检测失火数量、失火监测器，或气缸贡献率，数据显示哪些气缸有失火的历史记录，以及目前是否有气缸正发生失火（图 12-4）。模式 $06 的数据也很有用，此模式显示特定监测器完成监测时所存储的测试值（图 12-5）。根据车辆的不同，模式 $06 的数据还可以提供失火气缸的具体信息。

如果未检索到 DTC，但数据流显示一切正常，则应根据故障现象和对点火系统的详尽样测进行诊断。

2. 检查初级电路

应检查点火系统初级电路的接线是否牢靠。电子电路工作在非常低的电压下，因腐蚀或污垢导致的电压降将引起运行问题。由于与振动或热相关的故障所导致的接线端子针脚缺失或断裂通常是造成间歇性点火问题的原因。

可在发动机运转时通过拍击、拉动和晃动导线来检查怀疑连接不良的问题（图 12-6）。在此操作过程中动作应轻柔，因为该测试的目的是复现点火的中断，而不是造成永久性的电路损坏。关闭发动机并取出钥匙，分离可疑的插接器，检查它们是否存在污垢和腐蚀。按照制造商的建议清洁该插接器。

对于旧的系统，不要忽视点火开关也是点火间歇性问题的一个原因。安装铆钉松动或连接不良都会导致火花输出不稳定。为了检查点火开关，可在发动机运转时轻轻晃动点火开关钥匙及其连接线路。如果点火中断或熄火，便可确定问题所在。

仔细检查充电系统的线路和传动带，此外还要检查蓄电池上的充电电压。点火系统的有效性取决于它所能获得的电压。如果蓄电池或充电系统的电压低，输入给点火线圈初级侧的电压也会低。

潮湿会导致与地短路或降低给火花塞的可用电压，这会导致发动机性能不良或无法起动的情况。应仔细检查点火系统是否有受潮的迹象。

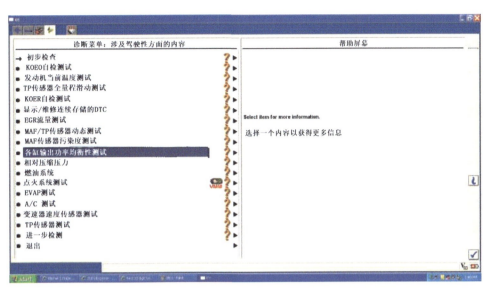

图 12-4　福特 IDS 诊断仪上可供使用的诊断模式

J1979 失火模式$06数据			
监测器ID	测试ID	对通信内容的描述	增加量
A1	$80	总的发动机失火和导致催化剂损坏的失火率	%
A1	$81	总的发动机失火和导致超过排放阈值的失火率	%
A1	$82	最高的催化剂损坏失火率和催化剂损坏阈值失火率	%
A1	$83	最高的排放阈值失火率和排放阈值失火率	%
A1	$84	推测的催化剂中间部位温度	℃
A2-AD	$0B	最后10个行驶循环的失火计数	
A2-AD	$0C	最后一个/当前行驶循环的失火计数	
A2-AD	$80	气缸"X"的失火率和催化剂损坏的失火率	%
A2-AD	$81	气缸"X"的失火率和排放阈值失火率	%

图 12-5　模式 $06 显示的失火监测数据

图 12-6　检查初级电路的连接是否有损坏

3. 检查接地电路

编织式接地金属带经常被忽视，或者更糟糕的是，在日常维护后将其遗忘在断开的状态。随着塑料在当前车辆中使用量的增加，在维修完成后，接地的金属带可能在重新连接时被错误地安装在非金属表面上。这类问题的任何结果就是电流无法按照原设计的路径接地而不得不寻找其他路径来接地。有时电流试图通过另一条电路作为备用，这可能导致该电路工作不稳定或完全失效。该电流也可能被迫通过其他并不用于该电流流动的部件来接地从而导致它们过早磨损或卡死在外壳中，比如通过车轮轴承或换档和离合器的金属拉索。

接地电路不良引起点火故障的例子包括由于点火线圈接地金属带缺失或松动而导致的点火模块烧毁，以及由于控制模块接地不良而导致的点火系统间歇性工作。不良的接地可通过测量电压降和用示波器监测该电路来识别。

在进行电压降测试时，应记住电路必须在接通状态且有电流通过。如果该电路是在没有电流流过时进行测试的，则它将显示电压降为0，这会导致电路中无论有多大电阻都将显示该电路是好的错误结果。

在使用示波器检查接地时也是如此，要确保电路是接通的。如果接地良好，示波器上的扫描线应该在0V左右且是平直的。如果接地不良，示波器上会显示出某些电压扫描线不是平直的。

传感器接地不良通常也会引起与传感器故障相同的故障现象。在判定一个传感器好坏之前，用示波器检查它的接地情况。图12-7展示了一个好的霍尔效应开关在接地不良时的输出。

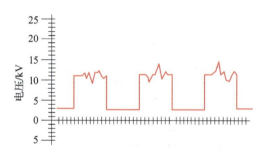

图 12-7 因接地不良导致电压扫描线出现噪声，注意扫描线未接近0V

> **维修提示**
>
> 当用示波器检查点火系统时，在观察扫描线的同时轻轻拍击和晃动各个部件。这样做可帮助确定间歇性问题的源头。

4. 检查电磁干扰

电磁干扰（EMI）会导致采用计算机控制的车辆出现问题。当振幅足够大的电磁波从导线或导体中传出时，就可能产生EMI。不幸的是，汽车的火花塞高压线、点火线圈和交流发电机绕组都具备产生无线电波的能力。EMI能够改变来自传感器和去到执行器的信号，结果可能会造成由许多不同系统引起的间歇性驾驶性问题。

为了使EMI的影响最小化，应进行检查以确保连接至计算机的传感器线路布置远离潜在的电磁干扰源。通过对距离干扰源不足一两英寸的导线进行重新布线可以避免电磁干扰错误触发或干扰计算机的运行。

将示波器连接到电压和地线上可以识别电磁干扰问题。火花塞高压线绝缘不良等常见问题也会产生电磁干扰。

5. 检查传感器

来自曲轴位置传感器（图12-8）的电压脉冲使控制模块中的晶体管导通。在大多数点火系统中，这些传感器不是磁脉冲发生器式的就是霍尔效应式的。这类传感器安装在曲轴上，在老式发动机上是安装在分电器轴上。

图 12-8 应仔细检查至曲轴位置传感器的接线

在特定情况下，非磁性的磁阻轮会被磁化，从而打乱给控制模块拾波线圈的电压信号。通常可以用钢制的塞尺来检查是否有磁吸引的迹象，如果感到有磁吸引力，应更换磁阻轮。在有些系统上，必须检查拾波线圈与磁阻轮间的气隙，并需将气隙调整到制造商的规定范围内。要做到这一点，可以使用适当尺寸的非磁性塞尺检查拾波线圈与磁阻轮之间的气隙。若气隙超出规定范围，必须进行调整。

霍尔效应式传感器的问题与磁脉冲发生器的问题类似。当该传感器暴露在磁场中时就会产生一个电压。霍尔效应式传感器带有一个与传感器距离很近的永磁体。遮挡轮安装在曲轴带轮或曲轴上，在老式发动机上是安装在分电器轴上。当该遮挡轮处在传感器与磁体之间时，磁场被隔断，因而电压立即降至0V。电压的这种下降是给点火模块的信号。当遮挡轮离开磁体和传感器之间的气隙时，该传感器会再次产生电压。

6. 检查控制模块

电子点火使用晶体管作为开关，这些晶体管

集成在控制模块中。当前发动机的控制模块通常不是安装在发动机舱内较远位置的平面上或安装在点火线圈组的下部，就是集成在 PCM 内。控制模块应牢靠地安装在清洁的表面上，安装松动可能导致间歇性熄火或无法起动的情况。由于点火模块一般是通过其底座接地的，所以如果安装不牢靠也会造成热量积聚，并会损害甚至毁坏模块内部的晶体管以及其他电子元器件。有些制造商建议在控制单元与其底座间使用特殊的导热硅脂，这有助于将热量从模块中传导出去，从而减少与热量相关的故障发生的机会。在目视检查时，应检查模块上的所有电气连接，它们必须清洁牢靠。当点火模块不是 PCM 的组成部分时会有许多不同的形状和设计，如图 12-9 所示。

图 12-9　当点火模块不是 PCM 的组成部分时会有许多不同的形状和设计

7. 检查次级电路

应将火花塞和点火线圈的高压线牢固地推入分电器盖、点火线圈及火花塞上。检查所有次级高压线的绝缘是否有裂纹和磨损，这些都会导致高压电泄漏。检查所有次级高压线两端的防尘套是否有裂纹、硬化和脆化的迹象，如果有，则更换这些高压线和防尘套。检查防尘套内的端子。在防尘套的内侧常常会发现腐蚀和电弧的痕迹。这通常是由于在接触不良的端子之间产生电弧而造成的。大多数制造商建议成套更换火花塞高压线。

还应检查次级线圈上连接的高压线（图 12-10）。在检查这些高压线时，还应检查点火线圈。检查点火线圈插线座是否有裂纹、电弧或漏电的任何迹象。

图 12-10　仔细检查次级高压线

次级高压线必须按照点火顺序连接。参考制造商的维修信息以确定正确的点火顺序和气缸编号顺序。

在次级高压线上穿过或靠近金属部件处存积的白色或浅灰色粉末表明高压线绝缘层有故障。沉积物的产生是因为高压线中的高电压已经燃烧了高压线上聚集的粉尘。这种有故障的绝缘层可能产生火花，这些火花有时可听到或在黑暗中看到。围绕火花塞高压线偶尔出现的发光现象称为电晕效应，它是无害的，但却表明该高压线应该更换。

许多顶置凸轮轴发动机都将火花塞布置在燃烧室的顶部。这使火花塞高压线必须穿越气门室盖才能与火花塞连接。应检查高压线连接火花塞的一端是否有机油，因为围绕火花塞通道的密封件有可能泄漏，从而使机油漏在高压线的火花塞绝缘套上。机油会损坏绝缘套而产生电弧。

相继点火气缸的火花塞高压线应该交叉而不是平行布置到另一个气缸。平行布置的火花塞高压线会在另一根高压线上诱发点火电压，从而导致该火花塞在错误的时间点火。

在无分电器或电子点火系统上，应目视检查单个点火线圈模块上的次级线路的连接。确保所有火花塞的高压线都牢固地安装在点火线圈和火花塞上。如果火花塞高压线松动，应检查接线端子是否有烧灼的迹象。检查点火线圈接线插座是否有裂纹或任何漏电的迹象。检查连接端子的电阻，松动或损坏的线路或已坏的火花塞可能导致点火线圈上留有炭的痕迹。若存在这种情况，必须更换该点火线圈。

对 COP 点火系统，应仔细检查火花塞端子周围的导管（图 12-11），若导管壁破裂，电压可能会泄漏并跳到气缸盖上，从而导致失火（图 12-12）。另外要确保点火线圈总成紧密地套在火花塞上且安装牢固。

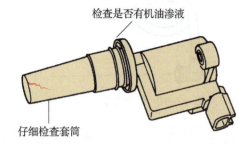

检查是否有机油渗液

仔细检查套筒

图 12-11 仔细检查 COP 总成的塑料部件

图 12-12 该 COP 总成漏电并产生电弧

12.4 无法起动诊断

当发动机无法起动时，最可能的原因是一个共用的电路或元器件有问题。如果故障原因是在点火系统，那么简单的测试就能确定问题是在初级电路还是在次级电路。先从转动发动机并听其转动的声音开始。如果发动机转动的声音听起来比正常转速快，则问题可能是正时带或链条已损坏或跳齿。若起动转速正常但没有起动的迹象，则可能是点火系统有故障。如果发动机好像有起动的迹象，则问题可能是在燃油系统。

车间提示

在发动机无法起动的情况下对燃油喷射系统工作状况的检查，也是对初级电路点火情况的检查。将一个二极管试灯连接在一个喷油器的线束上（图 12-13），如果喷油器线束端在发动机转动过程中有脉冲信号，则初级点火电路的触发单元应该没有问题，因为喷射系统使用相同的信号驱动各喷油器。

图 12-13 当发动机无法起动时，可在喷油器线束端连接一个二极管试灯。若在发动机转动时有喷油脉冲，则初级电路的触发单元应该没有问题

如果发动机无法起动故障是因点火系统故障导致的，那么按照下述步骤确定问题的原因。制造商通常在维修信息中都会有详细的故障诊断树以帮助确定发动机无法起动的原因。

步骤

发动机无法起动故障的基本诊断步骤：

步骤 1 将测试火花塞连接到火花塞高压线上，并将火花塞壳体接地。

步骤 2 转动发动机并观察火花塞。如果有明亮强烈的蓝色火花，则点火工作正常。

步骤 3 如果测试火花塞不点火，应检查点火线圈输出端子上是否有输出。

步骤 4 如果没有火花，用测试灯或 DMM 从线圈负极连接到接地。打开点火开关。多数情况下，试灯应点亮。如果试灯是"OFF"（不亮），则点火线圈的初级绕组或点火开关至点火线圈 B+ 端子的电路有开路。

步骤 5 在试灯或 DMM 连接的情况下，转动发动机。如果试灯闪烁，则初级电路是好的，问题出在点火线圈已损坏。

步骤 6 如果试灯不闪烁，检查点火开关到点火线圈正极的电压。若没有电压，则问题出在该电路或开关上。如果点火线圈正极有电压，则问题出在传感器元器件或控制模块。

步骤 7 记住，在有些车辆上，除非 PCM 接收到 CKP 信号，否则不会给点火线圈提供电源。磁脉冲发生器可以用欧姆表、DMM（数字万用表）或示波器来检查。霍尔效应式传感器应该用 DMM 或示波器检查。将发现的情况与说明书进行对比。CKP 工作情况的快速检查方法：连接诊断仪，转动发动机并观察发动机数据。如果发动机转速 PID 显示有起动转速，则表明 CKP 正在工作。

　　步骤 8　如果传感器没问题，则怀疑点火模块，应确保进出该模块的所有接线都是良好的。

　　诊断电子点火系统导致的无法起动　当采用电子点火系统的发动机出现无法起动问题时，可连接诊断仪进行诊断。检查是否有故障码（DTC）并确认 PCM 在发动机起动过程中确认了转速信号。若没有转速参考信号，PCM 不会去触发点火线圈或喷油器。

　　当出现无法起动的情况时，PCM 可能设置许多与点火相关的 DTC。在诊断电子点火系统时，一定要检索故障码并遵循制造商给出的准确检测步骤。例如存储的故障码 P0335 表明是一个与 CKP 传感器有关的电路问题导致了无法起动。按照制造商的诊断信息去确定故障的原因。如果 PCM 没有设置故障码，应按照以下步骤来确定无法起动的原因。记住，无法起动的问题极不可能是由一个非共用的电路或部件引起的，如某个气缸的点火线圈。下面是对采用 EI 系统的发动机无法起动故障进行一般诊断的步骤。

图 12-14　高压点火系统的测试火花塞

　　如果通过上面的诊断怀疑是点火系统有问题，应进行点火系统的目视检查。检查初级电路的连接是否良好，检查点火线圈和所有相关线路，检查 CKP 和 CMP 传感器及其接线是否有损坏。如果这些传感器失效或与它们的连接线路中存在过大电阻，则发动机可能无法起动。

12.5 使用发动机分析仪进行诊断

如果不进行各种电气检测，是不可能准确排查任何点火系统故障的。一台发动机分析仪可提供对发动机性能进行全面分析所需的大多数检测功能，尽管现在已经不像以前那样经常使用它了，但其中的许多检测功能仍可在确定驾驶性问题是否是由点火系统引起时给出有价值的帮助。

1. 气缸性能检测

气缸性能检测也称为做功一致性检测，在该检测中发动机分析仪使点火系统每次短时中断一个气缸的点火。为了执行该检测，发动机分析仪应连接到点火线圈初级绕组的负极端子上。在每个气缸短暂停止做功的时间内，记录发动机下降的转速。若一个气缸因压缩压力低或其他一些问题而无法对发动机功率做出贡献，则发动机转速会在该气缸停止点火时只会稍有下降。由于某个气缸在检测前已出现失火，则该气缸将产生很高的碳氢化合物排放，所以当该气缸在检测期间停止点火时，它产生的碳氢化合物排放不会发生太大变化。因此，一个压缩压力低或有导致不完全燃烧问题的气缸在气缸性能检测期间将不会有太大的转速下降和碳氢化合物变化（图 12-15）。

图 12-15　该检测结果显示有一个气缸性能不良

2. 点火性能检测

大多数发动机分析仪上的点火性能检测包括初级电路检测、次级电压（kV）检测、加速检测、示波器波形和气缸停止调用。有些次级电压（kV）

检测包含急加速时的次级电压（kV）检测，在该检测中发动机分析仪提示技师使发动机急加速。当执行这一操作时，每个气缸的点火电压（kV）值应平稳增加。有些发动机分析仪显示每个气缸在次级电压（kV）检测中的燃烧时间，该燃烧时间以毫秒（ms）为计量单位。

电子点火系统次级电压检测的显示包含每个气缸在压缩行程时的平均次级电压（kV）和配对气缸同时在排气行程点火时的平均次级电压（kV）。在电子点火系统的次级电压显示上还包含了燃烧时间（图 12-16）。

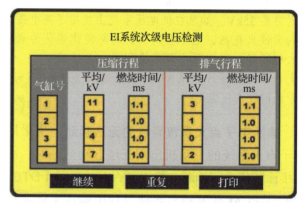

图 12-16　电子点火系统上显示的次级电压（kV）

12.6 使用示波器进行诊断

示波器将点火系统的电气活动转换成显示电压在给定时段内变化的视觉图像。这些信息以连续的电压扫描线形式显示在屏幕上，这些扫描线称为波形（图 12-17）。技师通过研究波形就可以看到点火系统的即时工作状况。

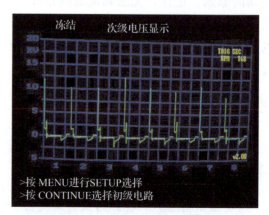

图 12-17　八缸发动机的次级电压波形

在连接检测引线和操作示波器时，一定要遵循发动机分析仪的使用说明。示波器通常至少有四条用于分电器点火系统的检测引线：连接到点火线圈负极端子的初级电路检测引线、连接到良好接地的接地引线、夹在点火线圈高压线上的次级电路检测引线，以及夹在 1 号气缸火花塞高压线上的触发检测引线。

将示波器连接到直接点火系统（DIS）时需要一些适配引线（图 12-18）和接头或附加的检测引线。该检测引线连接到单独的火花塞高压线上（图 12-19）。

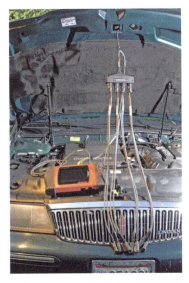

图 12-18 连接 DIS 的检测引线

图 12-19 连接高压线的检测引线

在有些示波器上，可在显示所有气缸波形的同时观察双火花系统中配对气缸的无效点火波形以进行比较。为了监测 COP 点火系统中的次级电路，必须使用适配器（图 12-20），这些适配器还允许比较各气缸的点火波形。

图 12-20 COP 检测适配器

（1）标尺 典型的示波器屏幕在垂直方向上有两个电压标尺：一个在屏幕的左边，另一个在右边。左边标尺每一小格刻度为 1kV（1000V），量程范围为 0~25kV，该标尺对检测次级电压非常有用。右边标尺每一小格刻度为 2kV，量程范围为 0~50kV。该标尺主要用于检测次级电压。

屏幕底部还有一个水平的时间标尺。时间单位可以是闭合时间的百分比或毫秒（ms）。闭合时间的百分比以两个百分点划分，范围为 0~100%，该标尺代表一个完整的点火周期。毫秒的量程通常有 0~5ms 或 0~25ms。5ms 的量程通常用于检测火花的持续时间（图 12-21）。一个完整的点火波形通常显示在 25ms 内。示波器屏幕从左向右显示电压随时间的变化。

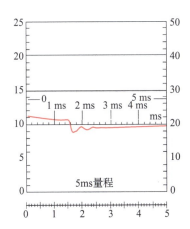

图 12-21 用 5ms 量程检测的火花持续时间

（2）单个气缸波形解析 典型的点火波形可以显示为次级电路波形或初级电路波形。在无法连接次级电路或当存在点火正时问题时，可用初级电路电压波形（图 12-22）观察特定气缸的工作情况。次级电路电压波形（图 12-23）的主要特征包括如下。

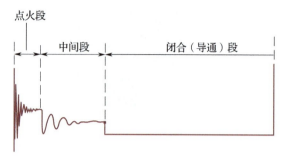

图 12-22 典型的初级电路电压波形

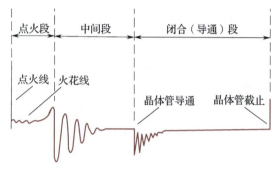

图 12-23 典型的次级电路电压波形

1）点火线：点火线的高度代表为克服次级电路中的电阻和穿过火花塞间隙产生火花所需的电压。通常需要的电压大约为 10kV。

2）火花线：一旦克服了次级电路的电阻，火花将跳过火花塞间隙，建立电流。火花实际持续的时间用**火花线**表示。该火花线一直持续到来自点火线圈的电压下降到低于为保持电流流过火花塞间隙所需的电压。

3）中间段：火花线的后面是中间段或线圈衰减区域。它显示点火线圈中的电压在其消失或降为 0 的过程中所剩余的电压。记住，每次火花结束时，在点火线圈内仍然剩有电压。这个电压必须在点火线圈准备好进行下一次点火前降为 0。该电压会在初级电路中来回振荡直到降为零。注意，这部分中的电压波形会逐渐下降，直到点火线圈的电压降为零。

4）闭合段：下一段波形表现为一个轻微向下的转折，随后是几个小的振荡。向下转折的曲线恰好发生在电流开始流过点火线圈初级绕组时。随后的振荡表明磁场开始在点火线圈中形成。这条曲线称为闭合（导通）周期的起点。当开关装置中断初级电流时，出现闭合段的终点。电压波形在闭合周期的终点急剧转为上升。切断初级电

流会削弱线圈周围的磁场，并为点火顺序中的下一个气缸或下一次点火产生另一个高压电涌。闭合段的长度代表电流流过初级电路的时长。

旧式的分电器点火系统只能使用一个固定的闭合角。在发动机所有转速范围内，闭合角的度数保持不变，因此，如果发动机在怠速时有 30° 的闭合角，则在转速为 2000r/min 时也只有 30° 的闭合角。若以 ms 作为计量单位，当发动机在 2000r/min 时，30° 的固定闭合角能给点火线圈的饱和时间只有在 500r/min 时的 1/4。

大多数控制模块提供可变的闭合角，即闭合时间随发动机转速的变化而变化。在怠速和较低转速下，较短的闭合时间能够为点火线圈完全饱和提供足够的时长（图 12-24a）。随着发动机转速提高，控制模块增大闭合角（图 12-24b），当然也就增加了使点火线圈饱和的可用时间。

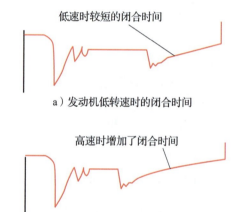

a）发动机低转速时的闭合时间

b）发动机高转速时的闭合时间

图 12-24 可变闭合时间的点火系统

控制模块将大电流消减到小电流的过程表现为闭合段波形中的小尖峰或振荡（图 12-25）。在发动机高转速时，这个尖峰可能看不到。为了使点火线圈饱和，点火模块可能不会停止向点火线圈输送大的电流。为了精准确定丢失尖峰的原因，需要对线圈做进一步的检测。

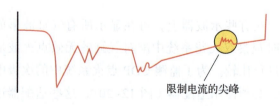

限制电流的尖峰

图 12-25 点火系统在闭合段限制电流的波形

（3）波形显示模式　示波器能以不同的模式显示波形。当选择图 12-26 所示的显示模式时，示波器从左到右连续显示所有气缸的波形。各气缸的显示顺序是按照发动机点火顺序排列的。波形从 1 号气缸的点火线开始到 1 号气缸的下一次火花线结束。这种显示模式称为**阵列波形**，它通常用于比较每个气缸的电压峰值。

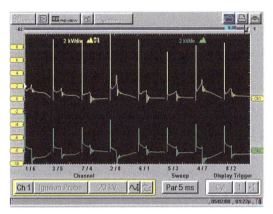

图 12-26　典型的初级和次级电路的阵列波形

另一种显示模式是**光栅模式**（图 12-27）。光栅模式将各气缸的波形从下到上一个个地堆列在一起。1 号气缸的波形显示在屏幕的底部，其余各气缸的波形按照发动机点火顺序排列在它的上方。在光栅模式中，每个气缸的波形从火花线开始，以点火线结束。

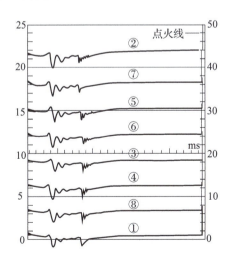

图 12-27　次级波形的光栅模式

叠加模式以一个波形叠加在另一个波形上的方式显示所有波形。像光栅模式一样，叠加的电压波形显示在屏幕的整个宽度上，并从火花线开始，

以点火线结束。叠加模式用于识别一个气缸的波形与其他气缸波形的差异。

（4）火花塞点火电压　在次级电路的波形中，任何增加次级电路电阻的因素都会影响点火线的高度，包括火花塞或次级电路的状况、发动机温度、混合气浓度和压缩压力。发动机怠速时，点火线的正常高度应在 7~13kV 之间，各个气缸间的变化不应超过 3kV。如果一个或多个点火线过低或过高，其原因是那些只对这些气缸有影响的因素。如果所有的点火线都过高或过低，则问题是影响所有气缸都的因素。表 12-1 涵盖了大多数可能导致点火线异常的原因。

电阻高的次级电路还会产生较高电压的火花线，并有一个陡峭的斜率和较短的燃烧持续时长。良好的火花线应相对平坦，并有 2~4kV 的高度。

当发动机有负荷时，会增加火花塞点火所需的电压。如果火花塞处于良好状态且间隙适当，那么电压的增加是有限的，且应一致。为了检测火花塞在有负荷时的情况，记下点火线在怠速时的电压高度，然后快速打开（急加速）并松开节气门，并在检查电压高度一致性的同时注意点火线的上升状态。正常升高量在 3~4kV 之间。如果所有气缸升高的点火电压不一致，或者上升过小或者过大，则火花塞可能有故障。此外，要注意点火电压在节气门关闭时降低的高度。如果各气缸下降幅度不一致，则不一致的次级电路中存在高的电阻。

（5）火花持续时间　火花塞实际点火的时长称为火花持续时间。**火花持续时间**用火花线的长度来表示，并以 ms 作为计量单位。大多数发动机的火花持续时间约为 1.5ms。火花持续时间过短将不能提供完全燃烧，并可能导致排放水平增加和功率损失。如果火花持续时间过长，则会过早烧

表 12-1　点火线异常诊断

状态	可能的原因	修复方式
点火线波形相同，但异常高	1）点火正时推迟 2）燃油混合气过稀 3）点火线圈电阻高 4）点火线圈高压线塔座端子腐蚀 5）分电器中的点火线圈端子腐蚀	1）重新设置点火正时 2）检查燃油压力、燃油修正、MAF 传感器，检查是否有真空泄漏 3）更换点火线圈高压线 4）清洁或更换点火线圈 5）清洁或更换分电器盖
点火线波形相同，但异常低	1）燃油混合气过浓 2）点火线圈高压线内断开导致电弧 3）点火线圈高压线塔座裂纹导致电弧 4）点火线圈输出低 5）发动机压缩压力低	1）检查燃油压力、燃油修正、MAF 传感器和 ECT 传感器，检查空气冷却器是否堵塞 2）更换点火线圈高压线 3）更换点火线圈 4）更换点火线圈 5）确定原因并修复
一个或多个点火线高于其他点火线，但非所有的都高	1）急速混合气不均衡 2）EGR 阀卡在打开位置 3）火花塞高压线电阻高 4）火花塞绝缘体开裂或损坏 5）进气系统真空泄漏 6）火花塞有缺陷 7）火花塞端子腐蚀	1）重新调整急速混合气 2）检查或更换 EGR 阀 3）更换火花塞高压线 4）更换火花塞 5）修复泄漏 6）更换火花塞 7）更换火花塞
一个或多个点火线低于其他点火线，但非所有的都低	1）化油器急速混合气不均衡 2）火花塞高压线内断开导致电弧 3）点火线圈高压线塔座裂纹导致电弧 4）压缩压力低 5）火花塞有缺陷或被污染	1）重新调整急速混合气 2）更换火花塞高压线 3）更换点火线圈 4）确定原因并修复 5）更换火花塞
有气缸不点火	1）分电器盖端子有裂纹 2）火花塞高压线短路 3）发动机机械问题 4）火花塞有缺陷 5）火花塞被污染	1）更换分电器盖 2）确定短路原因并更换高压线 3）确定问题并修复 4）更换火花塞 5）更换火花塞

损火花塞电极。当点火波形中有过长的火花线时，它通常是跟随在一条低的点火线后面，这表明可能火花塞已受到污染、压缩压力低或火花塞间隙过小。

火花线应与点火线成直角，并应是相对平坦但会有一些小的波纹的。这些波纹是由燃烧室内的湍流引起的。火花线的斜率反映了空燃比的情况。

车间提示

火花线可能表现为次级电路的路径是完整的，但火花塞仍可能没有点火。这可能是电压在到达火花塞之前已被允许跳火的问题造成的。如果火花线整体上是平整且持续时间超过 2ms 和电压低于 500V，则很可能是火花塞不跳火。

（6）线圈状况　线圈/电容器的一段显示的是点火线圈中的电压储备。该电压储备可以通过观察振荡的高度来确定。振荡高度应均匀地减小到 0。如果波形在其中间一段振荡异常，可通过检测初级和次级绕组的电阻来确定点火线圈是否有短路。

点火线圈输出的可用电压还可以用点火线圈输出检测来检查。以下是安全地进行点火线圈输出检测的基本步骤。

1）在点火线圈高压线的一端安装一个用于检测的火花塞，如果没有点火线圈高压线，可用火花塞高压线。

2）将示波器显示的电压量程选择为 50kV。

3）起动发动机，并观察点火线的高度。此时点火线的电压应超过 35kV。比规定值低的电压可能表明初级电路中的可用电压低于正常值，这可能是因为控制模块出现了高的内阻，也可能是点火线圈或其高压线有故障。

（7）检查初级电路　初级点火波形显示的是初级电路的工作情况。为了能看出初级波形的异常段，必须要知道是什么导致了正常初级波形电压和时间的每个变化。虽然初级电路的真实周期是在开关晶体管导通时开始、在截止时结束的，但显示的波形却刚好是在晶体管截止时开始的。点火线圈的磁场正是在这一时刻衰减，火花塞开始点火。

车间提示

每次都应仔细检查初级电路。初级电路每损失 1V 的电压可使次级电路的输出降低约 10kV。

观察图 12-28 所示的初级电路波形。左边的扫描线代表初级绕组在其电流中断后的衰减过程。这些振荡的高度取决于初级绕组电流刚好中断前流过的电流值。若初级电路电阻高，将减小可以流过该绕组的最大电流。流过绕组电流的减小将降低可感应的电压值。

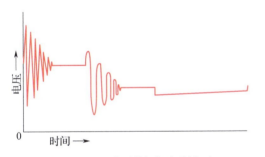

图 12-28　典型的初级电路波形

在初级绕组磁场的衰减过程中，火花塞还在点火。初级电路电压的扫描线显示出电压下降中的急剧振荡。这一组振荡的整体形状应该是锥形的，并应一直持续到火花塞停止点火。

火花塞点火后，仍有一些电能会存留在点火线圈中。这些能量必须在下一个闭合周期前释放掉。下一组振荡显示的是这个电压的耗散。这些振荡应平整且逐渐变小，直到接近 0V 标线，在此点将没有剩余电压，而且点火线圈已为下一个闭合周期做好准备。

紧随其后的是晶体管的导通（ON）信号。这是电流开始流过初级电路的时间点，即闭合时间的起点。在晶体管导通时，扫描线在此点应有一

个干净利索且急剧向下的折弯。一个干净利索波形的改变表明电路已即刻接通。如果在信号的这部分有任何斜度或噪声，则一定有某些因素正在阻止该电路立即接通。当观察叠加的初级波形时，各个气缸间的任何变化都将显示为一个形状模糊的或杂乱的晶体管导通信号（图 12-29）。

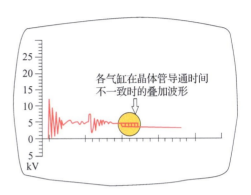

图 12-29　各气缸的叠加波形显示出晶体管不同导通时间的情况

如果在晶体管导通信号上有不稳定的电压尖峰，则可能点火模块有故障、触发轮松动或变形。这个问题会造成闭合时间起点不一致，并导致发动机怠速不良、间歇性的短暂熄火和／或高于正常的碳氢化合物排放水平。

在闭合段，扫描线应相对平直。但很多点火系统具有在闭合段改变电流大小的特性。通过减小电流，也会降低在次级电路中感应的电压。

12.7　使用 DSO 或 GMM 进行诊断

常用的诊断工具包括示波器、DSO（数字存储式示波器）和 GMM（绘图式万用表）。它们可能会附有作为诊断参考的信息库，例如部件或系统的基本工作原理、检测程序、插接器端子说明、部件或插接器位置、技术规范和诊断提示，有些还带有已知良好波形的波形数据库。

这些检测仪的每个型号都有其自己的操作步骤，为了获得准确的检测结果，必须遵循这些操作步骤。以下是使用这些工具诊断点火系统的一些常规指南。

在输入车辆识别信息后，即选定了检测模式。此模式能够检测单独的部件。检测仪可能会有如

何与部件正确连接的显示，还会有用不同方式来显示检测结果的多种选项，如数字方式、数字图形或波形方式、模拟图形或波形方式，或这些方式的组合。

1. DSO 或 GMM 的使用

绘制图表的 DSO 和 GMM 除了能同时显示最小（MIN）/ 最大（MAX）读数和扫描轨迹外，其操作方式同示波器一样。这类仪器大多数都有四通道的显示能力，这意味着技师可以同时看到来自四个不同传感器和 / 或输出信号。这种模式还允许技师观察可能影响运行的任何波形毛刺或电气噪声。

为了帮助诊断间歇性的问题，可以冻结、保存和打印屏幕以供后续仔细研究。这类仪器通常可以连接到车辆上进行路试，所以可以观察间歇性问题，而且有关这些问题的数据可以存储在仪器的存储器中以便在路试后仔细回看。

在大多数情况下，附带的引线必须连接到示波器或 GMM 上以读取仪器上各通道的信息。这些信息都带有颜色标志并且在屏幕上显示的颜色与引线的颜色一致。引线连接到需要监测的信号上，同时必须连接接地线。为了易于识别所监测的是哪个信号，显示的信息始终都带有颜色标志（图 12-30）。示波器可能还允许查看直流电压、小电流、次级点火电压、真空和压力。

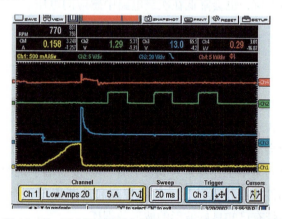

图 12-30　四个不同通道上的波形：CH1- 黄色、CH2-蓝色、CH3- 绿色、CH4- 红色

被监测部件或系统的读数或波形可以单独或同时查看。在大多数情况下，屏幕上总是默认显示通道 1。如果该仪器有两个或更多通道，可以单独选择。但在很多 GMM 上，默认的是显示通道 1

和通道 2，其他通道必须手动选择。

有些设置和控制选项对记录重要波形至关重要，一般包括以下内容。

1）标尺：用于测量一个或多个波形事件的量程。

2）滤波：为了观察电压，最小化和清除波形中不需要的噪声。

3）阈值：改变波形的参考点，且仅用于测量频率、占空比、闭合时间和脉宽。该值可以手动或自动设置。

4）峰值检测：用于捕获信号中的尖峰和毛刺。当它关闭时，仪器只收集足够形成波形的数据，当其启用时，仪器收集的数据要比形成波形所需的数据更多，这就是它能够捕捉毛刺或噪声的原因。

5）时间标尺（扫描时间）：用于设置显示数据的时长。用更快的扫描能够观察更多的数据，用更长的扫描时间会提高峰值检测的有效性，但长的扫描时间将降低采样率，因此，在观察点火系统时，可能屏幕上显示不出点火线。

6）电压标尺（灵敏度）：调整该仪器对电压的变化有多高的灵敏度。量程设置得越小，仪器对被测气缸的点火电压越敏感。

7）触发：设置开始显示数据所需的允许状态。

8）触发斜率：设置开始显示波形所需的移动的方向（向上或向下）。

9）触发电平：设置在屏幕水平或垂直轴上显示的触发点位置。

2. 点火系统检测

在检测点火系统之前，必须对检测工具进行参数输入以使其与待检车辆的点火系统类型相匹配。这些参数包括点火系统类型、气缸数量、点火顺序、火花塞极性和发动机转速等。每一类点火系统都需要不同的适配器和不同的设置步骤。

所有点火系统示波器都必须有对次级电路和初级电路进行监测的切换方式。初级电路是与检测参考信号或发动机转速的拾波器同步监测的。这个拾波器在所有系统上都是放在 1 号气缸火花

塞高压线处。在 DIS 中，检测仪必须根据发动机气缸数量、点火顺序和火花塞极性进行设置。在每缸一个点火线圈的系统中，检测仪需要知道气缸数量和点火顺序。

仪器可能需要几秒钟来与点火系统同步。某些仪器在连接到双火花点火系统上时，在通道 1 上只会出现处于压缩行程的火花塞的点火波形，而在排气行程的火花塞点火波形将出现在通道 2 上。

点火系统的所有工作状态都将出现在 DSO 或 GMM 的显示波形中，如同它们显示在点火系统示波器上的波形一样。这意味着，不管用什么仪器，波形的处理和显示方式都是相同的。

点火系统示波器与 DSO 或 GMM 的主要区别在于后者可以显示每个气缸的点火电压、火花电压和火花持续时间的 MIN/MAX 值，而在点火系统示波器上，这些数值必须人工进行目视观察。

可以观察和比较双火花点火系统中每个气缸的有效和无用火花。图 12-31 展示了将示波器连

1）为了用示波器观察 EI 点火系统的工作情况，需要特殊的适配器

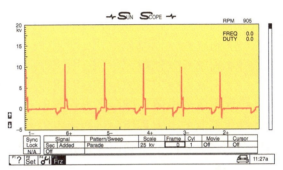

2）点火系统的次级电压波形，注意其中三个气缸（2、4、6 缸）正极点火和其余三个气缸（1、3、5）负极点火的波形

3）为了观察初级电路波形，将小电流的电流夹钳连接在示波器上，确保其与示波器兼容

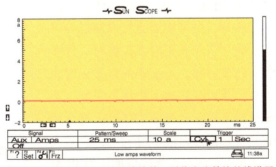

4）在将电流夹钳与示波器连接前，需将电流数的基线设置在示波器屏幕上的 0 线上

5）将电流夹钳夹在点火模块的点火供电导线上

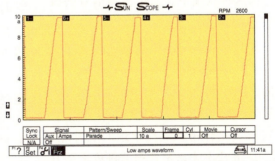

6）当电流夹钳与点火顺序同步时，将会显示所有气缸初级电路的波形。波形中的上升斜线代表点火线圈饱和所用的时间。波形顶部的平直段是因点火模块对电流进行限制造成的

图 12-31　使用示波器检测双火花点火系统

接到 DIS 的步骤以及如何理解所显示的结果。记住，如果双火花点火系统中的一个火花塞被污染，它将影响其电路中另一个火花塞的工作。观察两者的工作状态可识别出有问题的火花塞。

> **车间提示**
>
> 在使用大多数检测仪时，使用正确的适配器和引线是非常重要的，它们都是为特定用途而设计的。如果使用错误，将导致不准确的测量结果。例如，由于 COP 系统有许多不同的设计，因此有许多不同的 COP 适配器。适配器还能与双火花点火系统连接以便观察整个点火系统。

12.8 点火正时检查和诊断

由于初级电路控制次级电路，所以它也控制点火正时。在计算机控制的点火系统中，初级电路的大多数问题会因点火正时不正确而导致起动问题或发动机性能不良。

如果发动机性能不良，其原因可能有很多。可能是发动机存在问题，例如压缩不良、气门正时不正确、过热等。也可能是空气燃油混合气或点火正时不正确。当点火正时不正确时，许多检测结果都会指向该问题。不正确的点火正时将导致发动机在某个或所有转速下燃烧不完全。不完全燃烧将导致排气中存在过多的氧气。这会使 PCM 力图修正这种稀的混合气（图 12-32）。点火正时不正确本身并不是混合气稀造成的，但 PCM 不知道是点火正时错了，它只知道排气中有过多的氧气，因为在这种状况下，氧传感器信号的波形将偏向混合气稀的一侧。

排气中过量的氧气也会在尾气分析仪上显现出来。在点火正时错误的情况下，可看到高于正常值的碳氢化合物。记住，尾气分析的过程大约需要 7s。如果慢慢提高发动机转速，可以在尾气分析仪上看到碳氢化合物和氧气含量的上升点，此点前已存在 7s 的状态才是导致当前排放水平升高的原因。为了更容易追溯，应确保在每个测试转速点保持发动机转速至少 7s。这个方法可以观察到排放物在特定速度下的上升（或下降）。

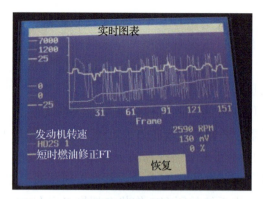

图 12-32 该截图显示出燃油修正是如何响应混合气稀的氧传感器信号的

点火正时不正确也会影响歧管真空度的读数和点火系统在示波器上的波形。当有任何迹象表明问题与初级点火电路有关时，应对可疑部件进行检测。点火正时提前过早的故障现象包括爆燃或发动机敲击声。在较高发动机转速下，点火提前不足或推迟都会导致响应迟缓和燃油经济性变差。

> **车间提示**
>
> 观察氧传感器的信号波形有助于诊断发动机性能方面的问题。图 12-33 展示了点火问题如何影响氧传感器的输出信号。记住，在完全燃烧过程中，燃烧室内的几乎所有氧气已与燃料结合，这意味着尾气中只有很少的氧气。燃烧越不完全，尾气中的氧含量越多。

检查点火正时设置 可能只有采用分电器点火系统的发动机需要设置或调整点火正时。在这类系统中，正确的基础正时是发动机正常运转的关键。由于计算机对点火时间的控制是建立在基础正时设置上的，所以一旦基础正时设置错误，所有其他的点火正时控制也将是错误的。只有分电器点火系统的基础正时才是可以调整的，对于其他类型的点火系统，如果基础正时错误，则可能需要更换点火模块、传感器、信号轮或 PCM。

为了检查点火正时，将点火正时灯对准点火正时标记。正时标记通常位于曲轴带轮或飞轮上。固定的箭头、线条或刻痕处在旋转的正时标记上方。正时标记是曲轴带轮（图 12-34）或飞轮上的一些刻度条，它们分别代表活塞相对于 TDC（上止点）的不同位置。当 1 号气缸活塞在上止点

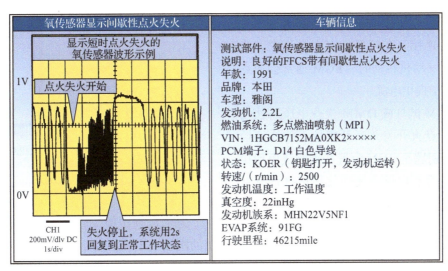

氧传感器显示间歇性点火失火	车辆信息
显示短时点火失火的氧传感器波形示例 1V 点火失火开始 0V CH1 200mV/dlv DC 1s/div 失火停止，系统用2s回复到正常工作状态	测试部件：氧传感器显示间歇性点火失火 说明：良好的FFCS带有间歇性点火失火 年款：1991 品牌：本田 车型：雅阁 发动机：2.2L 燃油系统：多点燃油喷射（MPI） VIN：1HGCB7152MA0XK2××××× PCM端子：D14 白色导线 状态：KOER（钥匙打开，发动机运转） 转速/（r/min）：2500 发动机温度：工作温度 真空度：22inHg 发动机族系：MHN22V5NF1 EVAP系统：91FG 行驶里程：46215mile

图 12-33 受点火问题影响的氧传感器信号

时，正时标记的刻度条将与固定的 0° 参考标记对齐。通常情况下，发动机的点火正时是已设定的，所以 1 号气缸火花塞的点火发生在上止点前的某些角度。正时灯在 1 号气缸火花塞每次点火时闪烁。当正时灯指向正时标记时，正时灯的频闪将在正时标记通过 0° 参考标记期间被定格。点火正时可通过观察火花塞点火时曲轴的转角（BTDC 或 ATDC）来检查。

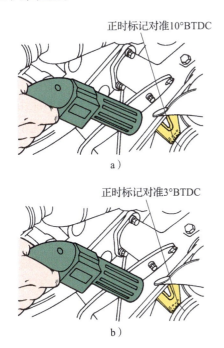

正时标记对准10°BTDC

a）

正时标记对准3°BTDC

b）

图 12-34 用正时灯照在 10° BTDC 和 3° BTDC 时的正时标记

当已有基础正时读数后，将其与技术规范做比较。举个例子，如果技术规范要求 TDC（上止点）前 10°，而当前的读数为 TDC 前 3°，则点火正时推迟了 7°。这意味着必须将点火正时再提前 7°。对采用分电器的点火系统，可转动分电器直到正时标记对准 10°，然后重新紧固分电器的压紧螺栓。但对于计算机控制的点火系统来讲，可能需要进一步检查 CKP 和 / 或传感器、信号轮、相关电路和 PCM，以确定点火正时错误的原因。

12.9 诊断初级点火电路元器件

初级点火电路负责控制次级点火电路，而且在大多数情况下会是起动问题的原因。初级点火电路中的元器件因制造商和设计而异。重要的是要识别初级点火电路的元器件和掌握相应的检测方法。始终应系统地对一条电路进行检查，测试每根导线、连接器和元器件。切勿盲目地从一个元器件跳到另一个元器件，应始终将检测值与制造商给出的技术规范进行比较。

1. 检测点火开关

在许多旧式点火系统中，点火开关直接向点火控制模块和 / 或点火线圈提供电压。点火系统通常有两根导线与点火开关的 RUN（运转）端子连接，一根来自点火模块，另一根来自点火线圈的初级侧。点火开关的起动（START）端子也通过导线与点火模块连接。在较新的点火系统中，当点火开关打开或发动机转动时，ECM 通常会向点火线圈的初级端子提供电源。

可以使用 12V 试灯或 DMM 检查电压。使用试灯前，先关闭点火开关并断开模块上的线路插接器。转动点火钥匙至 RUN 位置并查看线束插接器上电源线处是否有电压。还应使用试灯检查点火线圈 B+ 端子上是否有电压。接着转动点火钥匙至 START（起动）位置，在上述测量点检查是否有电压。若有电压存在，则开关及其电路是正常的。

要使用 DMM 进行相同的检测，转动点火开关至 OFF（关闭）位置，将 DMM 的正表笔从模块插接器背面连接在供电导线上，将 DMM 的负表笔接在良好接地点处。根据需要转动点火开关至 RUN 或 START 位置并测量电压，电压读数应至少为蓄电池电压的 90%。

2. 检测点火线圈电阻

可用欧姆表检查点火线圈，这就像检查所有带有电气绕组的其他部件一样。在点火线圈中有两个独立的绕组，而且每个绕组具有不同的电阻值。这是因为导线的规格和绕组的匝数不同。在检测点火线圈前，一定要先查阅其技术规范。若测量值不在规定范围内，应更换点火线圈或点火线圈总成。重要的是要记住电阻检测可以确认一个元器件是否有故障，但不应仅凭该检测结果就确认它是否良好。这是因为，对点火线圈绕组电阻的检测只是静态检测，点火线圈此时没有承受任何负载。一个绕组用电阻检测方法检测可能未发现问题，但当电流流过绕组并产生热量时可能会失效。

为了检查初级绕组，将欧姆表设置为自动量程模式，并将欧姆表跨接在初级线圈的 BAT（B+）和 TACH（或 + 和 −）端子上（图 12-35）。初级线圈的电阻通常都很低，一般只有几欧姆或更小。无穷大的读数表明该绕组已开路。高于正常值的电阻值读数表明有过大的电阻。如果测量值小于规定的电阻值，则该绕组已短路。

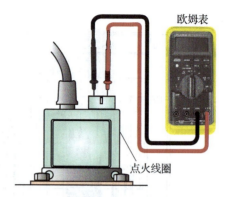

图 12-35 欧姆表连接在初级绕组端子上

为了检查次级绕组，将欧姆表连接在点火线圈的次级端子和 BAT 端子之间（图 12-36）。次级绕组的电阻通常为数千或数万欧姆。低于规定电阻值的读数表示次级绕组短路，无穷大的读数表示该绕组开路。高于正常值的读数表明该绕组中存在过大电阻。

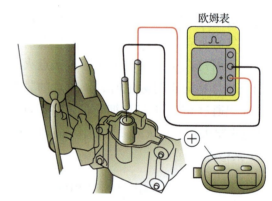

图 12-36 为了检测次级绕组，将欧姆表连接在次级绕组端子和点火线圈高压线插接器上

双火花式 点火线圈的次级绕组不能用检测其他线圈的方式检测。这类点火线圈都有两个次级端子，可通过将欧姆表跨接在两个次级端子上检查这类点火线圈（图 12-37）。与其他类型的点火线圈检测一样，将测量值与技术规范进行比较。COP 式点火线圈的检测方法与其他类点火线圈相同。

尽管欧姆表的测量值是反映点火线圈状况的一个可用指标，但它们无法检测出某些缺陷，诸如绕组之间绝缘不良导致的高压电泄漏。所以点火线圈状况的准确反映是点火线圈输出测试的结果，如同在无法起动的诊断中所描述的那样，该方法是用连接在点火线圈次级高压输出与接地点之间的测试火花塞来进行的。

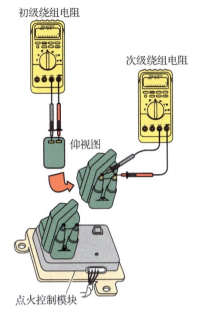

图 12-37 用欧姆表测量双火花式点火线圈的连接

高压二极管 有些点火线圈的次级绕组中含有一个高压二极管。制造商通常不建议对带有高压二极管的点火线圈进行次级绕组电阻检测，可以检测点火线圈的输出，但这个检测只应在检查完初级绕组之后才进行。

3. 检测曲轴 / 凸轮轴传感器

尽管大多数电子点火系统的点火正时是不可调整的，但曲轴和凸轮轴传感器的气隙会影响点火系统的运行，在某些发动机上，这个气隙是可调整的，但在另一些发动机上，如果不提供对间隙的调整且间隙又不正确，则应该更换该传感器。

在检查这些传感器间隙时，应确保旋转的触发轮总成没有任何损伤。用非磁性塞尺测量该间隙，将测量结果与技术规范进行比较。若间隙不正确，则应更换传感器或调整间隙。

还可以用欧姆表检测传感器。将欧姆表的负表笔连接在传感器接地端子上，分别测量该端子与其他端子之间的电阻。电阻值应在规定范围内，否则，应更换该传感器。

此外，还可以将交流电压表或示波器跨接在传感器的端子上来监测该传感器信号在发动机起动时的状态。低于规定值的读数表明传感器绕组短路，而无穷大的读数则表明传感器绕组开路。示波器显示波形应该是光滑的，除了同步脉冲外，

所有的峰值都应该在相同的高度上（图 12-38）。

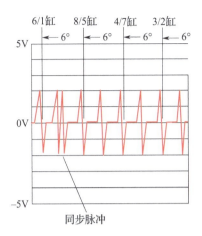

图 12-38 触发轮带有 9 个窄槽的曲轴传感器波形

车间提示

在观察 CKP 的波形时，应记住波形会因发动机的失火而改变（图 12-39）。

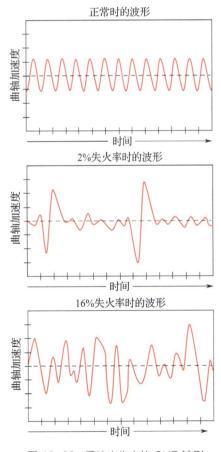

图 12-39 反映出失火的 CKP 波形

在某些发动机上，曲轴传感器安装在发动机内部。这些传感器会不断沾上飞溅的机油，这类

传感器常常会因为发动机机油进入传感器和绕组而造成短路和失效。

　　传感器内永磁体状况的快速检查可以通过在该传感器旁边放置一个扁平的钢制工具（如塞尺中的一个测量片）来进行，若传感器磁性良好，将会吸引钢制工具。

　　如果需要更换曲轴或凸轮轴传感器，务必先清洁传感器的头部，并在传感器头部安装一个新的垫片（若有）。新的传感器上面通常已放置了垫片（图 12-40）。插入传感器直到垫片稍稍接触传感器的底圈，然后拧紧传感器固定螺栓。

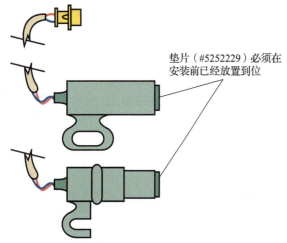

垫片（#5252229）必须在安装前已经放置到位

图 12-40　某些新的 CKP 传感器依靠一个纸质垫片将传感器气隙设定到规定范围

4. 检测拾波线圈

　　目视检查触发传感器和点火模块以及点火模块到 PCM 之间的所有线路和插接器，并用欧姆表检查电阻是否过大是非常重要的。

　　为了用欧姆表测试用作 CKP 或 CMP 的磁脉冲和探测金属的拾波线圈，将欧姆表连接在传感器的一根引线和接地之间来检测是否与地短路。如果与地短路，欧姆表会显示小于规定范围的读数。尽管大多数拾波线圈的电阻值为 150~900Ω，但还是要始终参考制造商的技术规范。如果拾波线圈开路，欧姆表的读数将显示为无穷大。

　　在连接欧姆表的情况下，拉动拾波线圈的引线并观察读数是否稳定，若不稳定，则表明在拾波线圈的引线中存在间歇性开路。

　　拾波线圈与磁阻轮之间的间隙通常是可调的。

应该将非磁性塞尺放在磁阻轮高点与拾波线圈之间来测量间隙。如果需要调整，可松开传感器并移动它，直到获得规定的气隙，然后按规定力矩重新紧固拾波线圈的固定螺栓。有些拾波线圈铆接在传感板上，这类拾波线圈的间隙不需要调整。

　　如果电阻值在规定范围内，则用电压表检查电路。断开传感器或在插接器端子背面插入探针。将电压表测量档位设置为测量 AC 电压并与传感器连接。转动发动机并注意电压读数，此时应显示变化的 AC 电压。传感器在起动转速上至少应产生 200mV 的 AC 电压。

5. 检测霍尔效应式传感器

　　连接电压表，在霍尔元件与磁体间插入一个钢制塞尺片或刀片。若该传感器是良好的，当插入塞尺片或刀片并触及磁体时，电压表的读数应在不小于蓄电池电压减去 0.5V 的电压范围内。当取出塞尺片或刀片时，电压读数应小于 0.5V。

　　将数字电压表从传感信号线连接到接地点。如果电压表读数在转动发动机时没有波动，则传感器有问题。如果电压表读数在接近 0V 与 9~12V 之间波动，则表明传感器是好的。在此检测期间，由于电压信号持续时间较短，电压表的读数可能不精确。如果霍尔效应式传感器信号令人满意，而在用 12V 试灯测试来自点火模块的驱动信号时试灯没有闪动，则点火模块可能有问题。

6. 使用逻辑笔进行检测

　　逻辑笔可用来检测初级电路。在逻辑笔上有三个二极管指示灯。当逻辑笔感应到大于 10V 的电压时，红灯点亮。当接地良好时，绿灯点亮。只要电压变化，黄灯就会闪烁。逻辑笔可用来监测脉冲信号，例如霍尔效应开关等数字传感器产生的脉冲信号。

　　要用逻辑笔进行初级电路的检测，打开点火开关，分别将逻辑笔轻按在点火线圈初级的两个端子（正极和负极）上。如果红灯在逻辑笔与点火线圈两个端子分别接触时（图 12-41）都点亮，则表明点火线圈上至少有 10V 的可用电压且整个线圈是导通的。如果红灯在逻辑笔触及点火线圈正极端子时未点亮，应检查该线圈的供电电路。

如果接触正极端子时点亮，但在接触负极端子时未点亮，则该线圈中有过大的电阻或已开路。

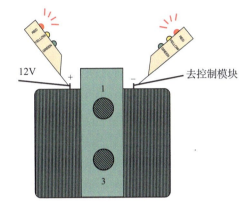

图 12-41　当逻辑笔与初级绕组两端子分别接触时，逻辑笔上的红灯应点亮

然后将逻辑笔移动到点火线圈的负极端子上并起动发动机。此时红灯和绿灯应交替闪烁，这表明在起动中有超过 10V 的可用电压给点火线圈且该电路正不断切换为接地。如果指示灯不亮，应检查来自起动机的点火电源电路。如果红灯点亮但绿灯不亮，应检查曲轴或凸轮轴传感器。如果红灯和绿灯都点亮但不闪烁，则可能是点火模块有问题。

还可用逻辑笔轻松地检查霍尔效应开关。如果霍尔效应开关有三根导线，在点火开关接通时检测霍尔效应开关上的两根外侧导线（图 12-42）。当检测其中一根导线时，红灯应该点亮；当检测另一根导线时，绿灯应点亮。如果红灯在任何一根导线上都未点亮，应检测传感器的供电电路。如果绿灯未点亮，则应检查传感器的接地电路。

图 12-42　霍尔效应式传感器外侧的一个端子可使红灯点亮，另一个端子使绿灯点亮

起动发动机并在插接器背面对中间导线进行检测时，逻辑笔上的三个指示灯都应随发动机的转动而闪烁。当传感器输出电压大于 10V 时，红灯点亮；当该信号降到 4V 以下时，绿灯点亮；当电压每次由高变低时，黄灯闪烁。如果逻辑笔的各个指示灯未以这种方式做出反应，应检查传感器上的接线。如果接线都正常，则应更换传感器。

7. 使用示波器进行检测

如果曲轴传感器是霍尔效应式开关，在示波器上看到的应是方波。通常所有脉冲在间距、形状和振幅上是完全相同的。注意有些系统使用的遮挡片上有一个不同尺寸的间距来表示 1 号气缸，这将导致显示一个与其他方波不同的方波波形。利用双通道示波器可以查看曲轴传感器和点火模块之间的关系。在起动过程中，控制模块将根据其编程和发动机的起动转速提供固定的点火正时提前角。通过观察曲轴传感器和点火模块的输出，可观察到这个提前角（图 12-43），如果点火模块未提供一个固定的点火正时提前角，发动机将不能起动。

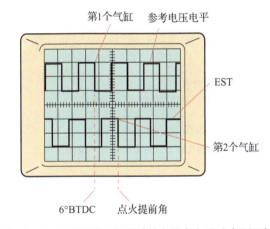

图 12-43　用双通道示波器比较电子点火正时（EST）和曲轴传感器的信号

8. 检测爆燃传感器

大多数点火系统都有爆燃传感器，当检测到发动机爆燃或敲击时，系统将推迟点火正时。在发动机运转时用螺丝刀的手柄轻轻敲击发动机气缸体时观察点火正时的变化可快速地检查爆燃传感器。注意，机械噪声也会引起点火正时的改变。

9. 检测控制模块

检测控制模块最有效的方法是使用点火模块检测仪。该检测仪评估并确定模块是否运行在给定的参数组内。它通过模拟正常工况，同时查看模块部件中的故障来实现此功能。如果没有控制模块检测仪，可在判定控制模块好坏之前先检查系统的所有其他部件，检测控制模块的电源和接地以及来自 CKP 和 CMP 传感器的信号。有可能因为来自 CKP 的信号过弱而不能触发点火模块，致使点火模块没能驱动点火线圈。

12.10 检测和维修次级电路

在所有点火系统中都有点火线圈次级绕组和火花塞。DI（分电器式点火）、无分电器（图 12-44）和每个火花塞附近布置一个点火线圈的点火系统还有火花塞高压线。

图 12-44 无分电器（双火花）点火系统的火花塞高压线

1. 双火花点火系统

使用示波器、欧姆表和正时试灯的标准检测步骤可用于诊断 DIS 的问题，但应记住，涉及一个气缸的问题也可能影响使用同一个点火线圈的配对气缸的点火，所以应遵循维修信息给出的检测步骤。为了帮助排查这类点火系统中的问题，设置了特定的诊断故障码。具体的诊断步骤会因制造商和车型年款的不同而不同。

这类点火系统的每个点火线圈都有单独的初级电路。如果其中一个点火线圈工作不正常，其原因可能对其他点火线圈是共性的，也可能是非共性的。无论点火系统的设计如何，所有电子点火系统都会有一些常见的部件，如点火模块、曲轴和 / 或凸轮轴传感器、点火线圈、次级电路和火

花塞。除了火花塞和与火花塞连接的部件外，这些部件中的大多数可能是共用的。对所有气缸共用的部件（如凸轮轴传感器）的故障往往是导致无法起动问题的原因，其他的一些部件则会导致失火问题。

DIS 的次级电路与任何其他类型点火系统次级电路的检测内容是一样的。应检查火花塞高压线和火花塞，以确保其具有合适的电阻值。因为次级电路中的电阻决定了火花塞点火时的电压，所以次级的电阻在规定范围内是非常重要的。

用点火示波器检查次级电路是一种快捷方法。在示波器上，点火线和火花线反映次级回路中的电阻值。当观察点火线时，记住其波形高度随着电阻值的增加而上升，而火花线的长度随着点火线的增高而减小。这意味着高的电阻将导致点火电压过高和火花时间减少。

当用示波器检查 DIS 时，记住双火花系统中有一半的火花塞是用相反极性点火的。这意味着有一半的点火线将高于另一半的点火线。在正常情况下，极性相反的点火需要比正常点火高 30% 的电压。

电阻过大并不是影响火花塞点火的唯一因素。火花塞高压线和火花塞也可能因高电压泄漏而通过不是火花塞电极的其他金属物来建立电流。当发生这种情况时，火花塞不会点火，因而在气缸内也不会发生燃烧。

还应记住，次级回路是通过发动机的金属部分完成的。如果火花塞没有正确地拧在气缸盖上，火花塞的螺纹不会形成良好的接触，则该回路可能产生电阻。始终应按规定力矩拧紧火花塞，并确保它们没有错扣。

制造商可能建议在火花塞螺纹上使用防粘剂。这种化合物必须以正确的剂量涂抹在正确的位置。如果化合物太少，会造成火花塞螺纹与火花塞螺纹孔间的接触出现缝隙，而太多可能会使火花跳向堆积物而不是跳向火花塞电极。

2. COP 点火系统

记住，单个点火线圈的问题只会导致一个气缸失火。这类点火线圈可用欧姆表检测，其方法与检

测其他类的点火线圈相同。如果电阻值超出技术规范，应更换点火线圈。点火线圈间歇性的问题可能是因点火线圈电气插接器腐蚀而引起的。次级线圈的工作情况还可以用示波器进行监测（图 12-45）。

图 12-45　COP 点火系统有故障时的波形

根据 PCM 检索到的故障码就能确定失火现象是普遍的还是仅涉及单个气缸。因为 COP 点火的问题将仅影响一个气缸，所以代表普遍失火的故障码 P0300 很可能是由燃料供给问题或真空泄漏造成的。

表明单个气缸失火的故障码（P0301、P0302、P0303 等）通常是由喷油器过脏或有缺陷、火花塞污染、点火线圈不良或发动机的机械问题造成的。如果失火是由喷油器引起，则还会检索到喷油器的故障码（P0201、P0202、P0203 等），它们指明了受影响的气缸。

如果曲轴位置传感器不良，将没有正时参考信号，这会妨碍发动机起动或出现起动困难的问题。CKP 故障会设置故障码 P0335 或 P0336，与传感器插接器和连接线路有关的问题也会导致这些故障码的设置。

每个点火线圈在 PCM 中都有一个控制初级电流流动的驱动器电路。驱动器电路不良，则火花塞将不点火。此外要记住，如果凸轮轴传感器有故障，那么发动机有可能实现起动，但此时发动机只是运转在失效保护或跛行模式下，这是因为没有凸轮轴信号，喷油器可能无法同步。点火线圈初级或次级电路故障或点火线圈故障都可能导致设置 P0351~P0362 的故障码。

点火线圈布置在火花塞附近的点火系统可以用示波器或绘图万用表检查，其方法同其检测其它点火系统的方法一样。检测次级电路信号的传感器可安装在火花塞高压线上面。COP 点火系统需要特殊适配器将示波器或分析仪与点火系统连接。有些小电流的电流探头也可以用来监测 COP 系统中的单个点火线圈的活动。此外，务必检查火花塞的高压线（图 12-46）。

图 12-46　点火线圈布置在火花塞附近的点火系统

3. 火花塞

所有点火系统的设计不外乎是提供能使火花跳过火花塞间隙所需的电压。这个简单动作是燃烧过程的开始。不用说，一个状况良好的火花塞对燃烧过程是极其重要的。更换火花塞对所有车辆来讲都是预防性维护的一部分。推荐的更换间隔取决于许多因素，但大约在 20000~100000mile（32000~160000km）范围内。

> ⊙ 警告　在从火花塞上拆下高压线防尘套时，不要拉扯高压线，而是应握紧防尘套并慢慢转动将其取下。

使用火花塞套筒和棘轮扳手，先将每个火花塞松开几圈。之所以要使用火花塞套筒，是因为在其内部装有用来防止火花塞绝缘部分断裂的橡胶衬套。火花塞套筒上会有一个 3/8in 或 1/2in 的驱动插口，而且大多数套筒的端头是外六角形的，因此可用开口扳手或套筒扳手转动火花塞。

松开火花塞后，应使用压缩空气吹去火花塞底部周围的污物，然后拆下火花塞，并确保一同取出了火花塞垫圈（若有）。拆下火花塞后

（图 12-47），应将它们按顺序摆放，以便按对应的气缸位置来检查每个火花塞。

图 12-47　使用火花塞套筒拆卸火花塞

检查气缸盖上火花塞孔的螺纹是否有损伤。通常情况下，可通过拆卸火花塞时的感觉来判断。若火花塞松动后转动不顺畅，则螺纹可能已损坏。通常这些螺纹可以用火花塞螺纹丝锥来清理。此外还应检查火花塞上的螺纹，查看其是否有损伤或嵌入了金属，因为这些都是确定问题的线索。如果铝制气缸盖上的火花塞螺纹孔损坏，可能需要在原火花塞孔内安装螺纹套。

当在某些福特 V8 车型上拆卸伸入长度延长的火花塞时，由于这种火花塞的设计造成加长的壳体经常断裂在气缸盖中，所以通常需要使用特殊工具和特殊步骤来拆卸火花塞。具体信息可参考福特关于维修 4.6L、5.4L 和 6.8L 3V 发动机火花塞的维修信息。

（1）检查火花塞　取出火花塞后，重要的是要"看懂"它们。换句话说，就是要仔细检查它们，尤其应注意火花塞上的任何沉积物和电极的烧蚀程度。正常点火的火花塞在其上面都会有少量的沉积物，并呈现为浅棕色或灰色（图 12-48），但不应有电极烧蚀的迹象，而且火花塞间隙的增加量在车辆每行驶 10000mile（16000km）中不应超过 0.001in（0.0254mm）。如果火花塞电极的损耗超过这个数值，应该更换火花塞并纠正造成过度损耗的原因（图 12-49）。已损耗或污染的火花塞有可能在怠速或低转速下工作良好，但在发动机大负荷或较高转速时会频繁出现故障。

通过检查火花塞的电极可以诊断发动机的各种状况。理想情况下，发动机上的所有火花塞看上去应大致一样。只要某个或某些火花塞的状况看上去与其他气缸的不一样，那么使用这些火花塞的气缸就存在问题。以下是火花塞问题的一些示例及其处理方法。

图 12-48　正常的火花塞

图 12-49　烧损的火花塞

1）积炭污染：这种情况是空气燃油混合气过浓的结果。其特点是在火花塞顶部上有一层黑色干燥蓬松的炭沉积物（图 12-50）。积炭污染，又称冷污染，也会由能导致火花塞不点火的点火故障所引起。如果仅有一个或两个火花塞显现出污染的痕迹，则可能的原因是气门黏滞。被污染的火花塞经清洁后，可继续使用。在重新安装或更换火花塞前，应先纠正污染的原因。

图 12-50　受积炭污染的火花塞

如果在大部分时间以怠速和低速行驶的车辆上发现了积炭污染，可以通过更换更高热值的火花塞来延长该火花塞寿命。

2）液体污染：当火花塞的头部覆盖有机油时称为液体污染（图 12-51）。机油可通过磨损的气门导管或气门导管的密封件流入燃烧室。对于高行驶里程的发动机，应检查活塞环或气缸孔是否过度磨损。在更换火花塞前，应纠正这个问题。

图 12-51 受液体或机油污染的火花塞

3）釉层：在高速状况下，燃烧室沉积物会在绝缘体上形成一层黄色有光泽的釉层。当釉层变得足够热时，就会充当电导体，导致电流通过沉积物而造成火花塞短路。由于实际上不可能清除釉层沉积物，因此应更换已有釉层的火花塞。

4）过热：这种状况是以绝缘体上的白色或浅灰色小泡为特征的，可能还伴有电极间隙的过大损耗（图 12-52）。过热可能是由于使用的火花塞热值不正确、点火正时过早、爆燃、冷却系统有故障、空气燃油混合气过稀、燃油辛烷值过低、火花塞安装不当或预热阀卡住而造成的。必须更换曾过热的火花塞。

图 12-52 该火花塞显示出曾有过热的迹象

5）湍流燃烧：当发生湍流燃烧时，由于燃烧室中正常湍流的结果，火花塞一侧的绝缘体会有

损耗。只要火花塞在其使用寿命期内，这种情况造成的后果就很小。但若火花塞显示出过早的损耗，则过热可能是其原因。

6）早燃：因早燃而造成的火花塞损坏是由于发动机温度过高引起的，它以电极熔化或电极尖端剥落为特征（图 12-53）。应查找发动机过热的主要原因，包括点火正时过早、气缸垫烧损和使用辛烷值过低的燃油。其他的可能还包括火花塞松动或使用了热值不适合的火花塞。不要试图重复使用带有早燃损伤的火花塞。

图 12-53 因早燃损坏的火花塞

（2）更换火花塞 无论新的还是在用的火花塞的间隙都应调整到制造商的规定范围内。在检查和调整火花塞间隙时，应始终使用圆线型塞尺（图 12-54）。

图 12-54 圆线型塞尺

调整火花塞间隙时，应尽可能保持火花塞接地电极是平直的。

在安装新的火花塞前，务必先检查其间隙。不要仅仅因为火花塞是新的就认为它的间隙是正确的。切勿试图通过在工作台上敲击侧电极来减小火花塞间隙。使用火花塞间隙调整工具将接地电极弯曲到正确的高度。在这样做时，小心不要接触到中心电极或对其施加压力，这对于采用细的铂金或铱金电极的火花塞尤其重要。此外，在弯曲接地电极时，尽量保证接地电极与中心电极对正。

有些发动机采用有多个接地电极的火花塞。应检查中心电极与每个接地电极之间的间隙（图12-55）。如果中心电极与其中一个接地电极之间的间隙小于与其他接地电极的间隙，则火花只会出现在最小间隙处。对采用V形接地电极的火花塞来讲也是如此。如果V形接地电极的一侧比另一侧更靠近中心电极，则火花将总是从最短距离跳过。

图 12-56 确保用于更换的火花塞对其应用是正确的

图 12-55 检查并按技术规范检查和调整中心电极与各接地电极之间的间隙

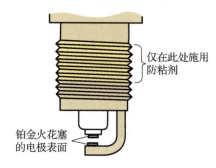

仅在此处施用防粘剂

铂金火花塞的电极表面

图 12-57 在火花塞上涂抹防粘剂的正确位置

采用表面间隙的火花塞和带有多个接地电极的火花塞是不能用常规工具调整间隙的，而且大多数制造商建议不必理会这类火花塞的间隙。

下面是安装火花塞的常规步骤。

步骤

火花塞的安装步骤如下：

步骤1 用干净抹布擦去火花塞座上的污垢和油脂。

步骤2 通过零件编号与其应用的匹配来验证更换的火花塞对该发动机是正确的（图12-56）。永远不要认为从发动机上拆下的火花塞就是正确的类型。

步骤3 根据需要调整气隙。

步骤4 查阅维修信息，确认是否应在火花塞螺纹上使用防粘化合物（图12-57）。

步骤5 装入火花塞并用手拧紧。如果无法容易地用手安装，则气缸盖上的螺纹可能需要用螺纹丝锥进行清理。当在铝制气缸盖上作业时，要特别小心火花塞不要错扣。

步骤6 按照制造商的技术规范或表12-2所示的数值用扭矩扳手拧紧火花塞。

表 12-2 典型的火花塞拧紧力矩

火花塞类型	螺纹直径	铸铁气缸盖	铝制气缸盖
平底座/带垫圈	18mm	25~33	25~33
锥形座/无垫圈	18mm	14~22	14~22
平底座/带垫圈	14mm	18~25	18~22
平底座/带垫圈	12mm	10~18	10~15
锥形座/无垫圈	14mm	10~18	7~15

注：表中力矩单位为 lbf·ft。

4. 次级点火高压线

检查所有火花塞和次级线圈的高压线及其端部的防尘套是否有龟裂、绝缘层磨损或硬化和脆化的痕迹，这会造成高压泄漏。

确保次级高压线可靠地安装在火花塞和点火线圈上。还要检查高压线是否有任何损伤或电弧的迹象。如果有这些状况的痕迹，应更换高压线和防尘套。大多数厂家建议火花塞高压线应整套更换。

可用欧姆表检查次级高压线的电阻。为此拆下高压线并将欧姆表跨接在高压线的两端进行测量。若高压线的电阻值大于规定值，应更换该高压线。用欧姆表对每根火花塞高压线和点火线圈的高压线重复上述检测。

5. 更换火花塞高压线

很多点火系统使用锁止片将火花塞高压线固定在点火线圈上。为了从点火线圈上取下高压线，需要用尖嘴钳子挤压或用螺丝刀抬起该锁止片。当重新将高压线连接到点火线圈上时，通过按下高压线端子的中间部位来确保锁止片安装到位。

在安装火花塞高压线时，应确保它们按照该车辆维修信息中给出的正确走向布置。当从火花塞上拆卸火花塞高压线时，应紧紧握住火花塞防尘套，并在从火花塞端部拉动高压线的同时转动它。在安装时，应确保防尘套牢固地套在火花塞的顶部，然后挤压防尘套以排出可能被困在里面的所有空气。

如果按气缸点火顺序有两根火花塞高压线依次点火，那么它们不应长距离地并排放置。当两根依次点火的火花塞高压线长距离并排放置时，来自正在点火的高压线的磁场将穿过另一根高压线建立和衰减磁场。这个衰减的磁场会感应足够的电压使活塞正在接近压缩行程上止点的另一个气缸的火花塞跳火，这可能会引起爆燃而降低发动机功率。

此外，还要确保高压线已固定在它们的非金属柔性线分离夹中，而且这些分离夹应正确放置（图 12-58）。

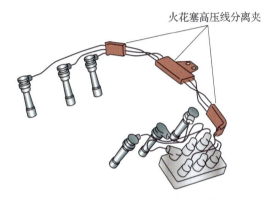

火花塞高压线分离夹

图 12-58 重新安装火花塞高压线时，
应确保高压线分离夹安装到位

3C：问题（Concern）、原因（Cause）、纠正（Correction）

维修工单				
年份：2007	制造商：GMC	车型：Yukon	里程：142698mile	单号：18825
问题	检查发动机的指示灯点亮，且在加速时发动机发出咯咯的声响。			

技师确认了加速时的噪声和 MIL 的点亮，并检查了是否有故障码。发现 PCM 中存储有故障码 P0332。检索技术服务公告时发现了针对此故障码的公告和与爆燃传感器及其线路有关的问题。

原因	发现存储的 P0332 故障码和针对因水进入进气歧管下面造成爆燃传感器及其线路损坏的技术服务公告。拆下进气歧管并发现线束和传感器已被腐蚀。
纠正	更换了爆燃传感器、线束和罩住传感器的密封套。安装了经改进的进气歧管密封垫，并建议客户不要冲洗发动机。

12.11 总结

- 可靠的线路及连接对点火系统非常重要。连接不良、腐蚀和脏污都会影响点火性能。

- 线路、连接和点火系统的部件可通过晃动它们，或通过加热、冷却和加湿等强化检测来排查间歇性故障。

- 示波器提供了将电压随时间的变化图形化的一种方法。

- 在示波器上可以用不同的模式和比例来查看波形。在示波器上可以查看初级和次级点火电路的工作状况。

- 点火波形可以划分为三个主要部分：点火段、中间段和闭合段。

- 点火线和火花线分别显示点火电压和火花持续时间。

- 点火波形中的中间部分显示点火线圈电压的耗散状况。

- 点火波形中的闭合部分显示初级线圈电流流动和初级线圈电流中断的状态。初级电流中断信号也是点火顺序中下一个气缸点火线的信号。

- 限制电流的点火系统用大的电流使点火线圈快速饱和，然后消减或限制电流以保持饱和状态，这类系统可延长点火线圈的使用寿命。

- 在点火系统检测期间，必须始终采取预防措施以避免开路。在检测过程中使用一个特殊的检测火花塞来限制点火线圈的输出。应始终使用对被测系统是正确的检测火花塞。

- 点火电压通常在 7~13kV 之间，且各气缸间的电压变化不应大于 3kV。

- 高的次级电路电阻将产生比正常值更高的点火线和更短的火花线。

- 通常使用欧姆表检测点火系统单个部件的内阻是否过大。也可用电压表或示波器监测它们的工作电压。

- 火花塞间隙的正确调整和安装对点火系统的运行非常重要。火花塞上有积炭、液体污染和釉层等情况通常是存在其他问题的一种有用的提示。

- 可用示波器、GMM 和 / 或 DMM 的标准检测步骤诊断各类点火系统中的问题。

- 通常情况下，如果曲轴或凸轮轴传感器失效，发动机将无法起动。这些传感器的电路可用电压表检查。如果传感器获得的电压正确，且连接良好，则它们的输出波形在发动机起动时应是方波或脉冲式模拟信号。

- COP 点火线圈的电阻可以用与常规点火线圈一样的方法进行检测，但为了检测双火花点火线圈则需要用不同的连接仪器方式。

12.12 复习题

1. 思考题

1）为什么检查双火花点火线圈电阻的步骤与检查其他类型点火线圈的步骤不一样？

2）说出波形在示波器上的三种显示模式的名称，并举例说明每种模式在什么时候最有用。

3）列出火花塞污染的常见类型和每种污染类型所反映的典型问题。

4）列举出至少两种检查霍尔效应式传感器的方法。

5）简述在采用电子点火系统的发动机上查找无法起动问题的基本流程。

6）检查点火线圈初级绕组电阻的常规步骤是什么？

7）火花线的倾斜代表什么？

8）在有两个或多个电极的火花塞中，如果某个接地电极更靠近中心电极将会发生什么？

2. 判断题

1）检查无法起动问题的第一个检测内容是检查所有输入信号。对还是错？　　（　　）

2）点火线圈次级的电阻通常都非常低，一般小于 1Ω。对还是错？　　（　　）

3）在有些发动机上，如果曲轴传感器与其触发轮的间隙超出规定范围，应更换传感器。对还是错？　　（　　）

3. 单选题

1）较浓的空气燃油混合气会（　　）。

    A. 降低气缸内的电气阻抗，从而降低点火所需的电压

    B. 增加气缸内的电气阻抗，从而提高点火所需的电压

    C. 增加气缸内的电气阻抗，从而降低点火所需的电压

    D. 对气缸内的电气阻抗没有显著影响

2）在用欧姆表检测拾波线圈电阻时，比正常值低的读数表示该拾波线圈（　　）。

    A. 短路　　　　　　　B. 开路

    C. 电阻高　　　　　　D. 以上都不是

3）以下所有仪器都可检测 CKP 传感器，**除了**（　　）。

    A. 逻辑笔　　　　　　B. 电压表

    C. 电流表　　　　　　D. 示波器

4）下列哪一项会导致一个或多个气缸的点火线高于正常水平，但不是所有气缸的点火线？（　　）

    A. 火花塞高压线电阻高　　B. 喷油器有故障

    C. 火花塞有缺陷　　　　　D. 以上所有

4. ASE 类型复习题

1）示波器上显示的点火线波形都异常低，技师 A 说问题可能是点火线圈输出低；技师 B 说问题可能是空气燃油混合气过稀。谁是正确的？（　　）

A. 仅技师 A 正确

B. 仅技师 B 正确

C. 技师 A 和 B 都正确

D. 技师 A 和 B 都不正确

2）在检测电子点火系统中的点火线圈时，技师 A 说无穷大的电阻读数表示该线圈没有电阻和短路；技师 B 说应检查每个点火线圈的初级绕组是否对地短路。谁是正确的？（　　）

A. 仅技师 A 正确

B. 仅技师 B 正确

C. 技师 A 和 B 都正确

D. 技师 A 和 B 都不正确

3）在讨论用检测火花塞诊断发动机无法起动的问题时，技师 A 说如果连接到点火线圈转速端子上的试灯在发动机起动时闪烁，但连接在点火线圈次级高压线和接地之间的检测火花塞没有高压火花，则是点火线圈有故障；技师 B 说如果连接在双火花点火线圈上的检测火花塞在发动机转动时有高压火花，但发动机不能运转，则表明 PCM 不良。谁是正确的？（　　）

A. 仅技师 A 正确

B. 仅技师 B 正确

C. 技师 A 和 B 都正确

D. 技师 A 和 B 都不正确

4）技师 A 说电磁干扰（EMI）会影响传感器的信号。技师 B 说电磁干扰（EMI）会导致间歇的驾驶性问题。谁是正确的？（　　）

A. 仅技师 A 正确

B. 仅技师 B 正确

C. 技师 A 和 B 都正确

D. 技师 A 和 B 都不正确

5）当讨论采用双火花的电子点火系统时，技师 A 说一个火花塞间隙过大会影响与其配对的火花塞点火；技师 B 说火花塞的紧固力矩不当会导致发动机失火。谁是正确的？（　　）

A. 仅技师 A 正确

B. 仅技师 B 正确

C. 技师 A 和 B 都正确

D. 技师 A 和 B 都不正确

6）在讨论如何检测霍尔效应式曲轴位置传感器

时，技师 A 说可以使用逻辑笔；技师 B 说可以使用 DMM。谁是正确的？（　　）

A. 仅技师 A 正确

B. 仅技师 B 正确

C. 技师 A 和 B 都正确

D. 技师 A 和 B 都不正确

7）在讨论采用电子点火系统的发动机无法起动的可能原因时，技师 A 说曲轴传感器短路可能会阻碍发动机起动；技师 B 说点火线圈有故障可能会阻止发动机起动。谁是正确的？（　　）

A. 仅技师 A 正确

B. 仅技师 B 正确

C. 技师 A 和 B 都正确

D. 技师 A 和 B 都不正确

8）在讨论电子点火系统的诊断时，发现曲轴和凸轮轴传感器的检测都显示正常，但从火花塞高压线连接到接地的检测火花塞不点火，技师 A 说点火线圈总成可能有故障；技师 B 说 PCM 可能有故障。谁是正确的？（　　）

A. 仅技师 A 正确

B. 仅技师 B 正确

C. 技师 A 和 B 都正确

D. 技师 A 和 B 都不正确

9）在讨论电子点火系统的诊断和维修时，技师 A 说可以转动曲轴传感器来调整基本点火正时；技师 B 说在某些电子点火系统中，可以通过移动曲轴传感器来调整传感器与触发轮之间的间隙。谁是正确的？（　　）

A. 仅技师 A 正确

B. 仅技师 B 正确

C. 技师 A 和 B 都正确

D. 技师 A 和 B 都不正确

10）在讨论发动机失火的诊断时，技师 A 说电子点火系统中的点火线圈有故障会导致气缸失火；技师 B 说 CKP 传感器短路会导致失火。谁是正确的？（　　）

A. 仅技师 A 正确

B. 仅技师 B 正确

C. 技师 A 和 B 都正确

D. 技师 A 和 B 都不正确

第 13 章
燃油供给系统

学习目标

- 能够简述燃油供给系统的各个部件及其功用。
- 能够进行燃油系统的外观检查。
- 能够去除燃油系统的压力。
- 能够检查维修燃油箱。
- 能够检查检修燃油管路。
- 能够简述不同燃油滤清器的结构和连接件。
- 能够拆卸和更换燃油滤清器。
- 能够说明常见燃油泵的电路是如何工作的。
- 能够进行燃油泵的压力和输出流量测试。
- 能够测试和检修电动燃油泵。

3C：问题（Concern）、原因（Cause）、纠正（Correction）

维修工单				
年份：2007	制造商：雪佛兰	车型：Colorado	里程：148108mile	单号：18902
问题	该货车是拖进店里的，客户陈述该车可勉强运转，动力不足且运转不畅。			

考虑该客户的问题，运用在本章学习的内容确定该问题的可能原因、诊断该问题的方法和纠正此问题将需要哪些步骤。

为使发动机高效运转，必须具有正确的燃油量。为此，燃油系统必须能存储燃油，并将存储的燃油泵出，通过管路并经过滤后输送给发动机的喷油器。此外，燃油系统的设计要能防止燃油蒸气流入大气。

目前大多数燃油系统是无回油的按需供给系统。在较旧的系统中，燃油泵为喷油器提供具有一定压力的燃油。安装在燃油导轨上的压力调节器通过将多余的燃油经回油管路送回燃油箱来控制燃油压力。图 13-1 所示是一个具有回油的燃油系统。

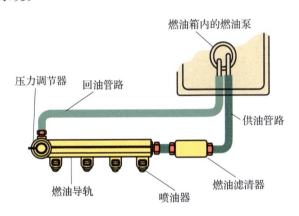

图 13-1　具有回油的燃油系统

机械式无回油的燃油系统（图 13-2）的压力调节器布置在燃油箱中，多余的燃油直接泄放到燃油箱中，所以不需要回油管路。大多数较新的发动机控制系统是电子控制的，因此，燃油压力和流量是由 PCM 根据发动机的运转工况来控制的。

在具有回油管的燃油系统中，回到燃油箱的燃油已受到发动机舱内热量的影响，升温后的燃油回到燃油箱导致了燃油的蒸发。

只要有燃油泄漏、燃油气味或燃油供给不足的迹象，就应检查燃油系统。一旦基本测试表明向气缸供给了过少或过多的燃油，也应检查

燃油系统。混合气过稀有时是从燃油箱抽出的燃油量不足引起的。过稀的混合气会使许多不同的诊断测试得出不好的结果，包括废气分析仪测得的 HC、O_2 和 NO_x 读数高和示波器显示的点火电压高。

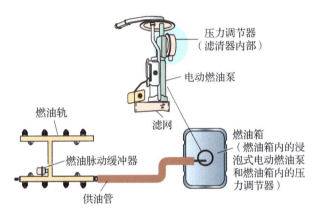

图 13-2　无回油的燃油系统

当没有燃油提供到发动机时，发动机将无法起动。为验证是否有燃油供给，可在燃油管路或燃油导轨上连接一个燃油压力表并在发动机转动时观察燃油压力，如果没有燃油压力，则表明没有燃油输送给发动机。有关测试燃油压力的内容将在本章后面讲到。

燃油系统有很多零部件组成，它们可以分为两个系统：燃油供给系统和燃油喷射系统。本章主要关注于燃油系统的诊断和基本检修。在本章中给出的所有测试都假设燃油本身是良好的且没有被严重污染。

⚠ **注意**　汽油是非常不稳定和易爆的。切不可将其暴露于明火或极端热量中。在做任何可能释放汽油蒸气的作业前断开蓄电池负极电缆。使用容器接住汽油和并用抹布擦干任何溢出的汽油。使用可在燃油周围安全使用的手电、封闭的荧光灯管或 LED 灯泡。当进行燃油系统的作业时，应始终在旁边放置 B 等级的灭火器。

13.1 燃油系统作业安全指南

在燃油系统上进行作业前，需要考虑许多事情。蒸气和液态形式的燃油存在许多潜在的危险。燃油受热则更加危险。此外要按照当地的法规处置所有排出的燃油。

在松开或断开燃油管路之前，必须先释放系统中的全部压力。燃油喷射系统工作在较高的燃油压力下，并设计成在发动机不运转时仍能保持大部分压力。这种残余压力便于发动机快速起动。当松开带有压力燃油的燃油管路时，燃油将以其所能达到的最快速度不受控地喷出。燃油会喷到某些热的物体上而引起火灾，或喷入眼睛造成严重伤害。

大多数进气口燃油喷射系统在燃油导轨上会有一个燃油压力测试端口（图 13-3），它是一个锥面气门芯阀，可通过这个测试端口泄放燃油压力。首先断开蓄电池的负极电缆，然后松开燃油箱加油口盖，释放燃油箱内积聚的任何燃油蒸气压力。将车间用的抹布裹在燃油导轨上的燃油压力测试端口周围，随后取下测试端口上的防尘帽，将燃油压力表连接到燃油压力测试端口上。在压力表上安装一个放气软管，并将该软管的另一端放入一个经批准的汽油容器中，然后打开压力表的放气阀以泄放燃油系统的压力（图 13-4）。要确保放气软管中的所有燃油都排到汽油容器中。

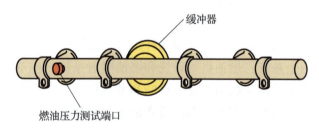

图 13-3 燃油压力测试端口的典型位置

如果燃油系统没有测试端口，则其可通过松开燃油箱加油口盖来消除燃油箱内所有燃油蒸气压力，然后取下燃油泵熔丝或继电器，起动并运转发动机，直到发动机耗尽管路中的燃油而熄火。随后再用起动机转动发动机约 3s 以释放任何剩余的燃油压力。

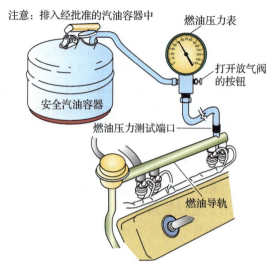

注意：排入经批准的汽油容器中

图 13-4 泄放燃油系统中的压力

其他的安全注意事项还包括下述内容。

1）严格遵守位于燃油系统附近的所有警告标识中的要求（图 13-5）。

图 13-5 进行燃油系统的作业时应仔细阅读并严格遵守安全警示内容

2）在维修燃油系统时，应始终佩戴眼睛防护装置并遵循所有其他安全规定以防止对自己和他人造成伤害。

3）当在发动机舱内进行燃油系统作业时，先断开蓄电池负极电缆。一个电火花就可能导致起火或爆炸。

4）慢慢取下燃油加注口盖。如果从此盖处排出燃油蒸气或听到咝咝声，应等待到咝咝声停止后，再完全取下燃油箱加注口盖。

5）当在与燃油相关的部件上或其附近作业时不可吸烟。

6）在燃油系统上或其附近作业时，不要让热量或明火接近燃油系统。

7）在燃油系统上或其附近作业前，先从衣服中取出手机和无线设备等所有电子装置。

8）尽可能地小心处置和储存燃油。

9）及时清理所有洒落的燃油，洒落的燃油会被热的部件点燃。

10）应更换任何有损伤的燃油管路或软管。

11）当断开或重新连接燃油管路或软管时，确保其接合部分是完全清洁的。

12）在断开燃油管路或软管后，堵住其端口以防止污物进入。

13）当断开或重新连接燃油管路或软管时，只能使用为此连接设计的工具。使用错误的工具会造成连接不良而导致燃油泄漏。

14）在更换燃油滤清器和燃油泵时，使用燃油管路或橡胶软管的夹紧工具以尽量减少燃油的洒落。

13.2　燃油箱

燃油箱包括了用于防止燃油蒸气逃离燃油箱的装置。例如，为了收集燃油蒸气并允许由温度变化导致的燃油膨胀、收缩和溢流，在燃油箱的顶部设有一个单独的空气腔室。所有的燃油箱设计都提供了在加注燃油箱时对燃油液面高度的某种控制装置。这种控制装置通常是通过使用与加注管道并行的通风管路来实现的（图13-6）。这些控制燃油液面高度的装置只允许燃油箱被加注到90%，剩下的10%用于为燃油在炎热天气时的膨胀提供空间。有些燃油箱有一个总量限制阀，以防止燃油箱加注过满。

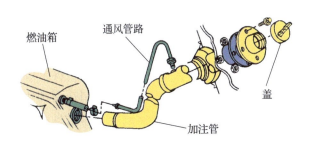

图 13-6　燃油箱内加油管上的通风管路控制燃油最大加注量

燃油箱用耐腐蚀的钢或铝材冲压件或用模压聚乙烯塑料制成。最常用的是铝和模压塑料的燃油箱。

大多数燃油箱都有阻止燃油在燃油箱内飞溅和浪涌的挡板或隔板。除了减缓燃油的运动外，

这些挡板在车辆紧急制动和急加速时还将使吸油管和燃油量表的发送单元保持浸入在燃油中。隔板或挡板上还有孔或开槽以允许燃油从燃油箱的一端流动到另一端。除了少数例外，燃油箱通常都布置在车辆的后部。

燃油箱有一个加油管道的进口和盖。加油管道的位置取决于燃油箱的设计。目前所有的加油管道口处都有一个内置的限制装置，以防止直径较大的含铅燃油加油枪插入。加油管道可以是一个焊接在燃油箱上的刚性整体管，也可以由多段管子组成。

几乎所有燃油箱都装有某种形式的液体蒸气分离器。该分离器阻止液体燃油或气泡进入蒸气的储存罐内。分离器可以位于燃油箱内部、燃油箱上面、燃油通风管路中，或靠近燃油泵的地方。对于液体蒸气分离器的确切位置和软管到分离器的路径可查看维修信息。

在燃油箱内部，还有一个发送单元，它包括一个吸油管和一个由浮子控制的燃油量表发送单元。目前大多数燃油泵是安装在燃油箱内部的，吸油管和用于燃油量表的传感器是该总成的一部分（图13-7）。一个燃油滤网连接在吸油管上，燃油滤网由塑料交织而成。该滤网作为一个过滤器，用来阻止任何可能在燃油中的锈物或污物进入燃油泵。燃油箱还有一个通风阀，它通过软管与活性炭罐相连，可在发动机运转时收集HC排放物。

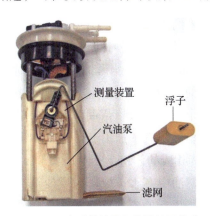

图 13-7　电动燃油泵和发送单元总成

1.　检查

应检查燃油箱是否有泄漏或由路面造成的损伤，金属制成的燃油箱上是否有腐蚀和锈蚀、接

缝处是否有动松、损伤和缺陷，固定螺栓是否松动，以及固定扎带是否有破损。燃油箱、燃油管路或滤清器的泄漏可能导致车辆内部及周围有汽油味，特别是在怠速和低速行驶时更明显。

薄弱的接缝、生锈或路面造成的损伤都会导致金属燃油箱的泄漏。永久性解决该问题的最好方法是更换燃油箱。另一种方法是拆下燃油箱，用蒸汽清洗或用苛性碱溶液煮洗，以除去汽油的残留物。完成清洗后，可用专修店配备的适当设备对泄漏处进行锡焊或铜焊。

塑料燃油箱上的小孔有时可用特殊的燃油箱维修套件进行修复。在进行这类维修时一定要遵循制造商的说明。

当燃油箱存在泄漏或其内部有水时，必须进行清洗、修复或更换。

> **使用维修信息**
>
> 当必须拆下燃油箱时，如有可能，请求客户在将车辆开到维修店时使燃油箱储存的燃油尽可能少。

2. 受污染的燃油

水显然是不能燃烧的，所以燃油箱里的水会导致驾驶性问题。为了检测燃油是否受污染，可将燃油样品放在有刻度的容器中。采用专用的燃油测试烧杯可使这个测试更容易进行。先将测量好的燃油倒入容器中，并标记其液位。接下来向容器中加入约 10% 的水，并标出此时的液位。密封该容器，并摇动几秒钟，然后让容器中的燃油和水静置 5min 以上。当燃油和水分离时，就可以通过所做的标记来判断水量是与原先相同还是增加了。这个测试还可以帮助确定客户是否给不可使用灵活燃料的汽车加了 E85 燃油，因为水和乙醇将体现为相应的体积百分比。

如果燃油中有水，应排空燃油箱，更换燃油滤清器，并用新的汽油重新加注。此外，当燃油放置一段时间后，会变得不易挥发或陈旧。这是因为一些较轻的碳氢化合物会随着时间而蒸发。当燃油已存放很长时间，并暴露在空气和热量中时，它会分解和蒸发，留下的是大微粒的碳和胶质。从燃油中分离出来的这些物质降低了燃油的

挥发性，而且这些微粒还会聚集在燃油管路和喷油器中形成阻塞。如果这些微粒喷入气缸，它们将不会燃烧，并会造成气缸孔的磨损。如果燃油闻起来发酸，并且已经存放了相当长的一段时间，则表明该燃油已经过于陈旧了，它或许仍可使用，但也应与尽可能多的新鲜燃油混合后使用。

尽管有许多可用于部分恢复陈旧燃油的产品，但如果该燃油太过陈旧，以至于使发动机无法用它来运转，就应将其排空，再用新鲜的汽油重新加注燃油箱。如果燃油将要存放一段时间，应在储存前添加燃油稳定剂。

3. 排空燃油箱

> **⚠ 警告** 始终应将汽油排入到经批准的容器中，并使用漏斗以防止汽油的飞溅。

在拆卸燃油箱之前，必须将其排空。首先从蓄电池上拆下负极电缆。然后用举升机升起车辆。确保有一个经批准的汽油容器，并在排空前准备好收集所有燃油的容器。如果该燃油箱有放油螺栓，拆下它以放出燃油。如果燃油箱没有放油螺栓，找到燃油箱的放油管或加油管，使用适当的适配器，将手动或气动泵上的进气口软管连接到该管路上，将手动或气动泵的排油软管插入经批准的汽油容器中，然后操作该泵，直到从燃油箱中清除了所有燃油。

> **⚠ 警告** 被污染燃油的处置要遵守联邦和各州的法律。当在车下作业时，一定要佩戴眼睛防护装置。

4. 检修燃油箱

在大多数情况下，为了检修，必须拆下燃油箱。拆下燃油箱的步骤根据车辆的制造商和年款而变化。应始终遵循车辆制造商维修信息中的步骤。下面是一个典型的步骤。

> **步骤**
>
> 步骤 1　断开蓄电池的负极端子。
> 步骤 2　泄放燃油系统的压力并排空燃油箱。
> 步骤 3　用举升机升起车辆，或用地面式千斤顶支起车辆并将底盘降低到千斤顶支座上。

步骤 4　用压缩空气吹去燃油管路接头和线路插接器上的污物。

步骤 5　从车身线束插接器上拆下燃油箱线束的插接器。

步骤 6　从底盘上拆下地线固定螺栓（若有）。

步骤 7　从燃油箱上断开燃油管路。如果这些管路装有快速断开接头，应遵循制造商在维修信息中建议的拆卸步骤。一些快速断开接头可手动断开，而其他的则需要使用专用工具（图 13-8）。

步骤 8　用车间抹布裹住加注管道和通风管软管的连接部分，然后断开从加注管道和通风管到燃油箱的软管。

步骤 9　从燃油箱上松开加注管。如果它是刚性整体管，拆下加注盖附近围绕加注管口外侧的螺钉。如果加注管道是三段式的，在松开软管的卡箍后，拆下氯丁橡胶软管。

步骤 10　松开燃油箱扎带在车辆上的固定螺栓（图 13-9），直到还剩下最后的约两圈螺纹。

步骤 11　用变速器千斤顶或手将燃油箱稳定在底盘下，取下扎带的固定螺栓，将燃油箱降低到地面。在降低燃油箱时，要确保所有线路和管路均已断开。小心燃油箱中仍会有少量燃油。

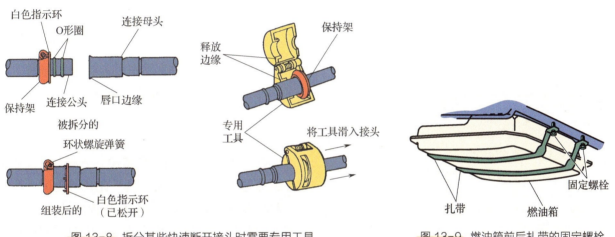

图 13-8　拆分某些快速断开接头时需要专用工具　　　图 13-9　燃油箱前后扎带的固定螺栓

⚠ **警告**　不要为了松开燃油箱扎带的固定螺栓而去加热它。这个热量会点燃燃油蒸气。

以与拆卸步骤的相反的顺序重新安装维修后的或新的燃油箱。先确保燃油箱的所有橡胶或毛毡隔离物安装在位，然后将燃油箱扎带放置在燃油箱上。将燃油箱扎带宽松地安装在燃油箱周围，但不要拧紧。确保软管、线路和通风管连接正确。检查加注管道的脖颈是否已对准并插入燃油箱。拧紧扎带螺栓，将燃油箱固定在车上。安装燃油箱的所有附件（通风管路、发送单元的线路、接地线和加注管口等）。用燃油加满燃油箱并检查是否有泄漏，特别要注意加注管道的脖颈和传感器总成附近。重新连接蓄电池并检查燃油量表工作是否正常。

5. 加注口盖

加注管口的盖（通常称为燃油箱盖）用于密封燃油箱，但允许打开以便为燃油箱重新加注。加注口盖是不通风的，并设计成带有某些类型的压力 - 真空泄压阀（图 13-10）。在正常情况下，该泄压阀是关闭的。当出现极端压力或真空时，该泄压阀打开，以防止燃油箱鼓胀或凹陷。一旦释放了压力或真空，泄压阀将会关闭。

新型车辆的燃油箱盖是系在车辆上的（图 13-11）。该盖用螺纹旋入燃油加注口。盖上的螺纹部分设计成在松开盖的过程中可使任何残留的燃油箱压力逸出。该盖和加注管道脖颈的设计可防止燃油箱盖拧得过紧。为拧紧该盖，应顺时针方向旋转，直到听到咔嗒的声响，这表明该盖已正确拧紧和完全到位。没有完全拧紧到位的燃油箱盖会引起排放系统的问题。

图 13-10 压力－真空式燃油箱盖剖面图

图 13-11 新型车辆的燃油箱盖系在车辆上并通过螺纹旋入加注口

> **⚠ 警告** 当更换燃油箱加注口盖时，必须保证更换的盖与原始盖完全相同，否则可能出现加注和通风系统的故障，从而导致更高的排放水平和危险的 HC 泄漏。

6. OBD-Ⅱ监测

满足加强型蒸发要求的新型车辆有一个基于真空的蒸发系统完整性检查。如果燃油箱盖松动或缺失，ECM/PCM 将检测到蒸发系统泄漏并会发出警示信息。在一些车辆上，每当发动机起动时，将在仪表中出现"检查燃油箱盖"的信息，该信息在燃油箱盖更换后或拧紧直到至少听到一声咔嗒声后会关闭。如果该信息没有关闭，则表示系统中有泄漏或与此信息有关的电路有故障。

燃油箱压力（Fuel Tank Pressure，FTP）传感器是一个转换器，它将燃油箱内的绝对压力转换为 PCM 可接收的一个输入（图 13-12）。其完整性的检查是通过在燃油箱内建立一个真空并测量燃油箱保持该真空的程度来实现的。如果燃油箱

盖缺失或松动，燃油箱将不能保持住真空。在燃油箱内形成真空之前，将关闭活性炭罐的通风电磁阀以密封整个蒸发系统，然后蒸气控制阀在燃油箱内建立一个轻微的负压。如果不能建立预期的真空度，则表明系统存在泄漏，PCM 将存储故障码 P0455 并显示警告信息。可能导致出现此故障码的其他原因有蒸气管路断开或扭曲、活性炭罐通风电磁阀打开，或蒸气控制阀关闭。

图 13-12 燃油箱压力（FTP）传感器

7. 测试燃油箱盖

只要 PCM 检测到蒸发系统有泄漏，就应该检查燃油箱盖并将其牢固拧紧。此外，美国一些州强制将燃油箱盖检查作为年度排放测试的一部分，例如加利福尼亚州。燃油箱盖是用专门测试仪检查的。燃油箱盖通过为此其专门设计的适配接头连接到测试仪（图 13-13）上，然后该测试仪向该燃油箱盖施加压力，并监测其保持这个压力的能力。该测试仪上的示值读数简单地显示为 PASS（通过）或 FAIL（失败）。应更换未能通过检测的

图 13-13 带有各种适配接头的燃油箱盖测试仪

燃油箱盖。不管采用何种设计，重要的是要对被测燃油箱盖使用正确的适配接头。如果使用了错误的适配接头，即使燃油箱盖是好的，也无法通过该测试。

8. 无盖式燃油系统

福特汽车公司的 GT 车型是当时第一款满足所有排放法规的没有燃油箱盖的量产车型（图 13-14）。这项技术后来应用于许多 2008 年的和更新的福特汽车以及其他车辆上。这是一个非常简单的设计，一个用弹簧顶住的翻板阀安装在加注管道脖颈的开口处。除非加油枪插入这个开口，否则该翻板阀将紧紧地密封住燃油箱。加油枪顶开翻板阀即可加注燃油。一旦加油枪拔出，该翻板阀会被弹簧关闭。无燃油箱盖的燃油系统减少了燃油蒸气在加注燃油时的逃逸机会。因为不再需要去拧紧燃油箱盖，也使用户感到更方便。在加注管口外面的盖门可以进一步帮助密封燃油和燃油蒸气。

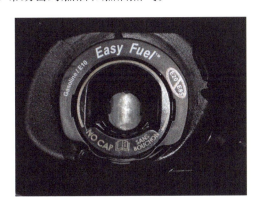

图 13-14　带翻板阀的无盖式燃油加注管口

9. 燃油管路和接头

燃油管路（图 13-15）将燃油从燃油箱经燃油滤清器输送至喷油器总成。燃油管路可用金属管、柔性尼龙管或耐受汽油的合成橡胶管制成。软管必须是非渗透性的以确保汽油和汽油蒸气不会通过软管蒸发。普通的橡胶软管，例如用于真空管路的橡胶软管接触汽油后会劣化和溶胀，所以必须使用为燃油系统特制的软管。同样，蒸气的通风管路也必须用耐燃油蒸气侵蚀的材料制成。

从燃油箱到喷油器的供油管路沿着车辆底盘下的车架布置。通常刚性管路用于从靠近燃油箱的位置延伸到接近燃油泵和燃油滤清器位置的管路中。

为防止燃油管路在后部碰撞中断裂，车架与燃油箱或燃油泵中间的空隙采用一段短的柔性软管连接。

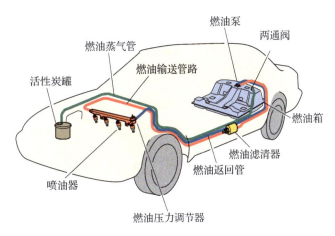

图 13-15　新型车辆上燃油管路的典型布局

新型的燃油箱有一根允许在加注燃油时使燃油箱内的燃油蒸气排入活性炭罐的软管。该通风软管通常沿着加注管道脖颈的旁边安装。更换的通风软管通常标有 EVAP 字样以表明它们的预期用途。燃油供给软管的内径通常为 5/16~3/8in（约 7.94~9.53mm），通常比回油软管内径大，回油软管的内径一般为 1/4in（6.35mm）。至燃油箱的 EVAP 管路通常也与供油管和回油管的尺寸或连接类型不同，这有助于防止管路装错。

为了控制从燃油箱到蒸气储存罐的蒸气流量比率，在通风管的末端或蒸气通风管内会放置一个塑料或金属的限流装置。如果必须更换通风软管，切记从旧的通风软管上拆下其限流装置并安装在新的通风软管内。

10. 连接件

燃油管路的各部分用连接件连接在一起。其中一些连接件是螺纹类型的，而大多数是采用快速分离设计的。许多燃油管路采用带有独特母插口和与其相配的公插头的快速断开连接件。这些可快速断开的连接件用母插口内的 O 形圈密封。其中一些快速断开连接件具有可手动断开锁定的锁圈（图 13-16），而另一些则需要使用特殊工具来断开连接件（图 13-17）。

快速连接件内的零件是不可维修的，例如 O 形圈和垫圈。如果这类连接件损坏，必须更换整根燃油管路。

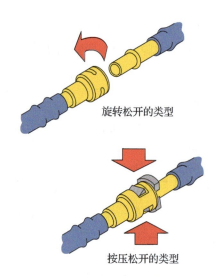

旋转松开的类型

按压松开的类型

图 13-16 可手动快速断开的燃油管连接件

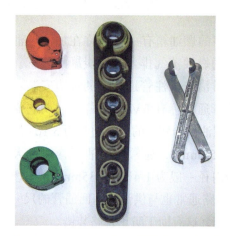

图 13-17 各类分离快速断开连接件的工具

⚠️ **警告** 其他类型的 O 形圈不应用来取代氟橡胶 O 形圈。

一些燃油管路采用带有 O 形密封圈的螺纹连接件以防止燃油泄漏。这些 O 形密封圈通常由氟橡胶制成，它可以抵抗汽油的侵蚀。在某些其他燃油管路上，燃油软管被卡紧在金属管上，因此必须正确地将软管及其卡箍定位在金属管上（图 13-18）。

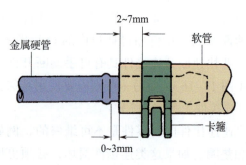

金属硬管
2~7mm
软管
卡箍
0~3mm

图 13-18 将燃油管卡紧在金属管上

燃油系统的管路上使用了各种卡箍，包括弹簧和螺钉类型的。压合或耳形的卡箍（图 13-19）是最常用的。这类卡箍通常是用单个弹性金属条制成的。它们有许多不同的尺寸和设计可供选择，每一种都是为特定连接而制造的，并需要用特殊的压合工具压紧。

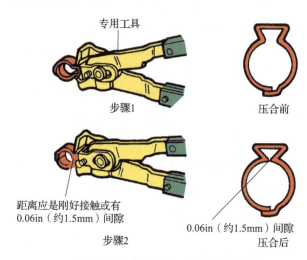

专用工具

步骤1

距离应是刚好接触或有 0.06in（约1.5mm）间隙

步骤2

压合前

0.06in（约1.5mm）间隙
压合后

图 13-19 需要专用工具压合卡箍

11. 检查燃油管路

应不定期地检查所有燃油管路是否有小孔、裂纹、泄漏、扭曲或凹陷。由于燃油处于压力下，因此燃油泵和喷油器总成之间管路的泄漏是相对容易辨别的。

应检查橡胶燃油软管是否有泄漏、裂纹、割伤、扭曲、机油浸泡和软点及老化。如果发现任何这些迹象，都应更换该燃油软管。当安装橡胶的燃油软管时，应将其插入到金属接头或管路的合适深度。

应检查钢管有否泄漏、扭曲和变形（图 13-20）。还应检查钢管连接处是否松动和是否已正确地夹紧在底盘上。如果管路接头的螺纹连接不紧，必须将其拧紧至规定力矩。一些螺纹式燃油管路连接件中配有 O 形密封圈。一旦拆开这类连接件，应更换新的 O 形圈。

应检查尼龙燃油管路是否有泄漏、裂纹、刮伤和割伤、扭曲、热熔、连接件松动。如果这类燃油管路有任何形式的损伤，必须更换它们。尼龙的燃油管路必须按规定间距固定在底盘上以防止燃油管路的磨损和振动。

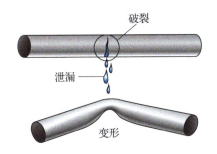

图 13-20　应检查钢管是否有泄漏、扭曲和变形

⚠ **警告**　在燃油管路附近使用手电筒或其他热源之前，始终先用湿的车间抹布覆盖住尼龙的燃油管路。不遵守这个预防措施会导致燃油泄漏、人员伤害和财产损失。

⚠ **警告**　如果车辆装有尼龙的燃油管路，不要将车辆长时间暴露于 194℉（90℃）以上的温度中以避免对燃油管路的损坏。

12. 更换燃油管路

当发现损坏的燃油管路后，应使用类似结构的管材来替换它，即钢管用钢管，柔性管用尼龙或合成橡胶软管。当安装柔性管时，务必使用新的卡箍。由于旧卡箍在拆除时会丧失一些张力，所以当它们用在新管上时不能提供有效的密封。

由于任何损坏或泄漏的燃油管路都必须更换。为了制作新的燃油管路，应选择正确的管材类型和连接件尺寸，而且所选新管的长度要比旧管稍长。可以将旧管作为参考，使用弯管器将新管弯成与旧管一样的弯曲形状。尽管用手弯曲钢管可以获得较平缓的曲线，但如果尝试用手将钢管弯曲出大弧度曲线通常都会使管子扭曲。为避免发生这种情况，应始终使用图 13-21 所示的弯管工具。

尼龙燃油管路提供了一定程度的灵活性，并可以形成与车辆下部形状相配的平缓曲线。不要将尼龙燃料管路强力弯出一个急弯，因为这样做可能会使该管子扭结而妨碍燃油流动。当尼龙燃油管路暴露在汽油中时可能会变硬，因而更容易扭结。小心不要划伤或刮伤尼龙燃油管。

⚠ **注意**　不要用铝管或铜管替代钢管。切不可在发动机和排气系统热部件的 4in（约 102mm）范围内使用软管。

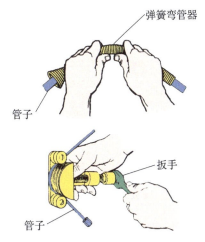

图 13-21　用于弯曲钢管的两种弯管工具

⚠ **警告**　在连接螺纹式连接件时，应确保螺纹在拧紧之前已对正。如果连接件错扣，将不可避免地导致泄漏。此外，始终应将连接件扭紧至规定力矩。如果连接件泄漏，检查 O 形圈和密封件。

13.3　燃油滤清器

轿车和轻型货车的燃油箱内通常有一个滤网或汽油滤清器。这个位于燃油箱内的滤网由细密的织物制成。这个滤网的作用是阻止大的污染物颗粒进入燃油系统，否则将会导致燃油泵过度磨损或堵塞燃油计量装置。滤清器还有助于防止任何可能存在于燃油箱内的水通过。燃油箱内的滤网或滤清器很少需要维修。

燃油滤清器连接在燃油箱和发动机之间的燃油管路中。这类滤清器大多数都安装在车辆下部（图 13-22），但有些是安装在发动机舱内的。大多数燃油滤清器中都装有一个固定在滤清器外壳内的折叠纸芯（图 13-23），该外壳用金属或塑料制成。纸质滤芯对去除和捕捉微小颗粒和大尺寸污染物都是有效的。在许多燃油滤清器上，进、出燃油的连接口是指定的，因此必须正确安装。有些滤清器壳体上标有表示燃油流过滤清器的方向。

为了降低维护成本，许多车辆不再使用需要定期更换的安装在燃油管路上的滤清器，而将仅有的燃油滤清器安装在燃油箱内并在必要时与燃油泵总成一起更换。

图 13-22　安装在车下燃油管路中的滤清器

图 13-23　燃油滤清器中的纸质滤芯

燃油滤清器和滤芯的维护只能通过更换来实现。一些汽车制造商建议每 30000mile（约 48000km）更换一次燃油滤清器。应始终按照车辆制造商推荐的里程间隔更换燃油滤清器。如果燃油箱中的燃油已经脏污或受到污染，应在推荐里程间隔到达之前更换滤清器。因为阻塞的燃油滤清器可降低燃油的泵送量，从而导致发动机加速迟缓、高速时动力不足，甚至熄火。

燃油滤清器的更换步骤依据车辆的品牌和年款以及燃油系统的类型而不同。有些车辆没有可更换的燃油滤清器，因滤清器安装在燃油箱中，而且作为燃油泵组件（Fuel Pump Module，FPM）的组成部分，只能与燃油泵组件一起更换。应始终遵循相应维修信息中有关滤清器更换的步骤。图 13-24 中的系列照片展示了释放燃油压力和拆卸燃油滤清器的典型步骤。

为了安装新的滤清器，先用车间的干净抹布擦拭新滤清器的公头管子端部，然后在该公头管子端部滴上几滴清洁的发动机机油。检查快速连

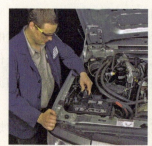

1）断开蓄电池负极电缆

2）松开燃油箱盖以释放燃油箱内的全部燃油压力

3）用抹布围住燃油导轨上的燃油压力测试端口并取下防尘帽

4）在燃油压力测试端口连接燃油压力表

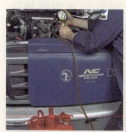

5）将燃油压力表上排油软管的自由端插入经核准的汽油容器中，随后打开排油阀门以释放燃油压力

6）按照制造商建议位置放置举升机的举升臂并升起车辆

7）用水冲洗燃油滤清器管路连接处，再用压缩空气吹去残留物

8）按照推荐的方法断开燃油进口的连接件

9）按照推荐的方法断开燃油出口的连接件，然后取下燃油滤清器

图 13-24　拆卸 EFI 发动机的燃油滤清器

接器，确保每个连接器上较大的套环已经旋回到初始位置，此时应能看到快速接头内径中的弹簧，然后以正确的方向将滤清器安装在车上，但暂时不要拧紧固定螺栓。将出油口连接器安装在滤清器出油口管上，用力将连接器压紧到位，直到弹簧扣入其位置。握紧该燃油管路并试着拉动该管路离开滤清器以确认快速接头已锁定到位。然后以同样的方式安装进油口连接器，最后将滤清器固定螺栓拧紧到规定力矩。连接好所有部件后，降下车辆，起动发动机并检查燃油滤清器是否有燃油泄漏。

13.4 燃油泵

　　燃油泵从燃油箱中吸取燃油，并通过燃油管路将燃油输送到发动机的燃油喷射系统。目前所有车辆都使用电动燃油泵。采用汽油直接喷射的车辆使用两个燃油泵，其中一个是安装在燃油箱内的电动输送泵，它负责向发动机供给燃油；另

一个是安装在发动机上的机械泵，它用来根据控制系统要求将燃油压力提升到 1500~2500psi（约10.3~17.2MPa）（图 13-25）。

机械式高压燃油泵

图 13-25　汽油直喷（GDI）发动机的机械式高压燃油泵

　　电动燃油泵可安装在燃油箱内或燃油箱外部。在打开点火开关后的几秒内，该泵开始运转并在燃油管路建立起燃油压力后自动关闭。当点火开关在起动位置或发动机起动后，该泵保持运转。图 13-26 是控制电动燃油泵的典型电路图。

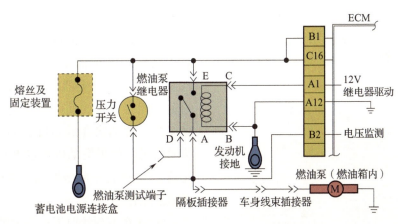

图 13-26　控制电动燃油泵的典型电路图

　　燃油箱内的电动燃油泵通常是旋转式的。有些车辆有一个安装在燃油箱内的燃油泵和另一个安装在车辆下部的燃油泵。燃油箱中的燃油泵内有一个小型直流电机，在该电机轴的一端装有涡轮。设有进油口的泵盖安装在涡轮下方。当电枢带动涡轮旋转时，涡轮将进油口附近的燃油推向另一侧端盖上的出油口并从出油口流出（图 13-27）。

　　燃油从电机内部经止回阀从出油口流出，再

经过燃油管路输送到燃油滤清器和发动机舱盖下的燃油系统部件。如果燃油输送管路受阻导致燃油泵内的燃油压力变得非常高时，止回阀旁边的泄压阀打开，此时，燃油将通过泄压阀返回到燃油泵的进油口。每当发动机关闭时，止回阀将阻止燃油从燃油系统回流到燃油箱，并保持整个燃油管路的压力，以防止燃料过早蒸发。燃油泵安装在燃油箱内部，是为了减少噪声并维持燃油泵

的冷却。虽然在汽油附近出现火花是危险的，而且在电机电枢和电刷之间极有可能产生火花，但由于燃油箱内没有氧气来支持燃烧，所以燃油泵安装在燃油箱内的仍是安全的。

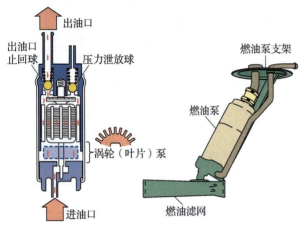

图 13-27　电动燃油泵的基本结构

汽油直接喷射系统上的机械式高压燃油泵是由发动机凸轮轴上的专用凸角驱动的（图 13-28）。该凸角推动高压燃油泵中被弹簧顶住的柱塞。来自电动输送泵的燃油进入高压燃油泵后通过活塞的运动被进一步增加压力。一个电磁阀用来使多余的燃油返回燃油箱。该电磁阀由 PCM 控制，并用来保持燃油导轨和喷油器中的正确压力。该高压燃油泵的出口与燃油导轨连接。

图 13-28　GDI 系统的高压燃油泵用凸轮轴上的专用凸角驱动

1. 燃油泵控制电路

电动燃油泵的电路根据车辆的品牌和年款不

同而不同。所有新款车辆的燃油泵都是由 PCM 控制或通过与 PCM 相连的特定电子控制单元控制的（图 13-29）。在大多数无回油的燃油系统中，燃油泵的输出是由 PCM 通过脉宽调制来控制的。在这些系统中，燃油泵在闭环控制期间的输出是由燃油导轨上的压力传感器来监控的。

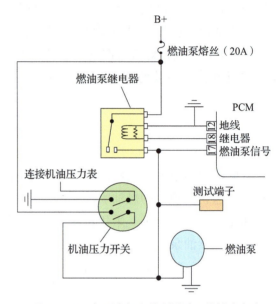

图 13-29　新型车辆上控制燃油泵的基本电路

对于通用汽车公司的燃油泵控制电路（其他制造商使用类似的系统），当打开点火开关时，PCM 向燃油泵继电器的线圈提供电压使该继电器的触点闭合，从而使电压通过继电器触点提供给燃油泵。燃油泵在发动机起动或运转时将维持在接通状态。如果发动机在点火开关接通 2s 内没有起动，PCM 将中断至燃油泵继电器的电压以停止燃油泵运转。

PCM 在下列情况下也会关闭燃油泵。

1）在车辆经历长时间、高速且关闭节气门的滑行减速时。此时将切断燃油以防止损坏催化转化器，同时降低排放和提高发动机制动的效果。

2）发动机转速超过预定的限值时。

3）车速超过轮胎的速度额定值时。

4）车辆碰撞时。

5）气囊展开时。

6）燃油管路破裂时。

一个机油压力开关与燃油泵继电器触点并联。如果该继电器有问题，电压将通过机油压力开关的触点提供给燃油泵，以便在燃油泵继电器出现故障时仍可保持燃油泵的工作和发动机的运转。当发动机在冷态时，如果燃油泵继电器失效，机油压力不会立即达到可供使用的状态，因此，发动机会有较长的转动时间和较慢的起动速度。

克莱斯勒（Chrysler）EFI 系统中的燃油泵继电器称为自动切断（Automatic Shutdown，ASD）继电器。当点火开关打开时，PCM 将该继电器的线圈接地，继电器触点闭合使燃油泵运转。在一些控制系统中，这个电压还提供给燃油泵、点火线圈初级绕组正极端子、氧传感器加热器和喷油器（图 13-30）。

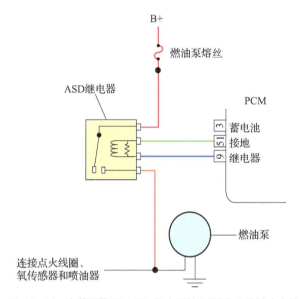

图 13-30　克莱斯勒用 ASD 继电器控制燃油泵的基本电路

在克莱斯勒较新型的燃油泵电路中有一个单独的 ASD 继电器和一个燃油泵继电器。在这类电路中，燃油泵继电器给燃油泵提供电压，而 ASD 继电器向点火线圈初级绕组正极端子、喷油器和氧传感器加热器提供电源。该 ASD 继电器和燃油泵继电器的工作原理同前述的 ASD 继电器一样。PCM 通过相同的电路控制这两个继电器线圈接地。

2. 碰撞和侧翻保护

电动燃油泵控制电路包含某种侧翻保护装置。在福特汽车上，这种装置包括安装在车辆上的一个惯性开关，它在车辆发生碰撞或侧翻时将会关闭燃油泵。典型的惯性开关（图 13-31）由一个永磁体、一个处在锥形斜坡内的钢球、一个目标板

和一组电气触点组成。在正常情况下，永磁体将钢球保持在斜坡的底部。当发生碰撞时，钢球因惯性脱离永磁体，滚上斜坡。当它击中目标板时，电气触点断开，使 PCM 和燃油泵控制单元之间的电路开路，导致燃油泵关闭。该开关上有一个复位按钮，按下该复位按钮后。燃油泵才可重新运转。

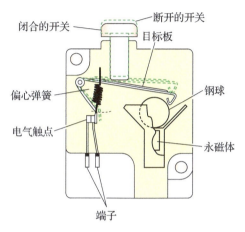

图 13-31　福特汽车惯性开关的基本结构

此外，大多数被动约束系统在气囊展开时会向 PCM 发送一个信号，PCM 将随之切断燃油泵的电源。在大多数情况下，安装在车辆中间的气囊传感器总成通过 CAN 向 ECM 发送气囊展开的信号。该气囊传感器总成包含一个减速度传感器、一个安全传感器、一个驱动电路、一个诊断电路和一个点火控制电路，其中，减速度传感器是用于控制气囊展开和燃油泵断电的主传感器，其电路持续监测自身的工作状态和系统的就绪状况，如果它检测到故障，将点亮 SRS 警告灯，同时存储一个故障码。

3. 无回油系统

在机械式无回油的燃油系统中，燃油压力是通过位于燃油箱内的燃油压力调节器来保持的。电子式无回油的燃油系统是通过燃油泵电源电路以脉宽调制（PWM）的方式来控制燃油压力的。这些系统可能用 PCM 直接控制燃油泵，也可能用单独的燃油泵驱动器模块控制。在这两种燃油泵控制系统中，燃油泵的转速都是通过占空比使燃油泵快速接通和关闭来控制的。燃油泵处在接通状态的时间越长，其转速就越快，从而输送给发动

机的燃油就越多。当需求量减少时，燃油泵处在关闭状态的时间就更长，因而减少了燃油的供给。

电子式无回油的燃油系统中有一个燃油导轨压力（Fuel Fail Pressure，FRP）传感器，也可能还有一个燃油温度传感器。PCM 根据 FRP 传感器的数据来控制燃油泵的工作和调节喷油器的脉冲宽度。

4. 故障排查

燃油压力测试通常用来测试燃油泵和相关的部件。在进行测试连接之前，应仔细检查燃油系统是否有泄漏，若存在泄漏，必须先行修复，然后释放系统中的燃油压力。当这样做时，务必收集所有溢出的燃油。在许多系统中，可用诊断仪禁用燃油泵。此外，PCM 可能会因燃油泵被停用而产生故障码，因此在测试后要确保清除该故障码。

燃油压力可通过燃油压力表或压力转换器和示波器来读取。用压力表测试燃油泵输出压力的步骤展示在图 13-32 中的系列照片中。这些照片概述了在进气口喷射的发动机上执行该测试应遵

1）当前汽车上的许多问题是燃油压力错误导致的，因此检查燃油压力是诊断驾驶性问题的第一步

2）在测试燃油压力之前，必须先仔细对喷油器、燃油导轨和燃油管路进行外观检查，注意任何燃油泄漏的迹象，若有迹象需立即修复

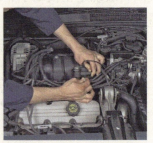
3）燃油导轨的进油管是一个可能的泄漏点，确保连接部位没有泄漏

4）大多数燃油导轨上都配有测试接头，可用于泄放和测试燃油压力

5）为测试燃油压力，在燃油导轨测试接头上连接燃油压力表

6）将手动真空泵连接在燃油压力调节器上的真空接头上

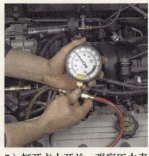
7）打开点火开关，观察压力表读数并与规定范围比较。低于正常范围的读数表明燃油泵或燃油供给系统有故障

8）为测试燃油压力调节器，用真空泵给调节器提供真空，燃油压力应随真空度增加而降低。若燃油压力不变，则调节器有故障

9）因为 GDI 系统的压力会超过 2500psi（17.24MPa），为在 GDI 系统上测试燃油压力，需要使用诊断仪

10）发动机运转时，找到诊断仪上的燃油压力参数读数并与燃油压力规定值比较

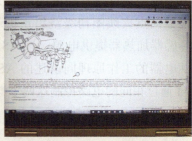
11）本示例中的燃油压力读数在制造商的规定范围内

图 13-32 检查燃油喷射系统的燃油压力

循的步骤。若要在特定的燃油喷射系统上进行这类测试，应参考维修信息的相关说明。大多数美国车的燃油系统在燃油导轨上会有一个用于测试燃油压力的锥面气门芯阀，通过它可与燃油压力表连接。如果燃油系统上没有这类阀，则应该在燃油供给管路中安装一个三通来连接燃油压力表（图 13-33）。

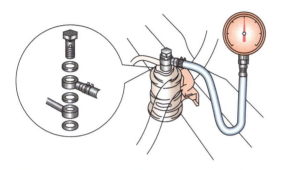

图 13-33　在没有测试阀的燃油系统中，可能需要安装三通来连接燃油压力表

在一些发动机上，燃油导轨上装有燃油脉动缓冲器。建议将该缓冲器与燃油导轨的连接点作为连接压力表的位置。为此，先用抹布盖住脉动缓冲器，然后用扳手将缓冲器松开一圈，待释放全部燃油压力后，拆下缓冲器并将压力表连接到连接缓冲器的接头上（图 13-34）。

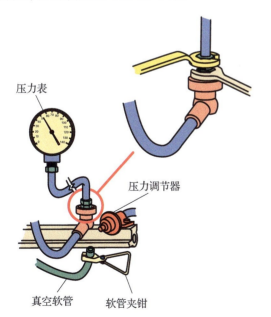

压力表

压力调节器

真空软管　软管夹钳

图 13-34　将燃油压力表连接在安装燃油脉动缓冲器的接头上

通常维修信息给出的燃油压力技术参数是点火开关打开且发动机不工作（KOEO）时的压力

值，因为此时不会有来自 CKP（曲轴位置）传感器的信号，所以燃油泵在钥匙处在 On 位置时也不会持续运转很长时间。许多燃油系统在转动发动机之前仅会接通燃油泵几秒钟。在连接压力表的状态下，转动钥匙至 On 位置并记录燃油压力。如果为安装压力表已完全泄放了燃油压力，则需要转动钥匙 On/Off 多次。燃油压力应达到钥匙 On 发动机 Off（KOEO）时的规范值，并且在钥匙关闭后不应立即下降。对于采用回油的燃油系统，还可以通过控制燃油压力调节器上的真空来检查燃油泵的动作。当向燃油压力调节器施加 20inHg 的真空时，燃油压力应有所下降，当泄去真空后，燃油压力应回升。这个检查还可验证调节器是否正常工作。对燃油流量的快速检查可通过在发动机运转且断开压力调节器真空管时观察燃油压力的方式进行。随着真空软管断开，燃油压力将会增加几个 psi，也可在快速打开节气门的同时观察燃油压力的变化。如果燃油泵可保持足够的流量，则压力只会有 2psi（约 13.8kPa）左右的轻微下降，因为此时喷油器向发动机提供了更多的燃油。

⚠ **警告**　当测试燃油系统时，不要让燃油接触任何电气线路。即便是最小的火花也会点燃燃油。

一些制造商建议在发动机怠速运转时测量燃油压力。应始终确保使用正确的测试工况和技术参数。当发动机运转时，压力会稍有降低。通常情况下，燃油压力会因喷油器的开启和关闭而下降和上升，这导致压力表的轻微波动，但几个 psi 以上的压力波动表明系统中有空气。

一些技师会在有回油的燃油系统上进行一种燃油泵无回油测试。该测试通过瞬间夹死回油管路，以迫使燃油泵输出其最大的压力。在燃油压力表已安装和发动机怠速运转的情况下，瞬间夹死回油管路并记录此时的燃油压力。注意夹死回油管路的时间不要超过燃油泵可输出其最大燃油压力的时间。大多数情况下，一个良好的燃油泵所能产生的最大压力几乎是发动机运转时燃油压力的两倍。如果压力没有显著增加，则怀疑燃油泵无力或滤清器堵塞。注意只有当车辆装有橡胶回油管路时才可进行此测试，切不要试图去夹紧尼龙或塑料的燃油管路。

记住，如果燃油压力超出规定范围，会导致驾驶性的问题。燃油压力过大将导致空气燃油混合气过浓，而压力不足会导致混合气过稀。

除了可用诊断仪监测燃油压力以外，无回油系统的油压测试类似于有回油管路的燃油系统。为了检查燃油导轨压力（FRP）传感器是否正在起作用，可在改变发动机转速和负荷时观察燃油压力的 PID（参数识别）值。如果其压力不随发动机工况变化而改变，则怀疑该压力传感器有故障。为了再次检查燃油压力传感器的准确性，可将燃油压力表连接在燃油压力检测端口（若配有）上来比较实际压力与 FRP 传感器的压力读数。如果 FRP 传感器有故障，例如从诊断仪读到的传感器压力读数高于实际压力，PCM 将会发出降低燃油压力指令。此时由于喷油器上没有足够的燃油可用，混合气将会变稀。重要的是，要注意机械式压力表读数和 FRP 传感器读数在发动机运转时有可能不一致，这是因为来自 FRP 传感器的压力读数是以歧管压力而不是大气压力为参照点的。参考制造商的维修信息以确定压力读数的变化。

（1）测试结果解释　对有回油的燃油系统来讲，过高的燃油压力读数通常表明压力调节器有故障或回油管路阻塞。为确定其原因，先从燃油箱上断开其回油管，然后用一根较长的软管延长回油管，以便将回油引入一个容器中。起动发动机，并记录此时的燃油压力表读数。如果现在燃油压力在规定范围内，则应检查燃油箱内的回油系统是否有阻塞，燃油箱中的储油筒的单向阀或虹吸喷嘴可能会被堵塞。

如果燃油压力的读数在断开燃油箱上的回油管时仍然过高，应注意从回油管路流出的燃油流量。如果没有燃油流出或流出很少，则说明回油管已堵塞。关闭发动机，将一根长的软管直接连接到燃油压力调节器的回油口，重新起动发动机并再次检查燃油压力。如果压力读数在绕开原回油管时回到规定范围内，则问题是回油管堵塞。

如果燃油压力在回油管断开后仍然过高，可向压力调节器施加真空。如果压力仍然没有变化，则更换压力调节器。如果向调节器施加真空时降

低了燃油压力，则可能是至压力调节器的真空软管堵塞、真空泄漏或真空管连接错误。

在机械式无回油的燃油系统中，燃油压力调节器与燃油泵一同安装在燃油箱中。要维修该调节器，必须从燃油箱中拆下 FPM（燃油泵组件）。在采用 PWM 调节方式的无回油的燃油系统中，如果燃油导轨的压力传感器读数过低，则该传感器的故障会导致 PCM 提高燃油压力。

此外，燃油压力低可能是由于燃油滤清器堵塞、燃油管路受阻、燃油泵无力、燃油泵单向阀泄漏、燃油压力调节器不良、燃油箱内的供给管路泄漏、燃料泵电源或接地电路的电阻过大或燃油箱内的滤网堵塞。通过检查燃油泵燃油出口的压力可排查燃油滤清器和管路阻塞的问题。如果燃油泵出口处的压力读数比管路上的压力读数高出 5psi（约 34.5kPa）以上，意味着燃油滤清器或燃油管路中存在阻塞。如果燃油泵出口处的压力读数与管路中的压力读数没有差异，则不是燃油泵无力，就是燃油泵在获取燃油时遇到了问题（燃油箱内的滤网堵塞）。无论哪种情况，都需要到燃油箱内部进行维修。如果滤网被污垢或杂物粘住，在清洗或更换滤网时，也应同时清洗燃油箱。

燃油系统故障的另一个可能原因是燃油泵的单向阀有问题。一些燃油泵仅有一个单向阀，而其他的则有两个（容积式滚子或叶片泵）。当关闭燃油泵后，该单向阀可阻止燃油通过燃油泵回流以在喷油器上保持一定的残余压力。这可以通过观察燃油压力表在发动机关闭后的读数来检查。

（2）残余压力　热机起动不良的常见原因是系统中的残余压力不足。这可通过在发动机已经运转到工作温度并关闭后观察燃油压力的方式来检查。使用一个压力转换器和 GMM 或 DSO（数字存储式示波器）来监测燃油压力在一段持续时间内的变化，从而避免等待和持续观察燃油压力表的麻烦。燃油系统在发动机关闭后应能持续 5min 保持与燃油压力测试时大约相同的压力。如果燃油压力在发动机关闭后快速下降，则在喷油器、燃油泵、管路连接件、软管或压力调节器中存在泄漏。

为了判断燃油压力下降的原因是否出自燃油

泵，在关闭发动机后，立即用软管夹钳夹死回油软管，如果燃油压力可保持在规定范围内，则问题是在燃油箱内；如果压力仍然下降，应检查喷射器或压力调节器是否有泄漏。注意，这个方法只适用于橡胶燃油软管。

（3）燃油流量测试　即使燃油压力在规定范围内，但仍不可推断燃油供给系统是完好的。燃油流量或者燃油流动能力也很重要，所以应按照维修信息中给出的步骤进行测试。这个测试测量燃油泵的流量，它有助于辨别是燃油系统受阻还是燃油泵自身不良。该测试是通过收集一段时间内泵送出来的燃油量来进行的，通常收集的时长为30s。将回油系统上的回油管路或无回油系统上的供油管路断开，将另外一根软管的一端连接到被断开管路的末端，将软管的另一端放入有刻度的容器内（图13-35），使燃油泵运转约30s，然后测量容器内的燃油数量。通常预期的数量是1pt（品脱），约合0.57L。进入容器的燃油流动应是平稳且连续的，且没有气泡。不能达到这种状态则表明燃油泵不良或燃油输送系统受阻。

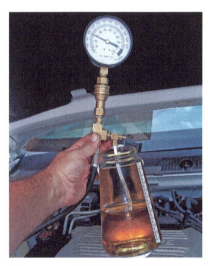

图 13-35　检查燃油泵流量的连接方式

检查完燃油压力和流量后，拆下压力表和所有为测试而安装的适配装置和软管。重新安装并拧紧燃油箱盖，然后打开点火开关并检查是否有燃油泄漏。

（4）用示波器检查　用示波器或GMM监测燃油泵的电压和电流可反映出燃油泵在工作时的状态如何。其电压的扫描线反映了为在燃油泵绕组中

产生电流所需的电压，该电压在示波器所设置的整个时间段内应该是一致的。电流的波形由一系列小的驼峰组成（图13-36）。每一个驼峰代表燃油泵电机换向器的一个分段。每个驼峰应看起来是一样的。如果波形中有变化，则表明燃油泵已有磨损。

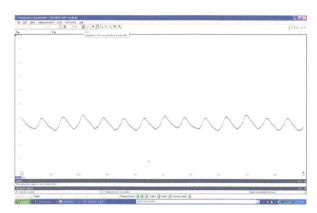

图 13-36　示波器或GMM监测燃油泵时出现异常电压尖峰表明燃油泵已有磨损

（5）用DMM检查　要测量燃油压力，可通过压力转换器将DMM（数字万用表）（或示波器）与燃油系统连接。这是一个在路试过程中监测燃油压力的安全方法。该转换器与DMM的连接方式与压力表相同。查看DMM的信息以确定如何解释其读数。

带有电流探头的DMM可用来监测燃油泵的工作电流。查看电流可以获得燃油泵和整个燃油供给系统状态的清晰全貌。燃油泵运转的正常电流可能会列在该车辆的技术规范中。若没有，可使用表13-1中的数据作为参考。图13-37中的系列照片展示了如何查看燃油泵的电流波形。这对燃油泵和其电路的诊断来讲是非常有价值的。

表 13-1　典型的低压和高压燃油泵工作电流

最小/最大燃油压力	正常的电流
10~15psi（约69~103kPa）	2~4A
35~60psi（约241~414kPa）	4~9A

车间提示

所有电气测试都假定蓄电池是充满电的。当发生燃油泵的问题时，通常发动机已经用起动机多次和长时间拖动，这会降低蓄电池的电压并影响燃油泵和其电路的所有测试结果。

1）要测试燃油泵，需要使用示波器和电流夹钳。若要在发动机舱内熔丝盒处测量，应先放置好翼子板护罩

2）找到燃油泵的熔丝并将其取出

3）在熔丝的原位置安装一根带有熔丝的跨接线。确保其具有与燃油泵电路相符的额定电流值

4）用电流夹钳圈住跨接线并确保电流夹钳上的箭头指向电路流动方向

5）设置示波器以显示来自电流夹钳的信号。本示例测试电压的单位设置为mV，电流为20A

6）打开点火开关，捕捉燃油泵的工作电流波形

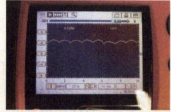

7）图中波形显示的是良好燃油泵的波形。注意每个换向器及其绕组具有一致的电流波峰

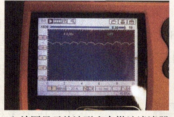

8）该图显示的波形来自燃油滤清器已堵塞的车辆，显示出燃油泵转速降低和工作电流增大

9）该图显示的波形来自燃油泵已腐蚀的车辆，注意其燃油泵的工作电流和转速均低于正常值

图 13-37 检查燃油泵工作电流随时间的增减

在电机电路中，过大的电流意味着电枢的转动慢于正常状态。因此，如果一个燃油泵运行的电流过大，则表明其运转要比它应有的运转状态更费力。燃油滤清器和回油管阻塞会导致这种情况。

反过来也是对的。如果电流过小，则电机会转动得过快。这可能是燃油箱里的燃油液面过低所造成的，电流也会因电路电阻过高而过低。检查继电器和燃油泵的插接器，此外还要检查燃油泵的接地电路。如果该电路正常，则检查燃油泵。除非已经确认了燃油泵的电源和接地电路都处于良好状态且电路中没有过大的电压降，否则不应假设压力过低的原因是燃油泵的问题。

5. 无法起动的诊断

当一台发动机因为没有燃油供给而无法起动

时，首先要检查的是燃油表。仪表显示读数高于燃油箱的一半意味着燃油箱内可能有燃油，但并非总是如此的。一个有故障的发送单元或失准的仪表可能会给出一个虚假的读数。从燃油箱加油管口插入一根电线或定位杆，就可以知道燃油箱里是否真的有燃油。若是燃油仪表有故障，应修复或更换。

倾听是否有燃油泵的噪声。当打开钥匙时，燃油泵在建立系统压力期间会产生几秒钟的嗡嗡声。在福特汽车上，确保其惯性开关没有被触发。车辆撞击一个足够大的坑穴就会导致该惯性开关断开而关闭燃油泵（其作用是在事故中切断燃油流动以使发动机熄火）。燃油泵也可以通过机油压力开关来接通。在采用计算机化的发动机控制装置的大多数新型车辆上，当计算机接收到来自分电器检波器或曲轴传感器的转动信号时，它将接通燃油泵继电器（图 13-38）。为了安全，在电路中可能会含有一个机油压力开关，并在继电器或计算机信号失效时作为一个备份。燃油泵继电器或计算机驱动信号的故障会导致起动缓慢，因为在发动机转动充分长的时间以建立足够的机油

压力来触动该油压开关之前，燃油泵是不会工作的。

许多较新的车辆采用 FPM（燃油泵组件）。PCM 监测燃油导轨的压力并与 FPM 通信以控制燃油泵的输出。使用诊断仪检查是否有燃油泵电路的故障码，并确认 PCM 在起动发动机时正在要求燃油泵工作。如果燃油泵的指令没有被启用，应

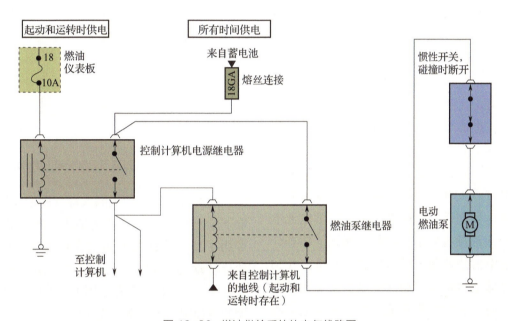

图 13-38　燃油供给系统的电气线路图

查看维修信息，了解使燃油泵运转或将其关闭必要的条件。

燃油泵或许是正常的，但如果它没有获得电压并具有良好的接地，它也不会运转。在非 PWM 控制的燃油泵电路上，通过在燃油泵的地线和供电线上跨接一个试灯检查是否有电压来检查燃油泵的电源和接地电路。如果该灯在钥匙打开时点亮，则已经证实电源和接地电路完好无损且能流过电流。如果试灯未点亮或昏暗，使用电压表读取连接至燃油泵的实际电压。接下来，用测量电压降方式测试电源和接地电路，以确定问题的原因。后一个方式是更好的测试方式，因为地线连接不良或电压低会降低燃油泵的转速和输出。如果检查电气电路未发现问题，而该燃油泵仍不

工作，则很有可能该燃油泵损坏，应当被更换。

还可以测试燃油泵的电流来确定该泵是否工作。将电流探头环绕在燃油泵的电源线或地线上。设置电流探头和 DMM 来测量泵电流，电流通常应小于 10A。打开钥匙或用诊断仪控制该泵运转并记录电流读数。典型的燃油泵电流为 4~9A。如果没有显示出读数，并且已经检查了电源和接地电路，则可能是燃油泵故障或燃油箱内部的电气连接开路。低于规定范围的电流可能表明燃油泵电路中的电压降过大或该泵的转速高于正常状态。这可能是燃油箱内部的供给管路泄漏或燃油箱空了所导致的。高于正常的电流表明燃油泵转动得过慢或在供给系统中存在阻塞。

如果燃油泵端子在钥匙打开且发动机正在被

转动时没有电压，则表明机油压力开关、燃油泵继电器、计算机中的继电器驱动电路、惯性开关和其线路有开路故障。检查燃油泵熔丝是否熔断。更换该熔丝可能会恢复连接至燃油泵的电源，但直到找到造成熔丝熔断的原因之前，该问题尚未被彻底解决。熔丝熔断的最可能的原因是在继电器到燃油泵的线路中有短路，或是机油压力开关或继电器内部有短路，或是燃油泵不良。

有故障的机油压力开关可用跨接线绕过它来检查。如果这样做可以恢复燃油泵的电源并且发动机可以起动，则更换该开关。如果机油压力开关或继电器卡在闭合状态，则无论钥匙处于 On 还是 Off 状态，该燃油泵都会持续运转，这取决于电路的接线方式。

若要检查燃油泵继电器，将试灯跨接在继电器和接地端子上以判断继电器是否得到蓄电池电压和接地。接下来，关闭点火开关，等待约 10s，然后重新打开点火开关，该继电器应该发出咔嗒声并应在继电器至燃油泵的端子上看到蓄电池电压。如果什么都没有发生，重复此测试，检查计算机对该继电器的控制。根据车辆的不同，PCM可以提供电源或接地来控制该继电器。在此处存在控制信号意味着计算机功能正常，而继电器不能闭合，因此应该更换继电器。没有来自计算机的控制信号则表明在此线路中存在开路或计算机自身内部有故障。

⚠️ **警告** 在燃油管路断开时，切不可打开点火开关或起动发动机。这种行为将导致汽油从断开的管路中排出，这可能引发火灾，造成人员伤害和/或财产损失。

6. 更换燃油泵

当更换电动燃油泵时，要确保新的或再制造的替代品符合该特定车辆的压力和流量的最低要求。这些要求可以在维修信息中找到。如果燃油泵是被安装在燃油箱内的，其更换步骤与安装在燃油箱外的燃油泵是不同的。

内置式燃油泵 在许多车辆上，为了更换燃油泵和/或燃油量表的发送单元，必须拆下燃油箱。在其他车辆上，该发送单元可以通过后排座椅下

面或车辆行李舱内的开口来维修（图 13-39）。有些车辆上有单独的燃油泵和燃油量表的发送单元，而其他车辆的这两个部件包含在一个单元内。如有需要，只要将燃油箱排空并从车辆上移出，即可从燃油箱中取出该组件。

图 13-39 通过取下后排座椅来更换燃油泵

这类组件通常用锁圈或螺丝固定在燃油箱内。取下锁圈的最简单的方法是使用为此目的设计的专用工具。将该工具固定在锁圈的金属凸缘上，然后转动约 1/4 圈，该锁圈就会松开并可被取下（图 13-40）。如果没有专用工具可用，通常可用黄铜冲棒和圆头榔头来完成这项工作。

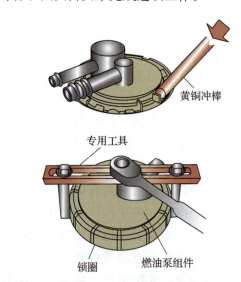
图 13-40 可用黄铜冲棒或专用工具松开和紧固燃油泵的锁圈

在拆卸燃油泵之前，先清洁燃油箱开孔的周围，并吹去任何污物和碎屑，以防止它们掉入燃油箱。当从燃油箱中取出该燃油泵组件时，要非

常小心，不要损坏浮子臂、浮子或燃油量表的发送器。仔细检查该组件上是否有任何损伤的部件。晃动浮子，如果能听到里面有燃油，则应更换掉它。确认浮子臂未变形。通常明智的做法是在重新安装该组件前更换掉滤网和 O 形密封圈。按照维修信息中的说明检查燃油量表及其发送单元。当重新安装燃油液面传感器的管形发送单元时，要非常小心，不要损坏任何部件。

一旦取下该组件，应检查燃油泵进油口的滤网。如果该滤网被污染或损伤，应更换它。许多技师是将更换进油口滤网作为更换燃油泵工作的一部分来进行的。检查燃油泵进油口是否有污物和碎屑。如果在燃油泵的进油口发现这些外来的杂质，则应更换燃油泵。

如果燃油泵进油口的滤网被污染，可用热水冲洗燃油箱至少 5min。然后通过燃油箱上安装燃油泵的开口倒出燃油箱内所有的水。晃动燃油箱以确认已清除了所有水。在重新安装或添加燃油之前，将燃油箱静置，以使其在空气中干燥。记

住，汽油烟气是极易点燃的，所以在燃油箱干燥期间，要保持燃油箱远离任何明火和火花。

检查燃油泵总成上的所有燃油软管。更换破裂、劣化或扭结的燃油软管。如果要更换燃油箱内的一根燃油软管，要确保有额定长度的软管是浸没在燃油中的。使用劣质的燃油软管将导致该软管失效并破碎在燃油箱内。当燃油泵总成上的油管被损坏时，要更换该油管或燃油泵。

确认电动燃油泵上的隔声套已安装到位，并检查该隔声套在燃油泵底部的位置。

用车间的抹布清洁燃油箱内的燃油泵和发送单元的安装区域，并在燃油泵和发送单元上安装一个新的密封垫或 O 形圈。在燃油箱内安装燃油泵和燃油量表发送单元总成，并按照汽车制造商推荐的步骤将该总成固定在燃油箱中。许多新型的 FPM 是用弹簧顶住的，因此需要定位该组件的位置，并在组装过程中保持它被压下。确保该组件被正确定位在燃油箱内，以防止损坏燃油发送装置和进油口处的滤网。

3C：问题（Concern）、原因（Cause）、纠正（Correction）

维修工单				
年份：2007	制造商：雪佛兰	车型：Colorado	里程：148108mile	单号：18902
问题	该货车是拖进来的，客户陈述该车可勉强运转，动力不足且运转不畅。			
	技师证实了发动机的运转非常差。检查故障码显示 P0171–气缸组 1 混合气过稀。诊断仪数据显示燃油修正在 + 25 % 且 HO$_2$ 电压始终非常低。在确认 MAF 传感器工作正常后，检查燃油压力并发现它大约是规定压力的一半，然后告知客户是燃油泵的故障，需要更换。在出售燃油泵并完成燃油泵的更换后，该货车的运转状况与更换燃油泵前相同。随后测试燃油泵上的电压，发现在打开钥匙时是 12.4V，然后检查了燃油泵接地线上的电压，惊讶地发现在接地电路上测得的电压是 5.2V。			
原因	发现燃油泵的接地线没有可靠紧固到车架上，从而导致燃油泵接地上的过大电压降，电压降降低了燃油泵的转速，减少了燃油的供给。			
纠正	拆下、清洁并紧固燃油泵的接地线。重新安装上原先的燃油泵，此时的燃油压力在规定范围内。			

13.5 总结

• 典型的燃油供给系统包括燃油箱、燃油管路、燃油滤清器、燃油压力调节器和燃油泵。

• 只要存在燃油泄漏的迹象或出现燃油气味，就应检查燃油系统。

• 只要基本测试表明存在向气缸供给燃油过少或过多的现象，也应检查燃油系统。

• 燃油供给的问题通常会导致无法起动或动力不足。

• 由于电子燃油喷射系统有残余的燃油压力，在断开燃油系统的任何部件前，必须先泄放掉这个压力。

• 燃油箱有防止燃油蒸气逃离燃油箱的装置。所有燃油箱都有一个加注管道和一个非通风的燃油箱盖。

• 应检查燃油箱是否存在泄漏、路面造成的

损伤、腐蚀、锈蚀、松动、接缝损伤或有缺陷、固定螺栓松动和固定扎带损伤的情况。

· 金属燃油箱的泄漏可能是接缝不良、锈蚀或路面带来的损伤所导致的。永久性解决这些问题的最好方式是更换该燃油箱。

· 燃油箱内的燃油泵和燃油液面仪表的发送单元用锁圈或螺栓固定在燃油箱内。

· 燃油管路由无缝双层壁金属管、柔性尼龙管或合成橡胶管制成，后者必须有能力抵抗汽油侵蚀并对燃油和燃油蒸气是不渗透的。普通橡胶软管，例如用于真空管路的软管，当接触汽油时会劣化。只有为燃油系统制作的软管才能被用作更换件。

· 蒸气通风管路必须用能抵抗燃油蒸气侵蚀的材料制成，更换的通风管路通常会用指定的"EVAP"标记表明它们的预期用途。

· 所有燃油管路都应不定期地检查是否有小孔、裂纹、泄漏、扭结或凹陷。

· 汽车上一般都有一个燃油箱内的滤网和一个燃油滤清器。位于燃油箱内的滤网由细密的织物制成，该滤网可防止会导致燃油泵过度磨损的大污染物颗粒进入燃油系统。

· 为了确认燃油泵处于令人满意的工作状态，应进行燃油泵的压力和流量测试。

· 过高的燃油压力读数通常表示压力调节器有故障或回油管被阻塞。

· 燃油压力过低可能是燃油滤清器堵塞、燃油管路受阻、燃油泵无力、燃油泵单向阀泄漏、燃油压力调节器不良或燃油箱内的滤网脏污所导致的。

· 如果车辆遭遇碰撞事故，燃油泵电路中的惯性开关将会立即断开燃油泵的电路。

· 当气囊展开时，SRS 将自动关闭燃油泵。

13.6 复习题

1. 思考题

1）在进行燃油系统作业时应遵循安全注意事项有哪些？至少列出 5 个。

2）进行蒸发系统完整性检查的操作是怎样的？

3）燃油泵（　　　）是从燃油泵流出的燃油体积的一个说法。

4）电动燃油泵中的卸压阀和单向阀的用途是什么？当在燃油系统上作业时，在身边应放置什么类型的灭火器？

5）当拆卸燃油箱时，首先应断开的是什么？

6）为什么在一些车辆上的通风管或蒸气通风软管的末端放置一个塑料或金属的限流器？

7）燃油泵的压力过低会导致混合气（　　　），而压力过大将导致混合气（　　　）。

2. 判断题

1）当向燃油压力调节器施加真空时，燃油压力通常是在其最高水平。对还是错？　　　（　　　）

2）在当前的车辆上，电动燃油泵只会在发动机运转时才工作。对还是错？　　　（　　　）

3. 单选题

1）大多数燃油箱的加油口盖都含有一个压力阀和一个（　　　）。

A. 蒸气分离器

B. 真空泄放阀

C. 单向阀

D. 浪涌板

2）如果燃油泵的压力或流量小于规定值，下述哪一个**不可能**是该问题的原因？（　　　）

A. 被阻塞的燃油滤清器

B. 有故障的燃油泵

C. 被阻塞的回油管路

D. 被阻塞的燃油供给管路

3）在下述有关燃油流量测试的表述中，哪一个是**不正确**的？（　　　）

A. 这个测试测量燃油泵的流量比率，并能帮助辨别出燃油系统阻塞或燃油泵不良

B. 这个测试是通过收集在特定时间周期中被分送的燃油来进行的，通常为 5s

C. 进入容器的燃油应流动平稳、连续，且没有气泡

D. 不良的结果可能表明燃油泵不良或供给系统中有阻塞

4）下述哪个选项**不会**导致燃油压力过低？（　　）

A. 被堵塞的燃油滤清器

B. 被阻塞的燃油管路

C. 电流过高的燃油泵

D. 脏污的燃油箱内滤网

5）如果燃油压力在关闭点火开关后立即丧失，下述哪个选项**不是**问题的原因？（　　）

A. 喷油器泄漏

B. 燃油管路阻塞

C. 连接件或软管泄漏

D. 压力调节器有故障

4．ASE 类型复习题

1）技师 A 说来自电动燃油泵的燃油压力比正常压力值高可能是由有故障的压力调节器导致的。技师 B 说常见的问题可能是回油管路阻塞。谁是正确的？（　　）

A. 仅技师 A 正确

B. 仅技师 B 正确

C. 技师 A 和技师 B 都正确

D. 技师 A 和技师 B 都不正确

2）技师 A 用合成橡胶制作的软管更换了损坏的钢制燃油管。技师 B 用一根钢管更换了损坏的钢制燃油管路。谁是正确的？（　　）

A. 仅技师 A 正确

B. 仅技师 B 正确

C. 技师 A 和技师 B 都正确

D. 技师 A 和技师 B 都不正确

3）在讨论电动燃油泵时，技师 A 说一些电动燃油泵是和燃油量表的发送单元组合在一起的。技师 B 说在采用电动燃油泵的发动机上，发动机机油压力低可能导致发动机停止运转。谁是正确的？（　　）

A. 仅技师 A 正确

B. 仅技师 B 正确

C. 技师 A 和技师 B 都正确

D. 技师 A 和技师 B 都不正确

4）为了泄放 EFI 汽车上的燃油压力，技师 A 将一个压力表连接到燃油导轨上。技师 B 停用了该燃油泵，然后驾驶该汽车，直到它熄火。谁是正确的？（　　）

A. 仅技师 A 正确

B. 仅技师 B 正确

C. 技师 A 和技师 B 都正确

D. 技师 A 和技师 B 都不正确

5）在讨论可快速断开的燃油管路连接件时，技师 A 说一些可快速断开的连接件可以用卡环钳子断开。技师 B 说一些可快速断开的连接件是可用手断开的。谁是正确的？（　　）

A. 仅技师 A 正确

B. 仅技师 B 正确

C. 技师 A 和技师 B 都正确

D. 技师 A 和技师 B 都不正确

6）在讨论燃油滤清器时，技师 A 说一些车辆上的燃油滤清器在常规维护项目中是不使用的。技师 B 说一些燃油滤清器安装在燃油返回管路中。谁是正确的？（　　）

A. 仅技师 A 正确

B. 仅技师 B 正确

C. 技师 A 和技师 B 都正确

D. 技师 A 和技师 B 都不正确

7）在讨论目前汽车中使用的各种燃油滤清器时，技师 A 说所有的系统都有一个蒸气分离装置，它能阻止气态燃油被输送给燃油泵。技师 B 说燃油系统有一个位于燃油箱内的滤网，它能阻止较大的污染物进入燃油系统。谁是正确的？（　　）

A. 仅技师 A 正确

B. 仅技师 B 正确

C. 技师 A 和技师 B 都正确

D. 技师 A 和技师 B 都不正确

8）在讨论燃油箱加注管道和盖子时，技师 A 说螺纹式加注管道的盖子应该被拧紧到发出咔嗒声。技师 B 说通气管从加注管道的顶部连接到燃油箱的底部。谁是正确的？（　　）

A. 仅技师 A 正确

B. 仅技师 B 正确

C. 技师 A 和技师 B 都正确

D. 技师 A 和技师 B 都不正确

9）在讨论电动燃油泵时，技师 A 说当发动机关闭时，单向阀能阻止燃油从发动机舱盖下的燃油系统部件流入燃油泵和燃油箱。技师 B 说如果发动机熄火且点火开关处于打开位置，单向阀能阻止燃油从燃油泵流向燃油滤清器和燃油系统。谁是正确的？（　　　）

　A. 仅技师 A 正确

　B. 仅技师 B 正确

　C. 技师 A 和技师 B 都正确

　D. 技师 A 和技师 B 都不正确

10）在讨论电动燃油泵时，技师 A 说一些 EFI 系统中的电动燃油泵是计算机控制的。技师 B 说燃油泵的压力是通过测量燃油泵在规定时长内能够输送的燃油数量来确定的。谁是正确的？（　　　）

　A. 仅技师 A 正确

　B. 仅技师 B 正确

　C. 技师 A 和技师 B 都正确

　D. 技师 A 和技师 B 都不正确

第14章
电子燃油喷射

学习目标

- 能够描述顺序燃油喷射（SFI）和多点燃油喷射（MPI）的区别。
- 能够简述 EFI 系统主要部件的结构和功用。
- 能够简述燃油喷射系统清除溢油模式是如何工作的。
- 能够简述 MPI 系统中的燃油压力调节器为什么要与进气歧管真空连接。
- 能够简述无回油的 EFI 系统的燃油压力调节器是如何工作的。
- 能够简述汽油直接喷射系统的基本工作原理。

3C：问题（Concern）、原因（Cause）、纠正（Correction）

维修工单				
年份：2003	制造商：本田	车型：Accord	里程：178055mile	单号：19002
问题	车辆是拖进维修店的，客户陈述该车可勉强行驶，但动力不足且运转不畅，MIL（故障指示灯）点亮。			
考虑该客户的问题，使用你在本章学习的内容确定该问题的可能原因、诊断该问题的方法和纠正此问题将需要的步骤。				

本章讨论电子燃油喷射（EFI）系统的各个部件并解释不同设计的 EFI 系统是如何工作的。EFI 系统由计算机控制，并被设计成可在发动机所有负荷、转速和温度条件下提供正确空燃比的混合气。计算机监测发动机的运行状态并向发动机提供理想空燃比的混合气。理想的空燃比通常称为**理论空燃比**。混合气的理论空燃比是燃油完全燃烧所需的空气质量与燃油质量之比（图 14-1）。这意味着在燃烧过程中，所有燃油和空气中的氧气都完全燃烧。不同的燃油有不同的理论空燃比（表 14-1）。汽油的理论空燃比是 14.7：1。

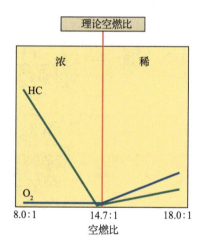

图 14-1 该图显示了排气中的 HC 和 O_2 是如何随空燃比变化的

表 14-1 不同燃油的理论空燃比

燃油类型	理论空燃比
天然气	17.2：1
普通汽油	14.7：1
柴油	14.6：1
乙醇	9.0：1
甲醇	6.4：1

理论空燃比的混合气在理论上是为完全燃烧而提供的燃油和空气比例⊖最佳的混合气，但这个比例是基于理想燃烧环境的，而这种环境极少存在，此外，喷射系统为提高燃烧效率会改变该比例，从而对影响燃烧过程的状态变化做出响应。该空燃比还会为满足起动、最大功率和最大燃油经济性的需要而改变。最佳的空燃比可使催化转化器更有效地工作。

14.1 基本的电子燃油喷射系统

在 EFI 系统中，计算机必须知道进入发动机的空气量，这样它才能为此空气量供给正确的燃油量。在采用进气歧管绝对压力（MAP）传感器的系统中，计算机基于 MAP 和转速的输入信号计算进气量。由于计算机是依据发动机转速和进气歧管真空度计算进气空气流量的，因此这类 EFI 系统称为**速度－密度型系统**。由于空气密度随空气温度的变化而变化，因此还使用了进气温度传感器。

当前最常用的 EFI 系统是质量空气流量（MAF）系统（图 14-2）。这个系统依赖直接测量进气量的 MAF 传感器。最常见的 MAF 传感器采用热线式的结构。MAF 系统对运转状态变化的响应非常快，因为它们是实际测量而不是计算空气流量。

在闭环控制期间，EFI 系统依赖各种传感器的输入来调整空燃比。基于所有这些输入，PCM 就能够确定发动机当前的运转工况，例如起动、怠速、加速、稳速行驶、减速，以及工作温度。PCM 采集这些输入并参考其存储器中的查找表来确定针对当前工况的最佳空燃比。在开环控制中，PCM

⊖ 汽油类型随添加的乙醇百分比而变化。

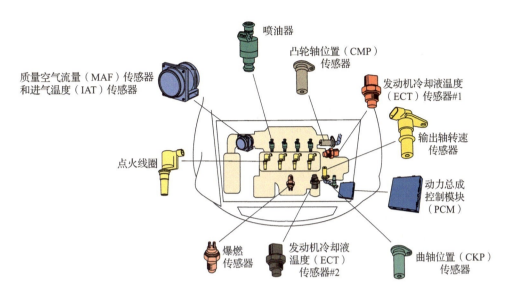

图 14-2 最常用的电子燃油喷射系统

根据保存在其存储器中预先确定的参数提供燃油。

当运转工况需要忽略来自氧传感器的信号时，系统将开环运行，例如起动或节气门全开时。OBD-Ⅱ之前的系统在怠速或氧传感器的温度不足而无法发送良好信号时以及在节气门全开时也会进入开环控制模式。

> **性能提示**
>
> 当发动机处于开环控制模式时，增加喷射的燃油量可提高 EFI 发动机的性能。这通常可通过安装较大的喷油器、提高燃油压力和延长喷油器的脉宽来实现。后者是通过对 PCM 重新编程来实现的。当处于闭环控制模式时，这些改变对发动机将只有很小的影响。当然，如果对增加的燃油没有供应足够的空气量，将不会有动力的提升。

1. 喷油器

喷油器是一个计量和雾化燃油并将燃油喷入进气歧管的机电装置。用于汽油直喷系统的喷油器与燃油导轨一同用螺栓固定在气缸盖上并将燃油直接喷入燃烧室。喷油器的大小和形状与火花塞相似。O 形密封圈用于喷油器与进气歧管、节气门体和/或燃油导轨等固定位置的密封。这些 O 形圈还提供隔热功能，以防止蒸气气泡的形成并提供良好的热起动特性，它们还减轻了潜在的有害振动。当给喷油器通电时，喷油器的尖端将喷

出细小的燃油薄雾。

大多数喷油器由电磁阀、阀针和喷嘴组成（图 14-3），电磁阀和阀针相连。PCM 通过控制喷油器接地电路的驱动电路来控制喷油器。当给电磁阀绕组通电时，它会产生一个磁场，并吸引铁心向后拉动阀针，使其离开阀座，燃油随之从喷嘴喷出。当电磁阀断电时，磁场消失，同时螺旋弹簧强迫阀针回落到阀座上，从而切断燃油的流动。

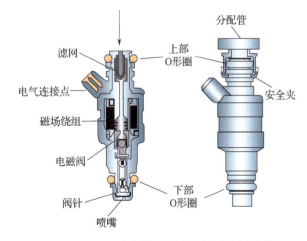

图 14-3 用于多点燃油喷射系统的典型喷油器

另一种喷油器在结构上采用了球阀和阀座。在这种结构中，由电磁阀绕组产生的磁场拉动柱塞向上，使球阀离开阀座。弹簧用来使球阀回落到阀座上以切断燃油的流动。

每个喷油器有一个两线的插接器。一根导线向喷油器提供电压。该线可能直接连接到熔丝板，也可能先连接到 PCM，再转而连接至熔丝板。在少数旧式系统中，一个在发动机舱盖下或在 PCM 内的电阻用于降低通过低阻抗喷油器的电流。第二根导线是接地线，它连接到 PCM 内的驱动器电路上。

一个喷油器喷出的燃油量取决于燃油的压力、喷油器喷嘴的尺寸和喷油器通电的时长。燃油压力主要由压力调节器控制，而喷油脉冲宽度或通电的时长由 PCM 控制。典型的脉冲宽度范围为从急速时的 1ms 到全负荷时的 10ms。PCM 根据各个传感器输入的信号、运行工况及已有的程序控制脉冲宽度。主要的输入都与发动机的负荷和冷却液温度有关。不同的发动机需要不同的喷油器。喷油器的设计要保证在开启时通过特定的燃油量。此外，喷油器头部的喷孔数随发动机和车辆年款的不同而有所不同。喷油器可以从顶部和侧面供油，也可以从底部供油（图 14-4）。顶部和侧面供油的喷油器主要用于采用高压力燃油系统的进气口喷射系统。底部供油的喷油器则用于早已淘汰的节气门体喷射系统，这种系统使用低至 10psi（约 69kPa）的燃油压力。

在实际使用中，已经出现了一些与喷油器头部沉积物有关的问题。由于汽油中含有少量的胶质，喷油器上的沉积物通常是在热的发动机被关闭后，留在喷油器头部上的胶质受到烘烤时形成

的。大多数制造商使用的喷油器改进了其设计，以减少沉积物在喷油器头部堆积的机会。此外，石油公司还在汽油中添加了去垢剂，以尽量防止在喷油器头部形成沉积物。

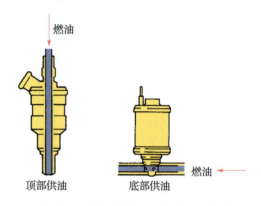

图 14-4 采用顶部和底部供油的喷油器

2. 急速控制

控制急速转速是 PCM 的一个功能。PCM 基于运转工况和来自各个传感器的输入来调整急速转速。在节气门体和进气口喷射系统中，发动机的急速是通过调整绕过节气门板的旁通空气量来控制的。有两种类型的空气旁通阀可供使用：辅助空气阀和急速空气控制阀（IAC）。早期的燃油喷射系统中最常用的是 IAC 阀（图 14-5）。采用电子节气门控制的发动机不使用 IAC 阀，而是由 PCM 控制节气门板打开一个小的开度（大约 10%）以使急速所需的空气量进入发动机。

IAC 系统使用一个步进电机或执行器，它们

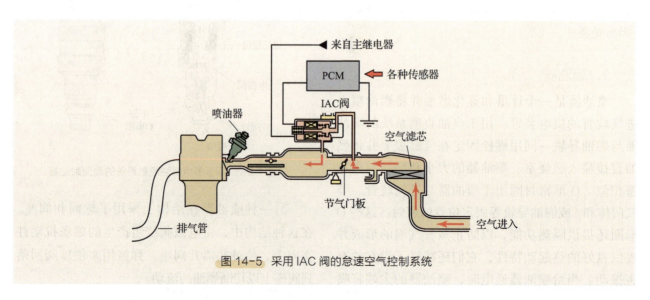

图 14-5 采用 IAC 阀的急速空气控制系统

决定了 IAC 阀在绕过节气门板的空气旁通通道中的位置。IAC 阀通道是节气门体铸件的一部分。PCM 根据输入的数据来计算稳定怠速所需的空气量，输入的数据包括冷却液温度、发动机负荷、发动机转速和蓄电池电压等。

如果发动机的转速低于期望值，PCM 驱动电机缩回 IAC 阀，增加旁通通道流通截面，从而使更多的空气绕过节气门。如果发动机转速高于期望值，IAC 阀伸出，缩小旁通通道的流通截面，使供给发动机的空气减少，从而降低发动机的转速。PCM 通常在发电机输出较高时提高发动机的转速，例如在启用空调压缩机和发动机冷却风扇运转时。

为了迅速提高催化转化器的温度，发动机在冷起动时的怠速转速可能会高达 2100r/min。PCM

可将冷机的怠速转速保持 40~50s。一些更旧型的发动机配备了一个辅助空气阀来辅助控制怠速转速。与采用 IAC 阀的控制方式不同的是，该辅助空气阀不由 PCM 控制。但无论怎样，该辅助空气阀像 IAC 系统一样，可在发动机的冷机怠速时提供额外的空气量。

3. 输入

燃油喷射系统控制空燃比的能力取决于其在每个气缸的压缩行程中可提供正确时长喷油器脉冲的能力，以及根据发动机需求改变喷油器 "on" 时间的能力。这两个任务都需要使用监测发动机运转状态的传感器。PCM 通过 CAN 总线和直接发送的方式来接收这些输入信号（图 14-6）。

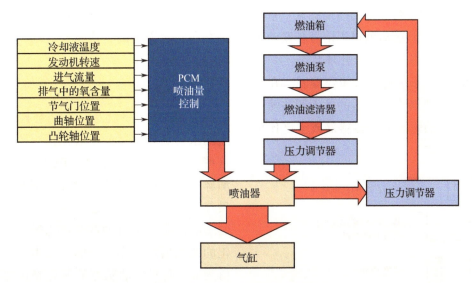

图 14-6　基本的电子燃油喷射系统

参见

有关传感器的详细讨论参见本册第 10 章。

典型的输入包括下述传感器的信号：MAF 传感器、MAP 传感器、氧传感器或空燃比传感器、IAT 传感器、ECT 传感器、APP/TP 传感器、CKP 传感器和 CMP 传感器。

其他传感器的信号也用来提供与发动机工况相关的下述信息：车速、空调启用状态、变速杆

位置、蓄电池电压和发电机负荷、EGR 阀位置、动力转向压力。

4. 运行模式

所有燃油喷射系统都响应于输入信号，而PCM 的程序使 PCM 界定这些状态并建立起这些状态的整体状况，然后按照运行模式控制燃油的供给。不同的 EFI 系统具有不同的运行模式，但大多数都会有起动、运转、溢油清除、加速和减

速等模式。

（1）起动模式　当点火开关刚转到起动位置时，PCM 启动燃油泵约 2s。当 PCM 接收到来自 CKP 传感器的良好信号时，PCM 为起动发动机接通燃油泵。如果没有 CKP 信号，将关闭燃油泵。在有 CKP 信号的情况下，PCM 仅根据发动机的冷却液温度和负荷控制喷油器正时和基本喷油脉宽。一旦发动机运转起来，PCM 将根据 MAF、IAT、ECT 和 TP 传感器的输入设定喷油器的喷油脉宽。在某些情况下，当用起动机拖动发动机时，喷油器可能会事先向各气缸喷射燃油以帮助发动机起动。该系统在发动机达到预定转速运转之前将一直处于起动模式。

（2）运转模式　一旦发动机起动并运转在预定转速以上，系统将运行在开环控制状态。在开环控制时，PCM 根据 MAP 或 MAF、IAT、ECT 和 TP 传感器的信号设定喷油器的喷油脉宽。系统在 PCM 接收到来自氧传感器的可用信号且发动机已经达到预定温度前将一直处于开环状态。一旦上述条件都已满足，系统将进入闭环控制。在闭环控制中，PCM 根据各个传感器的输入调整喷油器的脉宽，但主要的输入是氧传感器或空燃比传感器的信号（图 14-7）。

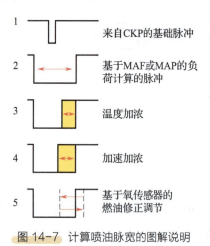

图 14-7　计算喷油脉宽的图解说明

（3）溢油清除模式　有时发动机不能起动，是因为它得到了过多的燃油，这称为溢油状态。当发动机出现溢油时，必须要将过多的燃油从气缸中排出去。这是通过将加速踏板踏到底并用起动机拖动发动机来实现的。溢油清除模式不是一个自动程序，它是通过驾驶员踏下并保持加速踏板到底的方式启用的。通常情况下，当 PCM 监测到节气门全开时，它将进入加速加浓模式约 3s。如果节气门保持全开，且发动机转速低于预定转速，系统将返回到起动模式，但在某些情况下，若发动机被持续拖动一定时长，PCM 将完全关闭喷油器，即转入溢油清除模式。

（4）加速模式　根据来自 TP 和 MAF 传感器的信号，PCM 能够知道什么时候正在使车辆加速。为了补偿在节气门急剧打开时空气的突然涌进，PCM 会增加喷油器的喷油脉宽。该脉宽的变化是 PCM 根据 CKP、MAP、ECT、MAF 和 TP 传感器的输入计算的。一旦 PCM 确定车辆不再加速，该控制系统将返回到运转模式。

（5）减速模式　PCM 还使用 MAP 或 MAF 和 TP 传感器的输入来检测减速工况。在减速过程中，PCM 减小喷油器的喷油脉宽。有些系统会在车辆急剧减速时完全切断燃油喷射，也有些车辆会在减速期间的一段短暂时间内完全切断燃油喷射。

5. 燃油修正

当 OBD-II 系统运行在闭环控制中时将持续监测来自氧传感器或空燃比传感器的信号。根据这些输入和程序的指令，PCM 改变喷油器的喷油脉宽以提供驾驶性、燃油经济性和排放控制的最佳合理组合。根据运行工况对基本（程序设定的）喷油脉宽进行的调整称为燃油修正。燃油修正的监测信息可用于诊断。基本喷油脉宽的修正值为 0，而对喷油脉宽的所有修正都用负值或正值表示。正的燃油修正值意味着 PCM 检测到混合气过稀并正增加喷油脉宽以向混合气添加更多的燃油，而负的燃油修正值意味着 PCM 正通过递减喷油脉宽来减少燃油量以降低混合气的浓度。一些车辆使用过量空气系数（EQ RAT 或 λ）来表示燃油修正值。如果没有改变空燃比的需求，过量空气系数是 1.0。如果指令的过量空气系数是 0.95，则表示正在控制空燃比加浓。大于 1.0 的数字代表减稀释的指令。为了计算空燃比，可将化学计量比 14.64 乘以过量空气系数。例如，0.95 的过量空气系数等于 13.91 的空燃比，计算方法是 $14.64 \times 0.95 = 13.908$。

控制系统会给出短时和长时的燃油修正。短时燃油修正（Short-Term Fuel Trim，STFT）代表为响应氧传感器信号而立即做出的改变。长时燃油修正（Long-Term Fuel Trim，LTFT）代表为设定一个新的基本喷油脉宽而进行的改变。LTFT 响应于 STFT 的变化趋势。例如，如果 STFT 指令为加浓并保持在 +12% 且持续了一段时间，则 LTFT 将增加，直到 STFT 返回到接近 0% 的修正值。该 LTFT 随后将在诊断仪数据中显示为一个正值。为了确定 PCM 所给出的总的燃油修正值，可将 STFT 和 LTFT 的数值加在一起。例如 STFT 修正值是 4%，LTFT 修正值是 8%，则总的燃油修正值为 12% 的加浓修正值。当关闭点火开关时，将删除 STFT，而 LTFT 则保留在 PCM 的存储器中。

6. 节气门体喷射

对许多汽车制造商来讲，节气门体喷射（TBI）方式在从化油器到更先进的燃油喷射系统过渡的过程中充当了垫脚石。TBI 单元应用在 20 世纪 80—90 年代期间的许多发动机上。TBI 单元直接安装在进气歧管上，喷油器将燃油向下喷入一个通向进气歧管的节气门体室。进气歧管向所有气缸提供空气和燃油的混合气。

四缸发动机采用装有一个喷油器和一个节气门板的节气门体总成，而 V6 和 V8 发动机通常会采用双喷油器和在同一根节气门轴上的两个节气门板（图 14-8）。

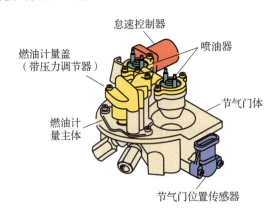

图 14-8 采用双喷油器的用于 6 缸和 8 缸发动机的节气门体总成

节气门体喷射系统不如进气口喷射高，而且燃油不能均匀地分配到所有气缸，这是因为来自

TBI 单元的空气和燃油会经过进气歧管，而进气歧管气道的长度和形状影响了分配。在进气歧管为冷态时，还有一个燃油在歧管中冷凝而形成液态汽油积存的问题。

由于该 TBI 系统早已淘汰，本书不再过多介绍。

14.2 进气口燃油喷射

进气口燃油喷射（PFI）系统在每个气缸上至少使用一个喷油器，它们安装在进气歧管靠近气缸盖的地方。喷油器在这里可以使喷射出的细小燃油薄雾尽可能地接近进气门（图 14-9）。供给的燃油薄雾正好处在燃烧室外，这可使燃油在进入气缸前得到进一步分解并蒸发成更细小的燃油油雾。某些进气口喷射系统在喷油器喷嘴正下方有一个导流板，该板上有一些小孔，当燃油喷过该板时被进一步打碎。

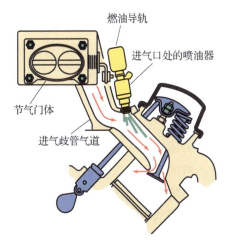

图 14-9 PFI 系统在节气门打开前将燃油喷入进气口以使进气口充满气化的燃油

多年以来，尽管许多不同的 PFI 系统得到广泛应用并有一些共同点，但它们驱动喷油器的方式并不都是相同的。PFI 系统可分为两种基本类型：多点燃油喷射（Multi-Port Injection，MPI）系统和顺序燃油喷射（Sequential Fuel Injection，SFI）系统，对两者的划分是用喷油器的控制方式来定义的。

1. MPI 系统

受限于 OBD-Ⅱ的法规，现在已不再使用 MPI

系统了。在 MPI 系统中，将各喷油器分组，因而每组或每侧气缸的喷油器是同时驱动的，某些 MPI 系统则同时驱动所有喷油器。这种系统的编程较为简单，因而可对空燃比做出相对快速的调整。各喷油器并联在一起，所以它们共享一个驱动器电路，因此，PCM 对所有喷油器发出的是一个信号。将每一个四行程循环所需的燃油量分为两部分，每 720° 曲轴转角进行两次喷油。事实上，各气缸的燃油充量不得不在进气歧管中等待不同的时间周期是该系统的主要缺点。

在分组的系统中，每一组喷油器都有自己的电源和接地电路。当所有喷油器按相同数量划分为两个组时，这两组喷油器的驱动是交替进行的，发动机每转一圈驱动一组喷油器。

在 MPI 系统中，由于仅有两个喷油器的喷油时间可以相对接近进气门正要开启的时间，使给其余气缸的燃油充量必须在进气歧管中停滞不同的周期。这些周期非常短暂，因此，燃油在进气歧管的滞留不会产生太大的影响。在怠速期间，这个滞留时间约为 150ms，而在转速较高时会更短。

2. 顺序燃油喷射（SFI）

SFI 系统除了需要 MAF 或 MAP 传感器和其他传感器外，还需要一个凸轮轴位置传感器来确定驱动喷油器的时刻。这类系统单独控制每个喷油器，从而使喷油器能恰好在进气门打开前被驱动。这意味着混合气不再会滞留在进气歧管中，而且对混合气的调整能在驱动一个喷油器和驱动下一个喷油器之间的瞬间进行。顺序喷射是最精确的，而且也是改善进气口喷射的可取方式。

为满足 OBD-Ⅱ法规，SFI 系统可关闭一个失火气缸的喷油器，从而使制造商可以在稳速行驶和轻负荷工况下采用停缸技术来改善燃油经济性。

在 SFI 系统中，每个喷油器分别连接在计算机上，而且计算机一次只接通一个喷油器的接地电路。顺序喷射系统的每个喷油器驱动器上只有一个喷油器。

当燃油喷射系统按照曲轴转速驱动喷油器时，称为同步喷射，喷油器的动作是相对于曲轴转角来定时的。在起动和加速过程中，PCM 可能不再参考 CKP 的输入，而是同时向所有气缸喷入额外的燃油，这种运行方式称为非同步喷射。

3. 节气门体

PFI 系统中的节气门体控制进入发动机的空气量以及进气歧管中的真空度。在非电子节气门的控制系统中，节气门体总成由一个 IAC 阀总成、一个怠速空气孔、带有节气门板的单腔或双腔壳体和一个 TP 传感器组成（图 14-10）。

图 14-10　安装在节气门体上的 TP 传感器

节气门体的壳体总成是一个单件的铝铸件或塑料压铸件，其节气门孔和节气门板控制进入发动机的进气量。节气门轴和节气门板由加速踏板通过凸轮和拉索组成的联动机构控制。TP 传感器检测节气门板的转动和位置，并向 PCM 发送信号。在一些系统上，有小流量的冷却液流经节气门体中的一个通道以防止节气门体在天气寒冷时结冰。

许多节气门体内的节气门孔和节气门板都涂有一种特殊的密封材料。这种密封材料有两个用途：一是当节气门关闭时，有助于节气门板与节气门孔间的密封；二是保护节气门体免受污垢引起的损伤，例如堆积在进气歧管中的积炭和油泥。

> **车间提示**
>
> 不应对带有保护涂层的节气门体进行清洗，因为任何清洗都可能除去其密封材料。大多数带有涂层的节气门体上会贴有警示标签以便识别。

MAF 传感器测量进气量，包含怠速空气孔和曲轴箱强制通风（PCV）系统所用的空气量，它使 PCM 知道有多少空气正进入进气歧管。一些节气门体在节气门板的前面还有一个用于 PCV 和 IAC 系统的新鲜空气出口。

当发动机在怠速状态且节气门关闭时，少量的空气通过怠速空气孔进入发动机。当 PCM 指令 IAC 系统开启时，IAC 系统将允许额外的空气进入进气歧管。大多数节气门体有一个基本怠速设定螺钉，但很少调整，仅用于调整怠速设置的一个步骤。怠速由 PCM 完全控制，在正常运转条件下通常没有调整它的要求。一些节气门体上有一个节气门的止动螺钉，它用来防止节气门板在快速关闭时卡死在其孔中。

节气门体在节气门板后还会有一些真空管的接头或端口，它们用于监测发动机的真空度，并为 PCV 阀、排气再循环（EGR）阀、蒸发排放（EVAP）系统和空调系统风板控制提供真空。

4. 燃油供给

单独控制并安装在进气歧管上的喷油器是通过燃油管路获得压力燃油的。这些燃油通过燃油导轨（图 14-11）流到每个气缸的喷油器。在无回油的燃油系统中，燃油导轨上还有一个燃油压力测试端口和一个燃油导轨压力（FRP）传感器。该燃油导轨由燃油泵供给燃油并以相同的压力向每个气缸分配燃油。由于燃油在每个气缸处而不是在进气歧管进行分配，因此只有少量燃油或没有燃油浸润进气歧管的壁面，因此不需要进气歧管的加热或燃油预蒸发系统。由于其进气歧管的气道不再负责向各个气缸输送燃油，因此，许多 PFI 的发动机使用了塑料的进气歧管。

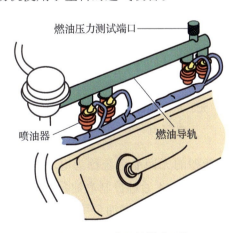

燃油压力测试端口

喷油器　　　　　　　　燃油导轨

图 14-11　典型的燃油导轨

V6 或 V8 发动机 PFI 系统上的燃油导轨总成一般由左侧和右侧燃油导轨组成。这两个燃油导轨可通过跨接与回油管连接。图 14-12 展示了典型的用于 V8 发动机的燃油导轨。

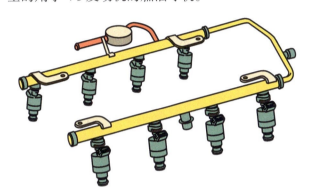

图 14-12　用于 V8 发动机的整体式燃油导轨

一些发动机配有长度可变的进气歧管，该进气歧管有分别用于低速和高速时的进气道，但这个技术仅适用于进气口燃油喷射系统。

采用无回油燃油系统的发动机有一个监测喷油器燃油压力的传感器，该传感器可能还会包含一个燃油温度传感器，PCM 基于这个传感器的输入控制燃油压力。该传感器接收一个 5V 的参考电压，通过反馈给 PCM 的信号来反映燃油压力的变化。通常当燃油压力高时，该信号是较高的信号电压，当压力低时，信号电压也低。

一些发动机在其燃油导轨上装有脉动阻尼器。这些阻尼器减小了喷油器快速开启和关闭所引起的压力脉动。如果没有对这些波动的控制，将会影响每个喷油器上的燃油压力。该阻尼器的作用是控制燃油导轨中的燃油体积。当燃油导轨中的压力快速下降时，该阻尼器暂时减小燃油导轨中燃油的体积以防止燃油压力变得过低。当燃油压力快速升高时，则进行相反的调节。该阻尼器还降低了燃油的噪声并可在发动机熄火后的冷却过程中维持燃油压力。

5. 喷油器控制

编入计算机中的程序刚好在进气门实际开启前的适当时刻将喷油器控制电路接地，从而使雾化的燃油及其蒸气在进气门打开之前充满进气口。在 SFI 和 MPI 系统中，计算机指令向喷油器提供合适的喷油脉宽，以提供最优的空燃比。在发动机冷起动时，计算机增加喷油器的喷油脉宽以提供空燃比加浓的混合气。

为了确定驱动每个喷油器的时刻，SFI 需要 CKP 和 CMP 传感器的输入。在许多系统中，一旦 PCM 接收到了来自 CKP 传感器检测到的 1 号气缸活塞位置信息，PCM 将使用 CMP 传感器的信号来使各个喷油器与发动机的点火顺序同步。

6. 压力调节器

（1）有回油的 PFI 系统　由于 PFI 系统的喷油器安装在真空度始终不断变化的进气歧管上，为了抵消这些波动，PFI 系统需要一个燃油压力调节器，它感知进气歧管的真空度，并不断调整燃油压力以使喷油器的上下两端保持恒定的压力差。该压力调节器响应由发动机负荷引起的歧管压力变化。

在有回油的 PFI 系统中，燃油压力调节器位于燃油导轨上或其附近（图 14-13）。燃油压力调节器中装有一个膜片和阀门总成，膜片弹簧使阀门落座在燃油出口上。

图 14-13　典型的进气口燃油喷射系统燃油压力调节器

当燃油压力达到调节器的设定压力时，其膜片克服弹簧张力而移动，从而使回油阀门打开，此时燃油可通过回油管路流向燃油箱。当调节器阀门打开时，燃油压力稍稍下降，而当弹簧关闭该阀门时，压力又恢复到设定值。

一根真空软管从进气歧管连接到压力调节器上的真空入口处。该真空软管向压力调节器的膜片提供真空力以克服燃油压力来移动膜片并打开控制回油的阀门。当发动机以怠速转速运转时，较高的进气歧管真空度施加给压力调节器，在这种情况下，燃油压力将顶开压力调节器的阀门。

如果发动机在节气门全开状态下运转，则没有真空施加给压力调节器（即进气歧管压力较高）。这个较高的歧管压力阻止了压力调节器阀门的打开。这是有意义的，因为此时喷油器是在将燃油喷入一个比怠速运转状态更高的压力中。如果燃油压力在怠速和节气门全开时保持不变，则喷油器会在节气门全开时进气歧管压力较高的情况下喷入较少的燃油。压力调节器提高了燃油压力，使喷油器上下两端在怠速和节气门全开时保持了相同的压力差。当这个压力差保持不变时，喷油器上的燃油压力变化将不会影响喷油器喷出的燃油量。

（2）无回油的 PFI 系统　几乎所有新型的燃油喷射系统都是无回油的系统。这类系统都有一个布置在燃油箱内的燃油压力调节器，它是燃油液面传送器和燃油泵总成的一部分（图 14-14），因而这类系统又称为机械式无回油系统。使用该术语是因为该燃油压力调节器置于燃油箱内且没有特定的回油管路，而且其运行也与发动机的真空无关。采用无回油的系统，只需过滤发动机所需的燃油，因而允许使用较小的燃油滤清器。当发动机在怠速状态时，燃油压力应在 55~60psi（约 379.2~413.7kPa）。该压力调节器提供的燃油压力过低或过高，都将导致驾驶性的问题。该系统还有一个开关，它在车辆发生碰撞时将切断燃油供给。

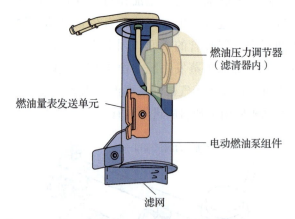

图 14-14　无回油燃油喷射系统的燃油压力调节器、燃油泵和燃油量表发送单元总成

许多新型的无回油系统称为电子式无回油系统，这是因为 PCM 通过控制燃油泵的转速来控制燃油压力。这类系统的燃油泵可以由 PCM 直接控制，也可以由 PCM 控制一个实际驱动燃油泵的附

加模块来控制，但无论采用哪种方式，电动燃油泵的转速都是通过脉宽调制（PWM）信号来控制的。随着燃油需求的提高，控制脉宽增加，从而提供更多的燃油。

7. 节气门线控系统

节气门线控系统取消了对节气门拉索和联动机构的需求，同时还提供了传统节气门控制方式不具备的许多其他好处，例如改善了驾驶性、提高了燃油经济性并降低了排放水平。所有制造商目前都采用了节气门线控系统，每个制造商用不同的名称来命名它们的系统，最常用的是电子节气门体（Electronic Throttle Body，ETB）和电子节气门控制（Electronic Throttle Control，ETC），它们在所用的程序和硬件上会有一些差异。

根据来自加速踏板位置传感器的输入及 PCM 程序，PCM 用电子方式控制节气门板的位置（图 14-15）。一个由 PCM 控制的直流电机通过齿轮来转动节气门板（图 14-16）。该电机可以是节气门体的一个不可分割的部分，也可以是安装在节气门体上的一个独立装置。

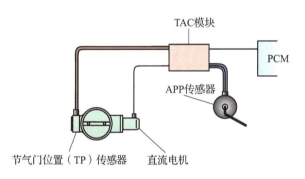

图 14-15 节气门执行器控制（TAC）系统简图

作为一项安全功能，两个弹簧连接到节气门板转动轴上。其中一根较强的弹簧用于在 PCM 失去对发动机转速的控制时稍稍打开节气门板以允许运行跛行回家的模式。另一根弹簧用来关闭节气门。为了防止节气门板因关闭过紧而可能与其工作腔孔卡死，节气门体总成上有一个刚性止动装置用来限制节气门板的关闭位置。

驾驶员给 PCM 的输入由加速踏板位置传感器提供。一个系统可能有不止一个加速踏板位置传感器，也可能用一个传感器发出一个以上的信号

（图 14-17）。在这两种设计中，PCM 都将收到不止一个与加速踏板位置有关的信号。这个冗余性非常重要，因为它使 PCM 能够密切监测系统的行为，因为多个信号可确保 PCM 接收的信息是正确的。

图 14-16 电机根据 PCM 指令转动节气门板

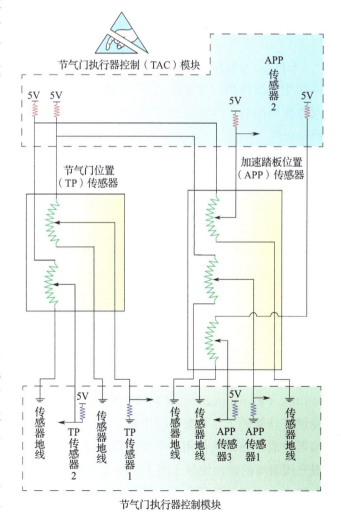

图 14-17 节气门线控系统中节气门位置传感器的冗余设计

TP 传感器也提供冗余的信号，多个信号可确保 PCM 在任何时间都能知道节气门板的正确位置。这类 TP 传感器很容易辨别，因为它们有 4 根电气引线。

冗余也出现在对输入的处理和对节气门电机的控制中。这类节气门系统由 PCM 内部的两个独立处理器进行监测。两个处理器都关注相同的内容，因此，如果其中一个确定另一个是错误的，它将否决处理器的指令。

电子节气门系统除了省去了节气门的联动装置，还排除了对 IAC 阀和怠速空气孔的需要。之所以不需要它们，是因为 PCM 可以控制节气门板的开度以满足发动机在怠速时的空气量需求。

ETC 还用在与可变气门正时的协同上。由于发动机的功率随气门正时的变化而变化，因此也需要改变节气门板在这些状态下的预期位置。PCM 可以立即改变节气门板的位置，以补偿发动机功率的任何明显变化。

ETC 还与电控自动变速器协同工作。PCM 可以在变速器换档过程中改变节气门板的位置，以改善换档品质。这可使变速器平稳地进行更快的档位变换。

其他的优点还包括在提供改进的速度控制和自适应巡航功能的同时取消了巡航控制的执行装置。为了减小在稳速巡航过程中进入发动机的空气节流阻力，PCM 可以在指令节气门板全开的同时使用喷油器控制发动机的转速。ETC 还可使 PCM 更有效地限制发动机转速和车速。ETC 还用于自动牵引力控制系统。

8. 中央口喷射

历史上还曾有过一种称为中央口喷射（Central Port Injection，CPI）或中央多点燃油喷射（Central Multiport Fuel Injection，CMFI）的系统，该系统在进气歧管的下半部装有一个位于中央位置的喷油器总成。该系统使用一个喷油器来控制到单个**提升阀喷嘴**的燃油流量（图 14-18）。CPI 喷油器总成由一个燃油计量体、一个压力调节器、一个喷油器、带尼龙燃油管路的提升阀喷嘴和一个密封垫组成。喷油器通过连接至喷嘴的管路分配经计量的燃油。

为满足 OBD-Ⅱ 的法规，CPI 系统的改进型对每个提升阀喷嘴使用了单独的喷油器。这种称为中央顺序燃油喷射的系统可对有失火情况的气缸关闭其喷油器。由于排放法规要求的日益严格和电子控制技术的飞速发展，该系统也早已成为历史。

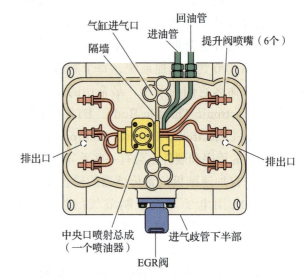

图 14-18　安装在进气歧管下半部的中央多点燃油喷射（CMFI）系统部件

14.3　汽油直喷系统

尽管直喷技术在柴油机上已应用了很多年，但直到近些年来，直喷系统才普遍用在汽油发动机上。汽油直喷系统使用很高的压力将汽油以非常细小的雾化状态直接喷射到气缸中。由于许多汽车制造商都在采用这项技术，因此它有许多不同的名称。最常用的是汽油直接喷射（GDI），但由于 GDI 是三菱汽车公司已注册的商标，因此只能由三菱制造商使用。当前这类系统的名称有汽油直接喷射（GDI）、燃油分层喷射（FSI）、高精度喷射、直接喷射（DI）或直接喷射式火花点燃（DISI）。图 14-19 是大众汽车公司旗下一款采用直喷技术的涡轮增压发动机。

1. 喷油器

汽油直接喷射系统采用专门设计的喷油器将汽油喷入高压和高温的气缸中（图 14-20），为了防止气缸内的热量点燃喷油器中的汽油，喷油器被设计成可在燃油喷射后完全密闭。该喷油器还必须有能力以高于气缸内的压力喷出燃油。如果不能这样，燃油将不会进入气缸，反倒是气缸内的压力会进入喷油器，因为流体总是从高压点流向低压点的。由于这种喷油器在高压下工作需要更多的电功率，因此，PCM 对每个喷油器都提供单独的高电压和驱动电路以提高供给喷油器的电压，根据系统的不同电压最高可达 75V。升高电压是为了确保喷油器的快速响应和精确控制。该喷油器还必须能够抵抗沉积物的形成，并提供高度雾化和定向喷射的燃油喷雾。这种喷油器通常都带有一个细长的端部（图 14-21），以使喷油器能够迅速将燃烧过程中吸收的热量转移到气缸盖内的冷却水套中。

图 14-19　大众汽车配备涡轮增压的汽油直喷发动机

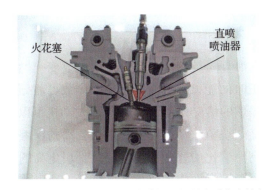

图 14-20　喷油器布置在燃烧室中间以使燃油对准火花塞喷射

PCM 控制每个喷油器的喷油脉宽和正时，并允许系统在完全不同的模式下运行。燃油在进气门关闭之前还是在之后喷射取决于运行模式，届时喷油脉宽也会随着运行模式的不同而改变，并根据 MAF 和 IAT 传感器的输入进行调整。

大多数汽油直喷系统都采用电磁阀式喷油器，但有些系统采用压电驱动式喷油器。压电式喷油器的工作依赖堆叠在一起的晶体。当电压施加给晶体时，晶体改变其尺寸，喷油器的芯轴与晶体相连，当晶体尺寸变化时，芯轴移动，打开喷嘴喷油。压电式喷油器具有比电磁阀式喷油器更短的响应时间。

图 14-21　汽油直喷系统使用的喷油器

采用 GDI 技术的系统可以在任何时间喷射燃油，而不仅仅是在进气门打开时。此外，喷油器可以在压缩行程过渡到燃烧的过程中喷油两次。当 PCM 感知到运行工况有可能妨碍燃油完全燃烧时，这种两次喷射的方式可促进燃油的完全燃烧。

2. 高压燃油泵

汽油以传统方式通过燃油箱内的电动燃油泵从燃油箱输送到发动机上的机械式高压燃油泵，该泵由凸轮轴末端的偏心装置驱动（图 14-22）。高压燃油泵的任务是提高燃油压力并将增压后的燃

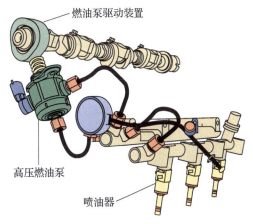

图 14-22　GDI 系统的高压燃油泵用凸轮轴驱动

油提供给燃料导轨，而每个喷油器都与燃油导轨连接。GDI 系统能够以 435~2900psi（约 3~20MPa）的燃油压力运行。该高压燃油泵属于容积泵类型，它的任务仅是将所需的高压燃油输送到喷油器。

PCM 根据燃油导轨压力调节器的输入信号调节燃油导轨的压力。该调节器位于燃油导轨上或是作为高压燃油泵的一部分。燃油压力是通过控制进入高压燃油泵的燃油量或通过改变泵的有效行程来调节的，其中控制高压燃油泵进油的方式是最常见的方式。PCM 控制调节器的电源和接地电路，当调节器断电时，其进油口的阀门由弹簧压力保持打开状态；当它通电时，将关闭该阀门。通过调制脉冲宽度可将高压燃油泵的出口压力保持在当前运转工况的最佳值。

PCM 利用 CKP 和 CMP 信号使调节器的动作与凸轮轴上偏心凸缘的位置和运动同步。为了预防系统压力过高，在泵或燃油导轨上装有压力安全阀，当压力达到预定的压力值时，一些燃油经安全阀返回燃油箱。

3. 运行模式

大多数汽油直喷系统可以运行在三种不同的模式下：稀薄燃烧模式、理论空燃比模式和全功率模式。每种模式都具有不同的空燃比、喷射正时和燃油压力。PCM 根据运转工况选择不同模式运行。稀薄燃烧模式依赖分层的充量，而理论空燃比模式和全功率模式则采用均质混合气，这意味着空气和燃油得到充分混合（图 14-23）。PCM 还必须能够平稳地从一个模式过渡到另一个模式。如果 PCM 监测到系统有问题，还会启用跛行回家模式。在此模式下，PCM 将使用一种允许发动机继续运转，并足以驱动车辆行驶到维修店的燃油策略。

分层的充量　　均质混合气

图 14-23　GDI 系统混合气的两种状态

重要的是要注意，不是所有的汽油直喷系统都有稀薄燃烧模式。采用稀薄燃烧模式的系统是为了提高功率和减少排放，而不是为了最小化燃油消耗。

（1）稀薄燃烧模式　GDI 发动机可以在空燃比高达 60∶1 的非常稀薄的混合气下运转，好处就是 GDI 发动机能够大幅度降低燃油消耗。当车辆以非常小的负荷稳速行驶时，发动机将以稀薄模式运转。除了减少燃油消耗外，该模式还可降低排放。非常稀的混合气之所以能正常燃烧是因为系统采用了分层的充量。

喷油器端部在燃烧室中的布置是汽油直喷系统的一个重要特性，特别是运行在稀薄燃烧模式下时。当活塞几乎已经完成其压缩行程，又还没有点火之前，会有少量燃油喷射在火花塞周围，以便使火花塞周围有足够的燃油来引发燃烧。在这个局部区域是分层充量的燃烧。围绕该区域的小范围内只有很少的燃油甚至没有燃油，几乎都是空气或循环的废气。围绕分层充量的空气形成一个绝热层以使燃油保持远离气缸壁。

（2）理论空燃比模式　在以中等负荷运转期间，该系统运行在理论空燃比模式下，其空燃比接近理论空燃比，且燃油在进气行程喷射。

（3）全功率模式　全功率模式用于大负荷和急加速期间。此时的空气燃油混合气的空燃比比理论空燃比稍浓，而且燃油依然是在进气行程喷射的。

4. 压缩比

汽油直喷具有能够在大范围内改变空燃比和喷油正时的能力，可使其避免大多数可能导致发动机爆燃的情况，这意味着 GDI 发动机可以在不使用高辛烷值汽油的情况下采用更高的压缩比运转。高压缩比的好处简单地说就是用更高的压缩比从每一滴燃油中榨取更多的能量，所以采用更高压缩比运行能够在不消耗更多燃油的情况下提供更大的发动机功率和转矩。

之所以能实现采用更高的压缩比，是因为直接喷射到气缸中的微小油滴有助于冷却气缸中的混合气。冷却可使混合气密度增加，这意味着可以产生更大的功率，并使混合气不易产生爆燃。

因为无论在何种运行模式下，燃油都喷射在火花塞周围，混合气能快速燃烧。这意味着对点火提前的需求减少，从而减少了产生爆燃的机会。

5. GDI 优点

相比于其他的燃油喷射系统，汽油直喷系统有下述优点：提高了燃油效率；提供了更高的功率输出；提高了发动机的容积效率；降低了发动机的热损失；减少了排放（但如果燃烧温度过高将增加 NO_x）；允许发动机采用高压缩比且不需要使用高辛烷值的燃油；在与涡轮增压器一起使用时，大大缩短了涡轮的迟滞。

6. GDI+SFI

有些发动机采用直接喷射系统和间接喷射系统的组合。每个气缸有两个喷油器：一个在进气口，另一个直接安装在气缸盖中。这两组喷油器的工作方式与它们在正常布置中的工作方式是一样的（图 14-24），当不需要进气口喷射时，ECM 将关闭进气口的喷油器。当发动机处于冷态或以轻负荷中低速运转时，这两个喷射系统都工作。当发动机以高速和大负荷运转时，只使用直接喷射。在冷起动过程中，进气口喷射系统和直接喷射系统的喷油器协同工作以形成稀薄的分层混合气。所需的部分燃油首先在排气行程期间喷入进气口，所需的剩余燃油随后在接近活塞压缩行程结束时从直喷系统的喷油器喷出，从而形成了充量的分层分布。这些充量快速燃烧，使燃烧室迅速升温，进而使催化转化器快速预热。

PCM 根据发动机负荷、进气空气流量、温度和其他输入控制每个喷油器的喷射量和正时。这类系统充分利用了两种喷射系统的优点。进气口喷射系统在节气门开度较小时更为有效，而直接喷射系统在发动机转速和负荷较高时是最佳的。这类系统的目的是在所有工况下提高发动机性能，并降低燃油消耗和排放。

燃油由燃油箱中的低压燃油泵输送给这两个喷射系统。直喷系统的燃油送到由排气凸轮轴驱动的高压燃油泵中。在凸轮轴的末端有一个顶住高压泵柱塞的三角形凸角，该凸角每循环一整圈，柱塞上下运动 3 次。

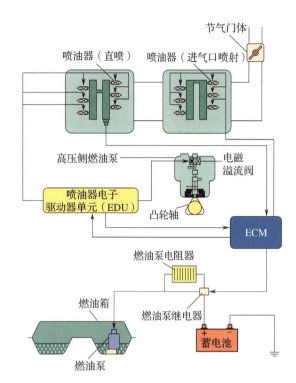

图 14-24 丰田的双喷射系统

直喷系统中的喷油器在喷嘴处有两个狭缝节流孔。喷嘴的这种设计目的是使提供的燃油喷雾朝向火花塞成扇形散开。一个电子驱动器单元（EDU）向喷油器发送一个高电压信号驱动喷油器脉动。PCM 通过脉宽调制方式控制 EDU，所以 PCM 也能控制喷油器的正时。

PCM 还控制直喷系统的燃油压力，与此同时，PCM 还控制喷入气缸的燃油量。PCM 利用燃油导轨上的燃油压力传感器信号监测燃油压力，并计算当前工况下所需的燃油压力，必要时控制 EDU 改变溢流阀的动作。

溢流阀位于高压燃油泵的进油通道上，用来控制该泵的输出压力，它的打开和关闭由 EDU 以电气方式控制。燃油压力可通过控制溢流阀的关闭时长来调节。

当 EDU 控制溢流阀打开且高压燃油泵的柱塞被其弹簧向下推动时，吸入燃油，随后在柱塞向上移动压缩吸入的燃油时控制溢流阀关闭，此时，凸角推动柱塞克服弹簧力向上压缩燃油而建立压力。一旦燃油压力大到可以打开高压燃油泵出油口的单向阀，高压燃油将通过燃油导轨流向喷油器。

3C：问题（Concern）、原因（Cause）、纠正（Correction）

维修工单				
年份：2003	制造商：本田	车型：Accord	里程：178055mile	单号：19002
问题	车辆是拖进维修店的，客户陈述该车可勉强行驶，但动力不足且运转不畅，MIL（故障指示灯）点亮。			

技师确认发动机运转非常差。检查故障码后显示 P0172-气缸组 1 混合气过浓。诊断仪的数据显示燃油修正值在 −25% 且氧传感器的信号电压始终非常高。检查燃油压力，发现压力在规定压力范围内。然后检查了空气滤清器和进气系统，确认进气系统正常，之后取下至燃油压力调节器的真空软管，发现有液态燃油从软管和调节器中流出。

原因	发现燃油压力调节器泄漏使燃油随进气吸入气缸。
纠正	更换燃油压力调节器、火花塞、发动机机油和机油滤清器后，发动机运转正常，无故障码，燃油修正值在 ±3% 内。

14.4 总结

• EFI 系统是由计算机控制的，并被设计成可在发动机的所有负荷、转速和温度状态下提供正确的空燃比。理论空燃比称为化学计量比，该空燃比的混合气可实现完全燃烧。

• EFI 系统的运行依赖于来自空气流量传感器、空气温度传感器、质量空气流量传感器、进气歧管绝对压力传感器、排气氧含量传感器、冷却液温度传感器和节气门位置传感器等传感器的输入。

• 体积空气流量传感器或质量空气流量传感器确定进入发动机的空气量。MAP 传感器测量进气歧管压力的变化，这种变化归因于发动机负荷和转速的改变。

• 燃油喷射系统的核心是电子控制单元。PCM 接收来自系统中所有传感器的信号，对它们进行处理并控制喷油器。

• 在 EFI 系统中，计算机通过控制喷油器的喷油脉宽来提供合适空燃比的混合气。

• 进气口燃油喷射系统使用四种驱动系统中的一种：接地的单独驱动、分组双驱动、同步双驱动或顺序驱动。1996 年以后生产的所有车辆都采用顺序燃油喷射（SFI）系统。

• 普遍使用的两类喷油器分别采用顶部供油和底部供油方式。顶部供油的喷油器用于进气口燃油喷射系统，底部供油的喷油器用于老式的节气门体喷射系统。

• 任何 EFI 系统中的燃油压力必须高到足以阻止燃油气化。

• 大多数计算机在冷发动机出现油淹现象时会提供溢油清除模式。在用起动机拖动发动机转动期间，将加速踏板踏到底可启用该模式。

• 在 SFI 系统中，每个喷油器都有通过计算机控制的单独的接地线。

• 压力调节器维持系统规定的燃油压力并使多余的燃油返回燃油箱。

• 在无回油的燃油系统中，压力调节器和滤清器总成与燃油泵和燃油量表发送单元一起安装在燃油箱的顶部，压力调节器直接使燃油返回燃油箱。

• 中央多点燃油喷射系统有一个中央喷油器，并在每个气缸进气口中有一个提升阀喷嘴。该中央喷油器由 PCM 控制，提升阀喷嘴则由燃油压力控制。

• GDI 系统直接将燃油喷入燃烧室并产生分层的混合气充量，以使较稀的混合气充量完全燃烧。

• GDI 系统使用特殊的喷油器，它以非常高的压力喷射汽油并能在未开启时实现非常好的密封。

14.5 复习题

1. 思考题

1）进气口燃油喷射系统与汽油直喷系统之间的主要区别是什么？

2）喷油器顺序喷射的意思是什么？

3）EFI 系统的计算机是如何控制空燃比的？

4）在进气口燃油喷射系统中，当节气门关闭时，怠速所需的空气从何处进入？

5）如果喷油器的喷油脉宽增加，则空燃比将变（　　　）。

6）当发动机处于怠速状态时，PFI 系统中的燃油压力调节器所提供的燃油压力比节气门全开时的燃油压力（　　　）。

7）GDI 系统为什么需要特殊的喷油器？

8）GDI 系统如何在燃烧室内提供分层的混合气充量？

9）压电式喷油器是如何工作的？

10）溢油清除模式及其功用是什么？

2. 判断题

1）在 GDI 系统中，PCM 通过对电动高压燃油泵的脉宽调制来控制燃油压力。对还是错？

（　　　）

3. 单选题

1）哪一种燃油喷射系统具有安装在燃油箱内的燃油压力调节器？（　　　）

A. 节气门体喷射系统

B. 机械式无回油的 PFI 系统

C. 电子式无回油的 PFI 系统

D. 中央多点燃油喷射系统

2）下面哪一个对燃油修正的表述是**不正确**的？

（　　　）

A. 正的燃油修正值意味着 PCM 监测到过稀的混合气并正在减小喷油脉宽以向混合气添加更多的燃油

B. 短时燃油修正代表为响应氧传感器信号而产生的即时变化

C. 长时燃油修正代表为设置一个新的基本喷油脉宽而产生的变化

D. 长时燃油修正响应于短时燃油修正的修正趋势

4. ASE 类型复习题

1）在讨论 EFI 系统时，技师 A 说 PCM 通过控制燃油压力来提供合适的空燃比。技师 B 说 PCM 通过控制喷油器的喷油脉宽来提供合适

的空燃比。谁是正确的？（　　　）

A. 仅技师 A 正确

B. 仅技师 B 正确

C. 技师 A 和 B 都正确

D. 技师 A 和 B 都不正确

2）在讨论电子燃油喷射的工作原理时，技师 A 说 PCM 始终在调整空燃比以响应氧传感器的信号。技师 B 说短时燃油修正（STFT）基于氧传感器的输出信号。谁是正确的？（　　　）

A. 仅技师 A 正确

B. 仅技师 B 正确

C. 技师 A 和 B 都正确

D. 技师 A 和 B 都不正确

3）在讨论无回油的燃油系统时，技师 A 说无回油燃油系统的压力调节器安装在燃油导轨上。技师 B 说这类燃油系统的燃油泵和压力调节器组合在一个单元中。谁是正确的？（　　　）

A. 仅技师 A 正确

B. 仅技师 B 正确

C. 技师 A 和 B 都正确

D. 技师 A 和 B 都不正确

4）在讨论节气门线控系统时，技师 A 说节气门轴上的一根弹簧用于提供跛行回家的功能。技师 B 说大多数控制系统都有冗余的处理器，并且 TP 传感器和加速踏板位置传感器会发送冗余的输入信号。谁是正确的？（　　　）

A. 仅技师 A 正确

B. 仅技师 B 正确

C. 技师 A 和 B 都正确

D. 技师 A 和 B 都不正确

5）在讨论 GDI 发动机所用的压缩比时，技师 A 说 GDI 发动机可以使用更高的压缩比是因为点火正时通常会非常提前。技师 B 说之所以有可能使用更高压缩比是因为雾化更好的燃油直接喷入气缸有助于冷却气缸内的混合气。谁是正确的？（　　　）

A. 仅技师 A 正确

B. 仅技师 B 正确

C. 技师 A 和 B 都正确

D. 技师 A 和 B 都不正确

6）在讨论空燃比时，技师 A 说理想混合气在理论上是为完全燃烧提供的最佳空气与燃油组合。技师 B 说理想混合气能始终形成完全燃烧。谁是正确的?（　　）

A. 仅技师 A 正确

B. 仅技师 B 正确

C. 技师 A 和 B 都正确

D. 技师 A 和 B 都不正确

7）技师 A 说空燃比可通过控制喷油器的接通（on）时间来调节。技师 B 说空燃比可以通过控制提供给各个喷油器的燃油压力来调节。谁是正确的?（　　）

A. 仅技师 A 正确

B. 仅技师 B 正确

C. 技师 A 和 B 都正确

D. 技师 A 和 B 都不正确

8）在讨论 GDI 系统时，技师 A 说这类系统允许发动机以非常稀薄的空燃比和比常规发动机更高的压缩比运转。技师 B 说 GDI 系统排除了在发动机上使用 EGR 阀的需要。谁是正确的?（　　）

A. 仅技师 A 正确

B. 仅技师 B 正确

C. 技师 A 和 B 都正确

D. 技师 A 和 B 都不正确

9）在讨论 SFI 系统时，技师 A 说当喷射系统根据曲轴位置和转速驱动喷油器时，它正运行在同步模式下。技师 B 说 SFI 系统的优点之一是它始终运行在同步模式下。谁是正确的?（　　）

A. 仅技师 A 正确

B. 仅技师 B 正确

C. 技师 A 和 B 都正确

D. 技师 A 和 B 都不正确

第 15 章
燃油喷射系统诊断和维修

学习目标

- 能够进行燃油喷射系统初步诊断。
- 能够拆卸、清洁、检查和安装节气门体总成。
- 能够列举燃油压力不正确可能导致的问题。
- 能够进行喷油器均衡性测试并确定喷油器的状况。
- 利用声响、欧姆表、发光二极管和示波器等对喷油器进行测试。
- 能够维修燃油系统的零部件。
- 能够检查 GDI 系统的零部件。
- 能够诊断燃油喷射车辆怠速不良的原因。

3C：问题（Concern）、原因（Cause）、纠正（Correction）

维修工单				
年份：2007	制造商：日产	车型：Frontier	里程：128145mile	单号：19077
问题	客户陈述故障指示灯（MIL）点亮，发动机运转不畅，加速迟缓、抖动。			

根据该客户的问题，应用本章所学内容，确定该车故障的可能原因、诊断方法以及修复该故障所需的维修步骤。

由于燃油喷射系统采用了很多的相互关联的零部件和传感器来控制燃油喷射的性能（图 15-1），所以排查燃油喷射系统的故障需要按照测试步骤一步一步地进行，如果随意地去诊断燃油喷射系统的问题会很快令人失望，且耗时和费钱。

燃油喷射系统集成在发动机控制系统中（图 15-2）。这类控制系统的自检模式旨在帮助发动机对故障进行诊断。不幸的是，当有故障使发动机不能平稳运转时，许多维修技师会不假思索地去假设是计算机（PCM）有故障，然而实际在绝大多数情况下，驾驶性、发动机性能、燃油消耗、运转不畅、难以起动或无法起动等方面的问题是计算机以外的原因造成的（其实许多问题是由传感器的故障引起的，而且这些都是可用自检模式追溯到的）。

图 15-1 喷油器和火花塞为燃烧提供条件

在判定传感器有缺陷之前，应记住性能下降或工作不良的发动机部件常常会影响传感器的读数并导致性能不佳。例如，松弛的正时链条或变

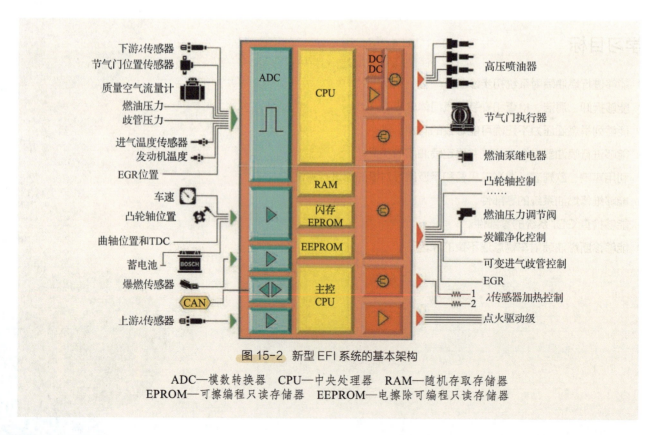

图 15-2 新型 EFI 系统的基本架构

ADC—模数转换器　CPU—中央处理器　RAM—随机存取存储器
EPROM—可擦编程只读存储器　EEPROM—电擦除可编程只读存储器

差的活塞环或气门都会降低真空度和气缸压力，从而导致排气温度降低。这可能会影响原本完好的氧传感器或 λ 传感器的运行，因为它们需要加热到大约 600℉（约 315℃）才能在闭环控制模式中发挥作用。

15.1　初步检查

在对喷射系统和发动机控制系统进行任何测试之前，首先确认以下内容。

1）蓄电池已充满电，且连接端子和连接部位是清洁的。

2）充电和起动系统工作正常。

3）所有熔丝和熔断线都完好无损。

4）所有电气线束布线正确，其插接器和端子无腐蚀且连接牢固（图 15-3）。

图 15-3　仔细检查发动机舱内的所有线路

5）MIL 工作正常。

6）进气系统的所有部件状态良好且无泄漏。

7）所有真空管路状况良好，且其走向正确并连接良好。

8）PCV 系统工作正常。

9）所有排放控制装置安装和连接到位、工作正常。

10）发动机冷却液液面正常和冷却液状况良好。

11）ECT 电路状况良好。

12）发动机机械状况良好。

13）燃油箱中的汽油品质良好，且未被大量酒精稀释或被水污染。

14）排气系统无泄漏。

维修电子燃油喷射系统时必须遵守以下注意事项。

1）在断开燃油系统的任何零部件之前，务必先释放燃油压力。

2）在燃油系统任何零部件断开的情况下，切勿打开点火开关。

3）仅使用车辆制造商推荐的测试设备。

4）在断开蓄电池时，应首先断开负极电缆。

5）在触摸计算机、模块和计算机芯片时，应使用接地金属带以防止静电放电。

6）在测试或维修燃油系统之前，分离或禁用所有高电压系统。

15.2　电子燃油喷射系统的基本检查

燃油喷射系统的故障通常会导致无法起动或驾驶性能不良的问题，这些问题的原因可能涉及许多不同的传感器和其他系统，而且燃油供给系统和喷射系统也会引起许多问题。此外，电子燃油喷射系统还必须与 CAN 有良好的通信。

记住，PCM 会不断地调整喷油器的行为以满足当前的运行状况，因而异常状况将导致电子燃油喷射系统运行异常。

诊断应从检查 MIL 开始。如果 MIL 保持点亮或闪烁，表示 PCM 已检测到问题并生成了 DTC（故障码）。MIL 闪烁表示正在发生会损坏催化转化器的失火。没有 DTC 并不意味着系统运行正常，因为只有当 PCM 监测到超出范围或将影响排放的值时，才会设置 DTC。

将诊断仪连接到车辆上并检索任何存在的 DTC，还应检查 OBD-Ⅱ各个监测器的状态。未运行或未能通过监测的监测器可提供解决问题的线索。使用制造商推荐的测试步骤来确定产生 DTC 的原因。许多燃油喷射的问题会产生与燃油修正相关的 DTC。无论是否设置了燃油修正的 DTC，都应查看它。这是因为燃油修正的信息可以显示系统对发动机的各种运转工况是如何响应的。

1. 检查燃油修正

燃油喷射系统可以对运转工况的变化提供有限的修正。燃油系统监测器跟踪这些修正值。对基础或程序设定的喷射脉宽和定时进行的修正有短时燃油修正（STFT）和长时燃油修正（LTFT）。燃油修正还可用过量空气系数（EQ RAT 或 λ）来表示。燃油修正监测器是一个连续监测器，它查看 STFT 和 LTFT 的总和，以评估系统对空燃比的控制能力。当 PCM 监测到必须在燃油策略中做出更大改变时，将产生与燃油修正或混合气有关的 DTC。

对混合气的实际修正与 DTC 反映的混合气状态是相反的。例如系统认为混合气过稀，将会设置混合气过稀的故障码 P0171 或 P0174，系统为此必然力图加浓混合气（图 15-4）。同样，如果系统认为混合气过浓，将设置混合气过浓的故障码 P0172 和 P0175，并为此力图减小喷油脉宽以减稀混合气。还应记住，与燃油修正有关的故障码并不意味着燃油系统有故障，而是运行的状况迫使 PCM 将燃油修正值推到了预期范围之外。

来自空燃比传感器或氧传感器的信号导致 PCM 对燃油修正进行调整。STFT 的调整是暂时的，而且不会存储在 PCM 的存储器中，但 LTFT 会存储并影响喷油器的基本定时和喷油时长。

在观察诊断仪上的燃油修正数据时，燃油修正的变化通常用百分比表示。在 PCM 处于闭环控制期间，0% 是燃油修正策略中的中值，不带减号的百分数表示系统正在增加燃油，而带有减号的百分数意味着正在减少燃油。信号在 0% 上下持续不断变化或上下穿越 0% 表明系统工作正常。如果 STFT 读数始终位于 0% 的某一侧，则表示发动机未良好运转。

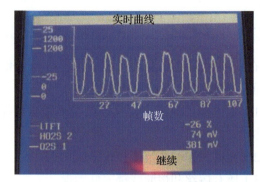

图 15-4 图中显示的 LTFT 在响应混合气过稀的氧传感器信号时发生了改变

有些车辆不用 STFT 和 LTFT 代表燃油修正值，而用过量空气系数 λ 值表示。1.0 的 λ 值相当于 0% 的燃油修正值。如果 λ 值小于 1.0，意味着正在控制加浓混合气。如果 λ 值大于 1.0，则表示正在控制减稀混合气。空燃比的状态可以通过将 λ 值乘以 14.64 得到。

一些与燃油相关的间歇性的驾驶性问题可以通过计算机记录的数据流来诊断。在进入数据流之前，可先查看 STFT 和 LTFT。

在开环控制中，PCM 是在没有氧传感器反馈信号的情况下改变喷油脉宽的，因此，短期燃油修正的自适应记忆值是 1。数字 1 代表变化为 0%。一旦氧传感器达到工作温度，PCM 将进入闭环控制模式，此时燃油控制将以氧传感器的信号为基础，并且控制系统将一直保持在闭环模式状态，除非节气门完全打开或发动机温度降到规定限值以下，因为系统在这两种情况下都会变为开环控制。

当系统处在开环控制状态时，喷油器以固定的基本喷油脉宽工作。在闭环控制期间，喷油脉宽将根据各个传感器的输入进行加减。当来自氧传感器的信号电压为响应混合气过浓而增加时，STFT 将减小，这意味着喷油脉宽缩短。STFT 的减小使诊断仪上的自适应数值显示为小于 1 的数字。例如，短时自适应数值为 0.75 表示喷油脉宽缩短了 25%，并且诊断仪上的燃油修正值变化为 -25%。1.25 的短期自适应数值意味着喷油脉宽增加了 25%，诊断仪上的燃油修正值将显示为 25%。

STFT 在响应氧传感器信号的过程中正常切换（表 15-1）。当氧传感器出现混合气过浓的信号时，STFT 值减小以调节空燃比。随后氧传感器出现混合气过稀的信号，则 STFT 值增大。这种循环是连续的和正常的。

表 15-1　STFT 在响应排气氧含量时将正常切换

状态	排气氧含量	燃油修正	结果
浓	高	STFT 值增大	混合气加浓
稀	低	STFT 值减小	混合气减稀

一旦发动机达到了指定的温度（通常为 180℉[约 82.2℃]），PCM 将开始更新 LTFT。这个设置是以发动机转速、催化转化器后的氧传感器数据和 STFT 为基础的。如果 STFT 移动了 3% 并在该值上停滞了一段时间，PCM 将调整 LTFT。LTFT 的作用是将 STFT 带回到接近 0% 的修正值。

如果混合气过稀的状况是由真空泄漏、喷油器阻塞、MAF 脏污、燃油滤清器堵塞或燃油泵不良引起的，则 LTFT 值将是一个带 "+" 的数字。如果喷油器泄漏或燃油压力调节器有故障，将会出现混合气过浓的状况，这个过浓的状态可通过 LTFT 是负值而明显看到。如果混合气过于偏稀或偏浓，则 LTFT 将不会持续修正，而是在达到设计阈值后生成相应的故障码。

为了诊断燃油控制系统，可观察诊断仪上的数据流。特别要关注氧（或空燃比）传感器、STFT 和 LTFT、MAF 和发动机负荷的信号，或用图表显示这些数据以便于观察。先以怠速转速运转发动机，随后进行路试。路试中至少应包括一次全开节气门的加速和一次关闭节气门的减速。返回维修店后，立即查看已采集的数据。在加速状态中，燃油修正应变成正值，且氧传感器信号应显示为浓。如果氧传感器信号显示为稀，且发动机采用 MAF 传感器，则可能是 MAF 错报了发动机负荷过低。如果发动机的负荷和 MAF 数据看起来是正确的，则比较燃油修正和氧传感器的数

据。如果燃油修正中过高的正值和过低的氧传感器输出表明了混合气过稀的状态，有可能是真空泄漏或燃油供给的问题。在 V 型发动机上，还应查看每侧气缸组的燃油修正数字是否接近或相同。每侧气缸组燃油修正值之间的重大差异可能表明燃油供给有问题、真空泄漏、排气泄漏或受阻。

其他系统或原因也可能会导致燃油修正超出规定范围，包括但不限于以下情况：进气系统泄漏，使未经计量的空气进入了发动机；PCV 阀有故障或 PCV 系统泄漏；发动机冷却液温度传感器错报；点火系统失火；氧气传感器前的排气系统泄漏；氧（或空燃比）传感器有故障或受污染（在已确定所有其他系统都工作正常后检查此项）。

▶ 参见

有关计算机系统的基本诊断和传感器测试细节参见本册第 10 章。

2. 检查氧传感器

仔细检查氧传感器的接线和插接器是否有损坏和存在多余电阻。还应检查进气和排气系统是否泄漏。这些状况往往会导致排气中出现更多的氧气，而迫使 PCM 通过增加喷油脉宽来做出响应。火花塞失火使未燃烧的燃油和氧气进入排气中，也会导致氧传感器给出混合气过稀的虚假信号。

在测试氧传感器之前，应参阅正确的电路图以识别氧传感器的接线端子。大多数新型发动机使用加热型氧传感器（HO_2S）。这类传感器内部有一个加热器，用于帮助稳定输出信号。大多数氧传感器上有 4 根引线用于与线束连接，其中 2 根用于加热器，另外 2 根用作氧传感器的信号线和地线。

在不提供串行数据的旧型车辆上，可以使用电压表检查检查氧传感器。将电压表连接在氧传感器信号线和地之间。传感器的电压应在高、低电压之间循环。大多数氧传感器的信号电压在 0~1V 之间变化。如果电压持续过高，可能是混合气过浓或传感器已受到污染。若氧传感器电压持续过低，则可能是混合气过稀或传感器有故障，氧传感器前面可能有泄漏的排气管正吸入外

部的空气，或是氧传感器和 PCM 之间的线路可能存在高的电阻。如果氧传感器信号保持在中间范围，则计算机可能处在开环控制状态或是传感器有故障。

如果氧传感器信号电压始终等于或接近 0V，拔开氧传感器的插接器，若信号电压在断开插接器时升高，则该氧传感器可能对地短路。如果氧传感器的信号电压始终等于或接近 1V，应检查传感器上的接线，查看氧传感器加热器的电源线或插接器是否与传感器的输出信号线短路。

氧传感器的活动状态还可以用示波器进行监测。示波器与氧传感器的连接方式与电压表相同。氧传感器信号的切换循环应是连续地从稀到浓，再从浓到稀（图 15-5）。如果波形切换点的电压过高，则存在混合气过浓的状况（图 15-6）。若混合气过稀，波形将在较低的电压点切换。

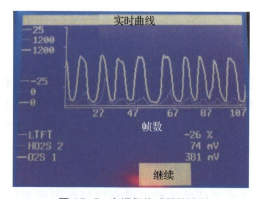

图 15-5　良好氧传感器的波形

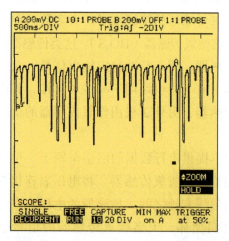

图 15-6　喷油器泄漏时的氧传感器信号波形

通常在诊断仪上也可以监测到氧传感器的活动。如果诊断仪具有绘制数据图表的功能，将会

特别有助于同时观察氧传感器和燃油修正的数据（图 15-7）。在发动机运转的同时观察传感器电压，氧传感器信号应移动到接近 1V，接着回落到接近 0V，然后立即回升。这种即时的循环是氧传感器的一个重要功能，如果响应缓慢，说明氧传感器已经老化，应更换。当发动机运转在 2500r/min 左右时，氧传感器应在 10s 内切换 10~40 次。在测试氧传感器时，要确保其已达到工作温度且系统处于闭环控制状态。一些 OBD-Ⅱ系统只有非常低的数据传输速率，因而会导致测试结果不准确，所以在下任何结论之前应查看维修信息。

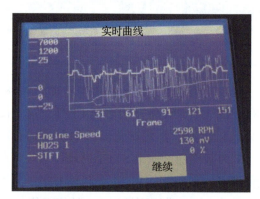

图 15-7　注意燃油修正是如何响应氧传感器和发动机转速的

车间提示

　　在一些较旧型的发动机上，排气系统接地不良也会导致氧传感器加热器和氧传感器信号方面的问题。接地不好增加了电路中的电阻，妨碍加热器得到充分加热，从而导致氧传感器输出信号故障。通常通过拧紧排气歧管与发动机之间的连接螺栓加以纠正。

3. 检查 A/F 传感器

空燃比（A/F）传感器的信号与传统氧传感器的信号不同。这是因为 A/F 传感器产生的信号是电流，其含义是由 PCM 解析的。若要读取 A/F 传感器的数据，根据所用诊断仪不同，有可能需要使用通用型 OBD-Ⅱ数据，或需要使用 EOBD 数据。当用 OBD-Ⅱ通用型诊断仪查看这类传感器数据时，其电压范围会呈现出类似传统氧传感器的 0~1V 读数，但由于 A/F 传感器的工作原理与传统氧传感器不同，因此不会出现电压的循环切换，而是常常保持在 0.66V 左右。当人为拔下真空管创造一个稀混合气的状态时，该电压将增加到 0.8V 左右，在重新连接好真空管后又返回到 0.66V。而普通氧传感器的信号电压在真空管路断开后会降为较低的电压，在真空管重新连接后会回升到某个较高的电压。如果技师不知道发动机配备的是 A/F 传感器，就会错误地做出氧传感器或 PCM 不良的结论。

为 A/F 传感器设计的诊断仪将显示 2.4~4V 范围内的电压信号。通用型诊断仪上的 0.66V 电压在增强型诊断仪上会显示为 3.2V。该电压在混合气变稀时增加，而在混合气变浓时降低（表 15-2），这与传统的氧传感器恰好相反。

表 15-2　A/F 传感器行为

排气中氧含量	电流方向	信号电压	A/F 比
低	负	低于 3.3V	浓
理论空燃比	0	3.3V	14.7∶1
高	正	高于 3.3V	稀

A/F 传感器可以通过人为创造稀或浓的混合气来进行测试。其电压信号应快速地响应这些变化。如果电压没有变化或变化非常缓慢，应检查 A/F 传感器的加热器电路。为了检查 A/F 传感器的响应，使用可绘制 A/F 传感器 PID 图形的诊断仪。先使发动机运转在 2500r/min 左右，然后松开加速踏板，当发动机减速时，再迅速踏下加速踏板使发动机达到 4000r/min 左右，然后再返回到怠速状态。在测试过程中，A/F 传感器信号应显示出从稀到浓再到稀的转变。

A/F 传感器需要加热才能正常工作。PCM 通过占空比的方式循环接通加热器的接地电路来控制加热电路。提供给加热器的电源电压应等于蓄电池电压，如果不是，则诊断加热电路。还可以使用电流传感器或示波器检查该电路。在查看加热器电路的电流时，电流值的变化应该很明显。注意峰值电流，它通常不应超过 6A，具体数值可参阅维修信息。在许多情况下，诊断仪中的模式 $06 可提供加热的电流值。

4. 检查进气系统

在燃油喷射系统（特别是依赖空气流量传感器的设计）中，进入发动机的所有空气都必须被空气流量测量装置计量，否则混合气会变得非常稀。由于这个原因，空气流量传感器和节气门体之间的管道系统上的裂缝是影响空燃比的一个可能的泄漏源。

在对空气控制系统进行目视检查时，要特别注意查看是否有破裂或劣化的管道（图 15-8）。检查进气软管收缩波纹之间是否有裂缝。这些部位的小裂缝只有在发动机运转产生位移时才会引起问题。还要确保所有进气软管的卡箍没有松动且密封正确。查找曲轴箱上可能存在的漏气位置，例如机油尺管和机油加注口盖的周围。任何通过 PCV 系统进入进气歧管的额外的空气也是未经计量的，因而会在怠速时破坏精确设定的空气燃油混合气。

图 15-8　仔细检查进气系统的管道和软管

重要的是要注意真空泄漏可能不会影响采用 MAP 传感器的速度密度型燃油喷射系统的发动机运转，但这并不意味着真空泄漏不是问题，它仅仅说明这类系统可能具有使发动机在有真空泄漏的情况下仍能很好运转的能力，这只有在真空泄漏对所有气缸影响都相同的情况下才是这样的。如果真空泄漏仅影响一个或两个气缸，计算机不能对未经计量的额外的空气进行补偿，会导致这两个气缸不能有效地运转。

5. 检查 MAF 和 MAP 传感器

在诊断燃油经济性差、性能不稳定、加速迟缓或起动困难的问题时，应进行以下检查以确定空气流量或 MAP 传感器是否有故障。

（1）质量空气流量传感器　MAF 传感器

用于测量到达节气门板之前的进气量。如果任何未经计量的空气绕过该传感器进入燃烧室，发动机将运转在"混合气过稀"的状态。真空泄漏或 MAF 和节气门板之间的泄漏会导致喷油量减少，由此产生的稀混合气将使 PCM 存储反映燃油修正过大和 / 或因混合气过稀而失火的故障码。

在示波器上可以观察到 MAF 的变化（图 15-9）。随着节气门打开，MAF 信号应随空气流量增加而增大，从怠速到节气门全开（WOT）急加速并返回怠速的 MAF 信号输出图形上应看到，当节气门突然打开且发动机转速增高时，该 MAF 传感器应产生一个猛增的信号。

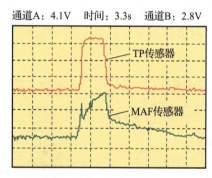

通道A：4.1V　　时间：3.3s　　通道B：2.8V

TP传感器

MAF传感器

图 15-9　显示 TP 和 MAF 传感器随发动机加速和减速而变化的波形

在使用扫描数据测试 MAF 时，将 MAF 的输出与发动机负荷、燃油修正和氧传感器数据进行比较。不良的 MAF 在怠速时可能显示是正常的，但随转速增加，漏报的空气量将导致氧传感器信号电压变低和燃油修正值为正值。

如果怀疑 MAF 是造成混合气过稀的原因，应将其拆下并检查热线上是否有任何杂物。应更换已污染的 MAF，并仔细检查进气系统和空气滤清器。

（2）歧管绝对压力传感器　速度密度型的控制系统依赖于 MAP 信号。无论压力变化的原因是什么（节气门打开、真空泄漏、再循环的排气或排气压力），进气歧管压力的增加（真空度低）都会导致喷油器的喷油脉宽增加。

MAP 传感器做出响应的方式与 MAF 和 VAF（体积式空气流量传感器）相反。速度密度型系统中的真空泄漏可以通过查看诊断仪上的 IAC 步节计数来证实。过低的真空将导致过低的 IAC 步节

计数，这是因为 PCM 在对真空度过低的响应中将增加燃油量，而这会导致怠速转速提高，为了纠正这个情况，PCM 将试图通过减小 IAC 步节计数来降低怠速。MAP 传感器直接反映歧管压力的变化（图 15-10）。通过特殊的 MAP 转换器可使 DMM 监测到 MAP 的信号（图 15-11）。

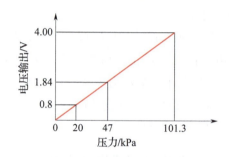

图 15-10　典型的 MAP 传感器信号随歧管压力的变化

手动真空泵

DMM

MAP传感器测试仪

图 15-11　转换适配器将 MAP 的频率信号转换为可用 DMM 监测的模拟信号

6. 检查节气门体

节气门体（图 15-12）可让驾驶员控制进入发动机的空气量，从而控制发动机的转速。每种类型的节气门体总成都设计成可在特定节气门开度下允许通过特定量的空气。如果有任何东西堆积在节气门板上或节气门腔孔中，都会减少通过的空气量，这通常会引起有关怠速的问题。

图 15-12　安装在 V8 发动机两列气缸之间的节气门体总成

可以从节气门总成中清除这些沉积物，从而恢复通过节气门的空气量。清洗时先从拆下节气门总成上的通风管道开始，以便接触到节气门板和节气门腔孔。沉积物可以用喷雾清洁剂清除或用抹布擦除。如果上述清洁方法中的任何一种都不能清除沉积物，则应拆下节气门体，将其拆解并放入经核准的清洗溶液中进行清洗。

压力罐式的节气门体清洁剂可用于喷洗节气门周边的区域，而且无需拆卸和拆解节气门体。也可用浸过清洗液的抹布擦拭节气门总成的节气门腔孔和节气门板以清除少量或中等数量的积炭残留物。另外还应清洁节气门板的背面。此外还应从节气门体上拆下 IAC 阀（如有），清除 IAC 阀的枢轴头部和 IAC 空气通道中的所有积炭残留物。

如果进气歧管的结构配有选择歧管长短进气道的控制膜片或电磁阀，在发动机运转时应使一些清洗液吸入以清洁由膜片或电磁阀控制的阀门，该阀门有时称为"碟形阀"。脏污的切换阀会引起起动困难、性能不良、机油消耗增加等问题并产生故障码。

检查节气门体（非电子节气门控制式） 尽管对节气门体的检查和维修步骤在很大程度上取决于车辆的年型和品牌，但几乎所有节气门体上都有一些诸如 TP 传感器的部件。由于节气门体上具有一些共用的部件，因此，检查步骤中通常也会包含这些共用的零部件。

每当为更换或清洁而需要拆下节气门体总成时，务必遵循制造商给出的步骤。节气门体通常都会有冷却液循环流过，因此在拆卸节气门体之前可能需要从散热器中排出冷却液。拆下节气门总成后，从节气门体上拆下所有非金属部件，例如 TP 传感器、IAC 阀、节气门开启器和节气门体密封垫等。完成上述步骤后便可以安全地使用推荐的节气门体清洁液清洁节气门体总成，然后用压缩空气吹干节气门体，并吹扫节气门体中的所有通道。

在重新安装节气门体总成之前，确保所有金属接合面清洁且没有金属毛刺和划痕。在开始重新安装该总成前，确保已取得所有密封表面的新密封垫和密封件。在重新连接曾断开的所有连接

后，起动发动机并确认没有任何泄漏，且发动机怠速转速正确。

下面是检查节气门体的常规步骤。

> **步骤**
>
> 节气门体检查：
> 步骤 1　检查节气门联动机构从怠速位置到全开位置的移动是否平顺。
> 步骤 2　检查节气门联动机构和拉索是否有磨损或松动。
> 步骤 3　在发动机运转在怠速和较高转速时检查节气门体上的每个真空口的真空度。
> 步骤 4　将烟雾发生器连接至歧管一个真空口并将烟雾喷入发动机。在节气门体和真空软管周围查找烟雾痕迹。
> 步骤 5　运转发动机直到达到正常工作温度并查看转速表上的怠速转速。怠速转速应为 700～800r/min。参考制造商给出的怠速转速。

⚠️ **注意**　处置浸过燃油的抹布或毛巾的方法是将它们放置在防火的容器中。

7. 检查燃油系统

燃油压力会影响喷油器的输出油量，如果喷油器具有相同的喷油脉宽，燃油压力越低，则喷出的燃油总量越少，相反，如果压力增加，则喷油总量也将增加。

过低的燃油压力会导致发动机无法起动或运转不良的问题。这可能是燃油泵故障、燃油泵的电气电路故障、燃油滤清器堵塞、燃油压力调节器故障或从燃油箱到燃油滤清器连接处的燃油管路受阻引起的。

燃油压力过高将导致发动机运转在混合气过浓的状态。通往燃油箱的回油管路受阻或燃油压力调节器不良可能是问题所在。

如果燃油压力在规定范围内，但压力很快降低，则燃油压力调节器、燃油泵止回阀或喷油器可能有泄漏。系统内部泄漏的常见症状是起动困难。此外，当喷油器消耗燃油导轨内燃油的速率快于燃油泵的供油速率时，将出现燃油不足和混合气过稀的情况。这可能是燃油压力过低或供给量不足造成的。

▶ 参见

有关燃油供给系统及其如何测试和维修的详细讨论参见本册第 13 章。

8. 检查喷油器

喷油器不过是一个电磁阀驱动的燃油阀门，它的工作原理相当简单，只要它保持在开启状态且燃油压力维持稳定，它就会进行喷油，直到要求其停止为止。

除了压电式喷油器之外，其他所有喷油器都以类似的方式工作，所以喷油器的问题往往表现出相同的故障特征。在进气口喷射系统中，一个喷油器丧失功能只会影响一个气缸。

进气口喷射系统的喷油器不能开启将会导致起动困难。卡在部分开启状态的喷油器会导致燃油压力损失（最明显的表现是在发动机短时间停机后并重新起动时）和液态燃油滴入发动机而导致溢油的状况。堆积在喷油器头部的胶质和其他沉积物会降低喷油器喷出的燃油量，或者可能阻碍喷油器的完全密封而导致泄漏。由于 MFI 和 SFI 系统中的喷油器会承受更多的热量，所以进气口喷射系统的喷油器在头部聚集沉积物方面有着更多的问题。

因为喷油器的作用是按照计算机的指令向空气中喷射燃油，所以燃油喷射系统中的任何缺陷都会造成混合气过浓或过稀。如果混合气过浓，而 PCM 仍在控制着空燃比，则一个常见原因是一个或多个喷油器有泄漏。在进气口喷射的发动机上验证这种情况的简单方法是使用尾气分析仪。

在发动机暖机后，在其不运转的情况下，从空气流量传感器上拆下空气管道，将尾气分析仪探头插入进气集气区域。此时应小心不要损坏空气流量传感器或节气门板，然后查看尾气分析仪上的 HC 读数。其读数应该很低并应随着时间的推移而下降。如果喷油器正在泄漏，则 HC 的读数会较高，而且不会下降。这个测试不会定位到具体哪个喷油器有问题，但足以确认有一个或多个喷油器在泄漏。

在有回油的燃油系统中，造成混合气过浓的另一个原因是燃油压力调节器（若配有）泄漏。

如果压力调节器中的膜片破裂，燃油将通过膜片流入进气歧管，造成混合气过浓。可以通过两个简单的测试检查压力调节器。在发动机运转时，断开燃油压力调节器上的真空管（图 15-13）。如果软管内有燃油或有燃油从软管中流出，则说明压力调节器的膜片正在泄漏。此外还可以用手动真空泵测试压力调节器，向压力调节器施加 5 inHg（127mmHg）的真空。如果能保持住这个真空，则说明压力调节器膜片是好的。

图 15-13　燃油压力调节器

（1）检查电压信号　如果怀疑喷油器是造成混合气过稀的原因，第一步是确定该喷油器是否接收到来自 PCM 的驱动信号。

⚠ 警告　在进行这个测试时，要确保已松开加速踏板。在某些车型上，将加速踏板踏到底会启用清除溢油模式。在此模式下，会自动切断给喷油器的电压信号。不清楚此点会导致技师为追寻一个不是问题的问题而浪费时间。

拆下喷油器的电气插接器后，在线束侧插入专门测试喷油器的二极管试灯检查供给喷油器的电压和来自计算机的控制信号。在起动机拖动发动机转动时，如果计算机正在循环接通和关闭该喷油器，二极管试灯将闪烁。如果试灯未闪烁，则是至喷油器的电源电路开路、计算机或连接线路有问题。如果检查证明每个喷油器都有足够的电压，则应检查计算机与喷油器之间连接线路是否完好。

也可用欧姆表检查喷油器。在断开喷油器的连接线路后，将欧姆表跨接在喷油器的接线端子上（图 15-14）。如果欧姆表的读数为无穷大，则表明喷油器绕组开路。如果欧姆表显示的电阻大于查到的规定范围，则说明绕组电阻高，而低于规定范围的读数表示该绕组短路。即便喷油器的电阻只稍稍超出规定范围，也必须更换。在使用欧姆表测试喷油器时，应分别在喷油器处在冷态和工作温度时检查。喷油器绕组在室温下测试可能符合规定要求，但在变热时可能会失效。同样重要的是，电阻测试并不能完全证明喷油器是良好的，因为此时喷油器是没有电气负荷的。

图 15-14　用欧姆表检查喷油器

（2）喷油器压降一致性测试　如果喷油器有电动声响，可进行喷油器压降一致性测试。该测试将有助于分离出已阻塞或脏污的喷油器。图 15-15 中的系列照片展示了测试喷油器压降一致性的典型步骤。根据车辆不同，车载计算机系统可能具有通过诊断仪进入的喷油器测试模式的功能。如果车辆没有该功能，可用电子式喷油器脉动测试仪进行这个测试。当每个喷油器通电时，使用燃油压力表监测此时燃油压力的下降。该测试仪能够安全地用脉冲方式驱动每个喷油器持续一个受控的喷油时长。测试仪每次应只连接一个喷油器。将点火开关转到 on 位置，直到压力表上出现最大读数，记录下该读数并关闭点火开关，然后用该测试仪驱动喷油器并记录压力表表针停止脉动后的压力读数。对每个喷油器执行相同的测试。在每个喷油器的测试之间应起动发动机并让其短暂运转，以燃烧掉测试中积留在气缸中的燃油。

该测试中的最大和最小读数之差是压力降。理想情况下，压力在每个喷油器开启时下降的数量应一致。在每个喷油器通电后，彼此之间出现

1）将燃油压力表连接在燃油导轨上的压力测试阀上并释放系统中的燃油压力

2）断开一个喷油器，将喷油器脉动测试仪连接在该喷油器的接线端子上

3）将测试仪的电源线连接在蓄电池上

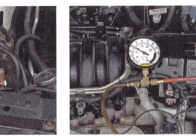

4）打开并关闭几次点火开关直到系统压力达到规定范围

5）按下测试仪上的开关并记录此时压力表读数。然后用系统压力读数减去此时的压力表读数

6）将测试仪转接到另一个喷油器上并循环点火开关几次以恢复系统的燃油压力

7）按下测试仪上的开关并记录此时的燃油压力。系统压力与驱动喷油器后的压力值之差是喷油器喷油产生的压力降

8）将测试仪转接到另一个喷油器上并循环点火开关几次以恢复系统的燃油压力

9）按下测试仪上的开关并记录此时的压力降。对所有喷油器重复上述步骤，然后将结果与规定值之间进行比对

图 15-15　测试喷油器压降一致性的典型步骤

1.5~3psi（约10.3~20.6kPa）的压力降差异常常是问题的起因。如果没有压力降或压力降过低，则怀疑喷油器的喷孔或头部有阻塞。高于平均压力降的压力降表明存在混合气过浓的状态。当喷油器的阀针卡在开启位置时，燃油压力降会过大。如果存在不一致的读数，则必须清洗或更换不一致的喷油器。

如果喷油器喷孔脏污或有其他阻塞，在喷油器通电时，将不会有明显的压力降。喷油器喷孔阻塞会导致加速过程中的顿挫、发动机失速和怠速不稳定。

如果观察到过大的压力降，很可能是喷油器的阀针卡在开启状态。这个已卡住的喷油器会导致过浓的空气燃油混合气。

（3）喷油器声响测试　如果喷油器的电气插接器难以接近，喷油器的压降一致性测试可能很难执行。作为一种替代方法，起动发动机并用技师用的听诊器去听喷油器是否正确动作。当电磁阀每秒通电和断电数次时，好的喷油器会发出有节奏的嗒嗒声。如果听到的是沉闷的咚咚声而不是稳定的嗒嗒声，很可能会发现喷油器有故障。清洁还是更换喷油器是根据诊断步骤来决定的。如果一个喷油器未产生嗒嗒声，则可能是喷油器、连接线路或PCM有问题。如果嗒嗒声是不稳定的，可能是喷油器的阀针卡住了。如果喷油器没有嗒嗒声，测试喷油器的电阻并使用二极管试灯测试以确诊问题的原因。如果用听诊器不方便，可使用细的钢杆、木棍或手指来感觉喷油器电磁阀是否有稳定的on/off脉动。

（4）用示波器检查　当怀疑有与喷油器相关的问题时，可用示波器来监测喷油器的喷油脉宽和占空比。示波器显示的脉冲宽度是喷油器接通的时间，而占空比是喷油器接通时间占一个周期总时间的百分比。

若要用示波器检查喷油器的驱动电压，典型连接方式是将示波器的正极引线连接到喷油器的供电线上，将示波器的负极引线连接到发动机的接地点上。

燃油喷射信号会在频率和脉冲宽度上变化。脉冲宽度是由PCM控制的，PCM通过改变脉冲宽度来控制空燃比，而频率则随发动机转速而变化。速度越高，每秒内的脉冲次数就越多。在大多数情况下，喷油器的接地电路是通过PCM中的驱动器电路完成的。当为查看喷油器的活动而设置示波器时，要记住所有这些因素都是很重要的。将示波器的最大读数至少设置为50V（对直喷发动机应设置得更高），然后设置扫描率和触发源，以便清楚地看到处于显示屏左侧的on（接通）信号和处于右侧的off（断开）信号。要确保在显示屏上可清楚地看到完整波形。还要记住，当发动机转速提高或降低时，可能需要更改原先的设置。

喷油器可以是单独或成组驱动的。当喷油器是成组驱动时，一个驱动器电路将控制两个或更多的喷油器。在顺序燃油喷射系统中，每个喷油器都有自己的驱动器晶体管。在进行故障排查时，重要的是要先识别喷油器是如何控制的。在分组喷射中，故障原因可能是相同的，也可能不是相同的。例如，PCM中一个驱动器电路的故障会影响该组中的所有喷油器，而不只是影响一个喷油器。反过来说，如果该组中的一个喷油器不工作，则该故障的原因不可能来源于驱动器。

在顺序燃油喷射系统中，每个喷油器都有自己的驱动器电路和线路。为了检查个别喷油器，必须将示波器连接到该喷油器上，这对于定位有故障的喷油器是很重要的。如果示波器具有记忆功能，可以存储并调用良好喷油器的波形并与疑似不良喷油器的波形进行对比。若要确定问题来自喷油器本身，还是来自PCM和/或连接线路，只需将具有良好波形的喷油器的线路更换到可疑的喷油器上即可。如果此时波形变得正常，则是线路或PCM的问题，若波形仍不正常，则可判定是该喷油器有问题。

有3种不同类型的喷油器电路。在传统电路中，驱动器持续向喷油器提供电压，当喷油器的接地连通时，电路接通。这类喷油器电路的波形展示在图15-16中。注意在喷油器喷油结束点有一个单独的电压峰值。喷油器接通的总时长是从扫描线的下降点（左侧）到其上升点（紧靠电压峰值）的时间单隔。

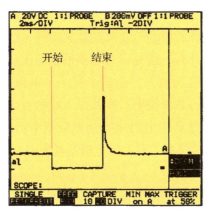

图 15-16　传统喷油器驱动器波形

（5）峰值及保持式喷油器　该种喷油器使用两个驱动器电路来控制喷油器动作。两个驱动器电路同时接通开启喷油器，从而使喷油器具有更大的电流，迫使其快速开启。在喷油器开启后，其中一个电路关闭，而另一个电路仍保持接通以维持喷油器的开启。该电路是控制喷油器喷油脉宽的电路，它包含一个电阻器以限制导通期间流过的电流。当该电路关闭时，喷油器关闭。在查看此类电路的波形时（图 15-17），可看到两个电压峰值，每个电路断开时产生一个。这类喷油器的导通时间是从扫描线左侧的下降点到第二个电压峰值开始向上移动点的时间间隔。

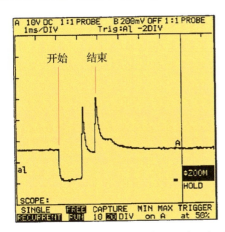

图 15-17　峰值及保持式喷油器驱动器波形

（6）脉冲调制式喷油器　该种喷油器的电路使用大电流来开启喷油器，这可使喷油器快速开启。一旦喷油器开启，该电路就会以 on-off 脉动方式接地以实现较长的导通时间，并限制了大电流流过该电路。对这类喷油器喷油脉宽的测量是从扫描线左侧的下降点开始，到最大电压峰值的

起点结束，该点在脉冲的结束处（图 15-18）。

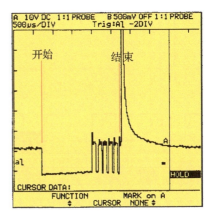

图 15-18　脉冲调制式喷油器驱动器电路波形

对所有类型的喷油器来讲，其接通时的波形在电压上应该有一个干净利落的下降沿，下降沿的低点应该接近 0V。一般来讲，下降沿低点在喷油器开启期间可接受的最大电压为 600mV。如果下降沿不完全垂直，则可能是喷油器短路，或 PCM 中的驱动器电路不良。如果电压没有下降到 600mV 以下，则可能是接地电路存在电阻或喷油器短路。在将一个喷油器的波形与另一个比较时，应检查其电压峰值的高度。同一台发动机中所有喷油器的电压峰值应具有大致相同的高度。如果存在明显差异，则该喷油器不是短路，就是绕组中有过高的电阻。其他原因包括喷油器的供电线路不一致或 PCM 对该喷油器的驱动器有故障。

在使用示波器检查喷油器时，为确认喷油器是在正确时间驱动的，可使用一个双通道示波器同时监测点火参考信号和喷油器信号。这两个信号之间应该有某种程度的相关性。例如，每 4 个点火参考信号中会有一个喷油器驱动信号（图 15-19）。这种规律取决于 CKP 和 CMP 传感器的同步性。大多数顺序喷射的系统使用 CMP 信号作为喷油器定时。如果喷油器的波形很好但其定时错误，则点火参考电路将无法使喷油器在正确时间喷油，这通常是凸轮轴正时不正确所造成的。如果传感器故障导致点火信号缺失，燃油喷射系统也将关闭。如果喷油器电路和点火参考电路同时关闭，则问题的原因很可能来自作为点火参考信号的传感器。如果喷油器电路在点火电路关闭之前关闭，则问题出在喷油器电路或 PCM 中。

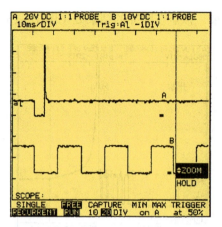

图 15-19 用示波器可比较点火参考信号和喷油器驱动信号

（7）电流增加的斜率 使用 DSO 或 GMM 时，可以对比以一定斜率增加的电流与电压（图 15-20）。当该喷油器接地电路接通时，电流开始流向喷油器。该电流的扫描线应该显示一个稳定的建立过程直到启用了喷油器驱动电路的电流限制器为止。电流在此点后应保持不变直到喷油器关闭。当电路关闭时，电流应急剧下降。在观察电流建立过程时，喷油器线圈中任何多余的电阻都将显示为电流增加斜率的减少。尽管喷油器仍可能在有额外电阻情况下喷油，但该喷油器已经不良或很快会损坏。如果电流上升过快，则表明喷油器因短路而正在消耗过大的电流（图 15-21）。

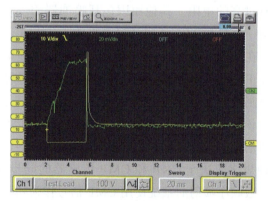

图 15-20 将喷油器电流增加的斜率（绿）与电压信号（黄）比较

了解喷油器上电压的各个阶段对理解电流状态是很重要的。在喷油器被驱动之前，它上面有系统电压，但没有电流。一旦 PCM 接通该喷油器的接地电路，电流开始流动。当有足够的电流来开启喷油器时，喷油器打开。如果接地电路上的电压此时没有下降到接近 0V，则可能存在接地问题或驱动器电路不良。此外，电流的建立可能需要一个大致的时间。在喷油器关闭后，电流停止，而电压应升高，这是因为在喷油器关闭后的瞬间，线圈中的磁场消失，造成了另一个电压峰值。如果线圈中的磁场很弱，则第二个峰值将不会很高，这可能是过高的电阻或喷油器绕组中的短路造成的，也可能是喷油器中的电流过低所引起的。

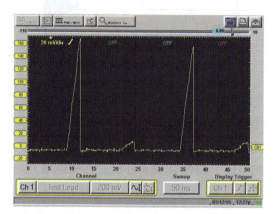

图 15-21 短路的喷油器消耗了过大的电流

9. 清洗喷油器

由于每个喷油器的成本可高达数百美元，因此在它们不能正常起作用时就随意更换可能是费用过于昂贵，尤其是在多点喷射系统上。如果喷油器自身有电气上的问题，则更换是唯一选择。但如果喷油器压降一致性测试表明某些喷油器有阻塞，或车辆显现出怠速不稳、失速、加速迟缓或不平顺现象，则可能是喷油器脏污了，只需要好好清洁即可。

在讨论可用的典型清洗系统以及如何使用它们之前，先介绍清洗的一些注意事项。首先是切勿在清洁溶液中浸泡喷油器，这对清洁喷油器来讲不仅是一个无效的方法，而且很可能会在此过程中损坏喷油器。此外，切勿使用金属丝刷、管道清洁器、牙签或其他清洁器具来疏通已堵塞的喷油器喷孔。喷油器的喷孔是按照精确公差加工的。刮或铰喷油器的开孔虽然清洁了喷油器，但也同时使喷油器不再是一个精确的燃油计量装置了。

所有喷射清洗系统的基本清洗方式都是相似的，即在某一类型的化学清洗液流过喷油器的过程中，力图溶解掉喷射器头部已形成的沉积物。

使用清洗液的方法有使用单次喷射的预混加压式喷雾罐和使用类似昆虫药剂喷雾器的人工混合并加压的化学制品罐。由于预混加压式喷雾罐不需要技师对清洗液进行混合、计量或其他方面的处理，因此这类系统是相当简单且可直接使用的。

汽车配件商店通常出售带有气门芯阀连接软管的装有喷油器清洗液的加压容器。在清洗过程中，发动机借助加压容器内的丙烷和喷油器清洗液运转，此时必须停止燃油泵的运转以防止燃油泵推送燃油到燃油导轨，为此可断开燃油箱内燃油泵的线路或燃油泵继电器以禁用燃油泵，同时堵住从燃油导轨至燃油箱的回油管。将一个装有喷油器清洗液的压力罐连接到燃油导轨的气门芯阀上，然后借用喷油器清洗液运转发动机约 20min。

其他类的清洗系统需要技师承担药剂师的角色并为每次应用调配所需的一批清洗溶液，然后将配好的化学清洗液放入一个储存容器中，并用手动泵或车间压缩空气加压到规定的工作压力。在一些喷油器清洗机上，喷油器清洗溶液是倒入机器自带的储液罐中的，并使用车间压缩空气将该储液罐加压到规定压力。喷油器清洗液中含有与喷油器清洗液混合的无铅燃油。

将清洗液容器上的软管与燃油导轨上的气门芯阀连接（图 15-22）。按照汽车制造商的说明禁用燃油泵（例如取下燃油泵熔丝、断开燃油泵的线路等）。夹住燃油泵的回油管路中的柔性连接部位以防止清洗溶液流入燃油箱。设置并连接清洁装置，以使其可以在发动机关闭的情况下通过燃油导轨使清洗溶液循环冲洗整个燃油导轨，包括喷油器进油口滤网和压力调节器，此时可将清洗装置的供给压力设置得比燃油压力调节器的正常调整压力稍高。

此后将清洗装置的压力重新调整到略低于燃油系统正常的调节压力，然后将清洗设备控制阀开启半圈左右，为清洗喷油器做好准备，随后起动发动机。如果可以，将清洗设备的压力表设置并调整到比喷射系统的工作压力低 5psi（34.47kPa）左右，并让发动机以 1000r/min 的转速运转 10～15min，或直到耗尽混合的清洗液，发动机自行熄火。如果发动机在清洁过程中熄火，可重新起动发动机并继续清洗。清洗完成后，关闭点火开关，拆下清洗装置，并恢复燃油泵电路和燃油供给系统。

图 15-22　连接在燃油导轨上的喷油器清洗装置

拆除回油管路的夹紧装置后，起动发动机，让其怠速运转 5min 左右以从燃油管路中清除任何残留的清洗溶液。对喷油器已严重堵塞的情况，怠速的改善效果几乎会立刻感觉到，而对于更细微的性能改善，可用喷油器压降一致性测试来验证清洗效果。一旦进行了喷油器清洗，建议在燃油箱内使用清洁添加剂或使用含有去垢剂的燃油。

更先进的装置配备了包装在移动式机柜内的电动泵，其在设计上与空调（A/C）制冷剂回收加注装置非常相似（图 15-23）。

图 15-23　移动式喷油器清洗装置

在清洗或更换喷油器后，发动机怠速不稳的问题可能依然存在。出现此问题的原因是计算机自适应存储器的数据是针对先前有阻塞的喷油器的学习值。如果喷油器曾提供了过稀的混合气，计算机为使空燃比达到理论空燃比已经增加了脉冲宽度。在进行了喷油器的清洗或更换后，该自适应存储器仍会提供增加后的喷油脉宽。由于喷油器阻塞的问题已经不再存在，因此这个情况会使当前的混合气变得过浓。为了处理这类问题，可将发动机升温到正常工作温度，然后行驶车辆至少5min，以使计算机的自适应存储器学习经过清洗或更换的喷油器。完成自适应学习后，计算机将提供正确的喷油器喷油脉宽，而且发动机应运转平稳。在更换了计算机系统中任何有缺陷的

零部件后，可能都需要处理类似的问题。

15.3 燃油系统部件更换

有些维修操作需要拆下燃油喷射系统的燃油导轨、压力调节器和/或喷油器。其中大部分与燃油系统的维修是无关的，但当需要拆卸和重新安装它们时，小心操作和遵循制造商推荐的步骤是非常重要的。

1. 更换喷油器

图15-24中的系列照片概述了拆卸和安装喷

1）在更换喷油器时，对部件的随意拆卸和不正确的操作步骤会造成喷油器附近其他系统部件的损坏

2）与燃油导轨连接的喷油器通常是直接插入进气歧管或气缸盖的，因此必须绝对密封，否则高压燃油的泄漏会形成严重安全隐患

3）在松开燃油系统的任何部件前，先取下燃油泵的熔丝

4）作为附加的预防措施，断开蓄电池负极电缆

5）为拆卸喷油器，断开燃油压力调节器的真空管，拆下燃油导轨压紧螺栓，将燃油导轨连同喷油器一起移出

6）压下喷油器电气插头的钢丝锁夹，断开线束插头

7）喷油器顶部和底部具有O形密封圈，并用一个夹子固定在燃油导轨上

8）连同喷油器拔出燃油导轨，使喷油器底部脱离进气歧管，此时喷油器顶部的夹子仍将其连接在燃油导轨上

9）拆下喷油器顶部的夹子，拔出喷油器。将新O形圈装在新的喷油器上，安装O形圈时小心不要损伤它，并确保它们安装在正确位置

图15-24 拆卸和安装PFI系统的喷油器

10）将喷油器插入燃油导轨并用夹子卡好，然后将喷油器对准其安装孔，推动燃油导轨总成使其正确落位

11）按制造商的规定力矩拧紧燃油导轨压紧螺栓

12）重新连接拆卸时断开的所有部件，安装熔丝及蓄电池负极电缆。打开点火开关使燃油泵运转，确认整个燃油系统没有泄漏后进行燃油压力测试

图 15-24　拆卸和安装 PFI 系统的喷油器（续）

油器的典型步骤。有关拆卸和安装喷油器的具体细节，可查阅该车辆的维修信息。在安装新的喷油器之前，始终应先检查 O 形密封圈是否安装到位。另外在安装前，用少许发动机机油或自动变速器油液涂抹该密封圈以防止密封圈变形或损坏，但应避免使用硅类油脂，它们往往会毁坏氧传感器和堵塞喷油器。

⚠ **警告**　为了防止杂物和其他颗粒物进入进气歧管，应盖住进气歧管上的喷油器安装孔。此外，在从燃油导轨上拆下喷油器和燃油压力调节器后，应盖住燃油导轨上的所有开口以防止杂物进入。

⚠ **警告**　不要用压缩空气冲洗和清洁燃油导轨。因为压缩空气中含有水分，它会污染燃油导轨。

拆卸和更换燃油导轨、喷油器和压力调节器的步骤因车辆而异。在某些应用中，必须拆下某些部件才能接触到燃油导轨、喷油器和压力调节器。许多 GDI 系统使用特殊的燃油管路和接头，一旦松开就不能再重复使用。因此，在拆开 GDI 的燃料导轨或管路之前，要先确定该零件是否需要更换。重复使用这些部件会导致燃油泄漏而损坏车辆。在为拆卸任何部件而拆开燃油管路之前，必须释放系统中的所有压力。在拆下燃油导轨之前，使用压缩空气吹去进气歧管上插入喷油器位置附近的灰尘和杂物，并用车间抹布擦去燃油导轨上的所有污物。然后松开燃油导轨上燃油管路的夹箍（若配有）。如果这些管路有快速拆分接头，为了拆下燃油供给和回油管路（图 15-25），

握紧该接头上较大的颈圈并在拉动该管路的同时向不同方向扭转。然后从压力调节器上拆下真空管，并从喷油器上断开电气插接器，此时可连同喷油器一起拆下燃油导轨。在某些发动机上，燃油导轨用螺栓压紧在其位置上，在拔出燃油导轨之前，需将它们拆下。在从发动机上拔离燃油导轨时，用相等的力同时拉动燃油导轨的两侧以取下燃油导轨和喷油器。

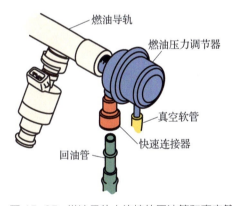

图 15-25　燃油导轨上连接的回油管和真空管

拆卸喷油器和压力调节器之前，应使用喷雾型的发动机清洁剂清洁燃油导轨。经核准的清洁剂通常会列在维修信息中。在清洁燃油导轨后，可将喷油器从燃油导轨中拔出。用卡环钳子取下压力调节器腔上的卡环。注意压力调节器上真空管的原始安装方向，并从燃油导轨上拔出压力调节器。用干净的车间抹布清洁所有部件。小心不要损坏燃油导轨上的开口部位和喷油器头部。检查燃油导轨中的所有喷油器和压力调节器的安装口是否有金属毛刺和损坏。

⚠ **警告**　不要将燃油导轨、喷油器或压力调节器浸泡在任何类型的清洗溶液中。这样做会损坏和污染这些部件。

在将喷油器和压力调节器与燃油导轨重新组装时，确保所有的 O 形密封圈已更换并涂抹少许发动机机油。按照与拆卸相反的顺序组装燃油导轨。在燃油导轨和喷油器安装就位并连接上它们的所有附件后，重新连接蓄电池负极端子并断开为保持存储器存储内容而临时连接的电源，随后起动发动机并检查燃油导轨处是否有燃油泄漏，并确认发动机运转正常。

2. GDI 系统的特殊检查方式

GDI 系统的喷油器（图 15-26）最好用欧姆表检查。对电阻进行检查可以识别喷油器是否开路或短路。如果该喷油器的电阻值不在规定范围内，应更换。当然也会有可指向某个可能有问题的喷油器的故障码，这些故障码通常与某个特定的喷油器有关，除非它们所表示的是影响其中许多喷油器的问题。

图 15-26　GDI 系统的喷油器

由于 GDI 系统工作在非常高的压力下，因此不应在高压燃油泵上进行常规的燃油流量测试，但可以进行电动输油泵的燃油压力和流量测试。高压燃油泵的燃油压力可用诊断仪检查。如果诊断仪上显示的压力不在规定范围内，首先应确认燃油压力传感器是正常工作的，如果燃油压力传感器的读数正确，再检查高压燃油泵。一些发动机曾因高压燃油泵的驱动部分出现较大磨损而使燃油压力降低。可用欧姆表检查 GDI 系统的喷油器（图 15-27）和高压燃油泵的控制部件（图 15-28）。将欧姆表跨接在插接器两个端子上，将读数与规

定值比较。如果读数不符合规定值，更换喷油器或高压燃油泵。低压管路中的燃油压力传感器也可用电压表检查，在发动机运转并连接燃油压力表的情况下，用背插的方式测量传感器的输出信号，并将压力表读数和电压值与规定值进行比较。

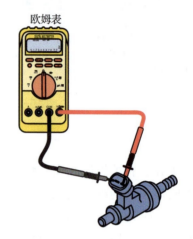

图 15-27　用欧姆表检查 GDI 系统的喷油器

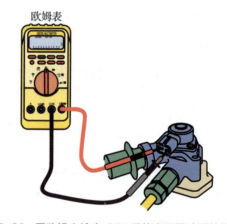

图 15-28　用欧姆表检查 GDI 系统高压燃油泵的控制部件

15.4　电子节气门控制装置

电子节气门控制（ETC）系统（图 15-29）一般会包含一个节气门执行器或电动机、节气门位置传感器、加速踏板位置传感器、电子节气门控制模块和继电器。控制模块可以是 PCM 的一部分，也可以是独立的单元。执行器对来自 PCM 的指令做出响应（图 15-30）。

ETC 系统需要有冗余的输入和处理器。发送给 PCM 的加速踏板位置信号有两个，每个信号各有不同的电压范围。PCM 处理这些信号和其

他输入并将节气门板设置在所需位置。节气门板由 PCM 控制的 DC 电动机控制。PCM 对该电动机有两个驱动器电路，其中一个使节气门板打开，而另一个使其关闭。节气门板的准确位置由两个节气门位置传感器监测，它们的信号范围也不同。此外还有用于追查系统有效性的冗余监测器。当 PCM 检测到故障时，该监测器将设置故障码（图 15-31）和 / 或使系统进入一个跛行模式。

图 15-29 电子节气门控制系统总成

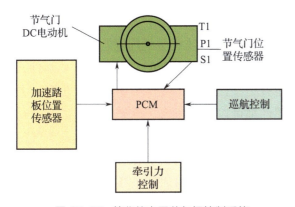

图 15-30 简化的电子节气门控制系统

1. ETC 诊断监测器

PCM 监测 APP 传感器、TP 传感器和节气门电动机电路的电平，它还监测两个回位弹簧的回位率。APP 传感器是安装在加速踏板上的两个电位计。根据设计不同，车辆可能有两个独立的 APP 传感器，也可能有可发送两个独立信号的一个传感器。不论何种设计，都是其中一个信号用于确定加速踏板的位置，该信号随踏板位置在 0~5V 之间变化，另一个信号用于监测传感器自身。PCM 比较两个信号，当它们报告的加速踏板位置有差异时，PCM 将确定传感器不良，点亮 MIL 并设置故障码。

DTC	描述	可能原因
P0120	节气门 / 踏板位置传感器 / 开关 "A" 电路故障	1. TP 传感器 2. ECM
P0121	节气门 / 踏板位置传感器 / 开关 "A" 电路范围 / 性能问题	1. TP 传感器
P0122	节气门 / 踏板位置传感器 / 开关 "A" 电路输入低	1. TP 传感器 2. APP 电路短路 3. TP 传感器电路开路 4. ECM
P0123	节气门 / 踏板位置传感器 / 开关 "A" 电路输入高	1. TP 传感器 2. APP 电路开路 3. ETC 电路开路 4. TP 与 APP 电路之间短路 5. ECM
P0220	节气门 / 踏板位置传感器 / 开关 "B" 电路	1. TP 传感器 2. ECM
P0222	节气门 / 踏板位置传感器 / 开关 "B" 电路输入低	1. TP 传感器 2. APP 电路短路 3. TP 传感器电路开路 4. ECM
P0223	节气门 / 踏板位置传感器 / 开关 "B" 电路输入高	1. TP 传感器 2. APP 电路开路 3. ETC 电路开路 4. TP 与 APP 电路之间短路 5. ECM
P0505	怠速控制系统故障	1. ETC 2. 进气系统 3. PCV 管路连接 4. ECM
P050A	冷起动怠速空气控制系统性能	1. 节气门体总成 2. MAF 传感器 3. 进气系统 4. PCV 管路连接 5. VVT 系统 6. 空气滤清器 7. ECM
P050B	冷起动点火正时性能	同 P050A
P060A	控制模块内部监测处理器性能	ECM
P060D	控制模块内部加速踏板位置性能	ECM
P060E	控制模块内部节气门位置性能	ECM
P0657	执行器电源电路 / 开路	ECM

图 15-31 一些与电子节气门控制系统有关的
通用型故障码示例

TP 传感器（可能是两个单独的传感器或是能够提供两个单独信号的一个传感器）安装在节气门体上。该传感器发送一个反映节气门板位置的信号。PCM 使用其中一个信号作为反馈，这是通过将 TP 的电压与 APP 的电压相加来实现的，它们的总和必须等于 5V，如果总和大于或小于此值，PCM 将点亮 MIL 并设置故障码。

除了监测转动节气门板所需的电流外，PCM 还监测供给控制单元和执行器总成的电压。如果 PCM 检测到给控制单元或执行器的电压低于正常电压，它将停用节气门控制系统并将其设定到跛行模式，这也会点亮 MIL 并设置故障码。PCM 持续监测流过执行器的电流，若该电流过高或过低，PCM 会将其视为是一个故障现象。PCM 还监测节气门板的位置变化和流向它的电流，如果节气门板没有按照指令要求动作，PCM 将点亮 MIL 并设置故障码。

当设置了与 ETC 系统相关的故障码时，PCM 将进入失效安全模式或跛行回家模式。在此模式下，执行器不再由 PCM 控制，而是使节气门板借助弹簧力保持在略微打开的位置。这种有限的节气门开度限制了发动机提供动力的能力，此时若踏下加速踏板，PCM 将通过控制燃油喷射和点火系统的方式来控制发动机的输出，以使车辆可缓速行驶。

2. 检查怠速转速

尽管不需要对 ETC 系统的怠速转速进行调整，但对怠速的检查可以反映出电子节气门控制系统的状况。监测怠速转速的最佳方法是使用诊断仪。在检查怠速之前，确认 MIL 没有点亮且没有设置故障码，还要确保点火、进气和 PCV 系统是正常的。

施加驻车制动，然后断开至蒸发排放（EVAP）系统的活性炭罐净化控制阀的插接器，将诊断仪连接到 DLC 并确保其与车辆通信正常，随后起动发动机并确保已关闭所有电气附件。将发动机转速提高到 3000r/min 左右，并保持住该转速直到冷却风扇运转后使发动机返回怠速。此时检查怠速，并将其与规定值比较，接着在接通一些大负荷的电气附件后检查怠速转速，例如将空调置于 MAX 位置且鼓风机设置为高速，同时打开远光灯。如果怠速转速不符合技术规格，则执行怠速学习程序。如果怠速转速仍然不正确，则需要进一步诊断该系统和燃油喷射系统，在怠速转速符合技术

规范后，立即重新连接 EVAP 活性炭罐的净化控制阀。

怠速转速学习值是向 PCM 报告的关于节气门位置的学习值，它反映了偏离基础参数的变化。PCM 知道基础参数值是非常重要的。制造商已经规定了使 PCM 学习这个基础参数值的程序。必须严格按照规定执行这些程序。学习或重新学习程序应在更换或更新了 PCM 后以及清洁或更换了节气门体后及时完成。通常通过完成怠速的学习或重新学习程序来解决无故障码的怠速问题。需要注意的是，如果曾断开蓄电池，通常不需要重新学习，因为当发动机重新起动后，系统将自动执行该程序。

对怠速转速的学习通常是在发动机达到正常工作温度且 PCM 已用诊断仪重置后通过继续怠速运转一个规定的时间来完成的，用诊断仪可以监测和查证怠速学习的进程。

3. ETC 的一般性诊断

在与 ETC 系统有关的问题上设计了一些故障码。这些故障码会涉及 ETC 的所有主要部件，而且还有一些针对每个部件的精确测试步骤。大多数部件都可以用电压表、欧姆表或示波器进行检查。测试前应先检查该零部件，尤其是节气门体总成。应检查节气门板上和节气门腔孔上是否有堆积的污垢，必要时先清洁该总成。还要确保节气门板在其腔孔中可转动自如。

用欧姆表进行检查是将其跨接在节气门体的规定端子上进行的。在大多数节气门体上，这个连接是跨接在向电动机供电的正极（M+）和负极（M−）端子上的。这个跨接用来测量执行器电动机绕组的电阻。一些节气门体的 TP 传感器是内置在总成中的。在这种情况下，可在总成插接器中的不同端子上检查 TP 传感器。若要识别应测试的端子和其电阻值的规定范围，应始终参考维修信息。

电压表可用于检查 TP 和 APP 传感器的工作状况。除了 ETC 系统有两个输出信号需要监测以外，对其检查的方式与一般传感器相同。这些传感器也可以使用示波器进行检查。

15.5　非电子节气门控制系统的怠速检查

未采用 ETC 系统的燃油喷射发动机的怠速转速是通过控制绕过节气门板的空气量来调节的。当发动机出现怠速的问题时，进行任何进一步诊断前，应先检查联动机构和真空管路。尽管怠速转速通常是不可调节的，但一些发动机还是对怠速的设定有一些规定。在调整怠速转速之前，务必参考发动机舱内的贴签确认必要的前提条件。另外，在进行任何调整之前，应参阅维修信息。大多数发动机的怠速转速及其平顺性是由 PCM 通过 IAC 控制的。

1.　检查 IAC

车间提示

在大多数车辆上，诊断仪将输入开关的状态表示为"闭合"或"断开"，在电压上会表示为高或低。大多数输入开关在其断开时会向 PCM 提供一个高的电压信号，而在闭合时提供一个低的电压信号。

如果怠速转速不在规定范围内，应使用诊断仪检查该系统。确保诊断仪和车辆有正确的通信，还要确保所有 CAN 通信是良好的。

许多不同的输入不但会影响 IAC 阀的性能，还会导致其他的驾驶性问题，以下是一些示例。

1）怠速时高于正常值的 TP 信号会使 PCM 认为节气门正处于打开状态而关小 IAC 阀以降低怠速转速。

2）如果 ECT 的电阻值过高，则发送给 PCM 的将是一个高于正常电压的信号，PCM 会认为发动机处在较冷的状态，将随之增加 IAC 阀的打开截面以提高怠速转速。

3）如果 ECT 的电阻值过低，则发送给 PCM 的将是一个低于正常电压的信号，PCM 会认为发动机处在较热的状态，将随之减小 IAC 阀的打开截面以降低怠速转速。

4）卡在闭合状态的空调（A/C）开关将向 PCM 发送一个 A/C 始终在启用的信号，因而 PCM 将始终发出提高怠速转速指令。

5）如果蓄电池电压过低，PCM 可能会发出一个高于正常怠速转速的指令以增加充电系统的输出。

如果传感器和电路看起来没问题，应检查 IAC 阀。可以用诊断仪监测 IAC 阀。大多数诊断仪都有允许人为控制 IAC 阀的测试模式。为了测试 IAC 阀的电动机，可用诊断仪控制 IAC 阀电动机的头部缩回和伸出，同时观察怠速转速。当 IAC 阀缩回时，发动机转速应增加，而当 IAC 阀伸出时，发动机转速应降低。如果诊断仪数据显示已控制 IAC 阀移动但发动机转速没有改变，则怀疑 IAC 阀的电动机有故障。反映 IAC 阀步节计数的参数识别（PID）是 PCM 的指令。该数据仅仅是对 IAC 阀的指令，它并不意味着电动机实际是否执行了该指令。

一些车辆具有 IAC 阀的主动测试模式。当 IAC 阀工作在较小的步节计数范围内时，PCM 将在大约 16 个步节计数范围内移动 IAC 阀（图 15-32）。当 IAC 阀工作在较大的步节计数范围内时，应该有大约 112 个步节计数（图 15-33）。该计数的正常范围会在相应的维修信息中给出。

图 15-32　当 IAC 阀工作在较小的步节计数范围内时，PCM 将在大约 16 个步节计数范围内移动 IAC 阀

图 15-33　当 IAC 阀工作在较大的步节计数范围内时，PCM 将在大约 112 个步节计数范围内移动 IAC 阀

大多数技师在发动机较热时查看持续的怠速和步节计数以证实 IAC 阀没有卡住或没有故障。

在检查过程中，可在操作空调系统等设备的同时观察诊断仪。如果计数和息速转速在空调接通和关闭时发生变化，则表明 IAC 阀、连接线路和 PCM 的工作是正常的。如果计数改变，但发动机转速没有变化，或者计数没有变化，则需要遵循制造商给出的诊断步骤进一步进行诊断。

带有 OBD-II 系统的车辆会对 IAC 阀的问题设置一个或多个故障码。尽管在 IAC 系统上设计有对应的故障码，但应记住整个发动机执行系统的运行也会影响息速的转速和品质。因此，所有故障码都有可能是息速转速问题的原因。

> **车间提示**
>
> 如果诊断仪上的 IAC 阀电动机计数低于 12，查看真空是否泄漏。PCM 将全力移动 IAC 阀以弥补出现的泄漏。若没有发现泄漏，则应检查 PCM 与电动机之间的线路，很可能是线路开路。晃动 IAC 阀电动机上的接线并观察诊断仪上的读数。若计数读数在晃动线路时改变，则表明已发现问题。

要注意，如果 PCM 不知道节气门在什么时间关闭，就无法有效地控制息速转速，这对发动机所有其他状态转速的控制也是很重要的。PCM 将发动机起动后的 TP 信号最低电压设置为节气门关闭的参考值。PCM 在发动机每次起动时进行此识别。该参考电压在大多数系统中称为节气门松开时的参数识别（TPREL PID）。在节气门关闭时查看该 PID，应显示为节气门关闭（C/T）。如果看到任何其他值，发动机的息速转速将高于正常值。异常的读数通常是由 TP 传感器不良、节气门板松动或磨损、TP 或相关电路中有过大的信号干扰所导致的。

大多数较新型的车辆都有一个功能，可以根据系统部件的磨损调整 IAC 阀的校准，这通常称为息速空气修正。系统持续监测发动机及其系统的状况并确定理想的息速转速。息速转速的目标值是基于一张查找表设定的。如果修正值超过预定的水平，PCM 将设置故障码。在问题得到修复后，系统必须重新学习其基本息速修正值。这个学习程序用诊断仪来完成，而且只要更换了 IAC 系统的部件或对息速转速有影响的部件进行过维修，就需要执行这个程序。

2. 维护 IAC 阀电动机

在某些车辆上，有一个通过诊断仪人工移动 IAC 阀电动机等执行装置的测试模式。当选择这个模式后，将要求 PCM 每 2.8s 伸出和缩进 IAC 阀电动机一次。如果 IAC 阀电动机的枢轴能够按照指令正常伸出或缩进，则说明电机、连接线路和 PCM 都是正常的。如果不能按指令伸出和缩进，则需要进一步诊断以锁定问题的原因。在其他车辆上，可参考维修信息，使用跨接线将 DLC 中某两个端子连接在一起进行相同的测试。

节气门体中 IAC 阀的空气通道或 IAC 阀电动机枢轴上的积炭会导致息速不稳，甚至发动机熄火。从节气门体上拆下 IAC 阀，检查节气门体内的空气通道是否有积炭。如果有大量积炭，应拆下整个节气门体进行清洁。用节气门体清洁剂清洗 IAC 阀的空气通道、电动机密封表面、阀和阀座。

🔴 **警告** 在清洗节气门体总成时一定要小心，如果使节气门体清洗液进入电动机内部将损坏 IAC 阀电动机。

可用欧姆表检查 IAC 阀电动机。如果欧姆表读数不在规定范围内，则更换该电动机。如果安装了新的 IAC 阀电动机，确保其零件号、枢轴头部的形状和直径与原装电动机相同。测量从枢轴头部到电动机铸造壳体肩部的距离（图 15-34）。可移动枢轴直到伸出长度达到规定距离。如果枢轴伸出过长，则可能会在安装过程中损坏电动机。

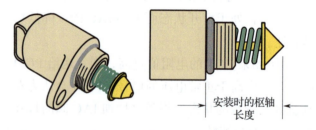

图 15-34 安装 IAC 阀电动机时先测量其枢轴伸出的距离

在 IAC 阀电动机上安装新的密封垫或 O 形密封圈。如果电动机用 O 形圈密封，则用变速器油液润滑该 O 形圈。如果电动机是用螺纹旋入节气门体的，将电动机拧紧至规定力矩。如果电动机是用螺栓固定在节气门体上的，应按规定力矩拧紧安装螺栓。

3C：问题（Concern）、原因（Cause）、纠正（Correction）

维修工单				
年份：2007	制造商：日产	车型：Frontier	里程：128145mile	单号：19077
问题	客户陈述故障指示灯（MIL）点亮，发动机运转不畅，加速迟缓、抖动。			

技师确认了发动机运转不良。检索到故障码 P0171- 气缸组 1 混合气稀。扫描数据显示气缸组 1 的燃油修正值为 +18%，但气缸组 2 正常。气缸组 1 的氧传感器电压表明尾气"稀"，而气缸组 2 的氧传感器信号在"浓"和"稀"之间切换。检查燃油压力在规定范围内。由于看起来只有一半发动机受到影响，因此认为该故障应是气缸组 1 的点火或燃油系统有问题。进行喷油器工作一致性测试，发现发动机转速在 1 号喷油器停用时未下降。测试确认点火线圈和火花塞是好的，而且有火花提供给该气缸。随后进行了喷油器流量测试，在驱动喷油器时测量燃油压力降。该测试显示燃油压力在驱动 1 号喷油器时没有下降。

原因	发现 1 号喷油器有故障，没有燃油流过该喷油器。
纠正	更换喷油器，并确认没有故障码，此时燃油修正值为 ±3%，发动机运转正常。

15.6 总结

• 在断开燃油系统中的任何零部件之前，务必先释放系统中的燃油压力。

• 在连接或断开任何燃油系统部件或测试设备之前，务必先关闭点火开关。

• 氧传感器可以通过跨接在氧传感器信号线路和接地之间的电压表来检查。氧传感器的电压应该在低电压到高电压之间循环切换。

• 大多数 O_2 传感器电压在 0~1V 之间变化。如果电压持续过高，可能是混合气过浓或传感器被污染。

• 如果氧传感器信号电压持续过低，可能是混合气过稀、氧传感器有故障，或该氧传感器与计算机之间的线路电阻过高。

• 如果氧传感器电压信号停留在中间值位置，则可能是计算机处在开环控制状态或氧传感器有问题。

• 空燃比传感器对氧含量的响应信号与普通氧传感器相反。

• 传感器的活动可以用诊断仪或示波器监测。

• 在进气口喷射系统上，喷油器不能开启将导致起动困难。

• 卡在部分开启状态的喷油器会使未燃烧的燃油滴入气缸而导致燃油压力损失和溢油。

• 堆积在喷油器头部的胶质和其他沉积物会减少喷油器喷出的燃油量，并会妨碍喷油器完全密封，从而引起泄漏。

• 燃油压力调节器泄漏会导致混合气过浓。若调节器膜片破裂，燃油将流入进气歧管而形成浓混合气。

• 当怀疑喷油器是造成混合气过稀的原因时，先确定喷油器是否收到驱动信号。可使用高阻抗试灯或二极管试灯检查喷油器上的电压。

• 欧姆表可用于测试喷油器。

• 喷油器压降一致性测试将有助于分辨出已堵塞的喷油器。

• 示波器可用于监测喷油器的喷油脉宽和占空比。

• 对于所有类型的喷油器，示波器上显示的电压波形在喷油器开启时都应有一个干净利落的下降沿。

• 切勿将喷油器浸泡在清洗溶液中或用金属丝刷、管路清洁装置、牙签或其他清洁工具去疏通已堵塞的喷油器。

• 在燃油喷射系统中，怠速是通过控制绕过节气门板的空气量来调节的。当汽车经常失速或怠速转速过高时，应先查找明显的问题，如联动装置卡滞和真空泄漏，然后查看发动机舱盖下贴签上描述的对最低怠速转速的检查和设置步骤。

15.7 复习题

1. 思考题

1）在维修燃油喷射系统时应注意什么事项？列举四项。

2）24% 的 LTFT 读数代表什么？

3）对 GDI 燃油喷射系统的测试与非 GDI 系统的测试有何区别？

4）喷油器的喷油脉宽与占空比的区别是什么？

5）如何使用双通道示波器来确认驱动喷油器的时刻是正确的？

6）能够导致燃油压力在发动机关闭后快速下降的三个可能的原因是什么？

7）在电子节气门控制系统中使用两个加速踏板信号的目的是什么？

8）负的 LTFT 值代表什么？

9）发动机节气门板上堆积的污垢会导致什么问题？

10）STFT 与 LTFT 之间的区别是什么？

2. 判断题

1）来自空燃比传感器的信号与来自传统氧传感器的信号是完全相同的。对还是错？　　（　　）

2）用欧姆表可以检查氧传感器的状况。对还是错？　　（　　）

3. 单选题

1）在加速和稳速行驶期间，以下哪一项最有可能导致混合气过稀？（　　）

　　A. 氧传感器有缺陷

　　B. PCM 有缺陷

　　C. ECT 传感器有缺陷

　　D. MAF 传感器有缺陷

2）每次发动机起动时，PCM 都自行检查节气门板的关闭位置。该位置是节气门所有设置的基础，而且可以通过观察节气门关闭时的 PID 来查看。以下哪一项最**不可能**导致异常读数和高于正常值的怠速转速？（　　）

　　A. TP 传感器不良

　　B. IAC 阀不良

　　C. 节气门板松动或磨损

　　D. TP 或相关电路中有过大的信号噪声

3）下列哪一项**不可能**导致采用 PFI 系统的发动机难以起动？（　　）

　　A. IAC 阀有缺陷

　　B. 氧传感器有缺陷

　　C. 燃油压力调节器泄漏

　　D. 喷油器脏污

4. ASE 类型复习题

1）在讨论燃油压力高于规定范围的原因时，技师 A 说 PFI 系统上的燃油压力调节器泄漏可能导致燃油压力过高。技师 B 说如果回油管路受到阻塞，燃油压力可能会高于正常值。谁是正确的？（　　）

　　A. 仅技师 A 正确

　　B. 仅技师 B 正确

　　C. 技师 A 和 B 都正确

　　D. 技师 A 和 B 都不正确

2）在讨论 IAC 阀的诊断时，技师 A 说在某些车辆上，可用跨接线连接在规定的 DLC 端子上来检查 IAC 阀的工作。技师 B 说如果诊断仪显示 IAC 阀的步节计数为 0，则可能 PCM 连接 IAC 阀的电路开路。谁是正确的？（　　）

　　A. 仅技师 A 正确

　　B. 仅技师 B 正确

　　C. 技师 A 和 B 都正确

　　D. 技师 A 和 B 都不正确

3）在讨论 IAC 阀电动机的拆卸、维修和更换时，技师 A 说可以使用节气门体清洗剂清洁 IAC 阀电动机内部的部件。技师 B 说在某些车辆上，如果在安装过程中 IAC 阀电动机枢轴的伸出长度超出规定值，将导致 IAC 阀电动机损坏。谁是正确的？（　　）

　　A. 仅技师 A 正确

　　B. 仅技师 B 正确

　　C. 技师 A 和 B 都正确

　　D. 技师 A 和 B 都不正确

4）在讨论喷油器测试时，技师 A 说有缺陷的喷油器可能导致该气缸在怠速时失火。技师 B 说阻塞的喷油嘴可能导致加速顿挫。谁是正确的？（　　）

　　A. 仅技师 A 正确

　　B. 仅技师 B 正确

　　C. 技师 A 和 B 都正确

　　D. 技师 A 和 B 都不正确

5）在讨论空气流量传感器时，技师 A 说在采用质量空气流量或体积空气流量传感器的系统中，如果任何空气绕过了该传感器，发动机将运转在混合气过稀的状态。技师 B 说在速度密度型系统中，真空泄漏会降低喷油器的脉冲宽度。谁是正确的？（　　）

　　A. 仅技师 A 正确

　　B. 仅技师 B 正确

　　C. 技师 A 和 B 都正确

　　D. 技师 A 和 B 都不正确

6）在讨论用诊断仪对燃油喷射系统进行诊断时，技师 A 说诊断仪能够控制许多系统上的某些系统和部件。技师 B 说许多诊断仪可以在路试期间存储传感器的读数，并可在以后的回放测试模式中回放这些快照结果。谁是正确的？（　　）

　　A. 仅技师 A 正确

　　B. 仅技师 B 正确

　　C. 技师 A 和 B 都正确

　　D. 技师 A 和 B 都不正确

7）在讨论怠速转速过高的问题时，技师 A 说高于正常值的怠速转速可能是由电气系统电压过低引起的。技师 B 说高于正常值的怠速转速可能是由有缺陷的冷却液温度传感器引起的。谁是正确的？（　　）

　　A. 仅技师 A 正确

　　B. 仅技师 B 正确

　　C. 技师 A 和 B 都正确

　　D. 技师 A 和 B 都不正确

8）在讨论混合气过浓的原因时，技师 A 说混合气过浓可能是由有故障的燃油导轨压力传感器引起的。技师 B 说混合气过浓可能是由有缺陷的冷却液温度传感器引起的。谁是正确的？（　　）

　　A. 仅技师 A 正确

　　B. 仅技师 B 正确

　　C. 技师 A 和 B 都正确

　　D. 技师 A 和 B 都不正确

9）在诊断怠速转速的问题时，技师 A 说在怠速时，高于正常值的 TP 信号将导致 IAC 阀关闭，这会降低怠速转速。技师 B 说如果 ECT 的电阻值过低，将向 PCM 发送一个低于正常电压的信号，PCM 会由此认为发动机处在较热的状态，从而减小 IAC 阀的打开截面以降低怠速转速。谁是正确的？（　　）

　　A. 仅技师 A 正确

　　B. 仅技师 B 正确

　　C. 技师 A 和 B 都正确

　　D. 技师 A 和 B 都不正确

10）在查看燃油修正值时，技师 A 说根据负的 LTFT 值，足以证明喷油器已阻塞或变脏。技师 B 说有故障的燃油压力调节器可能导致 LTFT 值为负。谁是正确的？（　　）

　　A. 仅技师 A 正确

　　B. 仅技师 B 正确

　　C. 技师 A 和 B 都正确

　　D. 技师 A 和 B 都不正确

第 16 章
汽油车排放控制系统

学习目标

- 能够解释发动机尾气中为什么会有碳氢（HC）排放物。
- 能够解释氮氧化物（NO_x）在燃烧室中是如何形成的。
- 能够确定尾气排放污染物增加的原因，说明尾气中氧含量与空燃比的关系。
- 能够描述蒸发控制系统在活性炭罐净化和非净化模式下的工作过程。
- 能够解释强制曲轴箱通风系统的功用。
- 能够描述排气再循环（EGR）阀的功用和工作过程。
- 能够说明催化转化器的功用。
- 能够描述二次空气喷射系统的工作过程。

3C：问题（Concern）、原因（Cause）、纠正（Correction）

维修工单				
年份：2016	制造商：丰田	车型：Sienna	里程：28242mile	单号：19188
问题	客户陈述故障指示灯（MIL）点亮。			

根据该客户的问题，应用本章所学内容，确定该车故障的可能原因、诊断方法以及必要的维修过程。

目前汽车的排放控制装置都是发动机和发动机电子控制系统必不可少的一部分，更准确地讲，电子控制系统是真正的排放控制系统。为使汽车更清洁、更省油，许多排放控制系统在目前得到广泛应用。这些系统还有助于显著提高功率和可靠性并改善驾驶性能。

16.1 污染物

环保人士、工程师、制造商和技师最关注的汽车排放物是碳氢化合物（HC）、一氧化碳（CO）、氮氧化物（NO_x）、二氧化碳（CO_2）和氧气（O_2）。除氧气外，其他排放气体会带来空气和水的污染以及气候变化，氧气不是污染物，之所以关注氧气的排放量是因为它是燃烧过程完整性的一个标志。在检查排放物时还可通过监测发动机排气中的氧含量来发现排气管中是否有孔洞或破裂，这两种情况都会稀释排气的检测样本。

大多数排放物测试中不监测的排出气体是二氧化硫（SO_2）。这是一种带有臭鸡蛋味的无色气体，它是由汽油中的大量硫分通过催化转化器的作用而产生的。二氧化硫会引发心脏问题、哮喘和其他呼吸系统的问题。

HC、NO_x 和 CO 的排放是由许多不同的因素引起的，其中最重要的是燃烧室内不同部位的温度和空燃比。值得注意的是，将 HC 排放量减小到最小的条件恰与导致 NO_x 排放量变高的条件是相同的（图 16-1）。

汽车排放污染物的限值由政府规定。多年以来，汽车排放的最大许可量已经下降。在能够理解每种排放控制装置的功用以及如何诊断和维修它们之前，必须先要知道汽车为什么会排出这些气体以及排放源是什么（图 16-2）。

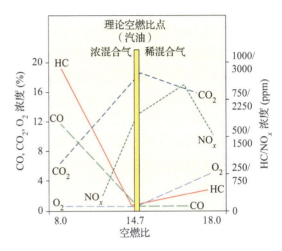

图 16-1　该图表展示了控制尾气排放是多么困难，当 HC 变低时，NO_x 和 CO_2 都变高

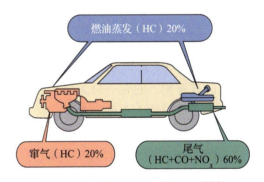

图 16-2　汽车排放污染物的主要排放源

过去 40 年或更长时间里的所有汽车都在排气系统中配备了用来降低排放水平的装置，从这些装置排出的排放物通常称为"尾管"的排放物。以下对各种气体的讨论针对的是它们在通过各种排放控制装置减少之前的形成物。

1. 碳氢化合物

尾气排放中的碳氢化合物（HC）是由不完全燃烧产生的，因此，这类排放物实际上是未燃烧或未完全燃烧的燃油分子。即使是点火和燃油系统状况良好的发动机也会释放一些 HC。来自燃油储存和输送系统的蒸发排放也是 HC 排放的一个来源。

在下述情况下，HC 排放物是由燃烧过程产生的。

1）火焰前锋无法点燃被压缩在燃烧室内狭小的淬冷区的空气燃油混合气。这些区域包括第一道活塞环与气缸壁之间形成的区域，以及在气缸垫、火花塞螺纹孔和气门座处形成的任何缝隙。

2）燃油被气缸壁上的机油吸收。

3）燃油被燃烧室中的积炭吸收和 / 或包容。

4）火焰前锋接近较冷的气缸壁时熄灭，从而留下一些未燃烧的 HC。

5）火焰前锋在点燃所有混合气之前停止传播（失火），致使一些空气燃料混合气没有燃烧。

6）燃油在燃烧结束前未能与空气充分混合燃烧。

7）点火系统故障导致了失火。

过稀的混合气会导致气缸内的失火和过多的 HC 排放。非常浓的混合气也会造成高于正常水平的 HC 排放。在达到理论空燃比时，HC 的排放量是最低的。

2. 一氧化碳

一氧化碳（CO）是燃烧的副产品。CO 是碳和氧化合的有毒物，它是一种无色、无味且有高毒性的气体，可导致人头晕、头痛、神经受损和因缺氧而死亡。当在燃烧过程中没有足够的氧气与碳结合时，就会在发动机内形成 CO，但当在混合气中有足够的氧气时，就会形成二氧化碳（CO_2）。CO_2 不是污染物，而是植物用来制造氧气的气体。一氧化碳主要存在于排气中，但在曲轴箱中也会有。

一氧化碳排放物是燃油在与空气的混合中因空气不足或燃油过多而产生的。如果气缸内不发生燃烧，就不会产生一氧化碳，因此，CO 的存在意味着进行了燃烧。随着混合气加浓，CO 含量增加（图 16-3）。在理论空燃比下，CO 排放量是非常低的。由于空燃比比理论空燃比稀时，CO 排放量将保持在非常低的水平，所以 CO 的排放量是空燃比过浓的一个很好的标志，但它不是空燃比过稀的准确标志。

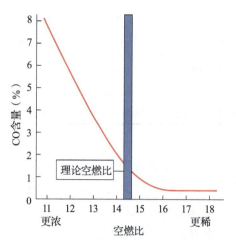

图 16-3 排气中 CO 含量随空燃比的变化

3. 氮氧化物

氮氧化物（NO_x）是氮和氧在燃烧过程中形成的各种化合物。氮气和氧气都存在于用于燃烧的空气中。人暴露在 NO_x 气体中会出现呼吸系统的问题，例如肺部刺激、支气管炎或肺炎。当 HC 和 NO_x 与阳光作用时，会产生光化学雾，该烟雾呈现为在地表上的淡褐色薄雾，它会导致许多健康问题，包括胸痛、呼吸急促、咳嗽、哮喘和眼睛刺激。当大气中的 NO_x 与雨（H_2O）混合时，会产生硝酸（HNO_3）或酸雨。

NO_x 的形成是过高的燃烧温度和压力的结果。当燃烧温度超过 2300°F（1260°C）时，空气中的氮气（N_2）和氧气（O_2）结合形成 NO_x。

> **车间提示**
>
> 通常都说 NO_x 形成于 2500°F（约 1371°C），但研究表明实际形成开始于 2300°F（1260°C），但实际开始温度并不重要，重要的是要知道保持较低的温度可使 NO_x 保持在较低的水平。

由于外部空气中的 78% 是氮气，因此无法阻止该气体进入发动机，所以控制 NO_x 的唯一方法是阻止氮气在燃烧过程中与氧气结合，这是通过控制燃烧过程的温度来实现的。然而这非常棘手，当混合气偏浓时，燃烧温度降低，使产生 NO_x 的机会减少，但过浓的混合气将会导致 CO 和 HC 排放物的增加。同样，当混合气偏稀时，CO 和 HC 排放物生成的机会较少，但由于燃烧温度升高，

就会使产生 NO_x 的机会增加。

NO_x 的下标 "x" 代表氧原子与氮原子的结合比。"x" 是一个变量，这意味着它可以是数字 1、2、3 等，因此，NO_x 指的是多种不同的氮氧化物（NO、NO_2、NO_3 等）。来自发动机的 NO_x 排放物主要是一氧化氮（NO），二氧化氮（NO_2）不到 NO_x 总量的 1%。其中，NO 有害健康并会带来温室效应，而 NO_2 是一种有毒的气体并且会导致烟雾、臭氧和酸雨的形成。

4. 二氧化碳

二氧化碳（CO_2）不是一种污染物，但它已与另一个称为 "温室效应" 的环境问题相关。二氧化碳是一种**温室气体**，而且可能是全球变暖的一个主要原因。温室效应仅仅定义了地球周围积累的气体保留太阳光线的能力，它使该气体包围的一切事物周围的温度升高。据称北美所有 CO_2 排放物的 14% 来自汽车的尾气，而且 CO_2 的 27% 是由交通运输所引起的。

从燃烧效率的角度讲，CO_2 是燃烧完成的产物，因此希望排气中含有更多的 CO_2。随着空燃比从 9:1 变到 14.7:1，CO_2 含量从大约 6% 逐渐提高到 13.5%。当空燃比比理论空燃比稍大时，CO_2 的水平最高。由于 CO_2 的产生量直接与消耗的燃料量相关，所以燃油效率高的发动机产生的 CO_2 更少。每加仑汽油约可产生约 19.4lb（约 8.8kg）的二氧化碳。按照这个数量关系计算可得出如下推论。

1）一辆每加仑汽油可行驶 10mile 的汽车每行驶 1mile 会排出 1.94lb 的二氧化碳，如果该车每年行驶 12000mile，它每年将排出 10.56t 的 CO_2。

2）一辆每加仑汽油可行驶 20mile 的汽车每行驶 1mile 会排出 0.97lb 的二氧化碳，如果该车每年行驶 12000mile，它每年将排出 5.28t 的 CO_2。

3）一辆每加仑汽油可行驶 30mile 的汽车每行驶 1mile 会排出 0.65lb 的二氧化碳，如果该车每年行驶 12000mile，它每年将排出 3.54t 的 CO_2。

为了降低排气中二氧化碳的数量，工程师们正致力于降低燃油消耗，但这是很困难的，因为许多用于提高燃油效率的方法，例如更稀的混合气，却增加了二氧化碳和其他排放物的水平。对

二氧化碳排放的担忧是继续探索汽车替代燃料和动力源的主要原因之一，这也是政府将 CAFE 标准提高到 35mile/gal 的主要原因之一。在 2012 年，政府通过了到 2025 年将 CAFE 标准提高到 54.5mile/gal 的立法，尽管制造商为满足该标准而增加的成本可能会导致标准的实施发生变化。

除了发动机的排气或化石燃料燃烧的排放外，自然界也会排放 CO_2。CO_2 有许多天然来源，例如海洋和衰败的植物生命。植物在其光合作用过程中也使用 CO_2，并向大气释放氧气。发生相当频繁的火山喷发也会释放大量的 CO_2。当前对全球变暖的担忧表明大气中的 CO_2 比能被植物生命利用的要更多。事实上，大气中存在的 CO_2 分子越多，地球就会变得越热。

为了将大气中的 CO_2 含量控制在一个可接受的水平，我们需要更多的植物生命并需要减少释放到大气中的 CO_2 量。需要减少 CO_2 释放的一个对象就是汽车。行驶在世界各地道路上的汽车大约有 10 亿辆，它们产生的 CO_2 占世界燃烧化石燃料总 CO_2 排放量的近 20%（图 16-4）。衡量车辆 CO_2 排放量的计量单位是 g/mile 或是 g/km。

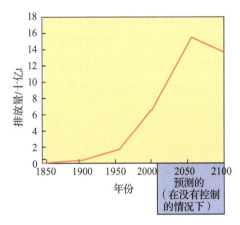

图 16-4　全球燃烧化石燃料的碳排放总量

其他一些物质也被视为温室气体，例如水蒸气、甲烷和一氧化二氮等。温室气体允许太阳光线自由地进入大气，当太阳光到达地球表面时，其中一部分被吸收而使地球变暖，其余的太阳光以热量形式反射回大气，温室气体吸收并聚集了这些热量，这个过程被认为是全球变暖的原因。

北美地区目前没有针对 CO_2 排放物的标准，但欧盟已有要求所有新生产的汽车都必须满足的

标准。美国加利福尼亚州和其他州也在考虑制定 CO_2 排放的标准。无论是否有 CO_2 排放的标准，政府实际上都在强制推行减少 CO_2 排放的 CAFE 新标准。在目前的法规下，按照 2025 年要达到 CAFE 规定的 54.5mile/gal 来计算，CO_2 排放量预计很快可达到 163g/mile。在撰写本书时，54.5mile/gal 的标准正在由现任管理部门审核。

汽车制造商们不仅在努力降低汽车尾气中的 CO_2 排放水平，还致力于减少他们工厂的温室气体排放量。例如，通用汽车（GM）宣布了到 2010 年将降低其生产设施 CO_2 排放总量的 40% 的目标，并已经在落实中。这方面的计划包括使用更少的能源、减少浪费、增加可再生资源的使用和提高整个制造过程的效率。

5. 氧气

氧气（O_2）不是污染物，因此它在排气中的存在不会对我们的环境构成任何威胁，但排气中过多的氧气可明确表明发动机中已经出现了不合适的空气燃油混合气或燃烧不良。

如果混合气过浓，空气中的所有氧气都将与燃油混合燃烧，因此排气中的氧含量水平会非常低。当混合气过稀时，由于没有足够的燃油与进入发动机的所有空气混合，因而排气中氧含量会较高，所以排气中氧含量过高是混合气过稀的绝好标志，而且它们不会受催化转化器作用的影响。

6. 水（H_2O）

水（H_2O）会随汽车尾气排出，它是氧化反应的正常产物。HC 通过在催化转化器中的氧化而形成 CO_2 和 H_2O。排出水量的多少取决于许多因素，包括催化转化器的效率以及排气在通过催化转化器前所含有的 HC 和 O_2 量。通常在发动机冷起动过程中，水汽随排气排出，还有原存在于催化转化器和排气系统中的水分受到加热而汽化，这些水汽经过排气管时受到冷却而凝结成水。

16.2 排放控制装置

美国国家环境保护局（EPA）近期的一项研究表明，乘用车分担了 HC 总排放量的 17.8%、CO 总排放量的 30.9% 和 NO_x 总排放量的 11.1%。在经过 40 多年的排放监管之后，这些数字仍然令人震惊。试想一下，如果汽车排放在过去 40 年中始终未受到监管，这些数字将会是什么样！

排放标准已经成为汽车行业许多技术变革背后的驱动力之一。催化转化器和其他排放系统的应用就是为了满足排放标准。多年来，这些标准已经日益变得严格，而且满足标准所需的发动机设计和装置也变得日益复杂。

> **车间提示**
>
> 这些年来，许多汽车都是专门为美国加利福尼亚州生产的。加州空气资源委员会（California Air Resources Board，CARB）已经引导了许多排放法律和标准的制定，有许多是特定于本州的，尽管其中大多数最终已由其他州和国家实施。查看车辆上的标签以便知道该车辆是否有专为加州设计而不用于其他州的特殊配置或标定。

1. 立法历史

排放控制装置发展背后的驱动力是联邦多年来所实施的各种清洁空气法案。以下是影响了当前车辆设计的一些关键法案。

1）1963 年的《清洁空气法案》认定汽车为空气污染的主要贡献者并对所有排放物总量的 40% 负有责任。

2）1967 年的《清洁空气法案修正案》要求汽车制造商在 1968 年款车型之前的所有乘用车和轻型货车上安装排放控制装置。

3）1970 年的《清洁空气法案修正案》确立了全国空气质量标准，并与联邦建筑和公路建设资金联系起来以实现这些标准，要求不满足该标准的地区制定整改计划以纠正这些问题，否则将失去资金支持。

4）1977 年的《清洁空气法案修正案》规定不符合空气质量标准的地区必须为所有乘用车和轻型货车设立和强制推行基本的检查和维护（基本的 I/M）制度。该 I/M 制度的目的是检测和修复影响车辆排放的所有系统的有效性。

5）1990 年的《清洁空气法案修正案》再次降低了污染物排放的允许量，但该法案的关键部分是要求在不符合空气质量标准的地区建立加强的检查和维护（加强的 I/M）制度。

6）2007 年的《能源独立和安全法案》要求到 2020 年将车辆燃油经济性提高 40%。它还规定增加可再生燃料的使用。尽管该法案没有制定出标准，但还是关注了 CO₂ 排放的减少。

2. 检查和维护（I/M）制度

排放标准规定了新车排放的最大允许量。随着时间的推移，这些标准变得更加严格。修正案要求对道路上的车辆进行排放测试。这些定期的测试是检查和维护（I/M）制度的一部分。这些检查的目的只是识别出那些被篡改或没有得到良好维护的车辆。研究表明，道路上 20% 的车辆没有得到适当的维护，而且这些车辆的污染物排放量占汽车排放总量的 90% 以上。I/M 制度的目的是识别出这些车辆并要求其进行必要的维修以使这些车辆能够保持所允许的排放水平。

第一个清洁空气法案对新车制定了排放标准。为确保新车符合这些标准，美国制定了联邦测试程序（FTP）。该测试是用随机抽取的试生产车辆进行的。这些车辆用来代表下一年款的车辆。它们的排放经过仔细检查，并与为该年款车辆制定的标准进行比较。如果排放符合或低于该标准限值，该车型的车辆随后将获得合格证书。

FTP 使用一种带有惯量权重的底盘测功机（Dyno），它允许车辆在其上以不同负荷行驶。底盘测功机可通过改变其施加给驱动轮的负荷来模拟被测车辆在道路上的实际行驶工况。排放水平通过定容采样（CVS）系统测量，该系统以 g/mile 作为计量单位测量从车辆尾管排出的 HC、CO、CO₂ 和 NOₓ 的质量。这种尾气分析仪比大多数维修店里所用的更精确、更复杂，也更昂贵。

该法案还促使加州建立了加州空气资源委员会（CARB）。建立 CARB 的目的是为了实施严格的空气标准，该标准后来成为联邦标准。CARB 为清洁空气建立的方法之一是启用对在用的采用发动机机动车的定期检查（Periodic Motor Vehicle Inspection，PMVI）。该检查包括对尾管排放物的测试和发动机舱盖下的检查。对尾管排放物的

测试是测试该车的尾气排放物（HC 和 CO）是否在法律规定的范围内。排放量以百万分比浓度（ppm）为计量单位，并在发动机怠速时进行。该测试所允许的排放限值比新车的限值高 3~4 倍。这是为发动机和系统的磨损提供一定的允差。发动机舱盖下和 / 或车辆的检查是核实排放控制系统是否有篡改或断开。如今，加利福尼亚州并不是唯一需要一年进行一次排放物测试的州，许多州已将对排放物的测试纳入本州一年一度的车辆登记程序。

在 20 世纪 80 年代期间，这个基本的 I/M 制度改为采用底盘测功机的加载测试。该测试称为加速模拟工况（Accelerated Simulated Mode，ASM），用于测量 CO、HC 和 NOₓ 的排放量。

在 1990 年的《清洁空气法案修正案》实施后，实行了测量更准确的称为 I/M 240 的测试。许多州都在执行 I/M 240 或类似的测试程序。I/M 240（或者说是加强的 I/M 制度）测试车辆在不同负荷和车速下行驶时的排放量。车辆在测功机上行驶长达 240s，而且是在不同的负荷状况下行驶的（图 16-5）。在底盘测功机上的行驶测试模拟了在交通阻塞和干线公路上的行驶和停车，其采用的工况与 FTP 测试工况中的一段工况相同，所以 I/M 240 的测试工况只是整个 FTP 测试工况中的一小部分。

图 16-5　在底盘测功机上运行车辆以检测车辆的排放水平

整个 I/M 240 测试由 3 个独立的测试组成：①在尾管进行的瞬态排放物质量测试；②燃油蒸发系统的净化流量测试；③燃油蒸发系统的压力测试。测试结果以与 FTP 相同的计量单位给出

（g/mile），因此与 FTP 标准具有较好的相关性。在测试中测量在 I/M 240 行驶循环期间的 HC、CO、CO_2 和 NO_x 排放量。

I/M 240 的测试设备与 FTP 测试所用的设备基本相同。使用可变惯量式底盘测功机的原因是它可以调整以匹配被测车辆的质量，以使车辆在不同负荷下行驶。排放的水平是通过精密设备分析收集在 CVS 中的尾气中所含物质来确定的。这种测试设备也与 FTP 测试中所用的设备类似，它们包括以下分析仪器：用于测量 CO 和 CO_2 的非分光式红外线（NDIR）检测仪、用于测量 HC 的火焰离子检测仪（FID）、用于测量 NO_x 的化学发光检测仪。

来自车辆 EVAP 系统的 HC 排放量可能高于发动机排气中的 HC 排放量，因此监测这个系统是 I/M 240 测试的一项重要内容。I/M 240 测试包括对 EVAP 系统的目视检查和净化测试，以及对燃油箱压力的测试。净化测试测量在测试行驶循环中进入发动机的燃油蒸气流量。压力测试用于检查能使燃油蒸气逃逸到大气中的泄漏。

并非所有的州都采用 I/M 240 测试，一些州使用加速模拟工况（ASM）测试。在这个测试中，底盘测功机用来给车辆加载，同时用废气分析仪测量 HC、CO 和 NO_x。ASM 测试包括 2 个测试工况，分别为 5015 和 2525。编号中的前面 2 位数字代表在测试中需要被测车辆输出的功率，它等于以规定加速度加速时所需功率的某个百分比（即 50% 和 25%），该规定的加速度取自于 FTP 测试工况中的一段匀加速工况，编号后 2 位数字代表需要加速到并保持的车速，单位为 mile/h。

在一些乡村地区执行双怠速（TSI）测试。这种测试采集 2500r/min 和怠速时的尾管排放物。

除了对排放物进行测试以外，还进行目视检查。该检查通常包括检查是否有任何类型的燃油泄漏、验证车辆是否有排放控制信息的贴签、检查所有真空软管是否已正确连接，以及验证是否安装了正确的排放控制装置。

3. 车辆排放控制信息（VECI）

所有车辆都有**车辆排放控制信息**（Vehicle Emission Control Information，VECI）标贴，它给出了该车辆和发动机的具体排放控制信息（图 16-6）。这些标贴通常位于发动机舱盖下或散热器上固定框架上。包含在 VECI 上的信息在进行 I/M 测试和诊断或修复与排放相关的问题时是非常重要的。标贴上包含的大部分信息是用英文首字母的缩略词来表示的，表 16-1 给出了这些缩略词的释义。

（1）发动机 / 蒸发排放系统信息　自 1994 年以来，所有制造商都必须使用标准方式命名以便识别各自的发动机和 EVAP 系统族系。它们名称的长度必须为 12 个字符并显示在 VECI 上右下角的框中。第 1 行 12 个字符的 ID 包含发动机的排量和其族系。第 2 行是另一个 12 个字符的 ID，它代表 EVAP 系统族系的名称。这两个名称对此辆车都是特定的。

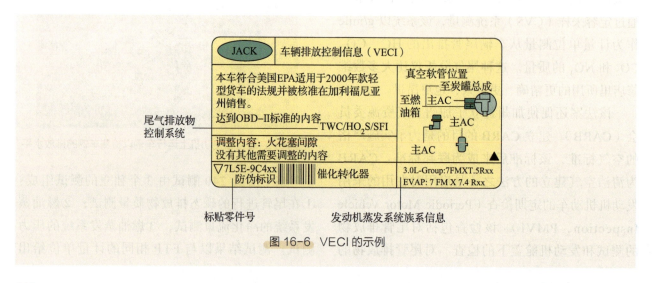

图 16-6　VECI 的示例

表 16-1　车辆排放控制信息中英文缩写的含义

首字母缩写	释义
CARB	加州空气资源委员会
CI	缸内喷射
EPA	美国国家环境保护局
EVAP	蒸发排放（控制）
GVW	车辆总质量
GVWR	车辆额定总质量，整车整备质量加有效载荷
HO$_2$S	加热型氧传感器
ILEV	固有低排放车辆
LDDT	轻型柴油发动机货车分类
LEV	低排放车辆
LVW	车辆装载质量，这车整备质量加 300lb（136.08kg）
MDV	中型车辆
MHDDE	中重型柴油发动机
MPI	多点喷射
MY	年款
NCP	违规惩罚
OBD	随车诊断
ORVR	车载燃油蒸气回收
PC	乘用车
PZEV	不完全零排放车辆
SFI	顺序燃油喷射
SULEV	超低排放车辆
TWC	三元催化转化剂
ULEV	极低排放车辆
ZEV	零排放车辆

（2）发动机基本标定信息　重要的发动机（动力系统）标定信息通常在车辆认证贴签的右下角给出。车辆的认证贴签通常贴在左前门或门柱上。基本的发动机标定信息限制为每行最多 5 个字符且不超过 2 行。这个编码用于诊断和维修。认证贴签还包含车辆的编码描述。

4. 排放物控制系统的分类

所有的排放物控制系统都归为 3 种类别：蒸发排放控制系统、燃烧前的排放控制系统和燃烧后的排放控制系统。

蒸发排放（EVAP）控制系统是一个密闭的系统。它捕捉从燃油箱和燃油输送系统逸出到大气中的燃油蒸气（HC）。

当前使用的大多数污染物控制系统的作用是防止排放物在发动机燃烧循环期间或燃烧之前产生。常见的燃烧前的控制方式有 PCV、发动机的改进、火花控制和排气再循环（EGR）系统。

燃烧后的排放控制系统用于清洁燃油燃烧后排放的气体。二次空气或空气喷射系统将新鲜空气送入排气中，通过与空气中氧气的化学反应（生热反应）将 HC 和 CO 变为无害的水蒸气和二氧化碳。催化转化器是最有效的燃烧后的排放控制装置，它们降低了 NO_x、HC 和 CO 的排放量。

16.3　蒸发排放控制系统

随着 EVAP 系统的引入，来自燃油箱的燃油蒸气得到了控制。这些系统首先安装在美国加利福尼亚州销售的 1970 年款的汽车上，并从 1971 年开始用于大多数在美国制造的车辆上。多年来，EVAP 排放一直受到严格监测，并改进了控制系统以尽量减少燃油蒸气进入大气的机会。EVAP 的排放量受到法律的限制，美国目前对 HC 的限值是 2g/h。在归类为 CARB LEV-Ⅱ的车辆上，其 EVAP 排放量甚至更低。

当前的系统都是由计算机控制的并受 OBD-Ⅱ系统的监测。当前大多数 EVAP 系统包括以下部件：一个带有拱顶的燃油箱，它的顶部有一个凸起的空间，燃油蒸气上升到此处被聚集；活性炭罐通风电磁阀；特殊设计的燃油加注管口可限制能够加入燃油箱的燃油量；燃油箱真空或压力传感器；燃油管路；蒸气管路；燃油箱盖；燃油箱顶部的蒸气分离器（图 16-7）；活性炭罐；净化管路；净化电磁阀（蒸气控制阀）。

> ▶ 参见
>
> 有关发动机控制系统的详细讨论参见本册第 10 章。

燃油箱是一个密封的装置，其设计目的是要防止汽油蒸发形成的蒸气进入大气。此外，燃油箱还使用特殊的装置来减少车辆在加注燃油时从燃油箱逸出的汽油蒸气量。所有新型车辆的燃油箱盖在取下时，加油管口会被一个用弹簧顶住的铰链式翻板密封。翻板的尺寸恰好只能允许无铅汽油的加油枪插入，而对含铅汽油的加油枪来说就太小了。加油站的加油枪也已进行了改进以防止燃油蒸气在加油期间进入大气。一些加油枪还配有密封加油口的橡胶套。其他类型的加油枪被设计成能产生真空，它可在液体燃油泵入燃油箱时吸收燃油蒸气。新型车辆有一个车载燃油蒸气回收（On-board Refueling Vapor Recovery，ORVR）系统，因此，使专用的加油枪就没有必要了。由于 ORVR 系统在加油期间密封了加注管口，因而燃油蒸气会流到 EVAP 的活性炭罐中。

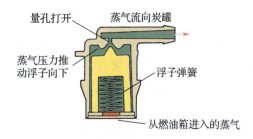

a）蒸气分离器正常工作状态

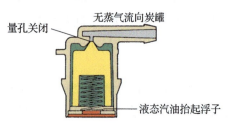

b）分离器中有液态汽油时的状态

图 16-7 蒸气分离器工作原理

EVAP 系统将积聚的燃油蒸气转移到活性炭罐中，直到系统进行净化时使燃油蒸气进入进气歧管。EVAP 系统还允许一定的大气压力进入燃油箱，以防止在燃油箱中形成过大的真空而导致燃油箱塌陷。

燃油箱内的燃油蒸气通过燃油箱顶部的蒸气分离器排出。该分离器收集液态燃油的液滴并将它们引回燃油箱。蒸气离开分离器后通过蒸气管路转移到活性炭罐中。

活性炭罐（图 16-8）通常位于发动机舱内，但也可也安装在车辆下部靠近燃油箱的地方（图 16-9）。来自汽油箱的燃油蒸气途经并吸附在活性炭罐中

活性炭颗粒的表面。当车辆重新起动时，燃油蒸气被真空吸入进气歧管并在燃烧室内燃烧掉。活性炭罐的净化方式因车辆品牌和型号不同而有很大差异。在新型车辆上，PCM 控制净化活性炭罐的时间。在某些车型中，只要存在进气歧管真空，一个固定孔径的节流孔就进行连续的净化，而其他车型则采用一个分阶段的控制阀，它只在转速高于怠速转速时才进行净化。

图 16-8 活性炭罐

图 16-9 安装在车辆下部的活性炭罐

活性炭罐净化阀通常是关闭的。当施加真空时，它会打开通向净化出口的入口。较旧的系统通常包含一个热延迟阀，所以在发动机达到工作温度之前不会对活性炭罐进行净化，因为在怠速或发动机冷态下进行净化会产生其他问题，例如此时向进气歧管添加额外的燃油蒸气有可能导致运转不畅并增加排放。

活性炭罐含有一个收集任何进入活性炭罐的液态燃油的储存装置。冷凝的燃油蒸气形成液态燃油。当燃油箱内存在真空时，这些液态燃油将从活性炭罐返回到燃油箱中。这个液态燃料储存装置用于防止液态燃油污染罐中的活性炭。

⚠️ **警告**　汽油蒸气是极易爆炸的，切勿在 EVAP 系统任何部件的附近吸烟或有点火源。汽油蒸气的爆炸会造成财产损失或人身伤害。

早期的 EVAP 系统不是由 PCM 控制的，而是依靠一个传送真空的净化端口、一个真空止回阀和一个热敏真空阀（TVV）。为了对活性炭罐净化进行更多控制，EVAP 的工作现在都由 PCM 控制。这类系统使用一个由 PCM 用占空比控制的净化电磁阀。该电磁阀控制至活性炭罐的真空度，从而控制净化的燃油蒸气量。只有在系统处于闭环时才会打开和控制该净化阀，而且之后也仅在发动机和运转工况能够对额外的燃油蒸气浓度做出响应时才会进行净化。用于确定何时进行净化的因素还包括发动机的冷却液温度和车速。

PCM 控制的 EVAP 系统可对净化流量和燃油蒸气体积进行精确控制。由于该系统响应于即时的发动机运转工况，因此，燃油蒸气的净化不会影响驾驶性。

1. 加强型蒸发排放控制系统

为满足 OBD-II 的法规，新型车辆具有加强型的 EVAP 系统。加强型 EVAP 系统的工作原理与先前的 PCM 控制的 EVAP 系统非常相似，但它们还要进行一个能够检测小到 0.020in（约 0.5mm）的系统泄漏点和监测活性炭罐净化流量的测试。该测试仅在特定条件下进行，这些条件随品牌、型号和发动机类型而异。

这类系统除了通常的 EVAP 部件之外，还有一个燃油箱压力（Fuel Tank Pressure，FTP）传感器和 EVAP 活性炭罐通风（Canister Vent，CV）电磁阀（图 16-10）。一些系统还配备了一个泄漏检测泵（Leak Detection Pump，LDP）。在系统进行泄漏检查的监测时，该 CV 电磁阀使活性炭罐与大气隔离。FTP 传感器测量燃油箱中的压力或真空，并与大气压力对比。该输入还用于检查燃油蒸气管路是否被挤压或受阻（图 16-11）。在泄漏测试期间，先在系统中建立起真空，然后 FTP 传感器测量测试开始时的真空度，并在一个固定周期后再次测量。如果系统中不能建立真空，或不能保持住真空，则证明存在泄漏。一个燃油液面输入（Fuel Level Input，FLI）传感器用来在泄漏检查中确定燃油箱中有多少燃油。该输入决定了在燃油箱中建立真空应使用的时长。FLI 传感器的输入还用来确定 EVAP 和其他监测器是否可以运行。燃

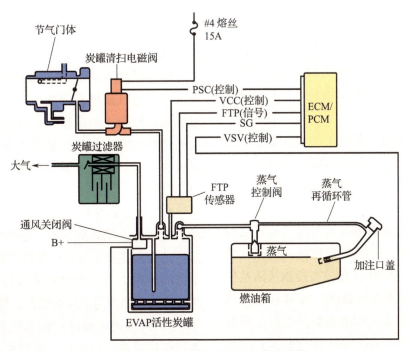

图 16-10　加强型 EVAP 系统示意图

油液面过低或过高都将不允许监测器运行。

在配有泄漏测试泵的系统上，PCM 在其检查系统时将接通该泵。该泵对系统加压，随着压力的建立，泵的循环率会降低。如果系统中没有泄漏，会建立压力，并一直运转到被关闭。如果存在泄漏，压力不会建立起来，因而也不会关闭该泵，此时该泵将持续运转，直到 PCM 确认它已经运行了一个完整的测试循环。

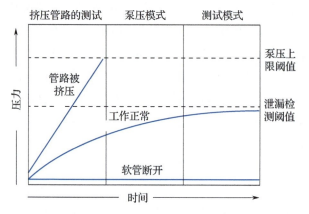

图 16-11 用压力建立的速率确定系统是否有挤压或泄漏

如果 PCM 检测到系统中不存在泄漏，它将运行净化监测器。该测试是通过计算或测量净化的燃油蒸气量来完成的。在许多系统中，PCM 根据 MAF 或 MAP 传感器的数据与 FTP 或燃油修正数据比较来计算净化流量。当使用燃油修正数据时，净化监控器将对净化电磁阀施加一个较大的占空比以确定此净化系统是否正常工作，同时接着监测 STFT 的变化。如果系统在电磁阀占空比增加时工作正常，则 STFT 应成比例地变化。这是检查净化系统运行最常用的方法。

其他一些系统使用一个净化流量传感器，它连接在净化电磁阀与进气歧管之间的真空软管中。PCM 每个行驶循环监测一次来自该传感器的信号，以确定是否有燃油蒸气通过该电磁阀流向进气歧管。某些 EVAP 系统在活性炭罐与进气歧管之间的真空软管中连接了一个蒸气监控阀。该蒸气监控阀是一个常闭阀。PCM 用监控阀控制从活性炭罐流入进气歧管的燃油蒸气数量。PCM 还监测这个监控阀的工作以确定 EVAP 系统是否在正确地净化燃油蒸气。如果 EVAP 系统没有泄漏且净化循环正确，则系统通过测试。

如果燃油箱盖在泄漏测试期间松动或缺失，PC 将会检测到这种较大的泄漏并点亮警告灯。在出现这种泄漏的情况下，系统将不会继续进行泄漏测试。

车间提示

新型车辆在发动机运转时是无法重新加满燃油的，这是正常的，因为如果 PCM 正在进行 EVAP 系统的检查，将关闭通风阀，由此在燃油箱内产生的压力将阻止加油枪的燃油流入。这意味着燃油不可能加满燃油箱。

16.4 燃烧前的排放控制系统

用于防止或限制发动机产生污染物的系统称为燃烧前的排放控制系统。尽管有许多特定的系统和发动机设计是按这种方式分类的，但任何能使发动机运转更高效的装置都可归类为燃烧前的排放控制装置。

1. 发动机设计改变

多年以来，为了提高发动机的整体效率，基础的发动机已发生了改变。其中许多改变是发生在发动机内部的，而其他一些改变则涉及燃油和点火系统。这些改变的结果是提高了性能和驾驶性并减少了尾气排放。以下是这些改变的一些简要信息。

1）密封更好的活塞：通过使用密封更好的活塞环和改进气缸壁表面减少窜气。许多发动机还配有低摩擦阻力的活塞环，这提高了燃油经济性和发动机功率。此外，活塞环在活塞上的布置位置更为靠上，以减少混合气困在活塞和气缸壁之间的空间。

2）燃烧室设计：燃烧室设计的主要目标是减少或消除火焰淬灭区域。燃烧室设计的另一个趋势是将火花塞布置在更靠近燃烧室中心的位置。制造商还致力于在燃烧室中引起受控湍流，这种湍流改善了燃油与空气的混合，从而促进了燃烧。

3）较低的压缩比：在某些发动机的设计中，通过保持较低的压缩比，使燃烧温度保持在 NO_x 形成点以下。然而新的研究成果已允许在一些高性能发动机上使用更高的压缩比。

4）更高的压缩比：许多较新型的发动机使用高压缩比以从燃烧中获取更多的功。这可以通过改进活塞、排气系统的设计和使用汽油直接喷射以在火花塞附近产生分层的空气燃油混合气的方式来实现。

5）减小摩擦力：减小发动机运动部件的摩擦力降低了发动机运转过程中的功率和能量损失。改进的发动机机油、新的零部件材料和质量的减小已经在减少摩擦力方面产生了极大的影响。

6）进气歧管设计：由于进气口燃油喷射的广泛和成功使用，进气歧管被设计成可向每个气缸分配相等的空气数量。塑料进气歧管的使用可使气道更平滑并可更好地对进气进行热量控制。

7）改进的冷却系统：更高的发动机温度可减少 HC 和 CO 的排放，但这也使 NO_x 的形成更难以控制。发动机冷却系统的设计既要使发动机运转在更高的温度，又要防止其过热，从而限制 NO_x 的产生。当今的发动机控制系统结合了许多功能，它可以通过改变空气燃油混合气浓度、点火正时和怠速转速来控制发动机的温度。

8）点火控制系统：点火控制系统在最早期的汽油发动机中就已经开始使用了。研究表明，正确的点火火花定时有助于减少尾气排放物和产生更大的功率输出。不正确的点火正时影响燃烧进程，不完全燃烧会产生 HC 排放。过高的 CO 排放可能是由不正确的点火正时造成的。提前过早的点火正时也会增加 NO_x 的产生。当点火正时提前过多时，燃烧温度会升高。每过度提前 1°，温度会升高 125°F（51.67℃）。当前发动机的点火控制是由 PCM 负责的。PCM 通过来自各个传感器的输入信号调整点火正时以实现在最小排放水平下的最佳性能。

2. PCV 系统

在 1959 年后期，美国加利福尼亚州制定了第一个汽车排放标准。为了提供适用于汽车的标准，美国在 1967 年修订了《清洁空气法案》。第一个受控的汽车排放物是曲轴箱的蒸气。在燃烧过程中，一些未燃烧的燃油和其他燃烧产物经过活塞环泄漏入曲轴箱。这种泄漏称为窜气。窜气的主

要成分是 HC 气体。曲轴箱强制通风（PCV）系统按照规定的路径输送这些气体，并与外部空气混合，然后进入发动机的进气中。这些气体再从这里吸入气缸并燃烧掉。从 1963 年款的车辆开始，所有汽车都安装了 PCV 系统。

曲轴箱内的窜气必须在其冷凝并与机油反应形成油泥之前从发动机中除去。如果容许油泥与发动机机油一起循环，它会腐蚀并加速活塞、活塞环、气门、轴承和发动机其他内部零部件的磨损。窜气还会将一些未燃烧的燃油带入曲轴箱，如果不加以去除，还未燃烧的燃油会稀释发动机的机油。当机油稀释后，将不能很好地润滑发动机，从而导致过度磨损。

必须从曲轴箱中去除窜气的另一理由是防止机油提前泄漏。因为这些气体是因燃烧过程产生的压力而进入曲轴箱的，它们会增加曲轴箱内的压力。这个压力将作用在油底壳密封垫和曲轴密封件上。如果压力得不到减轻，机油在压力下最终会从这些密封处挤出。

（1）PCV 工作过程　PCV 系统利用发动机的真空将新鲜空气吸入曲轴箱。这些新鲜空气是通过空气滤清器或通过一个单独的 PCV 通风滤清器进入曲轴箱的。

发动机运转时，将进气歧管真空提供给 PCV 阀。这个真空驱使空气穿过新鲜空气软管进入摇臂或凸轮轴室，然后再从这里经过气缸盖中的开口流入曲轴箱，并在曲轴箱内与窜气混合，窜气和新鲜空气的混合物在歧管真空的作用下向上流经气缸盖，再通过 PCV 阀流入进气歧管，并与进气混合后进入燃烧室燃烧掉（图 16-12）。

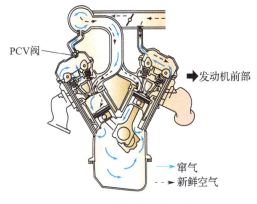

图 16-12　典型的 PCV 系统

（2）PCV阀 PCV阀（图16-13）通常安装在一个橡胶扣眼中，并通过软管与进气歧管连接（图16-14）。一根新鲜空气软管从空气滤清器连接到气门摇臂室上。在某些系统上，PCV阀安装在一个通风模块中，该模块中装有空气滤清器。

图16-13 PCV阀

图16-14 连接PCV阀的真空管路

PCV阀中含有一个锥形阀芯。当发动机未运转时，弹簧使该阀芯落座在阀的壳体上（图16-15）。在急速或减速期间，较强的进气歧管真空使阀芯克服弹簧张力向上移动。在这种状态下，窜气将流过PCV阀中的较小的开口截面。由于此时发动机的负荷小，窜气量很小，所以排出曲轴箱中的窜气只需较小的PCV阀的开度即可。

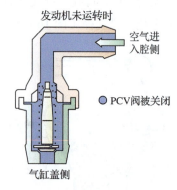

图16-15 PCV阀在发动机未运转时的位置

随着节气门的打开，进气歧管真空度下降，当至PCV阀的真空度信号降低时，弹簧推动锥形

阀芯向下而增加了开口截面（图16-16）。由于节气门处在部分开启状态时的发动机负荷大于急速时的负荷，因此窜气量会增加，更大的开启截面可使所有窜气被吸入进气歧管。

当发动机运转在大负荷且节气门全开的状态下时，进气歧管真空度的降低使弹簧进一步推动PCV阀中的锥形阀芯向下，从而为窜气提供了流过PCV阀的更大的通道截面。由于更高的发动机负荷会产生更多的窜气，所以需要更大的PCV阀开度以使这些气体通过PCV阀而流入进气歧管。

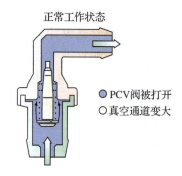

图16-16 PCV阀在节气门部分开启时的位置

活塞环磨损或气缸壁面刮伤会使过多的窜气进入曲轴箱，而此时PCV阀的开口可能已不足以使所有窜气都流入进气歧管。在这种情况下，这些窜气将在曲轴箱中建立起压力，而迫使其中一些气体通过新鲜空气软管和滤芯进入空气滤清器。当发生此种情况时，PCV的滤芯和空气滤清器中会有机油。如果PCV阀阻塞或堵塞，也会发生同样的情况。

当曲轴箱内存在过高的压力和发动机处于大负荷状态时，PCV系统中的气体会发生反向流动。过高的压力和过高浓度的窜气再加上非常低的发动机真空度使这些气体流出进气歧管。此时进气歧管的真空度已不能吸入这些气体，导致机油堆积在节气门体内，所以在节气门体内的机油堆积可以作为判断曲轴箱压力过高的依据。

如果PCV阀卡在全开位置，过多的空气流过PCV阀会导致急速不稳定。如果在进气歧管中发生回火，锥形阀芯会像发动机未运转时那样落座在阀座上，这可防止回火进入进气歧管而引起爆炸。

（3）加热型PCV系统 曲轴箱的燃油蒸气

含有一些水分，这意味着燃油蒸气中的水分在发动机停放于寒冷天气中时会冻结，冰的融化可能需要一段时间，使 PCV 系统在冰未融化前不起作用。当 PCV 系统不工作时，在曲轴箱中会建立起额外的压力并迫使窜气排出。为了防止出现这种情况，一些发动机配备了加热型 PCV 系统。

加热型 PCV 系统有一个可加热的 PCV 阀或 PCV 管路。对 PCV 阀的加热可以采用冷却液加热（图 16-17），也可以采用电加热。冷却液加热的 PCV 阀有一个允许冷却液流过 PCV 周圈的通道。一些采用电加热的 PCV 阀的加热由 PCM 控制，而其他采用电加热的 PCV 阀是在加热器的线束中用一个热敏电阻来控制加热。可加热式 PCV 管路的加热依赖一个电加热器，它或是由 PCM 控制的，或是由热敏电阻来控制的。

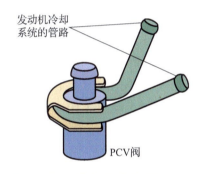

图 16-17　采用冷却液加热的 PCV 阀

采用电加热的 PCV 管路或 PCV 阀有一个加热元件，它作为 PCV 系统的一部分连接在 PCV 阀和 PCV 管路之间或在安装管路内（图 16-18）。若加热元件是用热敏电阻控制的，当该元件较冷时，电压将施加给该元件。一旦其变热后，电阻将很快变得很高致使为该加热元件供电的电压和电流都变得非常小。当用 PCM 控制该加热元件时，加热器直接由 PCM 控制。PCM 使用进气温度（IAT）信号来确定给加热元件通电的时间。

（4）PCV 监测器　如果车辆的 OBD-II 系统具有 PCV 监测能力，将会使用特殊的 PCV 阀。这类 PCV 阀的设计能使其在安装时形成完全密封。大多数采用凸缘锁紧式螺纹的结构都要求在 PCV 阀安装到位后再旋转 1/4~1/2 圈以锁定到位（图 16-19）。该锁定机构的设计目的是根除 PCV 阀在其安装孔中发生意外松动的可能。

图 16-18　采用电加热的 PCV 阀

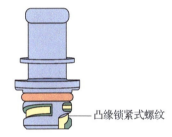

凸缘锁紧式螺纹

图 16-19　为了防止意外松动，采用了凸缘锁紧式螺纹结构的 PCV 阀

3. EGR 系统

大多数汽车制造商早在 1970 年就开始采用减少 NO_x 的排放控制系统。EGR 系统将一部分排气引入吸进的空气燃油混合气中，稀释了空气燃油混合气。由于排气气体不能燃烧，从而降低了燃烧时的峰值温度，使形成 NO_x 的机会减少，降低了 NO_x 排放量。在较低的燃烧温度下，进气中的氮气只是随排气一起排入大气。

燃烧室中的再循环排气气体过多将导致驾驶性的问题，在对发动机功率有较高的需求时更是如此。此外，对 EGR 流量控制不当会导致起动和怠速的问题。这就是在冷起动、怠速和节气门开度超过 50% 时停用 EGR 的原因。只有在车辆处于稳定车速且负荷非常轻时，才会使用最大的 EGR 流量。

许多新型的发动机没有采用 EGR 系统，而是在某些工况下的排气行程期间利用可变气门正时来防止所有排气气体离开气缸。保留在气缸内的少量排气气体起了与 EGR 系统相同的作用。不配备 EGR 系统的其他发动机使用不同的技术来降低燃烧温度。

OBD-II 系统监测 EGR 系统以确定该系统的运

行是否正常。这类监测器使用不同的传感器和方法。如果 EGR 监测器在任何测试中检测到故障，将设置故障码。如果故障在两个驾驶循环中都出现，则点亮 MIL。EGR 监测器在每个 OBD-Ⅱ驾驶行程中运行一次。

许多旧型发动机都配备由真空控制的 EGR 阀（图 16-20）来调节进入进气歧管的废气量。大多数新型发动机采用电控的 EGR 阀。EGR 阀通常会安装在进气歧管上。

图 16-20 EGR 阀

图 16-21 说明了真空控制式 EGR 阀的典型结构。EGR 阀是一种流量控制阀。进气歧管上一个与排气相通的小通道允许排气进入 EGR 阀的进气口。当 EGR 阀开启时允许排气气体流过该阀（图 16-22）。排气在这里与进气歧管中的空气或空气燃油混合气混合，以稀释混合气，进而尽可能地降低燃烧温度。

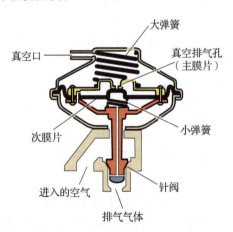

图 16-21 真空控制式 EGR 阀的典型结构

某些发动机通过气缸盖中的通道和分配板将来自 EGR 系统的排气分配到每个气缸的进气口。该分配板布置在气缸盖与进气歧管之间。由于来自 EGR 系统的排气被等量地分配给每个气缸，因

此可使发动机平稳运转。

为了调节 EGR 的流量，EGR 系统中有一个孔径固定的节流孔，或在管路中有一段狭窄的管路。在某些发动机上，节流孔布置在 EGR 阀密封垫上。

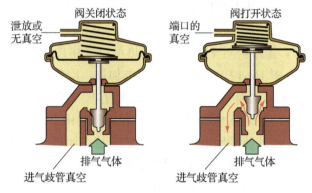

图 16-22 竖直端口式 EGR 阀的工作过程

（1）真空式 EGR 阀的控制装置 在旧型发动机上曾有过许多不同的用于控制 EGR 阀的真空控制装置。在理想情况下，EGR 系统应在发动机达到工作温度和/或发动机运转在怠速或节气门全开（WOT）以外的工况下工作。以下是与真空控制式 EGR 系统直接相关的各种控制装置。

1）热敏真空开关（Thermal Vacuum Switch, TVS）感应空气的温度。当发动机达到工作温度时，TVS 打开以提供真空给 EGR 阀。

2）入口真空开关（Ported Vacuum Switch, PVS）感应冷却液的温度。PVS 在发动机处于冷态时切断真空，而当发动机处于热态时允许真空供给 EGR 阀。

3）一些发动机配有 EGR 延时控制系统，它在热发动机起动后的一段预定时间内阻止 EGR 工作。

4）一些应用中使用一个节气门全开（WOT）控制阀，在 WOT 工况时切断 EGR 流量。

（2）背压型 EGR 许多发动机配有一个用来调整或改变 EGR 阀开启程度的背压型转换器。它根据排气气流压力的大小控制 EGR 真空管路中空气排出量。排气压力取决于发动机转速和负荷。背压型转换器可以是一个独立单元，也可以组合在 EGR 阀中。背压型 EGR 系统有两种基本类型。

正背压型 EGR 阀有一个放气口和一个定位在

膜片中心的阀芯。放气阀上的弹簧使放气阀保持在开启状态。排气的一条通道通过阀杆使放气阀的下端与放气阀相连。当发动机运转时，排气的压力会施加给放气阀。在发动机低转速下，排气压力不足以关闭该放气阀。由于提供给 EGR 膜片的真空通过放气阀排出，因此，EGR 阀处在关闭状态。随着发动机转速和车速的增加，排气压力也增加，最终排气压力关闭了放气口，从而建立起真空提升膜片并打开 EGR 阀。

负背压型 EGR 阀的放气口是常闭式的。一条排气通道通过阀杆使锥形阀的下端与放气阀相连。当发动机运转在较低转速时，排气系统中存在高压力脉冲，然而在这些高压力脉冲之间还有低压力脉冲。随着发动机转速的增加，高压力脉冲彼此间变得更加紧密，负的排气压力脉冲减少，放气阀关闭从而打开 EGR 阀。

（3）PCM 控制型 EGR 阀　PCM 控制型 EGR 阀通常是用真空或电力操控的。当真空起作用时，系统将监测排气再循环供给管道中计量孔两侧或 EGR 阀在开启和关闭时的压力降。在计量孔处有一个向 PCM 发送信号的压差反馈式 EGR 传感器（图 16-23）。这种系统称为压差反馈式 EGR（Differential Pressure Feedback EGR，DPFE）系统。

在这类系统中，PCM 根据当前运行工况计算所需的 EGR 流量。PCM 在确定该值前会接收来自多个传感器的输入，然后计算为获得这个 EGR 流量需要在节流孔两侧产生的压力降。一旦确定该值后，PCM 将向 EGR 真空调节器电磁阀发送指令。该电磁阀由 PCM 用占空比控制，随着占空比的增大，更大的真空传送到 EGR 阀，使其保持打开并持续更长的打开时长。

当排气气体通过 EGR 阀时，它们必须通过节流孔。DPFE 传感器测量该节流孔两侧的压力降并向 PCM 发送反馈信号。根据该信号，PCM 会修正 EGR 阀的工作状况。通常来自 DPFE 传感器的电压信号为 0~5V，并正比于压力降。

一些 EGR 阀上装有排气温度传感器。该传感器含有一个 NTC 型的热敏电阻，其两条导线从温度传感器连接至 PCM。排气温度的升高降低了该传感器的电阻，PCM 检测该传感器上的电压降以

确认和控制 EGR 阀的工作状态。较低的排气温度和较高的传感器电阻会产生一个较高的电压信号发送给 PCM，而较高的排气温度和较低的传感器电阻会产生一个较低的电压信号。

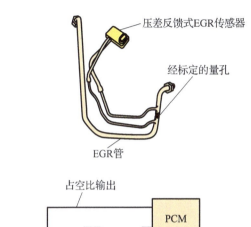

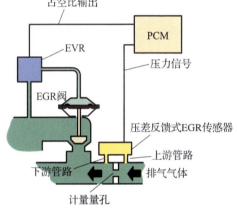

图 16-23　采用 DPFE 传感器的 EGR 系统

（4）电动式排气再循环（Electric Exhaust Gas Recirculation，EEGR）系统　EEGR 系统可以不依赖发动机的真空，而使用一个在 EGR 阀中的步进电动机以精确地控制 NO_x 的产生。EEGR 阀通常采用液冷或空气冷却。PCM 控制步进电动机，而步进电动机控制 EGR 阀中的枢轴阀的位置，枢轴阀的位置决定了 EGR 流量比例。一个弹簧保持 EGR 阀的关闭状态，因此必须用电动机的力来克服该弹簧的力。由于该系统使用一个步进电动机来控制 EGR 阀，因此它不需要真空膜片、真空调节器电磁阀、节流孔（或节流管）或 DPFE 传感器。

PCM 接收来自不同传感器的信号以确定发动机当前的运转工况，随后计算在这些工况下所需的 EGR 数量，然后指令步进电动机伸出或缩回一个非连续步进的特定步节。步进电动机通常都有固定的可移动步节数，每个步节都对应于枢轴阀

的一个位置，枢轴阀的位置决定了 EGR 的流量。

其他的电动式 EGR 阀是依赖电磁阀来控制 EGR 流量的。一个**数字式 EGR 阀**中最多能安装 3 个由 PCM 直接控制的电磁阀（图 16-24）。每个电磁阀含有一个带有锥形头部的可移动柱塞，它们坐落在相应的量孔上。当某个电磁阀通电时，其柱塞提升以允许排气通过量孔循环到进气歧管中。每个电磁阀和其量孔都有不同的尺寸。为了提供对 NO_x 排放物的最佳控制，PCM 可以同时操控 1 个、2 个或 3 个电磁阀来供给所需的排气再循环量。

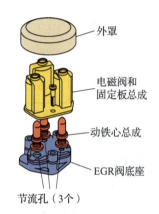

外罩

电磁阀和固定板总成

动铁心总成

EGR 阀底座

节流孔（3 个）

图 16-24 配有 3 个电磁阀的数字式 EGR 阀

线性 EGR 阀（图 16-25）有一个由 PCM 控制的单个电磁阀或步进电动机。锥形枢轴布置在电磁阀柱塞的端部。当电磁阀通电时，提升柱塞和锥形阀，从而使排气再循环到进气歧管中（图 16-26）。该 EGR 阀中含有一个 EGR 阀位置传感器，它是一个线性电位计。来自该传感器的信号可从 EGR 阀关闭时的大约 1V 变化到全开时的 4.5V。PCM 通过脉宽调制控制 EGR 电磁阀绕组上的电压以提供对柱塞和 EGR 流量的精确控制。一个传感器向 PCM 发送反馈信号以使 PCM 确认 EGR 阀到达了所要求的位置。

图 16-25 线性 EGR 阀

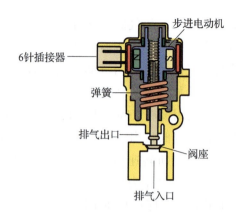

步进电动机

6 针插接器

弹簧

排气出口

阀座

排气入口

图 16-26 采用步进电动机的电动 EGR 阀基本结构

16.5 燃烧后的排放控制系统

燃烧后的排放控制装置负责净化燃油燃烧后但燃烧气体尚未离开车辆尾管前的排气。催化转化器就是这类装置的一个极好实例。催化转化器是减少 HC、CO 和 NO_x 的最有效的排放控制装置之一。

另一个燃烧后的排放控制系统是二次空气喷射系统。该系统强制新鲜空气进入排气流以引发二次燃烧，从而降低 HC 和 CO 的排放量。

1. 催化转化器

降低排放水平最重要的进展之一是无铅汽油的供给和使用。自 1971 年以来，发动机已设计成需要使用无铅汽油。无铅汽油的使用消除了排气中铅的颗粒，还提高了火花塞的寿命，这对于降低排放非常重要。此外，无铅燃油的使用还避免了燃烧室中形成易于增加 HC 排放的铅沉积物，促进了催化转化器的使用，从而提供了一种氧化排气中 CO 和 HC 排放物的方法。

从 1975 年款的车型开始，乘用车和轻型货车就已配备了催化转化器。它布置在排气系统中，并将各种排放物转化为危害更小的气体。当今的催化转化器在减少车辆尾管排放的 HC、CO 和 NO_x 数量方面是极其有效的。

当前的大多数车辆在每个排气流中有两个催化转化器。如果发动机有不止一个排气歧管，则每个排气歧管都有一个排气流，因而这些排气流中的每一个都会有两个催化转化器。第一个位于紧靠排气歧管处。由于催化转化器的效率取决于它的温度,因此将其紧靠排气歧管布置以使其快速升温。这个催化转化器很小,这有助于它快速升温。这类催化转化器通常称为点燃式或预热式催化转化器,或叫前置催化转化器(图 16-27)。它们的主要作用是减少主催化转环器升温期间的排放。

图 16-27　前置催化转化器

主催化转化器布置在前置转化器的后面。在某些车辆上,它可以通过 Y 形管与两个前置催化转化器连接。一辆汽车根据发动机的需要可以有 1 个或 2 个主催化转化器和多至 4 个前置催化转化器。

催化转化器的有效性由 OBD-Ⅱ 系统的催化转化器监测器监测。该监测器依靠加热型氧传感器(HO_2S)来测量催化转化器的效率。排气流中氧传感器的位置和数量因车辆的设计和车辆的排放认证级别(LEV、ULEV、PZEV 等)的不同而不同。大多数车辆在每个排气流中有 2 个氧传感器,其中一个安装在每个排气流中的催化转化器前面。该前氧传感器(通常表示为 HO_2S11/HO_2S21)用于燃油控制;另一个氧传感器安装在催化转化器后面并用于监测催化转化器的效率。

许多 PZEV 等级的车辆在每个排气流中有 3 个加热型氧传感器。第一个位于紧靠排气歧管处,用于燃油控制;第二个在催化转化器的中间,用于监测催化转化器中可用的氧气含量;第三个是在催化转化器的后面,用于长期燃油修正控制和监测转化器的有效性。

催化转化器都设计成能响应变化的排气质量,而有害气体的数量和类型随行驶工况和驾驶模式的变化而变化(表 16-2)。

表 16-2　排放物在不同驾驶模式时的近似含量

排放物	排气中的百分比			
	怠速	加速	巡航	减速
CO	5.2%	5.2%	0.8%	4.2%
HC	0.08%	0.04%	0.03%	0.4%
NO_x	0.003%	0.3%	0.15%	0.006%

催化转化器外壳的形状基本上像一个消声器,其中含有两个或多个涂有催化剂的陶瓷元件。催化剂负责催化转化器中发生的化学变化,它是引起化学反应但其本身却不参与反应的一种物质。当排气气流经过催化剂时,大部分有害气体转化为无害气体。转化器内部陶瓷元件的设计使其能尽可能多的表面积暴露在排气中。催化剂材料涂抹在陶瓷材料上以尽量减少对催化剂材料的需求量,因为大多数催化剂材料都是非常昂贵的贵金属。

涂有催化剂的陶瓷元件通常为蜂窝式整体结构或陶瓷小球。当前车辆上使用的几乎所有催化转化器都是蜂窝结构的(图 16-28)。早期的催化转化器有可能采用上述两种结构中的一种。陶瓷小球或丸粒的表面为多孔性表面,其直径约为 1/8in(约 3mm)。蜂窝式整体结构看起来像一个蜂窝,而且每侧开口截面上都会有用薄壁隔开的 1~2000 个大小约为 0.04in(约 1mm)的气孔。这为吸附气体和进行化学反应提供了极大的接触面积。

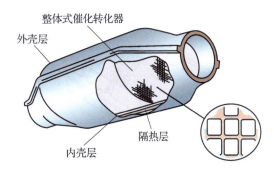

图 16-28　蜂窝型整体式催化转化器

▶ 参见

有关催化剂、还原和氧化的详细讨论参见《汽车维修技术基础(原书第 7 版)》第 3 章。

在有 OBD-Ⅱ 之前,催化转化器内包含了两种不同类型的催化器:还原型催化器和氧化型催化器。这两个独立的催化器构成了一个双床催化转化器。排气气体先经过第一个或者说是还原床，消除 NO_x 排放物，随后再通过第二个催化转化器，进行氧化反应以消除 CO 和 HC 排放物。

在还原过程中，当 NO_x 气体经过催化剂表面时，氮（N）原子从 NO_x 分子中分离出来，并与其他氮（N）原子结合形成 N_2，然后穿过催化转化器。在还原阶段释放出来的氧原子再通过第二个催化转化器时与排气流中的 CO 反应而形成 CO_2。NO_x 还原的结果是纯的 N_2，加上 O_2 或 CO_2。

在催化转化器内的氧化阶段，HC 和 CO 分子经历二次燃烧。其出现的因素是氧气（O_2）的存在和催化转化器的温度。这个燃烧或氧化过程的产物是水蒸气（H_2O）和 CO_2。

所有新型车辆都使用可降低 HC、CO 和 NO_x 排放物的三元催化转化器（Three-Way Converter，TWC）（图 16-29）。在还原床中使用的催化剂是铂或铑中的一种。当 NO_x 暴露于热的铑（Rh）时，它分解为氧（O_2）和氮（N_2）分子。一些游离的 O_2 分子与 CO 分子结合，生成的气体是 O_2、CO_2 和 N_2，它们随后移动到氧化型催化剂处。通常，采用铂（Pt）和钯（Pd）的氧化型催化剂会将 CO 和 HC 与在还原型催化剂中释放的或在排气中的 O_2 结合而形成 CO_2 和 H_2O（表 16-3）。

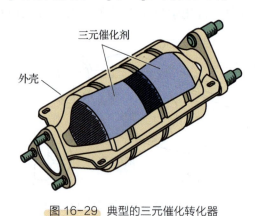

图 16-29 典型的三元催化转化器

表 16-3 双床式三元催化转化器的化学反应

排放物	过程	化学反应	产物
NO_x	还原	$2NO+2CO$	N_2+2CO_2
HC	氧化	$HC+O_2$	CO_2+H_2O
CO	氧化	$2CO+O_2$	$2CO_2$

氧的存在对还原和氧化过程都很重要。早期的 TWC 依赖二次空气系统在两种催化转化器之间喷入新鲜空气，新鲜空气的进口是由二次空气系统控制的。其他类的催化转化器在其中间部分有一层铈，元素铈具有储存氧的能力。新型的催化转化器依赖排气中的氧含量。在闭环运行期间，排气中的氧含量会随着 PCM 对空气燃油混合气的轻微调节而上下波动。

当 PCM 围绕期望的理论空燃比调整空气与燃油的混合比例时，它会在稍稀和稍浓的混合气之间不断地调整。这种行为为 TWC 提供了所需的 O_2 和 CO。较高的 CO 含量是减少 NO_x 排放所必要的，而较高的 O_2 含量是 CO 和 HC 进行氧化反应所要求的。当混合气稍微浓时，排气中存在较多的 CO 和较少的 O_2。当混合气稍微稀时，CO 含量降低，而 O_2 含量增加（图 16-30）。催化转化器储存一定量的 O_2 以便在混合气较浓的循环期间更好地进行氧化。

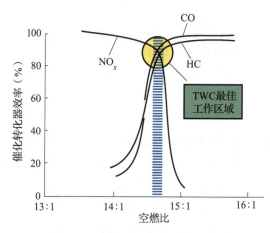

图 16-30 催化转化器在理论空燃比处达到其最高效率

催化转化器的效率受其温度影响，其效率随着温度升高而提高，排气气流的温度可加热催化转化器。大多数催化转化器的正常工作温度约为 $900℉$（约 $482.22℃$）。在催化转化器预热期间，催化转化器的工作效率大于 50% 的那个点称为催化剂起燃点。该点通常出现在 $475\sim575℉$（约 $246\sim302℃$）时，催化转化器需要一段时间才能达到此温度，尤其是当它安装在远离发动机或车辆下面的位置时。在预热期间，排气的排放水平很高。为了在冷起动后能提供更清洁的排气，使用了前置催化转化器。

其他类型的催化转化器 采用稀薄燃烧技术的发动机会产生大量 NO_x。为了减少这些排放物，许多这类的车辆都装有一个额外的催化转化器，它称为存储式或吸附式催化转化器。排气气流离开三元催化转化器后，流过一个特殊的 NO_x 存储式转化器。这个转化器涂有一层钡，它从排气中提取 NO_x 并将其储存，当 NO_x 传感器检测到该存储式催化转化器已充满时，将向 PCM 发送一个信号，此时系统开始提供更浓的混合气。当这个更浓的排气流过该存储式催化转化器时，使催化转化器进行再生，从而将 NO_x 转化为无害的氮气（N_2）。当这个催化转化器中没有 NO_x 时，该传感器向系统发出信号以使系统重新运行在稀混合气状态。

2. 空气喷射系统

空气喷射反应器（Air Injection Reactor，AIR）系统于 1966 年就开始安装在美国加利福尼亚州销售的乘用车和轻型货车中，随后在所有汽车中使用了很多年。AIR 系统通过向排气歧管喷入新鲜空气来减少排气中的 HC 和 CO 含量。该空气促使排气歧管和排气管中的 HC 和 CO 气体燃烧，从而减少了从尾管排出的 HC 和 CO 的数量。空气中的 O_2 与 HC、CO 结合以氧化它们，并产生无害的水蒸气和 CO_2。空气通过一个空气泵或通过一个依靠排气脉冲产生的真空吸入外部空气的脉动空气系统供给。

随着制造商通过发动机设计和先进的排放控制系统实现了对排放物的更多控制，这种 AIR 系统目前已不再使用。改进的燃烧和更好的催化转化器已经消除了对它们的需求。

电控式二次空气系统 这些年来，二次空气系统的作用已经减弱，应用也已经减少，这是因为发动机排气中通常只有很少的 HC 和 CO 排放量。当发动机配备二次空气系统时，它们由 OBD-Ⅱ系统监测并只用于向催化转化器提供空气。来自该系统的空气不仅通过引发燃烧来帮助消除排放污染物，还用来加热转化器，以使其更有效地工作。

典型的电控式二次空气系统类似于传统的空气喷射系统，配有一个空气泵，它与二次空气旁通阀连接，以将空气引导至大气或催化转化器。

空气泵由 PCM 控制的电动机驱动（图 16-31）。进入的空气在通过空气泵前部的离心式过滤风扇时，借助离心力分离出空气中的异物。在某些系统中，空气流从空气泵流到空气旁通（AIRB）阀，它引导空气至大气或至空气分配（AIRD）阀，该空气分配阀负责将空气引导至催化转化器或排气歧管。

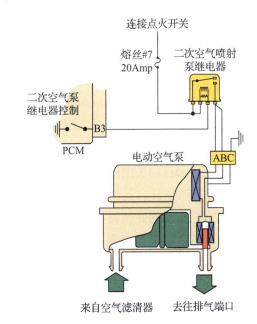

图 16-31 电动空气泵的控制电路

3C：问题（Concern）、原因（Cause）、纠正（Correction）

维修工单				
年份：2016	制造商：丰田	车型：Sienna	里程：28242mile	单号：19188
问题	客户陈述故障指示灯（MIL）点亮。			
技师确认 MIL 灯点亮并检索到 P0455-EVAP 系统严重泄漏。在快速目视检查中，技师检查了加油口盖并发现其没有完全拧紧到位。				
原因	发现燃油箱加油口盖未拧紧。拧紧燃油箱加油口盖后，执行 EVAP 系统测试并通过，清除了故障码。			
纠正	重新安装好燃油箱加油口盖并向顾客展示如何确保燃油箱加油口盖完全正确拧紧到位。			

16.6 总结

- 未燃烧的碳氢化合物（HC）、一氧化碳（CO）和氮氧化物（NO_x）是汽油发动机中受控制的三类排放物。HC 是发动机因不完全燃烧而释放的未燃汽油，CO 是燃烧的副产品，它是由过浓的混合气所导致的。NO_x 是在燃烧温度超过 2300℉（1261℃）时形成的。

- 二氧化碳（CO_2）是燃烧产物而不是污染物，但被认为是一种温室气体。

- 蒸发排放（EVAP）控制系统将来自燃油箱的燃油蒸气储存在活性炭罐中，直到出现发动机的某些运转工况时，将燃油蒸气从活性炭罐中脱附出来并吸入进气歧管。

- 燃烧前的控制系统用于降低发动机在燃烧循环期间或之前产生的排放物。燃烧后的控制系统用于清洁燃油燃烧后的排气气体。蒸发控制系统用于捕获通常会从燃油系统逸出到空气中的燃油蒸气。

- PCV 系统用于清除曲轴箱中的窜气并将它们再循环回发动机的进气中。

- 当发动机以怠速转速运转时，较强的进气歧管真空使 PCV 阀移向关闭位置。

- 在节气门部分开启运转期间，进气歧管真空度降低，因而 PCV 阀弹簧将 PCV 阀移向开启的位置。当节气门接近全开位置时，进气歧管的真空度进一步降低，因而 PCV 阀弹簧将 PCV 阀进一步移向打开的位置。

- 数字式 EGR 阀有多至 3 个由 PCM 控制的电磁阀。

- 线性 EGR 阀含有 1 个由 PCM 用脉宽调制（PWM）信号控制的电磁阀。

- 压力反馈电子（PFE）传感器向 PCM 发送一个与 EGR 阀下面的排气压力相关的电压信号。

- 当前的车辆采用三元催化转化器来还原 NO_x 和氧化 HC 及 CO。

16.7 复习题

1. 思考题

1）为什么在发动机怠速时只需要 PCV 阀开启较小的开启度？

2）氮原子和氧原子在什么温度下会结合形成 NO_x？

3）数字式 EGR 阀的基本工作原理是什么？

4）汽油发动机受控制的三类排放物名称是什么？

5）PCV 系统用于防止（　　）逃逸到大气中。

6）如果负背压式 EGR 阀阀杆的排气压力通道堵塞，则放气阀将保持（　　）。

7）HC 排放物可能来自于尾管或来自于（　　）。

8）什么类型的催化转化器通常用来还原 NO_x 和氧化 HC 和 CO？

9）为什么 PCV 系统对发动机的耐用性至关重要？

10）催化剂起什么作用？

11）相比于依靠 AIR 系统使 TWC 中获得额外的氧气，大多数新型车辆依靠什么来支持氧化过程？

2. 单选题

1）以下哪个系统的设计是为了减少 NO_x 且对发动机整体性能有很小影响或没有影响？（　　）

A. PCV

B. EGR

C. AIR

D. EVAP

2）以下哪一个关于二氧化碳的说法是**不正确**的？（　　）

A. 当混合气浓度比理论空燃比稍稀时，CO_2 含量最高

B. CO_2 的产生量直接与消耗的燃料量相关，所以燃油效率更高的发动机会产生更少的 CO_2

C. 为了减少排气中的 CO_2 含量，工程师们正致力于降低燃油消耗量以保持较低的 CO_2

D. 对 CO_2 排放的担忧是汽车延迟使用替代燃料的主要原因之一

3. ASE 类型复习题

1）在讨论 PCV 阀的工作状态时，技师 A 说 PCV 阀在节气门部分开启时的开度要比怠速时小。

技师 B 说 PCV 阀在节气门全开时的开度要比节气门部分开启时要小。谁是正确的?(　　)

A. 仅技师 A 正确

B. 仅技师 B 正确

C. 技师 A 和 B 都正确

D. 技师 A 和 B 都不正确

2)在讨论配有 DPFE 传感器的 EGR 系统时,技师 A 说 DPFE 传感器向 PCM 发送一个与进气歧管压力相关的信号。技师 B 说 PCM 在实际流量与所需流量不一致时将限制 EGR 流量。谁是正确的?(　　)

A. 仅技师 A 正确

B. 仅技师 B 正确

C. 技师 A 和 B 都正确

D. 技师 A 和 B 都不正确

3)在讨论 EVAP 系统时,技师 A 说 PCM 在运行活性炭罐的净化电磁阀前,冷却液温度必须高于预设值。技师 B 说 PCM 在运行活性炭罐的净化电磁阀前,车速必须高于预设值。谁是正确的?(　　)

A. 仅技师 A 正确

B. 仅技师 B 正确

C. 技师 A 和 B 都正确

D. 技师 A 和 B 都不正确

4)技师 A 说 EGR 阀卡在打开位置会造成怠速的问题。技师 B 说 EGR 阀卡在关闭位置会增加 HC 的排放量。谁是正确的?(　　)

A. 仅技师 A 正确

B. 仅技师 B 正确

C. 技师 A 和 B 都正确

D. 技师 A 和 B 都不正确

5)在讨论汽车排放物时,技师 A 说氧气的排放量受到监测是因为它们是完全燃烧的标志。技师 B 说使 HC 排放量最小化的条件与导致 NO_x 排放量较高的条件相同。谁是正确的?(　　)

A. 仅技师 A 正确

B. 仅技师 B 正确

C. 技师 A 和 B 都正确

D. 技师 A 和 B 都不正确

6)技师 A 说在氧化过程中,当 NO_x 气体通过催化剂时,氮原子从 NO_x 分子中分离出来并被催化剂吸收,由此释放的氧原子随后流过第一个催化转化器到达第二个催化转化器。NO_x 氧化的结果是纯氮气加上氧或二氧化碳。技师 B 说在催化转化器内的还原阶段,碳氢化合物和一氧化碳分子经历二次燃烧,其燃烧或氧化的产物是水蒸气和二氧化碳。谁是正确的?(　　)

A. 仅技师 A 正确

B. 仅技师 B 正确

C. 技师 A 和 B 都正确

D. 技师 A 和 B 都不正确

7)在讨论没有 PCV 阀的 PCV 系统时,技师 A 说窜气是通过一个固定的节流管引入进气歧管的,该系统的工作原理与带 PCV 阀的系统相同,不同之处仅在于该系统是借用节流孔处的真空和节流孔的尺寸来调节 PCV 流量的。技师 B 说 VVT 系统排除了对 PCV 系统的需要。谁是正确的?(　　)

A. 仅技师 A 正确

B. 仅技师 B 正确

C. 技师 A 和 B 都正确

D. 技师 A 和 B 都不正确

8)在诊断 HC 和 O_2 排放都过高的原因时,技师 A 说 HC 可能是因为点火问题而升高的。技师 B 说 O_2 可能是因为点火问题而升高的。谁是正确的?(　　)

A. 仅技师 A 正确

B. 仅技师 B 正确

C. 技师 A 和 B 都正确

D. 技师 A 和 B 都不正确

9)在讨论电动式排气再循环(EEGR)系统时,技师 A 说其中有些系统是用空气冷却的。技师 B 说其中有些系统是用发动机冷却液冷却的。谁是正确的?(　　)

A. 仅技师 A 正确

B. 仅技师 B 正确

C. 技师 A 和 B 都正确

D. 技师 A 和 B 都不正确

第 17 章
汽油车排放控制的
诊断与维修

学习目标

- 能够使用诊断故障码对排放问题进行初步诊断。
- 能够简要描述 OBD-II 系统对排放相关问题的监测能力。
- 能够描述某些气体在燃烧过程中形成的原因。
- 能够描述强制曲轴箱通风（PCV）系统零部件的检查和更换。
- 能够诊断由排气再循环（EGR）工作不当引起的发动机性能方面的问题。
- 能够诊断和维修不同类型的 EGR 阀。
- 能够检查催化转化器的效率。
- 能够诊断和维修二次空气喷射系统。
- 能够诊断和维修蒸发排放控制（EVAP）系统。

3C：问题（Concern）、原因（Cause）、纠正（Correction）

维修工单				
年份：2000	制造商：本田	车型：思域	里程：148951mile	单号：19214
问题	客户陈述机油从发动机的软管中泄漏。			
根据该客户的问题，运用本章所学内容确定此问题的可能原因、诊断该问题的方法以及纠正此问题所需的步骤。				

发动机排气的质量取决于两个因素：排放控制装置的有效性和发动机的效率。一台完全高效的发动机可将燃油中的所有能量转换为热能，这种热能是发动机产生功率的根源。发动机为了运转，必须获得燃油、空气以及热量。

为了使发动机高效运转，燃油必须与正确地空气混合，而且这样的混合气还必须用正确的热量（火花）在正确的时间点燃。所有这些都必须发生在密闭的气缸内。当这些条件都满足时，将产生大量的热能，同时，燃油与空气结合而形成水和二氧化碳。

因为发动机几乎不可能获得正确数量的所有东西，所以即使运转良好的发动机也会排出一些污染物。排放控制装置的任务就是净化它们。值得注意的是，OBD 系统的主要作用是减少这些排放，因此，为了保证较低的排放，这些系统的电路和控制装置必须正常工作。

在汽油发动机中受控制的三种排放物是未燃的碳氢化合物（HC）、一氧化碳（CO）和氮氧化物（NO_x）。美国联邦法规要求新的乘用车和轻型货车要满足规定的排放限值。美国州政府还通过法律要求汽车的拥有者维护自己的汽车以使其排放水平始终低于所允许的限值。美国大多数州和地方都要求每年进行一次排放检查来满足这一目标。最常用的检查是 OBD-Ⅱ测试。

17.1　OBD-Ⅱ测试

由于 OBD-Ⅱ系统具有监测和报告有关排放问题的能力，美国许多州将 OBD-Ⅱ系统检查作为强制性排放测试程序的一部分或全部。使用 OBD-Ⅱ系统的主要优势是降低了成本，因为测试不再需要使用底盘测功机或排气分析仪。

检查 OBD-Ⅱ系统通常包括 3 个环节：检查故障指示灯（MIL）的功能是否正常、检查是否有诊断故障码，以及检查就绪监测器状态。MIL 运行测试目的是查证 MIL 能否在点火开关接通时点亮，并在发动机起动后熄灭。如果该指示灯在打开点火开关时不能点亮或在发动机运转时一直点亮，则判定该车辆在这个测试中存在问题。如果 MIL 始终点亮，应检索故障码。

如果 MIL 正常熄灭且没有存储故障码，就检查就绪监测器。根据美国各州的规定的不同，某些州可能要求车辆的所有监测器都必须就绪并完成监测，而其他一些州可能在某个监测未完成测试的情况也允许通过测试。

1. I/M 240 测试

I/M 240 测试检测车辆在不同工况及负荷下的排放水平。该测试给出了车辆在其运行时的真实排放状况。该测试的顺序通常是从 EVAP 系统的泄漏测试（图 17-1）和功能测试（图 17-2）以及对排放控制系统的全面目视检查开始。许多州在计划逐步淘汰 I/M 240 测试而完全依赖 OBD-Ⅱ测试。

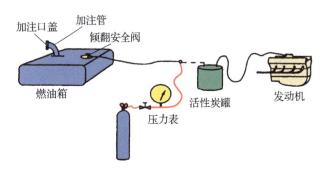

图 17-1　对燃油蒸发排放控制系统进行泄漏测试的典型方式

在测试过程中，分别按模拟城市街道短距离行驶和干线公路上较长距离行驶的情况对车辆加载。整个测试循环包括加速、减速和稳速行驶。

在测试期间，车辆的尾气由连续定容采样（CVS）系统收集，该系统确保恒定容量的环境空气和尾气通过排气分析仪。CVS 的排气取样软管套住整个排气管以收集所有尾气。该软管包含一个混合用的三通，它吸入外界空气以保持恒定容积的空气进入气体分析仪，这对于用质量计算尾气排放物十分重要。

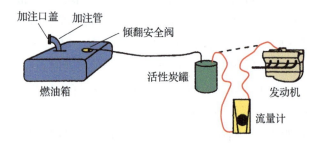

图 17-2 对燃油蒸发排放控制系统进行功能测试的典型方式

该测试在底盘测功机上进行（图 17-3）。底盘测功机给车辆驱动轮加载以模拟真实的行驶状况。车辆在底盘测功机上以不同行驶工况行驶的测试称为瞬态测试，而车辆在底盘测功机上以恒定负荷行驶的测试称为稳态测试。

I/M 240 测试的最终结果是对车辆在正常道路上行驶时排出污染物的度量。测试完成后，车主会收到一份检测报告。如果车辆没有通过排放测试，必须去维修店进行维修。

I/M 240 测试测量 HC，CO，NO_x 和 CO_2。要确定被测车辆是在什么负荷和转速下未能通过测试的，首先需要复现这些模式以确定测试为什么失败和问题是否已修复，该测试的行驶循环实际上包括下述 6 种工况模式：工况 1，怠速，无负荷，车速为 0mile/h；工况 2，车速从 0mile/h 加速到 35mile/h；工况 3，车速从 35mile/h 加速到 55mile/h；工况 4，以 35mile/h 的稳定车速行驶；工况 5，以 55mile/h 的稳定车速高速巡航；工况 6，从 35mile/h 减速到 0mile/h 和从 55mile/h 减速到 0mile/h。

2. 底盘测功机

在 I/M 240 测试过程中使用的底盘测功机在诊断其他驾驶性问题时也是非常有用的，例如在查找功率不足、过热和车速表精度等问题的原因时。使用底盘测功机的目的是模拟车辆行驶时的各种

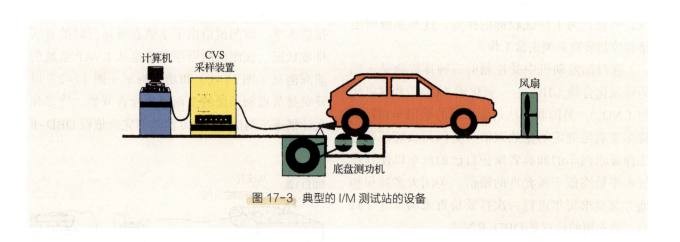

图 17-3 典型的 I/M 测试站的设备

道路状况。由于底盘测功机允许车辆在测功机的滚筒上行驶（图 17-4），因而可以使车辆处在处于相对静止状态的同时完成所有测试工况的行驶。

重要的是要知道 OBD-II 系统在维修后不会自动将所有系统恢复它们的常规状态。维修后的车辆应完成一个行驶循环的运行以确认维修已正确完成，且车辆的所有参数均在可接受的限值内。

同时还应注意，应确认 MIL 的功能或就绪代

码状况处在正常或就绪状态，否则该车辆所有的排放测试程序都不能通过。

3. 其他 I/M 测试程序

美国大多数州的 I/M 测试程序仅测量怠速时的排放物。该测试使用经核准的尾气分析仪进行测试。测量结果随后与各州按车辆生产年份规定的标准限值进行比较。

图 17-4　该车辆的驱动轮正准备降入测功机的两个滚筒之间

一些州的测试还包括一个预处理模式。在此模式下，发动机以高怠速转速（约 2500r/min）运转，或者在进行怠速测试之前，车辆在测功机上以 30mile/h 的速度运行 20~30s。这个预处理模式用于加热催化转化器，以使其工作在最佳状态。有一些测试程序还包括车辆在测功机上以恒定的低负荷运行或以恒定的高怠速转速运行时的尾气测量。这些测量是在怠速测试之外的时间进行的。排放控制装置的目视检查和功能测试是一些 I/M 测试程序的一部分。如果车辆的排放控制装置被篡改、功能失效或缺失，则该车辆将不能通过该检查。

加州空气资源委员会（CARB）开发了一种结合稳态和瞬态测试的加速模拟工况（ASM）测试。ASM 测试包括一个高负荷的稳态阶段和一个 90s 的瞬态测试。这种测试是一个替代 I/M 240 测试的经济实惠的方案。ASM 测试需要一个带有计算机控制的功率吸收装置（即底盘测功机）和一台五气体尾气分析仪来进行。

I/M 240 测试的另一种替代方案是维修级别的 RG-240 测试。该测试程序使用一台底盘测功机、一套定容采样装置和一台五气体尾气分析仪。这种测试与 I/M 240 测试十分相似，但它更经济。I/M 240 测试和 RG-240 测试之间的主要区别是底盘测功机。用于 RG-240 测试的底盘测功机虽然相对简单，但与 I/M 240 测试所用测功机模拟的负荷几乎相当。

4. I/M 测试结果说明

I/M 240 测试的报告显示了车辆在不同测试车速和负荷下排出的受控制气体的数量。该报告还会给出其中每种气体的平均输出量及标准对每种气体所允许的最大临界值。几乎所有车辆都会在某些车速和状态下出现超出临界值的情况，但未通过测试的车辆会有较多的污染物输出过高情况。

为了将报告用作诊断手段，应关注每种受控气体和车辆超过临界值时的负荷和车速（图 17-5）。认真考虑有哪一个或哪些系统与该负荷或车速关联。不仅注意高于临界值的气体，还要关注那些低于临界值的气体。此外还要考虑各气体在特定车速和负荷下的相互关系。例如，如果 HC 读数在某个车速时高于临界值，而 NO_x 读数在相同车速下略低于临界值，则解决 HC 问题的方式很可能会导致 NO_x 增加到临界值之上，因为随着燃烧的改善，形成 NO_x 的机会也会增加。所以除了考虑 HC 过高的问题之外，还应同时考虑 NO_x 接近临界值的可能原因。在诊断一个排放问题时，需要考虑各种气体之间的所有相关性。

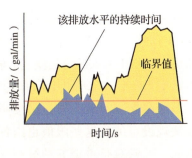

a）可接受的排放水平

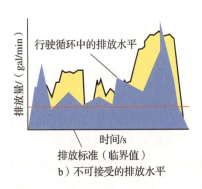

b）不可接受的排放水平

图 17-5　可接受和不可接受的排放水平

17.2 测试排放物

测试尾气的排放质量既是测试排放水平的一个程序，也是诊断的一个常规流程。尾气分析仪是诊断驾驶性问题的重要工具之一（图 17-6）。通过观察发动机尾气的质量，可以知道燃烧过程的产物。任何缺陷都可能导致排放质量的变化，这种变化的量值及类型是诊断工作的基础。

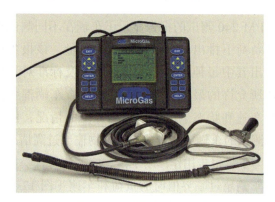

图 17-6 便携式尾气分析仪

1. 尾气分析仪

车间提示

在 I/M 240 和类似测试中所用的尾气分析仪不用 ppm 或 % 为计量单位来度量排放气体，而是用 g/mile 为计量单位。这是因为 I/M 测试是瞬态的，在整个测试过程中，车辆以不同的车速和负荷行驶，而且这两种测量体系之间没有直接的关联性。

早期的尾气分析仪只测量尾气中的 HC 和 CO。排气中的 HC 是未燃烧的燃油，HC 排放物表明发动机中存在不完全燃烧，尾气分析仪以 ppm 或 g/mile 为计量单位度量 HC。CO 是一种无味的有毒气体，它是燃烧的产物，而且通常是因空气不足或燃油过多而产生的。CO 通常以浓度百分比来度量。

尾气分析仪有一根长采样软管，在其端部有一个探头。如果发动机配有空气喷射系统，在测量尾气之前应将其停用。起动发动机并在发动机完成暖机后，将探头插入尾管（图 17-7）。在分析仪开启的状态下，分析仪自带的泵从尾管抽送尾

气样本通过采样软管和分析仪。软管中的气－水分离器和滤清器用于去除水分和积炭微粒。

泵迫使尾气样本通过分析仪中的样本腔，随后再排放到大气中。如果分析仪是两气体分析仪，则分析仪测量样本腔中的 HC 和 CO 的含量，如果分析仪是四气体分析仪，则测量 HC、CO、CO_2 和 O_2 的含量。大多数较新型的分析仪还测量 NO_x，因而称为五气体尾气分析仪（图 17-8）。

图 17-7 将尾气分析仪的探头插入车辆的尾管

图 17-8 五气体尾气分析仪

通过测量除 HC 和 CO 外的 NO_x、CO_2 和 O_2 含量，可以更好地了解发动机的工作效率（表 17-1）。在理想的燃烧过程中，碳氢化合物（HC）和氧气（O_2）结合生成水和二氧化碳（CO_2）。尽管进入发动机的空气中的大部分是氮气，但这种气体不会成为燃烧过程的一部分，而是作为氮气随尾气排出。

受控气体的最大限值是按照车辆的年款由当地法规设定的。这些限值也因各州或地区不同而不同。通常总是希望五种被测气体中的四种气体在发动机所有转速下的含量都是较低的，唯一希望测量值高的气体是二氧化碳。一般来说，对二

氧化碳的期望值是 13.4% 或更高，而其他的气体应尽可能保持在最低水平。通常情况下，CO 应为 0.5% 以下，O_2 应为 0.1~1%，HC 应大约是 100ppm 或更低，NO_x 应为 200ppm 或更低。

表 17-1 尾气中各种气体的测量值有助于分析驾驶性问题的原因

测量项	怠速时测量值	2500r/min 时测量值	可能的问题
HC 含量 /ppm	0~150	0~75	
CO 含量（%）	1~15	0~0.8	
CO_2 含量（%）	10~12	11~13	读数正常
O_2 含量（%）	0.5~2.0	0.5~1.25	
NO_x 含量 /ppm	100~300	200~1000	
HC 含量 /ppm	0~150	0~75	
CO 含量（%）	3.0 以上	3.0 以上	
CO_2 含量（%）	8~10	9~11	混合气过浓
O_2 含量（%）	0~0.5	0~0.5	
NO_x 含量 /ppm	0~200	100~500	
HC 含量 /ppm	0~150	0~75	
CO 含量（%）	0~1.0	0~0.25	
CO_2 含量（%）	8~10	11	混合气过稀
O_2 含量（%）	1.5~3.0	1.0~2.0	
NO_x 含量 /ppm	300~1000	1000 以上	
HC 含量 /ppm	50~850	50~750	
CO 含量（%）	0~0.3	0~0.3	
CO_2 含量（%）	5~9	6~10	混合气过稀导致的失火
O_2 含量（%）	4~9	2~7	
NO_x 含量 /ppm	300~1000	1000 以上	
HC 含量 /ppm	50~850	50~750	
CO 含量（%）	0.1~1.5	0~0.8	
CO_2 含量（%）	6~8	8~10	失火
O_2 含量（%）	4~12	4~12	
NO_x 含量 /ppm	0~200	100~500	

在过去的 30 年里，车辆上增加的许多排放控制装置已经降低了尾气中的 HC 和 CO 含量，特别是催化转化器的使用。这些装置改变了尾气的原始状态，因此在尾气中检查到的 HC 和 CO 含量可能不是发动机运转状态的真实反映，但那些未被系统改变的其他被测气体，可以给出发动机及其系统状态的更好写照。

2. 测试结果说明

当使用排气分析仪作为诊断工具时，非常重要的一点是要了解故障的严重程度决定了尾气分析仪的读数会比正常读数高出多少。

尾气中 HC 和 CO 含量是发动机状态的直接反应。未燃烧的 HC 是指在燃烧过程中未燃烧的汽油微粒，通常是蒸气，它们存在于尾气和曲轴箱中的蒸气中，当然也可以将从燃油系统中蒸发出来的任何原始气体都归类为 HC。尾气中的 HC 是不完全燃烧的标志，燃烧越好，尾气中的 HC 就越少。当今设计的发动机都是高效的，因此在排气中只会释放很少的 HC。然而只有在实验室里才可能实现完全燃烧，因此所有发动机都会释放一些 HC，这是因为燃烧室中总会有一些燃油是火焰前锋无法达到的。

当燃烧过程中没有足够的氧气与碳元素结合时就会形成一氧化碳（CO）。CO 是燃烧的副产物。如果不发生燃烧，CO 含量是很低的。当发动机从混合气中获得足够的氧气时，将会形成 CO_2。当 HC 含量的读数较高时，CO 读数会较低应是预料之中的。当发生失火时，气缸中的总燃烧量较少，因此 CO 含量会略有下降。

NO_x 含量读数高表明燃烧温度高。CO_2 是排气气流中期望出现的成分，而且它仅在燃烧时才产生，所以排气气流中的 CO_2 越多越好。

O_2 用于将 CO 和 HC 氧化成水和 CO_2。在理想情况下，排气中的 O_2 含量应非常低。CO 和 O_2 是负相关的，即一种气体含量上升，则另一种含量下降。

车间提示

由于 CO 的增加通常会降低 NO_x 排放，因此在纠正 CO 含量读数过高的问题后，NO_x 含量读数有可能会增高。

当使用尾气测量值来诊断驾驶性问题时，应记住下列一般性原则。

1）HC 是不完全燃烧的结果。

2）CO 含量高表示混合气浓，这是进气系统受阻或向气缸输送的燃油过多而导致的。

3）CO 含量低并不代表混合气一定是稀的，但确定的是 HC 会随混合气变稀而增加。

4）O_2 含量会随 CO 含量上升而下降。

5）由于催化转化器要使用 O_2，因而 O_2 含量可能是偏低的。

6）在配备正确运行的二次空气喷射系统的车

辆上，O_2 含量读数会较高。

7）如果 O_2 含量读数高而 CO 含量读数也不低，则表明排气系统中可能有空气泄漏。

8）O_2 含量读数随着混合气的变稀而增大。

9）O_2 含量读数随着混合气的变浓而减少并停留在较低的读数水平。

10）如果混合气过稀而造成失火，将导致排气中 HC 含量读数偏高，CO 含量读数偏低，O_2 含量读数也会变高。

11）当混合气过稀或发动机过热时，NO_x 含量会升高。

12）当 CO 和 HC 含量都为最低时，NO_x 含量最高。

13）发动机在怠速时所产生的 NO_x 最少。

14）在化学计量比（$\lambda=1$）时，HC 和 CO 含量将处于其最低水平，而 CO_2 含量则处于其最高水平。

15）如果存在极浓的空气燃油混合气，将出现偏高的 HC 和 CO 含量读数和偏低的 NO_x 和 O_2 含量读数。

16）氧气不足会减少 NO_x。

有关尾气不良的具体原因，见表 17-2。

表 17-2　导致尾气排放各种问题的可能状况或原因

问题	可能状况 / 原因
HC 含量过高	点火系统失火 点火正时不正确 空气 - 燃油混合气过稀 喷油器脏污 气缸压缩压力低 EGR 稀释过大 气门、气门导管或挺柱有缺陷 真空泄漏 系统的输入传感器有缺陷
CO 含量过高	空气 - 燃油混合气过浓 PCV 阀或软管堵塞 空气滤清器脏污 喷油器泄漏 燃油压力高于正常压力 燃油压力调节器膜片破裂 系统的输入传感器有缺陷
HC 和 CO 含量都过高	PCV 系统堵塞 空气 - 燃油混合气过浓 空气泵不工作或断开 发动机机油被汽油稀释

（续）

问题	可能状况 / 原因
O_2 含量低于正常值	空气 - 燃油混合气过浓 空气滤清器脏污 喷油器有故障 燃油压力高于正常压力 系统的输入传感器有缺陷 PCV 系统堵塞 活性炭罐在怠速和低速时进行净化
CO_2 含量低于正常值	排气系统泄漏 空气 - 燃油混合气过浓
O_2 含量高于正常值	发动机失火 空气 - 燃油混合气过稀 真空泄漏 燃油压力低于规定的压力 喷油器有缺陷 系统的输入传感器有缺陷
NO_x 含量高于正常值	发动机过热 进气门上有积碳 空气 - 燃油混合气过稀 真空泄漏 点火正时过早 EGR 系统有缺陷 催化转化器还原效率降低
NO_x 和 HC 含量高于正常值	通过散热器的流量不足 节温器部分关闭 水泵不良 EGR 系统未启用
HC、O_2 和 NO_x 含量高于正常值	来自 O_2 传感器的信号不真实 MAP 传感器超出标定范围 喷油器堵塞 燃油压力过低 真空泄漏 发动机爆燃 点火正时过早
HC、CO 和 NO_x 含量高于正常值	积炭堆积在活塞顶部或气缸壁上 正时传动带磨损或打滑

排放控制装置带来的问题不仅会使污染物排放增加，而且还会引起驾驶性的问题。无法起动或难于起动的问题可能是由很明显的原因导致的，例如真空软管断开或损坏、EVAP 活性炭罐净化的故障或 EGR 阀卡在打开位置等。如果发动机运转不畅或熄火，则可能是 EVAP 活性炭罐净化系统、真空软管断开或损坏、EGR 阀卡在开启位置或 PCV 系统堵塞等故障带来的问题。机油消耗过多可能是由活塞环不好、气门油封不良或 PCV 软管堵塞导致的。此外，燃油经济性差也会由许多因素引起，包括 EGR 系统带来的问题。

17.3 基本检查

在诊断排放过高的原因之前，应确保检查了整个车辆是否存在明显问题。检查的结果可能有助于精准确定问题的原因。这些检查通常包括下列内容。

1）检查蓄电池电压。

2）检查空气滤清器是否有污物或污染并进行清洁。

3）从活性炭罐上断开空气入口软管，然后检查空气是否能自由流入空气入口。如果空气不能自由流动，则进行修理或更换。

4）在旧款车辆上，检查并调整怠速转速。

5）在旧款车辆上，确保基础点火正时已设置在规定范围内。

6）检查燃油压力。

7）检查发动机的机械状况。

8）检查所有可接触到的电气连接、真空和进气软管及管道。

9）检查 PCM 的主接地线路的状况。

10）检查 EVAP、EGR 和 PCV 的所有软管、连接和密封件是否存在泄漏和损坏的迹象。

11）检查是否有不应有的燃油从 EVAP 系统、燃油压力调节器膜片或 PCV 系统进入进气歧管。

12）检查燃油箱和燃油加注管道的气密性。

检查内容还应包括查看 MIL。确保 MIL 在打开钥匙时的 MIL 灯泡检查中可点亮。如果 MIL 在发动机起动后仍保持点亮，表明已存储了故障码，这可能是导致排放过高的原因。应记住，OBD 系统的主要作用是要限制发动机排出污染物的数量。这也说明了为什么从控制系统中检索故障码是诊断排放问题的最佳始点。OBD-Ⅱ系统含有一些与尾气排放有关的系统监测器。

1. OBD-Ⅱ监测器

OBD-Ⅱ系统监测可能影响尾管或蒸发物排放的控制系统和部件。通过这些监测程序可在排放物比适用排放标准高出 1.5 倍之前发现问题。每个监测器都需要一个或多个诊断测试。这些监测器仅在满足某些特定许可条件时才会连续或间断运行。

如果系统或部件未通过这些测试，将存储故障码，并在出现该故障的连续 2 个驾驶循环中点亮 MIL。

 参见

有关 OBD-Ⅱ监测器的讨论参见本册第 9 章。

当 PCM 首次检测到某个问题时，将会存储一个待定的故障码。只要该问题存在，在检索故障码时就会看到待定的故障码。需要注意的是，OBD 相关法规要求在清除待定的故障码之前，必须有 1 个完整的无问题的监测循环，这意味着待定的 DTC 将在 1 个在无问题监测循环后被删除。不管怎样，如果一个问题在连续 2 个驾驶循环后仍然存在，将点亮 MIL。一旦 MIL 点亮，则需要在连续 3 个驾驶循环中未再检测到该问题后才会熄灭。在 MIL 熄灭，故障码会在 40 个发动机暖机循环后自动删除。

查看 OBD 系统的监测测试是许多强制性 I/M 检查的一部分。这是通过查看故障诊断仪上显示的系统状态来完成的。如果特定监测器的诊断测试已完成，故障诊断仪将显示 YES 或**完成**（图 17-9）。在构成该监测的所有测试均已运行且获得认可的结果，或因与该监测有关的故障码点亮 MIL 时，系统监测即视为完成。如果某个测试由于任何原因而未能完成，系统状态显示界面将在"完成的"栏目下显示 NO 或**未完成**。如果该系统已设置了与一个规定系统有关的故障码，则该要求的测试可能无法运行。如果不存在会阻止车辆完成特定测试的故障码，应按照推荐的驾驶循环驾驶车辆，以满足所有的启动许可条件。

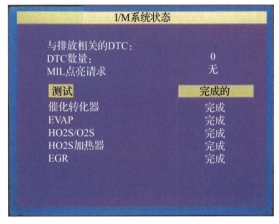

图 17-9　诊断仪上显示 I/M 状态监测已完成的界面

并非所有车辆都有相同的排放控制系统。例如，有些车辆可能没有配备空气喷射反应器（AIR）或 EGR。因此这些不存在的监测器不会出现在屏幕上，或在诊断仪显示为**不支持**。此外，某些监测器可能不会列出，如失火和综合部件监测器，这是因为这些监测器是连续运行的，所以 OBD-Ⅱ不要求显示这些监测器的状态。

完成维修后，应按照制造商推荐的驾驶循环驾驶车辆，以使监测器运行并完成它们的测试。对于 2012 年款车型及更新的车型，执行行驶循环来运行监测器是清除在 PCM 模式 10 中存储的永久性故障码的唯一方法。应牢记某些监测器有可能会需要非常特殊的条件来运行，所以应参考有关该监测器许可条件的维修信息，以确保车辆和环境条件能允许该驾驶循环完成。下面是允许 I/M 系统状态测试完成的典型步骤。

> ### 步骤
>
> 允许 I/M 系统状态测试完成的典型步骤：
>
> 步骤 1　用故障诊断仪查看 DTC，若存在妨碍系统状态测试完成的 DTC，应在继续测试之前诊断这些 DTC。
>
> 步骤 2　查阅可用的维修信息，看是否有该车辆的软件更新。
>
> 步骤 3　查看故障诊断仪上各监测器的当前状态。如果 EVAP 监测器尚未完成，应在继续测试前诊断并修复该系统。
>
> 步骤 4　关闭所有电气附件。
>
> 步骤 5　打开发动机舱盖，启用驻车制动器并将自动变速器置于 P 档位，手动变速器置于空档。
>
> 步骤 6　起动发动机并息速运转约 2min。
>
> 步骤 7　关闭发动机舱盖，解除驻车制动器并对车辆进行路试。
>
> 步骤 8　在发动机达到正常温度后，从 45mile/h（约 72km/h）慢慢加速至 50mile/h（约 80km/h），并保持 5min。
>
> 步骤 9　然后再慢慢加速至 55mile/h（约 89km/h），并保持 2min。
>
> 步骤 10　松开加速踏板并使车辆持续减速约 10s。
>
> 步骤 11　停车并息速运转约 2min。
>
> 步骤 12　关闭点火开关并静置车辆约 45min。
>
> 步骤 13　用故障诊断仪查看监测器的状态。

> 步骤 14　若所有测试都已完成，检索所有已确定的和待定的 DTC。
>
> 步骤 15　若某些测试未完成，则重复上述步骤。

2. 蒸发排放控制系统诊断与维修

> ⚠ **警告**　如果车内或其周围存在汽油气味，应检查 EVAP 系统的软管是否破裂或断开，还应检查燃油系统是否泄漏。泄漏的汽油或蒸气可能导致爆炸，造成人身伤害和 / 或财产损失。对燃油或燃油蒸气泄漏的问题应立即进行维修。

大多数的 I/M 检查是从检查 EVAP 系统开始的，包括检查 EVAP 监测器诊断测试的结果。当 PCM 指令该监测器运行时，它将监测 EVAP 系统是否存在泄漏和系统输送燃油蒸气的能力。检测到的问题将设置为故障码。这通常是驾驶员能知道 EVAP 出现问题的唯一方法。车主有时候可能抱怨车内或其周围有汽油味。排查 EVAP 系统的常用工具有诊断测试仪、烟雾发生器和压力测试套件。具体的流程和工具会因应用的不同而不同。

3. EVAP 监测器

制造商采用了许多不同的 EVAP 系统及其监测系统。在对车辆执行任何诊断步骤或维修之前，应先正确识别在特定车辆上使用的是何种系统。系统泄漏会按照不同的泄漏的部件和位置而产生多个故障码（表 17-3）。监测器还将检查系统的电气完整性和燃油蒸气的净化率。所有 EVAP 监测器设置故障码都需要 2 个驾驶行程。

在大多数系统中，为了监测蒸气的净化，PCM 会在监测 STFT 的同时改变净化电磁阀的占空比，STFT 中与此无关的变化表明存在问题。其他系统使用压力传感器来监测系统和活性炭罐净化侧的压力，这两者之间的压力差在未进行净化时通常非常小。当 PCM 控制净化电磁阀打开时，应该有明显的压力差。如果没有压力差，PCM 将确定净化系统没有正常工作并设置故障码。加强型的 EVAP 系统还会通过查看 MAF 传感器的输入或通过比较 MAP 传感器和燃油箱压力传感器输入来计算净化流量率。

表 17-3　常见的 EVAP 系统故障码

EVAP 故障码	说明		
P0441	不正确或未指令的净化流量	P0460	燃油液面电路问题
P0442	小的泄漏	P0461	燃油液面传感器卡滞 / 信号杂乱
P0443	净化电磁阀电气故障	P0462	燃油液面传感器电压低
P0446	炭罐通风口堵塞	P0463	燃油液面传感器电压高
P0449	炭罐通风电磁阀电气故障	P0464	燃油液面传感器电压在息速时杂乱
P0452	燃油箱压力传感器电压低	P1443（Ford）	严重泄漏，无流量
P0453	燃油箱压力传感器电压高	P1450（Ford）	真空过大
P0454	燃油箱压力传感器电压杂乱	P1451（Ford）	通风阀电路故障
P0455	大的泄漏	P1486（Chrysler）	软管被挤压
P0456	非常小的泄漏	P1494（Chrysler）	LDP 故障
P0457	严重泄漏	P1495（Chrysler）	LDP 电磁阀电路问题

　　早期的 EVAP 系统的设计可检测孔径在 0.040in（约 1mm）及以上的泄漏。从 2000 年款的车型开始，已采用新的 EVAP 监测系统。该系统可检测孔径为 0.020in（约 0.5mm）的泄漏。加强型 OBD 系统使用两种不同的泄漏检测方法：即系统压力法和真空法。真空测试的方法需要 2 个电磁阀和 1 个燃油箱绝对压力传感器。真空来自于发动机或车载真空泵（通常称为泄漏检测泵，即 LDP）。压力法检查系统往往更精确，但需要使用更多部件。制造商采用的方法随着车辆品牌和年款的不同而不同。

　　OBD-Ⅱ控制和监测 EVAP 系统，如果检测到故障，将点亮 MIL 以提醒驾驶员出现了问题。当活性炭罐净化电磁阀及相关电路中出现故障时，通常都会设置故障码。如果设置了与 EVAP 系统相关的故障码，在对 EVAP 系统进行下一步任何诊断之前，务必先纠正产生该故障码的问题。

　　当诊断仪被设置在合适的模式时，将会显示出净化电磁阀是处在打开还是关闭状态。在发动机息速运转时，净化电磁阀通常是关闭的。应确保净化电磁阀通电所需的所有条件都已满足，这通常需要使燃油液面在燃油箱容量的 15%~85% 之间。如果满足许可条件，则保持诊断仪的连接并进行路试，同时观察诊断仪上显示的电磁阀状态。诊断仪应显示净化电磁阀何时开启。如果该净化电磁阀在满足必要条件下未打开（on），则应检查电磁阀的电源线、电磁阀绕组和从电磁阀到 PCM 的线路。

4. 诊断

　　如果活性炭罐在发动机息速时或以很低的转速运转时净化燃油蒸气，会使发动机的运转显得不顺畅，特别是在环境温度较高时。软管破裂或活性炭罐中充满汽油都会使燃油蒸气逸出到大气中，从而使车内及其周围出现汽油气味。

　　应仔细检查整个 EVAP 系统（图 17-10），检

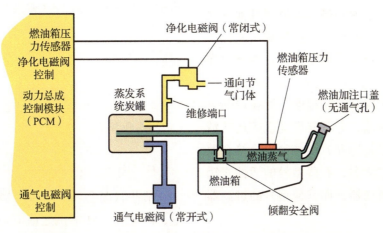

图 17-10　检查 EVAP 系统的所有软管、电气插接器和线路

查系统中的所有软管有无泄漏、阻塞和连接松动，必要时修复或更换它们。还应检查活性炭罐上是否有裂纹或损坏。如果有，则更换该总成。

在大多数车辆上，可对活性炭罐的工作状况进行快速检查（图17-11）。堵住净化口，轻轻将空气吹入活性炭罐的通气口，同时检查空气是否从活性炭罐的燃油蒸气入口流出，如果没有，则更换活性炭罐总成。随后堵住通气口，轻轻向活性炭罐的空气入口吹入空气，检查空气是否从净化口流出，如果没有，则更换活性炭罐总成。在净化口和燃油蒸气入口同时堵住的情况下，向通风口提供压力约为2.8psi（约19.31kPa）的低压空气，确认此时该活性炭罐是否能保持该压力至少1min，如果不能，则更换活性炭罐总成。

图17-11 典型的EVAP系统活性炭罐

还应确认活性炭罐的过滤器是否完全饱和，饱和的活性炭罐过滤器所引发的症状会被误认为是燃油系统的问题。怠速不畅、油淹和其他情况都表明活性炭罐可能有问题。活性炭罐被液体或水浸满将使燃油箱内产生反向压力，这会导致在净化或起动过程中出现混合气过浓和油淹的现象。

为了测试活性炭罐的饱和程度，可在诊断过程中暂时拔开活性炭罐，并观察发动机的运转情况。如果活性炭罐已经饱和，则必须更换符合原设计的活性炭罐或过滤器，有些型号的活性炭罐配备的是可更换的过滤器，而其他型号的过滤器是不可单独更换的。

EVAP系统任何部件或软管中的真空泄漏都可

能导致起动和性能问题，这与任何发动机出现真空泄漏的结果一样，也会导致出现燃油气味。部件连接不正确可能会导致明显的加速停顿或净化不足（出现汽油气味）。

可用欧姆表检查活性炭罐净化电磁阀的绕组（图17-12），也可通过用诊断仪指令电磁阀开启并检查是否有流量通过来测试这个电磁阀。此外应取下燃油箱压力控制阀，试着用嘴从该电磁阀连接燃油箱一侧的接口吹气。在空气压力未能打开该控制阀之前，应感觉到其对空气流动有一定阻力。将手动真空泵连接在该控制阀上的真空接口上，并施加约10inHg的真空，然后试着从连接燃油箱一侧的接口吹气，使气体通过该电磁阀。在这种情况下，应感觉不到电磁阀对气流的阻碍。如果燃油箱压力控制阀工作不正常，则更换该阀。

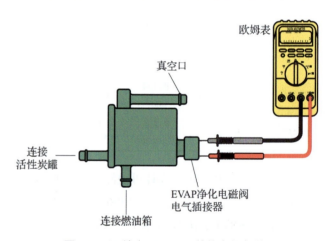

图17-12 检查EVAP系统的净化电磁阀

还应检查EVAP系统中的电气连接是否松动、端子是否有腐蚀和绝缘层是否磨损。测量电磁阀两端的电压降，并将读数与规定值比较。如果读数超出规定范围，应更换活性炭罐总成。

车间提示

在为进一步测试而对系统加压之前的目视检查期间千万不要晃动软管或已拧紧的接头和盖子。

5. 净化测试

某些状况会增加活性炭罐中贮存的燃油蒸气量，因此在I/M测试之前应加以避免。这些状况包括长时间的怠速运转或长时间停放在炎热天气的太阳下。大多数车辆应在 I/M 测试前先以干线公路的速度行驶约 5min 以使车辆完成其正常的净化循环。过多的燃油蒸气会导致测试过程中的 CO 含量增加。为确定 CO 过高的原因是否来源于活性炭罐，可分离 EVAP 系统后重新测试排放水平。可通过从节气门体或进气歧管上断开净化软管的方式来分离 EVAP 系统。若判断 EVAP 系统是排放过高的原因，则需要仔细检查该系统。

在检查 EVAP 系统的净化率之前，让发动机运转直到其达到正常工作温度。将净化流量测试仪的流量计串接在发动机与活性炭罐之间。在发动机关闭时，对测试仪进行校零，然后起动发动机。当发动机怠速运转时，打开测试仪并记录净化流量速率和累计的净化总量，然后逐步将发动机转速提高至约 2500r/min，并记录此时的净化流量。工作良好的系统在几秒钟内至少应有 1L 的流量。大多数车辆在 I/M 240 测试所需的时间段内可有 25L 的流量。如果系统在 240s 内未达到至少 1L 的流量，则需要仔细诊断、维修和重新测试该系统。

6. 泄漏测试

压力测试的操作通常称为压力衰减测试，它用于检查可使燃油蒸气逃逸到大气中的泄漏。EVAP 泄漏检测仪以非常低的压力（约 0.5psi 或 3.45kPa）给系统加压。检测仪通常使用加压的氮气来填充系统。几乎所有原始设备制造商（OEM）都推荐使用氮气（N_2）而不是压缩空气，这在很大程度上源于对系统中吸入氧气的担忧（外部空气中有大量的氧气），因为氧气可能引起爆炸。

在使用 EVAP 泄漏检测仪之前，确保燃油箱内至少有一半燃油。检测仪套件中还会有一张压力参考图表，该图表覆盖了大多数不同尺寸的燃油箱和不同的燃油量。参考该图表即可知道应向被测系统施加多大的压力。检测仪通常连接在 EVAP 系统的测试端口上（图 17-13）。如果车辆上没有测试端口，可使用适合该车辆加油管口的适配器。取下燃油箱盖，并检查加油管口。如果加油管口已生锈或损坏，它可能就是泄漏源。将适配器连接并拧紧在加油管口上，然后将检测仪

连接到适配器上。不要忘记检查燃油箱盖，因为通常在加油管口上进行泄漏测试时，往往会忽略了对它的检查。

图 17-13　EVAP 系统的测试端口

在用压缩氮气（N_2）测试 OBD-Ⅱ系统之前，必须先用诊断仪将系统设置为 EVAP 测试模式，如此将关闭活性炭罐的通气口。在打开 EVAP 泄漏检测仪（图 17-14）之前，将其与车辆连接，这通常是用一根跨接导线将泄漏检测仪的接地螺钉与加油管口处的螺栓连接来实现的。这样做的目的是要消除**静电放电**（Electrostatic Discharge，ESD）的可能性。ESD 会点燃燃油蒸气。完成上述操作后夹紧不属于 OBD-Ⅱ系统的活性炭罐通气软管。

图 17-14　EVAP 系统泄漏检测仪

调整泄漏检测仪的输出压力，使其与前面提到图表一致。一旦泄漏检测仪向系统施加压力，其仪表可显示出系统能够保持的压力（图 17-15）。该压力在稳定之前会先下降后上升。如果系统压力在 2min 后可保持在 $8inH_2O$（约 1.99kPa）以上，

则表明被测车辆已通过该测试。显然系统如果存在泄漏将无法保持住压力。如果压力明显下降，应在燃油箱盖、燃油箱、连接处、阀和软管处聆听是否有泄漏声。

图 17-15 EVAP 泄漏检测仪的流量计

也可用向可疑区域喷洒肥皂水并查看是否出现气泡的方式来查找泄漏源。也可以使用超声波泄漏检测仪来发现泄漏点，该检测仪可探测燃油蒸气泄漏时产生的声音。另一种查找泄漏的方法是使用尾气分析仪或可燃气体探测仪，但此种方法有一些局限性，因为它只能对燃油蒸气做出反应。由于系统中的氮气会将燃油蒸气推出，因此分析仪的探头必须在系统加压之前或加压之后立即放置在可疑区域。很明显，尾气分析仪在泄漏点可读到较高的 HC 含量。在发现泄漏源后，进行必要的维修，然后重新测试该系统。

（1）使用染色剂　为帮助识别泄漏源，可以向 EVAP 系统中添加紫外线染色剂（图 17-16）。当用紫外线灯查看时，染色剂将显示出泄漏部位。这种染色剂得到了许多 OEM 的认可，而且它不会损坏系统、催化转化器或加热型氧传感器。

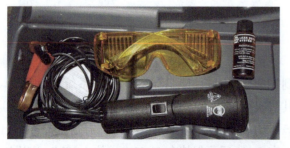

图 17-16 紫外线泄漏检测仪套装

（2）烟雾测试　当前识别泄漏的一种非常流行的方法是使用烟雾发生器。几乎所有 OEM 都推荐这种方法。烟雾发生器蒸发一种特殊制作的高度提纯的矿物油基液体，并将所产生的烟雾蒸气引入 EVAP 系统。加压的氮气推动该烟雾通过整个 EVAP 系统。泄漏部位由逸出的烟雾指明（图 17-17）。当用压力测试 EVAP 系统时，需要对系统进行密封以获得准确的结果，这意味着必须堵住活性炭罐的通气孔。在某些车辆上，可用诊断仪通过对电磁阀的输入指令使其关闭。

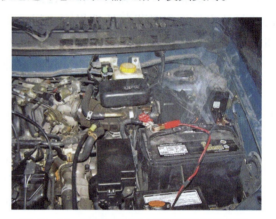

图 17-17 在烟雾测试中可看到泄漏处的烟雾，务必检查整个系统

（3）燃油箱盖检测仪　大多数燃油箱盖检测仪都有附有不同燃油箱盖的适配器，应始终使用与被测车辆相符的适配器。将燃油箱盖拧紧到适配器上，再将燃油盖和适配器一起连接至检测仪，然后接通检测仪。检测仪将在燃油箱盖上施加压力并监测燃油箱盖保持该压力的能力。大多数情况下，该检测仪将点亮指示灯来表明燃油箱盖是好的还是有问题的。

17.4　曲轴箱强制通风系统的诊断和维修

PCV 系统没有需要进行的调整。对该系统的维护只有仔细检查、功能测试和更换有故障的零件。有些发动机用固定孔径的节流管取代 PCV 阀，应定期将其浸泡在化油器清洁剂中并用管路清洁工具进行清洁。虽然此类系统中没有 PCV 阀，但是其诊断方法与带 PCV 阀的系统是相同的。在更换 PCV 阀时，新件上的零件号应符合车辆制造商对正确 PCV 阀的技术要求。如果无法识别该 PCV 阀，可参考制造商维修信息中列出的零件号。较新型的 PCV 阀都有锁定装置以防止它们松动或脱落。在安装 PCV 阀时，应确保锁扣完全接合。

1. PCV 系统故障的影响

如果 PCV 阀卡在打开位置，通过 PCV 阀的过量气体将会导致空气燃油混合气过稀，并可能引起怠速不稳或发动机失速。当 PCV 阀或软管阻塞时，过大的曲轴箱压力会迫使窜气通过新鲜空气软管和空气滤芯进入空气滤清器。磨损的活塞环或气缸也会导致过多的窜气从而使曲轴箱压力增加，这同样会使窜气通过新鲜空气软管和滤芯进入空气滤清器。PCV 阀或软管堵塞还会导致水分和油泥堆积在发动机内和发动机机油中。

发动机密封垫泄漏不仅会导致机油泄漏，也会使窜气逸出到大气中。PCV 系统还可能通过这些泄漏部位吸入未经过滤的空气，这将导致发动机零部件的过早磨损，特别是当车辆在布满灰尘的环境中行驶时。应检查发动机是否有机油泄漏的迹象，确定机油加注口盖和机油尺已正确安装和密封。如果它们没有很好地密封，则可能是未经计量的空气的来源，在采用 MAF 的系统中，这些未经计量的空气会导致 LTFT 值的改变。

2. 目视检查

PCV 阀有可能安装在不同位置，最常见的位置是气门室盖上的橡胶圈孔中，也可以安装在连接软管的中间，或直接安装在进气歧管上。

在确定了 PCV 阀的位置后，应确保 PCV 阀的所有软管已正确连接，且没有凹陷、断裂或裂缝（图 17-18）。取下空气滤清器检查空气滤芯。曲轴箱窜气会使机油阻塞空气滤芯。清洗空气滤清器并更换空气滤芯。空气滤清器总成有机油表明 PCV 阀或软管已有堵塞，应检查并更换该 PCV 阀、清洁软管和空气滤清器总成。若 PCV 阀和软管状况良好，但空气滤清器总成中有机油，应进行气缸压缩压力测试以确定气缸和活塞环是否磨损。

3. PCV 系统功能检查

在开始功能检查之前，再次检查 PCV 阀的零件号以确认安装了正确的 PCV 阀。如果使用的

PCV 阀是正确的，则进一步从气门室盖、进气歧管或软管上断开 PCV 阀。起动发动机并使其怠速运转，如果 PCV 阀已有阻塞，在空气通过它时可听到嘶嘶的声音。然后用手指堵住 PCV 阀的末端来检查是否存在真空（图 17-19）。如果 PCV 上的真空度很小或没有真空，应检查软管是否堵塞或阻塞，若有堵塞，则更换所有堵塞或老化的软管。若软管良好，则关闭发动机，拆下并检查 PCV 阀。可在摇动 PCV 阀的同时聆听 PCV 阀中的单向阀芯是否发出嗒嗒声。如果没有，则应更换。

图 17-18　凹陷的 PCV 阀新鲜空气软管

图 17-19　发动机怠速时，在 PCV 阀一端应感觉到真空的存在

一些车辆制造商建议从气门室盖和软管上将 PCV 阀取下来进行检查。将一根软管连接在 PCV 阀进气口侧，用嘴向 PCV 阀吹气，同时将手指靠近 PCV 阀出气口侧（图 17-20），应感觉到自由通过 PCV 阀的气流。如果空气不能自由通过，则更换它。随后将软管移到 PCV 阀的出气口侧，并尝试从 PCV 阀的出气口反向吹气（图 17-21）。吹气在这个方向上应该很难通过 PCV 阀，否则应更换。

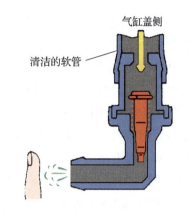

气缸盖侧

清洁的软管

图 17-20 从进气侧吹气，气流应自由通过

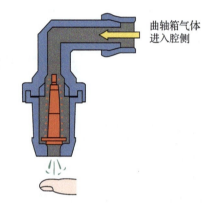

曲轴箱气体
进入腔侧

图 17-21 从出气侧吹气，应该几乎没有气流通过

⚠ **注意** 不要试图用嘴去吸吮 PCV 阀，阀内的油泥和其他沉积物对人体是有害的。

　　检查 PCV 阀的另一个简单方法是在发动机怠速运转时，夹住 PCV 阀与进气歧管之间的连接软管（图 17-22）。当夹住和松开软管时，应听到从 PCV 阀中发出的咔嗒声。听音器或听诊器有助于听到这个咔嗒声。如果没有听到咔嗒声，应检查 PCV 阀的座圈是否龟裂或损坏。如果座圈正常，则更换该 PCV 阀。

　　PCV 系统可以用尾气分析仪进行检查。检查并记录发动机在怠速时的 CO 和其他气体的测量值，然后从发动机上拔出 PCV 阀，使 PCV 阀吸入发动机舱盖下的新鲜空气，注意此时的 CO 和 O_2 的读数，此时 CO 值应该减少，而 O_2 应该增加。如果读数没有变化，应清洁 PCV 系统并更换 PCV 阀。如果 CO 值减低 1% 或更多，则发动机的机油可能已被未燃烧的燃油稀释。解决燃油过多的问题后，需要更换发动机机油和机油滤清器。然后封住 PCV 阀的进气端，并在尾气分析仪读数稳定

　　后查看 CO 和 O_2 的读数，此时 CO 值应该增加，而 O_2 应该减少。随后让 PCV 阀吸入发动机舱盖下的新鲜空气，如果此时的读数与 PCV 阀封住时相同或变化很小，则应检查 PCV 阀或软管是否有阻塞，清洁该系统并更换 PCV 阀。

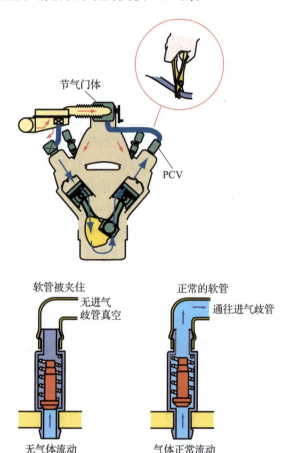

节气门体

PCV

软管被夹住

无进气
歧管真空

正常的软管

通往进气歧管

无气体流动

气体正常流动

图 17-22 当夹住 PCV 阀的软管时，PCV 阀应发出咔嗒声

　　记住 PCV 系统的正确运行依赖于发动机的密封状况。曲轴箱的密封通过机油尺、气门室盖、衬垫和密封的机油加注口盖来实现。如果发现有油泥或机油稀释，但 PCV 系统工作正常，应检查发动机是否有泄漏并修复它们，以保证 PCV 系统能够按照预期发挥作用。此外要注意严重磨损的发动机会产生超出 PCV 系统设计能力的更多窜气。如果出现 PCV 系统似乎有堵塞的症状（空气滤清器中有机油等），但未发现任何堵塞，则应检查发动机的磨损情况。

4. 测量曲轴箱压力

　　为了测量曲轴箱压力，先让发动机达到正常工作温度，然后取出机油尺，将水压计连接在机

油尺管上。在发动机怠速时，观察水压计上的读数。如果读数大于 1inH$_2$O（约 249Pa），应检查曲轴箱通风阀。如果该通风阀清洁且工作正常，则检查气缸的压缩和窜气情况。如果曲轴箱压力低于 1inH$_2$O，则将发动机转速提高到 2000r/min 以上。若此时压力降至 -5~-4inH$_2$O，则该系统是正常的。如果下降的值大于此范围，则更换通风阀。进气系统中的阻塞会增加涡轮增压发动机的入口真空度和非涡轮增压发动机的进气真空度。

车间提示

如果没有水压计，可在机油尺管上安装一段透明塑料管来制作一个水压计。将软管弯成一个底边有 3in（约 76mm）长的 U 形管，U 形管的两侧至少有 12in（约 305mm）长。用 U 形钉以 1in（25.4mm）的间隔将软管固定在一块木板上，这些间隔将用于测量。在 U 形管内加入大约 1/3 长度的水。在木板上标记水位。将 U 形管的一端连接到机油尺管上，然后起动发动机并测量水的位移量，这就是以英寸水柱（inH$_2$O）为测量单位的曲轴箱内的压力。

17.5 排气再循环系统的诊断与维修

制造商对每种发动机都会进行排气再循环（EGR）流量的标定。流量过大或过小都会改变发动机的换气特性而导致性能方面的问题。如果 EGR 流量太小，发动机会过热、爆燃并排放过量的 NO$_x$。当存在上述任何问题之一，而且看起来似乎是 EGR 系统有故障时，则应检查 EGR 系统。EGR 系统导致的典型问题及可能原因如下。

1）怠速不顺畅：可能是 EGR 阀卡在打开位置、EGR 排气口堵塞、EGR 阀座上有污垢或安装螺栓松动（这也会导致真空泄漏和嘶嘶的噪声）造成的。

2）无法起动、转速波动或失速：可能是 EGR 阀卡在打开位置引起的。

3）爆燃：可能由任何阻碍 EGR 气体流动的情况引起，例如 EGR 阀卡在关闭位置、EGR 阀膜片泄漏、流动通道阻塞、EGR 断开或真空源的问题。

4）过高的 NO$_x$ 排放：可能由妨碍 EGR 系统使正确排气量进入气缸或影响燃烧温度的任何事情引起。

5）燃油经济性差：通常是由 EGR 系统故障、爆燃或其他使 EGR 流量过小或为零的问题导致的。

1. 使用诊断仪诊断

在 OBD-II 系统中，EGR 系统监测器的任务是测试 EGR 系统的完整性和流量特性。在满足特定的发动机条件且 EGR 运行后，才会启用该监测器。为此需要来自 ECT、IAT、TP 和 CKP 传感器的输入。一旦启用，EGR 监测器通常会执行以下测试。

1）连续监测 EGR 压差反馈传感器及其电路是否开路和短路。

2）连续监测 EGR 真空调节电磁阀是否开路和短路。在 EGR 阀按照 PCM 指令状态运行时，监测电路电压并与指令状态应有的电压进行比较。

3）非压差反馈式（non-DPFE）系统监测 EGR 阀开启时的 STFT 值，此时 STFT 值应降低。一些非压差反馈式系统通过 MAP 传感器监测 EGR 阀门开启时的进气压力来确认 EGR 是否正常工作。

4）通过比较 EGR 压差反馈电路的实际电压和当前工况下 EGR 预期流量的电压来检查 EGR 流量率以确定 EGR 流量是否合适。

5）每个驾驶循环对连接到 EGR 压差反馈传感器的软管测试一次。在 EGR 阀关闭和车辆加速过程中检查 EGR 阀关闭是否受阻或是否处在开启状态。监测器还检查来自 EGR 压差反馈传感器的电压。如果已关闭的 EGR 阀读数不在正常范围内，则表明管路有问题。

6）在怠速时连续检查 EGR 阀有否卡在开启位置或存在 EGR 流量。监测器将 EGR 压差反馈电路的电压与打开钥匙且发动机未运转时存储的该电路的电压进行比较，以确定是否存在 EGR 流量。

7）上述测试中的任何一个如果在两个连续的驾驶循环中失败，将点亮 MIL。

不同系统采用不同的 EGR 流量检测方式。这些方式包括检测温度变化、歧管压力变化、燃油修正变化以及测量压差。如果采用检测温度变化的方式，则将一个 EGR 温度传感器安装在 EGR 的通道中。在 EGR 阀开启时，ECM 将 EGR 温度与进气温度进行比较，若 EGR 流量正常，EGR 温度传感器的温度读数将比环境空气温度至少高出 95℉（约 35℃）。如果温度没有升高到一个比环境温度高的规定值，则 ECM 将认为系统中存在问题，并将该信息存储在 ECM 中。

MAP 系统的计算基于一个假设，即进气歧管真空度低意味着发动机处在较大负荷下且具有较大空气流量。EGR 流量过大将增加歧管压力，PCM 会将其理解为空气流量增加，因而会增加供给各气缸的燃油量。该系统将 MAP 的读数与来自氧传感器的读数进行比较，并试图通过调节燃油修正来对此做出补偿。过大的 EGR 流量将导致燃油修正值为负，而过小的 EGR 流量将导致高于正常值的燃油修正值。如果燃油修正值读数看起来似乎不正常，则 EGR 流量可能是其原因。

当 PCM 检测到该系统中的问题时将会设置故障码，设置故障码所需的条件会因制造商和车型的不同而不同。了解发动机控制系统对 EGR 控制的输入也很重要，所以在进行 EGR 系统的详细诊断之前，应先处理所有与发动机相关的故障码。其中某些故障码只会与 EGR 阀和它的电磁阀有关。表 17-4 是一些与 EGR 相关的故障码示例。

表 17-4　与 EGR 相关的故障码示例

故障码	说明
P0106	MAP 传感器合理性错误
P0107	MAP 传感器电压低
P0108	MAP 传感器电压高
P0109	MAP 传感器间隙性问题（MIL 不点亮）
P0400	检测到 EGR 泄漏
P0401	EGR 流量不足
P0402	DPFE EGR 卡在开启位置
P0403	EVR 电路开路或短路
P0404	EGR 控制电路范围 / 性能问题
P0405	EGR 阀位置传感器电路低

（续）

故障码	说明
P0406	EGR 阀位置传感器电路高
P1400（Ford）	DPFE 电路低
P1401（Ford）	DPFE 电路高
P1405（Ford）	上游软管断开或堵塞
P1406（Ford）	下游软管断开或堵塞
P1409（Ford）	EVR 电路开路或短路
P2413（Honda）	EGR 系统故障
P2457（Ford）	EGR 冷却器性能不良

2. 排查 EGR 系统故障

尝试在车上排查或检查所怀疑的 EGR 系统之前，需确保发动机的机械部分是良好的，其喷油系统和点火控制系统是正常工作的。

在大多数情况下，电子控制式 EGR 阀（图 17-23）的工作方式与真空控制的 EGR 阀相同。这类系统除了有电子控制方面的问题之外，也会有任何 EGR 系统所具有的问题。除了真空泄漏和其他与真空相关的问题外，那些完全电子化且不使用真空信号的部件也会有与其他非电子控制部件相同的问题，比如阀门黏滞、通道堵塞和真空损失会产生的症状与非电子控制系统相同。如果电子控制的部件不工作，PCM 通常能够识别到这种状况。当 EGR 流量受到控制时（发动机暖机后和巡航行驶时），电磁阀或 EVR 通常会不断地接通和关闭。如果不是这种情况，则表明电子控制系统或电磁阀有问题。一般来讲，电子控制

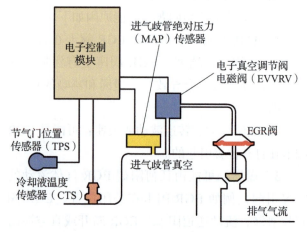

图 17-23　电控 EGR 系统的典型电路

的故障会导致 EGR 流量过低或为零，并可能导致诸如过热、爆燃和动力不足等症状。

EGR 电磁阀可应用于所有类型的 EGR 阀，特别是背压型的 EGR 阀中。PCM 使用电磁阀调节至 EGR 阀端口的歧管真空度。

电磁阀在此应用中实际上是一个真空开关。PCM 通过脉宽调制来控制该开关。除非 PCM 允许，否则不会向 EGR 阀输送真空。EGR 电磁阀有两个或多个真空管路和一个电气插接器，并有一个排气口，有时还带有一个空气过滤装置。真空通过该过滤装置的通气口释放。如果该过滤装置堵塞，该 EGR 阀的开启度会过大，从而造成驾驶性的问题。

在尝试进行 EGR 系统的任何测试之前，先目视检查所有真空软管的状况，看是否有扭结、弯曲、裂纹和弹性方面的问题，根据需要更换有缺陷的软管。对照发动机舱盖下的贴签或维修信息检查真空软管的布置路线，纠正所有误接的软管。如果系统装有 EVP 传感器，也应检查到该传感器的线路。

如果 EGR 阀在发动机怠速和低转速下保持打开状态，发动机会怠速不良并在低速时出现波动。出现此问题时，发动机可能在从低速加速时出现反应迟缓，或在减速后或冷起动后失速。如果 EGR 阀打不开，发动机会出现爆燃。当 EGR 系统出现故障时，通常会在 PCM 的存储器中设置故障码。

3. EGR 阀和系统测试

在许多老式的发动机上，可以用手动真空泵检查单膜片的 EGR 阀（图 17-24）。在进行此测试之前，通过将真空表连接到发动机的进气歧管上以确认发动机能够产生足够的真空来正确地控制 EGR 阀。在起动发动机且变速器处于空档的情况下逐渐提高发动机转速到 2000r/min，此时真空表的读数应高于 16inHg，否则可能存在真空泄漏或排气阻塞。在继续测试 EGR 之前，先检查 MAP 值并纠正真空度过低的问题。

为了用手动真空泵检查 EGR 阀，先拆下 EGR 阀端口的真空供给软管，并将真空泵连接到该端口上，然后提供 18inHg 的真空，同时观察 EGR 膜片的移动。当施加真空时，该膜片应移动，如果膜片没有移动或不能保持住真空，则更换该 EGR 阀。

图 17-24　向 EGR 阀施加和释放真空并观察 EGR 阀的动作

在发动机处于正常工作温度时，观察发动机的怠速转速，必要时将怠速转速调整到发动机舱盖下排放贴签中的规定范围内。然后慢慢向 EGR 阀施加 5~10inHg 的真空，此时怠速转速应降低 100r/min 以上（发动机可能会失速），并在真空释放后重新返回到正常转速。如果怠速转速未如此响应，则拆下 EGR 阀，检查该 EGR 阀下面的通道中是否有积炭。根据需要清理通道或更换 EGR 阀。可用金属丝刷清除 EGR 阀下端的积炭，但不要将 EGR 阀浸泡在溶剂中，也不要对它进行喷砂处理。此外还要保证真空软管状况良好且连接正确。

4. 诊断负背压式 EGR 阀

凭借压印在负背压式 EGR 阀上面的字母"N"可以识别这类 EGR 阀。这种 EGR 阀是通过发动机真空和排气系统负脉冲的共同作用来打开的，负脉冲出现在每个排气门关闭时。一旦 EGR 阀开启，反向压力就会稍稍降低，进而打开真空排气口，同时 EGR 阀立刻重新关闭。这使得 EGR 的开启可根据排气系统的负脉冲来调节。

在发动机处于正常工作温度且点火开关关闭的情况下，断开 EGR 阀的真空软管，并将手动真空泵连接到该 EGR 阀的真空接头上。向 EGR 阀施加 18inHg 的真空，EGR 阀此时应该开启，并能保持该真空 20s 以上。如果它无法打开或无法保持真空，必须更换它。

如果 EGR 阀在前述测试中正常，则继续向其施加 18inHg 的真空，并起动发动机。真空度应降至零，且应关闭 EGR 阀。如果 EGR 阀没能如此做出反应，则更换它。

5. 诊断正背压式 EGR 阀

凭借压印在正背压式 EGR 阀零件号和日期代码旁边的字母"P"可以识别这类 EGR 阀。因为它的销轴是中空的，所以它的销轴比普通 EGR 阀的要粗些。中空的设计可使排气气流进入销轴并向上推动销轴。销轴受到来自排气系统正背压的推力而上升并封住控制阀。一旦控制阀关闭，它将允许施加的真空向上拉动膜片，当排气背压较低时，EGR 不能保持住真空，真空被泄放到大气中。随着发动机负荷的增加，发动机的排气背压也随之增加，从而导致 EGR 阀内的控制阀存住真空并向上开启。为了测试这个阀，可将发动机转速提高到 2000r/min 以建立背压，然后施加真空，此时 EGR 阀应开启，同时使转速下降 100r/min 或更多。正背压式 EGR 阀常用在简单的真空控制系统中和更复杂的脉宽调制的应用中。

6. 诊断数字式 EGR 阀

通用汽车（GM）的产品采用了全电子控制的数字式 EGR 阀。这类 EGR 阀有 2 个或 3 个常闭式的电磁阀。使用诊断仪可检查该类数字式 EGR 阀。起动发动机并使其怠速运转，在诊断仪上选择 EGR 控制，每次给一个电磁阀通电，随着每个电磁阀的动作，发动机转速应略有下降。

如果 EGR 阀没能做出正确响应，先确认 12V 电压已提供给电磁阀。随后检查电磁阀的电阻。在电磁阀电气端子之间跨接一个欧姆表（图 17-25），检查绕组是否开路、短路或电阻是否过大。如果其中任一个电磁阀的电阻读数不在规定范围内，则应更换 EGR 阀。检查 EGR 阀和 PCM 之间的所有接线，还要确保 EGR 阀的通道没有被阻塞或堵塞。为了清理通道和 EGR 阀，需要拆下它。

7. 诊断线性 EGR 阀

诊断线性 EGR 阀（图 17-26）的正确步骤因车辆品牌和年款的不同而不同，所以务必遵循车辆制造商在维修信息中推荐的步骤。诊断仪可用于诊断线性 EGR 阀，诊断时发动机应处于正常工

作温度。由于线性 EGR 阀有一个 EVP 传感器，因此可以在诊断仪上检查枢轴的实际位置。怠速时的枢轴位置不应大于 3%。可以操作诊断仪来控制枢轴到达特定的位置，例如 75%，枢轴应在 2s 内达到指令位置。在发动机怠速运转时，设定不同的枢轴位置，同时检查枢轴的实际位置，枢轴位置应始终在设定位置的 ±10% 范围内。

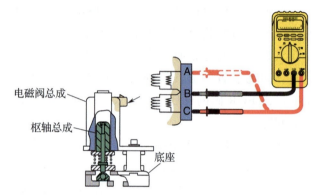

电磁阀总成
枢轴总成
底座

图 17-25 用欧姆表检查数字式 EGR 阀

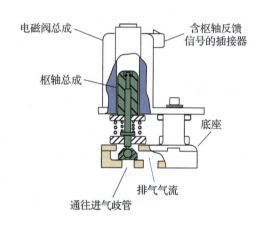

电磁阀总成
含枢轴反馈信号的插接器
枢轴总成
底座
排气气流
通往进气歧管

图 17-26 依靠电磁阀诊断枢轴的线性 EGR 阀

如果线性 EGR 控制阀未正常工作，检查 EGR 阀供电线路中的熔丝，还应检查从 EGR 控制阀至 PCM 的线路是否开路、接地和短路（图 17-27）。确认 EVP 传感器接收到 5V 参考电压信号，并确认传感器接地电路良好。如果这些都正常，应带着连接的线束拆下 EGR 阀，然后将数字式万用表跨接在 EGR 阀枢轴位置导线与接地之间，并用手向上推动枢轴，电压表读数应在大约 1~4.5V 之间变化。如果 EGR 阀的工作不正常，应更换。

8. 检查 EGR 效能

虽然 EGR 阀的大多数测试都包含了对 EGR 阀在正确时间打开和关闭能力的检查，但并没有

测试 EGR 阀实际要起的作用，即对 NO_x 排放量的控制，所以还应测试 EGR 系统是否实现了其作用。

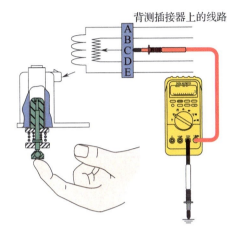

背测插接器上的线路

图 17-27　为检查线性 EGR 阀，测量插接器不同针脚上的电压

许多技师通过想象错误地断定，只要发动机在 EGR 阀开启时出现失速或怠速运转不良的现象，则 EGR 阀的工作就是正常的。这个测试实际上仅能反映 EGR 阀的关闭和开启，而一个良好的 EGR 阀可在实现上述功能的同时，还能使正确数量的排气进入所有气缸。EGR 阀通常在怠速时是处于关闭状态的，并在转速大约 2000r/min 时打开，这恰好是要对 EGR 系统进行检查的内容。

可使用五气体尾气分析仪检查 EGR 系统。先让发动机预热，然后将发动机转速提高到 2000r/min 左右。观察分析仪上的 NO_x 读数。在大多数情况下，NO_x 应低于 1000ppm，偶尔升高到 1000ppm 以上也是正常的，但如果 NO_x 含量持续高于 1000ppm，表明 EGR 系统没有起作用。有可能 EGR 阀中的排气通道已被积炭阻塞。

如果只有少量排气进入气缸，仍会有 NO_x 形成。被阻塞到仅剩 1/8in（约 3.18mm）的排气通道尽管能导致发动机怠速运转不良或失速，但仍不足以在发动机转速较高时控制住燃烧室内的温度。永远不要仅因为在 EGR 阀门完全打开时发动机出现怠速熄火就认定 EGR 通道正常。EGR 通道阻塞会导致进入气缸的 EGR 气体数量与通道未堵塞时完全不成比例，这时尽管会导致发动机运转不良，但不能在发动机正常运行期间充分控制 NO_x。

9. EGR 电子控制装置

在检查完 EGR 阀并且一切看起来都正常，而 EGR 系统又明显有问题时，应测试 EGR 控制装置。电子控制装置的故障通常会引发故障码。一般来讲，维修信息都给出了测试这些控制装置的具体说明，应始终遵循这些说明。

一些 EGR 阀是电子 / 机械式 EGR 阀。这类 EGR 阀的名称虽然根据其应用不同而不同，但它们的工作方式与单膜片式 EGR 阀相同，只是在 EGR 膜片上方添加了一个位置传感器。该传感器负责告诉 PCM 该 EGR 阀门已经打开的程度。这个位置传感器是一个电位计，因而会磨损。该传感器可以用 DMM 或示波器进行检查。它的波形应显示为一条随 EGR 阀开启和关闭的清晰扫描线。EGR 监测系统监测传感器的输出，只要传感器的电压读数过高或过低，就会设置故障码。

10. 测试 EGR 真空调节阀（EVR）

将欧姆表的一对引线连接到 EVR 端子上检查其绕组是否有开路和短路。欧姆表上的无穷大读数表示开路，而低于规定值的读数则意味着绕组存在短路。然后将欧姆表的引线从 EVR 电磁阀的一个端子连接到电磁阀的壳体上。这时应得到无穷大的读数，若欧姆表的读数较低则意味着绕组与外壳短路。诊断仪也可用于诊断 EVR 电磁阀的工作情况。

11. 测试排气温度传感器

为了测试排气温度传感器，可将其拆下并放在一个装有机油的容器中。将温度计放在机油中并加热该容器。将欧姆表引线连接到排气温度传感器的端子上。排气温度传感器在不同温度下的电阻值应在规定范围内。

> **车间提示**
>
> PCM 中的同一个驱动器可能控制多个输出。在 GM 汽车的计算机上，驱动器可以检测大电流。如果一个电磁线圈绕组短路，且该驱动器感应到大电流，则驱动器将关闭其控制的所有输出。这可以防止大电流造成的损坏。若 PCM 不能控制一个或多个驱动器，在更换 PCM 之前，务必先检查其输出的电磁线圈绕组电阻。电磁线圈绕组中的

电阻低于规定值则表明存在短路状况，而且这个问题可以解释 PCM 驱动器不控制输出的原因。此外，在某些 EGR 系统中，PCM 在车辆怠速和低速时是给 EVR 电磁阀通电的。如果是这种情况，PCM 将切断至 EGR 阀的真空。当有合适的输入信号可用时，PCM 将断开 EVR 电磁阀的电源，从而允许真空通往 EGR 阀。

17.6 催化转化器诊断

催化转化器监测器监测转化器贮氧的能力。贮存氧气尽管只是催化转化器的一项功能，却是体现催化转化器效率的一个极好的指标。随着催化转化器效率因热量和化学反应引起的劣化而下降，催化转化器贮氧的能力也下降。OBD-II 系统通过监测和比较来自安装在催化转化器前后的氧传感器的信号来判断催化转化器的转化效率。

当二次空气喷射和 EVAP 系统没有存储的故障码，且完成氧传感器的监测后，开始监测催化转化器。为了启动催化转化器效率监测器，需要来自 ECT、IAT、MAF、CKP、TP 和车速传感器的输入。在发动机已经暖机且所需的输入都有效后，PCM 将计算催化转化器是否已达到工作温度。如果已达到预定值，监测器将开始运行。PCM 查看前氧传感器和后氧传感器之间的信号变化来计算催化转化器的效率（图 17-28）。当后氧传感器的信号切换速率与前氧传感器的信号切换速率接近到某个预设值时，PCM 将设置与催化转化器效率有关的故障码 P0420 或 P0430。如果除了有与催化转化器效率有关的故障码外，还存储了其他的故障码，则应首先诊断并维修这些故障码。在解决了所有其他的问题，并完成一个驾驶循环后，再次检查是否还出现故障 P0420 或 P0430。

在正常工作状态，前氧传感器信号的切换要比后氧传感器的更频繁且幅度更大。后氧传感器信号只有较小的振幅。监测器比较每个传感器穿越中值的次数和信号的长度。当催化转化器已经失去其部分贮氧能力时，催化转化器后或下游的氧传感器信号将开始以更高的振幅和信号长度更

快地切换，该信号开始看起来更像来自前催化剂前或上游氧传感器的信号。

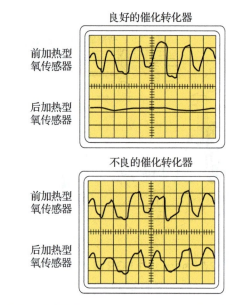

图 17-28 良好和不良的催化转化器前后氧传感器信号对比

当前、后氧传感器信号变得相似且在若干个驾驶循环中都维持上述状态时，PCM 将设置故障码并点亮 MIL。氧传感器的活动可用诊断仪或示波器监测，这样做将有助于确定是传感器不良还是催化转化器已经变差。出现与催化转化器相关联的故障码并总是代表该催化转化器已经变差。

许多其他原因也会导致这类故障码出现，例如二次空气系统中有小的泄漏、轻微失火导致额外的氧气进入排气气流、前氧传感器下游有排气泄漏。

一般来讲，催化转化器失效的原因是催化剂材料劣化或物理上受到损坏，所以应检查催化转化器是否有裂纹和凹陷。也有可能是催化转化器内部部件损坏或破裂。催化转化器内部的损伤可用橡皮榔头用力锤击催化转化器外壳的方式来检查，如果催化转化器发出咯咯声，则应更换它，而且也无需再做其他测试了。咯咯声表示催化转化器载体的基底已经松动，它很快将碎成小块。这个测试不用于确定催化转化器本身是否良好。

催化转化器本身的失效通常是因为催化剂材料被其他物质覆盖。这通常是燃油、密封剂被污染，使用了不正确的机油或冷却液进入排气气流造成的。这些物质的积聚降低了催化转化器还原

NO$_x$ 和氧化 HC 和 CO 的能力。

催化转化器过热会导致烧熔而阻塞排气的流动。过热的常见原因是发动机失火。催化转化器堵塞或排气上的任何阻塞都会导致发动机高速时功率不足、起动后熄火（完全堵塞时），或有时在进气歧管中产生回火放炮。

也可使用真空表测量发动机加速时的真空度。此外，检查排气或催化转化器是否阻塞的另一种方法是在排气歧管的氧传感器安装孔中接上一个压力表（图 17-29）。压力表安装就位后，使发动机转速保持在 2000r/min 并观察压力表，期望的压力读数应小于 1.25psi。非常明显的阻塞将会导致高于 2.75psi 的读数。

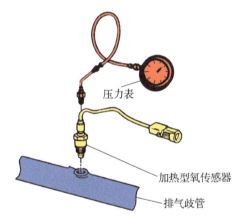

图 17-29　为了测量排气压力，在排气歧管的氧传感器安装孔中装上压力表

可以使用模式 \$06 的数据来监测 PCM 在如何测量催化剂效率。随着催化剂老化和效率降低，模式 \$06 的数据将显示出催化剂监测器指数比的增加。

（1）贮氧能力测试　贮氧能力测试是基于一个好的催化转化器能够贮存氧气这一客观事实。首先使四气体或五气体尾气分析仪预热，然后停用车辆上的空气喷射系统（图 17-30），在催化转化器完成预热后，将尾气分析仪的探头插入排气尾管，使发动机保持在 2000r/min，并观察 O$_2$ 的读数。一旦数值停止下降，查看尾气分析仪上的 O$_2$ 读数。O$_2$ 的读数应大约为 0%，这表明该催化转化器已使用了可用的氧气。如果 O$_2$ 读数从未接近 0%，则可能需要在进气中添加一些丙烷后再次测试，直到催化转化器中贮存的所有氧气都已耗尽。在 O$_2$ 读数下降后，立即快速打开节气门，同时观察 CO 刚开始增加时的 O$_2$ 读数。如果此时 O$_2$ 读数超过 1.2%，则该催化转化器未通过该测试。

图 17-30　测试催化转化器的贮氧能力前，先停用空气喷射系统

（2）检查催化转化器效率　这个测试使用了一个检查催化转化器效率的基本原理。在开始该测试之前，确保催化转化器已预热，且没有点火系统故障、真空泄漏或燃油阻塞等问题。停用空气喷射系统，然后断开氧传感器。校准四气体或五气体尾气分析仪后，将探头插入排气尾管。用丙烷加浓工具（图 17-31）加浓空气燃油混合气，直到 CO 读数约为 2%。然后重新启用空气喷射系统，并观察 HC、CO 和 O$_2$ 的读数。如果该催化转化器工作正常，则 O$_2$ 应在重新启用空气喷射系统后增加，且 HC 和 CO 应减少。如果 O$_2$ 增加，但 CO 和 HC 变化不大，或 O$_2$ 高于 CO 且 CO 大于 0.5%，则催化转化器有故障。如果 O$_2$ 低于 CO，则表明催化转化器没能氧化 HC 和 CO。

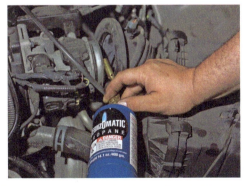

图 17-31　检查催化转化器效率时，可能需要在进气中喷入一些丙烷以加浓混合气

17.7 空气系统的诊断与维修

并非所有的发动机都配有二次空气喷射系统，只有需要满足对此有要求的排放标准时才配备它们，所以二次空气喷射系统对于配备它们的发动机的合规排放至关重要。每个系统都有自己的测试步骤，因此应始终遵循制造商的建议进行测试。

大多数二次空气喷射系统是由计算机控制的，并依靠电磁阀来控制空气是流向排气歧管还是催化转化器。当系统处于闭环控制时，来自空气喷射系统的空气必须远离氧传感器。一些系统有一个切换阀，它允许少量的空气流过氧传感器。计算机知道并相应调整流过氧传感器的空气数量。在切换阀关闭时流过它的空气量有时会标明在其壳体上。二次空气泵上至少有两个管道。进气管道是两个管道中较大的一个，并连接至空气滤清器总成或一个小型的专用空气滤清器上。输出管路运送输出的空气通过切换阀并进入排气。

1. 二次空气监测器

二次空气喷射系统的运行由 OBD-Ⅱ的监测器检查。该监测器监测二次空气喷射系统的整个电气电路，特别是电动空气泵（如配备）及其继电器。它检查电路是否短路、开路和电阻是否过高。监测器通过来自氧传感器的输入来检查系统将空气喷入排气气流的能力。这是通过比较二次空气喷射系统关闭和接通时的氧传感器信号来实现的。此外还检查空气泵和空气管道的状况。

除了满足启用条件外，该监测器只有在空气喷射系统工作时才会运行。如果电磁阀及其相关线路存在故障，大多数二次空气喷射系统都会在PCM 中设置故障码。在某些空气喷射系统中，如果来自空气泵的气流持续处在上游或下游，则在PCM 存储器中将会设置故障码。在进一步对该系统进行诊断之前，应先用诊断仪检查是否存在与二次空气喷射系统相关的任何故障码并修复相关的故障。当检测到故障时，将设置待定的故障码，如果在 2 个连续的行驶循环中都检测到该故障，将点亮 MIL。

新型的二次空气喷射系统使用由 PCM 控制的电动空气泵（图 17-32）。这类系统有一个二次空气电磁阀及其继电器。当 PCM 为继电器提供接地时，蓄电池电压会施加给该电磁阀和空气泵。通常来说，如果其中任何一个部件失效，或者软管或单向截止阀泄漏都会产生故障码。可用诊断仪对该系统进行快速检查。

图 17-32 电动空气泵

设置诊断仪以观察氧传感器的信号电压。起动发动机并使其怠速运转。在发动机达到正常工作温度后，启用空气系统并检查氧传感器的信号电压。如果电压是较低的，则表明空气泵、电磁阀和切断阀正在正常工作。如果电压不是较低的，则需要检查和测试系统的每个部件。出于测试目的，大多数具有双向通信能力的诊断仪都可接通空气泵用于测试。

2. 诊断和维修二次空气喷射系统

诊断二次空气喷射系统的第一步是检查空气喷射系统中的所有真空软管和电气连接。大多数传动带驱动的空气泵在带轮后面都有一个离心式过滤器，用来防止污物进入泵内。空气通过这个过滤器后进入空气泵。带轮和过滤器用螺栓固定在泵轴上并可单独维修（图 17-33）。如果带轮或滤清器变形、磨损或损坏，应更换。还应检查空气泵传动带的状况和张力，必要时予以纠正。这种空气泵总成一般是不进行维修的。

在某些空气系统中，压力释放阀安装在空气旁通（AIRB）和空气分配（AIRD）阀中。其他的空气系统的压力释放阀安装在泵中。如果阀卡在打开位置，则会持续将来自空气泵的气流通过压力释放阀排出，这会导致尾管排出的排放物浓度过高。

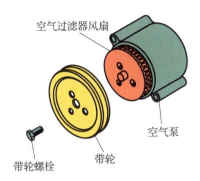

空气过滤器风扇

空气泵

带轮螺栓　带轮

图 17-33　空气泵带轮和过滤器总成

如果二次空气系统中的软管显示有烧灼的迹象，则是单向止回阀泄漏，使排气进入该系统。空气歧管和管路泄漏会导致排气泄漏和过大的噪声。

如果空气系统在发动机暖机期间没有将空气泵入发动机排气口，会使该状态下的 HC 排放增加，而且氧传感器需要更长时间才能达到正常工作温度。在这种情况下，PCM 保持在开环的时间会更长。由于混合气在开环控制时较浓，使燃油经济性降低。

当空气系统在发动机处于正常工作温度下将空气泵入发动机排气口时，排气气流中额外的空气会使氧传感器发出混合气变稀的信号，此时 PCM 将通过提供更浓的混合气来响应混合气变稀的信号，使燃油消耗增加，而且车辆也肯定会因不应有的空气流经氧传感器而不能通过排放测试。如果氧传感器始终向计算机发送混合气较稀的信号，应检查空气喷射系统。

3. 诊断噪声

空气喷射系统中的泄漏会引起噪声。根据泄漏位置的不同，它可能听起来像排气泄漏或嘶嘶声。要证实系统是否泄漏，可断开切换阀或组合阀的压力管，在堵住该软管末端的同时运转空气泵。通常情况下，漏气声会被放大，因而可更容易发现。空气泵本身也可能是泄漏源，空气泵泄漏通常在泵运转时会产生一种哨声。有时候在空气泵运转时可通过感觉泵的周围是否有空气流动来检查泄漏源。常见的泄漏源是泵轴的密封件不良或松动。

空气泵本身的问题也可能是产生噪声的原因。空气泵的一种常见噪声是只有在泵运转时才能听到的咯咯声。产生这种噪声的常见原因是空气泵的安装支架磨损或损坏。

4. 测试空气喷射系统效能

当二次空气喷射系统正常工作时，HC、CO 和 CO_2 减少，O_2 增加。在二次空气喷射系统接通（启用）的情况下，以约 1500r/min 运转发动机，用尾气分析仪测量并记录被测气体的排放值。接下来禁用二次空气喷射系统并继续让发动机怠速运转，然后再次测量并记录排气气流体中的被测气体值。氧传感器读数至少应比启用空气喷射系统时低 4%。小于这个百分比表明二次空气喷射系统有问题。

5. 诊断空气喷射系统部件

并非所有的二次空气喷射系统都有相同的部件。以下是目前空气喷射系统使用的一些较为常见的部件。

（1）AIRB 电磁阀和 AIRD 电磁阀　在发动机起动时，注意听空气是否短时从 AIRB 阀排出。如果没有空气排出，拆下 AIRB 阀的真空软管并起动发动机。如果空气此时从 AIRB 阀排出，则检查 AIRB 电磁阀及其连接线。如果仍没有空气从 AIRB 阀排出，则检查从空气泵到 AIRB 阀的空气供给。如果有空气供给，则更换 AIRB 阀。

在发动机暖机期间，从 AIRD 控制阀上取下至排气口的管路，并检查该管路中是否有空气流出。如果有，则该系统在此模式下正在正常地工作。当没有空气从该管路中流出时，从 AIRD 控制阀上取下真空软管，并在该软管上连接真空表。如果真空度高于 12inHg，则更换 AIRD 阀。如果真空度为零，检查真空软管、AIRD 电磁阀及其连接线。

在发动机处于正常工作温度时，断开 AIRD 阀和催化转化器之间的空气管路，并检查是否有气流从该管路流出。当有气流时，则说明该系统在下游模式中是正常的。如果该管路没有气流流出，则断开 AIRD 控制阀上的真空软管，并在该软管上连接真空表。如果真空表显示真空度为零，则更换 AIRD 阀。如果真空表上显示有些真空，则检查软管、AIRD 电磁阀及其连接线。

（2）组合阀　组合阀通常是二次空气监测系统的一部分，可以用手动真空泵进行快速检查。组合阀在施加真空时应该打开，如果没有，则更换

它。如果它可以打开，应检查该阀上是否有足够的真空源，以及控制给该组合阀提供真空的电磁阀。

（3）单向止回阀　所有类型的空气喷射系统至少在一件事上是相同的，即都会配有单向止回阀。该止回阀打开时允许空气进入，而在关闭时阻止排气排出。可使用尾气分析仪检查该单向止回阀。起动发动机并将尾气分析仪的探头保持在单向止回阀端口附近。如果尾气分析仪显示存在任何数量的 CO 或 CO_2，则表明该止回阀已泄漏。如果止回阀泄漏，也会使较热的排气泄漏，这可能会毁坏空气喷射系统中的其他部件。

3C：问题（Concern）、原因（Cause）、纠正（Correction）

维修工单					
年份：2000	制造商：本田	车型：思域	里程：148951mile		单号：19214
问题	客户陈述机油从发动机的软管中泄漏。				
技师检查了发动机舱，发现机油出自进气软管和空气滤清器总成。拆下后，发现进气软管和空气滤芯下方积有机油油液，因此认为机油可能是 PCV 系统的故障造成的，进而检查了 PCV 阀和其软管。					
原因	发现 PCV 软管已凹陷。				
纠正	更换了 PCV 阀和其软管，清洁了进气管路和空气滤清器，当时未再发现其他漏油。				

17.8 总结

- 发动机排气的质量取决于排放控制装置的有效性和发动机的效率。
- 汽油发动机中受控的三种排放物是未燃烧的碳氢化合物（HC）、一氧化碳（CO）和氮氧化物（NO_x）。
- 美国大多数州和地方要求一年进行一次排放检查，其中最常见的是 OBD-Ⅱ系统测试。
- 底盘测功机不仅可应用在 I/M 240 测试中，而且在诊断其他驾驶性的问题时也非常有用，包括查找功率不足、过热和车速表精度问题的原因。
- I/M 240 测试的报告显示了在不同的测试车速和负荷下车辆排出的各受控气体的数量。在诊断排放或发动机问题时，这些信息是非常有用的。
- 尾气分析仪用来检测发动机的排气质量，它可以反映发动机内燃烧过程进行的质量。
- 未燃烧的碳氢化合物是燃烧过程中未燃烧的

燃油颗粒，它们存在于排气和曲轴箱燃油蒸气中。

- 当没有足够的氧气在燃烧过程中与碳氢化合物相结合时，就会形成一氧化碳。
- NO_x 读数高表示燃烧温度高。
- CO_2 是期望的排气成分，而且只有在燃烧时才会形成。
- O_2 用于将 CO 和 HC 氧化成水和 CO_2，因此希望尾气中 O_2 含量尽可能低。
- OBD-Ⅱ系统监测会影响尾管或蒸发物排放的排放控制系统和部件。
- EVAP 系统可以用诊断仪、DMM、手动真空泵、压力表和泄漏检测仪测试。
- PCV 系统最常见的检查方法是目视检查或用尾气分析仪检查。
- EGR 系统可以目视检查，也可以用故障诊断仪、尾气分析仪、手动真空泵或 DMM 检查。
- 检查催化转化器效率和运行的常用方法是监测催化转化器前后的氧传感器信号和检索故障码，或进行催化转化器前后温度差、贮氧能力和

效率测试。

• 二次空气喷射系统通常用诊断仪或尾气分析仪检查。

17.9 复习题

1. 思考题

1）较浓的混合气导致 HC 排放（　　）。

2）EGR 流量过小将导致什么样的结果？什么原因会导致 EGR 流量减少？

3）充满液体或水的活性炭罐将造成什么样的后果？

4）如果 PCV 阀卡在打开位置将会发生什么情况？

5）为何 OBD-Ⅱ系统测试正在取代 I/M 240 和类似测试？

6）如何测试二次空气喷射系统的运行？

7）HC 排放过高的 5 个常见原因是哪些？

8）一氧化碳（CO）排放与空燃比的关系是怎样的？

2. 单选题

1）EGR 阀不能完全关闭**不会**导致以下哪种情况？（　　）

　A. 无法起动　　　　　　　B. 失速

　C. 涌动　　　　　　　　　D. 爆燃

2）催化转化器堵塞**不会**导致以下哪种情况？（　　）

　A. 发动机起动后失速

　B. 进气歧管回火放炮

　C. 发动机真空度下降

　D. 高速时的功率需求增加

3）下列哪一项关于 EVAP 系统的表述是**不正确**的？（　　）

　A. 当发动机高速运转时，如果系统正在净化活性炭罐中的燃油蒸气，将出现发动机运转不畅的情况

　B. 破裂的软管或汽油饱和的活性炭罐可能会使汽油蒸气逸出到大气中，从而导致车内和其周围有汽油气味

　C. 怠速不畅、油淹和其他类似的情况可以表明活性炭罐已饱和

　D. 系统中的真空泄漏会导致起动和性能方面的问题

4）随着催化转化器开始劣化，来自催化器后氧传感器的信号将变得（　　）催化器前氧传感器的信号。

　A. 短于　　　　　　　　　B. 类似于

　C. 大于　　　　　　　　　D. 平于

5）在测试过程中，EVAP 压力测试仪通常对系统施加多少压力？（　　）

　A. 14inHg　　　　　　　　B. 14psi

　C. $1inH_2O$　　　　　　　D. 0.5psi

6）在 I/M 240 测试过程中，通常不测量下述的哪种排气气体？（　　）

　A. HC　　　　　　　　　　B. O_2

　C. NO_x　　　　　　　　　D. CO

3. ASE 类型复习题

1）一辆汽车已设置了排气过稀的故障码，且氧传感器的数据显示排气非常稀薄。技师 A 说二次空气喷射系统有故障可能是其原因。技师 B 说 EGR 堵塞可能是其原因。谁是正确的？（　　）

　A. 仅技师 A 正确

　B. 仅技师 B 正确

　C. 技师 A 和 B 都正确

　D. 技师 A 和 B 都不正确

2）在讨论测试催化转化器的正确方法时，技师 A 说可以将压力表装在氧传感器安装孔中测量由催化转化器产生的背压。技师 B 说用真空表可以在发动机急加速时检查催化转化器中的阻塞情况。谁是正确的？（　　）

　A. 仅技师 A 正确

　B. 仅技师 B 正确

　C. 技师 A 和 B 都正确

　D. 技师 A 和 B 都不正确

3）在讨论尾管排放和气缸失火时，技师 A 说气缸失火会导致 HC 排放的显著增加。技师 B 说气缸失火会导致 CO 排放显著增加。谁是正确的？（　　）

　A. 仅技师 A 正确

　B. 仅技师 B 正确

　C. 技师 A 和 B 都正确

　D. 技师 A 和 B 都不正确

4）在讨论催化转化器的诊断时，技师 A 说应该检查模式 $06 的数据。技师 B 说催化转化器的状态良好可以根据排气中较低的 CO_2 含量看出来。谁是正确的？（　　）

A. 仅技师 A 正确

B. 仅技师 B 正确

C. 技师 A 和 B 都正确

D. 技师 A 和 B 都不正确

5）在讨论 EGR 阀的诊断时，技师 A 说如果 EGR 阀没有打开，发动机加速可能会迟缓。技师 B 说如果 EGR 阀没有打开，发动机在加速时可能出现爆燃。谁是正确的？（　　）

A. 仅技师 A 正确

B. 仅技师 B 正确

C. 技师 A 和 B 都正确

D. 技师 A 和 B 都不正确

6）在讨论 EGR 阀的诊断时，技师 A 说有缺陷的节气门位置传感器会影响 EGR 阀的工作。技师 B 说有缺陷的发动机冷却液温度（ECT）传感器会影响 EGR 阀的工作。谁是正确的？（　　）

A. 仅技师 A 正确

B. 仅技师 B 正确

C. 技师 A 和 B 都正确

D. 技师 A 和 B 都不正确

7）在讨论正背压式 EGR 阀的诊断时，技师 A 说在发动机怠速运转时，如果使用手动真空泵提供真空给 EGR 阀，其阀门应在 12inHg 时打开。技师 B 说在发动机不运转的情况下，应释放提供给 EGR 阀的所有真空，且 EGR 阀的膜片不应移动。谁是正确的？（　　）

A. 仅技师 A 正确

B. 仅技师 B 正确

C. 技师 A 和 B 都正确

D. 技师 A 和 B 都不正确

8）在诊断 PCV 问题时，技师 A 说 PCV 阀卡在打开位置会导致比正常混合气更浓的空气燃油混合气。技师 B 说空气滤清器总成中出现机油可能是 PCV 软管堵塞导致的。谁是正确的？（　　）

A. 仅技师 A 正确

B. 仅技师 B 正确

C. 技师 A 和 B 都正确

D. 技师 A 和 B 都不正确

9）技师 A 说在发动机暖机过程中，二次空气喷射系统应将空气泵入排气歧管。技师 B 说可以用尾气分析仪检查二次空气喷射系统的单向止回阀。谁是正确的？（　　）

A. 仅技师 A 正确

B. 仅技师 B 正确

C. 技师 A 和 B 都正确

D. 技师 A 和 B 都不正确

10）在讨论 PCV 系统的诊断时，技师 A 说有缺陷的 PCV 阀会导致怠速运转不畅。技师 B 说 PCV 系统的良好运行依赖发动机的良好密封。谁是正确的？（　　）

A. 仅技师 A 正确

B. 仅技师 B 正确

C. 技师 A 和 B 都正确

D. 技师 A 和 B 都不正确

11）在讨论 EVAP 测试时，技师 A 说大多数原始设备制造商（OEM）建议使用车间内的清洁高压空气来对系统加压以测试是否泄漏。技师 B 说在使用烟雾发生器检查系统时，通常用氮气驱使烟雾通过 EVAP 系统。谁是正确的？（　　）

A. 仅技师 A 正确

B. 仅技师 B 正确

C. 技师 A 和 B 都正确

D. 技师 A 和 B 都不正确

第 18 章
柴油发动机简介

学习目标

- 能够简述柴油发动机的基本工作过程。
- 能够了解当前轻型柴油发动机上常见的排放控制装置。

18.1 柴油发动机的特点

尽管柴油发动机主要的机械部件与汽油发动机有许多相似之处，但其燃烧循环压力和机械负荷要比汽油发动机高很多，这是因为其点火方式采用的是压燃式，即喷射到柴油发动机中的燃油与高温高压的新鲜空气混合并由压缩产生的热量引燃。非增压的柴油发动机需要至少 16：1 的压缩比来压缩进入气缸的空气，直到其温度达到约 1000℉（约 538℃）。由高压缩比产生的高压缩压力使柴油发动机的燃油效率比汽油发动机高，并产生高的转矩，所以柴油发动机被制造得比同排量的汽油发动机更坚固，以承受极高的压缩和燃烧压力。此外，由于柴油发动机产生的功率低于同排量的汽油发动机，因此为了提供所需的功率，就要增加发动机的排量，从而导致柴油发动机的体积和重量增加，但柴油发动机的使用寿命通常也更长。

柴油发动机，尤其是那些配备涡轮增压器的柴油发动机（图 18-1），在发动机低转速时会产生可观的转矩。柴油发动机有着比汽油发动机更长的活塞行程。较长的行程和较长的燃烧时间产生了较高的转矩输出。柴油发动机上使用的涡轮增压器可以提供高达 30psi（约 207kPa）的增压压力，这远远超过汽油发动机的承受能力。这种增压可显著增加发动机的输出（图 18-2）。柴油发动机浪费的热量还更少，这意味着燃料中的能量能更多地用来为车辆提供动力。

图 18-1　装有涡轮增压器的新型车用柴油发动机

柴油发动机的燃油效率高还因为没有节气门，因而发动机的进气不会受到节流损失的影响。发动机的转速和功率输出由喷入气缸的燃油量来控制。需要注意的是，许多较新的柴油发动机可能有一个节气门，但其通常用于排放控制系统，而不是来用来控制发动机的转速和输出功率。

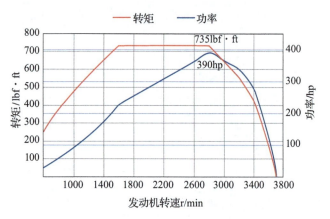

图 18-2　福特新型 Power Stroke 柴油发动机的功率和转矩曲线

注：1lbf·ft≈1.36N·m，1hp=745.7W。

以往人们普遍认为，柴油车通常比汽油车更贵；柴油车噪声比汽油车大；柴油比汽油贵，且在美国只有一半的加油站可提供柴油；柴油气味大；柴油车尾气排放差（主要是碳烟和 NO_x）；柴油车天气寒冷时起动困难。

在 20 世纪 80 年代初，一些制造商曾在北美提供过以柴油发动机为动力源的汽车，但因为它们的噪声大、不可靠且脏污，这种趋势很快就终结了。然而，随着技术的进步和低硫柴油的出现，轿车和轻型货车应用柴油发动机变得日益普遍。当前的柴油发动机非常耐用，而且更清洁的燃油和新技术的采用，例如 PCM 控制的燃油喷射系统和 EGR 阀、PCV 阀、催化转化器以及颗粒捕集器，使当前的柴油发动机能有与汽油发动机相媲美的排放水平。而且新技术的采用还使柴油发动机的运转更加平稳和安静。

几乎所有轿车、轻型和中型货车的柴油发动机都是基于四行程循环原理的（图 18-3）。柴油发动机与汽油发动机在工作循环上的主要区别在做功行程。由于柴油发动机所需的燃油是在处于压缩行程的活塞接近其上止点时才喷入，并由在压缩行程期间产生的高温使混合气自燃，实际的燃烧过程可分为 3 个单独的阶段（图 18-4）。

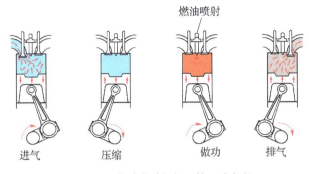

图 18-3　柴油发动机循环的 4 个行程

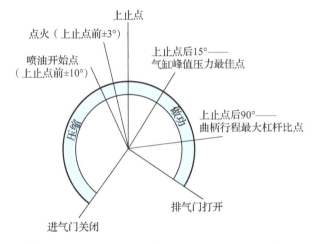

图 18-4　柴油发动机在压缩和做功行程中发生的事情

　　燃油在压缩行程快结束时喷入，但燃烧不会立即开始，也就是说实际点火是延迟的，这个点火延迟的时间取决于燃油的十六烷值。一旦燃油开始燃烧，气缸中的压力急剧增加，然后是燃烧室中剩余的燃料开始燃烧，而且这个过程会一直持续到所有与空气混合的燃油都燃烧完为止。

　　柴油发动机的空气燃油混合气可以从满负荷时 8.5∶1 的浓混合气变化到怠速时 20∶1 的稀混合气。为了获得最佳性能，需要精确地控制发动机的喷油时刻以使气缸压力峰值出现在上止点后 10°～20°。

18.2　柴油喷射系统

　　所有柴油发动机都使用燃油喷射方式，但旧式的柴油发动机曾使用过机械式直列泵和分配泵，它们由发动机驱动，并根据发动机的点火顺序向喷油器提供燃油。尽管后来出现了电控的直列泵和分配泵，但随着排放法规的日益严格，它们都早已被淘汰了。

　　当前的大多数柴油发动机都使用直接燃油喷射，即在喷射过程中将燃油直接喷入气缸。在采用间接喷射（IDI）的柴油发动机中，先将燃油喷入一个小的预燃室，该预燃室通过一个小的开口与燃烧室连接。初始燃烧发生在这个预燃室中。这样可降低燃烧速率，从而降低发动机噪声。早期的 IDI 系统是机械控制的，高压油泵不仅提供燃油系统压力，还控制喷油的定时，这种系统早已不再使用了。

　　当前的大多数柴油发动机都采用共轨式燃油喷射系统。在这类系统中，一个由发动机驱动的高压燃油泵对燃油加压并按所需的压力将燃油输送给燃油导轨，喷油器通过高压油管与燃油导轨连接，高压燃油泵可提供最高达 26000psi（约179.26MPa）或以上的燃油压力。在共轨式燃油喷射系统中，计算机精确地控制喷油器向各个气缸喷射燃油的时刻和喷油量。

1. 电子单元喷射（EUI）

　　自 20 世纪 80 年代以来的一段时期内一直使用电子单元喷射（Electronic Unit Injection，EUI）系统，但该系统主要用于重型货车。直到 2010 年前，大众汽车公司还在其 TDI 发动机中使用这类系统（图 18-5）。从那之后，它们开始改用共轨式燃油喷射系统。

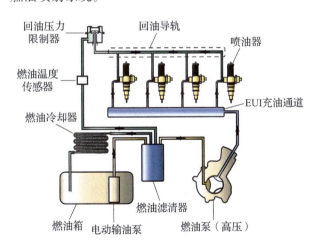

图 18-5　大众汽车公司在 2010 年前使用的 TDI EUI
燃油系统

　　在这类系统中，喷油器的压力来自凸轮轴驱动的高压油泵，但喷入气缸的燃油量和喷油时间是由发动机的 PCM 控制的。该系统虽然有效，但它无法满足当前的驾驶需求和排放标准的喷油精确控制要求从而已被淘汰。

2. 液压电子式单元喷射（HEUI）

液压电子式单元喷射（Hydraulic Electronic Unit Injection，HEUI）系统依靠发动机的机油压力通过压下每个喷油器内的膜片来开启喷油器（图 18-6）。该膜片反向推动喷油器内的燃油并将其从 3000psi（约 20.68MPa）加压到 21000psi（约 144.79MPa），使处于该压力下的燃油直接喷射入气缸中。由于该系统中的喷油器可以对要配送给气缸的燃油进行加压，所以不再需要昂贵且难以控制的高压燃油泵。

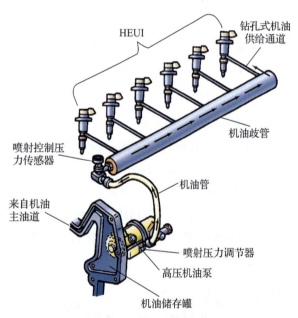

图 18-6 发动机的机油系统在 PCM 允许时强制 HEUI 喷油器开启

这类系统在 2010 年之前曾被广泛使用。福特 6.0、6.4 和 7.3 Power Stroke 柴油机中使用的系统由下述部件组成：发动机高压机油泵和机油储存罐、发动机机油压力调节器、高压（步进）泵、驱动油压传感器、气缸盖中用于燃油流向喷油器的通道、HEUI 喷油器、电子控制模块（ECM）。

（1）工作过程 燃油通过燃油泵从燃油箱中泵出，并在低压下通过燃油管路和燃油滤清器、油水分离器和燃油加热器，然后输送到气缸盖中的燃油通道或燃油导轨。来自发动机润滑系统的

机油被泵入高压机油泵，该泵将发动机机油的压力增加到一个精确控制的量。发动机机油的路径包括返回机油箱。被加压的机油随后送到喷油器，加压机油的出现驱使喷油器开启。PCM 控制压力的建立，并将机油的实际驱动压力控制在 485psi（约 3.34MPa）~4000psi（约 27.58MPa）之间，并由此控制喷入气缸的燃油量。

（2）正确维护的重要性 在配备 HEUI 系统的发动机中使用正确类型的机油非常重要。遵守严格的机油更换周期也非常重要。由于发动机的机油是要驱动喷油器的，所以使用牌号错误的或受污染的机油会导致 HEUI 喷油器出现问题。

3. 共轨式燃油喷射系统

从 2010 年开始，几乎所有在干线公路上行驶的柴油车辆都使用共轨（CR）式燃油喷射系统。CR 式燃油喷射系统（简称 CR 系统）除了可使发动机满足柴油排放标准和燃油经济性的要求外，还提供了更低的发动机噪声水平、均衡的发动机气缸压力、不依赖发动机转速的高喷射压力，以及使喷油器可以在 on 和 off 之间高速切换，并可在每个做功行程中进行多达 7 次喷射。

当前大多数轻型柴油发动机都使用共轨式燃油喷射系统。这类系统使用高压力并将该压力均等地提供给所有喷油器，这使 PCM 能够精确地控制和监测喷入气缸的燃油量。高压的燃油喷入气缸改善了燃油的雾化，再加上精确的喷油定时，使发动机可以运转地更加清洁和安静。共轨式柴油喷射系统使用电磁阀或压电晶体驱动的喷油器。

CR 系统将高压燃油输送到各个喷油器的燃油导轨中（图 18-7）。由于喷油器是电子控制的，因此在每个喷油器处都可瞬时获得加压后的燃油。每一个电液型喷油器（EHI）的开启和关闭都是由 PCM 控制的。一些新型的 CR 系统在喷油器上有一个可增加燃油压力的压力增强器。每个喷油器位于活塞正上方，通过钢制的高压油管与燃油导轨连接。喷入气缸的燃油量和压力由 PCM 控制。

（1）高压燃油泵 向燃油导轨供油的高压燃油泵通常是一个带有三个柱塞的总成。它由曲轴或凸轮轴驱动。较高的燃油压力对于喷油器喷射良好雾化的燃油是非常必要的。CR 系统的燃油

可以在高达 30000psi（约 206.84MPa）的压力下喷射。

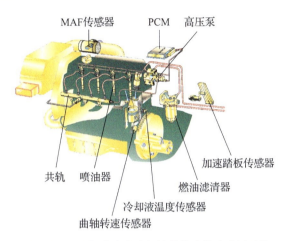

图 18-7 四缸柴油发动机的共轨式燃油喷射系统

（2）喷油器控制 在所有典型的新型计算机控制系统中，有一个对 CR 系统进行控制的处理器，该处理器根据接收到的输入来监测运行状况，并控制某些输出按指令的方式做出反应以确保 CR 系统有效运行。处理器与输入和输出之间的通信可以通过数字或是模拟信号。需要注意的是，当 CR 系统工作正常时，发动机的运转要比普通柴油发动机安静得多。

在典型的非 CR 发动机中，在每个做功行程前后只会喷射一次燃油。当燃油喷射后，它需要一段时间才能充分混合起燃。一旦起燃，所有喷入的燃油会迅速燃烧，从而导致燃烧室中的压力急剧增加。这导致了柴油发动机中常见的敲击声。在 CR 系统中，喷射周期以 1~2 次非常小燃油量的喷射开始，这称为预喷射。这种预喷射产生的预先燃烧加热了燃烧室中的空气。当主喷射随后将每个燃烧循环所需的剩余燃油喷入时，燃油将会迅速燃烧。预喷射降低了主喷射出现时燃烧产生的粗糙噪声。CR 系统在每个气缸的每个循环中可喷射多次，在燃烧接近结束时进行的喷射是为了降低气缸内的温度和控制排放。

（3）处理 PCM 根据各种传感器的输入控制燃油压力和喷油器的喷油定时。所用的方法是使用燃油喷射量查找表（MAP 图），PCM 获取输入信号，将它们与其存储器中存储的指令进行比较，然后生成适合的输出，以提供排放和效率最优的

喷射活动。

PCM 与它所需的输入和输出是通过多路传输系统通信的。CAN-C（图 18-8）是一种串行数据总线，它可以连接多达 15 个不同的控制模块，而且还可以通过网关与其他模块进行通信。CAN-C 是一种双绞线的两线式串行数据总线，它一次只能处理一条信息，但由于信息是以接近光速的速度传输到总线的，所有可在一秒钟内发送和接收大量的信息（图 18-9）。

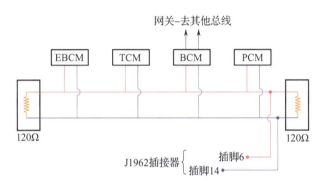

图 18-8 典型的串行数据总线

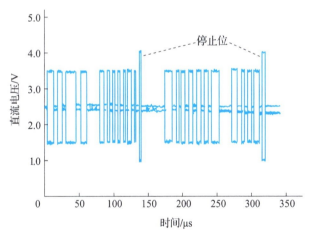

图 18-9 CAN 波形

注：功能正常的 CAN 波形自始至终显示 2.0V 的电位差，CAN-H 与 CAN-L 之间的 3.0V 电位差表示该报文结束。

（4）输入 有许多不同的输入向 PCM 提供发动机当前的状况，其中许多输入与其他柴油发动机和汽油发动机上所用的相同，并通过动力系统总线被有关控制模块使用。与其他的发动机控制系统不同的是，CR 系统还监测环境空气温度，以便在寒冷天气中推迟发动机的喷油正时以使起动更容易。

该系统还包括一个燃油导轨压力（Fuel Rail

Pressure，FRP）传感器。FRP 传感器将实际燃油压力发送给 PCM。FRP 传感器用螺纹拧紧在燃油导轨上，它是一种 3 线的可变电容式传感器。PCM 提供一个 5V 参考信号，FRP 传感器将其中反映燃油压力的部分电压信号发送给 PCM。为了向 PCM 提供反馈，该 FRP 传感器持续监测燃油导轨内的燃油压力。

在燃油细滤清器和高压燃油泵中间的燃油管路中还有一个燃油导轨温度（Fuel Rail Temperature，FRT）传感器。PCM 监测进入高压泵之前的燃油温度。由于燃油温度影响燃油黏度（密度），因此，PCM 使用此输入来控制燃油压力，而不管燃油的实际温度如何。

一些轻型柴油发动机有一个电子节气门总成，但它不像汽油发动机那样用来控制发动机的输出，而是根据工况需求控制进气量以减少 NOx 的排放。由于柴油发动机没有节气门板，所以控制发动机转速的唯一方式是控制喷入发动机的燃油量。线控节气门的系统不使用从加速踏板到喷油泵的机械联动机构，而使用加速踏板位置（APP）传感器。该传感器实际上是集成在一个总成内的 3 个独立传感器，它根据加速踏板的位置改变输入给 PCM 的电压。PCM 接收这 3 个传感器中每一个的电压信号，并将它们与没有故障时应有的电压信号比较。如果检测到错误，通常会降低发动机转速及车速，以使系统在传感器输入信号存在差异的情况下仍能继续运行。

（5）输出　在 CR 系统中，控制燃油供给的主要装置有燃油导轨压力控制阀、喷油器和预热塞。燃油导轨中的燃油压力由 PCM 根据燃油导轨压力通过对压力控制阀的输入来控制。压力控制阀是一个线性比例电磁阀，它控制滑阀将高压燃油输送到燃油导轨，或输送到回油管路。

喷油器可以由电磁阀或压电电子装置驱动。压电喷油器用于新型的 CR 系统，因为它们可以非常快地响应 PCM 的指令。由于计算机控制了喷油器，也就控制了燃烧，所以能以最低的噪声和较低的尾气排放提供最大的发动机效率。

（6）预热塞　大多数新型柴油发动机都有电子控制装置，以使发动机在寒冷天气里也能

容易起动，并使发动机在各总成还处在冷态时即可平稳运转。然而有一些柴油发动机采用预热塞（图 18-10）来加热进气，以帮助发动机在寒冷天气下起动和运转。当柴油发动机的温度很低时，在其压缩行程中可能无法将进入气缸的空气温度升高到足以使混合气自燃。预热塞用来加热空气，它们是一种电压 12V 的加热元件，通过提供热量来帮助混合气点燃，从而帮助改善发动机冷起动的性能。

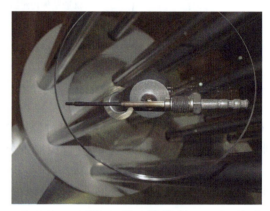

图 18-10　电预热塞

大多数预热塞是由 PCM 控制的，PCM 监测发动机温度和进气温度，并根据发动机的温度使预热塞循环通电和关闭。PCM 在发动机起动后还将保持预热塞通电，以改善发动机在起动后的怠速运转。

4. 喷油器

喷油器是将燃料配送到发动机各气缸的部件。喷油器是用旋入或夹紧的方式安装在气缸盖上的，每个气缸上有一个喷油器。许多喷油器都属于弹簧加载阀类型，即当喷油器被驱动并克服弹簧力时，将燃油喷射到燃烧室或预燃室中。目前几乎所有的柴油发动机都采用电液式多孔喷油器。

具体使用何种类型的喷油器，主要取决于燃油喷射系统的类型。但所有喷油器的头部都有多个喷孔，通过这些小孔向气缸喷入燃油并使之雾化。燃油的压力和喷孔的数量及其直径决定了喷出燃油的雾化程度。需要注意的是，改变燃油压力可以控制喷出的燃油量，同时喷油器开启的时长也影响喷油量。

（1）电磁阀式喷油器　在 CR 系统中，加压

的柴油供给到电磁阀式喷油器（图 18-11）上，喷油器由 PCM 通过电磁阀控制。电磁阀安装在喷油器针阀上方，该电磁线圈并不直接移动针阀（轴阀），针阀升起并喷出燃油是通过移动一个辅助控制阀来完成的。该辅助控制阀的移动打破了施加在针阀上下两端上的压力平衡，电磁阀控制室中较高的燃油压力推动针阀向上克服上部的复位弹簧力，从而使针阀开启，燃油以中空的锥形雾状喷入燃烧室。

相同。这种喷油器没有运动部件，而是依赖许多非常薄的相互堆叠在喷油器喷嘴上方的压电晶体材料层（图 18-12），每个喷油器至少有 400 层独立的压电材料层，当给压电晶体通电时，虽然它们的总膨胀量只有大约 0.004in（0.102mm），但这点膨胀量已足以让燃油从喷嘴喷出（图 18-13）。当压电晶体堆没有通电时，燃油无法从喷嘴中喷出，因为相互紧紧地叠加在一起的压电晶体层收缩，从而使针阀在复位弹簧力和燃油压力的共同作用下被关闭。施加到喷油器的电流以及喷油器的动作由 PCM 控制。

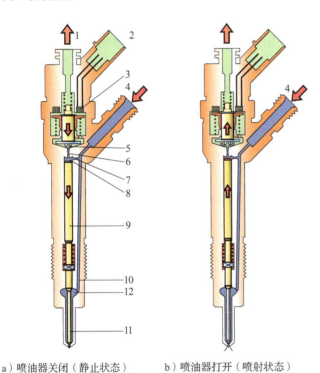

a）喷油器关闭（静止状态）　b）喷油器打开（喷射状态）

图 18-11　电磁阀式喷油器

1—燃油回流　2—电气插接器
3—触发元件（电磁阀）
4—燃油入口（高压），来自燃油导轨
5—阀球　6—泄油节流孔　7—供油节流孔
8—电磁阀控制室（上部压力区）　9—电磁阀控制柱塞
10—供油通道（至喷嘴）　11—喷嘴　12—下部压力区

电磁阀由 PCM 用脉冲触发，因此在电磁阀关闭时有一些燃油会流动到电磁阀控制柱塞的顶部以帮助关闭针阀。一旦电磁阀通电，针阀升起，燃油将再次流过喷嘴，此时在针阀顶部的燃油返回燃油箱。高压燃油向喷油器的持续供应，确保了每次针阀开启时都有可用的燃油。

（2）压电式喷油器　压电式喷油器除了不依赖于电气线圈外，其功用与电磁阀式喷油器大致

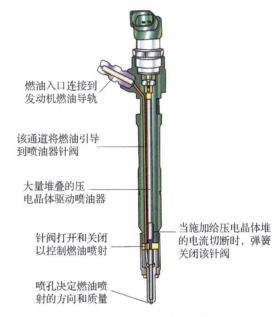

图 18-12　压电式喷油器

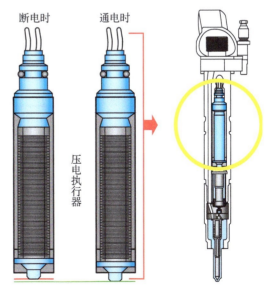

图 18-13　压电式喷油器的工作状态

465

压电式喷油器的使用提高了 PCM 控制喷油定时的能力。新型共轨式燃油喷射系统所用的喷油器由数百个极薄的压电晶体晶片驱动。当电流施加给压电晶体时，压电晶体会迅速膨胀。这类喷油器的快速响应能力允许 PCM 在单个燃烧过程中控制喷油器多次喷射。有些系统会在一个燃烧过程中开启喷油器 5 次。

压电材料是一种晶体，当有电流流过时会迅速膨胀。当给它们的电流停止时，它们也同样会快速收缩。由于晶体的膨胀和收缩量非常小，形状的微小变化使各压电材料层之间形成微小间隙，这可使流出喷油器的燃油量得到精确控制。与电磁阀式喷油器相比，压电式喷油器的优点如下：可提供更好的燃油经济性；由于没有运动部件，因此有更长的使用寿命；可降低燃烧噪声；可对喷油间隔进行更精确和更快速的控制；可提供更好的燃烧；可减少废气排放；允许在一个循环中有多达 5~7 次的更小和不同量的燃油喷射。

5. 燃油供给

柴油车的燃油箱加油口比汽油车的更大。这是一些消费者有时会将汽油错误地加入柴油箱中的一个原因。此外，由于柴油不像汽油那么容易挥发，所以柴油车的燃油箱通常没有配装蒸发排放控制装置。

燃油箱内的燃油由燃油箱内的燃油泵泵出（图 18-14）。该燃油泵通常是一种电动的低压大容量泵，它可以连续运转或由 PCM 控制循环运转。燃油泵的任务是向高压燃油泵输送燃油。高压燃油泵用来增加燃油压力，以使燃油可以喷射。

输油泵和喷油器之间有油 / 水分离器，它也可能是燃油滤清器的一部分。因为水比燃油重，所以它会沉到分离器的底部。将水从分离器中排出是柴油发动机常规预防性维护的一部分。在分离器内通常有一个浮子，当分离器中水的液面达到应进行排水的位置时，浮子将接通水位警告灯的电路以点亮提示灯。排出水是很重要的，因为水

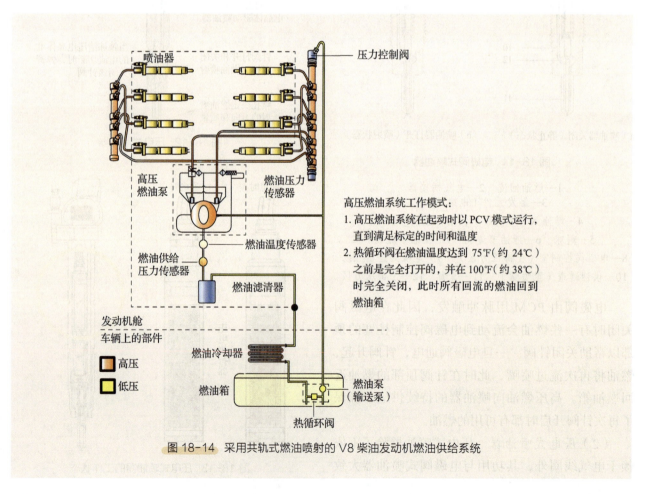

图 18-14 采用共轨式燃油喷射的 V8 柴油发动机燃油供给系统

不是润滑剂，它会导致过早的磨损，损坏高压燃油泵、燃油管路和喷油嘴。

（1）高压泵正时　共轨式燃油喷射系统中的高压燃油泵也可能需要与发动机的正时对准。对高压泵进行正时校准不仅为发动机控制装置进行喷油正时的任何调整建立了一个基础参考点，而且还保持了发动机的平衡。为确定校准高压燃油泵正时的正确步骤，务必查看维修信息。

图 18-15 所示的高压燃油泵齿轮由凸轮轴上的齿轮驱动。该凸轮轴齿轮由曲轴端部的齿轮驱动，这三个齿轮都必须相互正确地对正（图 18-16）。

图 18-15　凸轮轴通过齿轮驱动高压燃油泵

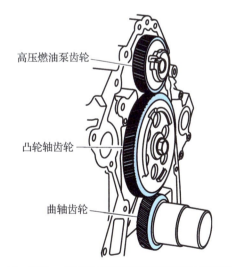

图 18-16　曲轴、凸轮轴与高压燃油泵的正时必须正确对正

大多数配备气缸压力传感器的发动机都装有集成了压力传感器的预热塞（图 18-17）。这些传感器基本上是一个普通的预热塞，但经过改动后可使中心电极随着气缸内压力的变化上下移动。这种移动改变了电极在传感元件上的位置和压力，并向 PCM 发送一个电压信号。

图 18-17　内置在预热塞中的压阻型气缸压力传感器

18.3　排放控制系统

排放一直是柴油车得以应用的一大障碍。但使用新技术（如 CR 系统）和清洁燃料，它们的排放水平现在可以与最好的汽油发动机相媲美。事实上，当今的柴油发动机必须满足与汽油发动机相同的排放标准。即使没有这些技术，在正常情况下，柴油发动机排放的一氧化碳（CO）、碳氢化合物（HC）和二氧化碳（CO_2）相对也较少。但柴油发动机天生会排出大量的碳烟颗粒物（PM）和 NO_x。为了减少这些排放物，许多新型的柴油车配备了催化器、EGR 系统和选择性催化还原（SCR）系统的不同组合来净化离开尾管前的排气（图 18-18）。

当今的柴油发动机还配备了与汽油发动机上类似的 OBD 系统。这些系统监测与排放相关的各种装置的有效性，例如燃油系统、EGR 系统、催化转化器、氧化型催化转化器、颗粒捕集器和 PCV 系统，此外还有失火和综合性部件监测器。表 18-1 展示了这些年来柴油发动机排放标准是如何变化的。

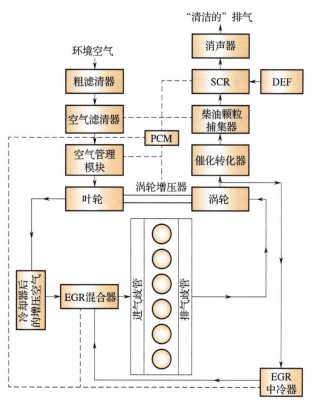

图 18-18 典型柴油发动机的进气和气体流向

DEF—柴油发动机尾气液

表 18-1 柴油发动机排放限值 （单位：g/hp·h）

年份	CO_2	NO_x	HC	PM
1988	15.5	6.0	1.3	0.60
1991	15.5	5.0	1.3	0.25
1994	15.5	5.0	1.3	0.10
1998	15.5	4.0	1.3	0.10
2004	15.5	2.4[①]	—	0.10
2007[②]	15.5	0.2	0.14	0.01

① 这个值不仅仅是单一 NO_x 的标准，它针对的是非甲烷碳氢化合物（NMHC）+NO_x，这就是为什么没有单独针对 HC 的标准。

② PM 的标准在 2007 年款车型上全面生效。NO_x 和 HC 标准已经从那时启用，且 2010 年前必须满足。

柴油发动机是所有内燃机中最高效的。它们具有较低的燃料消耗率，因而产生的温室气体量较少。但仍有一些尾气排放问题值得关注，其中一些目前受到管控，而且其他一些在未来也将受到监管。柴油发动机排出的典型排放物有碳（碳烟）和各种碳基的化合物、NO_x、水、一氧化碳、二氧化碳、二氧化硫、各种碳氢基的化合物。

碳烟是最明显的排放物，通常称为柴油微粒。这些微粒主要由碳基的物质组成，这些物质往往会吸收柴油发动机排气中的其他污染物。许多因素都会影响释放的碳烟量，包括所用的燃油和发动机的设计。微粒排放物是在乘用车、轻型和中型货车中使用柴油发动机的主要障碍。美国加利福尼亚州和其他州已经制定了针对颗粒物排放的标准。这些标准将随着柴油发动机技术的进步变得更加严格。这些排放物是用 g/mile 或 g/km 来度量的。

从 2007 年开始，在美国销售的所有总质量不超过 14000lb（约 6350kg）的以柴油为动力的车辆都配备了 OBD-II，这与在汽油车辆上使用的系统基本类似。和汽油车辆上的系统一样，可用诊断仪来检索故障码和其他数据。当系统设置了故障码后，将点亮 MIL。故障码由 PCM 根据来自各种传感器的输入和系统中的各种监测器的监测结果设置。

柴油机的 OBD-II 系统监测所有可能影响发动机排放的系统。这些监测器检查每个电路输入和输出的电气状态，同时还检查正发送的数据以确定它是否有意义且与其他数据一致。监测器还监测执行器如何响应来自 PCM 的指令。强制配备的监测器包括。

1）综合部件监测器：它们对与排放相关的电路进行功能性和合理性测试。

2）失火监测器：当发动机出现失火时，如果车辆配备自动变速器，在发动机怠速运转时，该监测器将设置故障码并点亮 MIL，如果车辆配备手动变速器，将不会点亮 MIL。

3）预热塞监测器：如果检测到预热塞有问题，将设置故障码并点亮 MIL。这只会发生在质量小于 8500lb（约 3856kg）的车辆上。

尽管柴油发动机的许多监测器与汽油发动机上使用的相似，但有些是柴油发动机所独有的。例如 EGR 中冷器监测器和柴油机的氧化型催化转化器（DOC）效率监测器。EGR 中冷器监测器通过监测中冷器进口和出口的温度传感器在 EGR 阀开启状态下的温差来检查中冷器的效率。DOC 监测器依赖于排气温度传感器，并监测柴油颗粒捕集器（DPF）在主动再生期间的运行。如果排气温度没能升高到所需的最低值，则会设置故障码，并点亮 MIL。

控制系统在发动机运行时对系统进行监测，并进行调整以确保整体效率。对高效运行至关重要的输入是与气缸压力相关的输入。通过监测气缸内的压力，PCM 可以对燃烧过程做出准确的决策。

为了满足排放法规和应用相关的排放控制系统，柴油发动机需要使用低硫份的燃油，因此，美国已经通过立法要求燃油供应商从他们生产的用于干线公路的柴油发动机燃油中去除几乎所有的硫份，以前允许的含硫量高达 500ppm。针对 2007 年及更新型柴油发动机的限值是 15ppm。这种柴油的使用不仅减少了与硫份相关的排放物，而且还可使柴油发动机采用通常不耐硫的废气排放控制装置，例如颗粒捕集器和 NO_x 催化转化器。这意味着柴油机的排气现在有能力像汽油发动机的排气一样清洁。

1. PCV 系统

直到 2007 年，大多数柴油发动机都还是通过向下通风来去除曲轴箱的压力和窜气的。该系统与 20 世纪 50 年代末之前用于汽油发动机的系统非常相似。尽管这些系统用一个过滤器来收集一些颗粒物，但大多数都排放到了大气中。

为了满足当前的排放标准，自 2007 年起，柴油发动机便配备了 PCV 系统。这些系统的应用已经作为汽油发动机的标准实施了 60 年。柴油机中的 PCV 系统可以称为封闭式曲轴箱通风（CCV）系统。这些系统的作用与汽油发动机相同，即防止曲轴箱中的气体进入大气。曲轴箱气体由来自发动机气缸的窜气和曲轴箱内机油的蒸发气体组成。后者是发动机机油在蒸发时加热造成的。发动机窜气是那些通过活塞环和气门逸出并最终进入曲轴箱的气体。这两种气体都需要加以去除或限制，因为它们会影响发动机的运行和耐久性。

最常见的系统是一个带有收集窜气的过滤器和将窜气返回到发动机进气端的系统。这些系统被设计成能进行自清洁，但它们也可能会出现问题。因此，在必要时应检查和清洁该系统，并检查发动机曲轴箱压力是否过高。当压力因通风阀卡在关闭位置而增加时，曲轴箱的压力会迫使机油通过某些衬垫和密封件泄漏。如果通风阀卡在打开位置，来自曲轴箱的机油将被吸入发动机并作为燃料燃烧，由于机油比柴油更重更黏稠，从而会导致气缸过热。如果进气中存在液态机油或雾状的机油，应检查通风阀。

柴油发动机像汽油发动机一样需要排出曲轴箱的气体。然而在柴油发动机中对这些气体的控制是完全不同的，因为柴油发动机只产生非常弱的真空，所以传统的 PCV 系统无法工作。柴油发动机产生的真空与汽油发动机正好相反，在怠速时弱到可能没有真空，但随着发动机转速的增加，真空度反而增加，这就是传统 PCV 系统在柴油发动机上无法工作的原因。以往的许多柴油发动机就像早期的汽油发动机那样通过曲轴箱通气阀或朝下的通风管将曲轴箱内的气体释放到大气中，这两种方式都是 HC 和 PM 排放物的来源，而且都是不可取的。一些系统有一个用来减少这些排放的 PM 过滤器，但不能使发动机满足排放标准。

行业上已经采取了许多不同的措施来控制这些排放物。其中一个措施是安装多级过滤系统，该系统的设计目的是收集、合并排放物，然后将曲轴箱排出的油类返回到油底壳。另一种方法用在配有涡轮增压器的发动机上。在这类系统上，进气通过空气滤清器吸入并流过 MAF 传感器。在 MAF 传感器之后，一根连接在气门室盖的软管将曲轴箱中的烟气引入进气中。由于真空度低，空气量非常少，因此该系统还需要依赖涡轮增压器进气口产生的真空。空气进入增压器的运动产生了一个将曲轴箱气体吸入进气道的真空。

曲轴箱低压调节阀（Crankcase Depression Regulator，CDR）与汽油发动机中使用的 PCV 阀是很相似的。它引导曲轴箱燃油蒸气流入燃烧室，但它被设计成可在非常低的真空度下工作，同时还用于保持曲轴箱的低压状态，以防止曲轴箱内压力过度增加而导致的机油消耗和机油泄漏。CDR 含有一个大的硅橡胶/合成橡胶膜片和复位弹簧。当真空引入 CDR 阀时，阀克服弹簧张力而打开，从而使曲轴箱气体流入进气。CDR 控制阀可用于涡轮增压和非涡轮增压发动机上，但必须针对具体应用进行标定。

2. EGR 系统

柴油发动机也配有 EGR 阀，这些系统将部分排气释放到涡轮增压器的进气口或进气歧管中。当排气通过中冷器时，温度降低，从而降低了 NO_x 的形成机会。大多数柴油机的 EGR 阀都会与 EGR 中冷器结合使用。发动机冷却液通过 EGR 中冷器，以使排气在循环回发动机前先降低温度。

柴油发动机主要使用以下两种类型的 EGR 系统。

1）高压 EGR 系统：捕获涡轮增压器之前的排气并将其重新引流到进气口。有时候为了降低经过燃烧过程后又循环回来的颗粒物（PM）水平，该系统在其高压 EGR 回路中会配有一个催化转化器。

2）低压 EGR 系统：收集涡轮增压器和柴油颗粒捕集器后面的排气，并将其返回中冷器。柴油发动机的低压 EGR 系统总是与颗粒捕集器结合使用，以确保不会将大量的颗粒物再循环到发动机中，从而避免发动机和涡轮增压器加速磨损。

EGR 系统将发动机的一部分废气引入气缸，以此来降低燃烧温度，从而减少燃烧过程中产生的 NO_x 数量。该系统包括将部分排气从排气口输送到进气口的管路、EGR 控制阀和用于冷却排气气体的冷却部件。PCM 控制 EGR 阀的动作，并且可以使用直流步进电动机移动该控制阀的阀杆以操作 EGR 阀开启，在步进电动机脱开后，阀杆被复位弹簧推回到关闭位置。

EGR 系统还有中间冷却器，发动机冷却液从其中通过（图 18-19）。在排气通过 EGR 阀流入发动机之前，先对其进行冷却，以提高气体的密度，从而使燃烧室的温度保持较低水平。大多数带有 EGR 中冷器的系统使用通过单独回路的发动机冷却液来冷却再循环的排气气体（图 18-20）。流过冷却器的 EGR 气体数量由 PCM 根据 EGR 温度传感器的输入来确定。

PCM 控制和监测 EGR 系统。只有当发动机处于预定的温度并且满足其他条件时才会出现 EGR 流量。PCM 的 EGR 监测器由一系列监测 EGR 系统运行的电气部分和测试功能组成。

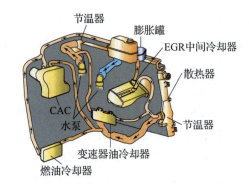

图 18-19 用在福特 Power Stroke 柴油发动机上的各种热交换器，包括中间冷却器

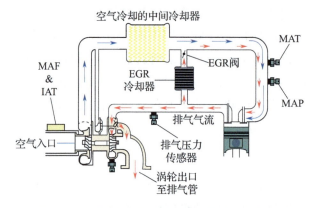

图 18-20 带有 EGR 中冷器的涡轮增压柴油发动机的气流流向

3. 催化转化器

最常见的柴油发动机催化转化器是氧化型催化转化器。从 2007 年开始，氧化型催化转化器（DOC）已用在所有轻型柴油车上。它们是一种置于排气气流中的流通式蜂窝状基底的总成（图 18-21）。与汽油发动机上使用的催化转化器类似，基底表面上涂有一层催化剂材料，例如铂、钯和其他碱金属催化剂。

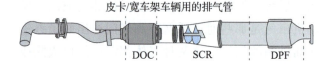

图 18-21 柴油发动机的催化转化器和颗粒捕集器

氧化型催化转化器利用排气中的氧气氧化 CO 以形成 CO_2，同时通过氧化反应使 HC 转化为 H_2O 和 CO_2。该催化转化器还降低了碳烟量。

为了控制 NO_x 的排放，发动机可能还有一个吸附 NO_x 的催化器，它可以内置在氧化型催化转化器中，也可以是一个独立的部件。这类催化转化器由用来储存 NO_x 的碱性金属（通常为钡）和一个 NO_x 还原型催化器组成。

4. 颗粒捕集器

颗粒捕集器优先考虑的是限制柴油发动机排气中的 PM 或烟灰数量。研究已经表明，长期暴露在柴油机烟灰环境中会导致癌症。尽管碳烟可以通过以较稀的混合气使发动机运转和使用高压共轨式燃油喷射系统进行控制，就像氧化性催化转化器一样可使碳烟排放得到显著降低。但为了满足 EPA 对 PM 排放物的排放标准，新型的车辆还有一个颗粒捕集器（Diesel Particulate Filter，DPF）。颗粒物是指柴油发动机排气中存在的固体或半固体物质的微小颗粒。烟灰是柴油燃烧的副产物。

从 2007 年开始，柴油发动机颗粒捕集器已用于所有轻型柴油车辆上。DPF 与氧化型催化器和 EGR 阀共同作用，可以去除柴油发动机排气中的大部分 NO_x、烟灰和未燃烧的碳氢化合物。DPF

可将排气气流中的烟灰减少约 90%。

从 DOC 中流出的排气进入 DPF，随后由 DPF 过滤掉颗粒物后释放到大气中。当排气通过具有蜂窝状单元格通道的碳化硅过滤器时，排气中的烟灰被捕获。所有通过该过滤器的通道在其另一端被堵住，迫使排气流向通道的多孔壁面，并在排气通过多孔的通道时截留下烟灰，净化后的排气随后通过开放的通道排入大气。

颗粒捕集器布置在催化转化器后面的排气系统中。捕集器有时会是催化转化器总成的一部分（图 18-22）。颗粒捕集器的设计目的是捕获颗粒物（PM）。捕获的烟灰颗粒最终会堵塞捕集器，这将增加排气背压并最终导致燃油消耗增加、功率输出降低并可能导致发动机损坏，所以需要定期清理捕集器中的这些颗粒物，这个清理过程称为捕集器的再生。

早期的 PM 捕集器需要作为预防性维护项目中的一部分进行清洁。较新的设计会定期地烧掉

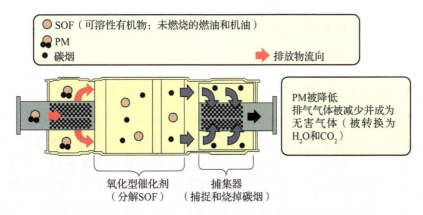

图 18-22 一种可连续再生的催化转化器和柴油颗粒捕集器总成

所收集到的 PM 并且可在不进行任何特殊的维护情况下具有与车辆使用周期相同的寿命，这是通过 PCM 启动通常称为"再生"的特殊清洁模式来实现的。这种清洁模式通过燃烧清除捕集器中的碳烟，为此，PCM 允许经计量的燃油进入捕集器，这将导致捕集器内的温度极大提高，产生的热量随后燃掉已捕获的烟灰，使捕集器得到再生或恢复。

再生可以是被动的，也可以是主动的。被动式再生发生在车辆正常行驶过程中，例如在干线公路上行驶期间。当行驶条件不允许被动再生发生时，就会出现主动再生。在主动再生期间，会喷射额外的燃油，以使颗粒捕集器内产生燃烧。低硫燃油的使用使车辆可以安装这类新型的捕集器。高硫的燃油会在 PM 捕集器中造成大量灰分的堆积。即使采用低硫的燃油，燃烧燃油和所捕

集的碳烟而产生的灰分也会积留在捕集器中。

有几个因素会触发 PCM 去执行再生：自上次再生后行驶的距离、自上次再生后消耗的燃油、自上次再生后发动机的运转时间以及 DPF 两端的排气压力差。压差传感器（DPS）的两个测量口管路布置在捕集器的入口和出口。PCM 通过监测这两点的排气压力来确定排气压力差，并确定排气流过捕集器时的受阻程度。

PCM 依赖两个排气温度传感器的输入来确定应在排气系统中喷入燃油的时间和数量。其中一个传感器布置在捕集器的入口处，而另一个布置在出口处。PCM 具有对进入排气的燃油的完全控制，因为这决定了捕集器内的温度。如果温度没有升到足够高，烟灰将不会被完全燃掉，但如果温度过高，将会烧毁捕集器中的基底。

PCM 除了控制输送的燃油，还控制进气阀门。这个阀门可用来限制空气流动，以提高发动机的温度。在某些情况下，还可以启用进气加热器来提高发动机的温度。

灰分 在再生过程中只能烧掉未燃的微粒，但不能烧掉灰分。灰分是机油在正常消耗过程中产生的非可燃副产物。DPF 中积累的灰分会阻塞 DPF。若要维修 DPF，需要将它拆下进行清洁或更换。所有配备 DPF 系统的柴油车辆都需要使用低灰分的发动机机油（API CJ-4）。CJ-4 机油只有 1% 的灰分。

> **客户关爱**
>
> 对那些使用以新型柴油发动机为动力且配有颗粒捕集器车辆的客户来讲，需要让他们明白如果使用普通柴油代替低硫柴油将会损坏颗粒捕集器。普通柴油的硫含量高，因而被规定为只用于农业和建筑设备。

> **车间提示**
>
> 如果以柴油发动机为动力的汽车车主想在尾管上安装镀铬的末端装饰件，可能不会有合适的尺寸可供选择。排气管的大小和形状的设计是为了在颗粒捕集器处于自清理模式时引入冷空气来冷却排气。此外还要确保客户明白要保持尾管末端的清洁。任何堆积的淤泥或其他杂物将会堵塞空气的入口并且会损坏颗粒捕集器。

5. 选择性催化还原（SCR）系统

为了有效减少柴油车的 NO_x 排放物，汽车制造商使用了两种不同的技术：选择性催化还原（SCR）和 NO_x 捕集器或吸附器。传统的还原型催化转化器在柴油发动机上不能很好地工作。这是因为排气中的 O_2 含量高，而且它们的转化器是在低温情况下工作的。这意味着还原型催化转化器在柴油车上不会非常有效。为了控制 NO_x 的排放，许多新型的柴油车会配备选择性催化还原（SCR）系统。

选择性催化还原（SCR）装置布置在 DOC 和 DPF 之间的排气系统中（图 18-23）。当还原剂喷射到 SCR 催化剂上时，它会减少 NO_x 的排放。SCR 的使用可将 NO_x 分解为水蒸气和氮气（N_2），从而大大减少了降低 NO_x 所需的 EGR 量。在某些情况下，配备 SCR 的发动机不使用 EGR 阀也可满足排放标准。

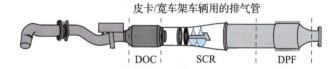

皮卡/宽车架车辆用的排气管

DOC　SCR　DPF

图 18-23　柴油发动机后排气处理系统主要部件的布局

还原性介质 也称为还原剂，它在氧化还原过程中向另一种物质提供电子。如前面章节所述，当还原剂交出一个电子时，它本身被氧化。氧化和还原总是同时发生的，即当一种物质被另一种物质氧化时，其本身被还原。在氧化过程中，分子提供电子。一般来讲，还原剂从一种物质中移出氧，氧再与其他物质结合而形成另一种化合物。在 SCR 系统中，从 NO_x 中分离出来的部分或全部氧与氢结合而形成水。据称，SCR 系统的使用可减少大约 80% 的 NO_x 排放物。

SCR 系统中常用的还原剂是氨和尿素水溶液。尿素通常当作氮肥使用。在北美，将尿素（图 18-24）称为柴油发动机尾气液（Diesel Exhaust Fluid, DEF），而在欧洲称为 AdBlue。应该注意的是催化转化器只有在它的特定温度范围内喷入还原剂才会有效，因此车辆的 PCM 要使排气温度保持在所需范围内。使用尿素喷射系统而不是 NO_x 捕集装置，是因为它们的成本非常低。此外，该系统不影响发动机的性能，而且不需要对车辆或发动机进行太多改动即可安装。

图 18-24　装尿素（DEF）的容器

PCM 还控制将 DEF 喷入 SCR 催化转化器前方排气气流中的时间和数量（图 18-25）。喷入排气中的还原剂数量与排气中 NO_x 的数量成比例。为了确定该比例，系统使用来自 NO_x 传感器的输入。通常情况下，喷入的还原剂与每美加仑超低硫柴油（ULSD）的比例是 2~4oz（约 57~113g）。

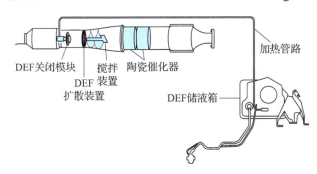

图 18-25　SCR 系统及有关部件

在这个系统中，有一个将还原剂和排气气流混合的搅拌装置。搅拌装置中有一个雾化器和一个旋转的搅拌器。还原剂通过该搅拌装置均匀地分布在排气气流中。雾化器将还原剂分解成细小的液滴，以使其很容易与排气气流混合。

还原剂储存在一个单独的带有明显标志的容器中。还原剂储液箱的大小因制造商而异，但其容量通常都等于一个维护或机油更换周期中所需的尿素量。轻型货车通常有 5gal（约 19L）的 DEF 储液箱。

当还原剂储存箱处在空的状态时，会严重影响排放水平，美国 EPA 正在关注的问题，并正在尝试采用不同的方式强制驾驶员定期添加还原剂。一些系统配有一个通知驾驶员还原剂储存箱内还原剂不足的警告灯，其他的车辆除了有一个提示灯外，PCM 还会在还原剂储存箱内的液面非常低或没有还原剂时使车辆进入跛行回家模式。一些车辆在还原剂储存箱为空的时候将无法起动。

18.4　排放控制系统诊断

在大多数情况下，可以使用诊断仪诊断柴油发动机的问题，诊断逻辑与诊断汽油发动机相同，这是因为这两种发动机有许多相同的输入和输出。因此，诊断仪检索到的数据对于这两种类型的发动机都是类似的。诊断仪也会显示系统记录的故障码。柴油机控制系统的具体诊断步骤会因制造商而异。但是无论是哪个制造商，某些检查都是通用的。检查的内容包括电磁阀和喷油器的动作、喷射驱动压力、系统中的当前故障、内存中以往存储的故障码。

常见故障包括起动困难、无法起动、起动时间过长、功率不足等。使用诊断仪检查传感器可以帮助确定问题的根源。为此，需要将诊断仪连接到计算机系统和／或将基于计算机的诊断设备连接到控制系统的主数据总线上。表 18-2 是与柴油发动机相关的一些故障码示例。

1. 柴油机尾气烟雾诊断

尽管对大多数柴油发动机，尤其是较旧型的柴油发动机而言，一定量的排气烟雾是发动机运转时的正常产物，但也应诊断和修复导致高排放、可见排放物和烟雾过多的问题。柴油发动机的废气排放物基本上可以分为气体、液体和固体三种类型，但应记住，不是所有的废气排放物都可以用肉眼看到。

（1）气体排放　从表面上是看不到气体排放的，但它可能包含多种不同的不良成分，例如 NO_x、CO 和 HC。

（2）液体排放　用肉眼看，液体排放物可能

表 18-2　故障码示例

故障码	状态描述	可能的问题来源
P0122	加速踏板传感器电路输入过低	接地电路、传感器、PCM
P0123	加速踏板传感器电路输入过高	开路、传感器、PCM、对 5V 电源短路
P0220	节气门开关 B 电路故障	短路 / 开路、开关故障、执行器、PCM
P0221	节气门开关 B 电路性能不良	加速踏板总成故障
P0230	燃油泵继电器驱动器故障	FP 继电器开路、熔丝、开路 / 接地电路
P0231	燃油泵电路故障	熔丝、继电器、惯性开关、燃油泵、电路开路 / 短路
P0232	燃油泵电路故障	继电器故障、短路、燃油泵故障
P0236	涡轮增压传感器 A 电路性能不良	进气 / 排气 / 供给软管受阻，软管缺失
P0237	涡轮增压传感器 A 电路输入过低	电路开路、对地短路、MAP 传感器
P0238	涡轮增压传感器 A 电路输入过高	对电源短路、MAP 传感器
P026_	气缸 X 喷油器电路电压低	线束对地短路
P026_	气缸 X 喷油器电路电压高	插接器或线束电阻高
P026_	气缸 X 输出 / 一致性故障	气缸做功、气门传动机构、喷油器及电路
P030x	检测到气缸 X 失火	发动机机械故障
P0380	预热塞电路故障	开路 / 接地电路、加热丝开路 / 短路、PCM 故障
P0381	预热塞指示灯电路故障	开路 / 接地电路、指示灯开路、PCM 故障
P0471	排气背压传感器电路性能不良	管路堵塞、凹陷或泄漏
P0476	排气压力控制阀性能不良	EPR 控制失效 / 卡住、EBP 故障、EPR 电路
P0606	PCM 处理器故障	PCM 内部故障
P0670	预热塞控制电路故障	开路 / 接地电路、GPCM 故障、PCM 故障
P0683	预热塞诊断信号通信故障	电路 / 插接器故障、GPCM 故障、PCM 故障
P1000	OBD-Ⅱ 监测器状态不良	OBD-Ⅱ 监测 / 驱动循环未完成
P1139	燃油中水量指示灯电路故障	WIF 灯泡、电路故障、熔丝、PCM
P1140	燃油中含水	燃油中有水、接地电路、传感器短路、PCM
P1247	涡轮增压器压力低	MAP 软管、传感器、EBP 系统、进气泄漏、涡轮增压器
P1248	未检测到涡轮增压器压力	MAP 软管、传感器、EBP 系统、进气泄漏、涡轮增压器
P1249	排气门稳定状态故障	对地短路，管路 / 端口堵塞，电磁阀，执行器
P1261~P1268	1~8 号气缸喷油器电路高低电压侧短路	短路、喷油器短路、IDM 故障
P1271~P1278	1~8 号气缸喷油器电路高或低电压侧开路	开路、喷油器开路、IDM 故障
P1391	气缸列 1（右侧）预热塞电路输入过低	开路 / 短路 / 电路电阻高、继电器故障、预热塞
P1393	气缸列 2（左侧）预热塞电路输入过低	开路 / 短路 / 电路电阻高、继电器故障、预热塞
P1395	气缸列 1 预热塞监测器故障	一个或多个电热塞失效或电路故障
P1396	气缸列 2 预热塞监测器故障	一个或多个电热塞失效或电路故障
P1397	系统电压超出自检范围	预热塞监测器测试的电压过高或过低

只是呈现为白色到灰色的雾气。白雾通常出现在发动机冷起动期间，它是燃油冷凝成液滴的结果。白雾还表示发动机在暖机时有失火情况。产生白雾的最常见原因是预热塞不工作、发动机压缩比低、喷油器喷射模式不正确以及冷却液泄漏到燃烧室中。

灰色或蓝色雾气通常是活塞环磨损、气缸壁划痕或气门杆密封不良引起进入气缸的机油过多而燃烧的结果。喷油器故障或喷油器 O 形圈不良也可能导致出现灰色或蓝色雾气。

（3）固体排放　固体排放物通常显示为黑色烟灰，这是缺少空气或喷射系统有故障而导致的不完全燃烧造成的。当烟灰过多时，应检查燃油的密度、喷油器的喷油一致性、ECT 和 / 或 FRP 传感器的工作情况，以及进气或涡轮增压器是否受到阻碍。通常从查找进气口的阻塞开始检查，为此，可将真空 / 压力表连接到进气管道上进行检查。

2. 压缩测试

为了测试柴油发动机的压缩压力，需要拆下被测气缸的预热塞或喷油器，然后使用柴油机的气缸压缩压力表，并转动发动机进行测试。柴油发动机的气缸通常应产生至少 300psi（约 2.07MPa）的压力，并且各气缸之间的压力差应在 50psi（约 0.35MPa）范围内。

3. 气缸做功一致性测试

在早期（非计算机控制）的柴油发动机上进行气缸做功一致性测试的一种方法是测量预热塞在发动机运转一段时长后的电阻值。预热塞的加热元件电阻会随着温度的升高而变大。因此，在发动机起动前和发动机起动并运行后用欧姆表检查电阻值时，所有预热塞的电阻值应大致相同。通过查看预热塞的电阻，可能可以识别出有问题的气缸。

用预热塞电阻测试气缸做功一致性时，可在发动机暖机过程中进行以下操作。

1）在发动机未起动前，分别拔下、拆下、测量和记录每个气缸预热塞的电阻值。

2）起动发动机。

3）让发动机运转几分钟，用发动机的燃烧热量加热预热塞。

4）关闭发动机并测量每个预热塞的电阻值。

5）此时预热塞的电阻值应高于发动机起动前测得的电阻值。如果某气缸的预热塞的电阻值变化很小，应检查该气缸的压缩压力是否有损失。

检查各气缸做功一致性的另一种方法是使用红外温度计或高温计来测量每个排气口的排气温度，失火气缸的温度会低于正常工作的其他气缸。

4. 喷油器开启压力测试

喷油器开启压力测试仪用来检查喷油器喷嘴的喷油模态。按下测试仪的手柄，压力表上会显示喷油器开启时的压力。喷雾模态应为空心锥形，但也会因设计而有所差异。还应在压力下测试喷嘴是否泄漏（喷嘴滴漏）。如果喷油模态不正确，应清洁、修理或更换喷油器喷嘴。

18.5　总结

• 柴油发动机采用压缩式点火方式。柴油发动机的点火利用压缩进气产生的高温而不依靠点火火花。

• 当前的柴油发动机除配备典型的排放控制装置外，还可能有一个 SCR 系统和 / 或颗粒捕集器。

• 柴油发动机受控制的排放物有未燃烧的碳氢化合物（HC）、一氧化碳（CO）、氮氧化物（NO_x）和碳烟。

18.6　复习题

1. 思考题

1）选择性催化还原系统是如何工作的？

2）为什么许多新型柴油车辆上的 EGR 系统都含有一个 EGR 中间冷却器？

2. 单选题

1）下述中的哪一个关于柴油发动机的说法是**不正确**的？（　　）

    A. 柴油发动机的工作循环和主要部件与汽油发动机相似

    B. 四行程燃烧循环的柴油发动机和汽油发动机都可供使用

    C. 柴油发动机依靠预热塞而不是火花塞来引燃燃油

    D. 柴油发动机的压缩比通常是汽油发动机的 3 倍

3. ASE 类型复习题

1）在讨论 SCR 系统时，技师 A 说它们用来代替传统的催化转化器以降低 NO_x、CO 和 HC 排放量。技师 B 说 SCR 系统中最常用的还原剂是一种称为尿素的氨类物质。谁是正确的？（　　）

    A. 仅技师 A 正确

    B. 仅技师 B 正确

    C. 技师 A 和 B 都正确

    D. 技师 A 和 B 都不正确

附 录

附录 A 缩略语表

缩略语	中文含义	缩略语	中文含义	缩略语	中文含义
OHC	顶置凸轮轴	WOT	节气门全开	MAP	进气歧管绝对压力
OHV	顶置气门	ETC	电子节气门控制	FTP	美国联邦测试程序
DOHC	双顶置凸轮轴	PFI	进气口燃油喷射	EEPROM	电擦除可编程只读存储器
TDC	上止点	IMT	进气歧管调谐	CMS	催化剂监测传感器
BDC	下止点	IMTV	进气歧管调谐阀	STFT	短时燃油修正
HCCI	均质压燃	IMRC	进气歧管气道控制	DPFE	压差反馈式 EGR（传感器）
MPI	多点燃油喷射	CHRA	中间壳体和旋转组件	GPF	汽油发动机颗粒捕集器
GDI	汽油直接喷射	TWC	三元催化转化器	DPF	柴油发动机颗粒捕集器
VVT	可变气门正时	DTC	诊断故障码	LDP	泄漏检测泵
ECU	电子控制单元	ATF	自动变速器油	PFS	净化流量传感器
ID	身份编码	AC	交流（电）	AIR	二次空气喷射
VECI	车辆排放控制信息	DC	直流（电）	CCM	综合部件监测器
ECM	发动机控制模块	DMM	数字万用表	OSS	输出轴转速传感器
PCV	曲轴箱强制通风	ECD	电化学降解	VSS	车速传感器
EGR	排气再循环	M/E	电机电子设备	ABS	防抱死制动系统
CKP	曲轴位置	BCM	车身控制模块	PID	参数识别代码
CMP	凸轮轴位置	CEMF	反电动势	TSB	技术服务公告
CA	曲轴转角	EMF	电动势	IAT	进气温度（传感器）
MIL	故障指示灯	EMI	电磁干扰	ECT	发动机冷却液温度（传感器）
TP	节气门位置	OBD	车载诊断（系统/装置）	FF	冻结帧
FWD	前轮驱动	DI	分电器式点火	MFF	失火冻结帧
RWD	后轮驱动	EI	电子点火	PTC	正温度系数
MPI	磁粉探伤	DIS	直接点火系统	NTC	负温度系数
TIR	总读数	EFI	电子燃油喷射	GMM	可绘制图形的万用表
EP	超高压	TBI	节气门体喷射	IATN	国际汽车技师网
PCM	动力总成控制模块	CPI	中央口喷射	CHT	气缸盖温度
SOHC	单顶置凸轮轴	A/F	空燃比	EOT	发动机机油温度
OCV	机油控制阀	DLC	数据连接插接器接口（简称数据接口）	FRPT	燃油导轨压力温度
VCM	可变气缸管理	EVAP	蒸发排放	VPS	蒸气压力传感器
MDS	多排量系统	VIN	车辆识别码	MAF	空气流量（传感器）
AFM	主动燃油管理	A/C	空调	O$_2$S	氧传感器
TTY	屈服力矩	CAN	控制器局域网	HO$_2$S	加热型氧传感器
MLS	多层钢	RAM	随机存取存储器	PM	永磁
FIP	原位成型密封剂	ROM	只读存储器	CPU	中央处理器
PTFE	聚四氟乙烯	PROM	可编程只读存储器	MR	磁阻（传感器）

（续）

缩略语	中文含义	缩略语	中文含义	缩略语	中文含义
KS	爆燃传感器	ETB	电子节气门体	AIRB	空气旁通
OSC	输出状态控制	TAC	节气门执行器控制	AIRD	空气分配
OTM	输出检测模式	CMFI	中央多点燃油喷射	PFE	压力反馈电子
RFI	射频干扰	EDU	电子驱动器单元	ASM	加速模拟工况
GPS	全球定位系统	I/M	检查和维护	OEM	原始设备制造商（本书一般指汽车整车制造企业）
LED	发光二极管	CVS	定容采样	ESD	静电放电
IGN	点火	PMVI	采用发动机机动车的定期检查	EVR	EGR 真空调节阀
COP	直接套在火花塞上（的点火线圈）	ppm	百万分比浓度	IDI	间接喷射
EST	电子点火正时	NDIR	非分光式红外线	EUI	电子单元喷射
FTP	燃油箱压力	FID	火焰离子检测仪	HEUI	液压电子式单元喷射
FPM	燃油泵组件	TSI	双怠速	CR	共轨
SRS	安全气囊系统	ORVR	车载燃油蒸气回收	EHI	电液型喷油器
PWM	脉宽调制	TVV	热敏真空阀	FRT	燃油导轨温度
FRP	燃油导轨压力	CV	活性炭罐通风	SCR	选择性催化还原
DSO	数字存储式示波器	FLI	燃油液面输入	CCV	封闭式曲轴箱通风
IAC	怠速空气控制阀	TVS	热敏真空开关	CDR	曲轴箱低压调节阀
APP	加速踏板位置	PVS	入口真空开关	DPS	压差传感器
LTFT	长时燃油修正	EEGR	电动式排气再循环	DEF	柴油发动机尾气液
SFI	顺序燃油喷射	AIR	空气喷射反应器		

注：本表缩略语按书中出现的先后顺序排序。

附录 B　常用英制单位换算

1in（英寸）= 25.4mm（毫米）

1ft（英尺）= 0.3048m（米）

1mile（英里）= 1.609km（千米）

1yd（码）= 0.9144m（米）

1mile/h（英里 / 时）= 1.609km/h（千米 / 时）

1lb（磅）= 0.453592kg（千克）

1oz（盎司）= 28.3495g（克）

1lbf（磅力）= 4.44822N（牛）

1kgf（千克力）= 9.80665N（牛）

1lbf·ft（磅力英尺）= 1.35582N·m（牛米）

1lbf/in^2（磅力每平方英寸，即 psi）= 6.895kPa（千帕）

1inHg（英寸汞柱）= 3386.39Pa（帕）

1mmHg（毫米汞柱）= 133.322Pa（帕）

1USgal（美加仑）= 3.785×10^{-3}m^3（立方米）

1hp（英马力）= 745.700W（瓦）

1btu（英热单位）= 1.055kJ（千焦）

华氏温度和摄氏温度的换算关系：℃=（℉-32）×5/9

Supplements Request Form（教辅材料申请表）

鉴于部分资源仅适用于老师教辅使用，烦请索取的老师填写如下情况说明表。

Lecturer Details（教师信息）			
Name： （姓名）		Title： （职务）	
Department： （系科）		School/University： （学院 / 大学）	
Official E-mail： （学校邮箱）		Lecturer's Address / Post Code： （教师通讯地址 / 邮编）	
Tel： （座机）			
Mobile： （手机）			

Textbook Details（教材信息）			
Adoption Types（教材类型）	原版□ 翻译版□ 影印版 □		
Title：（英文书名） ISBN：（13 位书号） Edition：（版次） Author：（作者）			
Local Publisher： （国内出版社名称）			

Other Details（其他信息）			
是否已购买教材？（Have you bought This Textbook？）	是□ 否□		
Enrolment： （学生人数）		Semester： （学期起止日期时间）	

Methods for Obtaining Supplements（获取教辅资源方式）

First method:

Please photo the complete form to（请将此表格拍照发送至）：asia.infochina@cengage.com.

Second method:

You can also scan the QR code and apply teaching materials online through our WeChat account.
（您也可以扫描二维码，通过我们的公众号线上申请教辅资料）

CENGAGE GROUP
ATTN：Higher Education Division
TEL：（86）10-83435112
EMAIL：asia.infochina@cengage.com
ADD：北京市海淀区魏公村路 6 号院丽金智地中心西塔 8 层 807 室
POST CODE：100081